■ 지음
홍석모洪錫謨

■ 역주
진경환秦京煥, Jin Kyoung Hwan
고려대학교 국어국문학과를 졸업하고 동 대학원에서 한
국고전문학으로 박사학위를 받았다. 현재 한국전통문
화대학교 명예교수로 있다. 지은 책으로『세시기 번역과
주석의 제 문제』(민속원, 2022),『조선의 잡지: 18~19세
기 서울 양반의 취향』(소소의책, 2018),『집 잃은 개를 찾
아서: 리링, 다산, 오규 소라이, 난화이진과 함께 떠나는
진경환의 논어 여행(12)』(소명출판, 2015),『이야기의 세
계 1』(보고사, 2004),『고전의 타작 : 소설과 문학사의 몇
국면(월인, 2000)이 있고, 공저로『전통, 근대가 만들어
낸 또 하나의 권력』(인물과사상사, 2010),『전통문화교
육의 이론적 기초』(한국교육과정평가원, 2009),『우리
고전문학을 찾아서』(고려대학교 민족문화연구원, 2003),
『고전문학이야기주머니』(녹두, 1994)가 있다. 옮기고 주
해한 책으로는『조선의 세시를 기록하다: 완역 동국세시
기』(민속원, 2023),『백성의 말 하려 하니 목이 메고 눈물
난다: 주해 조선후기 현실비판가사』(문예원, 2023),『서
울의 풍속과 세시를 담다: 완역 경도잡지』(민속원, 2021),
『예로부터 이른 말이 농업이 근본이라: 주해 농가월령
가』(민속원, 2021),『서울·세시·한시』(보고사, 2003),
『백마강 한시로 읊다: 부여회고한시선』(민속원, 2011),
『누가 꿈이며 꿈이 아니냐』(휴머니스트, 2015),『사씨남
정기』(두산동아, 2007)가 있다. 공역으로 은사이신 석헌
정규복 선생님과 한문본 노존A본 등을 역주한『구운몽』
(한국고전문학전집 27, 고려대학교 민족문화연구소,
1996)이 있다.

조선의 세시를 기록하다
完譯 東國歲時記

초판1쇄 발행 2023년 12월 29일

저자 홍석모
역주 진경환
발행 홍종화

주간 조승연
편집·디자인 오경희·조정화·오성현·신나래·
　　　　　　　박선주·이효진·정성희
관리 박정대

펴낸곳 민속원
창업 홍기원
출판등록 제1990-000045호
주소 서울 마포구 토정로25길 41(대흥동 337-25)
전화 02) 804-3320, 805-3320, 806-3320(代)
팩스 02) 802-3346
이메일 minsok1@chollian.net, minsokwon@naver.com
홈페이지 www.minsokwon.com

ISBN 978-89-285-1936-1   94380
S E T 978-89-285-0359-9   94380

ⓒ 진경환, 2023
ⓒ 민속원, 2023, Printed in Seoul, Korea

민속원 아르케북스 240 minsokwon archebooks

조선의 세시를 기록하다
完譯 東國歲時記

| 홍석모 지음 |
| 진경환 역주 |

민 속 원

책을 펴내며

2021년에 『서울의 풍속과 세시를 담다』를 펴냈습니다. 유득공柳得恭(1750~1805)의 『경도잡지京都雜志』를 역주한 것입니다. 당시 책을 내면서 이른바 조선 후기 3대 세시기歲時記에 대한 정확한 번역과 충실한 주석 작업을 수행하겠다고 약속했습니다. 『경도잡지』에 이어 이번에는 홍석모洪錫謨(1781~1857)의 『동국세시기東國歲時記』를 역주한 『조선의 세시를 기록하다』를 내놓습니다. 조만간 김매순金邁淳(1776~1840)이 지은 「열양세시기洌陽歲時記』 역주본을 출간하게 되면, 주요 세시기에 대한 나의 기초 작업은 일단락을 맺게 됩니다.

이 작업과 관련해 두 가지 질문을 받곤 합니다. 하나는 이미 번역본이 여럿 있는데, 굳이 역주본을 다시 내야 하느냐는 것이고, 다른 하나는 세시기들은 대개 비슷한 내용으로 되어 있는데, 구태여 세시기마다 새롭게 역주 작업을 해야 하느냐는 것입니다. 이에 대해 할 말이 많이 있지만, 두 가지만 강조해 말씀드리고자 합니다. 첫째, 『서울의 풍속과 세시를 담다 : 완역 경도잡지完譯 京都雜志』의 해제에서 상론했듯이, 기존 번역에 문제가 있어 수정해야 할 부분이 다수 있을뿐더러 무엇보다도 텍스트를 이해하는 데 필요한 주석이 태부족해 보완이 시급합니다. 자세한 것은 이어지는 '해제'에서 다루니 참고하기 바랍니다. 둘째, 『경도잡지』는 서울의 풍속과 세시를 각 19항목씩 나누어 서술한 반면, 『동국세시기』는 우리나라 전 지역의 세시를 두루 담아내려고 했습니다. 다루고자 하는 범위와 대상에서 차이를 보이고 있는 것입니다. 서로 유사한 사례를 언급하고 있어도, 좀 더 정밀하게 검토해 보면, 서술하고자 하는 내용과 방향에서 차이와 변모가 나타나기도 합니다. 그러한 차이와 변모양상을 정확히 파악하려면, 우선 이런 종류의 주석 작업이 긴요하다고 생각합니다.

　이러한 이유에서 이 책『조선의 세시를 기록하다 : 완역 동국세시기完譯 東國歲時記』를 출간합니다. 이미 펴낸『서울의 풍속과 세시를 담다 : 완역 경도잡지完譯 京都雜志』, 그리고 조만간 나올 김매순金邁淳(1776~1840)의『열양세시기洌陽歲時記』역주본과 함께 일련의 조선 후기 세시기 역주 작업이 앞으로 세시풍속을 제대로 알고 싶어 하는 일반인은 물론이고, 세시풍속을 좀 더 깊이 있게 공부하려는 연구자, 그리고 세시풍속을 전통문화 콘텐츠로 다양하게 활용하려는 전문가들에게 약간이나마 도움이 되면 좋겠습니다.

　고려대학교 민족문화연구원의 강영미 선생이 이번에도 교정을 보아 주었습니다. 늘 감사하게 생각하고 있습니다. 이번 책 역시 민속원에서 출간해 주었습니다. 고마운 마음을 전합니다.

2023. 10.
용인 누거에서
진경환

차례

1. 들어가며

새롭게 발굴되었거나 대단히 어려운 고증을 요하는 텍스트가 아님에도,『동국세시기』등 세시기의 번역과 주석에서 상당한 오류들이 발견되는 것은 놀라운 일이다. 섣부른 단정일지 모르겠지만, 본격적인 고전이라기보다는 민속학이라는 일종의 비주류 텍스트이기 때문에 손쉽게 접근한 것이 아닌가 하는 의심을 떨쳐버릴 수 없다. 수년을 두고 새로운 번역들이 줄곧 나오고 있음에도 오류들이 고쳐지지 않고 있으며, 오히려 이전의 잘못을 그대로 답습하는 경우도 있으니, 문제는 생각보다 심각하다 하겠다. 더구나 세시풍속 관련 텍스트들이 정규 교육의 커리큘럼에서 자주 언급 · 활용되고 있을 뿐 아니라 소위 '문화원형콘텐츠'의 하나로 활발하게 재창조를 모색하고 있는 작금의 상황에서는 특히 그러하다.

이 글에서는 조선 후기 세시풍속기의 완결편이라 할 수 있는『동국세시기』번역과 주석의 양상을 검토한다. 검토 대상은 기간의 역주서 총 5종이다. 출간 순서는 다음과 같다.

『역주 동국세시기』(과학원 고전연구실, 1958)[1]
『조선세시기』(이석호 역주, 동문선, 1991)[2]

---

1 북측에서 1958년에 발간한 이 책은 1995년 한국문화사에서 영인 · 출간하였다. 이 텍스트는 원문에 없는 소제목과 짧은 주석을 달았으며, 일부이기는 하지만 미신과 관련된 풍속은 번역에서 누락시켰다. 그러나 초기 번역본으로서의 의의는 막중하다. 앞으로 ①이라 표시한다.

2 이 책에는『동국세시기』이외에『열양세시기』,『경도잡지』,『동경잡기』에 대해서도 역주를 하였다. 상세한 주

『조선대세시기 III』(국립민속박물관, 2007)[3]

『동국세시기』(정승모, 풀빛, 2009)[4]

『동국세시기』(장유승, 아카넷, 2016)[5]

『동국세시기』는 서울의 세시풍속을 주로 다루고 있지만, 전국에 걸친 세시풍속을 광범위하게 소개하고 있기 때문에 다루는 범위가 이전의 세시기들과는 비교가 되지 않게 넓다. 이런 이유에서 이 글은 정월의 세시풍속만을 집중적으로 다루기로 한다. 일종의 사례 연구이기도 한 이 글에서 한 해의 세시풍속 모두를 다루게 되면 논의가 장황하고 번잡해질 수 있기 때문이다. 그래서 정월의 경우로 한정했는데, 사실 우리 세시풍속의 대부분은 정월, 특히 대보름에 집중되어 있어 사례 연구로서는 크게 문제가 되지 않는다고 본다.

구체적으로는 정월 세시풍속들을 대상으로 한 번역과 주석이 어떠한 양상들을 보이고 있는지를 비교 검토하고, 각각의 오류나 문제점을 지적한 후 보완하거나 수정하였다. 오류들이 사실인 양 거듭 수용되고, 나아가 그것들을 바탕으로 새로운 창조물들이 '콘텐츠'라는 이

석이 돋보이는 텍스트이다. 앞으로 ②라 표시한다. 지금까지 세시 관련 분야에서 이 책은 가장 폭넓고 깊은 영향력을 행사하고 있다. 그래서 더욱 더 정확한 비판이 요구된다.

3　이 책은『동국세시기』이외에『열양세시기』와『경도잡지』에 대해서도 역주를 달았다. 책임 연구원인 정승모를 중심으로 오석민, 전경묵, 옥영정이 역주에 참여했다. 앞으로 ③이라 표시한다. (이 책에 대해서는 약간의 설명이 필요하다. 필자에 의해 심각한 오류들이 지적된 이후, 이 책을 펴낸 국립민속박물관에서는 2021년 새로운 번역본을 발간했다. 그러나 2007년 본은 이미 상당히 넓게 유포되어 있고, 무엇보다도 기존의 오류들에 대한 충분한 해명과 정확한 자기비판이 없었다는 점에서 이 텍스트는 재차 언급될 필요가 있다. 그리고 이 해제는 2020년 한국고전번역원의『민족문화』(55)에 수록된 글이어서, 2021년본이 출간되기 이전에 작성된 것임을 아울러 밝혀둔다. 무엇보다도 소위 '프로젝트'의 문제점을 되짚어 보고, 앞으로 그러한 잘못이 재발되지 않도록 경각심을 주고자 2007년본을 논의의 대상으로 삼았다.)

4　이 책은 앞서 소개한『조선대세시기 III』(2007)와 겹치는 부분이 많다. 역주자인 정승모가 두 작업에 모두 참여했기 때문일 것이다. 이 책은 "한 권으로 집대성한 우리나라 세시풍속"이라는 부제를 달고, 주요 세시별로 "해설"과 함께 관련 사진 자료들을 풍부히 제시하여 이해의 편의를 도모했다. 주요 용어나 개념 등에 대해서는 별도의 주석을 활용하지 않고 본문에 풀어쓰는 방식을 취했다. 앞으로 ④라 표시한다.

5　이 책은 "동아시아 문화의 보편성으로 조선의 풍속을 다시 보다"라는 부제를 달고 있다. 분명한 문제의식을 가지고 덧붙인 해설들은 세시풍속에 대한 깊고도 새로운 이해를 시도했다. 한문학을 전공한 학자답게 고증에서 탁월한 성과를 보여주고 있다. 주석은 한꺼번에 미주로 처리하였다. 앞으로 ⑤라 표시한다. 이 책들 이외에도 김석준(정문사, 1984), 김명자(다락원, 1985), 최대림(홍신문화사, 1989) 의 번역이 더 있으나, 이들에 대해서는 추후에 검토하기로 한다.

름을 걸고 양산되는 현실에 비추어 이러한 작업은 긴요한 과제가 아닐 수 없다. 여러 부문에서 '전통과 현대의 접속'을 운위하고 강조한다. 그런데 그 이전에 전통에 대한 정확한 이해가 무엇보다도 절실하다는 점을 재차 강조해야 마땅하다. 특히 여러 교육의 현장에서 세시기들이 자주 인용 · 활용되고 있는바, 이때 정확한 번역과 충실한 주석이야말로 대단히 요긴한 작업이다. 모호하고 불명확한 풀이로 세시풍속에 대한 잘못된 이미지를 제공하고, 사실에 부합하지 않은 해석으로 왜곡된 상像을 주입하는 관례는 철저히 그리고 시급히 척결해야 한다.

2. 번역의 문제

언어가 음운 · 어휘 · 문법의 삼 요소로 성립되므로, 번역은 이론상 이 요소 하나하나에 따라서 행하여진 음운번역 · 어휘번역 · 문법번역으로 나눌 수 있다. 그리고 번역 양식은 전통적으로 직역直譯 또는 축자역逐字譯과 의역意譯 또는 자유역自由譯으로 나뉜다. 여기서는 번역의 원리라든가 번역의 양식과 같은 원론적인 문제는 다루지 않는다. 다만 주요 용어나 개념 혹은 사실 등을 정확하지 않게 옮겼거나 잘못 푼 경우, 그런 탓에 결과적으로 문맥을 제대로 파악하기 어렵게 만들고 곡해하게 한 사례들을 집중적으로 검토하기로 한다.

(1) 호장리戶長吏

설날에 신하들이 임금에게 새해 인사를 올리는 부분이다. ①에서는 "호장 아전들도 모두 와서 조회 반열에 참가한다"고 했다. "호장 아전"이라 하면 '호장이라는 아전'을 말하는지 '호장과 아전'을 말하는지가 명확하지 않다. ③과 ④에서는 "호장과 아전"이라 했으며, ⑤에서는 "호장"이라고 풀이했다. 그런데 "어떤 호장리는 박엽이 곤장을 치려 한다는 말을 듣고 관문에 스스로 목을 매었다"[6]라고 한 데서 보듯이, "호장리"는 우선 한 사람을 지칭하는 말임을 알 수 있다. "호장리"는 호장, 곧 지방 관부에서 수령을 도와 지방행정을 수행하던 향리鄕吏의

---

6 有戶長吏聞燁欲杖, 自縊於官門.(『광해군일기光海君日記』[중초본] 34권, 광해 7년 10월 17일 경신庚申 3번째 기사)

수장首長인 것이다. 호장은 매년 설날에 수령을 대신해 조하朝賀에 참석하기도 했는데, 그 임무를 띤 호장을 특히 '정조호장正朝戶長'이라 했다.[7] 그런데 원문에서 "모두 와서 반열에 참석한다咸來參班"라고 한 것은 그들이 모두 궁궐 조하에 참석한다는 말이 아니라, 대궐 밖에서 임금에게 절을 올리는 의식인 '망배望拜'에 참석한다는 말이다. 유만공柳晩恭(1793~1869)의 『세시풍요歲時風謠』에서 "호장이 관복을 입고 망하望賀를 행한다[戶長以官服行望賀]"고 한 바로 그것이다. 이렇게 볼 때, "호장리"라 그대로 옮기면서 주석에서 "호장으로 있는 서리胥吏. 곧 시골 관청의 우두머리 아전을 말한다"고 한 ②가 옳다.

(2) 족척장로族戚長老

세배를 드리는 대상을 설명한 부분이다. ①과 ⑤에서는 "친척 어른들", ②에서는 "집안 어른들", ③과 ④에서는 "집안 친척 어른들"이라고 했다. ③과 ④에서 "집안"과 "친척"을 중복 서술한 것은 군더더기다. 그것을 제외하면 모두 비슷하게, 말하자면 "친척(집안)"에 주안점을 두고 풀이했다. 그런데 원문은 "족척장로族戚長老"이다. 유득공柳得恭(1748~1807)의 『경도잡지京都雜志』에서 "친척장자親戚長者"라고 한 것과 유사한 표현이다. 이것을 "친척(집안) 어른들"이라고 풀이하는 것은 정확한 설명이 아니다. 원문의 "장노長老"는 겨레붙이 중에서 나이가 많은 사람을 한정해서 하는 말이 아니라 '어르신' 일반을 지칭한다. 정약용의 시 중에 「가을날 쾌빈루에서 박좌랑 지경, 신주서 완 및 고을의 여러 어르신을 모시고 연회를 베풀며[秋日快賓樓陪朴佐郎趾慶申注書完及鄕中諸長老宴]」[8]라고 한 시의 제목만 보아도 그 용례를 알 수 있다. 김매순金邁淳(1776~1840)의 『열양세시기洌陽歲時記』에서 "친척과 이웃 마을 어르신들을 두루 찾아 인사드리는 것을 세배라고 한다"[9]고 한 데서 더욱 분명해진다. 이렇게 볼 때, "족척장로"

---

7 "고려 제도에 군읍郡邑의 수석 이속[首吏]을 호장戶長이라 하였는데, 목종穆宗 때 정년제도를[年滿] 설치하여 나이 70이 되면 안일安逸에 속하게 하고 일을 맡기지 않았다. 연초마다 경도京都에 와서 조알朝謁하게 하였는데 이를 정조호장正朝戶長이라 하였다[麗制, 鄕邑有首吏曰戶長, 穆宗定年滿七十, 則屬安逸不仕事. 歲初朝謁于京曰正朝戶長.](『동사강목東史綱目』 「관직연혁도官職沿革圖」)

8 시 전문은 이렇다. "노란 꽃 붉은 잎들 아름다운 가을에[黃華赤葉媚寒天] / 학사들을 초대하여 성대한 자리 열었구나[官閣招邀作盛筵] / 고씨 하씨 오랜 옛날 강좌 명망 거뒀는데[顧賀久收江左望] / 사씨 양씨 오늘날에 낙중 현인 뒤이었네[謝楊今繼洛中賢] / 예의의 풍속 사부에 능란함도 놀라운데[翻驚禮俗嫺詞賦] / 청담을 함께 나눠 풍악보다 훨씬 나아[共說淸談勝管絃] / 산야에 묻혔다고 애석해 하지 마소[山澤沈淪休自惜] / 영남 사람 마침내는 큰 성은을 입을 테니[嶺南終荷聖恩偏]"(한국고전종합db, 송기채 역)

는 "친척과 이웃의 어르신들"이라고 풀어야 하고, 그래야 세배의 대상이 친척으로만 한정되지 않는다.[10]

(3) 춘첩春帖

봄을 맞이하는 기쁨을 나타내는 시구를 문 등에 붙이는 춘첩은 궁궐에서는 일종의 선발시험 같은 것을 거쳐 뽑았다. 홍문관이나 규장각 등 관각館閣의 수재들인 제학提學에게 오언이나 칠언의 절구나 율시의 운韻을 내게 하여 궁내의 대소 관리들에게 시를 짓게 한 다음 그것들 중에서 잘된 것을 채점해서 뽑도록 한 것이다. 『경도잡지』는 그 과정과 절차를 자세히 설명하고 있다. 제학들을 궁궐로 부를 때 "패소牌召"를 했는데, 임금이 비상사태나 야간에 급히 만나야 할 신하가 있을 경우, 승정원에 명하여 패를 써서 입궐하게 한 것이다. 임금이 필요한 신하를 불러서 국사를 의논할 때 주간에는 승정원에 명을 내려 입시토록 했지만, 긴급사태가 발생하거나 야간에 긴급히 신하를 대면해야 할 경우가 생길 때는, 임금이 승지承旨에게 부를 신하의 직위와 이름을 말하면, '명命' 자를 새긴 나무패 뒷면에 부를 신하의 이름을 적어 승정원의 하례下隷를 시켜 송달하게 했다. 이 패는 왕명과 같은 것이어서 받는 즉시 입궐해야 했는데, 춘첩자를 작성하는 데 굳이 이런 제도를 동원한 것은, "명운고제命韻考第"라는 말에서 보듯이, 그것이 출제와 채점의 비밀을 요하는 일종의 시험이었기 때문이다.[11]

이런 측면에서 "제학들에게 명령하여 오언 혹은 칠언 절구의 운자를 내어주고 그것을 고사考査하여 등에 합격한 것"을 고른다고 한 ①의 해석은 적절하다.[12] "제학들에게 운을 내도록 하여 오언 칠언 율시, 절구를 짓는다"고 한 ⑤의 풀이는 좀 모호하다. 운을 낸 사람과 그 운을 활용해 시구를 짓는 사람, 그리고 그 시구를 채점하여 뽑는 사람이 뒤섞여 있는 것이다. 이렇게 볼 때 '제학들에게 시를 짓게 한다'는 의미로 풀어쓴 ②, ③, ④는 모두 잘못되었다고 할 수 있다. "승정원에서 초계문신과 시종대신에게 궁궐에서 쓸 춘첩자를 지어 올리게" 했는데,

---

9 遍謁親比隣里長老曰歲拜(『열양세시기洌陽歲時記』「원일元日」)

10 진경환, "『경도잡지』「세시」편 번역의 오류 문제", 『Journal of Korean Culture』 35, 한국어문학국제학술포럼, 2016, 318쪽.

11 진경환, 앞의 논문, 325쪽.

12 그런데 원문에서는 "오칠언율절五七言律絶"이라 했는데, ①에는 율시에 대한 언급이 없다.

아무것이나 다 받아들일 수는 없으니, 제학에게 특별히 운자韻字를 제시하게 한 후, 그것을 가장 잘 풀어낸 춘첩자를 골라내는 일련의 과정이 전제되어 있는 이 부분을 안이하게 처리해서는 곤란하다.

그리고 춘첩은 그것을 붙이는 장소가 중요하다. 원문에서는 "궐내 각전各殿의 주영柱楹과 문미門楣에 붙인다"고 했다. "주영"은 기둥임이 분명하지만, "문미"에 대해서는 각각 설명이 다르다. 문미는 상인방上引枋 혹은 상방上枋, 곧 창이나 문의 위쪽에 기둥과 기둥 사이를 가로지르면서 그 윗부분 벽의 무게를 받쳐 주는 나무를 말한다. 오늘날에도 일부 아파트나 가게에서 부적을 붙이거나 실타래에 묶은 북어를 걸어놓기도 하는 곳이다. ⑤에서는 "문미"라고 쓰고 괄호 안에 "문 위에 가로로 댄 나무"라는 다소 모호한 설명을 부기했고, ③과 ④에서는 상방이라 한 데 반해, ①에서는 "도리", ②에서는 "문설주"라 했다. "도리"는 서까래를 받치기 위하여 기둥 위에 건너지르는 돌보를, "문설주"는 문짝을 끼워 달기 위하여 문의 양쪽에 세운 기둥을 말하므로, 둘 다 잘못된 것이다. ①과 ②에서는 이하 동일한 오류가 반복적으로 행해지고 있다. 여기서 그림이나 사진을 모아 실물 대신 볼 수 있도록 엮은 도감圖鑑의 필요성이 다시 확인된다.[13]

(4) 세화歲畫

새해를 축하하기 위해 붙이는 세화 부분이다. 원문에서 "도화서에서 수성선녀직일신장 그림을 그렸다[圖畫署畵壽星仙女直日神將]"고 했다. 문제가 되는 것은 "수성선녀직일신장도"의 정체다. 그것은 하나의 그림인가, 아니면 복수의 그림인가? 우선 "수성선녀도壽星仙女圖"를 보자. '수성도壽星圖'는 장수를 기원하는 별자리를 의인화한 수성노인壽星老人을 형상화한 것이고, '선녀도'는 선경에 사는 여자 신선을 그려 길상을 나타낸 그림이다.[14] '직일도'는 "치일值日, 즉 도가道家에서 말하는 육십갑자일을 지켜주는 신을 그린 그림"[15]이다. 참고로 '직일도'는

---

13 여기서 말한 도감은 특정 사물을 사진이 아니라 그림으로 그려 묘사, 설명하는 것을 말한다. 그림의 경우, 하나의 화면 안에 대상의 부분과 세부를 대단히 상세하게 적시할 수 있는 이점이 있다. 이에 대해서는 진경환의 "남북 세시기 번역의 문제와 해결방안 - 『경도잡지』 「풍속」편을 중심으로"(『우리문학연구』 65, 우리문학회, 2020)를 참고할 것.

14 진경환, "『경도잡지』 「세시」편 번역의 오류 문제", 325쪽.

15 정승모, 『동국세시기』, 풀빛, 2009, 23쪽.

'치일도'로 쓰고 읽어야 옳다. 마지막으로 '신장도'는 열두 달을 지켜주는 신을 그린 그림이다. 요컨대 "수성선녀직일신장도"는 '수성도', '선녀도', '치일도', '신장도' 등 세화 네 종류를 한꺼번에 부른 말이다. 모두 무병장수를 기원하는 도가의 그림들이다. 그런데 이러한 사실을 제대로 드러낸 것은 ④ 하나뿐이다. ①은 "수성·선녀도와 직일 신장도"라 했고, ②에서는 "수성·선녀와 직일신장의 그림"[16]이라 했으며, ③과 ⑤는 "수성선녀도와 직일신장도"라 했다. 이런 혼란은 주석 등을 통해 해당 그림들을 보여주면 곧바로 해결될 문제다.

(5) 문배門排

"금갑이장군金甲二將軍"의 그림을 그려 임금에게 바친다고 했는데, "하나는 부斧를 들고, 하나는 절節을 들었다"고 했다. 지방관이 부임할 때, 임금은 그에게 부절符節과 부월斧鉞을 내려 주었다. 부절은 수기手旗 모양의 신표로 임무 수행자의 증명이었고, 부월은 도끼 모양으로 된, 살생권殺生權의 상징이었다. 이것을 ①에서는 "하나는 도끼를 잡고 하나는 절節을 잡았다"고 하면서 "절"에 "황제의 신임을 표시하는 일종의 기旗"라는 주석을 달았다. ②는 ①과 같은데 다만 "도끼"에 "[斧鉞]"이라 부기했으며, ③은 "각각 도끼와 절월節鉞을 들고 있다"고 하면서 "절월"에 "부절符節과 부월斧鉞로 이것을 장수에게 내려 권력을 더하는 뜻을 나타냈다"는 주석을 달았다. ④는 "도끼와 부절符節을 들고 있다"고 하면서 "부절"을 주석 처리하였다. ⑤는 "한 사람은 도끼를 들고 한 사람을 부절을 들었다"라 하고 보충 설명은 덧붙이지 않았다. '도끼를 들었다'고 하면 대단히 생뚱맞게 느껴질 수 있다. 이러한 혼란을 막고 빠르고 정확한 이해를 도모하기 위해서는 앞에서와 마찬가지로 관련 그림이나 도판 같은 것을 첨부하는 것이 좋겠다.

그리고 그 그림들을 문 "양선兩扇"에 건다[揭]고 했다. 두 장군의 그림을 문짝 양쪽에 하나씩 건다는 말이다. 여기서 '게揭'는 풀로 붙이는 '첩貼'과는 달리 매달아서 건다는 말이다. 일종의 장식 혹은 치장과 연관된 행위를 나타낸다. 값이 나가는 그림들[17]을 집 외벽 같은 데에 함부로

---

16 특히 ④는 직일신장을 "그날을 담당하는 신"이라는 식의 모호한 표현으로 풀이해 놓았다.

17 이런 그림들은 광통교 아래에서 팔았던 사정을 『한양가』에서 증언하고 있다. "광통교 아래 가게 각색 그림 걸렸구나 / … / 문에 부칠 신장神將들과 모대帽帶한 문비門神들을 / 진채眞彩 매워 그렸으니 화려하기 측량 없다."(강명관 주해, 『한양가』, 신구문화사, 2008, 81~85쪽)

붙일 수는 없었을 것이다. 그런데 ①~④까지 모두 "붙인다"고 했고, ⑤에서만 "건다"고 했다.[18] 요컨대 '게'는 뒤에서 종규鍾馗가 귀신을 잡는 그림을 "문짝[門扇]"에, 그리고 귀신 머리 그림을 상방에 '붙인다'고 했을 때의 '첩貼'과는 분명히 다른 행위인 것이다.[19]

그 그림을 거는 곳을 "문선門扇"이라 했다. 문선은 문에 끼워서 여닫게 된 문의 한 짝으로 문비門扉 혹은 문호門戶라고도 한다[20]. 흔히 문짝이라고 하는 그것이다. 그런데 ②를 제외하고는 모두 모호하거나 잘못 풀이했다. ①, ③, ④는 "문간"이라 한 바, 그것은 대문이나 중문重門 따위 출입문이 있는 곳 일반을 말한다. 더구나 ⑤에서처럼 그냥 "문"이라 해서는 구체성을 얻기 어렵다. 지금 구체적으로 어디에 어떻게 하느냐 하는 점이 문제 되고 있기 때문이다. 요컨대 세화나 문배를 걸거나 붙이는 행위, 그리고 그 장소[21] 등에 대해서는 보다 더 주의를 기울여 서술해야 한다.[22]

또 문배에 그려진 두 장군의 모습을 언급하면서, ②는 "춘명퇴조록에 '도가에서 상소하여 천문 수위의 황금빛 갑옷을 입은 두 사람을 그리는데 갈장군은 깃발을 들고 주장군은 절월을 들었다'고 했다"고 풀었다. ③은 "춘명퇴조록에 도가에서 상소를 올려 천문을 지키는 금갑옷을 입은 두 사람 중 갈장군은 기를 잡고 있고 주장군은 절월을 잡고 있다"고 했고, ④에서는 "춘명퇴조록에는 금갑을 입고 천문을 지키는 두 장군이 있는데, 갈장군은 기를 잡고 있고 주장군은 도끼와 부신을 잡고 있다"고 했다. 모두 송민구宋敏求(1019~1079)의 『춘명퇴조록春明退朝錄』을 직접 보지 않고 풀어 무슨 말인지 모르게 서술하였다. 실제 『춘명퇴조록』에는, "장상서 안도가 말하기를, '일찍이 구본 도가주장도道家奏章圖를 얻어보니'"[23] 운운이 나온다. 곧

---

18 그러나 뒤에서는 "붉은 도포와 검은 사모를 한 사람의 그림을 중합문重閤門에 붙인다"고 하여 '게揭'를 잘못 풀었다. 동일한 글자를 한 번은 건다고 하고 한 번은 붙인다고 다르게 해석하는 오류를 범했다.

19 참고로 『경도잡지京都雜志』에서는 "벽에는 종규鍾馗가 귀신을 잡는 그림, 신선이 사슴을 타고 있는 그림을 건다[壁揭鍾馗捕鬼神仙人騎鹿圖]"고 했다.

20 널문짝이 외짝이면 판비板扉, 두 짝이면 판선板扇이라고 한다.

21 『용재총화慵齋叢話』에서는 "이른 새벽에 그림을 문門, 호戶, 창窓, 비扉에 붙이는데, 처용, 각귀角鬼, 종규, 복두관인幞頭官人, 개주장군介冑將軍, 경진보부인擎珍寶婦人, 닭, 호랑이 따위의 그림이다[淸晨附畫物於門戶窓扉, 如處容角鬼鍾馗幞頭官人介冑將軍擎珍寶婦人畫雞畫虎之類也]."라고 상세히 기록하고 있다.

22 어떤 경우에는 문에 직접 그림을 그리기도 하였다. "서울 사람은 문에 흰 칠하기를 숭상해 / 신기한 채색을 서로 경쟁하니 / 꽃 모자 쓴 이는 위징魏徵인 줄 알겠고 / 사자 띠 한 이는 바로 위지공이구나[京人尙門畫, 彩色競新奇, 花帽知魏徵, 獅帶是尉遲]"(『청장관전서靑莊館全書』 권2 「영처시고嬰處詩稿」 2 '세시잡영歲時雜詠')

『춘명퇴조록』과 『도가주장도』가 언급되는데, 『도가주장도』를 ②와 ③에서는 "도가에서 상소하여" 운운으로 오역을 했으며, ④는 아예 『도가주장도』를 빼버렸다. 이에 비해 ①에서는 "춘명퇴조록과 도가주장도를 보면"이라 하여 『도가주장도』를 주목했으며, 특히 ⑤는 "춘명퇴조록을 보면 '도가주장도에 하늘 문을 지키는 금갑 옷 입은 사람이 있는데, 갈장군은 깃발을 들고 주장군은 부절을 들었다'고 하였다"고 정확히 풀이했다.

덧붙여 문배의 유래를 설명하면서 "전기傳奇"를 언급하는 부분을 보자. '전기'는 당나라 때 유행하기 시작하여 동아시아 여러 나라에 널리 퍼진 소설의 한 종류로서 환상적인 구성이 돋보이는 역사적 장르인 '전기소설'을 말한다. 잘 알려진 김시습의 『금오신화金鰲新話』는 당 전기소설인 『전등신화剪燈新話』를 모방한 것이다. 실제로 원문에서 언급한 전기는 『당태종전唐太宗傳』이다. 그런데 ①, ②, ⑤는 전기 혹은 전기소설이라 했음에 반해 ③과 ④는 '괴담소설'이라 한 바, 그것은 통용되는 용어가 아니다. 인접 학문 분야에 대한 관심이 절실하다.

(6) 덕담德談

두 가지가 문제 된다. 하나는 원문에 "친구연소親舊年少"라고 한 말이다. 덕담을 해주는 상대를 지시하기 때문에 중요한 구절이다. ①, ③, ④에서는 "친구와 젊은이"라 했는데, ②는 "연소한 친구"라 했고, ⑤에서는 "잘 아는 젊은이"라 했다. ②와 ⑤처럼 풀이한 이유는 덕담은 대개 어른 쪽이 연하자에게 해주는 말이라고 생각했기 때문인 것 같다. 그러나 친구끼리 덕담을 나누는 것은 전혀 이상하지 않다.

다음으로 덕담의 표현 방식 문제다. ①에서는 아예 번역을 누락시켜서 알 수 없지만, 나머지 ②~④에서는 모두 "급제하라"거나 "급제하시오"와 같이 소원을 담아내는 것으로 풀이했다. 그런데 최남선의 증언은 이와 다르다. "신년의 덕담은 '이제 이렇게 되라'고 축원하는 것이 아니라, '벌써 그렇게 되셨다니 고맙습니다'라고 경하함을 특색으로 한다. 이를테면 '금년에는 부자가 되셨다지요?' 하는 유이다. (…) 이 덕담에는 대개 (…) 원시 심리적 근거가 있으니, (…) 언령관념言靈觀念이다. 옛사람들은 인류의 성음聲音 내지 언어에 신비한 영력靈力이

---

23   "張尙書安道言, 嘗收得舊本道家奏章圖"(『문연각사고전서자부文淵閣四庫全書子部』 168, '잡가류雜家類' 862, 여강출판사, 531쪽) 참고로 이 책에는 대궐 문을 지키는 사람이 원래 셋이었는데, 그 하나는 잊었다고 되어 있다. 이에 대해서는 진경환의 "『경도잡지』「세시」편 번역의 오류 문제", 318쪽 참조.

있다고 믿으니, 덕담은 곧 이러한 언령적 효과를 기대하는 것이다."[24] 이 문제는 보다 깊이 고찰해 보아야 할 것이다.

(7) 화반花盤

제주도에서 마을의 액을 막기 위해 행하던 액막이 거리굿인 화반을 설명하면서, 제주 사람들이 여기저기에 신사神祠를 세웠는데, 구체적으로는 "산수천지구릉분연목석山藪川池丘陵墳衍木石"에 차렸다고 했다. 이것을 ①에서는 "산, 숲, 시냇물, 못, 언덕, 분묘, 나무, 돌"이라 했고, ②는 "산, 늪, 냇물, 연못, 언덕, 물가, 평지, 나무, 돌", ③과 ④는 "산, 숲, 냇물, 못, 언덕, 분묘, 나무, 돌", ⑤는 "산, 숲, 시내, 못, 언덕, 들판, 나무, 돌"이라 했다. 우선 ①, ③, ④에서 "분묘"가 갑자기 왜 나왔는지 궁금하다. "릉陵" 때문인 것 같은데, 그것은 앞의 "구丘"와 짝해서 '구릉'이라는 뜻이다. 이렇게 보면, 위 구절은 두 글자씩 묶어 풀이하는 것이 좋겠다. "산수山藪"는 산과 숲이 아니라 산 속 우거진 숲, "천지川池"는 시내와 연못이 아니라 물이 있는 곳, "구릉丘陵"은 언덕과 무덤이 아니라 높고 낮은 언덕, "분연墳衍"은 물가의 평지[25], "목석木石"은 나무와 돌이 뒤섞여 있는 곳이라는 말이다.[26] 어떤 것은 한 글자씩 풀고, 어떤 것은 두 글자를 묶어 푸는 것은 자연스럽지 않다. 뿐만 아니라 무덤과 신사神祠를 연결 지어 엉뚱한 상상을 이끌어 낼 수 있다는 점에서 볼 때, 이런 문제는 더욱 신중하게 접근해야 한다.

(8) 입춘立春

"대내大內에 춘첩자를 붙인다"고 했다. ①~④ 모두 "대내"를 "궁궐"로 풀었다. 다음 구절에 "경사서민가卿士庶民家"가 나오니, 그렇게 풀어도 큰 문제는 없을지 모르겠다. 그러나 저자인 홍석모洪錫謨(1781~1857)가 앞에서 "(연상시를) 궐내闕內 각전各殿의 기둥과 상방에 붙인다"고 한 것처럼 '궁', '궐', '궐내', '궁궐' 등이라 쓰지 않고 굳이 "대내"라고 한 이유가 있을 것이다.

---

24 최남선, 『조선상식朝鮮常識』(「세시歲時」 '덕담德談')

25 『주례周禮』「지관地官」 '대사도大司徒'의 주注에 "물가를 분墳, 평지를 연衍이라 한다"고 했다. 『성호사설星湖僿説』(「인사문人事門」 '어린도魚鱗圖')에서는 분연을 "구릉, 천택과 함께 농사지어 먹을 수 없는 땅[丘陵墳衍川澤, 不食之地]"이라 했다.

26 이렇게 볼 때, ②에서 "수藪"를 "늪"이라 한 것은 오류임을 알 수 있다.

'대내'는 "경복궁의 대내에 불이 났다"[27]고 한 데서 보듯이, 궁궐 전체를 말하는 것이 아니라, 궁궐 내 왕과 왕비가 거처하는 편전便殿이나 침전寢殿을 한정해서 말하는 것이다. ⑤는 "임금이 거처하는 대내"라고 정확히 풀었다. 관상감에서 주사朱砂로 벽사문辟邪文을 써서 올리는 곳도 "대내"라 했는데, 역시 ⑤만 "대내"라고 했고, ①, ③, ④는 "대궐"이라 했으며, 특히 ②는 "대궐 안"이라고 축자 해석을 하고 말았다.

(9) 벽사문辟邪文

단옷날에 붙이는 벽사문辟邪文[28]의 내용을 풀이한 부분이다. 그 글의 구성은 '악귀惡鬼를 잡아먹고 역병疫病을 구축驅逐하는 이러저러한 신들이 이러저러한 악귀들을 물리친다'는 것이다. 그러므로 나열되는 존재들은 모두 특정 신이나 악귀들이다. 그런데 ②, ③, ④에서는 예컨대 "갑작甲作은 흉측한 것을 잡아먹고 (…) 등간騰簡은 상서롭지 못한 것을 잡아먹고, 남저攬諸는 허물을 잡아먹고, 백기伯奇는 환상을 잡아먹고…"라는 식으로 옮겼다. 그러나 '흉측한 것, 상서롭지 못한 것, 허물, 환상'은 각각 "흉凶", "불상不祥", "구咎", "몽夢"이라는 악귀의 이름이다.[29]

(10) 입춘첩立春帖

근래에는 입춘첩이라 하면 "입춘대길 건양다경" 하나만을 생각하지만, 대단히 다양한 형식과 내용이 있었다. 여기서는 입춘첩들 중 "입춘대길 건양다경"에 대해서만 언급하기로 한다. 풀이에서 문제가 되는 것은 "건양建陽"이라는 말이다. 인터넷상에는 그것이 '대한제국의 연호였으니, 이 입춘첩은 대한제국의 무궁한 발전을 기원하는 것'이라는 식의 엉터리 정보가

---

27 景福宮大內災(『국조보감國朝寶鑑』 명종조 1, 8년 9월 기사)
28 "이른 새벽에 서운관書雲觀의 관원이 나자儺者를 거느리고 나아가서 근정문 밖에 서면, 승지가 역질疫疾을 쫓기를 계청啓請하고는, 서운관의 관원에게 명한다. 서운관의 관원이 나자를 인도하여 북을 치고 함성을 지르면서 내정內庭으로 들어가고, 방상씨方相氏는 창을 쥐고 방패를 들면서 소리를 지르고, 진자侲子가 모두 화답한다. 그 부르는 말[曉頭, 書雲觀官帥儺者進立於勤政門外. 承旨啓請逐疫, 命書雲觀官, 引儺者鼓譟進入內庭. 方相氏執戈揚盾唱之, 侲子皆和, 其辭]"이다. (『세종실록世宗實錄』 「오례五禮」 '계동대나희季冬大儺儀')
29 참고로 문첩門帖에 썼다는 "神荼 鬱壘" 네 글자에서 "신도"를 "신다"로 잘못 읽은 것도 이와 함께 지적할 수 있다. ①, ②, ③의 경우이다. "荼" 자를 '茶' 자와 혼동한 것이다.

떠돌고 있다. 그렇다면 당장 대한제국 이전의 여러 세시풍속기에 이 말이 나온다는 사실은 어떻게 설명할 수 있는가. 정확한 해설이 요구된다. ①, ②, ④에서는 "건양"을 "계절 따라"라고 풀이했다. 대개 뜻이야 통하겠지만, 정확한 풀이는 아니다. "대길"과 "다경"이 그렇듯, "건양"은 "입춘"과 호응하고 있다. 더 자세히 보면, '봄[春]'과 '양기[陽]'가 어울리듯이, '세우다'라는 의미로 "건"은 "입"과 호응한다. 참고로 중국 삼국 시대 위 나라 하안何晏이 지은 「경복전부景福殿賦」에 "개건양즉주염開建陽則朱炎嚋, 계금광즉청풍진啓金光則淸風臻"이라는 구절이 나온다. '건양문을 열면 붉은 태양빛이 아름답고, 금광문을 열면 맑은 바람이 이른다'라는 뜻이다.[30] '건양'과 '금광'은 물론 궁전의 문 이름이지만, 그 의미는 따져볼 필요가 있다. "건양建陽"과 "금광金光"을 대우對偶로, 즉 '양기'와 '금빛'을 대응시키고 있다. '주염朱炎'으로 역시 봄이 되면서 더욱 강렬해진 햇빛을 강조하였다.[31] 요컨대 "입춘"과 "건양"은 같은 의미를 갖는 다른 표현인 것이다.[32]

(11) 동인승銅人勝

'화승花勝'이니 '은승銀勝'이니 하는 말에서 보듯이, '승勝'은 머리꾸미개를 말한다. 그런데 인승人勝은 그것들과 달리 도가적인 주문을 적은, 사람 모양의 종이 또는 헝겊을 병풍에 붙이거나 비녀에 걸거나 한 것이다. 동인승은 종이나 헝겊이 아니라 구리[銅]로 만든 인승이라는 뜻이다. 형초 지방의 세시풍속을 기록한, 종름宗懍의 『형초세시기荊楚歲時記』에서는 "비단을 오리거나 금박에 새겨서 만드는데, 병풍 위에 붙이거나 머리에 꽂는다. 사람의 모습을 본뜬 것은 새해를 맞아 모습을 바꾸어 새로움을 따르려는 것이다"[33]라고 하였다. 참고로 천태산인 김태준은 "조선 내각에서는 공조工曹가 화승을 드리고, 또 동으로 원구달마圓毬達摩를 만들어

---

30 김영문 외 역주, 『문선역주』 2, 소명출판, 2010, 315~316쪽.

31 『이아爾雅』 「석천釋天」에 "봄은 청양이다[春爲靑陽]"라 하고, 그 주석에서 "봄은 대기가 푸르고 따뜻함이다[氣靑而溫陽]"라고 했다. (『이아주소』 3, 소명출판, 2004, 252쪽) '한전漢典'을 찾아보니, 《前漢·禮樂志》靑陽開動, 根荄以遂. 《註》草根日荄."이라는 시구가 보인다. (http://www.zdic.net/z/22/kx/8344.htm) '봄의 양기가 열리어 움직이니, 초목의 뿌리가 뻗어나기 시작하도다'라는 뜻이다. 오행에서 봄, 양기, 청색, 동쪽은 다 같은 의미 묶음이다.

32 진경환, "『경도잡지』 「세시」 편 번역의 오류 문제", 326~327쪽.

33 或剪綵或鏤金箔爲之, 貼於屛風上, 亦戴之. 像人入新年, 形容改從新也. (흠정사고전서본欽定四庫全書本)

동인승이라 하여 각전各殿마다 드렸다"[34]고 했다. 이렇게 볼 때, 동인승을 "작고 둥근 거울"이라 한 ②는 잘못된 풀이다. [35]

(12) 인일제人日製

유생들이 성균관에 출석을 잘 하지 않는 것을 막기 위해 원점圓點이라는 제도를 만들었다. "조석으로 식당에 가서 식사가 끝나면 책에 서명하고, 그 서명한 것을 계산해서 장부에 올리는 것을 원점"[36]이라 한다. 그것이 일정 수가 차면 과거 시험을 볼 자격을 주었다. 원문에서는 그 시험을 '인일제'라 했다. 인일제는 시詩, 부賦, 표表, 책策 등 여러 문체를 짓게 했는데, 여기서 수험 방식이 문제가 된다. 원문에는 "수의명제隨意命題"라 했다. 이것을 ①에서는 "(시험을 치르는 사람이) 마음대로 제목을 선택"한다고 했으며, ③에서는 "마음대로 제목을 선택하게 한다"라 했고, ④는 "문체별로 제시된 제목을 마음대로 선택할 수 있다"고 했으며, ⑤에서는 "마음대로 제목을 정해 시험한다"고 했다. 모두 적절치 않다. [37]

"명제命題"는 시제試題를 내는 일을 말한다. "과장科場의 규례는 주문主文이 있으면 명제와 과권課券을 모두 그가 주관한다"[38]고 한 데에서, 명제는 과장을 주관하는 이의 소관임을 다시 확인할 수 있다. 요컨대 『동국세시기』에서 그 주체, 말하자면 시제를 내는 주체는 과거 응시자들이 아니고 제학提學인 것이다. 앞 구절에서 "제학을 불러 과거를 시행한다[命招提學設科]"고 했음을 기억할 필요가 있다. 채점을 하여 장원을 뽑는 일, 곧 '고취거괴考取居魁'도 물론 제학의 몫이었다. [39]

---

34 「年中行事, 1月篇 正月 風俗 가지가지」,『東光』40호, 1933, 26쪽. 김태준의 이 전언은『열양세시기』와『동국세시기』를 참고하여 보충한 내용으로 보인다.

35 이석호의 번역은 그 '권위'에 힘입어 비판 없이 수용되고 있다. 예를 들어 국립민속박물관에서 번역 출간한 『경도잡지』(2007년본)에서도 "작고 둥근 거울 같은 것으로 자루가 달려 있고 신선을 새겨 넣었다"고 한 바, 이석호의 번역을 그대로 믿고 따랐음을 보여준다. 이에 대해서는 진경환의 앞의 논문, 324~325쪽을 참조할 것.

36 朝夕坐食堂, 食訖署名於冊子, 計其名而置簿, 謂之圓點. (『유한잡록遺閑雜錄』)

37 ②에서 "각 문체를 마음대로 시험에 내게 한다"고 한 것은 전혀 다른 맥락의 이야기다.

38 盖科場之規, 若有主文之人, 則命題課券, 率皆主之矣. (『도곡집陶谷集』권5「소차疏箚」'숭패예궐외걸면소承牌詣闕外乞免疏') 여기서 '주문'은 과거를 관리하는 수석 시험관試驗官을, '과권'은 시권, 곧 과거 시험의 답안지를 말한다.

그런데 이 인일제에서 장원으로 뽑힌 자에게는 "사제발해賜第發解"한다고 했다. 사제는 임금의 명령으로 특별히 급제한 사람과 똑같은 자격을 주는 것을 말한다. 1월의 월내月內, 곧 기타 풍습 중 "도기到記", 앞서 말한 '성균관 식당에서 받은 소정의 원점圓點'을 얻은 유생들이 임금이 주관하는 과거에 참여하는 제도와 관련해서 "강제거수병사제講製居首並賜第"라는 말이 나온다. 이 말은 『시경』, 『서경』, 『역경』의 삼경三經 중 어느 대목을 소리 내어 외우게 하는 강경講經과 인일제에서처럼 특정 주제를 주고 글을 짓게 하는 제술製述의 두 시험에서 수석을 차지한 사람 모두에게 사제賜第, 곧 정식 과거 급제자와 동일한 자격을 하사했다는 것이다.[40]

한편 발해는 원래 주현州縣의 시험에서 급제한 학생을 그 지방관청에서 중앙 정부에 올려 보내 경사京師의 과거에 응시하게 하는 것, 말하자면 대개 초시初試에 합격한 것을 말한다. 요컨대 인일제에서 장원을 한 사람에게는 특별히 정식 과거에서 급제한 사람과 같은 자격을 주기도 하고 혹은 초시에서 합격한 사람과 같은 자격을 주기도 했다는 것이다. 그래서 이어 나오는 "시상유차施賞有差"는 그렇듯 차등 있게 시상을 했다는 말이 된다.[41]

이렇게 볼 때, "장원을 한 자에게는 급제나 초시를 주고 차등이 있게 상을 주었다"고 한 ①은 "주고"를 "주는 등"으로 바꾸면 보다 정확한 해석이 된다. "수석을 차지한 자에게 문과 급제 또는 초시 합격 자격을 부여하고, 차등 있게 시상한다"고 한 ⑤는 보다 나은 해석이라 할 수 있다. "1등을 한 자에게는 혹 사제도 내리며 발해한 자도 시상하는데 차등 있게 준다"고 한 ② 역시 보완이 필요하다. 한편 "장원을 한 자에게는 과거에 정식으로 급제한 사람과 똑같은

---

39 『열양세시기』에서는 "제학을 독권관讀券官으로 삼아 어전에서 합격자의 등수를 매기게 한다[提學爲讀券官, 詣樹前科次]"고 했다. 여기서 '독권관'이란 말은 어전에서 과거의 답안지인 시권試券을 읽었기 때문에 붙여진 말이다.

40 그런데 '사제賜第'는 대개 문과 전시殿試의 응시 자격을 주는 것을 말하기도 한다. 『승정원일기承政院日記』 영조 51년 2월 13일 기사의 "일전에 성균관 유생들에게 제술 시험을 보일 적에 초시만 지급하라는 하교가 있었기에 입격한 세 사람에게 회시會試 응시 자격을 주었습니다. 그런데 그가 입시入侍한 뒤에 특명으로 전시殿試 응시 자격을 내리셨습니다. 임금이 비록 천지조화의 권한을 지녔지만 왕의 말씀은 어김없이 찾아오는 사계절처럼 신뢰성이 있어야 합니다. 청컨대 박행순朴行淳에게 내린 사제賜第의 자격을 환수하소서[日前泮儒之製述也, 有只給初試之敎, 入格三人, 許赴會試, 而及其入侍之後, 特命直赴殿試, 人君雖持造化之柄, 王言當如四時之信, 請還寢朴行淳賜第之命]."라고 한 신응현申應顯의 말을 참고해 보면, '초시初試'는 '회시會試 응시 자격을 주는 것을 말하고, '사제賜第'는 전시殿試 응시 자격을 준다는 것과 같은 의미임을 알 수 있다.

41 『열양세시기』에서는 "수석을 한 사람은 왕왕 사제하고, 그 나머지에게도 상을 내리는데 차등을 두었다[居首者往往賜第, 其餘頒賞有差]"고 했다.

자격을 내리고 그밖에 시험을 잘 본 자에게도 초시 합격 자격을 주거나 상을 내리는 등 차등을
두었다"고 한 ③과 ④는 맥락을 잘못 파악한 결과이다.

(13) 훈시훈서燻豕燻鼠

'쥐불놀이'와 유사한 궁중의 "훈시훈서", 곧 '돼지 태우자, 쥐 태우자'는 풍습[42]은 "소환수백
小宦數百"이 실행하였다. 그런데 "소환" 풀이가 문제가 된다. ⑤에서처럼 "어린 환관 수백 명"
이라고 하는 것이 옳다. 그런데 ①은 "수백 명의 내시들"이라 하여 어리거나 젊다는 말을 누락
시켰다. ③에서처럼 "나이가 젊고 지위가 얕은 환관"이라 한 것은 지나친 부연이고, "지위가
낮은 젊은 관리들 수백 명"이라 한 ④는 내시를 의미하는 "환宦"을 '관리'라고 푼 오류를 범했
다. 굳이 "소환을 명하여 어찬御饌을 가져다 대접하고 또 술을 가져오라 하여 술잔을 남김없
이 권하였다"[43]는 전언을 근거로 삼을 필요도 없을 것이다. 궁중에 나이 어린 관리들이 수백
명 있을 리 만무할 뿐더러 설혹 젊은 관리라 하더라도 그들이 이런 놀이를 직접 수행했다는
것은 있을 수 없는 일이다.[44]

(14) 진채陳菜

말려 두었던 여러 가지 나물을 이듬해 봄에 먹는, 정월 대보름 절식節食인 묵은 나물, 곧
묵나물로 먼저 "호과匏瓜"를 들었다. ②에서만 "박나물"이라 했고, 나머지에서는 모두 "박, 오
이"라 했다. "음낭陰囊이 부어서 나이가 많은 자는 크기가 박만하고 어린애는 거위알만하
다"[45]고 할 때의 박이 바로 "호과"이다. "박이나 호박도 또한 날마다 바치는 수량을 정해 놓고
그 수량을 벗어나면 모두 본전을 주어야 한다"[46]고 한 데서 보듯이, 대개 호박을 남과南瓜라고

---

42 참고로 『상촌집象村集』 권6 「오언고시五言古詩」 '전가요田家謠'에서는 "해일에는 돼지주둥이를 태우고[亥日燻豕
喙] / 자일에는 쥐의 창자를 태운다[子日焚鼠腸]"고 했다.

43 命小宦饋以御饌, 仍命酒盡爵而侑.(『송자대전宋子大全』 158 「신도비명神道碑銘」 '우의정이공신도비명右議政李
公神道碑銘')

44 성해응成海應(1760~1839)이 『연경재전집研經齋全集』(권56 「필기류筆記類」 '반낭頒囊')에서 "소관수백小官數百"이
라 한 것은 아마 민속에 밝았던 유득공柳得恭(1748~1807)의 글(『영재집泠齋集』 4 「고금체시古今體詩」 '해자낭사
유서亥子囊詞 有序')을 빌어오고, 필사를 하면서 오기한 것으로 보인다.

45 陰囊浮大, 年長者, 大如瓠瓜, 小兒則大如鵝卵.(『산림경제山林經濟』 3 「구급救急」 '두창경험방痘瘡經驗方')

하는 데에 비해 박은 "호과"라 불렀던 것이다. 그리고 바로 뒤에 연이어 나오는 "표심蔈蕈"이 한 단어로 버섯, 특히 표고버섯을 지시하니 마찬가지 이유에서 "호과"는 박과 오이가 아니라 박이라 해야 옳다. 오이는 뒤에서 나오듯이 "과로瓜顱"라고 하여 그 꼭지를 말려 두었다가 삶아 먹었다. 그리고 "대두황권만청라복大豆黃卷蔓菁蘿蔔"의 경우이다. ①에서는 "콩, 호박, 오가리, 무순, 배추"라 했고, ③과 ④는 "콩, 호박, 순무", ⑤는 "콩나물, 무"라 했다. 그런데 이 구절은, "대두황권"이 말린 콩나물순을 말하니 "만청라복"도 그것과 짝을 지어 무라고 하는 것이 적절하겠다. 물론 "만청"과 "나복"을 순무와 일반 무로 나누어 볼 수 있다. 이렇게 보면 "콩나물순, 순무, 무"라 한 ②의 풀이가 사실에 부합한다.

(15) 더위팔기[賣暑]

이것을 설명하는 부분에서 인용한 육방옹陸放翁의 시 해석이 문제가 된다. "호로원낙화신세呼盧院落譁新歲, 매곤아동기오경買困兒童起五更"[47]을 ①에서는 "뜰 가운데 쌍륙 치며 새해맞이 한창인데, 춘곤 파는 아이들은 첫새벽에 일어난다"고 했고, ②는 "주사위를 던지면서 정원에서 새해를 떠들썩하게 맞이하는데 곤함을 사라고 아이들은 새벽에 일어나네"라 했으며, ③과 ④에서는 "정원에서 주사위로 놀고 떠들며 새해맞이가 한창인데 춘곤 파는 아이들은 새벽같이 일어난다"고 했고, ⑤는 "집집마다 놀이하느라 새해에도 떠들썩한데, 춘곤 파는 아이는 새벽부터 일어난다"고 했다. 문제는 "호로呼盧"이다. ⑤는 그저 "놀이"라고 했고, ①은 "쌍륙"이라 한 데 비해 나머지는 모두 "주사위"로 보았다. 사전에서는 "호로"를 대개 저포樗蒲 같은 노름으로 설명한다.[48] '호로갈치呼盧喝雉'라는 말이 있다. 도박판에서 나무로 된 패를 던지며 외치는 것을 말한다. 윷 모양으로 된 다섯 개의 패에 한 쪽에는 검은색 바탕에 소를, 다른 쪽에는 흰색 바탕에 꿩을 그리는데, 다섯 패가 모두 검은 것이 '로盧'로 가장 좋은 패고, 한 패만 흰 것이 '치雉'로 그다음으로 좋은 패여서 하는 말이다. 육유陸游의 시에서 "떠들썩하다"고 한 것은 바로 이렇듯 좋은 패가 나와 환호하는 장면을 묘사한 것이다.[49]

---

46 瓠瓜南瓜, 亦皆定其日額, 凡出額外者, 皆給本錢. (『목민심서牧民心書』 「절용節用」 '범이노소공, 기무회계자, 우의절용凡吏奴所供, 其無會計者, 尤宜節用')

47 송나라 육유陸游가 지은 「세수서사歲首書事」라는 시의 한 구절이다. (『검남시고劍南詩稿』 38)

48 모로하시 데쓰지諸橋轍次, 『대한화사전大漢和辭典』 2, 대수관서점大修館書店, 1980, 961쪽.

(16) 방연放鳶

연싸움을 구경하는 아이들을 묘사하면서 "수많은 아이들이 연줄이 끊어지기를 기다렸다가 그 끊어진 줄을 차지하려고 서로 다투거나 공중을 노려보면서 떨어지는 연을 쫓아 물밀듯이 달려간다[群童候斷搶絲, 或追敗鳶, 睨空奔波]"고 했다. 이것을 ①은 위와 대략 비슷하게 옮겼고, ②는 "아이들은 남의 연줄을 끊느라고 서 있는 자도 있고, 혹은 패하는 연을 공중만 보고 쫓아간다"고 했는데, 아이들이 연줄을 끊는 것이 아니므로 잘못된 풀이다. ③과 ④는 "아이들은 무리를 지어 끊어진 연줄을 쫓아 하늘만 쳐다보고 물결처럼 분주히 달린다"고 하여, 연을 쫓는 모습을 놓치고 있다. ⑤는 "아이들이 기회를 보아 실을 끊기도 하고, 실이 끊어진 연을 쫓아 하늘을 보면서 마구 달린다"고 하여, ②와 마찬가지로 아이들이 연줄을 끊는다고 잘못 풀이하였다. 아이들은 "수표교 천변 위아래에 담장처럼 늘어서 연싸움을 구경하는[水標橋沿河上下, 觀交鳶者, 簇如堵墻]" 관중인 것이다. 실제 연싸움을 벌이는 이들은 "부유한 집에서 연싸움을 잘하기로 소문이 자자해 부른 젊은이들[都下年少, 有以善交鳶噪名者, 豪貴家往往致觀之]"이다.

(17) 석전石戰

삼문[50] 밖 사람들과 아현 사람들이 편싸움을 벌이는 장면을 묘사하면서, "몽둥이들 들거나 돌을 던지며 소리를 지르고 쫓고 쫓기면서 만리재 위에서 접전을 벌린다[或持棒或投石, 喊聲趕逐, 爲接戰狀於萬里峴上]"고 하였다. 여기서 모습을 뜻하는 "상狀"자 때문에 혼란이 생겼다. ⑤를 제외하고는 모두 "접전하는 시늉", "접전하는 모양", "싸우는 모양"을 취한다고 한 것이다. 그런데 석전, 곧 편싸움[邊戰]은 단지 시늉을 짓거나 모양만 낸 것이 아니다. "이마가 터지고 팔이 부러져 피가 흐르는데도 싸움을 그치지 않는데, 그러다가 죽거나 상처가 나도 후회하지 않으며 (…) 사람들은 돌이 무서워 피한다"고 했다. 최영년崔永年(1859~1935)이 지은 『해동죽지海東竹枝』의 "매년 초 무사無事할 때 많은 사람들이 널찍하고 툭 트인 광장에 모여 각자 단단한 나무 방망이를 들고 위아래 두 편으로 나누어 서로 공격하여 설사 죽더라도 뉘우침이 없었는데, 이것을 '편쌈'이라고 한다"[51]는 전언이 저간의 사정을 다시 증명해 준다.

---

49 진경환, "『경도잡지』「세시」편 번역의 오류 문제", 327쪽.
50 숭례문(남대문), 돈의문(서대문), 소의문(서소문)을 말한다.

(18) 목영점木影占

막대기를 뜰에 세워 놓고 달빛에 생기는 그림자의 길이로 농사의 풍흉을 점치는 풍속과 관련해서 "영팔촌풍우영影八寸風雨榮"이라는 구절이 문제 된다. ①에서는 아예 번역을 하지 않았다. 미신이라 여겨 언급할 가치가 없다고 여긴 모양이다. ③과 ④는 "그림자 길이가 여덟 치면 바람과 비가 성하다"고 했는데, 바람이 크게 일면 농사에 지장을 주게 되니 문맥에 맞지 않는다. "그림자가 여덟 치면 바람과 비가 충분하다"고 한 ⑤도 마찬가지다. "그림자가 여덟 치면 풍우가 순조로워 대풍이 든다"고 한 ②의 해석이 정확하다. 곧이어 진호陳淏의『화력신재花曆新裁』를 인용하면서 그 유래의 근거를 밝혔는데, 거기서 "영육칠척임影六七尺稔"라고 한 바, '그림자가 육칠 척이면 곡식이 여문다'는 그 뜻과 상통하는 것이다.

(19) 험곡종驗穀種

재를 깐 주발을 지붕에 올려놓은 후 거기에 떨어진 곡식의 씨를 보아 풍년을 점친다고 했다. 여기서는 "소운지종所隕之種, 점기풍숙占其豐熟"이 문제 된다. ①은 '목영점木影占'에서처럼 이 부분을 누락했고, ②는 "주발에 떨어진 곡식의 씨를 보고 그 곡식이 올해에는 풍년이 든다"고 함으로써 그해의 풍흉 여부보다는 주발에 떨어진 특정 곡식의 풍작 여부를 점친다는 식으로 풀었다. ③과 ④에서는 "주발에 떨어진 씨를 보고 그해 어떤 곡식이 풍작이 될지를 점친다"고 하여, 풍작이 될 곡식의 종류를 점치는 것으로 해석했다. ⑤에서는 "떨어진 곡식 씨앗을 보고서 풍년을 점친다"고 했다.『동국세시기』를 지은 홍석모는『도하세시기속시都下歲時紀俗詩』(52번째 시)에서 이 풍습을 이렇게 노래했다. "대보름 밤 지붕 위에 재 그릇을 두면 / 하늘에서 곡식 씨앗 떨어진다 누가 말했나 / 콩, 보리, 벼 그리고 기장 / 아침에 떨어진 걸 보고선 풍년 점치네[元宵屋上置灰盆, 穀種誰言隕自天, 菽麥稻粱與黍稷, 明朝隨視驗豐年]." 재를 넣은 그릇에 어떤 특정 종류의 씨앗이 떨어지느냐가 문제 되는 것이 아니라, 일용할 양식으로 쓰이는 주요 곡식의 씨앗들이 떨어졌다면 풍년을 기약할 수 있지 않겠는가 하는 점이 기대의 요체였던 것이다.

---

51 이러한 설명 다음에 다음의 시가 이어진다. "적진으로 돌진해 들어가는 선봉 태곤보 / 기습적으로 전후좌우 끼고 들이치는 임홍문 / 양쪽이 뒤섞여 벌이는 한바탕의 육박전 / 봄 구름 뒤흔드는 만 마리 사자후[突陣先鋒太袞甫, 奇兵夾擊林興文, 肉薄一場酣戰合, 萬獅子吼動春雲]"(「속악유희俗樂遊戲」 '편전희便戰戲')

(20) 달불이[月滋]

콩 열두 알에 열두 달 표시를 하고 우물에 담아두어 그것이 불었는지 안 불었는지를 보고 점을 치는 바, 구체적으로는 "그달의 수한水旱"을 알아보았다. 이 부분을 ①은 목영점木影占과 험곡종種穀種에서처럼 누락했고, ②는 "수해, 한해, 평년작을 징험한다"고 했는데, 평년작이라는 말은 원문에 없다. 아마 그다음에 나오는 "이특而忒", 곧 "어김이 없다"는 말을 잘못 연결해 풀이한 것 같다. "이특"은 그 예측이 어긋나지 않고 정확히 들어맞았다는 말이다. 한편 ⑤에서는 "수해가 있을지 예상한다"고 했다. 이 풍속을 설명하는 핵심어는 '자滋와 불자不滋', 곧 콩이 물에 불었는지의 여부이다. 콩이 물에 많이 불었으면 수해를 당하고, 불지 않았으면 가뭄이 온다는 것이다. 이렇게 볼 때, "홍수 피해가 있을지 가뭄 피해가 있을지를 점친다"고 한 ③과 ④가 올바른 풀이라 하겠다.

(21) 줄다리기[索戰]

줄다리기를 설명하면서 중국의 "설하희挈河戲"와 같다고 했다. 그런데 ①에서는 그것을 "결하놀이"라고 하면서 한자로는 "결하絜河"라 쓰고, 주석에는 "미상하다"고 했다. 이것은 잘못 읽고 쓴 것이다. ③과 ④에서는 모두 "결하희絜河戲"라 하고 "중국 창주滄洲 남피현南皮縣의 하천"이라는 주석을 달았다. 그런데 여기서 "하河"는 특정 하천을 지시하는 말이 아니다. 『형초세시기』에서 '시구지희施鉤之戲', 곧 줄다리기를 설명하면서 "공수라는 사람이 초나라에 있으면서 배를 타고 하는 놀이를 했는데, (배가) 물러나면 끌어당기고, 앞으로 가면 밀었기 때문에 (줄다리기를) '구강鉤强'이라 했다"[52]고 한 바, 처음에 물 위에서 시작했기 때문에 '하' 자가 붙은 것이다. ②에서는 "혈하희絜河戲"라고 했는데, 여기서 "혈絜"에 '재다'라는 의미가 있으니, 양쪽에서 줄을 당겨 어느 쪽이 가운데에서 더 멀어졌는지를 재어 승부를 가린다고 한다면 그럴듯해 보이기도 한다. 그러나 『동국세시기』의 원문에는 분명히 "설하희挈河戲"로 되어 있다. 『세시풍요』에서도 "줄을 잡아당기는 놀이를 설하라고 한다[挽索戲日挈河]"고 했다. 그런데도 다른 글자를 써서 읽고 풀이하는 것은 잘못이다. 더군다나 ②에서 그렇게 '호명'한 이후 국립국어원의 『표준국어대사전』[53]을 위시한 거의 모든 자료에서 '혈하희'라고 한 것은 보통

---

52 公輸自遊楚, 爲載舟之戲, 退則鉤之, 進則强之. (흠정사고전서본欽定四庫全書本 『형초세시기荊楚歲時記』)

53 "혈하희絜河戲 「명사」 『민속』 여러 사람이 편을 갈라서, 굵은 밧줄을 마주 잡고 당겨서 승부를 겨루는 놀이. =

심각한 문제가 아니다. 단적으로 말해 ⑤에서처럼 "설하희"로 읽는 게 옳다. 여기서 "설挈"은 '끈다'는 의미여서 줄다리기와 밀접한 연관이 있다. 줄다리기를 대개 '발하拔河'라고 하는 바, '발拔'에 잡아뺀다거나 (승부를) 가린다는 의미가 있으니, "설挈"과 상통한다. 줄다리기를 또 다른 말로 '견구牽鉤'라고 하는데, 여기서 '견牽' 역시 잡아당긴다는 뜻이다. 다만 ⑤에서는 "설하희는 당나라 중종이 청명절淸明節에 대궐에서 벌인 줄다리기로, 발하희拔河戲라고도 한다"고 주석을 달았는데, 당시 '발하'를 한 기록은 있지만, '설하희'를 행했다는 말은 찾지 못했다. 그렇게 서술한 근거를 정확히 밝혀야 할 것이다.[54]

(22) 차전놀이

대단히 상식적인 이야기지만, ②~④에서처럼 "점연사占年事"를 직역하여 "그해의 일을 점친다"고 푼 것은 잘못이다. 차전놀이, 석전, 줄다리기 등 대보름날 하는 놀이는 풍년을 점치는 의식이지, 한 해의 운수 같은 것을 알아보려는 놀이가 아닌 것이다. 지나치게 지적한다고 할지 모르겠지만, 특정 민속놀이나 의례의 배경 같은 것은 지금보다 훨씬 더 섬세하게 따져야 한다. ①에서처럼 "연사를 예측한다"고 하는 게 맞다. "금년 연사는 네 고을 가운데 연천이 가장 심각한 형편"[55]이라고 한 데서 보듯이 "연사"는 농사 그 자체를 말하는 것이다. ⑤에서 "풍년을 점친다"고 한 것은 맥락상 이해할 수는 있지만, 그런 식으로 서술하려면, 바로 뒤에 나오는 영남 지방의 칡줄다리기인 "갈전葛戰"에서처럼 "점풍占風"이라고 되어 있어야 한다. 그렇지 않다면 '농사의 풍흉을 점친다'고 하는 것이 적절하다.

(23) 패일敗日

매월 8일에는 부녀자들이 성 안팎으로 나다니고 대신 남자들이 집에 있던 고려 시대의 풍속을 소개하면서, ②와 ⑤는 "이 풍속이 와전되어 지금은 (아예) 나가면 안 되는 날이 되었다"

줄다리기."

54 참고로 『경룡문관기景龍文館記』에 "당나라 중종 경룡 4년 청명절에, 황제가 이원梨園에 행차하여 근시近侍에게 명하여 발하拔河 싸움을 벌이라고 했다. 대마大麻 양 끝에 십여 개의 작은 밧줄을 걸고, 밧줄마다 여러 명이 그것을 붙잡아 당겼다[唐中宗景龍四年淸明節, 帝幸梨園, 命侍臣爲拔河之戰, 以大麻絚兩頭系十余小索, 每索数人執之以挽]."라는 말이 보인다. (http://lcgpm666.blog.sohu.com/324074473.html)

55 今年年事, 四邑之中, 漣川爲最甚.(『茶山詩文集』 권10 「啓」 '京畿暗行御史論守令臧否啓')

고 풀이했다. 그런데 ①, ③, ④는 "지금은 남자들이 나가 다녀서는 안 되는 날이 되었다"고 했다.[56] 바로 앞에 있는 "와전訛傳"이라는 말을 고려치 않았기 때문에 생긴 오류이다. 원래는 남자가 외출하지 않고 집에 있어야 했는데, '사람들이 아예 집 밖으로 나가면 안 된다'는 속신으로 와전되었다는 것이다.

이상 정월의 세시풍속과 관련하여 기존 번역서의 문제점들을 지적하였다. 이러한 지적은 그 자체로 의미를 갖는 것은 아닐 것이다. 이러한 기초 작업이 활발하게 진행됨으로써 향후 세시기 번역에 있어 어떤 점을 특히 유의하고 보완해야 하는지를 분명히 성찰하는 계기를 마련하는 것이 필요하다. 원론적인 이야기 같지만, 이러한 기초적인 비판 작업이 지속적으로 이루어질 때, 보다 완벽한 번역이 비로소 가능해질 것이라는 점은 췌언에 불과하다.

3. 주석의 문제

전문용어나 단어 및 개념들을 어떻게 처리하느냐 하는 문제는 고전 번역에서 대단히 중요한 사안이다. 전문서인가 아니면 대중교양서인가를 나누어 각기 다른 차원과 맥락에서 생각해 볼 필요가 있겠지만, 세시풍속기에는 그 두 가지 성격이 혼재되어 있어 더욱 세심한 고려가 요구된다. 『동국세시기』로 대표되는 조선 시대 세시풍속기들은 대중적으로 널리 알려진 내용을 담고 있기도 하지만, 한편으로는 매우 전문적인 내용도 함께 들어 있어, 그것이 전문서인가 교양서인가를 나누는 일 자체는 그리 간단하지 않을뿐더러 별 의미도 없다.

여기서는 용어나 개념 그리고 사실 등을 처리하는 방식과 처리 내용을 몇몇 사례를 중심으로 고찰해 보기로 한다. 『동국세시기』에는 지금은 쓰지 않는 낯선 용어나 전문적인 개념, 특수한 사실을 언급하는 부분이 대단히 많이 나오기 때문에, 그것을 모두 다루기는 현실적으로 어렵다. 그래서 정월의 풍속 중에서 설날과 관련된 몇 가지 사례를 중심으로 하여 시론적으로 검토해보기로 한다.

---

56 ③에서는 "지금은 남자들이 나가서는 안 되는 날로 여기게 된 것 같다"라고 했는데, 그렇게 추정의 언사로 풀이할 이유는 전혀 없다. 이것을 따른 ④도 마찬가지다.

(1) 전문箋文과 표리表裏

먼저 설날에 임금에게 새해 인사인 조하朝賀를 드리고 축하의 표시로 '전문'과 '표리'를 올리는 문제다. ①에서는 "전문"에만 주석을 달고, "표리"는 그저 "옷감"이라고만 했다. 주석에서 "전문"을 설명하면서 그것이 축하하는 자리에서만 올리는 것이 아니라 "국가에 길흉한 큰일이 있을 때" 올린다고 했으며[57], 그 주체가 의정대신만이 아니라 "중앙과 지방의 유자격 관리"[58]임을 밝히고 있다. 장황하지 않고 간명하게 주석을 달아줌으로써 원문을 읽어나가는 데 방해가 되지 않는다. 그런데 "표리"를 "옷감"이라고만 하고 주석으로 보충 설명하지 않는 것은 그 풍속의 배후에 깔린 의미를 이해하는 데 도움이 되지 못한다. ②에서처럼 "시골에서 짠 거친 무명이나 흰 명주로 이런 하찮은 물품을 올리는 것은 질박한 기풍을 나타내는 동시에, 시골 농촌의 기분을 궁중에 전하는 뜻도 된다"고 풀이하는 것이 적절하다.

그런데 ③에서는 "전문은 하례賀禮의 내용을 담아 임금에게 올리는 글이고, 표리는 임금이 신하에게 하사下賜하는 포상품 중에 관복을 만들 겉감과 속감을 말한다"는 주석을 달았는데, 원문에 "전문과 표리를 올린다[奉箋文表裏]"고 했음에도 주석에서 표리를 "임금이 신하에게 하사하는 포상품"이라고 설명한 것은 잘못이다. 표리는 임금이 신하에게 내리거나 신하가 임금에게 바치던 옷감을 두루 말하는데, 여기서는 신하가 임금에게 올리는 경우를 말하고 있는 것이다. 한편 ④는 "새해를 축하하는 전문(축하의 내용을 담아 임금에게 올리는 글)과 임금이 하사품으로 쓸 표리(임금이 신하에게 하사하는 포상품 중에 관복을 만들 겉감과 속감)"와 같이 풀이를 마치 협주처럼 괄호 안에 처리하였다. ④는 그와 함께 별도의 표시로 주석을 제시하고 있는데, 이런 처리 방식은 가독률을 떨어뜨린다는 문제를 갖는다. 이렇게 하다 보니, 예컨대 "새해를 축하하는"처럼 원문에 없는 내용을 번역문에서 먼저 드러내었음에도 다시 괄호를 설정해 반복 설명을 덧붙이는 따위의 번거로움을 자초하게 된다. 가장 큰 문제는 그런 식으로 서술하다 보니 어디서부터 어디까지가 원문이고 번역문인지, 그 경계가 모호해지는 문제가 발생

---

[57] "(공양왕이) 태조(이성계)에게 문하시중도총중외제군사門下侍中都摠中外諸軍事의 직위를 내리니, 태조가 전문箋文을 올려 사양해 말하였다[以太祖爲門下侍中都摠中外諸軍事, 太祖上箋辭曰]."(『태조실록太祖實錄』 1, 총서 115번째 기사)고 한 데서 보듯이, 전문은 반드시 축하할 때만 올리는 것은 아니었다.

[58] "외방에서 전문을 가지고 오는 관원[外方陪箋之員]"(『임하필기林下筆記』 18 「문헌지장편文獻指掌編」 '동환봉사東還封事')이라는 말이 보인다.

한다는 점이다. 예시를 보인다.

> *번역문 : 새해가 되자 임금이 쌀과 어물과 소금 등을 하사하는데, 대상은 남자는 서울과 지방에서 관직을 맡고 있는 조관朝官 중에서, 여자는 품직을 가진 내명부內命婦와 외명부外命婦 중에서 나이가 70세 이상 된 사람이다. 이것은 관례로 내려온 것이다. 조관으로서 나이가 90세가 되면 각각 벼슬을 한 자급[관등의 위계. 자급資級]씩 올려주고, 나이 100세가 되면 특별히 한 품계를 뛰어 올려준다. 이렇게 매년 초가 되면 상소에 대한 임금의 답변을 받아, 가자加資(정3품 이상의 품계를 올려주는 일)을 신청한 노인들에게 직급을 올려주는 관례가 생긴 것은 노인을 우대하고 존중하는 뜻을 온 나라에 알리기 위해다.

> *원문 : 서울과 지방의 조관과 명부의 나이가 70세 이상이 되면, 정초에 쌀과 생선과 소금을 하사하는 관례가 있다. 80세가 된 조관과 90세가 된 평민에게는 한 자資를 더해주고, 100세가 된 사람에게는 특별히 한 품계를 올려준다. 매년 정초에 자급을 받을 노인들을 임금에게 주달하여 비준을 받는 것은 모두 노인을 우대하고 존경하는 특전이다.

원문에 비해 번역문이 지나치게 산만할 뿐 아니라 가독률도 크게 떨어뜨린다는 점을 확인할 수 있다. 요컨대 원문은 원문대로 살리고, 주석은 충실히 달아주는, 필요하다면 상세한 설명과 함께 그림 등 시각 자료를 충분히 제시하는 것이 좋겠다. 한편 ⑤는 ①~③에서처럼 주석으로 처리하거나 ④처럼 괄호 안에 설명을 덧붙이는 방식 대신에 "설날을 축하하는 내용으로 신하가 올리는 글인 전문과 새해 선물용 옷감인 표리"라는 식으로 직접 풀어쓰고 있다. 이럴 경우 글의 맥락을 이해하는 데는 우선 도움이 될는지 모르지만, 역시 원문과 번역문의 경계가 모호해질 우려가 있다.

(2) 조하朝賀

①에서는 단순히 "축하를 한다"고 하여, 그 의미에 제한을 두지 않았고, ②, ③, ⑤에서는 별다른 설명이나 주석 없이 "조하"라고만 했으며, ④에서는 "대조하례大朝賀禮의 준말이다. 정조正朝, 동지冬至, 그리고 성절聖節에 신하들이 조정에 모여 임금에게 축하의 예를 올리는 예식으로, 여기서는 정조하례正朝賀禮를 말한다"고 하여 별도의 주석으로 처리했다. "조하"

는 위의 "전문"이나 "표리"처럼 설명이 필요한 말이다. "조하" 같은 경우는 단지 그 말의 의미를 간략히 소개하는 데서 좀 더 나아가 그 풍경이나 절차 같은 것을 간략히 첨부하면 그 풍속을 이해하는 데 도움이 될 수 있을 것이다.[59]

(3) 팔도방백八道方伯

①, ②, ⑤에서는 직역만 했고, ③에서는 "외관직인"이라고 덧붙여 의정대신 등 내관직만이 아니라 외관직도 전문과 표리를 올린다는 점을 드러냈으며[60], ④는 "대궐이 있는 서울에서 근무하는 관리를 내관이라고 하고 지방에 내려가 근무하는 관리를 외관이라고 하는데, 외관직인"이라고 길게 덧붙여 풀이했다. 이 구절의 핵심은 '외관직'에 있으므로, ④처럼 상세한 풀이가 필요하다고 보는데, 다만 그것을 본문에 길게 서술하는 것은 앞에서 말한 대로 어디까지가 원문이고 어디서부터가 번역문인지를 모호하게 하는 문제가 있어 피하는 것이 옳겠다.

(4) 방물方物

이 역시 "전문"이나 "표리"처럼 설명이 필요한 말이다. ①, ③, ④에서는 "토산물"이라고 했고, ②와 ⑤에서는 별다른 설명 없이 "방물"이라고 옮겼다. "방물"은 원래 지방의 토산물이라는 뜻이다. 대개는 중국 황제에게 올리는 조공품朝貢品을 뜻하지만, "유구국에서 방물을 바쳤다[琉球獻方物]"[61]고 한 데서 보듯 임금에 대한 진상품 및 외관外官들의 조공품 역시 방물이라

---

[59] 참고로 조하의 절차는 다음과 같다. 의정부 대신이 종친과 2품 이상의 문무백관을 거느리고 창덕궁의 정전正殿인 인정전仁政殿 뜰 품계석品階石 아래에 열을 지어 서고, 승지承旨와 사관史官이 나아가 전궁殿宮의 명령을 전하는 내시인 중사中使로 하여금 나오기를 청한다. 중사가 대신 앞에 나아가 꿇어앉고 대신 이하도 다 꿇어앉은 다음, 대신이 "정조문안正朝問安"이라고 하면 중사가 일어나 왕의 침전으로 향하는데, 대신 이하도 다 일어나 선다. 중사가 침전에 들어갔다가 잠시 후에 나와 대신 앞에 꿇어앉으면 대신 이하도 꿇어앉는다. 그러면 중사가 알았다는 뜻으로 "지도知道"라고 말하고 명을 전하면, 각 궁의 전명은 "알았다"라고 한다. 그러면 대신 이하도 물러 나온다. 약호藥戶·내각內閣·승정원承政院·홍문관弘文館의 관원은 임금의 침실 문 앞으로 나아가 문안을 올리는데, 절차는 위와 같다. 『국조오례의國朝五禮儀』에 따르면 조하례가 끝난 후 임금이 정무에 힘쓴 군신群臣의 노고를 치하하기 위해 회례연會禮宴을 베푼다. 이 잔치에서 임금이 왕세자와 백관에게 음식과 어주御酒와 꽃을 하사한다. 중궁전에서도 작위를 받은 여인들인 명부命婦들을 위한 회례연을 열도록 되어 있었다.

[60] 그런데 "팔도의 방백 등"이라 했으니, 그들이 외관직임은 이미 드러나 있는 것이나 마찬가지다.

[61] 『태조실록太祖實錄』2, 태조 1년 9월 11일 기축己丑 1번째 기사

했다. 여기서 풀이와 함께 대표적인 방물의 예를 들어주는 것도 좋을 것이다.[62]

(5) 가묘家廟

①, ②에서는 "사당", ③과 ④에서는 "집안 사당", ⑤에서는 "가묘"라고 했다. 우선 "가묘"가 고조高祖 이하 4대조의 위패位牌 혹은 신주神主를 감실龕室에 봉안하고 제사를 모셨던 "사당"임을 설명할 필요가 있다. 사당이 없는 집에서는 신주나 위패 대신 지방紙榜을 써서 제사를 지냈다는 점, 그리고 감실 대신 벽감壁龕을 두어 제사를 지내는 지방도 있다는 사실을 아울러 강조하기 위함이다. "집안 사당"이라고 한 것은 군더더기 설명일 뿐이다.

(6) 세장歲粧

①과 ③에서는 "설빔" 혹은 "설빔[歲粧]"이라 했고, ②에서는 "세장"이라 했으며, ④에서는 "세장(세장: 설빔)"이라 했고, ⑤에서는 "세장이라 하고 우리말로는 설빔이라고 한다"고 했다. 어느 것으로 해도 큰 문제는 없겠으나, 설빔은 중요한 풍속 중 하나이므로 별도의 주석을 달아 그 배경적 의미를 설명하는 것이 좋겠다. 설빔 풍속은 묵은 것을 떨구어 버리고 새로운 출발을 시작한다는 의미와 함께 새해를 맞이하는 기쁨을 담고 있다.

설빔을 『열양세시기』에서는 "세비음歲疕廍"이라 한 바, 이것은 설빔을 한자어로 표기한 것이다. 그리고 ①~⑤ 모두 '남녀 어린이들'이 설빔의 주체라고 했는데, 『경도잡지』와 『해동죽지』에서는 모두 "남녀" 혹은 "노소"라 했다. 『열양세시기』에서는 "시내의 모든 남녀들이 왕래하느나 떠들썩한데 잘 차려 곱고 단장한 옷이 길거리에 빛난다"[63]고 했고, 『세시풍요』에서는 "아잇적 차림처럼 꾸며 입은 설빔 / 붉은 전복戰服에 덧받쳐 입은 배자褙子 / 휘늘어진 요도腰刀에 안경 걸치고 / 태사혜太師鞋 신고서 휠휠 걷누나"[64]라고 해서, 설빔이 아이들만의 전유물이 아님을 증언하고 있다. '때때옷' 혹은 '까치옷'이라 하여 아이들의 설빔을 국한하여 부른

---

62 참고로 진상하던 방물의 품목은 대전에 공상供上되던 것을 중심으로 보면 다음과 같다. 날마다 올리는 축일공상逐日供上으로는 멥쌀 · 기장쌀 · 두부콩 · 겨자 · 대구 · 조기 · 알젓 · 새우젓 · 소금 · 고운소금 · 참기름 · 다맥茶麥 · 식초 · 생강 · 황각黃角 · 황각즙진유黃角汁眞油 · 우무 · 팥죽에 쓰는 붉은 팥 · 꿀 · 배 · 밤 · 대추 · 호두 · 황률 · 잣 · 곶감 · 참외 · 수박 · 생치生雉 · 생선 등이다. (『한국민족문화대백과사전』 「진상進上」)

63 都中士女, 往來穰穰, 靚粧袨服, 交暎阡陌.

64 歲衣年少時樣裝, 猩血纖氈稔補褙, 嬋着腰刀撑眼鏡, 太師鞋下步揚揚. (「명절풍속名節風俗」 '신세의新歲衣')

것도 그 한 반증이 된다.

(7) 세찬歲饌과 세주歲酒

이에 대해서는 모두 주석을 달지 않았다. 그러나 이것들은 당시 대단히 의미 있는 풍속의 하나였으므로 반드시 주석을 달아 설명해 주어야 한다. 참고로 홍석모洪錫謨의 『도하세시기속시都下歲時紀俗詩』에 들어 있는 「세찬」과 「세주」두 시를 보이면서 논의를 마무리하기로 한다.

집집마다 한 상 가득 술과 안주	盤樏家家盛酒餚
일가친척 모두 불러 맞이한다네	族親姻黨共招邀
연말이라 한구寒具[65]가 없진 않지만	非無臘尾多寒具
새해 아침엔 무엇보다 떡국하고 강정	湯餠繭糕擅歲朝

독에 빚은 말술 온 장안에 가득	斗醪甕醸擅通都
이런 날 어찌 술이 없다 하리오	此日杯樽豈曰無
잣나무 잎 산초 꽃[66]은 모두 새해의 별미	柏葉椒花皆歲味
도소주屠蘇酒[67]는 소년들이 먼저 마시지	少年先飲是屠蘇

---

[65] 밀가루를 반죽하여 기름에 튀긴 과자로 강정의 일종이다. 환병環餠이라고도 한다.

[66] 초백주椒栢酒를 말한다. 후추 일곱 개와 동쪽으로 향한 측백나무의 잎 일곱 개를 넣고 우린 술로 섣달 그믐날[除夕]에 담가서 정초에 마시면 괴질을 물리친다고 한다. 최식崔寔의 『사민월령四民月令』에 "초는 옥형성정玉衡星精으로 그것을 마시면 사람의 몸이 가뿐해지며 늙는 것을 방지한다. 백은 선약仙藥이다."라고 하였다.

[67] 길경桔梗·산초·방풍防風·백출白朮·밀감피蜜柑皮·육계피肉桂皮 따위의 약초(도소라고 함)를 다려 빚은 술로, 설날에 마시면 사기邪氣를 물리친다고 여겼다. 후한後漢의 신의神醫 화타華陀 혹은 당 나라의 손사막孫思邈이 만들었다고 전해지는 이 도소주는 초백주와 함께 섣달 그믐날인 제석除夕에 담근다. 참고로 조재삼趙在三은 『송남잡지松南雜識』에서 "(도소주의) 도는 귀신의 기를 잘라 버리고, 소는 사람의 혼을 각성시킨다는 뜻이다.(『찬요纂要』) 어느 사람이 짚으로 인 암자에 살고 있었는데, 매년 섣달 그믐에 약 한 첩을 주머니에 넣어 우물 속에 빠뜨려 놓은 다음 설날에 그 물을 술통에 넣어 둔 것을 도소라고 했다. 온 집안이 그것을 마시면 돌림병[瘟疫; 염병]을 앓지 않는다.(『광운廣韻』)"고 했다. 옛날에 집 지을 때 천장에 도소를 그려 붙이면 좋다는 속신이 있었는데, 그런 집에서 만든 술을 도소주라 했다는 말도 전한다.

어느 것은 주석을 달고 어느 것은 그렇게 하지 않는 것은 일관성이 없다. 주석 여부는 주관적이고 자의적인 판단에 의거하여 결정할 일이 아니다. 그리고 최소한 관련이 있는 세시풍속기, 예컨대 『경도잡지』와 『열양세시기』 정도는 서로 교차 대조해 가면서 주석에 활용하는 것이 필요하고도 적절하다.

4. 결론을 대신하여

이 글은 일종의 사례 분석인 관계로 앞의 논의를 다시 정리하는 것은 번거로운 일이다. 결론을 대신하여 몇 가지 소견을 제시하는 것으로 마무리짓고자 한다.

세시풍속 연구는 오랜 세월 진행되어 오면서 이미 상식으로 굳어져 버린 내용 혹은 정보들이 많다. 그러나 잘 따져보면, 거기에는 수많은 오해와 왜곡이 두텁게 쌓여 있음을 알게 된다. 『동국세시기』를 위시한 세시풍속기들이 거의 대부분이 한문 텍스트라는 점은 그러한 문제를 더욱 부추긴다. 세시풍속기를 연구하는 이들이 한문학적 소양과 함께 민속학적 지식으로 무장하지 않는 한, 그러한 문제점은 쉽사리 극복되기 어려울 것이다.

'번역의 문제'에서는 사례를 가능한 한 꼼꼼하게 분석함으로써 문제의 소재와 실상을 밝히고 그 수정과 보완을 시도한 바, 이러한 작업은 앞으로도 줄곧 이루어져야 할 것이다. 문제는 논의된 결과를 어떻게 수렴하고 확산하느냐 하는 점이다. 당위론적인 이야기겠지만, 집중적인 토론을 통해 옳고 그름이 가려지고 최선의 결론이 도출될 때, 보다 정확한 번역이 가능해질 터이다. 지속적인 합의 과정이 긴요한데, 그것을 위해서는 학회가 되었든 연구기관이 되었든 번역 역량들을 보다 체계적으로 활용할 수 있는 거시적인 시스템을 효율적으로 작동케 하는 것이 필요하다. 그렇게 하지 않고서 지금처럼 개인의 역량에만 맡겨둔다면 문제는 근본적으로 해결되지 않을지 모른다.

역시 사례별로 문제점을 지적한 '주석의 문제'에서는 우선 원문과 번역문의 경계를 명확히 확보하는 것, 말하자면 저자와 번역(주석)자의 생각과 의도는 가능한 한 분리하여 서술하는 것이 좋다는 점을 확인하였다. 역주자에게 가장 필요한 것은 충실한 주석을 작성하는 일일 텐데, 자칫 논의가 산만해질 가능성은 늘 경계해야 할 것이다. 이때 조선 후기 세시기들을 상호 교차해 검토하는 작업을 서술의 중심에 두는 것이 바람직할 것이다.

마지막으로 도감의 필요성과 중요성을 다시 한번 강조하고자 한다. 어떤 대상을 말이나 글로 설명하게 되면, 설명에 다시 설명이 붙는(혹은 붙어야 하는) 번다함을 피하기 어렵게 되어 있다. 도감은 사실을 간단명료하게 지시하는 장점이 있다. 나아가 용어나 개념의 통일에도 효과적으로 기여할 것으로 보인다. 그런데 세시기를 위시한 전통문화 관련 도감을 만드는 일은 어느 개인의 능력을 훨씬 뛰어넘는 일이다. 여러 전공자의 협업과 토론이 필요하다. 앞에서 이야기한 번역의 경우에서처럼 다양한 분야의 연구 역량들을 하나로 묶어내고, 그것을 장기적인 계획 아래 효율적으로 활용할 수 있는 제도를 갖추지 않고서는 도감과 같은 큰 작업은 이루어지기 어렵다.[68]

---

[68]　이에 대해서는 진경환의 "남북 세시기 번역의 문제와 해결방안 - 『경도잡지』「풍속」편을 중심으로"(『우리문학연구』 65, 2020)을 참고할 것.

일러두기

- 역주의 저본은 연세대학교 소장 한문 필사본 『동국세시기東國歲時記』입니다. 저자인 홍석모洪錫謨 (1781~1857)의 후손인 홍승경洪承敬이 연세대학교에 기증한 것입니다. 연세대본은 국립민속박물관(www.nfm.go.kr)에서 인터넷으로 서비스하는 '학술·정보 → 발간자료 검색' 페이지에서 '조선대세시기'로 검색하면 나오는 '조선대세시기Ⅲ'에서 찾아볼 수 있습니다. 조선광문회에서 1911년에 발간한 연활자본 『동국세시기』도 국립중앙도서관 홈페이지에서 누구나 그 원문을 쉽게 볼 수 있습니다. 이런 이유에서 이 이본들은 권말에 영인해 싣지 않습니다.

- 책 뒤에 영인해 실은 것은 숭양산인崇陽山人 장지연張志淵(1864~1921)이 『매일신보每日新報』에 '조선세시기'라는 제목으로 1916년 12월 5일부터 1917년 4월 1일까지 『동국세시기』의 주요 내용을 40회에 걸쳐 소개하고 부연 설명한 것입니다. 학계에서 크게 주목받지 못한 텍스트인데, 이번 기회로 깊은 연구가 이루어지기를 바랍니다.

- 매장마다 『동국세시기』의 번역문과 원문을 달아 두었습니다. 「풍속」 19장, 「세시」 19장 해서 모두 38장입니다.

- 색인은 『동국세시기』의 서문과 본문의 번역문만을 대상으로 했습니다. 주석까지 대상으로 하면, 색인이 지나치게 장황해지기 때문입니다.

東國歲時記

서문

나는 설날과 정월 대보름에는 각각 수십 수의 절구絶句¹를 지어 토풍土風²을 간략히 서술한 적이 있는데, 그것을 읽어본 사람들 중에는 그 내용이 매우 상세하게 서술되었다고 말하는 사람도 있었고, 심지어는 껄껄 웃는 사람도 있었다. 이것을 다시 절기 순서에 따라 서술하여 온 나라 세시歲時³의 고실故實⁴을 만들어내려고 했는데, 미적거리면서 겨를을 얻지 못한 채 여러 해가 지났다. 늙고 게으르며 필력도 둔해져서 이전처럼 생각나는 대로 써내려갈 수가 없었기 때문이었다.

하루는 벗 도애陶涯 홍군洪君⁵이 책상 위에서 책 한 권을 뽑아 보이면서 "이것은 우리나라 세시를 기록한 것이라네. 중국은 종름宗懍⁶ 이후로 이런 책을 지은 사람이 적지 않은데 우리나라에서는 아직 없더군. 그래서 대충이나마 흉내를 내어 토풍이 서로 각기 다른 점을 기록했다

---

1 **절구絶句.** 한시漢詩의 근체시近體詩 형식의 하나. 기起·승承·전轉·결結의 네 구로 이루어졌는데, 한 구가 다섯 자로 된 것을 오언 절구, 일곱 자로 된 것을 칠언 절구라고 한다. 중국 당나라 때에 정형이 이루어진 근체시는 구수句數, 자수字數, 평측平仄(시에 쓰이는 음운의 높낮이) 등에 대한 엄격한 규칙이 있는 한시다.

2 **토풍土風.** 지방의 특유한 풍속들.

3 **세시歲時.** 한 해의 절기나 달, 계절에 따른 때.

4 **고실故實.** 전거典據(규칙이나 법칙으로 삼는 근거)로 삼을 만한 옛일.

5 **도애陶涯 홍군洪君.** 홍석모洪錫謨(1781~1857). 『도애시집陶涯詩集』, 『도애시문선陶涯詩文選』, 『동국세시기東國歲時記』 등을 저술한 조선 후기의 문인, 학자. '도애'는 그의 호 중 하나이다.

6 **종름宗懍.** 남북조 시대 양梁 나라의 학자로 중국 최초의 세시歲時記인 『형초세시기荊楚歲時記』를 지었다. '세시기'는 절기에 따른 연중행사를 기록한 것이며, '형초'는 지금의 후베이성·후난성 일대를 가리킨다.

네. 비록 함부로 쓴 글이라도 서문이 없어서는 안 될 터이니, 나를 위해 서문을 지어주기 바라네."라고 하였다.

내가 받아서 처음부터 끝까지 전부 읽어보니, 정월부터 섣달까지 모두 스물세 항목이었다. 어떤 일이 어느 달 안에서 행해지지만 그 날짜를 특정할 수 없는 경우는 매달 끝에 '월내月內'라 하여 별도로 실었고, 제일 끝에는 윤달에 행한 일들을 덧붙였다. 그리고 가까이는 서울에서부터 멀리는 궁벽한 시골에 이르기까지 평범한 행사이지만, 그 절기에 해당하는 것이라면 아무리 격이 낮고 속된 일이라도 빠짐없이 모두 기록하였다.

우리나라의 풍속을 기록한 다음에는 전해지는 기록 중에 거기에 딱 들어맞는 것들을 널리 모아서 반드시 그 유래를 밝혔다. 고증이 충분하고 잘못 전해진 것과 빠진 것을 모두 실었으며, 물줄기를 거슬러 올라가 근원에 이르고 가지를 따라 뿌리에 도달하였다. 다만 한 나라의 풍속을 묘사한 것이 아니라 중국의 옛일까지도 아울러서 종류별로 확충했으니, 이는 뚜렷한 일통문자一統文字[7]라 할 수 있다. 그 풍부한 그 내용은 후세에 좋은 증거자료가 될 것이 분명하다. 그렇지만 이 책은 다만 솥 안에 든 한 점 고기에 불과하니, 어찌 고기 맛을 제대로 보았다고 하겠는가.[8]

아, 홍군이 젊은 시절에 스스로에게 걸었던 기대가 어떠하였으며, 누구나 대를 이어 사륜絲綸[9]을 담당할 못 위의 봉모鳳毛[10]라고 장담하지 않았던가. 그러나 끝내 운명에 막혀 재주를

---

7 **일통문자一統文字**. 하나의 계통 있는 글. 다음의 전언에서 이 말의 뜻을 헤아려볼 수 있다. "부지런히 유서遺書를 구하여 별도로 『회선會選』을 편찬하였으며, 여러 학설을 널리 모아 보주補註를 찬술하도록 명하고, 장차 『대전大全』・『어류語類』・유서 및 『시경집전詩經集傳』・『주역본의周易本義』・『사서장구집주四書章句集註』・『혹문或問』・『역학계몽易學啓蒙』・『가례家禮』・『시괘고오蓍卦考誤』・『한문참동계고이韓文參同契考異』・『초사주楚辭註』・『통서해通書解』・『태극도해太極圖解』・『서명해의西銘解義』등 여러 서책을 아울러 수집하여 대일통문자大一統文字를 만들어 넓으면서도 간략한 데 이르게 하고, 간략하면서도 크게 이룩하는 데 이르게 하는 의의義義를 삼으려고 하였다."(『홍재전서弘齋全書』제56권 「잡저雜著」3 '시수권교정제학사 五首示手圈校正諸學士 五首') 실제로 『동국세시기』에는 상당히 많은 저술, 정확히는 총 47종의 사적을 두루 인용하고 있고 그것들을 체계적으로 서술하고 있어, 가히 일통을 이룬 글이라 할 만하다. 이에 대해서는 진경환의 "세시기歲時記 서술의 방식과 의미 : 『동국세시기』의 '중국 근거 찾기'를 중심으로"(『어문논집』53, 민족어문학회, 2006)를 참고할 것.

8 이 책은 홍석모의 재능으로 볼 때, 그의 실력 중 일부만 드러낸 것이라는 말이다.

9 **사륜絲綸**. 임금의 조칙詔勅의 글. '조칙'은 임금의 명령을 일반에게 알릴 목적으로 적은 문서.

10 **봉모鳳毛**. 본래 진귀하고 희소한 물건을 가리키는 말로, 아버지를 닮아 재주 있는 자손을 비유하기도 한다. '못 위의 봉모'는 문채文彩, 곧 글을 짓거나 글씨를 쓰는 재능 있는 선비의 비유이다.

품고도 세상에 쓰이지 못하였다.[11] 저 대궐의 난대蘭臺[12] 위에서 고문대책高文大冊[13]으로 임금을 빛내고 보불黼黻로서 음악으로 연주되는[14] 영광은 남에게 넘겨주고, 자신은 말단 관리로 노닐고 백발이 되도록 불우하게 지내며 오직 사부辭賦와 시율詩律로 무료함을 달래 불만과 불평의 소리를 쏟아낼 뿐이었으니, 어찌 그리도 어그러졌는가.

이 책이 비록 무료한 가운데 소일하면서 나온 것이기는 하지만 한 나라의 풍속을 모두 수집하고 모든 세시의 문헌을 다 갖추었으니, 종름 등 여러 사람이 한 지방의 견문을 대충 기록하고 그친 것보다 훨씬 뛰어나다고 하겠다. 이 책에 푹 빠져 읽느라 며칠을 묵혀두었는데, 이제 와서 그냥 돌려보낼 수는 없으므로 이 글을 써서 돌려준다.

기유년己酉年[15] 중양重陽[16] 후 넷째 날 곡양만객穀瀼漫客 이자유李子有[17]가 서문을 쓰다.

余嘗於元朝及上元, 各賦數十絶句, 略述土風, 見者以爲道得該備, 至或解頤. 擬更逐節有述, 要成一國歲時之故實, 而因循未遑者, 今已有年. 寔緣衰懶筆退, 不能如前者之有思輒書也. 一日, 陶厓洪友, 抽丌上一編書, 示之曰: "此所述東國歲時記也. 中州則自宗懍以來, 作此書者, 不屬不

---

11 홍석모의 아버지는 이조판서를 역임한 홍희준洪羲俊(1761~184)이며, 어머니는 용인이씨龍仁李氏 선산부사善山府使 이장호李章祜의 딸이다. 일찍이 별세한 조부 홍정한洪廷漢에게 아버지가 입양되었으나, 이조판서와 대제학을 지낸 생조부生祖父 홍양호洪良浩(1724~1802)의 슬하에서 성장하며 많은 영향을 받았다. 경화세족京華世族이라 부른 명문대가에서 생장했으나, 순조 때 음사蔭仕(과거를 거치지 아니하고 조상의 공덕에 의하여 맡은 벼슬)로 남원부사南原府使에 이르렀고, 뚜렷한 관계 진출은 보이지 않는다. 서문에는 홍석모가 대단히 불우하게 일생을 보낸 것으로 묘사하였지만, 실제로는 그런 것 같지 않다.

12 난대蘭臺. 나라의 사적을 보관하는 관서.

13 고문대책高文大冊. 왕명으로 짓는 귀중한 문서.

14 '보불黼黻'은 임금의 대례복大禮服에 '(흑백색) 도끼'와 '(흑청색) 아亞' 자 모양의 수를 놓은 것인데, 여기서는 '뛰어난 문장'을 비유적으로 드러낸 말이다. 그리고 '음악으로 연주된다'는 말은, 훌륭한 시 따위가 궁중에서 연주되는 음악의 가사로 쓰인다는 뜻이다.

15 기유년己酉年. 1849년. 헌종 15년.

16 중양重陽. "옛 풍속에 구월 구일을 중양이라고 한다. 이날 시인 묵객들이 큰 술동이에 국화를 띄우고 등고登高하여 시를 짓는데, 그것을 '국화주菊花酒'라고 한다."(『해동죽지海東竹枝』) "9월 9일은 홀로 9일이라고 말하기도 하고, 또 중구重九 · 중양重陽이라고 하기도 하여 중국 고대에 9를 양수陽數의 극극이라 하고, 이것이 겹쳤기 때문에 양기陽氣 존중의 신앙으로부터 이날을 영절令節로 했다."(『조선상식朝鮮常識』)

17 이자유李子有. '자유'는 이교영李敎英(1786~1850)의 자이다. 이교영은 1844년에 문과에 급제해 대사간大司諫을 역임했다.

多, 而吾東則至今闕如. 故聊爾效顰以誌土風之各異焉. 便一信書, 不可無弁首之文, 試爲我裁之
也." 余乃受而卒業. 自元月訖臘月, 凡爲目者二十有三. 如事在某月而不可繫日者, 逐朔之末, 區
別而揭之, 最下方附以閏朔之所需. 而近自京都遠曁窮陲, 苟有尋常一事之稱於當節者, 雖涉鄙
俚, 無遺悉錄. 東俗之下, 必博采傳記中襯合者, 以證其所由出. 考据旣洽, 錯落俱載. 沿流而溯源,
由條而達本, 是不但爲描寫一國之俗, 尙並與中華之舊而觸類長之, 儼然爲一統文字. 富哉言乎!
其足徵於來後也必矣. 雖然此特全鼎之一臠, 烏足與論於嚌胾之眞味也. 嗚呼! 洪君之少日所期
者, 自謂何如, 人亦孰不詡之以世掌絲綸之池上鳳毛也? 竟乃局於命途, 蘊而莫售, 彼金閨蘭臺之
上, 高文大冊之煥黼黻而被管弦者, 付與他人, 棲遲末宦, 白首濩落, 惟以辭賦詩律自遣無聊, 以瀉
其牢騷不平之鳴, 一何其舛也. 若此等所述, 亦從無聊中消遣者, 而盡一國之謠俗, 備每歲之文獻
殆有勝於宗氏諸家之粗記一方見聞而止者多矣. 耽於玩賞, 留之屢日, 今不可以白還. 於是乎, 書
此以復焉.

己酉 重陽後四日 穀瀼漫客 李子有 序

1월
一月

정월

의정부議政府[1]의 대신大臣[2]이 모든 관원을 거느리고 대궐에 가서 새해 문안을 드리는데, 전문箋文[3]과 표리表裏[4]를 바치며 정전正殿[5]의 뜰에서 조하朝賀[6]를 올린다. 팔도의 관찰사觀察使,

---

1 　**의정부議政府.** 조선 시대에 둔, 행정부의 최고 기관. 정종 2년(1400)에 둔 것으로, 영의정 · 좌의정 · 우의정이 있어 이들의 합의에 따라 국가 정책을 결정하였으며, 아래에 육조六曹(국가의 정무政務를 나누어 맡아보던 여섯 관부. 이조吏曹, 호조戶曹, 예조禮曹, 병조兵曹, 형조刑曹, 공조工曹)를 두어 국가 행정을 집행하도록 하였다. 명종 때에 비변사가 설치되면서 그 권한을 빼앗겨 유명무실하여졌으나 대원군 때에 비변사를 없애면서 권한을 되찾았다.

2 　**대신大臣.** 나라의 정사를 총괄하던 중앙 최고의 통치 기관인 문하부門下府의 정일품 으뜸 벼슬인 정승政丞, 곧 영의정, 좌의정, 우의정을 말한다.

3 　**전문箋文.** 임금이나 왕후, 태자에게 올리던 글. 중국 한漢나라 이후 신년, 탄일誕日 등 기념일에 맞추어 축하하는 목적으로 시작되었으며 대체로 사륙변려체四六駢儷體(중국의 육조六朝와 당나라 때 성행한 한문 문체. 문장 전편이 대구對句로 구성되어 읽는 이에게 아름다운 느낌을 주며, 4자로 된 구와 6자로 된 구를 배열하기 때문에 사륙문四六文이라고도 함)으로 쓰였다. 우리나라에서는 고려 시대 이후에 사용되었다. 그런데 "(공양왕이) 태조(이성계)에게 문하시중도총중외제군사門下侍中都摠中外諸軍事의 직위를 내리니, 태조가 전문을 올려 사양하였다[以太祖爲門下侍中都摠中外諸軍事, 太祖上箋辭曰]."(『태조실록太祖實錄』1권, 총서 115번째 기사)라고 한 데서 보듯이, 전문은 축하할 일이 있을 때만이 아니라, 국가에 길흉한 큰일이 있을 때 올렸다. 그리고 "외방에서 전문을 가지고 오는 관원[外方陪箋之員]"(『임하필기林下筆記』권18「문헌비장편文獻指掌編」'동환봉사東還封事')이라는 말에서 보듯이, 전문을 올리는 주체는 의정대신만이 아니라 중앙과 지방의 유자격 관리이기도 했다.

4 　**표리表裏.** 시골에서 짠 거친 무명이나 흰 명주. 이런 하찮은 물품을 임금에게 올려 질박한 기풍을 나타내는 동시에 시골 농촌의 기분을 궁중에 전하기도 한다.

5 　**정전正殿.** 왕이 나와서 조회朝會(모든 벼슬아치가 함께 임금에게 문안드리고 정사를 아뢰던 일)를 하던 궁전.

병사兵使, 수사水使, 부사府使, 목사牧使[7]는 전문과 방물方物[8]을 진상하고, 주부군현州府郡縣[9]의
호장리戶長吏[10]도 모두 와서 행사에 참석한다. 동지冬至[11]에도 전문을 올리는 의식을 행한다.

議政大臣率百官詣闕, 新歲問安, 奉箋文表裏, 朝賀於正殿之庭. 八道方伯閫帥州牧, 進箋文方物,
州府郡縣戶長吏, 亦咸來參班. 冬至又行進箋之儀

서울 풍속에 설날[12] 가묘家廟[13]에 인사를 드리고 제사 지내는 것을 차례茶禮[14]라고 한다. 남녀

경복궁의 근정전, 창덕궁의 인정전 등이 있다.

6 **조하朝賀.** 동지冬至, 정조正朝, 즉위即位, 탄일誕日 따위의 경축일에 신하들이 조정에 나아가 임금에게 하례賀禮
(축하하여 예를 차림)하던 일. 여기서는 정조하례正朝賀禮를 말한다.

7 **관찰사觀察使**는 팔도의 행정사무를 맡았던 종2품 관직. 대개 감사監司라 하고, 도신道臣, 도백道伯, 방백方伯
등으로도 불렀다. 병사兵使는 각 지방의 병마를 지휘하던 종2품의 무관 벼슬. 수사水使는 각 도의 수군을 통솔
하는 일을 맡아보던 정3품 외직 무관外職武官 벼슬. 부사府使는 대도호부사大都護府使와 도호부사都護府使를
통틀어 이르던 정3품의 관리. 목사牧使는 관찰사의 밑에서 지방의 목牧을 다스리던 정삼품 외직 문관. 이들은
모두 지방에 내려가 근무하던 외관직이어서 지방의 특산물을 진상하는 일을 맡았다.

8 **방물方物.** 지방의 토산물. 대개는 중국 황제에게 올리는 조공품朝貢品을 뜻하지만, "유구국에서 방물을 바쳤다
[琉球獻方物]"(『태조실록太祖實錄』2권, 태조 1년 9월 11일 기축己丑 1번째 기사)고 한 데서 보듯 왕에 대한 진상
품 및 외관外官들의 조공품 역시 방물이라 했다.

9 **주부군현州府郡縣.** 지방의 행정을 구역별로 나눈 주州, 부府, 군郡, 현縣을 통틀어 이르던 말.

10 **호장리戶長吏.** 호장戶長, 곧 지방 관부에서 수령을 도와 지방행정을 수행하던 향리鄕吏의 수장首長. 호장은 매년
설날에 수령을 대신해 조하에 참석하기도 했는데, 그 임무를 띤 호장을 특히 '정조호장正朝戶長'이라 했다. 참고
로 원문에서 "모두 와서 반열에 참석한다[咸來參班]"라고 한 것은 그들이 모두 궁궐 조하에 참석한다는 말이
아니라, 대궐 밖에서 임금에게 절을 올리는 의식인 '망배望拜'에 참석한다는 말이다. 유만공柳晚恭(1793~1869)
의『세시풍요歲時風謠』에서 "호장이 관복을 입고 망하望賀를 행한다[戶長以官服行望賀]"라고 한 바로 그것이다.

11 **동지冬至.** 24절기의 하나. 대설大雪과 소한小寒 사이에 들며 태양이 동지점을 통과하는 때인 12월 22일이나
23일경이다. 북반구에서는 일 년 중 낮이 가장 짧고 밤이 가장 길다. 동지에는 음기가 극성한 가운데 양기가
새로 생겨나는 때이므로 한 해의 시작으로 간주한다.

12 **설날.** "정월 초하루는 삼원일이다."(『형초세시기荊楚歲時記』)라 했는데, 이 날부터 새로운 해와 달과 날이 시
작된다는 뜻이다. "세속에서 새해의 첫날[세수歲首]을 '설'이라 하여, 고서古書에 '신일愼日' 혹 '달도怛忉'로써
택하니, 곧 정월 첫 쥐날[상자上子]·첫 용날[상진上辰]·말날[상오上午]·첫 돼지날[상해上亥] 등에 모든 일을
꺼리고 삼가고 근신하여 동작을 함부로 하지 아니한다."(『조선상식朝鮮相識』) Arnold Van Gennep이 제시한
통과의례通過儀禮의 순차구조에 따르면, 설은 묵은해에서 분리되어 새해에 통합되어 가는 전이 과정에 속하
면서, 새해에 통합되기에는 아직 익숙지 못한 단계이다. 각종 세시기歲時記에서 설을 삼가고 조심하는 날이라

1월 정월

어린이들이 모두 새 옷을 입는 것을 세장歲粧[15]이라 하고, 친척과 이웃의 어르신[16]들을 찾아

는 뜻인 신일愼日로 표현한 것은 새해라는 시간 질서에 통합되기 위해서는 조심하고 삼가야 된다는 것을 강조하기 위함이다. 원단元旦·원일元日·원삭元朔·원정元正·원신元辰·정조正朝·세수歲首·세초歲初·세단歲旦·연두年頭·연시年始·연수年首·세일歲日 등을 같이 쓴다.

13 **가묘家廟.** 한 집안 조상(정확히는 4대조四代祖)의 신주神主를 모셔 놓은 사당祠堂. '신주'는 죽은 사람의 이름을 적어 놓은 위패位牌로 대개 밤나무로 만드는데, 길이는 여덟 치, 폭은 두 치가량이고, 위는 둥글고 아래는 모지게 생겼다. 사당이 없는 집에서는 신주나 위패 대신 지방紙榜을 써서 제사를 지냈다.

14 **차례茶禮.** 조상을 숭배하고 그 은혜에 보답하기 위해 설이나 추석 같은 명절에 조상에게 올리는 제례祭禮를 말한다. 예전에는 매달 초하루와 보름 그리고 여러 명절에 차례를 지냈는데, 지금은 대개 설날과 추석에만 지낸다. 원래는 새벽이나 아침 일찍 지냈는데, 지금은 먼 곳에서들 모여야 하기 때문에 오전 중에 지내는 편이다. 원래 차례라는 말은 차[茶]를 올리는 절차를 포함한 중국 전래의 제례에서 비롯되었다. 물론 지금 우리에게 그러한 풍속은 없다. 17세기 영남 남인 학파의 종장宗匠인 이재李縡(1657~1730)가 편찬한 『사례편람四禮便覽』에는 "차는 본래 중국에서 사용하는 것으로 우리나라에서는 사용하지 않기 때문에, (주자의) 『가례家禮』의 절차에 나와 있는 '설다設茶'·'점다點茶'(차를 끓여 올리는 의식) 같은 글귀는 모두 빼어 버렸다."고 했다. 가가례家家禮라고 했듯이, 차례의 절차나 제수祭需의 종류 등은 지방과 집안마다 특색이 있지만, 반드시 하나씩의 별찬別饌이나 철음식[시식時食]이 있는데, 정조차례의 경우 대개 떡국을 올린다.

15 **세장歲粧.** 설빔. 설빔을 『열양세시기洌陽歲時記』에서는 '세비음歲庀廕'이라 했는데, 이것은 설빔을 한자로 표기한 것이다. 새해 첫날 새 옷으로 갈아입는 이 풍속은 묵은 것을 떨구어 버리고 새 출발한다는 의미와 함께 새해를 맞이하는 기쁨을 담고 있다. 설빔을 마련하기 위해 주부는 밤을 새워 옷감을 짜고 바느질을 해서 섣달 그믐께에는 모든 준비를 끝낸다. 그 과정을 『농가월령가』는 다음과 같이 노래하고 있다. "집안의 여인들은 세시 의복 장만할 제 / 무명 명주 끊어 내어 온갖 무색 들여내니 / 자주 보라 송화색에 청화 갈매 옥색이라 / 일변으로 다듬으며 일변으로 지어내니 / 상자에도 가득하고 횃대에도 걸렸도다." 본문에서 '남녀 어린이들'이 설빔을 한다고 했는데, 『경도잡지京都雜志』와 『해동죽지海東竹枝』에서는 각각 "남녀" 혹은 "노소"라 했다. 『열양세시기』에서는 "시내의 모든 남녀들이 왕래하느라 떠들썩한데 잘 차려 곱고 단장한 옷이 길거리에 빛난다"라 했고, 『세시풍요歲時風謠』에서는 "아잇적 차림처럼 꾸며 입은 설빔 / 붉은 전복戰服에 덧받쳐 입은 배자褙子 / 휘늘어진 요도腰刀에 안경 걸치고 / 태사혜太師鞋 신고서 휠휠 걷누나"라고 해서, 설빔이 아이들만의 전유물이 아님을 증언하고 있다. '때때옷' 혹은 '까치옷'이라 하여 아이들의 설빔을 국한하여 부른 것도 그 한 반증이 된다.

16 **친척과 이웃의 어르신.** 원문은 '족척장로族戚長老'이다. 이 말은 『경도잡지』에서 '친척장자親戚長者'라고 한 것과 유사한 표현이다. 이것을 '친척(집안) 어른들'이라고 풀이하는 것은 정확한 설명이 아니다. 여기서 '장노長老'는 거레붙이 중에서 나이가 많은 사람을 한정해서 하는 말이 아니라 '어르신' 일반을 지칭한다. 다산의 시 중에 "가을날 쾌루에서 박좌랑 지경, 신주서 완 및 고을의 여러 어르신을 모시고 연회를 베풀며[秋日快賓樓陪朴佐郎趾慶申注書完及鄕中諸長老宴]"라는 제목만 보아도 그 용례를 알 수 있다. 『열양세시기』에서 "친척과 이웃 마을 어르신들을 두루 찾아 인사드리는 것을 세배라고 한다[遍謁親比隣里長老日歲拜]"고 한 데서 더욱 분명해진다. 이렇게 볼 때, '족척장로'는 '친척과 이웃의 어르신들'이라고 풀어야 하고, 그래야 세배의 대상이 친척으로만 한정되지 않는다.

뵙는 것을 세배歲拜[17]라고 한다. 시식時食[18]을 대접하는 것을 세찬歲饌[19]이라 하고, 술을 세주歲酒[20]라고 한다. 최식崔寔의『사민월령四民月令』[21]을 보니, "설날 조상에게 정갈한 제사를 올리고, 초백주椒栢酒[22]를 마신다."라고 했고, 종름宗懍의『형초세시기荊楚歲時記』[23]를 보니, "설

---

17 **세배歲拜.** 세배는 지금까지 강한 생명력을 지닌 채 전승되어 오고 있다. 세배는 설날에 하는 것이 원칙이지만 먼 곳에는 정월 보름까지 찾아가서 세배하면 인사에 크게 어긋나지 않는다. 세배는 일대일로 하는 것이 원칙이지만, 번성한 가문으로 인원이 많을 때에는 항렬별로 합배合拜하는 경우도 있다. 세배를 받는 어른에게 "앉으세요.", "절 받으세요."라는 말은 하지 않는다. 세배하기 전에 혹은 세배하면서 "새해 복 많이 받으십시오." 등의 인사를 겸하는 경우가 많은데, 세배 자체가 인사이므로 아무 말이 필요 없으며, 그저 어른의 덕담을 기다리면 된다. 웃어른이 아랫사람에게 답배答拜하기도 하는데, 제자나 친구의 자녀, 자녀의 친구, 연하자라도 상대가 성년이면 반드시 답배해야 한다. 상가喪家로서 상청喪廳이 있는 경우, 상청에 먼저 조문하고 상주喪主에게 인사를 한 다음 세배를 한다.

18 **시식時食.** 최남선은 "춘하추동 사시와 일 년 열두 달 그때마다 철 맞추어 먹는 음식을 시식이라고 이르니, 대개 그때그때의 명일을 중심으로 하여 새로 나는 물건이나 먹을 맛있는 음식의 종류를 선택하여 마련되었던 것입니다. 이를테면 설의 떡국, 대보름의 약밥, 정 이월의 물쑥 청포, 한식寒食의 개피떡, 삼월 삼일의 화전花煎, 초파일의 도미국수, 단오의 수단水團, 유두流頭의 밀쌈, 추석의 송편, 구일九日의 국화전菊花煎, 동지의 팥죽, 납향臘享(동지 후 셋째 미일未日인 납일臘日에 종묘·사직에 지내는 큰 제사)의 고기구이 등이 그 주요한 것입니다."라고 했다. (『조선상식문답』) 절식節食이라고도 한다.

19 **세찬歲饌.** 『열양세시기』에서는 "(설날에) 손님이 오면 술과 고기를 대접하는데, 그것을 세찬이라 한다."라고 했다. 세찬상歲饌床을 차리려면 돈이 많이 든다. 이를 미리 대비하기 위해 부녀자들끼리 세찬계歲饌契를 들었다.

20 **세주歲酒.** 설에 쓰는 술. 『경도잡지』에서는 "세주는 데우지 않는데, 이것은 봄을 맞이하는 뜻이다."라고 했다. 최식崔寔의『사민월령四民月令』에 "술잔을 올리는 차례는 마땅히 연소자로부터 한다."라 했고, 동훈董勛이 지은『문예속문禮俗』에는 "젊은 사람은 한 해를 얻으니 먼저 마시고, 늙은 사람은 세월을 잃으니 뒤에 마신다."라고 했다. 어른이 부르면 귀가 밝아서 잘 듣고 빨리 대답하라는 뜻에서 젊은이들부터 먹인다는 이야기도 있다. 한편『농가월령가』에서는 '귀 밝히는 약藥술'이라고 했다. 술을 마시면 귀밑이 빨갛게 되므로 귀가 붉어지는 술이라는 말에서 '귀가 밝아진다'는 말이 덧생겼다고도 한다. '귀볼기술'이라 하는 곳도 있지만, 귀가 밝아 한 해 동안 좋은 소식을 들었으면 좋겠다는 염원이 거기에 담겨 있다고 보는 것이 적절할 것이다.

21 **최식崔寔의『월령月令』.** 최식은 후한後漢 때 사람으로 자는 자진子眞, 호는 원시元始이다. 시사時事와 정치에 관한 수십 조의 논문을 지어『정론』이라 이름 붙였는데, 그 내용이 매우 긴요하고 조리가 있었다고 한다.『후한서後漢書』「최인열전崔駰列傳」에 입전되어 있다. 원제가『사민월령四民月令』인『월령』은 사농공상士農工商 사민四民의 연중행사를 기록한 책.

22 **초백주椒栢酒.** 후추 일곱 개와 동쪽으로 향한 측백나무의 잎 일곱 개를 넣고 우린 술로 섣달그믐[제석除夕]에 담가서 정초에 마시면 괴질을 물리친다고 한다. 최식의『사민월령』에 "초는 옥형성정玉衡星精으로 그것을 마시면 사람의 몸이 가뿐해지며 늙는 것을 방지한다. 백은 선약仙藥이다."라고 하였다.

23 종름宗懍의『형초세시기荊楚歲時記』. 종름은 남북조 시대 양梁 나라의 학자로 중국 최초의 세시기歲時記인『형초세시기』를 지었다. '세시기'는 절기에 따른 연중행사를 기록한 것이며, '형초'는 지금의 후베이성·후난성

날 도소주屠蘇酒²⁴와 교아당膠牙餳²⁵을 올린다."고 하였으니, 이것이 바로 세주와 세찬의 시초이다.

京都俗, 歲謁家廟行祭, 日茶禮. 男女年少卑幼者, 皆着新衣, 日歲粧. 訪族戚長老, 日歲拜. 饋以時食, 日歲饌. 酒日歲酒. 按崔寔月令: "正日潔祀祖禰, 飲椒栢酒." 又按宗懍荊楚歲時記: "元日進屠蘇酒·膠牙餳." 此卽歲酒歲饌之始.

사돈 간의 부녀자들은 곱게 단장한 어린 여종을 서로 보내 새해 안부를 묻는데, 이런 여종을 문안비問安婢²⁶라고 한다. 참봉 이광려李匡呂²⁷의 시에, "어느 댁의 문안비가 어느 댁으로 문

일대를 가리킨다.

24 **도소주屠蘇酒.** 길경桔梗·산초·방풍防風·백출白朮·밀감피蜜柑皮·육계피肉桂皮 따위의 약초인 도소를 다려 빚은 술로, 설날에 마시면 사기邪氣를 물리친다고 여겼다. 후한後漢의 신의神醫 화타華陀 혹은 당나라의 손사막孫思邈이 만들었다고 전해지는 이 도소주는 초백주와 함께 섣달그믐날인 제석除夕에 담근다. 참고로 조재삼趙在三은 『송남잡지松南雜識』에서 "(도소주의) '도'는 귀신의 기를 잘라 버리고, '소'는 사람의 혼을 각성시킨다는 뜻이다. (『찬요纂要』) 어느 사람이 짚으로 인 암자에 살고 있었는데, 매년 섣달그믐에 약 한 첩을 주머니에 넣어 우물 속에 빠뜨려 놓은 다음 설날에 그 물을 술통에 넣어 둔 것을 도소라 했다. 온 집안이 그것을 마시면 돌림병[온역瘟疫; 염병]을 앓지 않는다(『광운廣韻』)"고 했다. 옛날에 집 지을 때 천장에 도소를 그려 붙이면 좋다는 속신이 있었는데, 그런 집에서 만든 술을 도소주라 했다는 말도 전한다. 이 도소주와 관련한 근래의 기록으로는 심전心田 안중식安中植(1861~1919)의 「탑원도소회지도塔園屠蘇會之圖」(1912, 간송미술관. 종이에 옅은 채색. 23.4×35.4cm)가 있다. 제목은 '탑원에서 열린 도소주 마시는 모임'이라는 뜻이다. 탑원은 위창葦滄 오세창吳世昌(1864~1953)의 집이다. 그림 뒤쪽에 보이는 탑은 백탑, 곧 지금의 탑골공원에 있는 원각사지십층석탑이다. 1912년 새해를 맞아 오세창의 집에서 뜻있는 사람 여덟 명이 모여 도소주를 마시고 있다. 거기에는 손병희, 최린 등 후에 민족대표 33인으로 불린 사람들이 있었다. 그들을 둘러싼 안개는 당시의 암울한 상황을 말해 주는지 모른다. 그들은 그것을 걷어내자고 다짐하면서 도소주를 마셨을 것이다.

25 **교아당膠牙餳.** 엿기름[맥아麥芽]을 고아 만든 엿의 일종. 엿은 예전부터 사악한 기운과 귀신을 꼼짝 못하게 붙들어매거나 녹여 없애는 힘이 있다고 여겼다. 또한 엿을 먹으면 이를 단단히 할 수 있다고 하는데, 그것을 우리나라에서는 '이굳히엿'이라고 했다. 최남선은 그것을 '고치固齒의 주술', 곧 이를 단단하게 하는 주술이라 했다. (『조선상식』)

26 **문안비問安婢.** 『세시풍요』는 문안비에 대해 다음과 같이 노래하고 있다. "날렵하고도 경쾌한 부잣집 여종들 / 뾰족 코 신, 무거운 쪽머리 / 나란히 걸어가며 때때옷 자랑 / 새해 인사 심부름은 좋기도 하지[豪家婢子太輕儇, 鞋鼻尖尖髻壓肩, 挾道聯行誇袨服, 好爲將命賀新年]."

27 **이광려李匡呂.** 1720~1783. 조선 후기의 실학자로 본관은 전주全州, 자는 성재聖載, 호는 월암月巖 또는 칠탄七灘

48

안 가나"라는 구절이 있다. 각 관청의 서리胥吏[28]와 하례下隷[29] 그리고 각 영문營門[30]의 교졸校卒[31]은 종이를 접어 이름을 써서 관원과 선생[32]의 집에 단자單子[33]를 드린다. 받는 집에서는 문 안에 옻칠한 소반[34]을 놓아두고 이를 받는데, 이것을 세함歲銜[35]이라고 한다. 지방 관아에서도 그렇게 한다. 왕기王錡의『우포잡기寓圃雜記』[36]를 보니, "도성의 풍속에 매년 설날이면 주인들은 모두 설을 축하하러 나가고, 다만 백지 장부, 붓과 벼루만 책상 위에 놓아둔다. 하객賀客[37]이 와서 자기 이름만 적어 놓고 가기 때문에 맞이하거나 전송하는 일은 없다."라고 하였다. 이것이 곧 세함의 시초이다.

姻親家婦女, 相送靚粧少婢, 問新年平安, 日問安婢. 李參奉匡呂有詩曰: "誰家問安婢, 問安入誰

이다. 깊이 있는 학문과 뛰어난 문장으로 사림士林에서 명성을 얻은 덕분에 천거를 받아 참봉 벼슬을 얻었다.

28 **서리胥吏**. 아전. 관아에 속하여 말단 행정 실무에 종사하던 구실아치. 고려 시대에는 중앙의 각 관아에 속한 말단 행정 요원만을 가리켰으나, 조선 시대에는 경향京鄕의 모든 이직吏職 관리를 뜻하였다. 중앙관아의 이서를 경아전京衙前(녹사錄事와 서리書吏의 통칭으로 서울의 각사各司와 당상관堂上官 이상의 관원에 분송分送되어 각기 실무를 전담함)이라 하고, 지방관아의 이서를 외아전外衙前 또는 향리鄕吏라고 한다. 경아전은 동반東班서리와 서반西班서리로 나뉜다. 동반서리는 문서를 베끼고 정리하여 공문을 보내는 등 문관文官 쪽의 일을 맡지만, 서반서리는 몸으로 때우는 육체노동을 맡아 사회적 지위가 낮았다. 중인계급에 속한 경아전은 녹사錄事·서리·조례皁隷·나장羅將 등으로 크게 구분된다. 이들은 양반도 아니고 평민도 아닌 중간층에 속한다.

29 **하례下隷**. 남의 집에 딸려 천한 일을 하던 사람. 종. 하인.

30 **영문營門**. 관찰사가 직무를 보던 관아인 감영監營이나 군대가 주둔하는 군영軍營.

31 **교졸校卒**. 서울의 궁중·관청·군영 및 지방관서에서 근무하던 군교軍校와 나졸羅卒의 총칭.

32 **선생**. 대개 자기보다 학식이 많은 사람, 어떤 일에 경험이 많거나 잘 아는 사람 등을 지칭하나, 여기서는 한 관부官府에 앞서 재임했던 사람, 곧 퇴직한 관원을 일컫는 용어로 사용되었다. 이렇게 볼 때 앞의 '관원'은 현재 직위에 있는 관원을 의미한다.

33 **단자單子**. 사주 또는 후보자의 명단이나 물품의 목록을 적은 종이인데, 여기서는 부조扶助나 선사 등 남에게 보내는 물품의 이름과 수량 또는 보내는 사람의 이름을 적어 받을 사람에게 알리는 종이를 말한다.

34 **소반小盤**. 짧은 발이 달린 작은 상.

35 **세함歲銜**. 『열양세시기』에서는 공경대부의 집에서는 명함만 받아들이고 면회는 허락하지 않는다고 했고, 농암農巖 김창협金昌協(1651~1708)의 시에서는 "고관의 집에서는 삼일 간 손님의 명함을 받는다[朱門賓刺留三日]"고 했다. (「정월」 '원일' 삼일파조시三日罷朝市)

36 **왕기王錡의『우포잡기寓圃雜記』**. 왕기(1432~1499)는 명나라 장주長洲 사람으로 자는 원우元寓이고 별호는 몽소도인夢蘇道人이다. 『우포잡기』는 명나라 조정 안팎의 사적을 기록한 책이다.

37 **하객賀客**. 축하하러 온 손님.

家." 各司胥吏隷, 各營校卒, 摺紙列名, 來呈單子於官員及先生家, 門內置鬚盤受之, 曰歲銜. 外道衙門, 亦然. 按王錡寓圃雜記: "京師風俗, 每正朝, 主人皆出賀, 惟置白紙簿並筆硯於几, 賀客至, 書其名, 無迎送也." 此卽歲銜之始.

멥쌀[38]가루를 쪄서 커다란 떡판 위에 놓고 자루가 달린 떡메로 수없이 치고 늘여서 가래떡을 만드는데, 그것을 흰떡[백병白餠]이라고 한다. 이것을 엽전처럼 얇게 썰어서 육수에 넣어 끓이고, 쇠고기와 꿩고기 그리고 후춧가루를 넣어 간을 맞추는데, 그것을 떡국[병탕餠湯]이라고 한다.[39] 이것으로 제사를 지내고 손님을 대접하니, 세찬 중에 빠뜨릴 수 없는 것이다. 탕에 넣어 끓이므로 옛날에 습면濕麪[40]이라고 한 것이 이것인 듯하다. 시장에서 시식時食으로 판다. 우리말로 나이 먹은 것을 "떡국 몇 그릇 먹었다."라고 한다. 육방옹陸放翁[41]의 「설날의 일을 쓰다[세수서사歲首書事]」라는 시의 주석에 "시골 풍속에 새해에는 반드시 탕병湯餠을 쓰는데, 이를 동혼돈冬餛飩, 연박탁年餺飥[42]이라 한다."라고 하였으니, 오래된 풍속이다. 멥쌀가루

---

38 **멥쌀**. 갱미粳米, 갱미秔米. 『경국대전經國大典』의 "사도시司䆃寺(조선 시대 궁중의 쌀과 곡식 및 장醬 등의 물건을 맡은 관청)에 마련해 올리는 갱미는 수령守令이 정밀하게 가려서 잘 포장하여 상납한다."라고 한 데서 보듯이 임금에게 진상하였다. 그래서 갱미를 어름반미御廩飯米(천자 또는 제후가 조상의 제사 때 쓰려고 친히 경작하여 거둔 곡식을 넣어두는 창고의 쌀)라고 한다. 그런데 세조는 너무 정백精白할 필요가 없다고 하여 상미上米인 세갱미細粳米를 쓰지 말고 중미中米를 쓰라고 하였으나, 승지承旨들이 중미는 거칠다고 하여 다시 갱미로 바꾸었다는 기록이 『세조실록世祖實錄』(4년 6월 26일)에 전한다.

39 『열양세시기』의 설명은 이와 좀 다르다. "좋은 멥쌀[도미稻米]을 가루 내어 가는 체로 쳐 둔다. 맑은 물로 반죽하고 골고루 익혀 떡판 위에 올려놓고 떡메로 마구 친 다음 조금씩 떼어 돌려 비벼 떡을 만든다. 둥글고 긴 것이 마치 문어발 같은데, 이것을 권모拳模라고 한다. 먼저 장국을 끓이다가 국물이 펄펄 끓을 때 떡을 엽전처럼 가늘게 잘라서 그 속에 집어넣는데, 끈적거리지도 않고 부서지지도 않으면 잘 된 것이다. 그런데 혹 돼지고기, 소고기, 꿩고기, 닭고기 등으로 맛을 내기도 한다."

40 **습면濕麪**. 참고로 『노걸대언해老乞大諺解』, 『재물보才物譜』 등에서는 습면을 국수라고 했다.

41 남송南宋 대의 시인 육유陸游(1125~1210)이다. 자는 무관務觀, 호는 방옹放翁이다. 송나라의 위기에 직면하여 우국憂國의 정을 읊은 작품도 있으나, 한적소요閑寂逍遙의 작품과 글씨 쓰기로 유명하다. 시집 『검남시고劍南詩稿』와 기행문 『입촉기入蜀記』 등이 있다. 인용한 「세수서사歲首書事」는 『검남시고』에 들어 있다.

42 이들에 대해서는 『성호사설星湖僿說』의 전언이 참고된다. "탕병湯餠을 당인唐人들은 불탁不飥·박탁餺飥 또는 습면濕麪이라 했다. 산곡山谷 황정견黃庭堅(1045~1105)의 시에 '탕병 한 그릇에 은색 실 어지러워[湯餠一杯銀線亂]'라고 하였으니, 그 형상이 어지러운 실 같다는 것이요, 엄주弇州 왕세정王世貞(1526~1590)이 '습면濕麪

를 시루에 넣어 찌되, 삶은 팥을 켜켜이 깐다. 켜를 까는 양은 시루의 크기에 따라 정한다. 찹쌀가루를 켜로 넣어 찌기도 하는데, 이것을 시루떡[43]이라고 한다. 이것으로 새해에 귀신에게 빌기도 하고, 초하루와 보름 또는 수시로 귀신에게 빌 때도 그렇게 한다.

蒸粳米粉, 置大板上, 以木杵有稜者, 無數搗打, 引作長股餅, 名曰白餅. 因細切薄如錢 和醬水湯熟, 調牛雉肉番椒屑, 名曰餅湯. 以供祀接客爲歲饌之不可闕者. 入湯烹之, 故古稱濕麪者, 似是物也. 市肆以時食賣之. 諺稱添齒者謂吃餅湯第幾椀. 按陸放翁歲首書事詩註 "鄕俗歲日, 必用湯餅, 謂之冬餛飩年餺飥." 盖古俗也. 蒸粳米粉於甑中, 以熟赤豆隔鋪之, 隔粉多積, 視甑大小, 或用糯米粉隔甑之, 名曰甑餅. 以歲時禱神, 又於朔望及無時禱神, 亦如之.

승정원承政院[44]에서는 시종侍從[45]과 당하문신堂下文臣[46]을 미리 선발하여 연상시延祥詩[47]를 지

은 뚫어 매듭을 지을 수 있다[濕麪可穿結]'고 한 말도 또한 이런 뜻이었으니, 지금의 수인병水引餅이란 것이 바로 이것이다. 그러나 옛사람도 뇌환牢丸을 탕병이라 했으니, 탕에 넣어 먹는 것을 통틀어 탕병이라고 했을 뿐이다."(권4 「만물문」 만두기수뇌환饅頭起溲牢丸)

43 **시루떡.** 증병蒸餅. "조선의 떡은 시루떡이 정통의 것으로서, 다른 여러 종류는 즉 불과 시루떡에 대한 보조물, 사치건奢侈件쯤 되는 듯하다. 시루떡이란 것은 쌀을 물에 담갔다가 가루를 만들어서 시루 속에 넣고 쪄서 내는 떡을 말하니, 거기 들어가는 재료와 제조하는 방법에 따라 여러 가지로 나뉜다. 쌀가루만을 쪄 낸 것은 백설기라 하여 가장 원시적인 것이요, 가루에 콩, 호박고지, 무채, 신검초, 꿀, 곶감 썬 것 같은 것을 넣어 찌는 것을 제각기 콩시루떡, 대추시루떡이라 부르고 떡가루를 켜켜이 깔고 그 사이에 붉은 팥, 껍질을 벗긴 팥, 콩, 녹두, 계피가루, 석이石耳버섯, 밤, 잣, 귤병橘餅 같은 것을 붙여서 켜켜이 쪄내는 것은 가진시루떡이라 하여 혹 맛을 취하고 혹 맵시를 취하여 특별히 만들어 쓰는 것이다. 시루떡 가운데 특별히 이름난 것을 들건대 이색李穡의 『목은집牧隱集』에 '영설고詠雪餻'가 있어 그 성질을 절찬했고, 허균許筠의 『도문대작屠門大嚼』에 금강산 표훈사表訓寺의 '석이병石耳餅'을 떡 가운데 제일미第一味로 들었다. 그러나 시루떡의 발달은 아무래도 서울이요, 또 궁중을 칠 수밖에 없으니, 잔치, 제사 등으로 분화와 진보가 다 대단하여진 결과이다."(『조선상식』)

44 **승정원承政院.** 조선의 기본 법전인 『경제육전經濟六典』과 『경국대전經國大典』에 따르면, 승정원은 왕명의 출납出納을 관장하는데, 그 구체적인 세부 사항에 대해서는 거의 언급한 바가 없다. 그러나 승정원은 국왕의 비서기관이었기 때문에 왕권의 강약에 따라 그 영향력의 범위도 크게 달랐으리라고 생각된다. 정원政院·은대銀臺·후원喉院·대언사代言司 등으로도 불렀다.

45 **시종侍從.** 임금을 가까이 모시고 따라다니는 신하. 근시近侍, 시종관侍從官, 근신近臣, 근밀지신近密之臣, 시신侍臣, 친신親臣이라고도 한다. 예문관藝文館의 봉교奉敎 이하 시교侍敎·검열檢閱은 춘추관春秋館의 사관史官을 겸하였으므로, 시종의 주된 목적은 임금의 언행을 기록하여 사초史草(실록의 원고)를 남기는 데 있었음을 알

어 올리게 하는데, 홍문관弘文館[48]이나 예문관藝文館[49]의 제학提學[50]에게 명하여 오·칠언 율시律詩[51]와 절구絶句[52]의 운자韻字[53]를 내도록 하고, 시를 지어 올리면 등수를 매겨 합격한 것은 궐내 각 전각의 기둥과 문미門楣[54]에 써서 붙인다.[55] 입춘立春[56]의 춘첩자春帖子[57]나 단오[58]의

수 있다. 조선 초에는 사관 한 사람이 시종하였으나, 그 기록이 소루하다고 하여 세종 7년(1425)에 사관 두 사람이 입시入侍토록 하였다.

46 당하문신堂下文臣. 당하의 문신. 관료는 크게 당상관과 당하관으로 구분되는데, 당하관은 조정에서 정사를 논의할 때 당상堂上의 교의交椅(당상관이 앉는 자리)에 앉을 수 없는 관원 또는 그 관계官階를 말한다. 동반東班, 곧 문관은 정3품正三品의 통훈대부通訓大夫 이하, 무관인 서반西班은 어모장군禦侮將軍 이하, 종친宗親은 창선대부彰善大夫 이하, 의빈儀賓은 정순대부正順大夫 이하의 품계를 가진 사람이 이에 해당한다. 당하관은 다시 조회朝會에 참석할 수 있는 6품 이상을 참상관參上官, 7품 이하를 참하관參下官이라 구별한다.

47 연상시延祥詩. 정월 초하루를 축하하기 위하여 문관文官이 지어 바치던 시. 대궐 안의 전각 기둥에 붙였다. 영상시迎祥詩라고도 했다.

48 홍문관弘文館. 삼사三司(임금에게 직언하던 세 관아. 사헌부, 사간원, 홍문관) 가운데 궁중의 경서, 문서 따위를 관리하고 임금의 자문에 응하는 일을 맡아보던 관아.

49 예문관藝文館. 임금의 말이나 명령인 사명詞命을 짓는 일을 맡아보던 관아.

50 제학提學. 홍문관·예문관·규장각奎章閣 등 조정의 사명을 짓던 기관을 관각館閣이라 하는데, 관각의 당상관堂上官은 국가의 문필을 잡은 청화직淸華職으로서 존중되었으며, 판서判書나 의정議政 등의 고위직으로 승진하는 지름길이 되기도 하였다. 제학은 관각의 종2품 관직이다. 다만 규장각에서는 종1품관이나 정1품관도 임명될 수 있었는데, 정1품관이 임명될 경우에는 대제학大提學이라 하였다. 제학은 문형文衡(대제학)에 버금가는 명예로운 문학직이었기 때문에 반드시 문과 출신으로 홍문록弘文錄(홍문관의 제학이나 교리를 선발하기 위한 제1차 인사 기록)에 올랐던 자들 중에서 선임하였다. 조선 후기 정조 때 신설된 규장각의 제학은 각신閣臣이라고도 하였는데, 왕의 신망이 두터운 측근 인물 중에서 임명되어 그 권한이 컸고, 정승으로 승진하는 발판이 되기도 하였다.

51 율시律詩. 여덟 구로 되어 있는 한시체漢詩體. 한 구가 다섯 자로 되어 있는 것을 오언율시라고 하고, 일곱 자로 되어 있는 것을 칠언율시라고 한다.

52 절구絶句. 한시漢詩의 근체시近體詩 형식의 하나. 기起·승承·전轉·결結의 네 구로 이루어졌는데, 한 구가 다섯 자로 된 것을 오언 절구, 일곱 자로 된 것을 칠언 절구라고 한다. 중국 당나라 때에 정형이 이루어진 근체시는 구수句數, 자수字數, 평측平仄(시에 쓰이는 음운의 높낮이) 등에 대한 엄격한 규칙이 있는 한시다.

53 운자韻字. 한시의 운으로 다는 글자. '운'은 각 시행의 동일한 위치에 규칙적으로 쓰인, 음조가 비슷한 글자.

54 문미門楣. 창문 위에 가로 댄 나무. 그 윗부분 벽의 무게를 받쳐 준다. 상인방上引枋.

55 연상시와 같은 춘첩을 제대로 이해하려면 보다 자세한 설명이 필요하다. 봄을 맞이하는 기쁨을 나타내는 시구를 문 등에 붙이는 춘첩은 궁궐에서는 일종의 선발시험 같은 것을 거쳐 뽑았다. 홍문관이나 규장각 등 관각館閣의 수재들인 제학提學에게 오언이나 칠언의 절구나 율시의 운韻을 내게 하여 궁내의 대소 관리들에게 시를 짓게 한 다음 그것들 중에서 잘된 것을 채점해서 뽑도록 한 것이다. 『경도잡지』는 그 과정과 절차를 자세히 설명하고 있다. 제학들을 궁궐로 부를 때 '패소牌召'를 했는데, 임금이 비상사태나 야간에 급히 만나야 할 신하

단오첩자端午帖子[59]도 모두 이 예를 따른다. 온공溫公의『일록日錄』[60]을 보니, "한림원翰林院[61]

<hr />

가 있을 경우, 승정원에 명하여 패를 써서 입궐케 한 것이다. 임금이 필요한 신하를 불러서 국사를 의논할 때 주간에는 승정원에 명을 내려 입시토록 했지만, 긴급사태가 발생하거나 야간에 긴급히 신하를 대면해야 할 경우가 생길 때는, 임금이 승지에게 부를 신하의 직위와 이름을 말하면, '명命'자를 새긴 나무패 뒷면에 부를 신하의 이름을 적어 승정원의 하례下隷를 시켜 송달토록 했다. 이 패는 왕명과 같은 것이어서 받는 즉시 입궐해야 했는데, 춘첩자를 작성하는 데 굳이 이런 제도를 동원한 것은, 『경도잡지』의 '명운고제命韻考第'라는 말에서 보듯이, 그것이 출제와 채점의 비밀을 요하는 일종의 시험 같은 것이었기 때문이다. 승정원에서 초계문신抄啓文臣(정조 때 규장각에 특별히 마련된 교육 및 연구 과정을 밟던 문신들로, 당하문신堂下文臣 중에서 문학에 재주가 뛰어난 사람을 뽑아서 다달이 강독講讀·제술製述의 시험을 보게 하던 사람)과 시종대신에게 궁궐에서 쓸 춘첩자를 지어 올리게 했는데, 아무것이나 다 받아들일 수는 없으니, 제학에게 특별히 운자韻字를 제시하게 한 후, 그것을 가장 잘 풀어낸 춘첩자를 골라내는 일련의 과정이 전제되어 있는 것이다.

56 **입춘立春**. 24절기 중 대한大寒과 우수雨水 사이에 있으며, 양력 2월 4일경으로 아직 쌀쌀한 날씨다. 음력으로는 섣달에 들기도 하고 정월에 들기도 하며, 정월과 섣달에 거듭 들기도 한다. 이러한 경우를 '재봉춘再逢春'이라 한다. 입춘은 입하立夏, 입추立秋, 입동立冬, 춘분春分, 추분秋分, 동지冬至, 하지夏至와 함께 '팔절八節'이 된다. '입立'은 대개 '서다', '세우다'의 뜻으로 쓰이는데, '입춘', '입하', '입추', '입동'처럼 시간이나 계절과 관련되어 쓰일 때는 '곧'이라는 부사의 기능을 한다. 말하자면 아직 본격적인 봄, 여름, 가을, 겨울이 오지는 않았지만 조만간 올 것이라는 의미다. 그러므로 '입춘'을 '봄이 왔다'고 풀이하는 것은 잘못이다. '입立'이지 '입入'이 아닌 것이다. 아직 봄은 아니지만 이제 곧 봄이 된다는 뜻으로 이해해야 한다. 입춘에 붙이는 입춘첩立春帖 중 가장 널리 알려진 '입춘대길立春大吉'은 그러므로 '곧 봄이 오면 큰 행운이 따르기를 바란다'는 기원으로 보아야 적절하다.

57 **춘첩자春帖子**. 입춘날 대내大內(임금을 비롯하여 왕비, 왕대비들이 거처하는 곳) 기둥에 써 붙이던 주련柱聯(기둥이나 벽 따위에 장식으로 써서 붙이는 글귀. 주로 한시漢詩의 연구聯句를 씀). 연잎과 연꽃의 무늬가 있는 종이에 봄을 맞이하는 축하의 시를 써서 붙였다.

58 **단오端午**. 음력 5월 5일로 명절의 하나. 일명 수릿날[술의일戌衣日·수뢰일水瀨日·중오절重午節·천중절天中節·단양端陽·천중가절天中佳節·천중오절天中午節이라고도 한다. 단오의 '단端'은 처음, 곧 첫 번째를 뜻하고, '오午'는 오五, 곧 다섯을 뜻하므로 단오는 초닷새[초오일初五日]라는 뜻이 된다. 5월 초닷새는 중오重五, 곧 양陽의 수 5가 중복되어 일 년 중에서 가장 양기陽氣가 왕성한 날이라 해서 큰 명절로 여겨 왔고, 여러 가지 행사가 전국적으로 행해졌다. 참고로 단오는 중종 13년(1518)에 설날·추석과 함께 '3대 명절'로 정해지기도 했다.

59 **단오첩자端午帖子**. 단오에 임금을 가까이 모시던 신하들이 임금에게 올린 시를 기록한 첩. 궁전의 기둥에 붙였다.

60 **온공溫公의『일록日錄』**. '온공'은 송나라의 학자·정치가인 사마광司馬光(1019~1086)의 호이다. 속수선생涑水先生이라고도 하며, 죽은 뒤 온국공溫國公에 봉해졌으므로 사마온공司馬溫公이라고도 한다. 주周 나라 위열왕威烈王이 진晉 나라 3경三卿(한韓씨·위魏씨·조趙씨)을 제후로 인정한 B.C. 403년부터 5대五代 후주後周의 세종世宗 때인 960년에 이르기까지 1362년간의 역사를 1년씩 묶어서 294권으로 편찬한『자치통감資治通鑑』의 저자로 유명하다. 『일록』은 그의 저서이다.

61 **한림원翰林院**. 당나라 현종玄宗 초기에 설치된 관청. '한翰'은 깃털로 만든 붓, '림林'은 모인다는 뜻으로서, 옛

의 서대조書待詔[62]가 춘사春詞[63]를 짓기를 청하여 입춘날 대궐 문 휘장에 잘라 붙인다."라고 하였고, 또 여원명呂原明의『세시잡기歲時雜記』[64]에 "학사원學士院에서 단오 한 달 전에 합문閤 門[65]의 첩자帖子를 지어두었다가 때맞춰 올린다."라고 하였으니, 오래된 규칙이다.

承政院預選侍從, 堂下文臣, 製進延祥詩, 命館閣提學出韻. 五七言律絶, 考第入格者, 題貼于闕 內各殿柱楹門楣. 立春日春帖子端午帖子, 俱用是例. 按溫公日錄: "翰林書待詔請春詞, 以立春 日剪貼於禁中門帳." 又按呂原明歲時雜記: "學士院, 端午前一月, 撰閤門帖子, 及期進入." 盖古 規也.

도화서圖畫署[66]에서는 수성도壽星圖[67], 선녀도仙女圖[68], 직일도直日圖[69], 신장도神將圖[70]를 그려

중국에서 문필가文筆家가 모이는 장소를 한림이라 하였다. 한림원은 문장에 능한 선비 · 학자, 의복술醫卜術에 능한 사람, 한 가지 예재藝才에 뛰어난 사람들이 뽑혀 모인 곳이다. 그러나 738년에 한림학사원과 한림기술원으로 나뉘고, 학사원學士院에는 문필 · 학문에 뛰어난 사람이 모이고, 기타는 기술원에 속하였다. 학사원은 주로 조서詔書(임금의 어명을 일반에게 널리 알릴 목적으로 적은 문서로 조명詔命 · 조칙詔勅이라 함)의 초안을 만들고, 천자에게 직속되어 있었으므로 점차 정치적으로 중용되는 수가 많았다.

62 **서대조書待詔**. 한림원 안에서 문학과 경전에 정통해 임금에게 올리는 글들이 표表와 소疏, 임금이 상주문上奏文의 말미에 적는 가부의 대답인 비답批答 등을 정리했다.

63 **춘사春詞**. 봄을 맞이해 축하하는 글.

64 **여원명呂原明**. 여원명은 북송北宋 때의 학자로 본명은 희철希哲(1039~1116)이다. 정호程顥 · 정이程頤 형제와 장재張載에게 배웠다. 『세시잡기歲時雜記』는 그가 지은 세시서歲時書이다.

65 **합문閤門**. 편전便殿의 앞문을 말하는데, 편전은 "임금께서 편전에 나아가 정사를 보셨다."는『태종실록太宗實錄』(1년 4월 29일)에서 보듯이, 임금이 평상시에 거처하면서 정사를 보는 궁전이다.

66 **도화서圖畫署**. 조선 시대 도화圖畫, 곧 도안과 그림 등에 관한 일을 맡아보던 관아이다. 세화歲畫(새해를 축하하는 뜻으로 대궐 안에서 만들어 임금이 신하에게 내려 주던 그림)처럼 왕실과 사대부의 요청을 충족시키는 회화 작업을 하기도 했다.

67 **수성도壽星圖**. 장수를 기원하는 별자리를 의인화한 수성노인壽星老人을 형상화한 그림. 『사기史記』'천관서天官書'에 따르면, 수성이 나타날 때에는 국가가 편안해지고 왕의 수명이 연장되는 반면, 보이지 않을 때에는 전란이 일어난다. 사람들은 추분 새벽과 춘분 저녁에 남교南郊에서 수성이 나타나기를 기다린다. 이 수성은 노인성老人星, 남극성南極星, 수노인壽老人, 남극노인南極老人 등의 별칭을 지니고 있으며, 세화의 주요 대상이다. 수성을 그린 수성도는 신선사상을 배경으로 한 수성신앙에 바탕을 두고 회갑 축하와 장수 축원 등 축수용祝壽用으로 많이 그려졌으며, 수노인도壽老人圖, 노인성도老人星圖, 남극성도南極星圖 또는 남극노인도南極老人

관아에 바치고, 또한 서로 선물한다. 이것을 세화歲畵[71]라고 하는데, 송축하는 뜻을 담았다. 또 황금 갑옷을 입은 두 장군을 그려 바치는데, 그 길이는 한 길 남짓이다. 한 장군은 부월斧鉞을 들고 있고 한 장군은 부절符節[72]을 들었다. 이 그림을 궐문의 양쪽 문짝[73]에 걸어두는데, 이것을 문배門排[74]라고 한다. 또 붉은 도포에 검은 모자를 쓴 형상을 중합문重閤門에 건다[75].

圖라고도 한다. 대체로 작은 키, 흰 수염, 큰 머리, 튀어나온 이마에 발목까지 덮은 도의道衣 차림을 한 웃음 짓는 노인의 모습으로 그려진다. 손에 두루마리 책이나 불로초, 복숭아 등을 들고 있기도 하고, 나무를 배경으로 사슴이나 학, 선동자와 함께 묘사되기도 한다.

68 **선녀도仙女圖** 선경仙境(신선이 사는 곳)에 사는 여자 신선을 그려 길상을 나타낸 그림.

69 **직일도直日圖** '직일도'는 '치일도値日圖'라 해야 옳다. 치일도는 도가道家에서 말하는 육십갑자일을 지켜주는 신을 그린 그림이다.

70 **신장도神將圖** 열두 달을 지켜주는 신을 그린 그림.

71 **세화歲畵** "신년을 송축하고 역귀疫鬼를 막는 그림으로 세초歲初에 도화서에서 군왕에게 바친다. 내용은 보통 수성壽星·선녀仙女·직일신장直日神將·계鷄·호虎·종규鐘馗·금갑이장군金甲二將軍 등으로, 조선 초에는 신라 이래의 벽사신辟邪神인 처용處容과 사민도四民圖 같은 것도 그렸던 모양인데, 후대에 오면 국속에 따른 처용이나 사민도는 사라진다. 그리고 금갑이장군 같은 장여丈餘의 큰 그림은 궁전의 궁문 양비兩扉에 붙이고, 나머지 것들은 궁벽을 위시하여 각처에 풀로 붙인다. 본래 세화는 국초國初에 60장 가량을 제작하여 궁에도 쓰고 척신戚臣·근신近臣에게 나누어주었던 모양인데, 중종 때 곧 16세기에 들어서면 신하에게 내리는 것만 해도 한 사람에 20장을 산출하여 전체로는 막대한 양이 되었다. 기록에 의하면 이런 막대한 양을 제작하느라 3개월이 걸렸다고 한다. 그런데 지紙·필筆·회구繪具가 귀했던 16세기만 해도 그 비용은 대단하다고 여겨졌던 모양이다. 그 까닭에 때로는 세화의 진상을 중지하자는 의견도 있었으나 역시 궁중의 신년 행사로 꾸준히 계속되었고, 심지어는 세화의 풍습이 여항으로 번져 집집마다 이것을 흉내내기에 이르렀다. 그런데 세화는 대개 같은 것을 그리는 연례행사인지라 그림은 점차로 범례화되어 여늬 그림과는 다른 도식화·장식화되었는데, 더구나 시정에 오면 그 가운데 인기 있는 수성壽星·선녀仙女·기록선녀騎鹿仙女·종규鐘馗·계鷄·호虎 등이 더욱 간략화되어 본보기 그림의 특색을 나타낸다. 이러한 풍습은 최근까지 행하여졌다. 필자의 60년 전의 아득한 기억에도 세초歲初에는 집집마다 중문비中門扉에 계鷄·호虎 등의 본보기 그림을 붙였는데, 그림은 지물포에서 사는 것이 상례였다. 세화는 궁중이나 여염집이나 문비門扉·벽상壁上에 강풀로 붙이므로 일회용으로 쓰고 버리는 것이 보통이다. 이것은 마치 입춘 때 대문에 입춘대길立春大吉을 써서 붙였다가 떼어버리는 것과 같다."(이동주李東洲, 『한국회화사론』)

72 **부월斧鉞, 부절符節** 지방관이 부임할 때 왕은 그에게 부절符節과 부월斧鉞을 내려 주었다. 부절은 수기手旗 모양의 신표로 임무 수행자의 증명이었고, 부월은 도끼 모양으로 된 살생권殺生權의 상징이었다.

73 **양쪽 문짝** 원문은 '양선兩扇'이다. 두 장군의 그림을 문짝 양쪽에 하나씩 건다는 말이다.

74 **문배門排** 문배에 대해서는 『조선무속고朝鮮巫俗考』의 다음 설명이 상세하다. "문신상門神像은 여러 기록을 참고해 보니 혹 신도神荼, 울루鬱壘라기도 하고 혹 울지공尉遲恭, 진숙보秦叔寶라고도 하며 혹은 갈장군葛將軍, 주장군周將軍이라고도 한다. 세화에도 수성, 선녀, 직일신장, 그리고 종규鐘馗와 귀두鬼頭가 있다. 그 신들의 이름을 보니 모두 중국 사람들로서 도교의 풍속에서 나온 것인데, 그 기원을 탐구해 보니 고려 중엽부터 우리나

또 종규鍾馗[76]가 귀신 잡는 그림을 그려 문에 붙이거나 귀신 머리 그림을 그려 문미에 붙여 역병, 곧 전염병을 물리친다. 여러 궁가宮家[77]와 척리戚里[78]의 집 문짝에도 모두 걸고, 민간에서도 또 많이 따라서 한다. 세속에서는 황금 갑옷을 입은 장군을 사천왕신상四天王神像[79]이라 한다. 혹은 울지공尉遲恭과 진숙보秦叔寶[80]라고 하며, 붉은 도포를 입은 사람을 위정공魏鄭公[81]

라에서 비로소 시행되었다. 대개 고려 예종 때 송나라의 도교를 받아들여 도관(복원궁이 그것이다.)을 세우고 우류羽流를 설치했으니, 문신상의 설치는 마땅히 이때부터였을 것이다. 우리나라 풍속에 입춘날 여항에서는 혹 '신도울루'라는 네 글자를 크게 써서 문짝에 나누어 붙였는데, 이는 글로 그림을 대신한 것이다. (…) 우리나라 풍속에 글을 붙여 귀신을 물리치고 그림을 붙여 사악한 것을 물리치는 것은 신라 시대부터 시작되었으니, 『삼국유사』의 비형랑鼻荊郎과 처용랑處容郎이 그것이다. 이는 진실로 우리나라의 고유한 풍속이었는데, 도교가 몰락함과 함께 교섭된 것이다."

75 **중합문重閤門에 건다.** 아마 '중문重門'과 '합문閤門'을 합해서 부르는 말 같다. '중문'은 대문 안에 또 세운 문을, '각문閣門'이라고도 하는 '합문'은 임금이 평상시에 거처하는 궁전인 편전便殿의 앞문을 가리킨다. '건다'의 원문 '게揭'는 바로 뒤에 나오는 종규나 귀신 머리 그림을 붙이는, 곧 '첩貼'것과는 다른 행위다.

76 **종규鍾馗.** 중국에서 역귀疫鬼를 쫓는 신의 하나이다. 『사물기원事物紀原』에 다음의 이야기가 실려 전한다. 당나라 현종玄宗이 병석에 누워 있을 때 꿈을 꾸었다. 한 소귀小鬼가 나타나 평소 현종이 소중하게 간직하고 있는 향주머니를 훔치기도 하고 옥피리를 불기도 하며 법석을 떨기에 현종이 큰 소리로 신하를 불렀다. 그러자 한 대귀大鬼가 나타나서 그 소귀를 붙잡아 손가락으로 눈알을 파먹고 죽여 버렸다. 현종이 놀라서 누구냐고 물으니 "신은 종남산終南山 진사進士 종규라고 합니다."라고 대답하더니 계단에 걸려 죽었다. 현종이 정중하게 장례를 지내 주니, 종규는 "앞으로 천하의 요마妖魔들을 물리치겠습니다."라고 맹세하였다. 현종이 꿈에서 깨어나자 병은 깨끗이 나았다. 현종이 꿈에서 본 종규는 검은 의관을 걸치고 눈이 크고 수염이 많은, 무서운 얼굴을 하고 칼을 차고 있었으므로 그와 똑같은 화상畵像을 그려 수호신으로 삼았다. 이 풍습은 우리나라에도 전해져 종규가 악귀를 잡는 그림을 그려 벽이나 문에 붙이거나 귀신의 머리를 그려 문설주에 붙이기도 한다.

77 **궁가宮家.** 왕실의 일부인 궁실宮室과 왕실에서 분가하여 독립한 대원군, 왕자군, 공주, 옹주가 살던 집을 통틀어 이르던 말이다.

78 **척리戚里.** 임금의 외척外戚이 모여 사는 곳이라는 뜻으로, 임금의 외척을 이르는 말. 『사기史記』「만석장숙전萬石張叔傳」에 "고조高祖가 석분石奮의 누이를 불러 미인美人으로 삼고, 석분을 중연中涓으로 삼아 외래外來의 문서와 명첩名帖을 접수하여 관리하도록 한 다음, 그의 가문을 장안長安의 척리戚里로 이주하여 살도록 하였다."라고 했는데, 사마정司馬貞의 『사기색은史記索隱』에 "안사고顔師古가 말하기를, '고조와 인척 관계가 있는 사람이 모두 거주하였기 때문에 그 마을에 척리라는 이름을 붙인 것이다.'"라고 하였다.

79 **사천왕신상四天王神像.** 사천왕신을 묘사한 그림. 사천왕은 수미산 중턱에 있는, 사천왕과 그 권속들이 사는 곳인 사왕천四王天의 주신主神으로 사방을 다스리고 국가를 수호하는 네 신을 말한다. 동쪽의 지국천왕, 남쪽의 증장천왕, 서쪽의 광목천왕, 북쪽의 다문천왕이다. 위로는 제석천을 섬기고 아래로는 팔부중八部衆을 지배하여 불법에 귀의한 중생을 보호한다.

80 **울지공尉遲恭과 진숙보秦叔寶.** 울지공(585~658)의 이름은 공恭, 자는 경덕敬德이다. 진숙보(?~638)는 당나라 초기의 사람으로 본명은 경瓊, 자는 숙보이다. 지조와 절개가 굳세며 용감하여 싸움을 잘했다. 전쟁에서는

이라 한다. 송민구宋敏求의 『춘명퇴조록春明退朝錄』[82]을 보니, "도가주장도道家奏章圖[83]에 하늘 문을 지키는 황금 갑옷 입은 사람이 있는데, 갈장군葛將軍은 깃발을 잡고 있고 주장군周將軍은 부절을 들었다."라고 하였다. 지금의 문배는 이 갈 장군과 주 장군을 그린 것 같다. 그런데 세속에서는 그것을 전기傳奇[84]에 나오는 당 태종 때의 일이라고 억지로 끌어다 붙였다.

圖畫署畫壽星仙女直日神將圖, 獻于公, 亦相贈遺, 名曰歲畫. 以寓頌祝之意. 又畫進金甲二將軍像, 長丈餘, 一持斧, 一持節, 揭于闕門兩扇, 名曰門排. 又以絳袍烏帽像, 揭重閤門. 又畫鍾馗捕鬼貼戶, 畫鬼頭貼楣, 以辟邪瘟. 諸宮家咸里門扇, 亦皆揭之, 閭巷又多効之. 俗以金甲者, 謂四天王神像, 或以爲尉遲恭秦叔寶, 絳袍者爲魏鄭公. 按宋敏求春明退朝錄: "道家奏章圖, 天門守衛金甲人, 葛將軍掌旌, 周將軍掌節", 今之門排, 似是葛周二將軍, 而世俗乃以傳奇中唐文皇時事傅會之爾.

항상 선봉先鋒이 되어 대소 2백여 싸움에서 혁혁한 공을 세웠다. 익국공翼國公에 봉해지고 능연각凌煙閣(태종이 공신과 충신 24인의 얼굴을 그려 모신 각)에 초상이 모셔졌다. 울지공과 함께 태종의 고굉지신股肱之臣(다리와 팔같이 중요한 신하라는 뜻으로 임금이 가장 믿고 중히 여기는 신하)이다.

81 위정공魏鄭公. 당나라 태종 때의 학자 및 재상인 위징魏徵(580~643)이다. 그의 모습은 보잘것없었으나 뜻은 대담하여 2백여 사건을 진언進言함으로써 태종은 그를 공경하면서도 꺼렸다.

82 송민구宋敏求의 『춘명퇴조록春明退朝錄』. 송민구(1019~1079)는 송나라 때의 학자이자 장서가이다. 『당서唐書』를 개수改修하였고, 역사와 조정의 전고典故(전례典例와 고사故事)에 능했다. 『춘명퇴조록』은 송나라의 제도와 잡설을 기록한 필기류 책이다.

83 도가주장도道家奏章圖. '도가주장도'를 '도가에서 상소하여…' 식으로 푼 경우가 있는데, 『춘명퇴조록春明退朝錄』에 "장상서 안도가 말하기를, '일찍이 구본 도가주장도道家奏章圖를 얻어보니[張尙書安道言, 嘗收得舊本道家奏章圖]'"(『문연각사고전서자부文淵閣四庫全書子部』168, 「잡가류雜家類」862, 여강출판사, 531쪽) 운운이 나오는 것으로 보아 그림임을 알 수 있다. 참고로 이 책에는 대궐 문을 지키는 사람이 원래 셋이었는데, 그 하나는 잊었다고 되어 있다.

84 전기傳奇. 당나라 때 유행하기 시작하여 동아시아 여러 나라에 널리 퍼진 소설의 한 종류로서 환상적인 구성이 돋보이는 역사적 장르인 '전기소설'을 말한다. 잘 알려진 김시습의 『금오신화金鰲新話』는 당 전기소설인 『전등신화剪燈新話』를 모방한 것이다. 원문에서 언급한 전기는 『당태종전唐太宗傳』이다. 『당태종전』은 작가와 연대는 알 수 없는 한글소설로, 그 내용은 당나라 전기傳奇인 「당태종입동명기唐太宗入洞冥記」에 나오는데, 다음과 같다. "태종인 문황의 재상 위징魏徵이 남해의 용왕에게 부탁하여 비를 내리도록 한다. 그러나 용왕이 약속을 어기자, 위징이 꿈속에서 용왕을 죽이려 한다. 겁이 난 용왕이 문황의 꿈에 나타나 위징을 재우지 말라고 간청한다. 문황이 위징을 불러 계속 바둑을 두게 하자, 위징은 바둑의 수를 생각하는 척하면서 존다. 위징이 꿈속에서 용왕을 죽인다. 용왕이 죽자 비가 억수같이 내리더니 선혈이 낭자한 용의 머리가 하늘에서 떨어진다. 그 뒤 용의 혼이 문황을 자주 괴롭히는데, 문황은 울지공과 진숙보의 경호로 어려움을 모면한다."

서울과 지방의 조관朝官[85]과 명부命婦[86]는 나이 일흔이 넘으면 새해에 쌀과 생선, 소금을 하사하는 것이 관례이다. 조관으로서 나이 여든이 되거나, 서민으로서 나이 아흔이 되면 각각 한 자급資級[87]을 더해준다. 백세가 되면 특별히 한 품계를 올려 준다. 매년 정초가 되면 자급을 받을 노인에게 자급을 주도록 정사政事[88]에 올리고, 임금에게 아뢰어 승인[89]을 받는다. 이는 모두 노인을 우대하고 나이 든 이를 존숭하는 성대한 은전이다.

京外朝官命婦, 年七十以上, 歲首賜米魚鹽以爲例. 朝官年八十, 士庶年九十, 各加一資. 年百歲, 特超一品階. 每歲首, 以應資老人授資入政 稟下批, 皆優老尊年之盛典也.

민간에서는 벽에 닭과 호랑이 그림을 붙여서 액운이 물러가기를 빈다. 동훈董勛의 『문예속問禮俗』[90]을 에서는 "정월 초하룻날은 닭의 날이다."라고 했고, 또 『형초세시기』에서는 "정월 초

---

85 **조관朝官**. 조정에 출사出仕하는 관원으로 조사朝士 · 조신朝臣이라고도 한다. 궁중의 업무를 맡아보던 궁관宮官과 대칭되기도 하고, 때로는 대개 "서울 밖에 있으면 수령이요, 서울 안에 있으면 조관이다[外在則守令, 內在則朝官]."라고 했듯이, '지방의 수령'에 대하여 '중앙의 관원'이라는 뜻으로도 쓰인다.

86 **명부命婦**. 조선 시대 국가로부터 작위를 받은 여인들의 통칭이다. 작위를 받은 부인은 내명부內命婦와 외명부外命婦로 구분된다. 내명부는 궁중에 봉직하던 정1품 빈嬪(왕의 첩인 후궁後宮에게 내리던 정일품 벼슬)부터 종4품 숙원淑媛(후궁에게 내리던 종사품 벼슬)까지의 내관인 후궁과 정5품 상궁尙宮(궁궐 안에서 왕과 왕비를 가까이 모시는 정오품 벼슬)부터 종9품 주변궁奏變宮(음악에 관한 일을 맡아보던 종구품 내명부)까지의 궁인宮人 계층을 말한다. 외명부는 종류가 다양하다. 봉보부인奉保夫人(임금의 유모乳母에게 내리던 종일품 외명부의 품계)은 종1품, 왕비의 어머니 부부인府夫人(왕비의 친정어머니나 왕의 적자嫡子인 대군大君의 아내)은 정1품, 왕의 딸들인 공주 · 옹주는 품계品階를 초월한 지존한 신분이다. 종친宗親(임금의 친척)의 부인은 정1품 부부인부터 정6품 순인順人(정육품 종친의 아내)까지이며, 문 · 무관들의 부인은 정1품 정경부인貞敬夫人(정일품 · 종일품 문무관의 아내)부터 정9품 유인儒人(구품 문무관의 아내)까지이다.

87 **자급資級**. 가자加資의 등급. '가자'는 관원들의 임기가 찼거나 근무 성적이 좋은 경우 품계를 올려 주던 일. 또는 그 올린 품계. 왕의 즉위나 왕자의 탄생같이 경사스러운 일이 있거나, 반란을 평정한 일이 있을 때 주로 행하였다. 여기서는 장수를 축하하는 경우를 말하고 있다.

88 **정사政事**. 벼슬아치의 임명과 해임에 관한 일.

89 **승인**. 원문은 '하비下批'이다. 하비는 벼슬아치를 발탁할 때 후보자 세 사람을 추천하는 삼망三望을 갖추지 않고 한 사람만 적어 올려서 임금이 임명하는 일.

90 **동훈董勛의 『문예속問禮俗』**. 동훈은 중국 후한後漢 때 사람. 『문예속』은 중국 고대 풍습에 관한 문답서로 10권으로 되어 있다고 하나 지금은 볼 수 없다. 주로 세시풍속을 중심으로 문답이 이루어져 있다고 한다.

하루에 닭을 그려 문[91]에 붙인다."라고 하였으니, 지금의 풍속이 여기에서 시작되었다. 호랑이를 그리는 것은 인월寅月[92]의 뜻을 취한 듯하다.[93]

閭巷壁上, 貼鷄虎畫以禳之. 按董勛問禮俗, 一日爲鷄. 又按荊楚歲時記: "正月一日, 畫鷄帖戶." 今俗昉此. 畫虎, 似取寅月之義也.

나이가 삼재三災[94]에 든 남녀는 매 세 마리[95]를 그려 문미門楣에 붙인다. 삼재법三災法이란 사口

91　**문.** 원문은 '호戶'이다. 호는 한쪽 문의 형상을 본뜬 상형자象形字이다. 양쪽으로 된 문을 문門이라 하고 한쪽으로 된 문은 호戶라 한다. 고대 중국의 주택에서는 부지 터나 묘의 입구는 양쪽 문이 사용되었고, 대지 안의 건물이나 작은 출입구에는 한쪽 문이 사용되었다. 우리나라에서는 '지개문'이라 했는데, 지개문은 마루와 방 사이의 문이나 부엌의 바깥문을 말한다. 지개문은 흔히 돌쩌귀를 달아 여닫는 문으로 안팎을 두꺼운 종이로 싸서 바른다.

92　**인월寅月.** 갑자·을축·병인 등 다달이 배정된 간지干支인 월건月建에 십이지의 인寅(호랑이)이 드는 달로 음력 정월을 말한다.

93　세화는 닭만 그린 경우도 있지만 대개 계호화鷄虎畫라고 해서 닭과 호랑이를 함께 그려 벽에 붙인다. 닭과 호랑이는 길상吉祥을 뜻하는 동물일 뿐 아니라 재액災厄을 물리친다고 여겼다. "닭은 양조陽鳥이다[鷄, 陽鳥也]."라고 한 데서 보듯이 일찍이 『주역周易』에서 길조로 여긴 닭은 12지 동물 중에서 유일하게 날개가 달린 짐승이어서 지상과 하늘을 연결하는 심부름꾼의 상징으로, 수탉이 울면 동이 트고 동이 트면 광명을 두려워하는 잡귀들이 모두 도망친다 하여 벽사辟邪의 상징으로, 매일 알을 낳는 암탉은 자손 번창의 상징으로, 수탉의 붉은 볏은 그 이름과 생김새로 벼슬을 얻는다는 뜻을 지닌 것으로 두루 이해되었다. 한편 호랑이가 재앙을 막아주는 전통적인 상징임은 주지하는 바이다.

94　**삼재三災.** 민간에서 신앙되는, 사람에게 닥치는 세 가지 재해災害이다. 도교에서 유래한 삼재는 수재水災·화재火災·풍재風災 등의 대삼재大三災와 연장이나 무기로 입는 재난인 도병재刀兵災, 전염병에 걸리는 재난인 질역재疾疫災, 굶주리는 재난인 기근재飢饉災 등의 소삼재小三災로 나뉜다. 삼재년三災年 또는 액년厄年은 해마다 누구에게나 드는 것이 아니라 9년마다 주기적으로 맞이하게 되는데, 삼재운三災運이 든 첫해를 '들삼재', 둘째 해를 '누울삼재', 셋째 해를 '날삼재'라 한다. 가장 불길한 삼재년은 들삼재다. 들삼재가 든 사람이 있으면 그해에 사람이 들어와서는 안 되고, 날삼재가 있으면 사람이 나가서는 안 된다. 반대로 날삼재에는 사람이 들어와도 되고, 들삼재에는 사람이 나가도 괜찮다. 사람이 들어온다는 말은 며느리를 보거나 합가合家하는 경우이고, 나간다는 것은 딸을 시집보내거나 분가分家하는 것을 말한다. 이를 막으려고 흔히 머리가 셋이고 몸뚱이가 하나인 매를 붉은 물감으로 그려 방문 위에 붙이거나, 삼재가 든 사람의 옷을 세 갈림길에 나가서 태우고 빌거나, 첫 호랑이날[초인일初寅日]과 첫 말날[초오일初午日]에 세 갈림길에 나가서 밥 세 그릇과 과실을 차리고 촛불을 켜 놓고 빈다. 정월 보름에 삼재가 든 사람의 버선본을 종이로 오려 대나무에 끼워 지붕의 용마루에 꽂아 놓고 동쪽을 향해 일곱 번 절을 하거나, 달집 태울 때 자기 옷의 동정을 태우거나 삼재 부적符籍

·유酉·축丑이 든 해에 태어난 사람은 해亥·자子·축丑이 되는 해에 삼재가 들고, 신申·자子·진辰이 든 해에 태어난 사람은 인寅·묘卯·진辰이 되는 해에 삼재가 들며, 해亥·묘卯·미未가 든 해에 태어난 사람은 사巳·오午·미未가 되는 해에 삼재가 들고, 인寅·오午·술戌이 든 해에 태어난 사람은 신申·유酉·술戌이 되는 해에 삼재가 든다는 것이다. 세속에서는 이 복설卜說을 믿고 이를 통해[96] 액운이 물러가기를 빈다. 태어난 해부터 9년마다 삼재가 드는데, 삼재가 든 3년 동안은 남의 일에 간섭하지 않고 삼가고 꺼리는 일이 많다.

男女年值三災者, 畵三鷹, 貼于門楣. 三災法, 巳酉丑生亥子丑年, 申子辰生寅卯辰年, 亥卯未生巳午未年, 寅午戌生申酉戌年, 俗信卜說, 用此以禳之. 生年隔九而入三災, 三年之內, 不干人物, 多愼忌之事.

친구나 젊은이를 만나면 "과거에 급제해라", "벼슬해라", "아들 낳아라", "재물 얻어라" 등의 말로 덕담德談[97]을 하며 서로 새해를 축하한다.

逢親舊年少, 以登科進官生男獲財等語, 爲德談, 以相賀.

새벽에 거리에 나가서 방향에 상관없이 처음 듣는 소리로 한 해의 길흉吉凶[98]을 점치는데, 이

을 무당이나 경문쟁이[경문장經文匠]로부터 받아 몸에 지니는 풍속이 있다. 곡식이 여물지 않고, 채소가 자라지 않으며, 과실이 열리지 않는 농가의 세 가지 피해를 삼재라고 하기도 한다.

95 매 세 마리. 부적에서는 대개 '삼두삼족응三頭三足鷹', 곧 머리를 셋이고 다리가 셋인 매를 그린다. 거기에는 "탁진삼재귀啄盡三災鬼", 곧 삼재의 귀신을 쪼아 없애버린다는 말이 쓰여 있다.

96 **이를 통해.** 세 마리를 그려 문미門楣에 붙이는 방법으로.

97 **덕담德談.** 남이 잘되기를 비는 말로 주로 새해에 많이 나눈다. 덕담에 대해서는 최남선의 다음 증언을 참고할 필요가 있다. "신년의 덕담은 '이제 이렇게 되라'고 축원하는 것이 아니라, '벌써 그렇게 되셨었다니 고맙습니다'라고 경하함을 특색으로 한다. 이를테면 '금년에는 부자가 되셨다지요?' 하는 유이다. (…) 이 덕담에는 대개 (…) 원시 심리적 근거가 있으니, (…) 언령관념言靈觀念이다. 옛사람들은 인류의 성음聲音 내지 언어에 신비한 영력靈力이 있다고 믿으니, 덕담은 곧 이러한 언령적 효과를 기대하는 것이다."(『조선상식』)

98 **길흉吉凶.** 운이 좋고 나쁨.

를 청참聽讖[99]이라고 한다. 연경燕京[100]의 풍속을 보니, 섣달그믐[101]에 조왕신竈王神[102] 앞에서 방향을 알려달라고 빈 다음 거울을 품에 넣고 문 밖으로 나가 저잣거리의 말소리를 듣고 새해의 길흉을 점친다고 한다. 우리나라 풍속도 그렇다.

曉頭出街巷間, 無定向, 以初聞之聲, 卜一年休咎, 謂之聽讖 按燕京俗, 除夕禱竈前, 請方向, 抱鏡 出門, 聽市語, 以卜來年休咎. 東俗亦然.

오행점五行占[103]을 쳐서 새해의 신수身數[104]를 점친다. 오행에 각기 점사占辭[105]가 있으니, 나무

---

99 『세시풍요歲時風謠』에서는 이 풍습이 정월 대보름날 행해진다고 했다. "정월 대보름날 새벽에 나가 먼저 들리는 말로 길흉을 점치는 것을 청참이라고 하며, 또 경청鏡聽이라고도 한다." 그리고 『해동죽지海東竹枝』에서는 "정월 대보름날 새벽녘에 새소리를 들어보아 참새[황작黃雀]가 먼저 울면 큰 풍년이 든다고 여겼다. 이것을 '새소리 듣기'라고 하였다."라고 했다.

100 **연경燕京**. 중국 베이징[북경北京]의 옛 이름. 옛날 연燕나라의 도읍이었으므로 그렇게 부른다.

101 **섣달그믐**. 음력으로 한 해의 마지막 날. 제석除夕. 최남선의 『조선상식』에 따르면, "12월 그믐을 세제歲除·세진진盡·제일除日 등이라 이르니 '제除'는 구력舊曆을 고쳐 없앤다[혁제革除]는 뜻이며, 연말을 끝막음하는 절일節日인 만큼 저녁[석夕]을 위주하여 제석除夕 또 제야除夜의 칭稱이 있다. 우리말에 '세歲 쇤다'의 '쇤'는 제除의 뜻에 해당하는 것이다."

102 **조왕신竈王神**. 조신竈神. 부엌을 맡는다는 신. 늘 부엌에 있으면서 모든 길흉을 판단한다고 한다. 조왕신은 섣달그믐 밤[제야除夜]에 승천하여 상제께 인간의 죄상을 보고하기 때문에 이를 막기 위해 섣달그믐 밤에 부뚜막 솥 뒤에 대낮같이 등불을 켜 놓고 밤을 세운다. 이는, 이날 조왕신이 하늘에 올라가서 천신天神에게 그 집에서 일년 동안 있었던 일을 낱낱이 보고한다고 믿어 조왕에게 경의를 표하기 위한 것이다.

103 **오행점五行占**. 작은 윷을 던져 나오는 모양을 보고 점을 치는 것을 말한다. 『경도잡지』에서는 "설날에 윷을 던져 새해의 길흉을 점친다. 대개 세 번을 던져 나온 짝을 64괘 중 하나에 배정하는데, 각 괘에는 다음과 같은 요사繇辭가 있다."고 하면서, 점사占辭를 상세히 소개하고 있다. ['64괘'는 주역周易에서 천지만물을 상징하기 위해 설정한 64개의 괘卦를 말한다. '괘'는 중국 고대古代의 복희씨伏羲氏가 지었다는 글자이다. 『주역』의 골자가 되는 것으로, 한 괘에 각각 삼 효爻가 있고, 효를 음양陰陽으로 나누어서 팔괘八卦가 되고 팔괘가 거듭하여 육십사괘六十四卦가 된다. '효'는 괘를 나타내는 가로 그은 획이다. '-'을 양陽으로 하고 '--'을 음陰으로 하며, 밑에서부터 세어 초효初爻, 이효二爻라고 하고, 맨 위 여섯 번째의 것을 상효上爻라고 한다. '요사'는 앞으로의 조짐에 대한 예언적인 점사를 말한다.] 무라야마 지준村山智順의 『조선의 점복과 예언』의 설명이 자세하다. "이 점법은 오행(금·목·수·화·토)의 문자에 의하여 괘를 만들고, 이로써 길흉을 점치는 투척점投擲占의 하나이다. 즉 동쪽으로 뻗은 대추나무 가지를 직경 2㎝, 길이 3㎝로 잘라서 이를 세로로 이등분하여 그 평면에 오행의 문자를 한 개에 한 글자씩 새긴다. 또는 이면에 오행의 문자를 새긴 다섯 개의 옛날 돈을 손안에 모아 쥐고 섞으면서 신에게 기원하기를 '하늘 아래 말이 있다면, 땅 아래에도 역시 말이 있을 터이다. 이에 고하니, 곧

에 장기알처럼 금金·목木·수水·화火·토土를 각각 새기고, 한 번에 던져 바로 놓이고 뒤집힌 모양을 보고서 점괘를 얻는다.

擲五行占, 以卜新年身數. 五行各有占辭, 木刻金木水火土如碁子, 一時擲之, 觀其俯仰而得占.

남녀가 일 년 동안 머리를 빗으면서 빠진 머리카락을 빗접[106]에 모아두었다가 반드시 설날 해질 무렵을 기다려 문 밖에서 태워서 전염병을 물리친다. 손사막孫思邈의 『천금방千金方』[107]을 보니, "정월 인일寅日[108]에 백발을 태우면 길하다."라고 했는데, 설날에 머리카락을 태우는 풍습은 여기에서 비롯하였다.

男女一年梳頭, 貯退髮, 留梳函中, 必待元日黃昏, 燒於門外, 以辟瘟. 按孫思邈千金方, 正月寅日, 燒白髮吉, 元日燒髮, 昉於是

감응하시어 순통케 하라. 지금 아무 곳 아무개가 아무 달 아무 날에 금년의 일신상에서 운명과 길흉을 상하여 줄 것을 원하노라. 문복자問卜者의 목적에 따라 이 바람은 다르다. 원컨대 신명께서 지시하여 주는 것을 마다하지 말지니라고 하고 세 차례 중얼거린 후, 손에 쥐고 있는 오행을 던져서 나타난 오행의 문자로 괘를 만들고, 이를 풀이책의 괘사卦辭와 맞추어 길흉을 판단한다. 이 괘는 한 번만 던져서 괘를 만드는 것과 두 번 또는 세 번을 던져서 괘를 만드는 것 등 여러 가지가 있다."

104 **신수身數**. 한 사람의 운수.
105 **점사占辭**. 점괘에 나타난 말.
106 **빗접**. 소함梳函. 빗, 빗솔, 빗치개와 같이 머리를 빗는 데 쓰는 물건을 넣어 두는 도구. 흔히 창호지 따위를 여러 겹 붙여 기름에 결어서 만든 것과 나무로 짜서 만든 것이 있다. "납지蠟紙로 만든 주머니에다 빠진 머리카락을 넣어 빗접 속에 모아둔다"고 한 『경도잡지』의 설명이 좀 더 자세하다.
107 **손사막孫思邈의 『천금방千金方』**. 손사막(541~682)은 제가백가諸百家의 설과 노장학老莊學, 그리고 음양陰陽을 토대로 한 의약에 정통한, 당나라 초기의 의사이고, 『천금방』은 그가 지은 의서醫書 『천금요방千金要方』이다.
108 **인일寅日**. 정월 초이레인 인일人日을 말한다. 인일人日과 인일寅日은 대개 같이 쓰는데, 사람이 호랑이[寅]의 정기를 받았다고 해서 첫 인일寅日을 '사람날'이라고 한다는 설이 있다. 참고로 『형초세시기』에 따르면, "옛날 정월 초이레를 사람으로 여겼기 때문에 인일이라고 불렀다."

속설에 야광夜光이라는 귀신이 이날 밤에 인가人家에 내려와 아이들의 신발을 두루 신어보고 자기 발에 맞으면 곧바로 신고 가버리는데, 그렇게 되면 그 신발의 주인은 불길하다고 한다. 그래서 아이들은 두려워 신발을 감추고 불을 끄고 잔다. 체[109]를 마루 벽이나 섬돌 사이에 걸어두면 야광귀가 체에 난 구멍을 세어 보다가 결국 다 세지 못하여 신발 신는 것도 잊은 채 닭이 울면 그만 가버린다고 한다. 야광귀가 어떤 귀신인지 모르겠으나[110], 혹 약왕藥王[111]의 음이 변한 것이 아닌가 한다. 약왕은 모습이 추하여 아이들을 겁낼 만하다.

俗說鬼名夜光, 是夜降于人家, 徧穿兒鞋, 足樣合則輒穿去, 鞋主不吉. 故羣兒畏之, 皆藏鞋滅燈而宿. 懸篩於廳壁或階庭間, 謂以夜光神數篩孔不盡, 仍忘穿鞋, 鷄鳴乃去. 夜光未知何鬼, 而或藥王之音轉也. 藥王像醜, 可令怖兒耳.

---

109 **체**. 가루를 곱게 치거나 액체를 받거나 거르는 데 쓰는 기구. 얇은 나무나 널빤지로 만든 쳇바퀴에 말총, 명주실, 철사 따위로 그물 모양의 쳇불을 씌워 나무못이나 대못을 박아 고정하여 만든다. 그런데 왜 하필 체를 걸어 쫓아내려고 하는가, 그리고 야광은 체의 구멍을 왜 세는가? 이는 눈[目]의 기능과 관계가 있는 것으로 보인다. 눈은 능히 물건을 알아 살피는 힘이 있다고 믿고 있거니와, 눈을 많이 가진 것이 귀신에게 두려움을 주고 또 물러가게 한다는 속신이 있다. 이는 장례식 때에 행렬 앞에 네 눈을 가진 방상시[方相氏] 가면을 세우는 것을 보더라도 알 수 있다. 체의 구멍은 많은 눈이 모여 있으므로 귀신이 이 체 구멍을 보고 '이것은 많은 눈을 가진 자임에 틀림없다'고 생각하고, 이를 두려워하여 그 집안에 들어가는 것을 주저할 것이라는 믿음이 작동하고 있는 것이다.

110 『경도잡지』에서는 "야광은 구귀癯鬼이니 구광癯光이라고 해야 마땅하다. '구癯'와 '야夜'의 우리말 뜻이 비슷하기 때문이다."라는 혹자의 설이 잘못이라고 했다. '구와 야의 뜻이 비슷하다'는 것은 '구癯'가 '야위다'의 뜻이므로 '야위다'의 '야'와 밤 '야夜'가 음이 같다는 것이다. 또 『세시풍요』에서는 "야괴夜怪이기 때문에 야묘夜猫라고도 한다"고 했다. 최세진崔世珍의 『훈몽자회訓蒙字會』에 "괴 묘猫"라 했고, 휴정休靜의 저서 『선가귀감禪家龜鑑』을 금화도인金華道人 의천義天이 한글로 번역한 『선가귀감언해禪家龜鑑諺解』에 "괴 쥐 잡 듯하며[如猫捕鼠]"라고 한 것으로 보아, '야괴는 야묘이라'라는 말이 나온 듯하다. 한편 『해동죽지』에서는 '앙광이'라고 했다.

111 **약왕藥王**. 약왕보살若王菩薩의 준말. 『법화경法華經』에 나오는 스물다섯 보살 중의 하나인데, 좋은 약을 값없이 남에게 주어 중생의 심신의 병고를 덜어 주고 고쳐 주는 보살이다. 그런데 본문에서 약왕의 모습이 추하다고 했는데, 지금 볼 수 있는 약왕보살의 모습은 추하지 않다. 참고로 중국에서 약왕은 복수의 존재로 그중 가장 유명한 것은 춘추 시대의 편작扁鵲, 한대의 화타華佗, 당대의 손사막孫思邈, 위자장韋慈藏, 위선준韋善俊, 위고도 韋古道 등이다.

승려들이 북을 메고 거리에 들어와 북을 두드리고 돌아다니는 것을 법고法鼓[112]라고 한다. 간혹 시주施主[113]하기를 청하는 모연문募緣文[114]을 펴놓고 바라[115]를 치며 염불하면 사람들은 너도나도 돈을 던진다. 또는 승려의 떡 하나를 세속의 떡 두 개와 바꾸는데, 세속에서는 승려의 떡을 얻어 어린아이에게 먹이면 천연두天然痘[116]를 잘 넘길 수 있다고 한다. 조정에서 승려가 도성문으로 들어오지 못 하도록 금지하였기 때문에 성 밖에 이런 풍속이 있다. 모든 절의 상좌上佐[117]들이 오부五部[118] 안에서 재미齋米[119]를 구걸하는데, 새벽부터 바랑[120]을 메고 집집마다

---

112 **법고法鼓**. 법고는 세속을 떠나 산중에서 수도하던 중들이 사찰의 운영비를 마련하려는 의도로 고안한 것으로 보인다. 물론 그 이념은 법고를 울려 깨달음의 소리를 전한다는 데 있다. 『법화경』의 "천상천하에 가장 존경스러운 부처님이시여 바라옵니다. 무상無上의 법륜法輪을 굴려 주시옵소서. 큰 법고를 울리시고, 큰 법라法螺를 부수면서, 법비[法雨]를 널리 내려 무량한 중생을 제도해 주시옵소서"라는 언급은 법고로 중생을 구제할 수 있음을 말한 것이다. 『대법고경大法鼓經』에 따르면, 기바耆婆라는 명의名醫가 명약名藥을 조제해 법고에 발랐는데, 그 북을 두드리면 북소리를 듣는 사람의 상처가 나았다고 한다. 법고는 주로 화주승化主僧[인가에 다니면서 사람들로 하여금 법연法緣(불법을 듣고 믿게 되는 인연)을 맺게 하고, 시주를 받아 절의 양식을 대는 승례에 의해 행해졌는데, 화주승은 바랑[걸낭乞囊]을 메고 집집마다 돌아다니며 시주를 받으러 다니고, 때로는 여럿이 법고를 메고 다니다가 사람들이 자주 다니는 길목에서 법고를 두드리며 머리를 조아리며 염불을 해서 시주를 해서 먹고살았다.

113 **시주施主**. 자비심으로 조건 없이 절이나 승려에게 물건을 베풀어주는 일. 또는 그런 일을 하는 사람.

114 **모연문募緣文**. 중이 시주施主에게 돈이나 물건을 기부하여 부처와 좋은 인연을 맺으라고 권고하는 내용의 글.

115 **바라**. 발鉢. 금부金部 무율타악기無律打樂器의 하나로, 자바라[부독기訃篤奇] 혹은 제금提金이라고도 한다. 바라는 냄비 뚜껑같이 생긴 두 개의 얇고 둥근 놋쇠 판으로 만들며, 놋쇠 판 중앙의 불룩하게 솟은 부분에 구멍을 뚫고 끈을 꿰어 그것을 양손에 하나씩 잡고 서로 부닥쳐 소리를 낸다. 자바라는 장구 · 용고龍鼓 · 징 · 태평소와 함께 행진곡풍의 대취타大吹打에 사용되며, 불교의식 무용의 하나인 바라춤[독기무篤奇舞]을 출 때 양손에 들고 춘다.

116 **천연두天然痘**. 천연두 바이러스가 일으키는 급성의 법정 감염병. 열이 몹시 나고 온몸에 발진發疹이 생겨 딱지가 저절로 떨어지기 전에 긁으면 얽어 곰보가 된다. 감염력이 매우 강하며 사망률도 높으나, 최근 예방 주사로 인해 연구용으로만 그 존재가 남아 있다. 집집마다 찾아다니며 천연두를 앓게 한다는 여신인 마마媽媽는 천연두를 뜻하기도 한다.

117 **상좌上佐**. 불도를 닦는 사람인 행자行者를 뜻하기도 하고, 승려가 되기 위하여 출가한 사람으로서 아직 계를 받지 못한 사람을 말하기도 한다.

118 **오부五部**. 조선 시대에, 한성漢城을 다섯 부로 나눈 행정구역으로, 동부 · 서부 · 남부 · 북구 · 중부이다.

119 **재미齋米**. 부처님께 공양하는, 재齋에 쓸 쌀이다. 『월인석보月印釋譜』에 "원앙부인鴛鴦夫人이 왕 말로 나샤 재미齋米를 받줍더시니", 곧 "원앙부인이 임금의 말씀으로 나시어 재미를 바치더니"라는 말이 보인다.

120 **바랑**. 승려가 등에 지고 다니는 자루 모양의 큰 주머니.

다니며 문 앞에서 소리를 지르면 인가에서는 각기 쌀을 내어준다. 이는 새해에 복을 맞이하는 뜻이다.

僧徒負鼓入街市搖動, 謂之法鼓 或展募緣文, 叩鈸念佛, 人爭擲錢 又用一餅換俗二餅, 俗得僧餅, 飼小兒, 以爲善痘. 朝禁僧尼不得入都門, 故城外有此風 諸寺上佐乞齋米於五部內, 自曉荷帒巡行, 沿門唱聲, 人家各出米給之. 盖新年徼福之意也.

경주慶州 풍속에 이날 서로 경축하며 일월신日月神[121]에게 절한다. (『동국여지승람東國輿地勝覽』에 보인다.) 제주도濟州道 풍속에 산·숲·내·못·언덕·들판·나무·돌에 신사神祀[122]를 차려 놓고 매년 설날부터 대보름까지 무격巫覡[123]이 신둑[神纛][124]을 들고 나와 나희儺戲[125]를 행한다. 징과 북을 앞세우고 마을을 드나들면 사람들이 너도나도 재물과 돈을 내어 신에게 비는데, 그것을 화반花盤[126]이라고 한다. (『동국여지승람』에 보인다.)

慶州俗, 是日相慶, 拜日月神.(見輿地勝覽) 濟州俗, 凡於山藪川池邱陵墳衍木石, 俱設神祀, 每自元日至上元, 巫覡挈神纛, 作儺戲, 錚鼓前導, 出入閭里, 民人爭捐財錢以賽神, 名曰花盤 (見輿地勝覽)

---

121 **월신日月神**. 원시 신앙에서 위하던 해와 달의 신. 홍수나 가뭄의 피해 없이 풍년을 이루어 주기를 기원하는 대상이다.

122 **신사神祀**. 귀신을 모시는 사당.

123 **무격巫覡**. 무당巫堂과 남자 무당인 박수를 아울러 이르는 말.

124 **신둑[神纛]**. 신장 깃발. '신장'은 귀신 가운데 무력을 맡은 장수신. 사방의 잡귀나 악신을 몰아낸다.

125 **나희儺戲**. 고려 때부터 음력 섣달그믐날 밤에 궁중과 민가에서 마귀와 사신邪神을 쫓기 위해 베풀던 의식이다. 처음에는 새해의 사귀邪鬼를 쫓을 목적으로 연극·노래·춤으로 행하였던 것인데, 차츰 그 놀이적 성격이 강화되어 임금의 행차 때나 인산因山(왕족의 장례) 때, 또 중국 칙사勅使(임금의 명령을 전달하는 사신)의 영접 때에도 행하였다. 나례儺禮라고도 한다.

126 **화반花盤**. 제주도에서 당굿을 하기 전 보름 동안 당을 맨 심방을 중심으로 마을을 돌며 당굿을 할 기금을 마련하는 걸궁, 곧 마을을 돌며 사고가 잦은 지역 삼도전거리(세거리)에서 부정과 액을 막는 걸궁패의 거릿제 또는 거리도청제를 말한다. 화반은 보통 제주 사람들이 통칭하는 거리굿 걸궁이 이두식으로 기록되어 문헌에 전해 온 것으로 보인다. '화花'는 곳·굿, '반盤'은 '돌다'의 명사형 돎 혹은 돌기가 되어, '화반'은 굿돎 또는 굿돌기로 풀이된다.

입춘

입춘[1]날 대내大內[2]에 춘첩자春帖子[3]를 붙인다. 공경公卿[4]과 사대부[5]의 집과 서민의 집, 시장 가게에도 모두 춘련春聯[6]을 붙이고 송축하는데, 그것을 춘축春祝[7]이라 한다. 『형초세시기』를 보니, "입춘날에 의춘宜春[8]이란 글자를 문에 붙인다."라고 했는데, 지금의 춘련은 여기에서 비

---

1   **입춘立春**. 24절기의 하나. 대한大寒과 우수雨水 사이에 들며, 이때부터 봄이 시작된다고 한다. 양력으로는 2월 4일경이다.

2   **대내大內**. 임금을 비롯하여 왕비, 왕대비들이 거처하는 곳을 두루 이르는 말이다. 임금이 거처하는 곳은 대전 大殿, 왕비가 거처하는 곳은 중전中殿이라 하고 대비가 거처하는 곳을 대비전大妃殿이라 하는데, 대내는 이들을 총칭하는 말이다.

3   **춘첩자春帖子**. 입춘날 대내大內 기둥에 써 붙이던 주련柱聯(기둥이나 벽 따위에 장식으로 써서 붙이는 글귀. 주로 한시漢詩의 연구聯句를 씀). 연잎과 연꽃의 무늬가 있는 종이에 봄을 맞이하는 축하의 시를 써서 붙였다. 춘첩春帖.

4   **공경**. 삼공三公과 구경九卿을 아울러 이르는 말. '공경'은 행정부의 최고 기관인 의정부議政府에서 국가 주요 정책을 결정하는 일을 맡아보던 세 벼슬인 영의정, 좌의정, 우의정, 곧 삼정승. '구경'은 삼정승에 다음가는 아홉 고관직으로 의정부의 좌우참찬左右參贊, 육조판서六曹判書, 한성부판윤漢城府判尹을 이른다.

5   **사대부士大夫**. 사士(양반 계층인 선비를 이르던 말)와 대부大夫(정일품에서 종사품까지의 벼슬)를 아울러 이르는 말. 문무양반文武兩班을 일반 평민층에 상대하여 이르는 말이다.

6   **춘련春聯**. 입춘날 문이나 기둥 따위에 써 붙이는 주련柱聯.

7   **춘축春祝**. 입춘날 집에 글을 붙여 행복을 축원하는 일. 대궐에서는 춘첩자春帖子를, 민가에서는 춘련春聯을 붙여 봄을 송축했다.

8   **의춘宜春**. '비바람이 고른 봄'이라는 뜻으로 입춘을 달리 부르는 말인데, 봄을 맞이하여 축하할 때 쓴다. 적춘適春이라고도 한다.

롯된 것이다.

大內貼春帖子, 卿士庶民家及市廛, 皆貼春聯頌禱, 名曰春祝. 按荊楚歲時記: "立春日, 貼宜春字于門." 今之春聯, 昉此.

관상감觀象監[9]에서 주사朱砂[10]로 벽사문辟邪文[11]을 찍어 대내에 바치면 그것을 문미門楣[12]에 붙인다. 그 글은 다음과 같다. "갑작甲作은 흉흉을 잡아먹고, 필위肺胃는 호虎를 잡아먹고, 웅백雄伯은 매魅를 잡아먹고, 등간騰簡은 불상不祥을 잡아먹고, 남저攬諸는 구咎를 잡아먹고, 백기伯奇는 몽夢를 잡아먹고, 강량强梁과 조명祖明은 함께 책사磔死와 기생寄生을 잡아먹고, 위수委隨는 관觀을 잡아먹고, 착단錯斷은 거巨를 잡아먹고, 궁기窮奇와 등근騰根은 함께 고蠱를 잡아먹는다. 이 열두 신을 시켜 흉악한 것들을 내쫓아 너희 몸을 위협하고 너희 뼈마디를 부러뜨리고 너희 살을 찢고 너희 내장을 뽑아내게 할 것이다. 급히 떠나지 않고 뒤처지는 놈은 귀신의 밥이 될 테니, 명령대로 속히 시행하라."[13]

---

9 **관상감觀象監.** "천문택일天文擇日 관상감"(『한양가』)이라고 한 데에서 보듯이, 조선 시대 천문天文(우주와 천체의 온갖 현상과 그에 내재된 법칙성에 대한 연구) · 지리 · 역수曆數(음양으로써 길흉화복을 미리 알아내는 술법) · 점산占算(점 침) · 측후測候(기상의 상태를 알기 위하여 천문의 이동이나 천기의 변화 관측) · 각루刻漏(시간 측정) 등에 관한 일을 담당하기 위해 설치했던 관서이다. 운감雲監이라고도 한다.

10 **주사朱砂.** 새빨간 빛이 나는 육방 정계六方晶系의 광물이다. 수은과 황의 화합물로, 정제하여 물감이나 한방약으로 쓰인다. 특히 부적符籍(잡귀를 쫓고 재앙을 물리치기 위하여 붉은색으로 글씨를 쓰거나 그림을 그려 몸에 지니거나 집에 붙이는 종이)에서 노란 바탕에 그리는 빨간색 그림이나 글자는 모두 주사로 칠한 것이다. 빨간색은 요사스러운 귀신을 물리치는 벽사辟邪의 기능을 한다. 단사丹砂, 단주丹朱, 진사辰砂라고도 한다.

11 **벽사문辟邪文.** 요사스러운 귀신을 물리치기 위하여 쓴 글.

12 **문미門楣.** 창문 위에 가로 댄 나무. 그 윗부분 벽의 무게를 받쳐 준다. 상인방上引枋.

13 이 벽사문의 구성은 '악귀惡鬼를 잡아먹고 역병疫病을 구축驅逐하는 이러저러한 신수神獸들이 이러저러한 악귀들을 물리친다'는 것이다. 그러므로 "갑작甲作은 흉측한 것을 잡아먹고 (…) 등간騰簡은 상서롭지 못한 것을 잡아먹고, 남저攬諸는 허물을 잡아먹고, 백기伯奇는 환상을 잡아먹고…"라는 식으로 풀이해서는 안 된다. '흉측한 것, 상서롭지 못한 것, 허물, 환상'은 각각 "흉凶", "불상不祥", "구咎", "몽夢"이라는 악귀의 이름이기 때문이다. 참고로 『해동죽지』에서는 이것을 '무학대사無學大師의 비법'이라고 했는데, 잘못이다. 참고로 본문에는 등간騰簡, 백기伯奇, 조명祖明, 책사磔死, 고蠱을 각기 등간騰間, 백기伯寄, 조명粗明, 걸사桀死, 충蟲이라고 한바, 『후한서』를 참고하여 바로잡았다.

觀象監朱砂搨辟邪文, 進于大內, 貼門楣. 其文曰: "甲作食歹凶, 肺胃食虎, 雄伯食魅, 騰簡食不祥,
攬諸食咎, 伯奇食夢, 强梁祖明共食磔死奇生, 委隨食觀, 錯斷食巨, 窮奇騰根共食蠱, 凡使十二神
追惡凶, 嚇汝軀, 拉汝幹節, 解汝肌肉, 抽汝肺腸, 汝不急去, 後者爲糧, 急急如律令."

이 글은 『속한서續漢書』 「예의지禮儀志」[14]에 있는 내용으로, 납일臘日[15] 전날 대나大儺[16] 행사
때 역귀를 쫓는 진자侲子[17]가 화답하던 가사이다. 지금은 입춘날 부적符籍[18]으로 만들고 단오

---

14 『**속한서續漢書**』 「**예의지禮儀志**」. 진晉나라 사마표司馬彪(?~306)의 찬撰으로 총 80권이었으나 실전失傳되었다.
현존 『후한서後漢書』의 8지志는 『속한서』에서 따서 실은 것이라 한다.

15 **납일臘日**. 민간이나 조정에서 조상이나 종묘 또는 사직에 제사 지내던 날. 동지 뒤의 셋째 술일戌日에 지냈으
나, 조선 태조 이후에는 동지 뒤 셋째 미일未日로 하였다.

16 **대나大儺**. 음력 섣달그믐날 밤에 민가와 궁중에서 묵은해의 잡귀를 몰아내기 위하여 벌이던 의식으로 구나驅
儺라고도 한다. 이에 대해서는 『용재총화慵齋叢話』의 전언이 자세하다. "구나의 일은 관상감觀象監이 주관하
는 것인데, 섣달그믐 전날 밤에 창덕궁과 창경궁의 뜰에서 한다. 그 규제規制는, 붉은 옷에 가면을 쓴 악공樂工
한 사람이 창수唱帥가 되고, 황금빛 네 눈의 곰 껍질을 쓴 방상인方相人 네 사람은 창을 잡고 서로 친다. 지군指軍
5명은 붉은 옷과 가면에 화립畵笠을 쓰며 판관判官 5명은 푸른 옷과 가면에 화립을 쓴다. 조왕신竈王神 4명은
푸른 도포·복두幞頭·목홀木笏에 가면을 쓰고, 소매小梅 몇 사람은 여삼女衫을 입고 가면을 쓰고 저고리 치마
를 모두 홍록으로 하고, 손에 긴 장대[간당竿幢]를 잡는다. 12신은 모두 귀신의 가면을 쓰는데, 예를 들어 자신
子神은 쥐 모양의 가면을 쓰고, 축신丑神은 소 모양의 가면을 쓴다. 또 악공 10여 명은 복숭아나무 가지를 들고
이를 따른다. 아이들 수십 명을 뽑아서 붉은 옷과 붉은 두건으로 가면을 씌워 진자侲子로 삼는다. 창수가 큰
소리로 외치면, 진자가 '예' 하고 머리를 조아리며 죄를 고하는데[服罪] 여러 사람이 '북과 징을 쳐'라고 하면서
이들을 쫓아낸다. (권1) 섣달그믐날에 어린애 수십 명을 모아 진자로 삼아 붉은 옷을 입히고 붉은 두건을 씌워
궁중으로 들여보내면 관상감이 북과 피리를 갖추고 새벽이 되면 방상씨方相氏가 그들을 쫓아낸다. 민간에서
도 또한 이 일을 모방하되 비록 진자는 없더라도 녹색 댓잎·붉은 가시나무 가지·익모초 줄기·도동지桃東
枝를 한데 합하여 빗자루를 만들어 펴고 대문[영호欞戶]을 막 두드리고 북과 방울을 울리면서 문 밖으로 몰아
내는 흉내를 하는데, 이를 방매귀放枚鬼라고 한다. (권2)"

17 **진자侲子**. 나례儺禮(궁중과 민가에서, 음력 섣달그믐날에 묵은해의 마귀와 사신을 쫓아내려고 베풀던 의식)에
서 역신을 쫓는 '아이 초라니'를 말하는데, 열두 살 이상 열여섯 살 이하의 사내아이에게 탈을 쓰고 붉은 옷을
입고 붉은 건巾을 쓰게 하였다.

18 **부적符籍**. 신의 도움을 받을 수 있다는 뜻에서 부작符作이라고도 했다. 부적은 온갖 재료로 만들어지며, 그 쓰
임새도 다양하다. 부적은 승려나 역술가, 무당들이 만든다. 부적을 만들 때는 택일하여 목욕재계한 후에 동쪽
을 향하여 정수淨水를 올리고 분향한다. 그리고 이[齒]를 딱딱딱 3번 마주치고 주문을 외운 후에 부적을 그린다
고 한다. 글씨는 붉은빛이 나는 경면주사鏡面朱砂나 영사靈砂를 곱게 갈아 기름이나 설탕물에 개어서 쓴다.

端午[19]에도 붙인다. 건릉健陵[20]은 『은중경恩重經』[21]의 진언眞言[22]을 찍어 나누어주어서 문미에 붙여 액을 물리치도록 했는데, 그 글은 다음과 같다. "나무 사만다 못다남 옴 아아나 사바하曩謨三滿多沒馱喃唵誐誐曩娑嚩訶" 또 이것을 단오부적端午符籍[23]으로도 쓴다. 문에는 "신도神茶와 울루鬱壘[24]" 네 글자를 쓴다. 옛 풍속에 설날이면 복숭아나무로 만든 판자에 신도와 울루의

종이는 괴황지槐黃紙를 쓰는 것이 원칙이나 누런빛이 도는 창호지를 쓰기도 한다. 부적은 대개 종이로 만들지만 재료에 따라 돌·나무·청동·바가지·대나무 부적 등도 있다. 나무 부적 중에는 벼락을 맞은 복숭아나무나 대추나무 부적이 상서로운 힘을 갖는다고 믿는다. 이는 나무가 벼락을 맞을 때 번개 신이 깃들어 잡귀가 달아난다고 믿었기 때문이다. 특히 복숭아나무는 악귀를 쫓는 나무라 해 부적에 찍는 도장으로 많이 쓰인다. 아기의 돌날 복숭아 모양을 새긴 반지를 끼워 주는 것도 어린이 사망률이 높던 시절, 잡귀로부터 아이들을 지키기 위해 복숭아의 신통력에 기대려 했던 것이다. 또한 복숭아나무는 집안의 뜰에는 심지 않았다. 신령스러운 나무를 사람이 사는 누추한 곳에 심을 수 없다는 뜻이다. 집 가까이 심어 두면 귀신이 무서워 제사에 오지 못한다고 여겼다. 제사상에 복숭아를 올리지 않는 것도 이 때문이다.

19 **단오端午**. 음력 5월 5일로 명절의 하나. 일명 수릿날[술의일戌衣日·수뢰일水瀨日]·중오절重午節·천중절天中節·단양端陽, 천중가절天中佳節, 천중오절天中午節이라고도 한다. 단오의 '단端'은 처음, 곧 첫 번째를 뜻하고, '오午'는 오五, 곧 다섯을 뜻하므로 단오는 초닷새[초오일初五日]라는 뜻이 된다. 5월 초닷새는 중오重五, 곧 양陽의 수 5가 중복되어 일 년 중에서 가장 양기陽氣가 왕성한 날이라 해서 큰 명절로 여겨 왔고, 여러 가지 행사가 전국적으로 행해졌다. 참고로 단오는 중종 13년(1518)에 설날·추석과 함께 '3대 명절'로 정해지기도 했다.

20 **건릉健陵**. 조선 정조와 그의 비 효의 왕후 김씨의 무덤. 여기서는 22대왕 정조(재위 1776~1800)를 말한다.

21 **은중경恩重經**. 『불설대보부모은중경佛說大報父母恩重經』. 중국 수나라 말기에서 당나라 초기에 간행된 불교의 경전. 부모의 은혜가 지극히 크고 깊다는 사실을 이르고, 보은報恩을 권장하였다. 『부모은중경父母恩重經』이라고도 부른다.

22 **진언眞言**. 진실하여 거짓됨이 없는 불교의 비밀스러운 주문으로 주呪·신주神呪·밀언密言이라고도 한다. 부처와 보살의 서원誓願이나 가르침을 간직한 비밀의 어구를 뜻한다. 우리나라를 비롯한 중국·일본 등 동양 3국에서는 그 뜻을 번역하지 않고 범어 그대로를 읽고 있다. 이것을 외우고 그 문자를 관하면 그 진언에 응하는 여러 가지 공덕이 생겨나고, 세속적인 소원의 성취는 물론 성불할 수도 있다고 한다.

23 **단오부적端午符籍**. 단오에 액을 물리친다고 하여 문기둥에 붙이는 부적.

24 **신도神茶와 울루鬱壘**. 문을 주관하는 신[문신門神]의 이름들이다. 동한東漢 시대의 채옹蔡邕이 쓴 『독단獨斷』에 따르면, 아주 먼 옛날 상고 시대에 신도와 울루라는 형제가 있었는데, 이 형제는 모두 악귀를 잘 잡았다고 한다. 창해蒼海 가운데 도삭度朔이란 산이 있었다. 이 산 위에는 큰 복숭아나무가 있었고, 그 가지 사이에는 3천 리나 되는 긴 굴이 있었다. 이 굴의 동쪽에 있는 귀문鬼門으로 수많은 귀신이 들어오고 나가고 했다. 그 동쪽 문 입구를 지키는 문신이 신도와 울루 형제였다. 형제는 백성들을 괴롭히는 악귀를 잘 잡았는데 악귀들은 두 형제 앞에서는 꼼짝 못했다고 한다. 두 형제는 문을 지키며 사악한 귀신이 그 굴 밖으로 나오려고 하면 갈대 끈으로 묶어 늙은 호랑이에게 먹였다고 한다. 그래서 황제黃帝는 의식을 집행할 때 큰 복숭아 인형을 세우고, 문에는 신도와 울루, 그리고 범을 그려 놓고 갈대 끈을 달아 둠으로써 악귀를 막았다. 그 후로 사람들은 형제의

모습을 그려 문에 놓아 흉측한 귀신을 막았다. 이 제도는 중국 황제黃帝[25] 때부터 시작되었는데 지금은 춘첩자春帖子로 사용한다.

此卽續漢書禮樂志, 先臘一日大儺逐疫侲子所和之詞, 而今作立春符, 端午日亦貼之. 健陵印頒恩重經眞言, 貼楣襜之. 其文曰: "曩謨三滿多, 沒馱喃, 唵, 誐誐曩, 娑嚩訶." 亦作端午符, 門帖有神荼鬱壘四字. 古俗元日桃符, 畫神荼鬱壘像, 置之門戶, 以禦凶鬼. 其制自黃帝始, 今用於春帖.

또 다음과 같은 대구對句[26]가 있다.

문신호령 가금불상門神戶靈 呵噤不祥	대문과 방문의 신령이 불길한 것들을 물리친다.
국태민안 가급인족國泰民安 家給人足	나라는 태평하고 백성은 평안하며, 집안은 넉넉하고 사람은 풍족하다.
우순풍조 시화연풍雨順風調 時和歲豐	비바람이 순조롭고 고르며, 시절이 조화롭고 풍년이 든다.

又有"門神戶靈", 呵噤不祥, "國泰民安, 家給人足", "雨順風調, 時和歲豐"等對語.

구흉驅兇(악귀 퇴치)에 의지하고자 문에다 그들의 형상이나 늙은 호랑이를 그려 붙임으로써 부적으로 삼았다. 『형초세시기』에 따르면 신도는 왼쪽에, 울루는 오른쪽에 건다. 참고로 『형초세시기』에 인용된 「괄지도括地圖」에 보면 "도도산桃都山에 큰 복숭아나무가 있는데, 구불구불 삼천리나 이어지고, 위에는 금계金鷄가 있어 날이 밝으면 운다. 그 아래 두 신이 있는데, 하나는 울이고 하나는 루이다. 갈대로 만든 끈을 들고 살펴 상서롭지 못한 귀신을 잡아 죽인다. 곧 신도의 이름은 없다."라고 되어 있다. 또 복숭아나무로 사람의 형상을 만들고, 갈대 끈을 달아 악귀의 침입을 막기도 했다. 복숭아나무를 문에 단 것은, 복숭아의 정령이 문을 들고나는 악귀를 제압한다고 믿었기 때문이다.

25 황제黃帝. 중국 고대 전설상의 제왕. 삼황三皇의 한 사람으로, 처음으로 곡물 재배를 가르치고 문자·음악·도량형 따위를 정하였다고 한다. 참고로 '삼황'은 천황씨天皇氏·지황씨地皇氏·인황씨人皇氏로 보는 설과 수인씨燧人氏·복희씨伏羲氏·신농씨神農氏로 보는 설이 있으며, 복희씨·신농씨·헌원씨軒轅氏로 보는 설 따위의 여러 학설이 있다.

26 대구對句. 비슷한 어조나 어세를 가진 것으로 짝지은 둘 이상의 글귀. 특히 한시를 비롯한 시가 문장에 많이 쓴다.

민가의 기둥이나 문미에는 보통 대련對聯[27]을 쓴다.

수여산 부여해壽如山 富如海　　　　산처럼 장수하고, 바다처럼 부유하다.

거천재 내백복去千灾 來百福　　　　모든 재앙은 물러가고, 온갖 복이 찾아온다.

입춘대길 건양다경立春大吉 建陽多慶[28] 입춘이니 크게 길하고, 양기가 태동하니 경사가 많다.

요지일월 순지건곤堯之日月 舜之乾坤　요임금 세월이고, 순임금 세상이다.

애군희도태 우국원년풍愛君希道泰 憂國願年豊

　　　　　임금을 사랑하여 도가 태평하기를 바라고, 나라를 걱정하여 농사가 풍년 들기 바란다.

부모천년수 자손만대영父母千年壽 子孫萬代榮

　　　　　부모님은 천 년 동안 장수 누리고, 자손은 만대에 걸쳐 영화롭다.

천하태평춘 사방무일사天下太平春 四方無一事

　　　　　천하는 태평한 봄이고, 사방에 아무 일 없다.

국유풍운경 가무계옥수國有風雲慶 家無桂玉愁

　　　　　나라에는 좋은 때를 만나는 경사가 있고, 집안에 먹고살 걱정이 없다.

재종춘설소 복축하운흥災從春雪消 福逐夏雲興

　　　　　재앙은 봄눈처럼 사라지고, 복은 여름 구름처럼 일어나다.

북당훤초록 남극수성명北堂萱草綠 南極壽星明

　　　　　북당의 훤초[29]는 푸르고, 남극성은 밝다.[30]

---

[27] **대련對聯**. 대對(같은 종류로 이루어진 짝)를 맞춘 글귀, 곧 글자 수가 같고 의미가 상응하며 구조가 같은 두 글귀를 말한다.

[28] 이 구절에서 문제가 되는 것은 '건양'이다. '대길'과 '다경'이 그렇듯, '건양'은 '입춘'과 호응하고 있다. 더 자세히 보면, '봄[春]'과 '양기[陽]'가 어울리듯이, '세우다'라는 의미로 "건"은 "입"과 호응한다. 참고로 중국 삼국 시대 위 나라 하안何晏이 지은 「경복전부景福殿賦」에 "개건양즉주염開建陽則朱炎豔, 계금광즉청풍진啓金光則淸風臻"이라는 구절이 나온다. '건양문을 열면 붉은 태양빛이 아름답고, 금광문을 열면 맑은 바람이 이른다'라는 뜻이다. '건양'과 '금광'은 물론 궁전의 문 이름이지만, 그 의미는 따져볼 필요가 있다. '건양建陽'과 '금광金光'을 대우對偶로, 즉 '양기'와 '금빛'을 대응시키고 있다. '주염朱炎'으로 역시 봄이 되면서 더욱 강렬해진 햇빛을 강조하였다. 요컨대 '입춘'과 '건양'은 같은 의미를 갖는 다른 표현인 것이다. 건양이 대한제국의 연호이므로, 이 구절은 대한제국의 무궁한 발전을 기원한 것이라는 터무니없는 설명이 나돌고 있어 특기한다.

[29] **훤초萱草**. 다른 사람의 어머니를 지칭할 때 훤당萱堂이라 하는데, '훤萱' 자를 쓰는 것은 옛적에 효자가 그 어머니를 위해 집 뒤에 별당을 짓고 어머니가 좋아하시는 원추리꽃을 심어 드렸다는 데서 연유한다. 그 별당이 집 뒤의 북쪽에 있어서 북당이라 부르기도 한다.

천상삼양근 인간오복래天上三陽近 人間五福來

　　하늘에는 봄날이 다가오고, 인간 세상에는 오복이 온다.

계명신세덕 견폐구년재鷄鳴新歲德 犬吠舊年災

　　닭이 울어 새해의 덕을 알리고, 개가 짖어 묵은해의 재앙을 물리친다.

소지황금출 개문백복래掃地黃金出 開門百福來

　　땅을 쓸면 황금이 생기고, 문을 열면 만복이 온다.

봉명남산월 인유북악풍鳳鳴南山月 麟遊北岳風

　　봉황은 남산 달 아래에서 노래하고, 기린은 북악 바람에 노닌다.

문영춘하추동복 호납동서남북재門迎春夏秋冬福 戶納東西南北財

　　대문으로는 춘하추동의 복을 맞이하고, 방문으로는 동서남북의 재물을 들인다.

육오배헌남산수 구룡재수사해진六鰲拜獻南山壽 九龍載輪四海珍

　　여섯 마리 자라31가 절하며 남산32 같은 장수를 바치고, 아홉 마리 용은 사해의 재물을 실어 온다.

천증세월인증수 춘만건곤복만가天增歲月人增壽 春滿乾坤福滿家

　　하늘엔 세월이 늘어나고 사람은 수명을 더하며, 봄은 천지에 가득하고 복은 집안에 가득하다.

閭巷柱楣通用對聯: "壽如山, 富如海", "去千灾, 來百福", "立春大吉, 建陽多慶", "堯之日月, 舜之乾坤", "愛君希道泰, 憂國願年豊", "父母千年壽, 子孫萬代榮", "天下太平春, 四方無一事", "國有風雲慶, 家無桂玉愁", "灾從春雪消, 福逐夏雲興", "北堂萱草綠, 南極壽星明", "天上三陽近, 人間五福來", "鷄鳴新歲德, 犬吠舊年灾", "掃地黃金出, 開門百福來", "鳳鳴南山月, 麟遊北岳風", "門迎春夏秋冬福, 戶納東西南北財", "六鰲拜獻南山壽, 九龍載輪四海珍", "天增歲月人增壽, 春滿乾坤福滿家".

30　어머님은 근력 좋으시고, 아버님은 만수무강하시라는 뜻이다.

31　**여섯 마리 자라[육오六鰲].** 중국 전설에 나오는 상상의 세 신산神山인 봉래산蓬萊山·방장산方丈山·영주산瀛洲山, 곧 삼신산三神山이 동해에 떠 있는데, 여섯 자라가 머리로 그것을 떠받들고 있다고 한다.

32　**남산.** 도사들이 사는 것으로 유명한 장안 부근의 명산인 종남산終南山을 말한다.

방의 문미에는 단첩單貼[33]을 붙인다.

춘도문전증부귀春到門前增富貴　　봄이 문 앞에 오니, 부귀가 늘어나리라.
춘광선도길인가春光先到吉人家　　봄빛이 길한 사람 집에 먼저 온다.
상유호조상화명上有好鳥相和鳴　　하늘에는 길한 새들이 서로 조화롭게 운다.
일춘화기만문미一春和氣滿門楣　　온 봄의 온화한 기운이 문미에 가득하다.
일진고명만제도一振高名滿帝都　　한번 이름을 높이 날려 장안에 가득하다.

戶楣單貼: "春到門前增富貴", "春光先到吉人家", "上有好鳥相和鳴", "一春和氣滿門楣", "一振高名滿帝都".

사대부들은 춘첩자의 글을 새로 짓는 경우가 많은데, 간혹 옛사람의 좋은 말을 가져다 쓰기도 한다.

士夫多用新製, 或揀古人佳語.

경기 산간의 여섯 고을[34]에서는 움파[총아蔥芽][35], 산갓[산개山芥][36], 승검초[신감채辛甘菜][37] 등을 진상進上[38]한다. 산갓은 초봄에 눈이 녹을 무렵 산속에서 자생하는 갓이다. 뜨거운 물에

---

33 **단첩單帖.** 한 구절로 된 시문. 혹은 시문의 한 구절을 적어 놓은 첩자帖子.
34 **여섯 고을.** 산이 많은 포천抱川, 연천漣川, 적성積城, 양근楊根, 삭녕朔寧, 마전麻田을 말한다. 혹은 양근, 지평砥 平, 포천, 가평加平, 삭녕, 연천을 말하기도 한다.
35 **움파[총아蔥芽].** 겨울에 움 속에서 자란, 빛이 누런 파.
36 **산갓[산개山芥].** 첫봄 눈 녹을 무렵에 산에서 절로 자라는 겨자를 말한다. 겨자는 십자화과의 일 년 또는 이년 초 재배 식물로, 봄에 십자 모양의 노란 꽃이 핀다. 씨는 매우면서도 향기가 있어 가루를 내어 양념이나 약재로 쓰며, 잎과 줄기는 채소로 먹을 수 있다.
37 **승검초[신감채辛甘菜].** 다년초로 깃털 모양의 잎이 마주난다. 우리나라 중부 이북 산지의 특산으로, 뿌리는 한 방에서 당귀當歸라고 하며 한약재로 쓰인다.
38 **진상.** 진귀한 물품이나 지방의 토산물 따위를 임금이나 고관 따위에게 바침.

데쳐 초장에 무쳐 먹는데, 맛이 매우 맵기 때문에 고기를 먹은 뒤에 먹으면 좋다. 승검초는 움집에서 키운 당귀當歸[39]의 싹인데, 은비녀 가락같이 맑으며 꿀을 싸서 먹으면 맛이 매우 좋다.[40] 『척유撦遺』[41]를 보니, "동진東晉 사람 이악李鄂이 입춘날에 무와 미나리 싹으로 채반菜盤[42]을 만들게 하여 선물로 서로 주고받았다."[43]라고 했고, 또 『척언撦言』[44]에는 "안정군왕安定郡王[45]이 입춘날에 다섯 가지 매운 채소로 채반을 차렸다."라고 했으며, 또 두보杜甫[46]의 시를

---

39 **당귀當歸**. 미나리과에 속한 일년생 초본식물로, 음력 2월에 뿌리를 채취하여 약재로 쓴다. 『향약구급방鄕藥救急方』에서는 "맛이 달고 매우며 따뜻하고 독이 없다."라고 하였다.

40 이 재료들로 오신채五辛菜를 만들어 먹는다. 오신채는 입춘날 먹는 시식時食으로 다섯 가지 매캐한 모듬나물이다. 시대에 따라 그리고 지방에 따라 나물의 종류가 다르지만, 다음 여덟 가지 나물 가운데 노랗고 붉고 파랗고 검고 하얀, 각색 나는 다섯 가지를 골라 무쳤다. 파, 마늘, 움파, 달래, 평지, 부추, 무릇 그리고 미나리의 새로 돋아난 싹이나 새순이 그것이다. 노란색을 한복판에 무쳐 놓고 동서남북에 청, 적, 흑, 백의 사방색四方色 나는 나물을 배치해 내는데, 여기에는 임금을 중심으로 하여 사색당쟁을 초월하라는 정치 화합의 의미가 부여되어 있다고도 한다. 임금이 굳이 오신채를 진상 받아 중신重臣에게 나누어 먹인 뜻도 여기에서 찾을 수 있을 것이다. 백성들 역시 오신채를 통해 가족의 화목을 상징적으로 보완하고, 사람으로서 갖추어야 할 다섯 도리인 인仁, 의義, 예禮, 지智, 신信을 증진하는 것으로 알았으니, 대단히 철학적인 뜻을 담고 있다 하겠다. 아울러 다섯 가지 맵고 쓰고 쏘는 이 오신채를 먹음으로써 인생 오고五苦를 참아내라는 처세의 교훈도 담겨 있다. 옛말에 오신채에 기생하는 벌레는 고통을 모른다는 말이 있듯이, 고통을 참아내는 힘을 길러주는 음식으로 여겨지기도 했던 것이다. 현실적으로는 추운 겨우내 신선한 채소를 먹을 수 없던 상황에서 입춘 전후에 오신채를 먹으면서 입맛을 되찾고, 겨울 동안 움추렸던 몸과 마음을 풀며 봄맞이의 기분을 느낄 수 있었다. 참고로 『능엄경楞嚴經』에서는 중생들이 선의 삼매三昧를 구하려면 세간의 다섯 가지 신채를 끊어야 하고 그것을 익혀 먹으면 음심淫心을 일으키고 생으로 먹으면 분노를 더한다고 설하고 있다. 여기에서 오신채가 자극을 주는 정력 음식임을 알 수 있다. 『선원청규禪苑淸規』에 절간의 수도승은 오훈五葷을 금한다 했는데, 오훈이 바로 정욕을 자극하는 오신채다. 옛 한시漢詩에 여인이 젊고 예쁘고 신선하다는 것을 표현할 때 '신채기辛菜氣'라 하고, 여인의 정욕을 '마늘기운', 곧 '산기蒜氣'라 표현한 연유가 여기에 있다.

41 **『척유撦遺』**. 생몰연대를 알 수 없는, 송나라 사람 유부劉斧가 지은 일화, 전기소설집이다.

42 **채반菜盤**. 다섯 종의 채소로 만든 입춘날의 명절 음식. 홍석모는 『도하세시기속시都下歲時紀俗詩』의 '채반'이라는 시에서 이렇게 노래했다. "하얀 파 노란 부추 푸른 미나리[白蔥黃韭與靑芹], 승검초와 겨자로 오신채를 만들어[甘菜芥芽供五辛], 섬섬옥수 받들어 궁궐에 보내니[春入千門纖手送], 상에 가득 향긋한 맛 군침 돌게 해[滿盤香味動牙脣]."

43 약전을 알 수 없는 동진東晉 때 사람 이악李鄂의 고사故事는 『설부說郛』권69 「사시보경四時寶鏡」에 보인다. 내용은 다음과 같다. "동진의 이악이 입춘날 무와 미나리로 채반을 만들게 하여 서로 선물하였다. 입춘날 봄떡[춘병春餠]과 생채生菜를 먹는데, 이를 춘반春盤이라 한다."

44 **『척언撦言』**. 『당척언唐撦言』을 줄여서 부르는 말로, 오대五代 때의 왕정보王定保(870~940)가 지었다. 과거제도와 잡사雜事를 기록했는데, 정사正史에 기록되지 않은 부분을 많이 담아 당시의 분위기를 생생하게 이해할 수 있게 한다.

74

보니, "봄날 봄 채반에 곱게 썬 생채"라고 했고, 소동파蘇東坡[47]의 시를 보니, "파란 쑥과 누런 부추 봄 채반에서 맛보네."라고 했으니, 예로부터 전해오는 풍속이다.

畿峽六邑進葱芽山芥辛甘菜. 山芥者初春雪消時山中自生之芥也. 熱水淹之, 調醋醬, 味極辛烈, 宜於食肉之餘. 辛甘菜者窖養當歸芽也, 淨如銀釵股, 夾蜂蜜啖之甚佳. 按摭遺 "東晋李鄂立春日, 命以蘆菔, 芹芽爲菜盤, 相饋貺." 又按摭言: "安定郡王立春日, 作五辛盤" 又按杜詩: "春日春盤細生菜", 東坡詩: "青蒿黃韭試春盤", 盖遺俗.

관북關北[48]의 풍속에 이날 목우木牛[49]를 만들어 관가에서부터 민가 마을에 이르기까지 길을 두루 다닌다. 이것은 토우土牛[50]의 제도를 본뜬 것으로, 농사를 장려하고 풍년을 기원하는 뜻을 나타낸 것이다.

關北俗, 是日作木牛, 自官府達于閭里, 遍出于路, 盖倣出土牛之制, 而所以示勸農祈年之意也.

---

45 **안정군왕安定郡王.** 송나라 종실宗室로 청원군공淸源郡公 조유화趙惟和의 손자, 양양후襄阳侯 조종해趙從诲의 아들인 조세개趙世開. 성왕 조세준趙世准이 죽자 세습으로 안정군왕에 봉해졌다.

46 **두보杜甫.** 중국 당나라 때의 시인(712~770). 율시律詩에 뛰어났으며, 긴밀하고 엄격한 구성, 사실적 묘사 수법 따위로 인간의 슬픔을 노래하였다. '시성詩聖'으로 불리며, 이백李白과 함께 중국의 최고 시인으로 꼽힌다. 본문에 인용된 시구는 그의 시「입춘立春」에 나온다.

47 **소동파蘇東坡.** 송나라 때의 시인 소식蘇軾(1036~1101)이다. 송나라 제1의 시인이며, 문장에 있어서도 당송팔대가唐宋八大家의 한 사람이다. 당시唐詩가 서정적인 데 대하여 그의 시는 철학적 요소가 짙었고, 새로운 시경詩境을 개척하였다. 대표작인「적벽부赤壁賦」는 불후의 명작으로 널리 애창되고 있다. 아버지 순洵, 아우 철轍과 함께 '삼소三蘇'라 불렀다. 본문에 인용된 시구는 그의 시「입춘立春」에 나온다.

48 **관북關北.** 마천령의 북쪽 지방. 함경북도 일대를 이르는 말이다.

49 **목우木牛.** 나무소. 입춘날 나무로 만든 소를 가지고 풍년을 기원하기 위하여 행하는 풍속. 소는 나무 이외에도 흙[토우土牛] 또는 종이[지우紙牛], 쇠[금우金牛] 등으로 만들기도 하며, 소의 머리는 종이 또는 나무로 만들고 몸체는 멍석으로 대신하여 그 안에 사람이 들어가 소로 분장하기도 한다. 이 소들은 입춘에 행해지는 굿에서 자주 등장한다. 김윤식金允植(1835~1922)은『운양집雲陽集』에서 "제주 풍속에 입춘날 목우木牛를 만들어 밭갈이하는 놀이를 한다. 마을 무당 수백 인이 북을 쳐서 음악을 연주한다[濟州俗, 立春日造木牛作耕田之戲, 村巫數百人擊鼓爲樂]."고 했다. (「시詩」'당운의 입춘 운을 차운하다[次塘雲立春韻]')

50 **토우土牛.**『후한서』'예의지禮儀志'에 "입춘날 (…) 흙으로 빚은 소와 사람을 성문 밖에 설치하여 사람들로 하여금 농사의 시기를 가르쳐 주었다[立春之日 (…) 施土牛耕人于門外, 以示兆民 至于立夏]."라고 했다.

인일人日

정월 초이렛날인 인일人日[1]에 임금은 각신閣臣[2]들에게 동인승銅人勝[3]을 나누어 준다. 이것은 작고 둥근 거울 같은 것으로 자루가 달려 있고 신선을 새겨 넣었다. 『세시기歲時記』[4]를 보니, "수隋나라 유진劉臻의 아내 진씨陳氏가 인일에 인승人勝을 바쳤는데, 비단을 잘라 만들기도 하고 금박을 새겨 만들기도 하였다."라고 했는데, 우리나라 인승도 이것을 모방한 것이다.

頒銅人勝于閣臣, 如小圓鏡, 有柄鏤仙人. 按歲時記"隋劉臻妻陳氏, 人日上人勝, 或剪綵或鏤金薄爲之." 人勝倣此.

---

1   **인일人日.** 『형초세시기』에 따르면, "옛날 정월 초이레를 사람으로 여겼기 때문에 인일이라고 불렀다." 인일人日과 인일寅日은 같이 쓰는데, 사람이 호랑이[인寅]의 정기를 받았다고 해서 첫 인일寅日을 '사람날'이라고 한다는 설이 있다.

2   **각신閣臣.** 조선 정조 즉위년(1776)에 설치한 왕실 도서관인 규장각奎章閣의 제학提學·직제학直提學·직각直閣·대교待敎 등의 직책을 가진 신하로, 당시 학문과 명망이 높은 사람을 정선精選하여 임명하고 특별 대우하였다.

3   **동인승銅人勝.** '화승花勝'이니 '은승銀勝'이니 하는 데서 보듯이, '승勝'은 머리꾸미개를 말한다. 그런데 인승은 화승 등과 달리 도가적인 주문을 적은, 사람 모양의 종이 또는 헝겊을 병풍에 붙이거나 비녀에 걸거나 하였다. 동인승은 종이나 헝겊이 아니라 구리[동銅]로 만든 인승이라는 뜻이다. 중국 형초荊楚 지방의 세시풍속을 기록한, 종름宗懍의 『형초세시기』에서는 "비단을 오리거나 금박에 글씨를 써서 병풍 위에 붙이거나 또는 머리를 장식한다. 사람이 신년이 되어 고쳐 새로움을 따르는 것을 나타낸다"고 하였다. 『열양세시기』에서는 "공조工曹에서 화승花勝을 올린다. 또 구리로 둥근 공 모양을 만들어 그 위에 사람의 형상을 새기는데, 그것을 동인승이라고 한다. 전궁殿宮에 하나씩 진상進上한다"고 했다.

4   **『세시기歲時記』.** 『형초세시기』를 말한다.

임금이 제학提學[5]들을 불러 과거를 실시하는데, 그것을 인일제人日製[6]라고 한다. 성균관의 원점圓點[7] 유생儒生을 시험하니, 식당에 참석하여 꼬박 30일 동안 원점을 채워야 비로소 과거를 보게 한다. 시詩, 부賦[8], 표表[9], 책策[10], 잠箴[11], 명銘[12], 송頌[13], 율부律賦[14], 배율排律[15] 등 각 문체로

---

5 **제학提學**. 홍문관弘文館 · 예문관藝文館 · 규장각奎章閣 등 조정의 사명을 짓던 기관을 관각館閣이라 하는데, 관각의 당상관堂上官은 국가의 문필을 잡은 청화직淸華職으로서 존중되었으며, 판서判書나 의정議政 등의 고위직으로 승진하는 지름길이 되기도 하였다. 제학은 관각의 종2품 관직이다. 다만 규장각에서는 종1품관이나 정1품관도 임명될 수 있었는데, 정1품관이 임명될 경우에는 대제학大提學이라 하였다. 제학은 문형文衡(대제학)에 버금가는 명예로운 문학직이었기 때문에 반드시 문과 출신으로 홍문록弘文錄(홍문관의 제학이나 교리를 선발하기 위한 제1차 인사 기록)에 올랐던 자들 중에서 선임하였다. 조선 후기 정조 때 신설된 규장각의 제학은 각신閣臣이라고도 하였는데, 왕의 신망이 두터운 측근 인물 중에서 임명되어 그 권한이 컸고, 정승으로 승진하는 발판이 되기도 하였다.

6 **인일제人日製**. 절제節製 중 매년 인일人日에 성균관에 거하던 유생[거재유생居齋儒生]과 지방의 유생들에게 보이던 과거. '절제'는 절일節日에 보이던 다섯 가지 과거科擧인 인일제, 삼일제三日製(삼월 삼일에 보이는 과거), 칠석제七夕製(칠월 칠석에 보이는 과거), 구일제九日製(구월 구일에 보이는 과거), 황감제黃柑製(해마다 제주도에서 진상하는 귤을 성균관과 사학 유생들에게 내리고 실시하던 과거)를 말한다.

7 **원점圓點**. 성균관 유생은 동東 · 서재西齋에서 자다 미명未明에 북이 한 번 울리면 기상하고, 평명平明에 북이 두 번 울리면 의관을 정제하여 단좌端坐 독서하다가 북이 세 번 울리면 식당에 들어가 식사를 하고 명륜당明倫堂에 올라가 대사성大司成 이하 교수들에게 읍揖한 뒤 재齋[반반]를 나누어 강의를 듣고 저녁에 식당에 들어가 식사를 한 후 각기 자기 방으로 돌아가 복습하였다. 이것이 성균관 유생들이 날마다 반복하는 관내 생활이었다. 그런데 식당에는 유생들의 명부가 비치되어 있어서 유생들이 아침저녁 식당에 들어갈 때마다 반드시 서명하게 되어 있었다. 이것을 원점이라 하는데, 아침저녁 두 번 식당에 들어가 서명해야 원점 1점을 얻게 된다. 이러한 원점은 오늘날의 출석 점수와 같은 것으로서 생원生員 · 진사進士로 하여금 성균관에 거재居齋하게 하기 위하여 제정된 것으로, 이 원점 300점을 취득한 자, 다시 말하면 성균관에서 300일간 거관居館한 유생이라야 과거[문과文科]에 응시할 수 있는 자격을 주었다. 이후 여러 폐단으로 점수가 낮게 책정되기도 하였지만, 생원 · 진사의 거관을 장려하기 위하여 여러 번 원점법을 강화하였다.

8 **부賦**. 한문체에서, 글귀 끝에 운을 달고 흔히 대對를 맞추어 짓는 글. 과문科文에서, 여섯 글자로 한 글귀를 만들어 짓는 글.

9 **표表**. 신하가 임금에게 올리는 문장 형식의 하나로, 자기의 심중을 나타내 임금에게 알린다는 의미에서 '표'라 하였다.

10 **책策**. 한문 문체의 하나로 주로 과거 시험에 쓰였다. 책략策略의 뜻으로 과거 시험관인 고시관考試官이 당면한 여러 가지 문제를 응시자인 선비에게 제시하여 그 책략을 구하면 그에 응답하는 것이다.

11 **잠箴**. 한문 문체의 하나로 경계하는 뜻을 서술한 글이다. 『설문해자說文解字』에 따르면, '잠'은 본시 '침鍼'으로 의사가 환자의 질환을 치료하는 의료기구이다. 잠이란 사람의 잘못을 풍간諷諫(넌지시 나무라는 뜻을 표하여 남을 깨우침)하거나 규계規戒(바르게 경계함)하는 말을 의미한다. 의사가 침석鍼石으로 병을 치료하듯이 잠언箴言으로 사람의 잘못을 예방도 하고 치유도 한다는 데서 붙여진 이름이다.

뜻에 따라 시제試題를 내어 시험한다.[16] 수석首席을 차지한 자는 사제賜第[17]하거나 발해發解[18]

---

12 **명銘**. 한문 문체의 하나로 금석·기물·비석 같은 데에 자신을 경계하기 위한 글, 남의 공적을 축송祝頌하는 글, 또는 사물의 내력을 기록한 글, 고인의 일생을 적은 글을 새겨 넣은 것을 총칭하는 개념이다.

13 **송頌**. 한문 문체의 하나로 본래 『시경詩經』에서 비롯된 하나의 시 형식이다. 『시경』의 육의六義(중국 고대의 시론詩論으로, 작시상의 여섯 가지 범주) 가운데 여섯 번째에 위치하고 있다. 후대에 와서는 왕이나 기타 대상 인물의 성덕을 칭송하는 것으로 쓰였다. 죽은 뒤에 죽은 자의 생전의 공적을 그의 영혼에게 아뢰는 형식이다. 그리고 자손들에게는 효성을 일깨워 주고, 신하들에게는 공경하는 마음을 가지게 하는 것이다.

14 **율부律賦**. 당나라에 오면서 육조六朝의 부賦가 더욱 형식화되어 등장한 문체이다. 4자와 6자를 기본으로 하여 대구對句를 쓰는 문체인 사륙문四六文과 마찬가지로 사륙격대四六隔對의 구법句法을 위주로 하였고, 송대宋代에는 율부律賦의 지나친 형식화에 반대하는 문풍文風으로 다시 문부文賦로 바뀌어 산문화하였다.

15 **배율排律**. 한시 형식의 일종으로 율시律詩의 정격에 구수를 더하여 지으므로 '장률'이라고도 부른다. 배율은 8구인 율시와 같은 평측平仄과 대우법對偶法 등을 갖추어 10구 이상의 장편으로 구수에 제한을 받지 않고 이루어진 것이다. 적은 것은 10구에서부터 시작하여 200구 이상의 것도 있다. 오언이나 칠언으로 모두 지을 수 있으나, 오언으로 짓는 것이 통례이고, 칠언으로 쓰인 배율은 그리 흔하지 않다. 첫 연과 끝 연을 제외하고는 아래위 구절 모두 대우가 필요하다.

16 해당 원문은 '수의명제고취隨意命題考取'다. 시제試題, 곧 과거 시험의 문제를 제학이 임의대로 출제해 시험을 치게 한다는 말이다. "과장科場의 규례는 주문主文이 있으면 명제와 과권課券을 모두 그가 주관한다[盖科場之規, 若有主文之人, 則命題課券, 率皆主之矣]."(『도곡집陶谷集』권5 「소차疏箚」'승패예궐외면소承牌詣闕外乞免疏')고 했다. 여기서 '주문'은 과거를 관리하는 수석 시험관試驗官을, '과권'은 시권試卷, 곧 과거 시험의 답안지를 말한다. 이로 볼 때, '명제'는 과장을 주관하는 이의 소관임을 확인할 수 있다. 요컨대 출제의 주체는 과거 응시자들이 아니고 제학인 것이다. 앞 구절에서 "제학을 불러 과거를 시행한다[命招提學設科]"고 했음을 기억할 필요가 있다. 이렇게 볼 때, 이 구절을 "(시험을 치르는 사람이) 마음대로 제목을 선택"한다고 풀이하거나 "마음대로 제목을 선택하게 한다"거나 "문체별로 제시된 제목을 마음대로 선택할 수 있다"는 기존의 풀이는 모두 적절치 않다.

17 **사제賜第**. 임금의 명령으로 특별히 급제한 사람과 똑같은 자격을 주는 것을 말한다. 성균관의 식당에서 받은 소정의 원점圓點을 얻은 유생들이 임금이 주관하는 과거에 참여하는 제도와 관련해서 '강제거수병사제講製居首並賜第'라는 말이 있다. 이 말은 『시경詩經』, 『서경書經』, 『역경易經』의 삼경三經 중 어느 대목을 소리 내어 외우게 하는 강경講經과 인일제에서처럼 특정 주제를 주고 글을 짓게 하는 제술製述의 두 시험에서 수석을 차지한 사람 모두에게 정식 과거 급제자와 동일한 자격을 하사했다는 것을 말한다. 그런데 사제는 대개 문과 전시殿試의 응시 자격을 주는 것을 말하기도 한다. 『승정원일기承政院日記』영조 51년 2월 13일 기사의 "일전에 성균관 유생들에게 제술 시험을 보일 적에 초시만 지급하라는 하교가 있었기에 입격한 세 사람에게 회시會試 응시 자격을 주었습니다. 그런데 그가 입시入侍한 뒤에 특명으로 전시殿試 응시 자격을 내리셨습니다. 임금이 비록 천지조화의 권한을 지녔지만 왕의 말씀은 어김없이 찾아오는 사계절처럼 신뢰성이 있어야 합니다. 청컨대 박행순朴行淳에게 내린 사제賜第의 자격을 환수하소서[日前泮儒之製述也 有只給初試之敎 入格三人 許赴會試 而及其入侍之後 特命直赴殿試 人君雖持造化之柄 王言當如四時之信 請還寢朴行淳賜第之命]"라고 한 신응현申應顯의 말을 음미해 보면, '초시'는 '회시 응시 자격을 주는 것을 말하고, '사제'는 전시 응시 자격을 준다는 것과 같은 의미임을

하는 등 차등을 두어 시상한다. 시험은 성균관에서 시행하는데 대궐 안에서 임금이 친림하여 시험하기도 하고, 또한 일반 유생들도 응시할 수 있도록 허락하기도 한다.[19] 명절날 선비들에게 시험을 치게 하는 것은 인일로부터 시작하여 3월 삼짇날, 7월 칠석, 9월 중양절에 모두 이를 따라 하였는데, 그것을 절제節製라고 한다.

命招提學設科, 曰人日製, 試太學圓點儒生, 參食堂滿三十日爲圓點, 始許赴試, 以詩賦表策箴銘頌律賦排律等各體, 隨意命題考取, 居魁者, 或賜第發解, 施賞有差. 設行於泮宮, 或親試於闕內, 又或通方外儒生. 節日試士, 自人日始. 三日七夕九日, 皆倣此, 曰節製.

알 수 있다.

18 **발해發解.** 원래 주현州縣의 시험에서 급제한 학생을 그 지방관청에서 중앙 정부에 올려보내 경사京師의 과거에 응시하게 하는 것을 말하는데, 대개 초시初試에 합격한 것을 이야기한다. 요컨대 인일제에서 장원을 한 사람에게는 특별히 정식 과거에서 급제한 사람과 같은 자격을 주기도 하고 혹은 초시에서 합격한 사람과 같은 자격을 주기도 했다는 것이다. 그래서 이어 나오는 '시상유차施賞有差'는 그렇듯 차등을 두어 시상을 했다는 말이 된다.

19 통방외通方外를 말한다. 통방외는 성균관에 거재하는 유생만이 볼 수 있었던 황감제黃柑製, 절일제節日祭(명절인 인일절人日節·상사절上巳節·칠석절七夕節·중양절重陽節에 실시한 과거), 반제泮製(성균관 거재 유생이 아침저녁 두 끼를 1도到로 하여 50도를 넘기면 봄과 가을에 있는 과거에 응시할 수 있게 한 과거) 따위의 특별 과거에 일반 유생들도 응시하도록 허락한 제도이다.

1월 인일人日

상해일上亥日 · 상자일上子日

상해일上亥日[1]은 돼지날[시일豕日]이라고 하고, 상자일上子日[2]은 쥐날[서일鼠日]이라고 한다. 우리나라의 옛 행사로, 대궐의 어린 환관 수백 명이 줄지어 햇불을 땅에 끌면서 "돼지 그슬리자! 쥐 그슬리자!"라고 외친다.[3] 임금은 태운 곡식 종자를 주머니에 넣어 재상[4]과 근시近侍[5]에게 나누어 주어 풍년을 기원하는 뜻을 보였는데, 이 이후로 돼지 주머니[해낭亥囊]나 쥐 주머니[자낭子囊]라는 말이 생겼다. 이 주머니들은 비단으로 만드는데, 돼지 주머니는 둥글고 쥐 주머니는 길쭉하다. 정조가 등극하자 이 옛날 제도를 회복하여 상자일에 주머니를 하사하였다.[6] 민간에서도 콩을 볶으면서 "쥐 주둥이 지진다. 쥐 주둥이 지진다."고 주문呪文을 외운

1　**상해일上亥日.** 음력 정월의 첫 해일亥日을 이르는 말.

2　**상자일上子日.** 음력 정월의 첫 자일子日을 이르는 말.

3　돼지와 쥐는 농작물에 대한 대표적 해축害畜이므로 혹 콩을 볶거나 혹 무엇을 태우는 등의 그 주둥이를 지지는 상징적인 주술로써 그 피해가 적기를 기원하는 것이다. (『조선상식』)

4　**재상.** 재집宰執. 임금을 돕고 모든 관원을 지휘하고 감독하는 일을 맡아보던 2품 이상의 벼슬. 또는 그 벼슬에 있던 벼슬아치. 본디 '재宰'는 요리를 하는 자, '상相'은 보행을 돕는 자로 둘 다 수행하는 자를 이르던 말이었으나, 중국 진秦나라 이후에 최고 행정관을 뜻하게 되었다.

5　**근시近侍.** 임금을 가까이 모시고 따라다니는 신하. 시종侍從, 시종관侍從官, 근신近臣, 근밀지신近密之臣, 시신侍臣, 친신親臣이라고도 한다. 예문관藝文館의 봉교奉教 이하 시교侍教 · 검열檢閱은 춘추관春秋館의 사관史官을 겸하였으므로, 시종의 주된 목적은 임금의 언행을 기록하여 사초史草(실록의 원고)를 남기는 데 있었음을 알 수 있다. 조선 초에는 사관 한 사람이 시종하였으나, 그 기록이 소루하다고 하여 세종 7년(1425)에 사관 두 사람이 입시入侍토록 하였다.

다. 충청도 풍속에 여러 사람이 무리 지어 햇불 태우는 것을 훈서화燻鼠火라고 한다.[7] 상해일에 콩가루로 얼굴을 씻으면[8] 검은 얼굴색이 점점 하얘진다고 한다. 이것은 돼지 빛깔이 검어서 그 반대의 뜻을 취한 것이다.[9]

上亥爲豕日, 上子爲鼠日. 國朝故事, 宮中小窠數百, 聯炬曳地, 呼燻豕燻鼠 燒穀種, 盛于于囊, 頒賜宰執近侍, 以眎祈年之意, 始有亥囊子囊之稱, 用錦製, 亥囊圓, 子囊長, 及健陵御極, 復古制, 頒囊上子日, 閭巷亦炒豆呪云"鼠嘴焦, 鼠嘴焦", 湖西俗, 燃炬成羣, 謂之燻鼠火 上亥日, 作豆屑澡面, 黑者漸白, 豕色黑, 故反取其義也.

---

6   해낭과 자낭에 대해서는 『열양세시기』의 전언이 상세하다. "궁중에서 돼지날과 쥐날 이틀에 각색 비단을 마름질해 차는 주머니를 만든다. 구멍을 뚫고 매듭을 만들어 줄을 끼워 넣은 다음 유소流蘇를 늘어뜨리는데, 마치 큰 나비가 기쁘게 나는 모양과 같다. 설날 임금께 인사드리려고 늘어서 있는 근신과 재상들은 전례대로 내려 주시는 주머니를 얻는다. 그 유래가 매우 오래되었지만, 그렇게 된 까닭은 알 수 없다. 어떤 사람은 '해亥와 자子가 십이지신十二支辰의 끝과 처음에 있으므로, 이 날 주머니를 만드는 것은 한 해의 복록을 주머니에 담아 동여매라는 뜻이다.'라고 한다."

7   『용재총화』의 설명은 조금 다르다. "어린아이들이 다북쑥[호蒿]을 모아서 동산에서 불을 지르는데, 그것을 해일亥日에는 훈가燻猳谿라고 하고, 자일子日에는 훈서燻鼠라고 한다."

8   원문은 '두설조면豆屑澡面'인데, '두설'을 대개 콩가루로 풀이한다. 그런데 녹두나 팥 따위를 갈아서 만든 가루 비누를 '조두澡豆'라 하고, 그 비누를 만드는 장인을 '두설장豆屑匠'이라 했다는 사실도 고려해야 할 것이다.

9   "상해일에는 부녀자들이 콩가루로 얼굴을 닦으면 안색이 희어진다 하니, 이것은 돼지는 검은 짐승이므로 그로 인한 역효과를 기약함"이다.(『조선상식』)

묘일卯日·사일巳日

묘일卯日[1]은 토끼날이다. 이날 뽑은 무명실[2]을 톳실[토사兎絲]이라고 하는데, 이 실을 차고 다니면 재앙을 물리친다고 한다.[3] 이날은 외부 사람과 나무로 만든 물건을 집에 들이지 않으며, 여자가 집에 먼저 들어오는 것을 꺼린다. 사일巳日[4]에 머리를 빗지 않는 것은 뱀이 집으로 들어오는 것을 꺼리기 때문이다.

卯日爲兎日, 繅綿絲謂之兎絲, 佩而禳宊. 不納人口木物, 忌女先入. 巳日不理髮, 忌蛇入宅.

---

1 **묘일卯日**. 지지地支(육십갑자의 아래 단위를 이루는 요소. 자子, 축丑, 인寅, 묘卯, 진辰, 사巳, 오午, 미未, 신申, 유酉, 술戌, 해亥)가 묘卯로 된 날. 여기서는 음력 정월의 첫 묘일인 상묘일上卯日.

2 **무명실**. 면사綿絲. 솜을 자아서 만든 실.

3 톳실에 대해서는 『해동죽지海東竹枝』의 전언이 상세하다. "옛 풍속에 정월 첫째 토끼날에 면화 일곱 송이를 자아내어 동쪽을 향하여 실을 만들어서 어린 손자들에게 채워 주는 것을 장명사長命絲라고 하는데, 일명 '토씰'이라 한다. '일곱 씨 면화 한 알 한 알 번갈아 대니 / 씨아는 삐걱 삐걱 아침 해 맞이하네 / 가늘고 가는 장명루長命縷 뽑아 내어 / 새봄 첫 묘일에 손자에게 채워 준다.'[七核棉花拾箇箇, 繅車戞戞向朝暾, 抽出纖纖長命縷, 新春上卯佩兒孫]." 여기서 장명사長命絲는 장명루長命縷로 장수를 비는 뜻으로 늘어뜨리는 오색의 실이다. 초楚 나라에서는 이것을 단옷날 팔에 묶고 다녔다. 참고로 설날 떡을 길게 만들어 뽑은 떡가래도 장명루라고 불렀다. 부채 밑 고리에 중심을 잡기 위해 길게 매단, 일종의 노리개인 선추扇錘 혹은 선초扇貂도 장명루와 같은 성격의 끈이다.

4 **사일巳日**. 지지地支가 사巳로 된 날. 여기서는 음력 정월의 첫 사일인 상사일上巳日.

정월 대보름[1]

찰쌀[2]로 밥을 짓고, 대추·밤·기름·꿀·간장을 섞은 다음, 다시 쪄서 잣을 넣은 것을 약밥[약반藥飯][3]이라고 하는데, 대보름날의 좋은 음식으로 삼아 제사에 쓴다. 이것은 신라의 옛

---

1 **정월 대보름.** 명절의 하나로 상원上元이라고 한다. 상원이란 중원中元(음력 7월 15일, 백중날)과 하원下元(음력 10월 15일)에 대칭이 되는 말로서 이것들은 모두 도교적인 명칭이다. 이날은 우리 세시풍속에서 가장 중요한 날로 비중이 크다. 1월 1일은 1년이 시작하는 날로서 당연히 의의를 지녀 왔지만, 달의 움직임을 표준으로 삼는 음력을 사용하는 사회에서는 첫 보름달이 뜨는 대보름날이 보다 더 중요한 뜻을 지녔다. 민속놀이 등 세시풍속에서도 숫자상 가장 많은 비중을 차지한다. 육오래당 최남선은 '대보름이라 함은 무슨 뜻입니까'라는 질문에 "옛날 아주 오랜 옛날 시절에는 사람들이 달 밝은 날을 신비한 의미로 좋아하여, 매양 보름날 밤이면 동네 동네가 한 마당에 모여서 놀이도 하고 혹 큰 판결사도 함이 보통인데, 일 년 십이월의 첫 번 드는 정월 보름은, 그 해의 연운年運을 점치는 것이라는 의미로 특별히 소중하게 여겨서, 보름 가운데 큰 보름이라 하여 대보름이라고 일컬은 것입니다. 그리하여 이날이 깨끗하고 궂음과 이날 달이 밝고 희미함과 이날 공기가 맑고 흐림과 이날 풍세가 곱고 사나움 등으로써, 그 해 일 년 동안의 수한水旱과 풍흉豊凶과 다른 여러 가지 화복禍福을 미리 짐작하며, 또 이것저것 여러 가지 방법으로 일 년 내 모든 일의 길흉을 판단하는 풍속이 있었습니다."(『조선상식문답』「명일」)라고 대답하였다.

2 **찰쌀.** 나미糯米. 『향약구급방鄕藥救急方』에 "시속에서 점미粘米라고 한다. 그 성질은 차며 술을 빚으면 열을 낸다."라고 하였다.

3 약밥에 대해서는 『열양세시기』의 다음 전언이 상세하다. "우리나라 풍속에 꿀을 약이라 하므로, 밀반蜜飯을 약밥이라고 하고, 밀과蜜果를 약과라고 한다. 세상에 전하기를, 신라 소지왕이 까마귀가 알려준 것에 감동하여 거문고 상자를 쏘는 이적異蹟이 일어났기 때문에 까마귀를 먹였는데, 그로 인해 드디어 토착의 풍속이 생겨나게 되었다고 한다. 역관譯官의 말을 들어보니, 우리 나라 사신이 연경燕京에 갔을 때, 정월 대보름날이 되면 반드시 요리사에게 약밥을 만들게 하였다. 연경의 귀인貴人들이 그 약밥을 먹어 보고는 반색을 하며 크게 기뻐하여 온갖 진미를 모두 잊어버리게 되었다. 그래서 약밥을 만드는 비방을 전해 주었지만 잘 만들지 못하였다

풍속이다. 『동경잡기東京雜記』⁴를 보니, "신라新羅 소지왕炤智王 10년(488) 정월 15일에 왕이 천천정天泉亭에 행차했을 때 까마귀가 날아와 왕에게 경고하였다. 나라 풍속에 보름날을 오기일烏忌日로 삼아 찰밥을 지어 까마귀에게 제사하여 보새報賽⁵하였다."⁶라고 하였다. 그래서 지금 풍속에서 시식時食⁷으로 삼는다.

고 한다. 까마귀가 알려 주었다는 이야기가 비록 허무맹랑하지만, 중국에 약밥이 없으니 우리 나라의 토착 풍속에서 유래하였다는 것은 아마도 거짓은 아닌 것 같다. 그러나 근래 당 나라 위거원韋巨源의 『식보食譜』에 '유화명주油畫明珠'라는 말이 있고, 그 주해註解에 정월 대보름의 기름밥[유반油飯]은 약밥의 재료를 전부 모은 것으로, 간략히 말하면 반드시 기름밥이라고 해야 한다. '유화명주'에서 '화'는 붉은 빛과 검은 빛이 뒤섞인 것이요, '명주'는 매끈하고 고운 빛깔을 말한다."고 했으니, 짐작컨대 약밥은 원래 중국 음식으로 우리 나라에 전해져 신라 시대부터 시작된 것인데, 일 벌이기 좋아하는 사람이 까마귀 이야기를 멋대로 끌어다 붙였을 뿐인 것 같다. 그렇다면 옛날에는 중국에 있었는데 지금 없는 까닭은 무엇인가? 주周 나라와 노魯 나라에 예제禮制가 없어졌지만, 그것이 담郯이라는 조그만 나라의 관부官府에 규율로 남아 있고, 하河·락洛에 현송絃誦이 없어졌지만, 유학儒學이 민閩이라는 작은 지방에서 일어났다. 문물에 진실로 그러한 것이 있으니, 어찌 약밥만 예외이겠는가."

4 『동경잡기東京雜記』. 고려 때의 동경東京인 경주의 내력을 적은, 작자 미상의 책이다. 경주의 역사, 문물, 제도, 풍속, 산천, 고적 등 다양한 기록을 담고 있어 경주를 중심으로 한 신라의 문화를 이해하는 데 중요한 문헌이다. 오래전부터 내려오던 『동경지東京志』를 민주면閔周冕(1629~1670)이 증수增修 간행하여 붙인 이름이다. (1933년 광문회에서 『동경통지東京通志』라 이름을 바꾸어 간행하였다.)

5 보새報賽. 신명神明(하늘과 땅의 신령)의 은혜에 보답하기 위한 제사. 보제報祭·보사報祀.

6 "상원절에 올리는 약밥의 고사에 대해 『동국여지승람東國輿地勝覽』과 동사류東史類에 보면, '서출지書出池는 영남嶺南 경주부慶州府 금오산金鰲山 동쪽 기슭에 있다. 신라 소지왕炤知王 10년(488) 1월 15일에 왕이 천천정天泉亭에 거둥하였는데, 까마귀와 쥐가 이상한 조짐을 보이므로, 기사騎士에게 명하여 까마귀를 쫓아가게 하였다. 기사가 남쪽으로 피촌避村까지 쫓아가다가 보니, 두 마리의 멧돼지가 서로 싸우고 있었으므로 걸음을 멈추고 그 광경을 구경하였다. 순간 까마귀는 온데간데 없어지고 한 노옹老翁이 못 속에서 나와 글월을 올리는데, 그 겉봉에 '이 글을 펴 보면 두 사람이 죽고 펴 보지 않으면 한 사람이 죽는다.'고 씌어 있었다. 기사가 급히 되돌아와 왕에게 바쳤다. 왕이 '두 사람을 죽게 하는 것보다 한 사람만 죽게 하는 것이 낫겠다.'고 하자, 일관日官이 '두 사람이란 서인庶人을, 한 사람이란 왕을 말한 것입니다.'라고 아뢰자, 왕이 옳게 여기고 그 글월을 펴 보니 거문고 상자를 쏘라[사금갑射琴匣]는 글이 씌어 있었다. 왕이 곧 입궁入宮하여 거문고 상자를 쏘았는데, 그 속에 내전內殿의 불사佛事를 맡은 중이 궁주宮主와 간통, 역모를 꾸미고 있었다. 이에 궁주와 중은 죽임을 당하게 되었고, 그 못은 서출지라 불렀다.'고 하였다. 또, '왕이 거문고 상자의 화를 모면한 뒤에 나라 사람들이 '만약 까마귀·쥐·용·말·멧돼지의 공로가 없었던들 왕의 몸이 위태롭게 되었을 것이다.'라 여기고, 매년 정월이 되면 첫 번째로 드는 진辰·오午·해亥·자일子日에는 모든 일을 금기禁忌하고 서로 모여 놀면서 신일愼日이라 했다고 하였는데, 속어俗語에 도달怛忉이란 슬픈 느낌이 있어 금기한다는 뜻이다. 또 1월 16일을 오기일烏忌日이라 하여 찰밥을 지어 까마귀에게 제祭를 드리는데, 지금 본조本朝의 풍속도 그렇다."(『오주연문장전산고五洲衍文長箋散稿』)

84

炊糯米, 拌棗栗油蜜醬, 再蒸調海松子, 名曰藥飯, 爲上元佳饌, 用以供祀. 盖新羅舊俗也. 按東京雜記: "新羅炤智王十年正月十五日, 幸天泉亭, 有飛烏警告于王. 國俗以上元日爲烏忌之日, 作糯飯, 祭烏報賽". 今俗因爲時食.

시골 민가에서는 대보름 하루 전날 짚을 묶어 둑기[독기纛旗][8] 모양으로 만들어, 그 안에 벼·기장·피·조의 이삭을 넣어 싸고 또 목화를 매단 다음 장대 끝에 꽂아 집 옆에 세우고 새끼줄을 벌려 묶어 고정한다. 이것을 화적禾積[9]이라고 하여 풍년을 기원한다. 산골 풍속에는 가지

---

7   **시식時食**. 최남선은 "춘하추동 사시와 일 년 열두 달 그때마다 철 맞추어 먹는 음식을 시식이라고 이르니, 대개 그때그때의 명일을 중심으로 하여 새로 나는 물건이나 먹을 맛있는 음식의 종류를 선택하여 마련되었던 것입니다. 이를테면 설의 떡국, 대보름의 약밥, 정 이월의 물쑥 청포, 한식寒食의 개피떡, 삼월삼일의 화전花煎, 초파일의 도미국수, 단오의 수단水團, 유두流頭의 밀쌈, 추석의 송편, 구일九日의 국화전菊花煎, 동지의 팥죽, 납향臘享(동지 후 셋째 미일未日인 납일臘日에 종묘·사직에 지내는 큰 제사)의 고기구이 등이 그 주요한 것입니다."라고 했다. (『조선상식문답』) 절식節食이라고도 한다.

8   **둑기[독기纛旗]**. 대가大駕(임금이 타는 수레로 승여乘輿·어가御駕라고도 함) 앞이나 군대의 대장 앞에 세우는 군기軍旗다. 큰 삼지창에 소의 꼬리를 달거나 극戟(자루 끝에 날카로운 날로 된 창끝을 가진 무기)에 붉은 삭모槊毛(상모象毛라고도 함. 조선 시대에 군인·민간인들이 사용한 전립戰笠에는 밀화蜜花·산호珊瑚·호박琥珀·수정 따위로 만든 갓끈이 달렸으며, 꼭대기에는 술과 같은 상모가 달려 있었음. 농악에서는 상쇠·중쇠·종쇠라 하여 꽹과리를 치는 사람은 벙거지 꼭대기에 참대와 구슬을 장식하고 끝에 백로의 털로 상모를 달지만, 징·장구·북·소고잡이들은 백로 털 대신 백지오리를 달았음. 농악대가 전복戰服을 입고 삼색 띠를 두르고 털 상모 또는 12발 상모를 돌리면서 추는 춤을 '상모돌리기'라 함)를 달아서 만든다. 행진할 때 왼쪽 비마騑馬(옆에서 예비로 몰고 가는 말)의 머리에 세우는데, 장교 1명이 이를 받들고, 그 뒤에 벌이줄(물건이 넘어지거나 기울어지지 않게 당겨 매는 줄)을 두 줄로 늘여서 양편에 각각 한 사람 또는 두 사람의 보졸步卒이 이를 잡고 간다. 매년 봄에는 경칩驚蟄에, 가을에는 상강霜降에 둑제纛祭(둑기에 드리는 제사로 군기제軍旗祭 혹은 둑소제纛所祭라고도 함. 제사의 대상은 물론 기旗의 신, 곧 둑신纛神임. 이 제사는 염소와 돼지 각각 한 마리씩을 제물로 바침. 둑신을 모신 사당을 둑신묘纛神廟라고 하였는데, 지금의 뚝섬에 있었음)라는 제사를 지냈고, 초헌初獻·아헌亞獻·종헌終獻 때 음악·무용이 함께 따랐다.

9   **화적禾積**. 기년祈年·화간禾竿·도간稻竿·벼가리·벼가릿대·벼낟가리 등으로 부르는 풍습이다. 정월 보름 전날 무렵 소나무를 베어다 마당 한복판에 세우고, 그 위에 짚을 묶어 쌓아서 기를 만들고, 그 위에 목화를 늘어놓으며, 이월 일일 아침 일찍 철거한다. 헐기에 앞서 섬이나 가마니 같은 것을 가져다 곡물을 넣는 흉내를 내면서 고성高聲으로 "벼가 몇 만석이요", "조가 몇 천 석이요", "콩이 몇 천 석이요", "팥이 몇 천 석이요" 하고 마치 풍년이 든 것처럼 외친다. 풍년이 들게 해 달라는 말을 해가 뜰 때까지 노래로 부르기도 한다. 이월 초하룻날에 거두는데, 이때 짚단 안에 넣어 두었던 곡식이나 나뭇가지에 매달았던 곡식으로는 송편을 만들어 노비

가 많은 나무를 외양간 뒤에 세우고 곡식 이삭과 목화를 걸어두면, 아이들이 새벽에 일어나 나무 주위를 돌면서 노래를 부르며 풍년을 기원하는데, 해가 뜰 때까지 한다. 우리나라 옛 행사 중에 정월 보름에는 대내大內[10]에서 『시경詩經』 「빈풍豳風 칠월七月」[11]의 경작하고 수확하는 형상을 본떠 좌우로 나누어 승부를 겨루었으니, 이 역시 풍년을 기원하는 뜻이다. 여항閭巷[12]에서 하는 화간禾竿도 이와 같은 행사의 일종이다.

鄉里人家, 以上元前日, 束藁如纛狀, 包禾黍稷粟之穗, 又懸木綿花, 冒於長竿之首, 建屋傍, 張索把定, 稱禾積, 以祈豊. 峽俗立多枝木於牛宮之後, 掛穀穗綿花, 小兒曉起, 繞樹而行歌以祝之, 至日出. 國朝故事, 正月望日, 大內象豳風七月耕穫狀, 分左右各勝, 盖亦祈年之意, 而閭巷禾竿, 卽其一事爾.

에게 먹인다.

10 **대내大內.** 임금을 비롯하여 왕비, 왕대비들이 거처하는 곳을 두루 이르는 말이다. 임금이 거처하는 곳은 대전大殿, 왕비가 거처하는 곳은 중전中殿이라 하고 대비가 거처하는 곳을 대비전大妃殿이라 하는데, 대내는 이들을 총칭하는 말이다.

11 **『시경詩經』 「빈풍豳風 칠월七月」.** 빈풍은 주공周公이 어린 조카 성왕成王에게 백성들이 겪는 농사의 어려움을 일깨워 주기 위해 지은 노래다. 빈豳 나라 사람들이 농업과 잠업에 종사하는 장면과 자연을 노래한 일종의 「농가월령가」로, 맨 처음에 나오는 7월의 시詩를 주제로 하여 그렸기 때문에 '빈풍(칠월)도'라고 부른다. '빈풍칠월도'는 대개 8폭으로 그려진다. 제1폭에는 보습 손질하는 모습, 며느리가 아이를 데리고 들에 점심을 가져가는 모습, 권농勸農이 이를 바라보고 기뻐하는 모습, 제2폭에는 겨울옷을 마련하는 모습, 해쑥을 따는 모습, 흰 쑥을 뜯는 모습, 제3폭에는 갈 베는 모습, 뽕잎 따는 모습, 베 짜고 염색하는 모습, 제4폭에는 추수하는 모습, 사냥하는 모습, 제5폭에는 집 손질하는 모습, 제6폭에는 벼 베는 모습, 삼씨 줍는 모습, 대추 따는 모습, 제7폭에는 곳집에 곡식을 들이는 모습, 띠 베는 모습, 새끼 꼬는 모습, 지붕 이는 모습, 제8폭에는 얼음을 빙고氷庫에 저장하는 모습, 제사 지내는 모습 등이 그려진다. 조선 시대에는 궁중에서 제작하여 병풍으로 만들기도 하고, 벽에 붙이기도 하였으며, 때로는 중국에서 그림을 받아 오기도 하였다. 『한양가』에 "한 편 병풍 그렸으되 칠월편 경직도耕織圖를 자세히 그렸으니 / 시민여상視民如傷하는 덕택 구중궁궐 깊은 곳에 어이 알아 그리셨노"라고 하였다. '시민여상'은 『맹자孟子』의 "문왕文王은 백성 보기를 다친 사람 보듯 하였다"(「이루離婁」 하)는 말에서 온 것으로, 백성을 가엾게 여긴다는 뜻이다.

12 **여항閭巷.** 서민들이 모여 사는 마을이란 뜻으로, 여염閭閻, 여리閭里라고도 한다. 『주례周禮』에 오가五家를 비比라 하고 오비五比를 여閭라 하였으니 1여는 25가이다. 염閻은 마을 가운데 있는 문이다. 『증보문헌비고增補文獻備考』에 따르면, 여염은 민가 또는 민간을 의미하는 일반적인 용어로 쓰였다.

남녀의 나이가 나후직성羅睺直星[13]에 해당하면 추령芻靈[14]을 만드는데, 이것을 방언으로 처용處容[15]이라고 한다. 그 머리통에 동전을 집어넣고 보름 전날 초저녁에 길에다 버려 액운을 없앤다. 아이들은 집집마다 몰려다니면서 문 밖에서 처용을 달라고 외치고, 그것을 얻게 되면 즉시 머리통을 파헤쳐 다투어 돈을 가진다. 그리고 길바닥에 끌고 다니면서 두드리는데, 이것을 타추희打芻戲[16]라고 한다. 처용은 신라 헌강왕憲康王 때 동해 용왕의 아들 이름에서 나왔는데[17],

---

13 **나후직성**羅睺直星. 아홉 직성直星(사람의 나이에 따라 그 운명을 맡고 있는 아홉 별. 제웅직성, 토직성, 수직성, 금직성, 일직성, 화직성, 계도직성, 월직성, 목직성)의 하나. 아홉 해에 한 번씩 돌아오는데 남자는 열 살에, 여자는 열한 살에 처음으로 든다고 한다. 흉한 직성으로 구설수가 있고 재수가 없는 불길한 직성이다. 남자는 10 · 19 · 28 · 37 · 46 · 55 · 64 · 73 · 82세가 나후직성이고, 여자는 11 · 20 · 29 · 38 · 47 · 56 · 65 · 74 · 83세가 나후직성이다. '제웅직성'이라고도 한다.

14 **추령**芻靈. 풀을 엮어 만든 인형으로 원래 죽은 사람의 뒤를 따라 죽은 순사자殉死者 대신으로 쓰던 것이다.

15 **처용**處容. 제웅. 음력 정월 열나흗날 저녁 액막이용으로 쓰는, 짚으로 만든 사람의 형상이다. 추인芻人, 제용祭俑, 체용體俑, 초인草人, 초우인草偶人 등 다양하게 부른다. 이에 대해서는 『조선상식문답』의 전언이 흥미롭다. "옛날 사람들은 하늘에 반짝이는 별들이 공연히 있는 것이 아니라, 우리 인간에 있는 모든 물건을 떠맡아 지키고 있는 것으로 생각하는 가운데, 또 몇 살 먹은 사람은 무슨 별에 매여 있다고 하는 것을 믿습니다. 그런데 나후성이라는 별에 매이게 되는 운수를 당한 이는 신수가 심히 불길하니까, 정월 보름에 그림이나 인형을 만들어서 그것으로 하여금 내 액운을 대신 싣고 멀리 가게 할 필요가 있다 합니다. 이 소용으로 짚으로 인형을 만들어 거기 그 사람의 옷을 입혀서 그이 자는 옆에 두었다가 보름날 저녁에 내어다 버리는 것을 속담에 제웅이라고 하는데, 제웅이라 함이 무슨 뜻인지는 자세치 않습니다. 어떤 이는 말하기를 신라 시절에 동해 용왕의 아들로서 역질疫疾 귀신을 쫓는 능력을 가졌던 이 중에 처용이라는 사람이 있었으니, 그 이름을 빌어다가 액운을 쫓는 인형을 부르게 된 것이라 하나 꼭은 알 수 없습니다."

16 **타추희**打芻戲. 제웅치기, 타추인打芻人이라고도 한다. 돈을 "가난한 집에서는 사금파리로 대신한다."(『담정유고藫庭遺藁』) 다음 시들은 타추희의 풍습을 생생하게 보여준다. "돈 한 잎을 추령의 배 안에 채워 주니 / 문 밖 아이들 '직성이다' 외쳐대네[一錢飽與芻靈腹, 門外兒童叫直星]"(『완당집阮堂集』) "문 두드리며 미친 듯 부르짖는 아이들 / 허수아비[偶人] 붉고 긴 몸 손에 쥐었네 / 볼기 때리고 옆구리 꺾는 건 무슨 죄 탓인가 / 머릿속에 들어 있는 돈 때문이라네[剝啄羣童叫太狂, 偶人竿出赤身長, 榜臀折脇緣何罪, 顱裡藏錢卽是贓]. 국수 가게 탕 집은 목이 좋아서 / 권세가의 문전처럼 사람 들끓네 / 아이들은 다만 다리 가에서 과일을 사 먹으니 / 어젯밤 제용 쳐서 얻은 푼돈[麵局湯坊當路權, 爭登人似熱門前, 兒童但買橋頭果, 稍得前宵打俑錢]."(『세시풍요歲時風謠』)

17 헌강왕이 개운포開雲浦(지금의 울산)에서 놀다가 돌아가려고 낮에 물가에서 쉬고 있었다. 이때 갑자기 구름과 안개가 자욱해 길을 잃었다. 왕이 이상하게 여겨 신하들에게 까닭을 물으니, 일관日官이 "이는 동해 용의 조화이오니 좋은 일을 행해 풀어야 합니다."라고 하였다. 이에 왕이 용을 위해 근처에 절을 지으라고 명령을 내리자 구름과 안개가 걷혔다. 그래서 이곳을 개운포라 하였다. 동해의 용이 기뻐해 아들 일곱을 거느리고 왕 앞에 나타나 덕을 찬양해 춤을 추고 음악을 연주하였다. 그 가운데 한 아들이 왕을 따라 서울로 와서 왕의 정사를 도왔다. 그리고 이름을 처용이라 하였다. 왕이 그에게 아름다운 여자를 아내로 삼게 하여 머물러 있도록 하고, 급간級干의 관등을 주었다. 아내가 대단히 아름다워 역신疫神이 흠모한 나머지 사람으로 변해 밤에

지금 장악원掌樂院의 향악부鄕樂部[18]에서 하는 처용무處容舞[19]가 바로 이것이다. 추령을 처용이라고 부르는 것은 이것을 빌린 것이다. 세속에서는 점쟁이 말을 믿고서 일월직성日月直星[20]에 해당하는 나이가 된 사람은 종이를 잘라 해와 달 모양을 만들어 나무막대기에 끼워 지붕 용마루[21]에 꽂아 두었다가 달이 뜰 때 횃불을 밝혀 그것을 맞이한다. 나이가 수직성水直星[22]에 해당

<hr />

몰래 그 집에 가 동침하였다. 이때 밖에서 돌아온 처용은 두 사람이 누워 있는 것을 보고 노래를 부르며 춤을 추었다. 이에 역신은 본래의 모양을 나타내어 처용 앞에 꿇어앉아 "내가 당신의 아내를 사모해 잘못을 저질렀으나 당신은 노여워하지 않으니 감동하여 아름답게 여긴다. 맹세코 이제부터는 당신의 모양을 그린 것만 보아도 그 문 안에 들어가지 않겠다."라고 했다. 이 일로 인해 나라 사람들은 처용의 모습을 그린 부적을 문에 붙여 귀신을 물리치고 경사스러운 일을 맞아 들였다. 이때 처용이 지어 부른 노래를「처용가處容歌」라 하고, 춘 춤을 처용무處容舞라 하여 후대까지 전해 내려왔다. 한편, 처용을 당시 울산지방에 있었던 호족豪族의 아들이라고도 하고, 혹은 당시 신라에 내왕하던 아라비아 상인일 것이라 추정하기도 한다.

18 **장악원掌樂院의 향악부鄕樂部.** 조선 시대 궁중에서 연주되는 음악 및 무용에 관한 모든 일을 맡아보던 관청. 이원梨園·연방원聯芳院·함방원含芳院·뇌양원蕾陽院·진향원趁香院·교방사敎坊司·아악대雅樂隊 등으로 불렸다. 장악원은 조선 초기 장악서掌樂署와 악학도감樂學都監의 전통을 전승한 1470년(성종 1) 이후 1897년 교방사敎坊司로 개칭될 때까지 427년 동안 공식적으로 사용된 국립음악기관의 명칭이었다. "장악원 협률랑協律郎(나라의 제사나 잔치 때 풍류를 아뢰는 관리)은 습악習樂하기 일삼으니 / 이원제자梨園弟子(기녀妓女를 중심으로 하여 가무歌舞를 관장하던 기관인 교방敎坊 소속의 악사·배우들) 천여 명은 무동악공舞童樂工 되었어라 / (…) / 장악원 일등악생一等樂生 다홍 관대冠帶 야자대也字帶(문무과文武科 급제자가 하는 띠)에 / 선악仙樂을 길게 내니 여민동락與民同樂 화和할시고"(『한양가』)라고 한 데서 보듯이, 장악원은 조선 시대 궁중에서 연주하는 음악과 무용에 관한 일을 담당한 관청인데, 장악원에서도 우리나라 고유의 음악인 향악에 관계하던 부서를 향악부라 한다.

19 **처용무處容舞.** 신라 헌강왕 때의 처용설화處容說話에서 비롯된 가면무. 『고려사』악지樂志에는 처용무가 소개되어 있지 않지만 『고려사』충혜왕조와 신우조辛禑條에는 처용희處容戲를 즐겼다는 기록이 전한다. 성현成俔의『용재총화』(권1)에는 처용무를 원래 흑포사모黑布紗帽를 한 사람이 추었다고 기록되어 있다. 이로 보면, 오방처용무五方處容舞로 구성된 시기는 조선 초기로 추정된다. 『악학궤범』에 따르면 12월 회일晦日(음력으로 그달의 마지막 날) 하루 전날 궁중에서 나례儺禮(잡귀를 쫓기 위해 베풀던 의식)를 행한 뒤에 전도前度와 후도後度 두 차례에 걸쳐 처용무를 추었다.

20 **일월직성日月直星.** 반흉반길半凶半吉의 직성으로 아홉 해에 한 번씩 돌아오는데, 남자는 열네 살에 여자는 열다섯 살에 처음 든다고 하는 일직성과 반흉반길의 직성으로 아홉 해에 한 번씩 돌아오는데 남자는 열일곱 살에, 여자는 열여덟 살에 처음 든다고 하는 월직성을 아울러 부르는 말이다.

21 **용마루.** 건물의 지붕 중앙에 있는 주된 마루(지붕의 길게 등성이가 진 곳)로, 종마루·옥척屋脊이라고도 한다. 대개 지붕보나 도리(들보와 직각으로 기둥과 기둥을 건너서 위에 얹는 나무로 서까래를 받치는 구실을 함) 위에 대공(들보 위에 세워 마룻보를 받치는 짧은 기둥)을 세우고 대공과 대공을 건너질러 얹어 놓는 마룻대[상량上樑]로, 가옥에서 가장 중심을 이루며 서까래의 받침이 된다. 서까래는 수직 먹으로 잘라 용마루에 서까래자리를 따내고 걸치거나, 용마루 위에 맞대어 걸치고, 또는 용마루 옆에 맞대어서 못 치기를 한다. 건물 정상에

하는 사람은 종이에 밥을 싸서 밤중에 우물에 던져 액운을 물리친다.[23] 세속에서는 처용직성處容直星[24]을 가장 꺼린다.

男女年值羅睺直星者, 造芻靈, 方言謂之處容. 齋銅錢於顱中, 上元前夜初昏, 棄于塗, 以消厄. 羣童遍向門外, 呼出處容, 得便破顱爭錢. 徇路以打擊之, 謂之打芻戲. 處容之稱, 出於新羅憲康王時東海龍子之名, 今掌樂院鄉樂部, 有處容舞是也. 以芻靈謂處容, 盖假此也. 俗信卜說, 年值日月直星者, 剪紙象日月, 鉗以木, 插屋脊, 月出時, 或燃炬迎之, 水直星者, 以紙囊飯, 夜半投井中禳之, 俗最忌處容直星.

남녀 어린이들은 겨울부터 작은 나무 호로葫蘆[25]를 찬다. 파랑, 빨강, 노랑 세 개가 있는데 콩 모양이다. 이것에다 비단실로 수를 달아 차고 다니다가 보름 전날 밤에 길에 몰래 버리는데, 이것 역시 액운을 없애는 것이라 한다.

있어 많은 서까래의 힘받이가 되므로 옛날부터 한 집안이나 한 나라의 기둥이 될 만한 인물을 동량지재棟梁之材라고 하였다.

22 **수직성水直星**. 길한 직성으로 아홉 해에 한 번씩 돌아오는데 남자는 열두 살에, 여자는 열세 살에 처음 든다.

23 『열양세시기』에 따르면, "깨끗한 종이에 흰밥을 싸서 물에 던지는 것을 어부슴[어부시魚鳧施]이라고 한다." 어부슴은 '물고기와 오리에게 베푼다'는 뜻으로 액을 막는 비방秘方이다.

24 **처용직성處容直星**. 제웅직성. 흉한 직성으로 아홉 해에 한 번씩 돌아오는데 남자는 열 살에, 여자는 열한 살에 처음으로 든다고 한다.

25 **호로葫蘆**. 정월 대보름에 액을 막기 위해 나무를 파서 만들거나 박으로 만든 조롱이다. 호신부護身符의 일종으로, 목호로木葫蘆, 木瓠蘆 혹은 목조롱木雕籠이라고도 한다. 나무조롱 세 개를 만들어 청, 홍, 황색을 각각 칠한 뒤 채색 실로 끈을 꿰어 허리에 차고 다니다가, 정월 열나흗날 밤에 떼어 돈 한 푼을 매어서 몰래 길가에 버리면 일 년 동안 액을 면하게 되고, 그 조롱을 주워 가거나 몸에 닿은 사람이 액을 물려받아가게 된다고 한다. 나무조롱은 여름에 더위가 심할 때에 만들어 차거나 병이 났을 때에 차게 되는데, 겨울 동안에도 계속 차고 다닌다. 농촌에서 어린아이가 호박꼭지, 참외꼭지, 외꼭지를 꿰어서 목에 걸거나 차고 다니는 일도 같은 뜻을 지니고 있다. 조롱은 색칠해서 차고 있으면 색깔이 있어 아름답게 보이지만, 장식의 의미보다는 민간신앙의 뜻을 지니고 있는데, 색깔의 청홍은 양색陽色으로 악귀를 쫓는 기능을 한다. 황색 또한 같은 의미를 지니고 있어서 차고 다니는 사람의 재앙을 쫓고 건강을 기원하는 의미가 있다. 동짓날부터 차고 다니다가 이듬해 음력 정월 열나흗날 밤에 제웅을 가지러 다니는 아이들에게 준다. 여자아이가 차는 것은 '서캐조롱'이라고 하고 남자아이가 차는 것은 '말조롱'이라고 한다.

男女幼少者, 自冬佩小木葫蘆, 靑紅黃三枚如茝狀, 用綵絲爲綏, 上元前夜半, 潛捐于道, 亦謂消厄.

정월 보름 전에 붉은 팥죽[26]을 쑤어 먹는다. 『형초세시기』를 보니, "고을[27]의 풍속이 정월 보름이면 문에 제사를 지내는데, 먼저 버드나무 가지를 문에 꽂고, 이어 팥죽에 숟가락을 꽂고서 제사 지낸다."[28]라고 하였다. 지금 풍속에 팥죽을 차리는 것도 여기에서 비롯된 듯하다.

望前煮赤小豆粥食之. 按荊楚歲時記: "州里風俗, 正月望日祭門, 先以柳枝揷門, 仍以豆粥揷箸而祭之." 今俗設食, 似沿于此.

---

26 팥죽. 여러 세시기歲時記를 참고해 보면, 팥죽은 대개 정월 대보름날, 복날, 동짓날에 쑤는 것으로 되어 있다. 지방에 따라서 초상初喪을 치를 때나 이사했을 때 쑤어 먹기도 하며, 대개 문이나 집안 구석구석에 뿌린다. 팥죽의 유래와 관련해서는 다음 세 이야기를 참고할 수 있다. (1) 어버이 상喪을 당한 상제는 너무 비통한 나머지 삼일 동안 식음을 전폐하다시피 하였다. 이를 안타까워하던 이웃집에서 그의 건강을 위해 팥죽을 쑤어다 주었다. 상제는 팥죽을 먹고 건강을 회복하였다. 슬프고 피곤해 상제가 식사를 제대로 할 수 없다는 사정을 고려한 이웃집의 배려였는데, 그 이후 상가喪家에 갈 때 팥죽을 쑤어 가는 풍속이 생겼다. (2) 어느 마을에 몰염치한 영감이 살고 있었다. 어찌나 염치가 없던지 동네에 상사喪事가 나기만 하면 상가에 가서는 차려 놓은 음식을 죄다 먹어 치웠다. 동네에서는 이 사람의 행패를 어찌할 수 없어 큰 골칫거리였다. 어느 날 상가에서 팥죽을 쑤었는데 그 영감은 "어디 붉은색 팥죽을 먹겠는가"라며 그대로 나가 버렸다. 알고 보니 그 영감은 악신惡神, 곧 '멍청이귓것'이었다. 그때부터 악신의 침입을 막으려고 상사가 있을 때마다 팥죽을 쑤는 풍속이 생겨났다. 이 악신이 사람들에게 감기를 걸리게 한다는 사실을 안 사람들은 동짓날이면 집집마다 팥죽을 쑤어 먹음으로써 이 악귀 침입을 방지하였다. (3) "팥죽에 찹쌀가루로 새알 모양을 만들어 넣고 꿀을 타서 먹는다. 이날 문짝에 팥죽을 뿌려 사악한 것을 물리친다. 종름의 『형초세시기』에 '공공씨에게 못난 아들이 있었는데, 동짓날 죽어 역귀疫鬼가 되었다. 그가 붉은 팥죽을 무서워하였기 때문에 동짓날 팥죽을 쑤어 역귀를 물리친다'고 했다."(『경도잡지京都雜志』)
27 고을. 州里. '주'는 2,500가의 부락을, '리'는 25가의 부락을 말한다.
28 『형초세시기』의 해당 내용은 다음과 같다. "오늘날 주州・리里의 풍속에서는 정월 보름날 팥죽을 쑤어 그 위에 기름을 치고 문호門戶에 제사지낸다. (…) (『재해기齎諧記』를 고찰해 보니) 그 방법으로 우선 버들가지를 좌우 문에 꽂고, 버들가지가 가리키는 바를 따라 주포酒鋪(술과 말린 고기) 음식과 고미餻糜(떡과 죽 혹은 죽 위에 떡을 띄운 것)에 젓가락을 꽂아 제사지낸다." 그런데 이 풍습은 누에 농사가 잘 되도록 잠신蠶神에게 지내는 제사였다.

서울 도성의 북문을 숙청문肅淸門²⁹이라고 하는데, 문은 항상 닫아두고 이용하지 않는다. 그
곳은 물과 계곡이 맑고 그윽해 대보름 전에 여항의 부녀자들이 이곳에서 세 번 놀면 액막이³⁰
를 한다고 한다.

都城北門曰肅淸, 恒閉而不用, 澗壑淸幽, 上元前, 閭巷婦女三遊此門, 謂之度厄.

새벽에 종각 네거리³¹의 흙을 파다가 집안 네 귀퉁이에 나누어 묻거나 또 부뚜막에 발라 재물
이 모이기를 바란다.³²

---

29 **숙청문**肅淸門. 조선 시대에 건립한 한양 도성의 북쪽 정문이다. 사대문의 하나로, 문루門樓가 없고 암문暗門으
로 되어 있는데 순조 때 폐문되었다. 지금의 삼청 공원 뒤에 있었다. 북정문北靖門, 북청문北靑門, 숙정문肅靖門
이라고도 했다. '암문暗門'은 성벽에 누루 없이 만들어 놓은 문으로 적의 눈에 띄지 아니하는 곳에 만들어서
평소에는 돌로 막아 두었다가 필요할 때에 비상구로 사용하였다.

30 **액막이**厄. 도액度厄. 가정이나 개인에게 닥칠 액을 미리 막는 일을 말한다.

31 **종각 네거리**鍾閣十字街. '종각'은 태조 7년(1398) 도성 안 중심지인 운종가雲從街 대로에 세웠던 누각樓閣이다.
『신증동국여지승람』에 따르면, 이곳에 대종大鐘을 달고 인정人定과 파루罷漏에 울려 통행의 금지와 해제 시각
을 알리고, 기타 도성 내 화재 등의 변고가 있을 때도 알렸는데, 이 종루鐘樓를 짓고 종을 달게 된 데에는 대체로
조선 왕조 창업의 위업을 후세에 전하고, 아름다운 종소리로 후세 사람들의 이목을 깨우치며, 도시와 읍에서
아침·저녁에 종을 울려 백성들이 일하고 쉬는 시간을 엄히 하고자 하는 등의 여러 가지 의미가 있었다. '네거
리'는 운종가雲從街를 말한다. 운종가는 조선 시대 한양 도성에 있었던 거리 이름으로, 지금의 종로 네거리를
중심으로 한 곳이다. 이곳에 육의전六矣廛(조선 시대 독점적 상업권을 부여받고 국가 수요품을 조달한 여섯
종류의 큰 상점)이 있던 것으로 유명하다. '운종가'雲鐘街라고도 쓴다.

32 『세시풍요』에서는 "(운종가) 네거리는 무수하게 우묵 파이고 / 집집마다 퍼온 흙을 부엌에 바르네 / 황금이
이 흙만큼만 모인다면는 / 백성들 살림살이 태평성대 이루겠지[凹痕無數四通衢, 撮壤家家事補廚, 但使黃金如此土,
可封民屋比唐虞]"라고 했고, 『추재집秋齋集』에서는 "육의전六矣廛 시장 흙은 깨끗하기도 해 / 집집마다 조금씩
얻어다 좋은 값에 판다네 / 가래와 호미로 파내면서 부족하다고만 여기니 / 의연히 한 폭의 춘경도春耕圖으로
세[六廛三市土如酥, 得寸家家善價沽, 鍬挖鋤挑惟不足, 依然一幅春耕圖]"라고 했다. 이것을 '복토훔치기'라고도 한다.
정월 열 나흗날 저녁에 가난한 집 사람들이 부잣집에 살그머니 들어가서 그 집 주인 몰래 대문 안의 흙을 훔쳐
가지고 와서 그 이튿날 아침 그 흙을 자기 집 부뚜막에 펴놓는다. 이렇게 하면 그 해는 운수가 터져서 그 부잣집
과 같이 잘살게 된다고 한다. 이날 부잣집에서는 만일 자기네 대문간 흙을 도둑맞든지 하면 도둑맞은 그만큼
복이 준다고 하여 저녁때가 되면 일부러 문간에서 감시하는 집도 있었다. 흙이란 풍작의 근본이요, 문간의
흙은 사람들이 가장 많이 드나들며 밟는 것이므로, 그 흙에는 많은 사람의 복이 남아 있다고 생각하기 때문에
생긴 풍속이다.

曉頭掘取鍾閣十字街上土, 散埋家中四隅, 又傳竈以求財聚.

보름날 이른 아침에 생밤, 호두, 은행, 잣, 무 등을 깨물면서 "일 년 열두 달 동안 아무 탈 없이 평안하고 부스럼이 나지 않게 해 주십시오."라고 하고 축원한다. 이를 부럼깨기[33]이라고 한다. 어떤 사람은 이것이 이를 튼튼히 하기 위한 방법이라고도 한다.[34] 평안도 의주義州 지방 풍속에 어린 남녀들이 이른 아침에 엿을 깨무는데 이를 이빨 겨루기[치교齒較]라고 한다.

---

33 **부럼깨기.** 작절嚼癤. 이에 대해서는 『조선상식문답』의 설명이 참고된다. "대보름날 새벽에 호두, 잣, 은행, 무 우 등속을 깨물면서 '1년 열두 달에 부스럼 앓지 말게 하여 주십사' 하는 풍속을 시속에서 '부름 먹는다'고 합니다. 이 풍속이 어떻게 생겼는지를 분명히 말할 수 없으되, 중국이나 일본의 풍속을 보건대, 정월 초생에 단단한 엿이나 과실을 먹어서 이를 굳힌다는 것이 있고, 조선에서는 대보름에 고기구이 먹는 것을 '이굳히기 산적'이라 하니, 정초 혹은 대보름에 무슨 방법으로써 이를 단단하게 하는 예방은 어디고 있는 풍속인데, 우리가 부럼으로 먹는 과실을 보건대, 잣, 호두, 밤 등이 죄다 껍질 단단한 과실임을 보건대, 본래는 또한 이굳히로 먹던 것이 아닐지 모르겠습니다. 그리고 따로 부스럼이 나지 말라는 부럼이라는 것이 있었는데, 뒤에 두 풍속이 한데 합쳐져서 지금과 같이 과실 깨무는 것이 부스럼의 예방을 이룬 것처럼 생각할 수 있습니다." 부럼은 '교창과咬瘡果', '작옹嚼癰', '고치지방固齒之方', '작저嚼疽', '소종과消腫果' 등으로도 불렀다.

34 **고치지방固齒之方.** 대개 부럼은 자기 나이 수대로 단번에 깨무는데, 첫 번째 것은 마당에 버리기도 한다. 깨물면서 "일년 열두 달 무사태평하고 종기하고 부스럼이 나지 않게 해주십사."라고 축원한다. 깨무는 '딱' 소리에 잡귀가 물러난다고도 한다. 부럼이라는 말은 두 가지 뜻을 가지고 있는데, 껍질이 굳고 단단하며 그 안에 종자가 들어 있는 견과류에 대한 총칭과 부스럼의 준말인 종기가 그것이다. 여기에는 부럼을 깨뭄으로써 부스럼이 없어진다는 언어질병적言語疾病的 속신이 작용한 일면도 엿보이며, 단단한 것을 깨뭄으로써 이가 단단해진다는 과학적인 치병治病 관념도 엿볼 수 있다. 그런데 왜 부스럼, 곧 종기에 대해 이토록 큰 관심을 보였을까? 요즈음에야 부스럼이 나는 경우도 극히 드물어졌고, 설혹 발병하더라도 크게 개의치 않지만, 이전에는 잘못하면 죽음에 이르는 무서운 병이었다. 정조와 같은 제왕도 부스럼으로 목숨을 잃을 정도였다. 그래서 조선 전기에는 부스럼만 전문적으로 치료하는 치종청治腫廳이라는 관청까지 있었다. 민간에서는 부스럼을 개에 비유하여 환부 자리에 구狗 자를 쓰고 그 둘레에 호虎 자를 아홉 개 써서, 호랑이가 개를 포위해 잡아먹는 모양을 만들어 치료되기를 바라기도 하였다. 최남선은 '이굳히기'를 '세수고치歲首固齒'라고 하면서, 그것이 동양3국의 일반적인 풍속이었음을 다음과 같이 언급하고 있다. "이 풍속은 내외에 다 있는 바로, 국속國俗에 따라 대보름날 고기산적[육적肉炙]을 만들어 먹는 것을 '이굳히기 산적'이라 하는 일도 있고, 중국에서는 설날 도소주屠蘇酒와 함께 교아당膠牙餳을 먹는 풍속이 있고, 일본에는 세초歲初에 '齒固め'(하가타메)라 하는 의식이 조정과 재야를 통하여 두루 행하되, 옛날에는 원삼元三 날 돼지·사슴 등의 고기[견육堅肉]를 먹고, 근래에는 설날에 점병粘餠·염점鹽鮎·청근·귤橘·등등橙·시柿·율栗 등을 신전神前에 바쳤다가 가족이 나누어 먹는 풍속이 있으며, 또 부럼의 과종果種이 호도·백자栢子 등 피핵견고皮核堅固(껍질과 씨가 딱딱한 것)한 것들이라는 것을 생각할 때, 고치固齒의 주술이라고 보는 것이 어김이 없음을 알게 될 듯하다."(『조선상식』)

清晨嚼生栗胡桃銀杏皮栢子蔓菁根之屬, 祝曰"一年十二朔, 無事太平, 不生癤癰." 謂之嚼癤. 或云固齒之方. 義州俗, 年少男女, 清晨嚼飴糖, 謂之齒較.

청주淸酒[35] 한 잔을 데우지 않고 마시면 귀가 밝아진다고 하는데, 그것을 귀밝이술[36]이라고 한다. 섭정규葉廷珪의 『해록쇄사海錄碎事』[37]를 보니, "사일社日[38]에 치롱주治聾酒를 마신다."라고 했는데, 지금 풍속에는 보름날에 한다.

飮淸酒一盞不溫, 令人耳聰, 謂之牖聾酒. 按葉廷珪海錄碎事: "社日飮治聾酒." 今俗於上元行之.

박[39]과 표고버섯 등 각종 말린 것과 콩나물순, 순무, 무를 저장해 둔 것을 묵은나물[40]이라고

---

35 **청주淸酒.** 찹쌀을 쪄서 지에밥과 누룩을 버무려 빚어서 담갔다가 용수를 박아서 떠낸 술로 빛깔이 맑고 투명하다. 『경도잡지』에서는 '소주燒酒'라고 했다.

36 **귀밝이술.** 데우지 않은 술 한 잔을 마시면 귀가 밝아지고, 그 해 일 년 동안 즐거운 소식을 듣는다고 하여 남녀노소 모두가 마셨다. 유롱주牖聾酒, 치롱주治聾酒, 이명주耳明酒, 명이주明耳酒, 총이주聰耳酒, 유롱주牖聾酒라고도 한다. '이명주·명이주·총이주'는 '귀가 잘 들리게(귀를 밝게) 하는 술', '치롱주'는 '귀머거리를 고쳐 주는 술', '유롱주'는 '귀머거리를 인도하는 술'이라는 뜻이다.

37 **섭정규葉廷珪의 『해록쇄사海錄碎事』.** 섭정규는 송나라 때 사람으로 책을 좋아해 남의 집에 못보던 책이 있으면 항상 빌어다가 읽었으며, 필요한 것은 반드시 기록해 두었다고 한다. 『해록쇄사』는 그의 저서이다.

38 **사일社日.** 토신土神에게 지내는 제삿날이다. 일년 간 사일은 봄과 가을 두 번 있는데, 춘사春社는 입춘 후 제5의 무일戊日이고, 추사秋社는 입추 후 제5의 무일이다. 춘사에는 곡식의 성육成育을 빌고, 추사에는 그 수확을 감사한다. 여기서는 물론 춘사를 말한다.

39 **박.** 호과瓠瓜. 이것을 '박과 오이'로 푸는 경우가 많은데, "박이나 호박도 또한 날마다 바치는 수량을 정해 놓고 그 수량을 벗어나면 모두 본전을 주어야 한다[瓠瓜南瓜, 亦皆定其日額. 凡出額外者, 皆給本錢]."(『목민심서牧民心書』)고 한 데서 보듯이, 대개 오이를 남과南瓜라고 하는 데에 비해 박은 호과瓠瓜라 불렀다. 뒤에 나오는 '표심蔈蕈'이 표고버섯을 지시하니 마찬가지 이유에서 "호과"는 박과 오이가 아니라 박이라 해야 옳다.

40 **묵은나물.** 진채陳菜. 묵은 나물을 아홉 가지 이상 만들어 먹으면 한 해 동안 탈 없이 지내게 된다는 속신俗信이 있다. 묵은나물은 봄철에 미리 산에 나는 산나물을 뜯어다 말려 갈무리를 해 두었다가 쓰는데, 주로 취, 개암취, 까막취, 산미역취 등과 같은 취나물 종류와 굴싸리, 오야지, 삿갓나물, 고추나물 등이 이용된다. 또 가지나 오이, 호박과 같은 채소를 말린 것, 시래기 등도 많이 쓰이고 있다. 묵은나물은 아니지만 콩나물, 숙주나물,

하는데, 이날 반드시 이 나물들을 무쳐 먹는다. 오이 꼭지, 가지 껍질, 무청 등도 모두 버리지 않고 말려 두었다가 삶아서 먹는데, 이렇게 하면 여름에 더위를 타지 않는다고 한다. 채소 잎이나 김으로 밥을 싸서 먹는데 이것을 복쌈[41]이라 한다. 『형초세시기』를 보니, "인일人日[42]에 일곱 가지 채소를 캐서 국을 끓인다."라고 했는데, 이것이 지금 풍속에는 정월 보름날로 바뀐 것이다. 또한 「패풍邶風」[43]에 "겨울 나는 나물[44]"이라 했다.

畜瓠瓜薫草諸乾物及大豆黃卷蔓菁蘿蔔, 謂之陳菜, 必於是日作菜食之. 凡瓜顧茄皮蔓菁葉, 皆 不棄曬乾, 亦爲烹食, 謂之不病暑. 以菜葉海衣裹飯啗之, 謂之福裹. 按荊楚歲時記: "人日採七種 採作羹." 今俗移於上元, 而抑亦邶風"御冬之旨畜也."

오곡밥[45]을 지어 먹으며, 또 이웃끼리 서로 보낸다.[46] 영남 지방의 풍속이 또한 그러하여 종일

무나물도 아홉 가지 나물에 넣기도 한다. 『농가월령가』의 노래가 참고된다. "보름날 약밥 제도 신라 적 풍속이라 / 묵은 산채山菜 삶아 내니 육미肉味를 바꿀소냐(정월) 소채蔬菜 과실 흔할 적에 저축을 생각하여 / 박 호박 고지 켜고 외 가지 짜게 절여 / 겨울에 먹어 보세 귀물貴物이 아니 될까(팔월)"

41 **복쌈.** 복과福裹. 김이나 취나물 잎, 배춧잎과 같이 넓은 잎에 밥을 싸서 먹는 대보름 절식節食의 하나이다. 복쌈을 먹는 행위는 기복祈福의 의미를 지닌다. 즉 쌈이란 무엇을 '싼다'는 뜻이므로, 복쌈이란 '복을 싸서 먹는다'는 뜻이 되는 것이다. 정월 대보름날에는 부럼ㆍ귀밝이술ㆍ진채식陣菜食 등과 함께 복쌈을 먹는데, 원래는 김에 밥을 싸서 먹었다고 한다. 나물로는 대개 삶은 취나물ㆍ배춧잎ㆍ토란잎ㆍ피마자잎 등을 쓴다. 복쌈은 많이 먹어야 좋다고 하였고, 농가에서는 첫 숟갈을 쌈 싸 먹어야 좋다는 말도 있다. 복과, 복포福包 혹은 박점縛苫이라고도 한다. "촌가에서는 묵은 나물 이파리나 김 혹은 무 배추 절인 것으로 밥을 싸서 한 입 먹고는 '열 섬이요', 두 번 먹고는 '스무 섬이요', 세 번 먹고는 '서른 섬이요'이라고 외치는데, 이것은 풍년을 기원하는 것이다."(『담정유고蕷庭遺藁』)

42 **인일人日.** 『형초세시기』에 따르면, "옛날 정월 초이레를 사람으로 여겼기 때문에 인일이라고 불렀다." 인일人日과 인일寅日은 같이 쓰는데, 사람이 호랑이[인寅]의 정기를 받았다고 해서 첫 인일寅日을 '사람날'이라고 한다는 설이 있다.

43 **「패풍邶風」.** 『시경詩經』의 편명. 원문에는 「위풍衛風」으로 되어 있는데 「패풍」('곡풍谷風')으로 바로잡았다. '곡풍'은 버림받은 아내가 자신의 처지를 한탄한 노래이고, 인용한 구절은 "내 맛난 음식 모아 둔 건 겨울 나기 위함이라네[我有旨畜, 亦以御冬]"이다.

44 **나물.** 지축旨畜. 「패풍」의 해당 구절은 "지축을 준비했으니, 이 겨울 배고픔과 추위도 막으리[我有旨畜亦以御冬]"이다. 여기서 '지축'은 겨울을 나기 위해 말려서 보관한 나물, 묵나물, 시래기 등을 말한다.

45 **오곡밥.** 오곡은 흔히 벼, 보리, 콩, 조, 기장 등 다섯 가지 곡식을 말하는데, 그러나 이설異說도 여러 가지다.

이 오곡밥을 먹는데, 이는 제삿밥을 서로 나누어 먹던 옛 풍습을 답습한 것이다.

作五穀雜飯食之, 亦以相遺. 嶺南俗亦然, 終日食之, 盖襲社飯相饋之古風也.

아침 일찍 일어나서 사람을 만나면 갑자기 상대방을 불러 대답하는 사람이 있으면 갑자기 "내 더위 사라."라고 하는데, 이것을 더위팔기[47]라고 한다. 더위를 팔면 그해에는 더위를 먹지 않는다고 여겨서 온갖 꾀를 내어 부르기 때문에 일부러 대답하지 않고 장난을 친다. 범석호范石湖[48]의 「매치애사賣癡獃詞」라는 시에, "섣달그믐 밤이 깊도록 잠을 자지 않고[除夕更闌人不睡] / 사람들 불러내 어리석음 사라 하네[云有癡獃召人買]"라고 하였고, 또 육방옹陸放翁[49]의 시에서는 "마당[50]에서 호로呼盧[51] 던지며 새해맞이 떠들썩한데[呼盧院落讙新歲] / 춘곤春困[52] 파는 아이

---

46 오곡밥은 정월 대보름 전날 저녁에 미리 지어서 아홉 가지 나물과 함께 먹는다. 오곡밥에는 그해의 곡식이 잘 되기를 바라는 뜻이 담겼다. 농사를 짓는 사람은 농사지은 곡식을 종류별로 모두 넣어서 오곡밥을 지었다. 특히 대보름날에는 다른 성을 가진 세 집 이상의 밥을 먹어야 그 해의 운이 좋다고 하여 여러 집의 오곡밥을 서로 나누어 먹었다. 또 그날 하루 동안 아홉 번 먹어야 좋다고 하여 틈틈이 여러 번 나누어서 조금씩 먹기도 하였다.

47 더위팔기. 매서賣暑. 정월 대보름날 하는 풍속의 하나로, 이날 오전에는 남을 만나 이름을 부르더라도 대답을 하지 않는데, 만약 대답을 하면 '내 더위.', '내 덕새.' 또는 '내 더위 사 가게.'라고 말하여 대답한 사람에게 더위를 판다. 이렇게 하면 그해 여름에 더위를 먹지 않는다고 한다.

48 범석호范石湖의「매치애사賣癡獃詞」. 송나라 때 시인 범성대范成大(1126~1193)로, 자는 치능致能이며 호는 석호거사石湖居士이다. 문장으로 이름을 날렸고 특히 시에 능통했다. 「매치애사」는 어리석음을 사가라는 미신적인 풍속을 읊은 시다.

49 육방옹陸放翁. 남송南宋 대의 시인 육유陸游(1125~1210)이다. 송나라의 위기에 직면하여 우국憂國의 정을 읊은 작품도 있으나, 한적소요閑寂逍遙의 작품과 글씨 쓰기로 유명하다. 시집『검남시고劍南詩稿』와 기행문『입촉기入蜀記』등이 있다. 인용한 시는『검남시고』의「세수서사歲首書事」에 들어 있다.

50 마당. 원락院落. 주거 공간의 핵이 되는 곳으로서 이를 중심으로 가족의 생활 공간이 배치된다. 다양한 용도로 활용되며 한편으로는 자연과 만나고 사색을 할 수 있는 공간이다. 인간이 자연과 만나는 곳인 원자에는 다양한 나무나 꽃이 심기고 어항이나 화분이 놓이기도 한다. 추운 지방에서는 일조를 위하여 원락이 개방적으로 구성되며 더운 지방에서는 일광을 차단하기 위하여 매우 폐쇄적으로 형성된다. 참고로 원림園林은 대규모의 정원을 지칭한다.

51 호로呼盧. '호로갈치呼盧喝雉'라는 말이 있다. 도박판에서 나무로 된 패를 던지며 외치는 것을 말한다. 윷 모양으로 된 다섯 개의 패에 한쪽에는 검은색 바탕에 소를, 다른 한쪽에는 흰색 바탕에 꿩을 그리는데, 다섯 패가 모두 검은 것이 '로盧'로 가장 좋은 패고, 한 패만 흰 것이 '치雉'로 다음으로 좋은 패여서 하는 말이다. 육방옹(陸

오경五更[53]에 일어나네[買困兒童起五更]"라고 했는데, 그 주석에 "입춘날에는 날이 밝기 전에 서로 부르면서 춘곤을 판다."라고 했다. 지금 풍속인 정월 보름날의 더위팔기도 바로 이런 종류이다.

早起見人, 猝然呼之, 有應者, 輒曰買吾暑, 謂之賣暑. 賣之則謂無暑病, 百計呼之, 故不應以爲譃. 按范石湖賣癡獃詞: "除夕更闌人不睡, 云有癡獃召人買." 又按陸放翁詩: "呼盧院落譁新歲, 買困兒童起五更." 註"立春未明, 相呼賣春困." 今俗上元賣暑, 卽此類也.

봄을 타서 얼굴빛이 검어지고 야위는 아이는 정월 보름날 백 집의 밥을 빌어서 절구에 걸터앉아 개와 마주 앉아 개에게 한 술 먹이고 자기도 한 술 먹으면 다시는 그런 병을 앓지 않는다.[54]

小兒春病黧瘠者, 乞上元百家飯, 騎臼對犬而坐, 與犬一匙, 自噉一匙, 不復病.

이날은 개에게 밥을 먹이지 않는다. 개에게 밥을 먹이면 파리가 많이 끓어 야위기 때문이다. 세속에서 굶주린 사람을 놀리며 '보름날 개'[55]에 비유한다.

是日不飼犬, 飼之則多蠅而瘦故也. 俗戲餓者, 比之上元犬.

放翁)의 시에서 '떠들썩하다'는 것은 바로 이렇듯 좋은 패가 나와 환호하는 장면을 묘사한 것이다.

52 **춘곤春困**. 춘곤증. 봄철에 나른하고 피로를 쉽게 느끼는 증상으로 환경 변화에 몸이 적응하지 못하여 생긴다.

53 **오경五更**. '새벽 3시부터 5시 사이'를 말한다.

54 '백가반百家飯'이라고 한다. "아이들이 모여 밥과 떡을 구걸하고는 절굿공을 타고 앉아 먹는데, 그것을 춘참春饞 혹은 전빈餞貧이라 한다."(『담정유고藫庭遺藁』) 참고로 그런 처방을 『경도잡지』에서는 '아척벽제방兒瘠躃除方', 곧 '아이가 야위는 병을 없애는 비방秘方'이라 했다.

55 '개 보름 쇠듯 한다'는 속담을 말한다. 이 속담은 끼니를 자주 거른다는 말이다. 아울러 달과 개가 상극이어서, 만약 개에게 저녁밥을 주어 힘을 도우면 달이 개에게 먹히기 때문이라는 속신도 전해진다. 월식月蝕을 개가 달을 먹어 버리는 것으로 여긴 까닭이다.

과일나무는 가지가 갈라진 곳에 돌을 끼워 두면 과일이 많이 열리는데, 이를 과일나무 시집보내기[56]라고 한다. 서광계徐光啓의 『농정전서農政全書』[57]를 보니, "오직 자두나무만 이 방법을 쓴다."고 하였다. 또 유종본俞宗本의 『종과소種果疏』[58]를 보니, "자두나무[59] 시집보내기는 정월 초하루나 보름에 한다."고 하였다. 또 진호陳淏의 『화력신재花曆新栽』[60]를 보니, "자두나무 시집보내기는 섣달그믐 오경五更[61]에 장대로 자두나무 가지가 갈라진 곳을 두드리면 열매가 많이 열린다."고 하였고, "석류 시집보내기는 정월 초하루에 돌멩이를 석류나무 가지 갈라진 곳에 놓아두면 열매가 커진다. 섣달그믐 밤에 해도 된다."고도 하였다. 과일나무 시집보내기는 섣달그믐, 정월 초하루, 대보름 중에 어느 날 해도 좋다. 지금 풍속은 여기에서 유래한 것이다.

果樹歧枝閣石子則果繁, 謂之嫁樹. 按徐光啓農政全書"惟李樹用此法", 又按俞宗本種果疏, 嫁李

56　과일나무 시집보내기. 가수嫁樹. "모든 과실나무 중 열매를 맺지 않는 것이 있으면 정월 초하룻날 오경五更쯤 도끼로 나무 둥치를 어슷비슷 찍어 놓으면 열매가 많이 달리고 떨어지지 않는다. 『거가필용居家必用』에는 '대추나무, 감나무, 자두나무의 경우 도끼로 찍어 놓으면 더욱 좋다'고 하였고, 『사시찬요四時纂要』에는 '대추나무는 찍지 말아야 한다. 찍어 놓으면 대추가 잘아진다'고 하였다. 모든 나무는 다 암수가 있는데, 수나무는 열매를 맺지 않는 경우가 많다. 이런 경우 나무 둥치에 사방 한 치 정도의 구멍을 파고 그 구멍에 맞게 암나무를 깎아 박은 다음 진흙을 이겨 발라 두면 열매가 잘 열린다."(『산림경제山林經濟』)

57　서광계徐光啓의 『농정전서農政全書』. 서광계(1562~1633)는 명나라 때의 역수曆數(음양으로써 길흉화복을 미리 알아내는 술법) 학자로 자는 자선子先, 호는 현호玄扈이다. 이탈리아의 마테오리치에게 천문·산법算法·화기火器 등을 배워 이 방면에 조예가 깊었다. 1639년에 간행된 그의 『농정전서』는 한漢 나라 이래 발달한 농가農家의 설을 총괄하고, 새로 수입한 서양의 수력학水力學이나 지리학도 참조하였다.

58　유종본俞宗本의 『종과소種果疏』. 유종본은 명나라 오군吳郡(지금의 장쑤성 쑤저우) 출신으로 자는 입암立庵이다. 그 저술은 대부분 전인先人의 작품을 베낀 것이다. 『종과소種果疏』라는 책 역시 내용은 모두 『농상집요農桑輯要』에 있는 것이라고 한다. 『농상집요』 역시 옛날부터 전해 내려오는 농서를 두루 참고하여 정리한 농서이다.

59　자두나무. 이수李樹. 오얏나무. 장미과의 낙엽 활엽 교목. 높이는 10m 정도이며 잎은 어긋나고 거꾸로 된 달걀 모양 또는 긴 타원형의 달걀 모양으로 가장자리에 둔한 톱니가 있다. 4월에 잎이 나기 전에 흰 꽃이 두세 개씩 모여 피고 열매는 핵과核果이다. 과실나무로 재배하며 열매는 식용한다. 한국, 중국, 일본 등지에 분포한다.

60　진호陳淏의 『화력신재花曆新栽』. 진호(1612~?)는 청나라 원예학자로 원예학의 고전 『화경花鏡』(1688)의 저자이다. 『화력신재』는 여섯 권으로 된 『화경』의 제1권이다. 각종 관상용 식물 재배의 월별 행동을 설명했다. 참고로 '진호'는 진호자陳淏子라고 해야 한다.

61　오경五更. 하룻밤을 다섯 부분으로 나누었을 때 맨 마지막 부분. 새벽 세 시에서 다섯 시 사이이다.

法, 正月一日或十五日. 又按陳淏花曆新栽, 嫁李, 除夕日五更, 以長竿打李樹椏, 則結實多. 又云 "嫁石榴元朝以石塊安榴椏枝間, 則結實大, 除夜亦可", 盖嫁果之法, 除夜元朝上元, 無不宜焉. 今俗沿此.

아이들은 종이연의 등에 "집안 식구 아무개, 아무 해 생, 몸의 액운 사라져라."라고 쓰고, 연이 나는 대로 날리다가 해가 지면 연줄을 끊어 놓아버린다. 연 만드는 방법은 대나무 살에 종이를 발라 키와 흡사하게 만든다. 오색연五色鳶, 기반연棊斑鳶, 묵액연墨額鳶, 쟁반연錚盤鳶, 방혁연方革鳶, 묘안연猫眼鳶, 작령연鵲翎鳶, 어린연魚鱗鳶, 용미연龍尾鳶[62] 등 이름도 매우 다양하다. 얼레[63]를 만들어 실을 매어 감고 공중에 띄워 바람 따라 날리는 것을 연날리기[64]라고 한다. 중국은 만드는 법이 기묘하고 정교하다. 겨울부터 시작해서 늦봄까지 날린다. 우리나라도 역시 겨울부터 시장에서 파는데 대보름까지 날린다. 전해지는 말에 따르면, 최영崔瑩이 탐라耽羅를 정벌할 때 사용한 데서 시작되었다[65]고 하는데, 우리나라에서 지금도 행해지고 있다.

兒童列書家口某生身厄消滅字於紙鳶之背, 任其所飛, 日暮斷其線, 而放之. 鳶制竹骨糊紙, 微似

---

62 각각 오색 빛깔의 연, 바둑판 모양의 연, 이마를 검게 칠한 연, 쟁반 모양의 연, 방패 모양의 연, 고양이 눈을 그린 연, 까치 날개 모양의 연, 물고기 비늘 모양의 연, 용 꼬리 모양의 연을 말한다.

63 **얼레**. 사거絲車. 연거運車. 나무오리(가늘고 긴 나뭇조각)로 네 기둥을 맞추고 가운데에 자루를 박아서 실을 감아 연을 날리는 데 쓰는 기구로 지방에 따라 '자새' 혹은 '감개' 등으로 부른다. 네모얼레, 육모얼레, 팔모얼레 그리고 볼기짝얼레 등이 있다. 보통 네모얼레를 많이 사용하지만, 경기용으로는 대개 육모나 팔모얼레를 쓴다.

64 **연날리기**. 풍쟁風錚. 연날리기는 재주부리기와 연싸움으로 대별된다. 재주부리기는 연의 생김새와 연 날리는 사람의 기술에 좌우되는데, 수직으로 높이 날리기, 지면에 가장 낮게 날리기, 수평으로 좌우 날리기 등이 있다. 연싸움은 두 사람이 연을 올려서 상대방의 연줄을 끊어 연을 날려 보내는 놀이로서 연 날리는 사람의 기술과 연의 성능, 그리고 연실의 질에 좌우된다. 특히 연을 조종하는 사람의 기술이 무엇보다 중요하다.

65 원元나라는 고려 충렬왕 이후 탐라에 목마장牧馬場을 건설하고 몽골에서 가져온 말을 기르게 하였는데, 원·명 교체기였던 공민왕 때 명明나라와 국교를 맺으면서 제주에서 산출되는 말을 명나라에 보내게 되었다. 이에 몽골인들이 원나라의 적인 명나라에 보낼 수 없다며 300필만 보내고 더 이상의 말 공출을 거부하였다. 이에 공민왕은 최영崔瑩 등에게 병선 314척과 군사 2만 5,600명을 거느리고 가서 이들을 토벌하도록 하였다. 이때 서귀포의 범섬은 사방이 절벽으로 되어 있어 상륙하기 힘들어 보이자 많은 연에 불을 달아 공격하였다는 전설이 전한다.

箕狀, 五色或綦斑墨額錚盤方革猫眼鵲翎魚鱗龍尾. 名色特繁, 作絲車, 繫絲而運, 投之空中, 隨風戲之, 謂之風錚. 中國則製樣奇巧, 自冬而始, 爲晚春之戲. 東俗亦自冬天市上賣之, 至于上元. 諺傳昉自崔瑩伐耽羅之役, 國俗至今行之.

연줄[66]은 실을 합쳐 아교를 먹여 백마의 꼬리처럼 깨끗하게 하고 혹은 치자물[67]을 들여 노랗게 만들기도 한다. 정처 없이 이리저리 날리다가 다른 연과 겨루어 상대방의 연줄을 많이 끊는 것을 통쾌하게 여기는데, 바람을 타고 윙윙 소리를 내는 것이 연줄을 가장 잘 끊는다. 심한 것은 연줄에 사금파리[68]나 구리 가루를 먹이기도 하지만, 연줄을 거는 솜씨에 달려 있다. 서울 젊은이 중에 연싸움 잘하기로 이름난 자가 있으면 부잣집에서 불러서 연싸움을 시키고 구경하였다. 대보름 하루 이틀 전에는 수표교手標橋[69] 아래위로 강을 따라 연싸움 구경꾼이 담장처럼 빽빽하게 늘어선다. 아이들은 연줄이 끊어지기를 기다렸다가 끊어진 연을 쫓아 하늘을 보면서 내달리는데 담을 뛰어넘고 지붕을 넘어도 기세를 막을 수 없으니, 사람들이 대부분 무서워하고 놀란다. 대보름이 지나면 더 이상 연을 날리지 않는다.[70]

合絲淬膠, 淨如白馬尾, 或染梔黃, 飛無定處, 縱橫掃盪, 與他相交, 以多割爲快. 凌風而呌者最善

---

66 **연줄**. 대개 명주실, 무명실 등에 부레뜸 혹은 풀뜸을 한다. 이 부레나 풀 끓은 물에 사기가루나 유리가루를 타서 올리는 것을 '개미'라고 하고, 이를 '개미 먹인다'라고 한다. 사기가루를 타서 올리는 개미를 '사기미', 유리가루를 올리는 개미를 '유리개미'라고 한다. 모두 연줄을 끊어 먹는 연싸움에서 이기기 위한 준비들이다. 연줄을 잘 만든 사람으로 영성위永城尉가 있었다. "영성위 신광수申光綏(1731~1775)는 영조 임금의 사위인데, 흰 명주실을 얼레에 감아 연을 날렸다. 그의 연줄은 당대의 으뜸이었다."(『담정유고藫庭遺藁』)
67 **치자물**. 꼭두서니과에 속하는 상록활엽관목인 치자를 미지근한 물에 담아 우려낸 물. 치차 열매는 천이나 종이를 노랗게 염색하거나 빈대떡이나 전을 노랗게 물들이는 데 사용된다.
68 **사금파리**. 사기그릇의 깨어진 작은 조각.
69 **수표교手標橋**. 세종 2년(1420) 청계천에 놓은 다리다. 이곳에 우마牛馬 시장이 있어 마전교馬廛橋라고 불렸는데, 세종 23년에 수표水標(물의 깊이를 재기 위해 세우는 자)를 만들어 이 다리 서쪽에 세운 후부터 수표교라 하였다. 『신증동국여지승람新增東國輿地勝覽』에 "수표교는 장통교 동쪽에 있는데, 다리 서쪽 수중에 돌로 된 표지를 세우고 길이를 재는 숫자를 새겨 빗물의 양을 계산해 그 깊고 얕음을 알았다."라고 했다. 지금 수표교는 장충단 공원 입구에, 수표는 세종대왕기념관에 각각 옮겨져 있다.
70 대보름 이후에도 연을 날리는 사람이 있으면 서로 고리백정이라는 욕설을 퍼부었다.

1월 정월 대보름

割. 甚者傅以磁末銅屑, 然在交法之能否, 都下年少, 有以善交鳶噪名者, 豪貴家往往廷致觀之. 每上元前一兩日, 手標橋沿河上下, 觀交鳶者, 簇如堵墻. 羣童候斷搶絲, 或追敗鳶, 睨空奔波, 踰垣越屋, 勢莫可過, 人多怖駭. 過上元, 不復飛鳶.

대나무 살 좌우에 오색 종이를 붙이는데, 네모난 것도 있고, 둥근 것도 있으며, 큰 것도 있고 작은 것도 있어서 만드는 모양이 하나가 아니다. 손잡이를 가운데 꽂아 어린아이들이 가지고 노는데, 바람을 맞으면 돌아간다. 이것을 바람개비[71]라고 하는데, 시장에서 많이 판다.

糊貼五色紙於竹骨左右, 方圓大小, 制樣不一. 以柄中揷, 小兒弄之. 當風而轉, 號曰回回兒, 市多賣之.

아이들이 고치실[72] 한 가닥에 거위의 깃털을 매어 바람결에 날리는 것을 고고매姑姑妹라고 한다. 몽골어로 봉황이라는 뜻이다.

用獨繭絲繫鵝毳, 小兒順風而颺之, 號曰姑姑妹. 蒙古語鳳凰也.

---

71 **바람개비.** 회회아回回兒. 팽돌이 · 뺑돌이 · 도드래 · 도르람이 · 팔랑개비 등으로도 부르는데, 그것이 잘 돌아야 길하고 잘 돌지 않으면 불길하다고 여겼다. 음력 정월은 아직 바람이 많은 겨울철이다. 바람개비가 쌩쌩 잘 돌아가는 소리를 들으면서 풍년과 대길을 소망하고 빌었던 것이다. 호남 지방에서는 정월 보름 전날에 보통 서너 개를 단다. 여러 개를 달수록 그 도는 소리로 인해 귀신이 침노치 못한다고 여기기도 하였다. 이 바람개비를 달고 이것이 잘 도는지 여부를 보아 정초부터 잡신의 내침 여부를 판단하기도 한 것이다. 『세시풍요』에서는 "연을 날릴 때 오랫동안 눈을 크게 뜨고 있게 되면 눈이 상하게 되기 때문에 바람개비를 불어서 내려다보고 눈을 안정시키려고 한다."고 했다. 『해동죽지』에서는 바람개비를 '선풍화旋風花' 혹은 '도로남'이라 했다고 하면서 이렇게 전한다. "옛 풍속에 두 조각의 푸르고 붉은 꽃 모양을 기계 고동에 꽂아서 쉴새없이 돌린다. 고담古談에 이르기를, '겨울이 끝나 갈 무렵에 종이연을 날려서 아이들 눈의 풍화風火를 흩어지게 하고, 이른 봄에는 선풍화를 돌려서 아이들의 이미 흩어진 시력을 기른다'고 하니, 이것은 일리가 있는 말이다. 선풍화를 '도로남이'라고도 한다. '풍화風火'는 병의 원인이 되는 풍기風氣와 화기火氣를 말한다.
72 **고치실.** 견사繭絲. 누에고치에서 풀어낸 실. 누에가 번데기로 변할 때에 제 몸을 둘러싸기 위하여 토하는 실이다.

아이들이 연을 날리고 남은 실을 돌에 매달아 서로 실을 걸어 잡아당기면서 노는데, 끊어지는 쪽이 진다.[73]

以放鳶之餘絲, 兒童繫石, 相對交絲, 牽引以爲戲, 被斷者負.

땅을 파서 구덩이를 만들어 놓고 어른이나 아이들이 편을 갈라 엽전을 던져 그 구멍에 넣은 후 큰 엽전을 던져 그것을 맞힌다. 맞힌 사람이 그 돈을 거두어 가 이긴 것으로 하고, 잘못 맞히거나 맞히지 못한 사람은 진 것으로 한다. 대보름날에 이 놀이가 더욱 성행한다.[74] 어린 애들은 깨어진 질그릇 조각을 돈으로 삼아 던지기도 한다.

穴地爲窩, 壯幼分隊, 擲錢以中窩, 後擲王大錢, 中其賭, 中者, 收其錢以爲勝, 誤中與不中者爲負. 上元日此戲尤盛, 小兒輩或用破陶爲錢而擲之.

---

73 **실싸움**. 교사交絲. 『담정유고』에서는 "시골 아이들이 말총이나 쇠꼬리털에다 기와 조각을 매고서 서로 겨루는 것을 '교현交絃'이라고 하는데, 끊는 쪽이 이긴다."라고 했다.

74 "옛 풍속에 동전 한 잎을 정하고 여남은 잎을 던져 그것을 맞추는 사람이 이기는 아이들 놀이가 있다. 허다한 기술과 방법으로 내기를 하는데, 이것을 '돈치기'라고 한다."(『해동죽지』) 이 돈치기를 척전擲錢이라 했다. 돈을 땅에 던져 놓고 이것을 다른 돈으로 쳐서 맞고 맞지 않음으로써 승부를 가리는 내기다. 어느 일정한 지점에 가로줄을 긋고, 그 줄에서 10m 안팎쯤 되는 거리에 구멍을 만든다. 우선 각각 동전 하나씩을 사람 수대로 낸다. 그리고는 제각기 저편 금을 향하여 돈을 던져서 구멍에 들어가면 공짜로 먹고 금 안에 떨어지면 정한 벌금을 낸다. 던진 돈의 떨어진 형편을 보아 가장 맞히기 힘든 것을 골라 맞히게 된다. 맞혀야 할 돈은 상대편에서 정하므로 맞히기가 가장 까다로운 것을 언제나 지적하게 된다. 이렇게 차례대로 몇 번이고 번갈아 하는 동안에 잘 맞히는 사람은 돈을 따고 못 맞히는 사람은 돈을 잃게 된다. 던진 돈이 두 개가 겹쳐 있을 때에 이것을 맞혀서 떼어놓으면 두 개를 다 먹기도 한다. 이렇게 돈이 두 개나 세 개가 한데 겹쳐 있는 것을 '야'라고 한다. 이 '야'를 때려 맞히면 돈치기에서 수가 난다. 그리고 지정한 돈 이외의 것을 잘못 맞히면 벌금을 내야 한다. 또는 사람 수대로 구멍에 던져 놓고 한 사람씩 순서대로 쳐서 맞아 튀어나온 것만을 따먹는다. 계속해서 튀어나올 때에는 구멍 안의 돈이 없어질 때까지 계속 쳐서 먹게 된다. 이렇게 되면 뒤의 차례인 사람은 한번 쳐보지도 못하고 돈만 대게 된다. 이 놀이를 통하여 집중력과 거리의 목측目測, 투척의 요령 등을 배울 수 있다.

초저녁에 횃불을 들고 높은 곳에 올라가는 것을 달맞이[75]라고 하는데, 남보다 먼저 달을 보는 사람이 길하다고 한다. 이어 달빛을 보고 기후를 점치는데, 달빛이 붉으면 가뭄이 들 징조이고, 희면 홍수가 날 조짐이다. 또 달이 뜰 때의 모양이 큰지 작은지, 그리고 높게 떠오르는지 낮게 떠오르는지로 점치기도 한다. 또 테두리의 사방 두께를 가지고 사방의 농사를 점치기도 하는데, 두터우면 풍년들 징조이고 얇으면 흉년들 징조라고 하는데, 조금도 어긋남이 없다.[76]

初昏持炬登高, 謂之迎月. 以先見月者爲吉, 仍占候月色, 赤徵旱, 白徵水, 又占月出時形體大小, 湧浮高低, 又以輪郭四方厚薄, 占四方年事, 厚則徵豊, 薄則徵凶, 無少差忒

---

75 달맞이. 영월迎月. 달맞이에 대한 설명이 본문과 조금 다른 예가 있어 부기한다. 『열양세시기』에서는 "농가에서는 초저녁에 해를 묶어 불을 붙이고 떼를 지어 동쪽을 향해 달려가는데, 이것을 달맞이라고 한다."라고 했고, 『담정유고』에서는 "세속에 전하기를 정월 대보름날 저녁에 달 떠오르는 것을 먼저 보는 사람이 아들을 낳는다고 하여, 나이 젊은 아낙들이 무리 지어서 앞다퉈 바라본다."고 했다.

76 『열양세시기』에 따르면, 차천로車天輅(1556~1615)는 "농가에선 보름날 / 달 떠오르길 기다려 / 북쪽에 가까우면 산골 풍년 / 약간 남쪽이면 해변가 풍년 / 달빛이 붉으면 초목 탈까 걱정 / 희면 냇물 넘칠까 염려 / 누렇고 둥글어야 / 대풍 든다네[農家正月望, 相候月昇天, 近北豐山峽, 差南稔海邊, 赤疑焦草木, 白怕漲川淵, 圓滿中黃色, 方知大有年]"라고 노래했다고 한다. 참고로 무라야마 지준村山智順은 『조선의 점복과 예언』에서 달·농사와 관련된 (위의 것들과는 다른) 점복 23개를 소개하고 있는데, 다음과 같다. 월출이 늦고 빠름과 높고 낮음을 살펴 풍년을 점친다.(『중경지中京誌』) 달이 예년보다 남쪽에 있을 때는 흉년, 남북으로부터 벗어나면 풍년, 북쪽에 있을 때는 흉년이 든다.(경기도) 달이 북쪽으로 향하면 풍년의 징조라고 한다.(개천군) 달이 세로 모양으로 떠오를 때는 그 해에 사망자가 많다.(경기도) 달빛에 그림자가 나타나지 않는 사람은 그 연내에 사망한다.(전라남도) 달의 둥근 표면이 깎여진 방향에 있는 지방은 흉년이 든다.(경상남도) 정월 보름날 밤 약 5푼 정도의 나뭇조각 다섯 개를 금·목·수·화·토를 각각 한 자씩 쓴 다음, 달을 향해 절을 하고 그 나뭇조각을 땅에 던져 문자가 상향上向된 것을 보고 연중年中의 길흉화복을 점친다.(함경북도) 달색이 선명하면 가뭄의 해를 입고, 만월이 구름 위에 떠 있으면 풍년이 든다.(황해도 신천) 달이 떠올라 산의 북쪽으로 숨으면 북조선은 풍년, 남쪽으로 들어갈 때에는 남조선이 풍년이라고 한다.(평안북도) 달이 구름이 걸리면 그 해에 수해가 있다.(전라북도) 기타 달이 매우 붉게 보이면 나라에 난亂이 있다거나 달빛이 황색으로 보이면 풍년이 든다거나 달빛이 백색이면 백도白稻 재배에 적합하고, 적색이면 홍도紅稻 재배에 적합해서 수충水蟲 등의 해가 없다고 한다. 울진에는 흥미로운 전설이 전해온다. 서면 전곡리 원곡元谷 마을에 밥봉飯峯, 죽봉粥峯, 떡봉餠峯 세 봉우리가 있다. 옛날 조선조 때 이곳 원곡리는 귀양지定配地로 영천이씨 이수선李修撰이 유배를 당하여 이곳에 와서 살았다. 이수선이, 보름달이 밥봉에 오르면 풍년이 들고, 죽봉에 오르면 흉년이 들며, 떡봉에 오르면 대풍大豊이 든다고 했다.

102

순라巡邏를 맡은 군문軍門[77]에서 야간 통행금지를 완화한다. 당나라 위술韋述[78]의 『서도잡기西都雜記』를 보니, "정월 대보름날 밤에 황제의 명으로 금오金吾[79]에서 보름 전후로 하루씩 야간 통행금지를 완화하는데, 그것을 방야放夜라고 한다."라고 하였다. 우리나라 제도는 이를 따른 것이다.

巡邏軍門弛夜禁, 按唐韋述西都雜記: "正月十五夜, 勅許金吾弛禁, 前後各一日, 謂之放夜." 國制 倣此.

도성의 남녀들이 모두 쏟아져 나와 열운가閱雲街[80]의 종각鍾閣[81]에서 저녁 종소리를 듣고는[82],

---

77 **순라巡邏를 맡은 군문軍門.** '순라'는 도둑이나 화재 따위를 경계하기 위하여 밤에 궁중과 장안 안팎을 순찰하던 일. 밤 아홉 시에 인경[人定]을 친 뒤부터 새벽 다섯 시 사이에는 통행을 금지했다. '군문'은 훈련도감訓鍊都監이나 금위영禁衛營, 어영청御營廳, 수어청守禦廳 따위 군사 관계의 관아나 국방에 관한 군무를 통틀어 이르는 말. 궁성 안은 오위장五衛將과 부장副將이 군사 다섯 명씩 거느리고 순찰하고, 궁성 밖은 훈련도감, 금위영, 어영청에서 군사를 내었다.

78 **위술韋述.** ?~757. 사관史官으로서 국사國史를 관장한 바 있다.

79 **금오金吾.** 한대漢代의 천자의 호위병으로, 집금오執金吾의 준말인데, 여기서는 왕명을 받들어 역모逆謀 등을 위시하여 국가의 치안을 문란하게 하는 따위의 중죄를 다스리는 국왕 직속의 최고 법사法司인 조선 시대의 의금부義禁府를 말한다. 조옥詔獄 혹은 왕부王府라기도 한다. 포도捕盜(도둑 체포)·순작巡綽(순찰)·금란禁亂(불법 행위 적발·단속)뿐 아니라 임금의 교지敎旨를 받들어 추국推鞫(형장刑杖을 가하면서 중죄인을 심문함)하고, 대외관계 범죄와 양반관료의 범죄를 전담하기도 하였다. 기타 죄인의 몰수 재산을 처리하고, 소방서에 해당하는 금화도감禁火都監의 주된 구성원으로 참여하며, 고사장考査場의 금란 임무를 수행하고, 나례의식儺禮儀式을 주관하는 등의 잡무를 수행하기도 하였다. 참고로 정약용은 『아언각비雅言覺非』에서, 고려 시대에 금오위金吾衛가 있기는 했지만 의금부를 금오라고 부르는 것은 근거가 없다고 했다.

80 **열운가閱雲街.** 운종가雲從街의 별칭. 운종가는 한양 도성에 있었던 거리 이름으로, 지금의 종로 네거리를 중심으로 한 곳이다. 이곳에 육의전六矣廛(조선 시대 독점적 상업권을 부여받고 국가 수요품을 조달한 여섯 종류의 큰 상점)이 있던 것으로 유명하다. '운종가雲鐘街'라고도 쓴다.

81 **종각鍾閣.** 태조 7년(1398) 도성 안 중심지인 운종가 대로에 세웠던 누각樓閣이다. 『신증동국여지승람』에 따르면, 이곳에 대종大鐘을 달고 인경[人定]과 파루罷漏에 울려 각각 통행의 금지와 해제 시각을 알리고, 기타 도성 내 화재 등의 변고가 있을 때도 알렸는데, 이 종루鐘樓를 짓고 종을 달게 된 데에는 대체로 조선 왕조 창업의 위업을 후세에 전하고, 아름다운 종소리로 후세 사람들의 이목을 깨우치며, 도시와 읍에서 아침·저녁에 종을 울려 백성들이 일하고 쉬는 시간을 엄히 하고자 하는 등의 여러 가지 의미가 있었다.

82 『세시풍요』의 다음 전언을 보면, 대보름날 답교를 위한 야간 통행금지의 해제를 알리는, 28번 치는 종소리임

여러 다리로 흩어져서 오가는데 밤새도록 끊어지지 않는다. 이를 다리밟기[83]라고 한다. 어떤 사람은 "다리 교橋 자가 우리말로는 다리[각脚]로 발음되기 때문에 속설에 그렇게 하면 일 년 내내 다리에 병이 없다."라고 한다. 대광통교大廣通橋, 소광통교小廣通橋[84], 수표교手標橋[85]에서 가장 성행하여 인산인해를 이루는데 피리 불고 북 치는 소리가 요란하다. 『옹락영이록雍洛靈異錄』을 보니, "당나라 때 정월 대보름 밤 전후 3일 밤 동안 밤에 다니는 것을 허락하기에, 남녀가 모두 늦은 밤까지 돌아다니느라 수레와 말이 길을 메웠다."라고 하였다. 또 육계굉陸啓浤의 『북경세화기北京歲華記』[86]를 보니, "정월 대보름 밤에 부녀자들이 모두 문을 나와 다리 위를 달린다."라고 하였다. 우혁정于奕正의 『제경경물략帝京景物略』[87]을 보니, "정월 대보름 밤에

을 알 수 있다. "땅 흔드는 스물여덟 번 저녁 종소리 / 만인이 와서 들으라고 종루鐘樓를 둘러싸고 / 대궐에선 거리 백성들 즐겁게 해주려 / 특별히 금오金吾로 하여금 야금夜禁을 풀게 했네[動地昏鐘二八聲, 萬人來聽繞樓楹, 宮家欲逐衢民樂, 特使金吾不禁行]."

83 **다리밟기**. 답교踏橋. "대보름날 밤에 다리 열 둘을 밟고 지나면, 열두 달 동안 액이 없어진다 하기도 하고, 혹은 다리의 탈이 없어진다 하여 옛날에는 서울에서 이를 가장 숭상하여 이날 밤에는 나라에서 짐짓 사대문을 닫지 아니하고, 순라巡邏도 잡지 아니하며, 백성들은 남녀노소 없이 종로의 인경 소리가 나기 무섭게 떼떼이 몰려서 광통교·수표교 등 다리를 건너갔다 건너왔다 하면서 밤이 늦음을 잊어 버렸습니다. 이것을 답교라고 하던 것입니다. 대보름날은 원체 사람들이 붐비니까, 점잖은 양반네는 14일에 미리 행하고, 내외하는 아낙네는 물려 16일에 행하니, 이렇게 해서라도 답교를 해서만 직성이 풀리던 것입니다. 그러나 대보름날 액을 없앤다 하여 다리를 건너다니는 풍속은 중국에서도 성행하는 것이니까, 그 시초가 조선에 있지 아니하는지도 모릅니다. 지방에서는 함흥 만세교萬歲橋의 답교가 굉장하기로 유명하였습니다."(『조선상식문답』)

84 광통교는 종각 네거리에서 남대문으로 가는 큰길을 잇는 청계천 위에 걸려 있던 다리로, 원명은 '광통방廣通坊에 있는 큰 다리'라는 뜻의 대광통교(혹은 대광교)이다. 청계천 다리 중에서 규모가 가장 컸는데, 처음에는 태조 때 토교土橋로 축조하였다가, 1410년(태종 10) 큰비로 다리가 무너지자 태조의 계비繼妃 강씨의 묘인 정릉貞陵에 있던 12개의 석각신장石刻神將을 사용하여 석교石橋로 다시 축조하였다. 이 다리는 장방형의 돌에 작은 불상·구름·당초唐草 따위의 모양을 새겨서 조선 초기의 아담한 멋이 담겨져 있어서 이름이 높았다. 소광통교는 대광통교의 남쪽에 있는 다리다.

85 **수표교手標橋**. 세종 2년(1420) 청계천에 놓은 다리다. 이곳에 우마牛馬 시장이 있어 마전교馬廛橋라고 불렸는데, 세종 23년에 수표水標(물의 깊이를 재기 위해 세우는 자)를 만들어 이 다리 서쪽에 세운 후부터 수표교라 하였다. 『신증동국여지승람新增東國輿地勝覽』에 "수표교는 장통교 동쪽에 있는데, 다리 서쪽 수중에 돌로 된 표지를 세우고 길이를 재는 숫자를 새겨 빗물의 양을 계산해 그 깊고 얕음을 알았다."라고 했다. 지금 수표교는 장충단 공원 입구에, 수표는 세종대왕기념관에 각각 옮겨져 있다.

86 『북경세화기北京歲華記』. 명나라 북경 사람들의 세시 명절 생활과 시간 관념, 미적 관념, 종교의식 등을 이해하고 이해하는 데 매우 중요한 자료이다.

87 **우혁정于奕正의 『제경경물략帝京景物略』**. 우혁정(1597~1636)은 명나라 완평宛平(지금의 북경) 출신으로 자는

부녀자들이 서로 어울려 밤에 돌아다니는데 질병이 없어지기 때문이라 한다. 이를 주백병走百病[88]이라 한다."라고 했다. 심방沈榜의『완서잡기宛署雜記』[89]를 보니, "16일 밤에 부녀자들이 무리지어 놀다가 다리가 있는 곳에서는 삼삼오오 짝을 지어 건너가는데, 그것을 액막이[90]라고 한다."고 했다. 이것이 우리나라 다리밟기의 유래이다. 이수광李睟光의『지봉유설芝峯類說』[91]에 "대보름 다리밟기 놀이는 고려 시대에 시작되어 평상시에도 매우 성행하였다. 남녀들이 길을 메우고 밤새도록 그치지 않아 법관이 금지하고 체포하기까지 하였다."라고 했다. 지금 풍속에는 부녀자들이 더 이상 다리밟기를 하지 않는다.

都人士女傾城而出, 廳夕鍾於閱雲街鍾閣, 散至諸橋往來, 達夜不絶, 謂之踏橋. 或云橋方言與脚同釋音, 俗說如是則終年無脚疾. 大小廣通橋及手標橋最盛. 人海人城, 簫鼓喧轟. 按雍洛靈異錄: "唐朝正月十五夜, 許三夜夜行, 士女無不夜遊, 車馬塞路." 又按陸啓浤北京歲華記: "正月十五夜, 婦女俱出門走橋." 于奕正帝京景物略: "元夕, 婦女相率宵行, 以消疾病, 曰走百病." 沈榜宛署雜記: "十六夜, 婦女羣遊, 凡有橋處三五相率以過, 謂之度厄." 此卽東俗踏橋所沿也. 李睟光芝峯類說云"上元踏橋之戲, 始自前朝. 在平時甚盛, 士女騈闐, 達夜不止, 法官至於禁捕. 今俗婦女無復踏橋者矣.

사직司直이며 만력萬曆, 태창泰昌, 천계天啓, 숭정崇禎의 네 조정을 거쳤다. 류동劉侗과 공동으로『제경경물략』을 저술하였다.『제경경물략』은 명나라 북경의 명승지와 풍속, 그리고 백성의 생활상을 상세히 기록하였고, 특히 당시의 정원문화, 민속, 외국종교의 전파 등에 대해 구체적으로 묘사하고 있다.

88 **주백병走百病**. 주백병을 "백병쫓기"라고 푸는 경우가 있다. 그런데 중국의 풍습을 우리식 명명으로 옮기는 것은 의미가 없거나 바람직하지 않다. 모든 병을 달아나게 한다는 뜻인 주백병을 중국에서는 그냥 zǒu bǎi bìng이라 부른다.

89 **심방沈榜의『완서잡기宛署雜記』**. 심방(1540~1597)은 학문이 독실하고 신중하여 사림의 추앙을 받았다.『완서잡기宛署雜記』(20권)는 명나라 북경의 사회경제, 정치제도, 풍속을 연구하는 데 귀중한 참고 자료이다.

90 **액막이**. 도액度厄. 가정이나 개인에게 닥칠 액을 미리 막는 일.

91 **『지봉유설芝峯類說』**. 이수광李睟光(1563~1628)의 저서로, 천문, 시령時令(한 해를 스물넷으로 나눈, 계절의 표준이 되는 것), 재이災異(재앙이 되는 괴이한 일), 지리 등 25부문 3,435개의 항목을 고금의 서적으로부터 수집 기록하고 간간이 자기의 견해를 덧붙였다. 우리나라 역사상의 고실故實(전거典據로 삼을 만한 옛일)을 연구하는 데 좋은 자료가 된다.

삼문三門[92] 밖과 아현阿峴 사람들이 떼를 지어 편을 나누고 몽둥이를 들거나 돌을 던지며 고함을 치며 쫓아다니면서 만리현萬里峴[93] 위에서 싸우는데, 그것을 편싸움[94]이라 한다. 물러나 달아나는 편이 지는 것이다. 속설에 삼문 밖이 이기면 경기 지역에 풍년이 들고 아현이 이기면 팔도에 풍년이 든다고 한다. 용산龍山과 마포麻浦의 악소배惡少輩[95]가 패를 지어 아현 편을 돕는다. 싸움이 한창 고조될 때는 고함 소리가 땅을 진동하며, 머리를 싸매고 서로 공격하여 이마가 깨지고 팔이 부러져 피가 흘러도 그치지 않는다. 사상자가 발생하더라도 개의치 않고 목숨을 보상받는 법도 없다. 사람들은 모두 돌이 무서워 피한다. 금지시켜야 할 관사에서 이를 특별히 금지하는 조치를 취하지만 고질적인 악습이라 완전히 고칠 수 없다. 도성 안

---

92 **삼문三門.** 숭례문崇禮門(남대문), 돈의문敦義門(서대문) 그리고 그 중간의 소의문昭義門(서소문)을 말한다.

93 **아현阿峴, 만리현萬里峴.** 만리현은 서울역 뒤 만리동 2가에서 마포구 공덕동으로 넘어가는 고개를 말한다. 서울의 우백호右白虎격인 인왕산仁王山과 안산鞍山을 잇는 산줄기 하나가 남쪽으로 뻗어 한강가에 멎고, 또 한줄기는 서쪽으로 뻗어 와우산臥牛山을 만들고 있다. 남쪽 방향 산줄기의 작은 고개가 '작다'는 뜻의 순우리말 애오개, 곧 아현이다. 애오개 남쪽에 '높다'는 뜻의 만리재가, 그리고 서쪽으로 뻗은 산줄기에 '큰 고개'라는 뜻의 대현大峴이 있다. 만리재는 조선조 세종 때 중신 최만리崔萬里가 살았다 하여 만리재라고 불렀다는 설이 있으나, 실은 '높다'는 뜻의 '마리재'라는 설이 꽤 설득력이 있다. '마리'는 동물의 몸 부위에서 제일 높은 곳인 '머리'의 본디말이다. (강화도에서 제일 높은 산이 마리산임을 음미해 볼 필요가 있다.) 실제로 만리재가 너무 길고 높아서 마포나루 쪽으로 가자면 한나절 이상은 족히 걸리므로, 이보다 서북쪽에 있는 작은 고개, 곧 애오개를 넘기가 쉬워 대개 애오개를 넘어갔다.

94 **돌싸움.** 변전邊戰, 편전便戰, 편전희便殿戲, 편싸움 등으로도 부른다. 중국과 일본에도 유사한 놀이가 있는데, 중국의 '포타抛堶'와 일본의 '인지우지[印地打]'가 그것이다. "편 갈라서 하는 경기는 죄다 편쌈이라 할 것이지마는, 보통으로는 돌을 던져 승부 내는 장난을 편쌈이라고 이르게 되었습니다. 글자로는 석전 또 척석회라고 써서, 옛날에 무예 연습의 하나로 힘쓰던 것입니다. 돌 편쌈은 고구려 옛날에 세초歲初마다 나라의 설도로 이를 거행하여 사기士氣를 격동하기에 이바지한 사실이 그때 사기史記에 적혀 있으니, 유래가 오래고 또 의미가 깊은 것입니다. 고려 시절과 이씨 조선 전기前期에는 단오 놀이로 시골과 서울에서 이를 거행하였으며, 언제부터인지 다시 세초로 치켜 올라가서 근세 서울에는 온 서울을 동·서 두 편으로 갈라 가지고 큰 성벽으로써 해마다 굉장한 편쌈을 거행하고, 나중에는 돌쌈 끝에 몽둥이쌈까지 하여 용장쾌활勇壯快活하게 승부를 내어서, 일 년 동안의 화제話題를 만들어 내더니, 일로전쟁日露戰爭 뒤에 일본인의 간섭으로 말미암아 차차 싱거워지다가 병합과 함께 아주 없어졌습니다. 평양 지방에서는 편쌈이 없어진 뒤에도 오랜 전통이 있기 때문인지 돌팔매질이 숭상되고, 신기에 가깝다 할 만한 능수能手가 끊이지 아니하여 지금이 옛과 같음은 재미있는 일입니다. 편쌈은 얼마만큼 잔인한 의사도 있을 법하되, 임진왜란 중에는 팔매질꾼의 힘으로 도적을 물리친 일이 종종 있어서, 결코 가벼이 볼 수 없는 국민의 몸과 마음을 단련하는 일면을 갖던 것입니다."(『조선상식문답』)

95 **악소배惡少輩.** '불량하고 무뢰한 젊은이의 패거리'를 말한다. 유한준兪漢雋은 투전의 폐해를 지적하면서 "(그것을 하는 자는) 모두 여항閭巷 시정市井의 악소년惡少年으로서 난잡하고 부랑한 무뢰배들입니다."(『자저집自著集』「여혹인서與或人書」)라고 하였다.

의 어린아이들도 흉내를 내어 종로 거리나 비파정琵琶亭[96] 등지에서 편싸움을 한다. 도성 밖은 만리현과 우수현雨水峴[97]이 편싸움하는 곳이다. 안동安東 풍속에 매년 정월 16일이 되면 부민府民들이 내를 가운데 두고 좌우로 편을 나누어 돌을 던지며 서로 싸워 승부를 겨룬다. 평안도와 황해도 풍속에도 대보름이 되면 역시 석전石戰 놀이를 한다. 『당서唐書』「고려전高麗傳」[98]을 보니, "매년 초에 패수浿水[99]가에 모여 놀이를 하는데 물을 끼얹고 돌을 던지며 두세 차례 쫓아가다가 그만둔다."라고 하였다. 이것이 우리나라 풍습 석전의 시초이다.

三門外及阿峴人, 成羣分隊, 或持棒或投石, 喊聲起逐, 爲接戰狀於萬里峴上, 謂之邊戰, 以退走邊爲負. 俗云, 三門外勝則畿內豊, 阿峴勝則諸路豊. 龍山麻浦惡少, 結黨救阿峴, 方其酣鬪, 呼聲動地, 纏頭相攻, 破額折臂, 見血不止, 雖至死傷而不悔, 亦無償命之法, 人皆畏石回避, 掌禁該司, 另行禁戰, 而痼習無以全革. 城內童竪, 亦效而爲之於鍾街琵琶亭等處, 城外則萬里峴雨水峴爲邊戰之所. 安東俗, 每年正月十六日, 府內居民, 以中溪分爲左右, 投石相戰, 以決勝負. 兩西俗, 上元亦有石戰之戲. 按唐書高麗傳: "每年初, 聚戲浿水之上, 以水石相濺擲, 馳逐再三而止." 此爲東俗石戰之始.

온 집안에 등불을 밝히고 밤을 새는데, 섣달그믐 밤에 수세守歲[100]하는 예처럼 한다.

---

96 **비파정琵琶亭**. 이안눌李安訥(1571~1637)의 정자. 종로구 관수동과 종로3가동에 걸쳐 있던 마을을 비파동이라고 한 것은 이 정자의 이름에서 유래되었다.

97 **우수현雨水峴**. 예전의 용산구 도동桃洞에서 후암동으로 넘어가는 고개를 우수재, 한자로 우수현牛首峴이라 하였다. 전하는 말에 따르면, 이곳에 우수선생牛首先生이라는 학자가 살았던 데에서 연유된 이름이라 한다.

98 **『당서唐書』「고려전高麗傳」**. 『신당서新唐書』를 말하는데, 이 책은 송나라 인종仁宗이 1044년 재상 증공량曾公亮과 구양수歐陽修, 송기宋祁 등에게 명하여 『구당서舊唐書』의 불충실한 내용을 고쳐 편찬하게 하여 1060년에 완성한 역사서이다. 본기本紀 10권, 지志 50권, 표表 15권, 열전列傳 150권 등으로 모두 225권으로 되어 있다. 중국 25사史의 하나인데, 「고(구)려전」은 권 210 「열전」 145에 있다.

99 **패수浿水**. 평양을 흐르는 대동강의 옛 이름.

100 **수세守歲**. 섣달그믐날 밤에 집안 구석구석에 등불을 밝히고 밤을 새며 새해를 신성하게 맞이하는 풍습이다. 『열양세시기』에서는 "인가에서는 난간·침실·복도·문·부엌·뒷간에 밤새도록 등불을 켜 놓고 상전과 하인, 노인과 어린아이들 모두 닭이 울 때까지 자지 않는데, 그것을 수세라고 한다. 아이들이 곤하여 졸면 '섣달그믐 밤 자면 두 눈썹이 샌다'고 겁을 준다."고 했다. 잠을 자지 않는 것을 '수경신守庚申'이라 하는데, 이에

渾舍張油燈達夜, 如除夕守歲之例.

장님[101]을 불러 대보름 전부터 밤새도록『안택경安宅經』[102]을 외우게 하여 액운을 없애고 복을 비는데, 이달이 다 갈 때까지 한다.

邀瞽者, 自上元前誦安宅經, 達夜以度厄祈福, 限月盡行之.

뜰 가운데에 한 자 되는 나무막대기를 세워 놓고 자정에 달빛으로 생긴 그림자 길이를 재어 그해 농사의 풍흉을 점친다. 그림자가 여덟 치면 바람과 비가 충분하고, 일곱 치와 여섯 치면 모두 길하며, 다섯 치면 불길하고, 네 치면 수해와 병충해가 생기며, 세 치면 곡식이 여물지 않는다.[103] 이 방법은 동방삭東方朔[104]에게서 나온 것이다. 또『화력신재花曆新栽』를 보니,

---

대해서는 섣달그믐 풍속에서 부연 설명하기로 한다.

[101] 장님. 여기서는 판수, 곧 점치는 일을 업으로 삼는 소경(맹인)을 말한다.

[102] 『안택경安宅經』. 집안의 터주(집터를 지키는 지신地神)를 위로하기 위하여 하는 굿인 안택굿을 할 때 읽는 경문經文(고사를 지내거나 푸닥거리를 할 때 외는 주문)으로, 우주의 창조와 인간의 내력을 설명한 뒤 오행五行의 원리와 오복五福의 내용을 설명하면서 가신家神의 가호로 부모의 장수와 자손의 번창, 그리고 가내 태평이 이루어지기를 기원하는 내용으로 되어 있다. 본래는 한문으로 되어 있으나 지방에 따라서는 현토懸吐를 달아 읽기도 한다. 무당이 아닌 사람이 독경을 할 때는 한문으로 된『조왕경』·『터주경』·『성주경』·『삼신경』을 읽는데, 방에서는『안택경』을 읽는다. 『안택경』을 읽을 때는 윗목에 제상祭床을 차려 놓고 오른쪽에 북, 왼쪽에 징을 놓고 두드린다.

[103] 『도하세시기속시都下歲時紀俗詩』에서는 "자정에 막대 세워 그림자를 재어 / 일고여덟 치쯤이면 풍년 들 징조[尺木庭中測午影, 寸長七八乃徵休]"라고 노래했다. 그것을 목영점木影占이라고 한다.

[104] 동방삭東方朔. 막힘이 없는 유창한 말솜씨와 재치로 한무제漢武帝의 사랑을 받아 그의 측근이 되었다. 그러나 단순한 시중꾼이 아니라 무제의 사치를 간언諫言하는 등 근엄한 일면도 있었다. 익살의 재사才士로 많은 일화가 전해진다. 임금에게 부국강병책富國强兵策을 올렸으나 받아들여지지 않자 이를 자조自嘲하여「객난客難」과「비유선생론非有先生之論」을 비롯한 시문을 남겼다. 이미 한 나라 때부터 황당무계한 문장을 이 이름으로 가탁假託하는 일이 많아『신이경神異經』,『해내십주기海內十洲記』등의 저자라고 전해지나, 모두 진晉 나라 이후의 위작僞作으로 추측된다. 속설에 서왕모西王母의 복숭아를 훔쳐먹어 장수하였다 하여 '삼천갑자 동방삭'으로 일컬어졌으며, 장수하는 사람이라는 표현으로 그 뜻이 바뀌어 쓰인다. 그런데 맥점과 동방삭이 어떤

"대보름 밤에 한 길짜리 장대를 세워 놓고 자정에 그림자를 보는데, 그림자 길이가 예닐곱 자면 풍년이 들고, 여덟아홉 자면 수해가 들며, 서너 자에서 다섯 자가 되면 반드시 가뭄이 든다."라고 하였다. 대보름 밤에 그림자를 재는 것은 이처럼 유래가 있다.

立尺木於庭中, 月色當午, 以其木影, 占年穀豐凶, 影八寸風雨榮, 七寸六寸俱吉, 五寸不吉, 四寸水蟲行, 三寸穀不實. 按此法出於東方朔. 又按花曆新栽云: "上元夜竪一丈竿, 候月午影, 六七尺稔, 若八九尺主水, 三五尺必旱." 元宵測影, 有自來矣.

한밤중에 그릇[105]에 재를 깔아 지붕 위에 올려놓고 곡식의 씨앗이 하늘에서 떨어지는지 살펴본다. 다음 날 아침에 떨어진 씨앗을 보고서 풍년을 점친다. [106]

夜半鋪灰於盂, 置之屋上, 以驗穀種之自隕. 明朝視之, 以所隕之種, 占其豐熟.

꼭두새벽에 첫닭이 울기를 기다렸다가 우는 횟수를 세어 열 번이 넘으면 풍년이 들 것이라 점치는데, 이것은 시골 마을의 풍습이다.

曉頭候雞初鳴, 算其鳴數, 過十鳴卽占歲豐, 卽鄕里之俗也.

관계가 있는지는 확실히 알 수 없다.

[105] **그릇**. 원문은 '우盂'인데, 대개 주발周鉢(놋쇠로 만든 밥그릇)로 풀이한다. 그러나 '우'에는 사발沙鉢(사기로 만든 국그릇이나 밥그릇)의 뜻도 있기에, 그냥 '그릇'으로 풀이했다. 특정 그릇을 지시하는 것이 아닌 것 같아서이다. 참고로 『도하세시기속시』에서는 '분盆', 곧 질그릇이라 했다.

[106] 이 말은 정확히 이해해야 한다. '주발에 떨어진 곡식의 씨를 보고 그 곡식이 올해에는 풍년이 든다'고 함으로써 당년의 풍흉보다는 주발에 떨어진 특정 곡식의 풍작 여부를 점친다는 식으로 풀거나, '주발에 떨어진 씨를 보고 그 해 어떤 곡식이 풍작이 될지를 점친다'고 하여 풍작이 될 곡식의 종류를 점치는 것으로 해석해서는 안 된다. 『도하세시기속시』에서는 이것을 '험곡종驗穀種'이라 하면서 이렇게 노래했다. "대보름 밤 지붕 위에 재 사발 두며 / 하늘에서 곡식 씨앗 떨어진다 누가 말했나 / 콩, 보리, 벼 그리고 기장 / 아침에 떨어진 걸 보고서 풍년을 점치네[元宵屋上置灰盆, 穀種誰言隕自天, 菽麥稻粱與黍稷, 明朝隨視驗豐年]." 요컨대 재를 넣은 그릇에 어떤 특정 종류의 씨앗이 떨어지느냐가 문제되는 것이 아니라, 일용할 양식으로 쓰이는 주요 곡식의 씨앗들이 떨어졌다면 풍년을 기약할 수 있지 않겠는가 하는 점이 기대의 요체였던 것이다.

평안도와 황해도 풍속에 대보름 전날 밤에 닭이 울기를 기다렸다가 집집마다 표주박을 가지고 앞다투어 정화수井華水[107]를 긷는데, 그것을 용알뜨기라고 한다. 먼저 긷는 사람은 농사가 잘될 것이라고 믿는다.

兩西俗, 上元前夜待鷄鳴, 家家持瓢, 爭先汲井華水, 謂之撈龍卵. 先汲者占其農功.

또 콩 열두 알에 열두 달을 표시하여 볏짚에 넣고 새끼로 묶어 우물 속에 담가 두는데, 그것을 달불이[108]라고 한다. 새벽에 꺼내서 콩이 불었는지 불지 않았는지를 보고 그달의 수해와 가뭄을 예측하는데 딱 들어맞는다. 또 마을의 호구 수대로 그 수에 맞게 콩을 가지고 각각 호주戶主를 표시하고 볏짚에 넣어 우물에 담가두는데, 이를 집불이[109]라고 한다. 다음날 그것을 살펴보아 콩이 불어난 집은 그해에 풍년이 든다고 한다.

又以大豆十二枚, 爲十二月標, 納于稬稈, 以絢束之, 沈於井中, 謂之月滋. 晨出驗之以其滋不滋, 徵其月之水旱而不忒. 又以里中戶數, 用大豆幾枚, 各爲戶主之標, 納稈沈井, 謂之戶滋, 厥明驗之, 滋者其戶年內豊足.

충청도의 풍속에 횃불싸움[110]이 있다. 또 동아줄을 꼬아 편을 나누고 그것을 서로 잡아당겨

---

107 정화수井華水. 이른 새벽에 처음으로 길어 올린 우물물.
108 달불이. 월자月滋. 농가에서 일년 농사의 풍흉을 콩이 불은 정도를 보고 예측하는 정월 대보름의 점복占卜이다. 달불음, 달불금, 콩불음, 콩점, 달불이개, 달분이라고도 부른다. 달불이는 천수답天水畓에서 농사를 지어 오직 하늘에 의지하고 살던 옛 농경민족이 시험하던 점법으로 풍년을 갈망하여 생긴 것이다.
109 집불이. 호자戶滋. 달불이가 마을 전체의 점복이라면 집불이는 개인의 점복이다. 동네의 호수戶數대로 콩에다 호주를 표시하고 짚으로 묶어서 우물에 집어 넣었다가 보름날 아침에 꺼낸다. 만일 우물이 없으면 사발이나 종지에 물을 가득 부어 그 속에 콩을 담그는 등 그 방법에는 차이가 있다. 이때 콩이 붇고 안 붇는 것으로 그 집안의 수해, 한해, 평년작을 점친다. 잘 불었으면 그 집 호주의 신수가 좋고 그해 풍년이 든다고 믿는다. 만약 그렇지 않으면 불길하다고 생각하였다.
110 횃불싸움. 거전炬戰. 일제 시대 조선통독부에서 실시한 통계조사(『朝鮮の鄕土娛樂』, 1936)에 따르면 1930년 대만 해도 전국적인 분포로 횃불싸움이 행해졌다고 한다. 함경도 지방에서는 조짚으로 홰를 만들거나 또는

끌려가지 않은 편이 이긴 것으로 한다. 그것으로 풍년을 점치는데, 바로 옛날의 설하희挈河戲[111]이다. 경기도의 풍속에도 그러하며, 승려들도 이 놀이를 한다.

湖西俗有炬戰, 又以絢索分隊, 把持相牽引, 不被引者爲勝, 以占豊, 卽古之挈河戲也. 畿俗亦然,
緇徒又有此戲

강원도 산촌 풍습에 아이들이 입을 모아 온갖 새의 이름을 부르며 쫓는 시늉을 하는데, 이
또한 풍년을 기원하는 뜻이다.

關東峽俗, 羣童齊唱百鳥之名, 作驅逐之狀, 亦是祈穀之意也.

쑥대를 묶어서 홰를 만들기도 하였다. 한편 조재삼趙在三의 『송남잡지松南雜識』에는 함경도 풍속으로 견마전牽馬戰이 소개되어 있다. 혼인날 신랑집과 신부집 양쪽에서 각기 횃불을 밝힌 횃불잡이를 내보내어 마주친 중간에서 횃불싸움을 벌이는데, 신부 편이 신랑 편보다 많고 강하다 하더라도 반드시 패하고 달아나야만 했다. 이는 신랑 쪽이 당당히 이겨서 신부를 빼앗아 간다는 약탈혼의 유풍이다. 횃불싸움은 산이 많은 강원도 산골에서 가장 세차게 벌어졌는데, 한창 싸움이 고조에 달했을 때는 온통 횃불로 뒤덮여서 실로 전쟁과 다름없는 장관을 연출해 냈다. 차상찬車相瓚은 "횃쌈은 옛날 우리 조선에서 가장 보편적으로 유행하던 풍속으로 팔도 각지에 대개 다 있었으나, 내가 알기에는 강원도에서 가장 격렬하게 행한 것 같다."고 『조선사외사朝鮮史外史』의 「정월의 3대 놀이」에서 밝히고 있다. 『세시풍요』에서는 "산촌의 아이들이 횃불을 켜 들고 달맞이를 하다가 이내 편을 나누어 서로 공격하는 것을 화전火戰이라고 한다."고 했다.

111 **설하희**挈河戲. 줄다리기. "옛 풍속에 각 면민面民 중 장정들이 모여서 좌우편으로 나누어 둘레가 몇 자나 되는 큰 밧줄 양쪽 끝에 나무를 비녀같이 지르고 그 나무에 작은 밧줄 수천 개를 달아서 양편이 각각 힘을 합하여 끌어당기는데, 끌어서 정해 둔 선을 지나게 되면 이기게 된다. 이긴 쪽은 풍년이 든다고 하는데, 이것을 '줄다리기'라고 한다."(『세시풍요』) 어느 주석본들에서는 이 '설하희'를 '결하희絜河戲'라 하고, '결하'를 '중국 창주滄洲 남피현南皮縣의 하천'이라는 식으로 설명했는데, 잘못 푼 것이다. 『형초세시기』에서 '시구지희施鉤之戲', 곧 줄다리기를 설명하면서 "공수라는 사람이 초 나라에 있으면서 배를 타고 하는 놀이를 했는데, (배가) 물러나면 끌어당기고, 앞으로 가면 밀었기 때문에 (줄다리기를) '구강鉤强'이라 했다[公輪自遊楚, 爲載舟之戲, 退則鉤之, 進則强之]."고 한바, 처음에 물 위에서 시작했기 때문에 '하'가 붙은 것이지, 특정 하천을 말하는 것은 아니다. 설하희에서 '설挈'은 '끈다'는 의미여서 줄다리기와 밀접한 연관이 있다. 줄다리기를 대개 '발하拔河'라고 하는바, 이 '발拔'에 잡아빼다거나 (승부를) 가린다는 의미가 있으니, '설挈'과 상통한다. 줄다리기를 또 다른 말로 '견구牽鉤'라고 하는데, 여기서 '견牽' 역시 잡아당긴다는 뜻이다. 이렇게 볼 때, '설하희'를 '결하희'로 푼 주석이 나온 후 거의 모든 사전에서 '혈하희'라는 말을 기재하고 '줄다리기'라고 풀이한 것은 심각한 문제가 아닐 수 없다.

춘천春川 풍속에 차전車戰[112]이 있다. 각 마을이 편을 나누어 외바퀴 수레를 앞으로 몰면서 싸우는데, 그것으로 그해 농사의 풍흉[113]을 점친다. 쫓겨 달아나는 쪽은 흉년이 든다. 가평加平 풍속에도 그렇다.

春川俗, 有車戰, 以獨輪車, 各里分隊, 前驅相戰, 以占年事, 逐北者爲凶. 加平俗亦然.

영남의 풍속에 줄다리기[114]가 있다. 칡으로 동아줄[115]을 만드는데 둘레가 40~50줌은 된다.

---

112 **차전車戰**. 차전놀이로 유명한 것은 경북 안동지방에 전해 내려오는 것으로, 동채싸움이라고도 한다. 안동의 차전놀이는 1937년까지 행해졌는데 매년 음력 정월 대보름날 낮에 강변 백사장이나 벌판에서 거행 되다가 일제에 의하여 금지되었다. 놀이는 먼저 부정을 타지 않게 정성껏 베어 온 길이 20~30척의 참나무를 ×자 모양으로 묶어 동채를 만들고 끈으로 단단히 동여맨 다음, 가운데에 판자를 얹고 위에 방석을 깔아 동여맨다. 동채 머리에는 고삐를 매어 대장이 잡고 지휘할 수 있게 하고 판자 뒤에는 나무를 ×자 모양으로 하여 4귀를 체목에 묶어 동채가 부서지거나 뒤틀리지 않게 한다. 동채꾼은 대장 · 머리꾼 · 동채꾼 · 놀이꾼으로 이루어지며 대체로 25~40세의 남자 500여 명이 동서로 갈리어 승부를 겨룬다. 동부의 대장을 부사府使, 서부의 대장을 영장營將이라고 하며 승부는 상대편 동채가 땅에 닿거나 동채를 빼앗으면 이긴다.

113 **풍흉**. 연사年事. "올해 연사는 네 고을 가운데 연천이 가장 심각한 형편[今年年事, 四邑之中, 漣川爲最甚]."(《다산시 문집茶山詩文集》)이라고 한 데서 보듯이 '연사'는 농사 그 자체를 말하는 것이다. 그러므로 이것을 '풍년을 점친 다'식으로 풀어서는 안 된다. 그렇게 하려면 바로 뒤에 나오는 영남지방의 칡줄다리기인 '갈전葛戰'에 대한 설명에서처럼 '점풍占風'이라고 해야 한다.

114 **줄다리기**. 갈전葛戰. 대보름날에 많은 사람이 두 편으로 나뉘어 줄을 마주 잡아당겨 승부를 겨루는 성인남녀놀이. 경기놀이. 삭전索戰, 조리지희照里之戲라고도 한다. 지역에 따라서는 본격적인 줄다리기를 하기 전에 애기 줄 · 골목줄 또는 고삿줄이라고 불리는 작은 외줄로 청소년들이 미리 놀기도 하였다. 줄다리기의 편가르기는 육지 지방에서는 대개 동부와 서부로 나누며, 섬지방에서는 상촌 · 하촌으로 나누어 상촌은 남자편, 하촌은 여자편이 된다. 그리고 장가 안 간 총각은 여자 편이 된다. 줄다리기는 벼농사와 깊은 관련을 맺고 있는데, 그 이유는 주로 밤에 하며 암줄과 수줄로 나누어서 고리를 꽂은 뒤에 밀고 당기는 행위 그 자체가 성행위를 상징한다는 점, 대개는 논과 보리밭에서 행해진다는 점, 줄이 비의 신인 용과 모양이 비슷하다는 점, 행하는 시기가 주로 대보름날이라는 것에서 알 수 있다.

115 **동아줄**. 줄다리기의 줄은 기본적으로 암줄(암컷을 상징하는 줄. 수줄의 머리를 끼울 수 있게 만든 둥근 고리가 있음. 용머리)과 수줄 그리고 비녀목(암줄에 수줄을 끼울 때 벗겨지지 않게 하기 위하여 수줄 가닥 사이에 끼우는 나무)으로 이루어지는데, 다산과 풍요를 상징한다. 줄을 만드는 것을 '줄드린다'고 하는데, 이것은 매우 중요하므로 경험이 많은 노인들의 자문을 얻어 장정들이 줄드리는 일을 도맡아 한다. 이렇게 드린 줄을 높은 가지에 걸어놓고 세 개를 합쳐서 보다 굵게 드리고, 이러한 과정을 반복하여 굵고 단단하고 무거운 줄을 만들어간다. 지역에 따라서는 가늘게 꼰 줄을 멍석 짜듯이 넓게 엮어서 이것을 둥글게 말아 사용하기도 한다.

편을 나누어 서로 끌어당겨서 승부를 내는데, 그것을 점풍占豊이라 한다.

嶺南俗, 有葛戰, 以葛作索, 大可四五十把, 分隊相引, 以決勝, 謂之占豊.

안동安東 풍속에 마을의 노소 부녀자들이 무리 지어 밤에 성 밖으로 나와 물고기를 꿰어놓은 것처럼 엎으려 기어가면서 앞뒤가 서로 이어져 끊어지지 않게 하는데, 여자아이 하나를 그 위로 걸어가게 하고 양옆에서 부축한다. 노래를 부르며 왔다 갔다 하는 것이 다리밟기하는 모양과 같다. 여자아이가 먼저 "이것은 무슨 다리?"라고 선창하면, 엎드린 여자들이 일제히 "청계산 놋다리116"라고 대답한다. 큰길을 따라 동쪽으로 가기도 하고 서쪽으로 가기도 하는데, 밤새도록 하고서야 끝이 난다.117

安東俗, 村女老弱成羣, 夜出城外, 魚貫伏行, 後前相續, 連亘不絶, 令一幼女子, 步行其上, 左右扶掖, 唱喏來往, 若踏橋狀. 女兒先唱曰"是何橋", 伏者齊應曰"淸溪山銅橋", 遵大路而或東或西, 達宵而止.

줄은 머리는 크지만 끝으로 갈수록 가늘어지고, 끝부분에서는 꽁지줄이라 하여 줄을 벌려놓기도 한다. 이렇게 만들어진 줄이 원줄 또는 몸줄인데, 크기는 지역에 따라 차이가 있으나 대개 지름 0.5~1.4m, 길이 40~60m가 된다. 그런데 이 몸줄은 너무 크고 무거워서 그대로는 당길 수가 없다. 그래서 이 몸줄에 벗줄·동줄, 또는 겻줄이라 불리는 작은 줄들을 좌우로 늘여 실제 놀이에서는 이 줄을 당기게 된다. 대략 1m씩의 간격을 두고 지름 10~20cm, 길이 3~5m의 겻줄을 매는데, 결국 전체 줄은 무수한 발들을 가진 지네 모양이 된다.

116 **놋다리**. 놋다리를 놋쇠처럼 굳은 다리 또는 동교銅橋 등으로 풀이하기도 하나, 안동에서는 정월 한 달을 일을 하지 않고 쉬는 달이란 뜻으로 노달기라 한다 하고, 이 말에서 노는 달의 밟기 놀이라 풀이하기도 한다.

117 안동에서 해마다 정월 대보름날 밤에 행하던 여성의 집단놀이인 놋다리밟기. 놋다리밟기의 원무圓舞 형성의 상징성이나 노래 가사에 "기어디서 손이왔노, 경상도로 손이왔네, 무슨꼭개 싸여왔노(…)" 하며 멀리서 손이 와서 환대를 받는 상황이 있는 것을 보면, 놋다리밟기가 우리나라 고대의 내방자환대신앙來訪者歡待信仰에 바탕을 둔 농경예축의례農耕豫祝儀禮에서 기원했을 가능성이 있다. 더구나 안동에 "놋다리밟기를 놀아야 풍년든다."는 말이 전하고 있어 이를 뒷받침한다. 요컨대 정월 대보름날 밤 둥근 달 밑에서 생산성의 주인인 여성들만이 모여 논다는 의미는 놋다리밟기가 농경에 대한 전통적 풍년예축豊年豫祝의 의례적 놀이에서 발달해 온 것임을 알려준다.

풍기豊基 풍속에 대보름날 고을 수리首吏[118]가 검은 소를 거꾸로 탄 채로 거문고를 안고 관아에 들어가서 수령에게 절하고 나서 일산日傘[119]을 받쳐 들고 나오는데, 그것이 무엇을 의미하는지 알 수 없지만, 필시 복을 비는 일일 것이다.

豊基俗, 上元日, 邑首吏倒騎黑牛, 抱琴而入衙庭, 拜于官, 擎日傘而出. 未知何意, 而必是祈福之事也.

---

118 **수리首吏**. 각 지방 관아의 여섯 아전 가운데 으뜸 아전.
119 **일산日傘**. 햇볕을 가리기 위하여 세우는 큰 양산.

월내月內¹

시전市廛²에서 날을 잡아 새해 첫 시장을 열 때 반드시 모충일毛蟲日³로 잡는다. 털처럼 번창하라는 의미를 취한 것이며 범날[인일寅日]⁴이 제일 좋다고 한다.

市廛擇日開市, 必用毛蟲日, 取其繁衍, 而寅日爲最.

---

1   **월내月內**. 월내잡사月內雜事. 특정 달에 속한 일·행사이기는 하지만, 분명하게 어느 날의 행사라고 특정하여 말하기 어렵거나 여러 날에 걸쳐 있는 경우를 묶어 둔 항목이다.
2   **시전市廛**. 시장 거리의 가게. 조선 시대에, 지금의 종로를 중심으로 설치한 상설 시장. 관아에서 임대하여 주고, 특정 상품에 대한 독점 판매권과 난전을 금지하는 특권을 주는 대신 관아에서 필요로 하는 물품을 바칠 의무를 부과하였다.
3   **모충일毛蟲日**. 설날부터 시작하여 열이튿날까지 열두 동물의 간지(12간지干支)에 해당하는 날을 설정해 상십이지일上十二支日이라 하였다. [상上은 첫 번째라는 의미다.] 상자일上子日(쥐날)·상축일上丑日(소날)·상인일上寅日(범날)·상묘일上卯日(토끼날)·상진일上辰日(용날)·상사일上巳日(뱀날)·상오일上午日(말날)·상미일上未日(염소날)·상신일上申日(원숭이날)·상유일上酉日(닭날)·상술일上戌日(개날)·상해일上亥日(돼지날)이 그것이다. 이 가운데 털 있는 짐승의 날은 유모일有毛日, 털 없는 짐승의 날은 무모일無毛日이라 하였다. 유모일은 모충일 혹은 모일 또는 털날이라고도 하는데, 쥐날[子日]·소날[丑日]·범날[寅日]·토끼날[卯日]·말날[午日]·원숭이날[未日]·닭날[酉日]·개날[戌日]·돼지날[亥日]이 그것이다. 설날이 털날일 경우는 오곡이 잘 익어 풍년이 들며, 털 없는 날이면 흉년이 든다고 한다. 대개 상점은 털날에 문을 여는데, 특히 범날[寅日]을 좋아한다고 한다. 털날을 택하는 이유는 털처럼 번창하라는 뜻이다.
4   **인일寅日**. 인일寅日과 인일人日은 같이 쓰는데, 사람이 호랑이[인寅]의 정기를 받았다고 해서 첫 인일寅日을 '사람날'이라고 한다는 설이 있다. 『형초세시기』에 따르면, "옛날 정월 초이레를 사람으로 여겼기 때문에 인일人日이라고 불렀다."

태학太學[5]과 사학四學[6]에 기거하는 유생儒生의 식당 도기到記[7]를 거두어 임금이 강경講經과 제술講製[8]를 친히 시험한다. 강경은 삼경三經[9] 중에서 하나의 경을 시험하고, 제술은 절제節製[10]

---

5 태학太學. 성균관成均館. 유학의 교육을 맡아보던 관아. 공자를 제사하는 문묘와 유학을 강론하는 명륜당 따위로 이루어지며, 태조 7년(1398)에 설치하여 고종 24년(1887)에 경학원으로 고쳤다가 융희 4년(1910)에 없앴다.

6 사학四學. 중·동·남·서·북의 오부五部로 나눈 한성부漢城府의 각 행정구역 가운데 북부를 제외하고 하나씩 세워 둔 학당學堂, 곧 사부학당四部學堂을 말한다. 육당 최남선은 '사학이란 무엇입니까'라는 물음에 "성균관을 국립대학이라 하면 그리로 들어가는 준비를 시키는 관립학교가 사학이란 것입니다. 곧 이씨 조선에서 고려의 동서학당제東西學堂制를 변통하여 도성 내를 동·서·중·남·북의 5부로 구획하고, 각 구에 한 학교를 두고 이를 동학·서학·중학·남학·북학이라 하고, 총칭에는 5부학당이라고 일컫던 것인데, 문종조文宗朝에는 북학을 없애고 동·서·중·남의 4학으로 고쳐서, 약간 흥망을 치르면서 뒤에까지 계속하였습니다. 정원은 각 백인이었습니다. 지금 동대문 내에 있는 동학동東學洞과 중앙방송국 뒤의 서학현西學峴과 동십자교東十字橋, 남하천변南下川邊의 중학동中學洞은 다 그 학교의 소재지이던 곳입니다."(『조선상식문답』「유학儒學」)라고 답하였다. 참고로 『한양가』에 "사학이 분배分排하여 / 유학儒學을 교훈教訓하니 / 명륜당明倫堂 대성전大成殿은 / 우리 동방 반궁泮宮이라"고 하였다. 명륜당은 성균관 안에서 유학을 강講하던 곳이고, 대성전은 공자를 모신 사당인 문묘文廟 안에 있는, 공자의 위패位牌를 모신 전각殿閣을 말한다.

7 도기到記. 유생儒生의 출석부로 시도時到 또는 시도기時到記라고도 한다. 성균관이나 사학四學 등에서 유생의 출결을 알기 위하여 사용하였는데, 이는 원점부정圓點不定을 방지하기 위한 일종의 출석 평가로 채택되었다. 원점이란 유생이 식당에 들어갈 때 도기에 점을 찍게 한 것으로, 1일 식당 출석을 1점으로 하였다. 그런데 유생들이 이러한 출석 점수의 취득에 급급하여 대리 출석, 대리 서명, 거짓 진성陳省(조선 시대 관청에서 다른 관청으로 또는 개인에게 내어 주거나 받아들이던 증명 문서의 일종으로 확인서·신청서·위임장 등) 등이 자행되어 교육의 근본 취지를 망각하는 경우가 허다하였다. 이러한 원점부정을 막기 위하여 도기제를 병행하였는데, 아침과 저녁 식사 때마다 교관 1인이 양현고養賢庫(성균관 유생에게 곡식을 공급하는 일을 관장하던 관청) 직원과 함께 친히 학생을 점검하여 도기에 적어 놓고 봉인封印하여 월말에 기록하였다. 이밖에 거짓 진성을 막기 위하여 관찰사로 하여금 공문 조회를 하게 한다거나, 대리 출석이 발각되면 정식 과거인 식년시式年試에 응시할 수 없게 하는 등의 조처를 강구하였다.

8 강경講經과 제술製述. 강제講製. 과거의 시험 방법으로 구술시험인 강경講經과 필답시험인 제술製述을 합쳐 말한 것이다. 강경에는 구의口義와 첩경帖經이 있었고, 제술에는 묵의墨義와 경의經義가 있었다. 구의는 경서經書의 대의大義를 묻는 것이고, 첩경은 경서의 본문 또는 주소註疏를 한 행만 남겨 놓고 앞뒤를 덮고 다시 한 행 중 몇 자를 덮어 알아 맞추게 하는 것이다. 묵의는 구의가 경서의 대의를 대답하는 데 반해 필기로 답하는 것이고, 경의는 경서의 본문을 내어놓고 해석을 가하면서 일종의 논論을 세우는 것으로 의의疑義라고 했다. 의의란 4서의四書疑와 5경의五經義를 합친 말인데, 사서는 『논어』·『맹자』·『대학』·『중용』이고, 오경은 『시경詩經』·『서경書經』·『주역周易』·『예기禮記』·『춘추春秋』이다.

9 삼경三經. 『시경詩經』·『서경書經』·『주역周易』.

10 절제節製. 절일제節日製. 성균관과 일반 유생을 대상으로, 명절인 인일절人日節·상사절上巳節·칠석절七夕節·중양절重陽節에 실시한 과거. 의정부, 육조 등의 당상관이 성균관에서 제술로써 인재를 뽑았다.

의 관례와 같이 한다. 강경과 제술에서 수석을 차지하면 모두 사제賜第[11]하는데, 춘도기과春到記科라고 한다. 가을에도 시행하는데 추도기과秋到記科라고 한다.

收太學四學居齋儒生食堂到記, 親試講製, 講則三經中一經, 製則如節製之例, 講製居首, 並賜第, 曰春到記科. 秋節又行之, 曰秋到記科.

경주慶州 풍속에 정월 상자일上子日, 상진일上辰日, 상오일上午日, 상해일上亥日[12] 등은 모든 일을 꺼리고 삼가며 함부로 움직이지 않는데, 그날을 신일愼日[13]이라 한다. 신라 소지왕炤智王 15년 정월 15일에 까마귀, 쥐, 용, 말, 돼지의 기이한 일이 있어 왕이 금갑琴匣의 화를 모면하였다.[14] 그래서 백성들이 자일, 진일, 오일, 해일을 신일로 삼았다. 우리말로는 달도怛忉라 하니,

---

11 **사제賜第**. 임금의 명령으로 특별히 급제한 사람과 똑같은 자격을 주는 것을 말한다. 성균관의 식당에서 받은 소정의 원점圓點을 얻은 유생들이 임금이 주관하는 과거에 참여하는 제도와 관련해서 '강제거수병사제講製居首並賜第'라는 말이 있다. 이 말은 『시경詩經』, 『서경書經』, 『역경易經』의 삼경三經 중 어느 대목을 소리 내어 외우게 하는 강경講經과 인일제에서처럼 특정 주제를 주고 글을 짓게 하는 제술製述의 두 시험에서 수석을 차지한 사람 모두에게 정식 과거 급제자와 동일한 자격을 하사했다는 것을 말한다. 그런데 사제는 대개 문과 전시殿試의 응시 자격을 주는 것을 말하기도 한다. 『승정원일기承政院日記』 영조 51년 2월 13일 기사의 "일전에 성균관 유생들에게 제술 시험을 보일 적에 초시만 지급하라는 하교가 있었기에 입격한 세 사람에게 회시會試 응시 자격을 주었습니다. 그런데 그가 입시入侍한 뒤에 특명으로 전시殿試 응시 자격을 내리셨습니다. 임금이 비록 천지조화의 권한을 지녔지만 왕의 말씀은 어김없이 찾아오는 사계절처럼 신뢰성이 있어야 합니다. 청컨대 박행순朴行淳에게 내린 사제賜第의 자격을 환수하소서[日前泮儒之製述也 有只給初試之敎 入格三人 許赴會試 而及其 入侍之後 特命直赴殿試 人君雖持造化之柄 王言當如四時之信 請還寢朴行淳賜第之命]."라고 한 신응현申應顯의 말을 음미해 보면, '초시'는 '회시 응시 자격을 주는 것을 말하고, '사제'는 전시 응시 자격을 준다는 것과 같은 의미임을 알 수 있다.

12 각각 음력 정월의 첫 자일子日(쥐날), 첫 진일辰日(용날), 첫 오일午日(말날), 첫 해일亥日(돼지날)을 이르는 말.

13 **신일愼日**. 『지봉유설』에 따르면, 이것은 신라의 풍속과 관계가 있다. 신라 사람들은 용은 비를 내리게 하고, 말은 일을 하고, 돼지와 쥐는 곡식을 먹는다고 하여, 새해의 첫 진辰·오午·해亥·자子일에는 모든 일을 쉬고 제사를 지냈다고 한다. 한해의 운수가 그 첫날인 설날에 달려 있다고 믿었던 옛사람들이 이날만큼은 근신함으로써 1년 동안 모든 일이 아무 탈 없이 잘 되기를 바라는 뜻이 들어 있다. 지금은 설날만이 근신하는 신일로 지켜지고, 나머지는 지켜지지 않고 있다.

14 『삼국유사三國遺事』「기이紀異」제1 '사금갑射琴匣'에 실려 있다. 소지왕 10년(488) 정월 보름에 왕이 천천정天泉亭으로 행차하였다가 쥐가 사람의 말로 까마귀를 따라가라 하여, 기사騎士를 시켜 까마귀를 따라가게 하였다. 기사는 도중에 돼지 싸움을 구경하다가 까마귀의 행방을 놓쳐 버렸다. 이때 못 가운데에서 한 노인이 나와

슬프고 근심되어 금기한다는 말이다. 김종직金宗直[15]의 「달도가怛忉歌」[16]가 있다.【『동국여지승람』[17]에 보인다.】

慶州俗, 正月上子上辰上午上亥等日, 忌愼百事, 不敢動作, 以爲愼日. 盖新羅炤智王十年正月十五日, 有烏鼠龍馬猪之異, 王免琴匣之禍, 國人以子辰午亥日爲愼. 俚言怛忉言悲愁而禁忌也. 金宗直有怛忉歌【見輿地勝覽】

16일은 시골 풍속에 대부분 함부로 움직이지 않고 나무로 만든 물건을 집 안에 들이지 않으며 신일愼日로 삼는다. 경주의 옛 풍습을 답습한 것인 듯하다.

글을 쓴 봉투를 주기에 받아 보니, 겉봉에 "열어 보면 두 사람이 죽고 안 열어 보면 한 사람이 죽을 것"이라고 쓰여 있었다. 기사가 이상히 여겨 그 봉투를 왕에게 바쳤더니, 왕은 한 사람이 죽는 것이 낫다고 생각해서 열어 보지 않으려 하였으나, 일관日官(길일을 가리는 일을 맡아보는 벼슬아치)이 "두 사람은 보통 사람이고 한 사람은 임금을 가리키는 것이니 열어 보셔야 합니다." 하고 아뢰므로 왕이 봉투를 열어 보니 "거문고갑[금갑琴匣]을 쏘라."고 쓰여 있었다. 이에 왕이 활로 거문고갑을 쏘았는데 그 안에는 왕비와 정을 통하던 중이 있었다. 그 중은 장차 왕을 해치려고 숨어 있던 차였다. 왕은 중과 왕비를 함께 처형하였다. 이러한 일로 매년 정월 상해일上亥日·상자일上子日·상오일上午日에는 모든 일을 삼가고 행동을 조심하며, 정월 보름을 오기일烏忌日이라 하여 찰밥으로 까마귀에게 공양하는 풍속이 생겼으며, 그 못을 서출지書出池라고 부르게 되었다.

15 **김종직金宗直**. 성리학자·문신(1431~1492). 자는 계온季昷. 호는 점필재佔畢齋. 세조 5년(1459)에 문과에 급제하고, 형조 판서·지중추부사 따위를 지냈다. 문장과 경술이 뛰어나 영남학파의 종조宗祖가 되었다. 그의 「조의제문弔義帝文」(성종 때 김종직이 세조의 왕위 찬탈을 빗대어 지은 글. 항우가 초나라 회왕인 의제를 죽인 고사를 비유한 글)은 뒷날 무오사화戊午史禍의 원인이 되었다. 저서에『점필재집佔畢齋集』『청구풍아靑丘風雅』 등이 있다.

16 『동도악부東都樂府』에 「달도곡怛忉曲」이 있다고 하였으나, 이는 김종직金宗直이 그 내력을 소재로 지은 한시이며, 원가原歌는 아니다. 시는 다음과 같다. "섧고 또 설운지고 / 임금께서 하마터면 보전치 못할 뻔했네 / 유소장 안에 거문고가 거꾸러지니 / 어여쁜 왕비가 해로하기 어려웠네 / 설워라, 설워라 / 신이 알려주지 않았다면 어찌할 뻔했는가 / 신이 알려주어서 국기가 든든했구나[怛怛復忉忉, 大家幾不保, 流蘇帳裏玄鶴倒, 揚且之晳難偕老, 忉怛忉怛, 神物不告知奈何, 神物告兮基圖大]."

17 **『동국여지승람東國輿地勝覽』**. 성종의 명命에 따라 노사신盧思愼(1427~1498) 등이 편찬한 우리나라의 지리서. 『대명일통大明一統志』를 참고하여 우리나라 각 도道의 지리·풍속과 그 밖의 사항을 기록하였다. 특히 누정樓亭, 불우佛宇, 고적古跡, 제영題詠 따위의 조條에는 역대 명가名家의 시와 기문도 풍부하게 실려 있다. 55권 25책의 활자본.

十六日, 鄕俗多不動作, 不納木物爲忌日, 似襲慶州之遺風也.

24일은 해마다 음산하다. 임진왜란 때 왜병이 도성을 함락하였다가 명군明軍[18]이 승세를 타고 진격하여 압박하자 놀라 달아나며 한밤중에 분탕질[19]하여 온 도성 사람을 도륙하였는데, 백에 하나도 화禍를 피하지 못하였다. 24일이 바로 이날이니, 원기怨氣[20]가 그렇게 흐리게 한 것이다.

二十四日, 每年陰曀, 蓋倭亂時倭兵陷京城, 天兵乘勝進逼, 倭賊驚遁, 半夜焚蕩, 盡屠一城, 百無一脫, 乃是日, 而怨氣使然也.

8일을 잘못 발음하여 파일[패일敗日]이라고 하는 것은 팔八 자가 패敗 자의 중국 발음으로 같기 때문이다.[21] 이날 남자는 문 밖을 나가지 않으니, 풍속에서 꺼리는 날이 되었다. 고려의 풍속을 보면, 매달 8일에 부녀자들이 성 밖으로 나가 놀았으므로 남자들은 집에 있으며 나가지 않았다. 이 풍습이 와전되어 지금 풍습에 나가면 안 되는 날이 된 것이다.

八日, 謬稱敗日, 八與敗華音同也. 是日男子不出門, 爲俗忌日. 按高麗俗, 以每月八日, 婦女出遊城內外, 故男子在家不出. 此風訛傳, 今俗作不宜出行日.

---

18 명군明軍. 명나라 군대.

19 분탕질. 남의 물건 따위를 함부로 약탈하거나 노략질하는 짓을 비유적으로 이르는 말.

20 원기怨氣. 원망하는 기운.

21 팔八은 중국 발음으로 '빠', 패敗는 중국 발음으로 '빠이'. 참고로『도하세시기속시都下歲時紀俗詩』에서는 "팔일을 패일敗日이라는 건 마땅치 않아 / 잘못 전해 진 고려 적 풍속 고치지 않은 것[八稱敗日不宜行, 襲謬麗風未變更]"이라고 했다.

상현일上弦日[22]과 하현일下弦日[23]을 조금날[24]이라 한다. 매달 민가에 금기하는 일이 있으면 반드시 이날을 넘기고 나서 비로소 오고간다. 꺼리는 일이 있는 사람도 이날이 지나서 만난다.

上弦下弦日, 稱潮減日, 每月人家有拘忌事, 必過是日, 始相通涉, 人物之有所忌者, 亦過是日而接之.

5일, 14일, 23일은 삼패일三敗日이라 한다. 매달 이날엔 모든 일을 삼가니[25], 함부로 움직이지 않고 집 밖을 나가서도 안 된다. 고려 때부터 이어진 풍속으로, 이날들은 임금이 쓰는 날이기 때문에 백성들은 쓰지 못한다. 본래부터 패일은 아니다.[26]

初五十四二十三日, 稱三敗日. 每月忌百事, 不敢動作, 不宜出行, 盖自麗俗, 以此三日, 卽君上所用之日, 故臣民不用爲忌日云, 本非敗日也.

22　**상현일上弦日.** 상현달이 보이는 날. '상현'은 음력 매달 7~8일경에 나타나는 달의 형태로, 오른쪽이 둥근 달을 말한다. 상현달에서 점차 커지면 보름달이 된다.

23　**하현일下弦日.** 하현달이 보이는 날. '하현'은 음력 매달 22~23일에 나타나는 달의 형태로, 왼쪽이 둥근 반달 모양을 하고 있다. 하현달에서 점차 작아져 그믐달로 변한다.

24　**조금날.** 조감일潮減日. 조수潮水가 가장 낮은 때를 이르는 말. 대개 매월 음력 7, 8일과 22, 23일에 있다.

25　『산림경제山林經濟』에 따르면, 이날 "모든 일을 꺼리나 장사葬事 지내는 일만은 꺼리지 않는다." 또 정년丁年(천간天干이 정丁으로 된 해)과 임년壬年(천간天干이 임壬으로 된 해)에는 꺼리는 날이 없다고도 했다.

26　『지봉유설芝峯類說』에서는 "이날을 삼파일三破日이라고 하는데, 그 근거는 알 수 없다[今俗以此日爲三破日者, 未知何據].'고 했다.

2월
二月

—

초하루¹

재상²과 시종侍從³에게 중화척中和尺⁴을 하사하는데, 반점斑點이 있는 대나무나 적목赤木⁵으

---

1   삭일朔日. 매달 음력 초하룻날.

2   재상. 재집宰執. 임금을 돕고 모든 관원을 지휘하고 감독하는 일을 맡아보던 2품 이상의 벼슬. 또는 그 벼슬에 있던 벼슬아치. 본디 '재宰'는 요리를 하는 자, '상相'은 보행을 돕는 자로 둘 다 수행하는 자를 이르던 말이었으나, 중국 진秦나라 이후에 최고 행정관을 뜻하게 되었다.

3   시종侍從. 시종신侍從臣. 임금을 가까이 모시고 따라다니는 신하. 근시近侍, 시종관侍從官, 근신近臣, 근밀지신近密之臣, 시신侍臣, 친신親臣이라고도 한다. 예문관藝文館의 봉교奉教 이하 시교侍教·검열檢閱은 춘추관春秋館의 사관史官을 겸하였으므로, 시종의 주된 목적은 임금의 언행을 기록하여 사초史草(실록의 원고)를 남기는 데 있었음을 알 수 있다. 조선 초에는 사관 한 사람이 시종하였으나, 그 기록이 소루하다고 하여 세종 7년(1425)에 사관 두 사람이 입시入侍토록 하였다.

4   중화척中和尺. 『구당서舊唐書』에 따르면, 중화척은 중국 조정에서 중화절인 음력 2월 초하룻날 천자가 대신大臣과 외척外戚들에게 내려주었던 잣대이다. 중화절은 원래 1월 그믐날이었는데 당 덕종唐 德宗 때 재상 이필李泌의 건의에 따라 2월 초하루로 정해졌으며, 이날 민간에서는 푸른 주머니에 오곡백과의 종자를 담아 서로 주고받았고, 농촌에서는 의춘주宜春酒(입춘술)를 빚어 구망신句芒神(오행신 중 하나로 봄을 담당하는 목신)에 제사를 지내 풍년을 기원하였으며, 백관은 천자에게 농서農書를 바쳤다. 『홍재전서弘齋全書』에 따르면, 우리나라에서는 정조가 이때 처음으로 중국 조정의 고사에 따라 중화척과 함께 어제시御題詩 한 수를 지어 신하들에게 나눠주었다. 『열양세시기』에 그 시가 보인다. "이월이라 중화절 자를 내릴 제 / 구중궁궐 홍니紅泥로 봉해 내리니 / (…) / 오색실로 마름질을 하여서 / 산무늬 용무늬를 기워주게나[頒尺中和節, 紅泥下九重, (…), 裁來五色線, 許爾補山龍]"를 소개하였다. 여기서 "산무늬 용무늬를 기워주게나"라고 한 것은 '그대들에게 자를 내려주니 그것으로 비단을 마름질하여 내가 입는 곤룡포에 수를 놓아 달라'는 말인데, 신하들에게 자신을 잘 보좌해 달라고 부탁하는 뜻을 나타낸 것이다. 아울러 "이 자는 보통 쓰는 포백척布帛尺(바느질할 때 쓰는 보통의 자)보다 약간 짧다."고도 했다. 2월은 밤낮의 길이가 같아지니, 그에 맞춰 도량형을 통일한다는 의미도

로 만든다. 건릉健陵[6] 병진년(1796)에 당나라의 중화절中和節[7] 고사를 따라 시행했다. 당나라 이필李泌[8]이 정월에 아뢰기를, "그믐날을 명절로 삼는 것은 옳지 않습니다. 2월 초하루를 중화절로 삼고 백관들에게 농서農書[9]를 바치게 하여 농사에 힘쓰는 뜻을 보이소서."라고 하였다. 자를 나누어 주는 것은 이러한 의미이다.

頒中和尺于宰執侍從. 尺用斑竹赤木制之. 健陵丙辰, 盖修唐中和節故事也. 按李泌正月奏曰: "以晦爲節非也. 請以二月朔爲中和節, 令百官進農書, 以示務本." 頒尺用此意也.

대보름날 세웠던 볏가릿대[10]의 곡식을 풀어서 흰떡을 만드는데, 크게는 손바닥만 하게 하고 작게는 달걀만 하게 하여 모두 반달 모양으로 만든다. 콩을 삶아 소[11]로 넣고 시루[12]에 솔잎을

들어 있다. 도량형을 통일한다는 것은 공정한 통치를 하겠다는 다짐을 의미한다.

5 적목赤木. 소나뭇과科에 속한 낙엽 교목으로, 그 굵은 줄기와 가지가 붉은색을 띠기 때문에 '주목朱木'이라고도 하며, 우리말로는 '이깔나무'라고 한다. 참고로 『경도잡지』에서는 반죽과 홍염목紅染木(붉게 물들인 나무)으로 만든다고 했다.

6 건릉健陵. 조선 정조와 그의 비 효의 왕후 김씨의 무덤. 여기서는 22대왕 정조(재위 1776~1800)를 말한다.

7 중화절中和節. 궁중에서 농사철의 시작을 기념하던 절일節日로 음력 2월 1일을 일컫는다. 중화中和란 중용中庸과 같은 말인데, 『중용』에 따르면 만물은 중화에서 자라난다고 한다. 여기에서 연유하여 중국에서 농사를 시작하는 날을 중화절로 부르게 되었다. 이날 천자가 백관百官들로 하여금 농서農書를 올리게 하고, 또 술과 음식을 베풀고 중화척中和尺을 나누어줌으로써 농업이 국가의 근본임을 나타내었다.

8 이필李泌. 722~789. 당나라 때 사람으로 자는 장원長源이다. 일곱 살에 글을 능숙하게 지어 기동奇童이라는 별명을 얻었고, 자라서는 경사經史를 널리 읽었으며, 특히 역상易象에 정통했다. 시를 잘 지었고 신선의 설을 좋아했다. 논쟁을 좋아한 재상으로 유명하다.

9 농서農書. 농사에 관한 여러 가지 사항을 적은 책. 정조 때 지어진 대표적인 농서로는 홍만선洪萬選(1643~1715)의 『산림경제山林經濟』와 서유구徐有榘(1764~1845)의 『임원경제십육지林園經濟十六志』가 있다.

10 볏가릿대. 화간禾竿, 화적禾積, 기년新年, 도간稻竿, 벼가리, 벼낟가리 등으로 부르는 풍습이다. 정월 보름 전날 무렵 소나무를 베어다 마당 한복판에 세우고, 그 위에 짚을 묶어 쌓아서 기를 만들고, 그 위에 목화를 늘어놓으며, 이월 일일 아침 일찍 철거한다. 헐기에 앞서 섬이나 가마니 같은 것을 가져다 곡물을 넣는 흉내를 내면서 고성高聲으로 "벼가 몇 만석이요", "조가 몇 천 석이요", "콩이 몇 천 석이요", "팥이 몇 천 석이요"하고 마치 풍년이 든 것처럼 외친다. 풍년이 들게 해 달라는 말을 해가 뜰 때까지 노래로 부르기도 한다. 이월 초하룻날에 거두는데, 이때 짚단 안에 넣어 두었던 곡식이나 나뭇가지에 매달았던 곡식으로는 송편을 만들어 노비에게 먹인다.

켜켜로 깔고 찐다. 익으면 꺼내어 물에 씻어 참기름을 바르는데, 그것을 송편[13]이라 한다. 노비들에게 그들의 나이 숫자만큼 먹인다. 세속에서는 이날을 노비날[14]이라고 한다. 농사가 이때 시작되기 때문에 이들을 대접하는 것이다. 떡집에서는 팥, 검은 콩, 푸른 콩으로 소를 만들고, 꿀을 섞어 넣기도 하며, 삶은 대추와 익힌 미나리로 소를 넣기도 한다. 이달부터 시식時食[15]으로 삼는다.

卸下上元禾竿穀, 作白餅, 大者如掌, 小者如卵, 皆作半璧樣. 蒸豆爲餡, 隔鋪松葉於甑內, 蒸熟而出, 洗以水, 塗以香油, 名曰松餅. 饋奴婢如齒數, 俗稱是日爲奴婢日. 東作伊始, 故饗此屬云. 賣餅家, 用赤豆黑豆靑豆爲餡, 或和蜜包之, 或以蒸棗熟芹爲餡. 自是月以爲時食.

집을 청소하고 종이를 잘라 향랑각시속거천리香娘閣氏速去千里[16]라는 여덟 자를 써서 서까래[17] 위에 붙인다. 각시는 우리말로 여자인데, 향랑각시는 노래기[18]를 말한다. 이것은 노래기

---

11 **소.** 송편이나 만두 따위를 만들 때, 맛을 내기 위하여 익히기 전에 속에 넣는 여러 가지 재료. 송편에는 팥이나 콩·대추·밤 따위를 넣고, 만두에는 고기·두부·채소 따위를 넣는다.

12 **시루.** 떡이나 쌀 따위를 찌는 데 쓰는 둥근 질그릇. 모양이 자배기 같고 바닥에 구멍이 여러 개 뚫려 있다.

13 **송편.** 송병松餅. 멥쌀가루를 익반죽하고 풋콩, 깨, 밤 같은 소를 넣어 반달 모양으로 빚어서 시루에 솔잎을 켜켜로 놓고 찐 떡. 송엽병松葉餅이라고도 부르며 모든 지방에서 만드는 떡으로, 추석 때 햇곡식으로 빚는 명절떡이기도 하다. 특히 추석 때 먹는 송편은 올벼를 수확한 쌀로 빚어 오려송편이라 하며, 햇곡식으로 만든 음식으로 조상께 감사하는 뜻으로 조상의 차례상과 묘소에 올린다.

14 **노비날.** 머슴날·하리아드랫날·일꾼날이라고도 하는데, 농가에서 머슴들의 수고를 위로하기 위해 음식을 대접하며 즐기도록 하는 날이다. 추수가 끝난 다음, 머슴들은 겨울 동안 크게 힘든 일이 없이 평안하게 지냈으나 2월에 들면서 농사일을 준비해야 한다. 그래서 고된 일이 시작되기에 앞서 일꾼들을 하루 쉬게 하여 즐겁게 놀도록 하는 것이다. 일꾼 머슴에게 돈을 주어 쓰도록 하며, 음식을 장만해서 배불리 먹고 취흥에 젖도록 한다.

15 **시식時食.** 최남선은 "춘하추동 사시와 일 년 열두 달 그때마다 철 맞추어 먹는 음식을 시식이라고 이르니, 대개 그때그때의 명일을 중심으로 하여 새로 나는 물건이나 먹을 맛있는 음식의 종류를 선택하여 마련되었던 것입니다. 이를테면 설의 떡국, 대보름의 약밥, 정 이월의 물쑥 청포, 한식寒食의 개피떡, 삼월 삼일의 화전花煎, 초파일의 도미국수, 단오의 수단水團, 유두流頭의 밀쌈, 추석의 송편, 구일九日의 국화전菊花煎, 동지의 팥죽, 납향臘享(동지 후 셋째 미일未日인 납일臘日에 종묘·사직에 지내는 큰 제사)의 고기구이 등이 그 주요한 것입니다."라고 했다.(『조선상식문답』) 절식節食이라고도 한다.

16 **향랑각시속거천리香娘閣氏速去千里.** '노래기는 속히 천리 밖으로 떠나가라'는 말이다.

17 **서까래.** 마룻대(용마루 밑에 서까래가 걸리게 된 도리)에서 도리(서까래를 받치기 위하여 기둥 위에 건너지르

가 싫어서 쫓아내려는 말이다.[19]

灑掃堂宇, 剪紙書"香娘閣氏速去千里"八字, 貼於椽上. 閣氏者, 東語女子也. 香娘閣氏, 盖指馬陸也, 惡而辟之之辭也.

영남 풍속에 집집마다 신神에게 제사 지내는데, 그것을 영등靈登[20]이라고 한다. 신이 무당에게 내려 마을로 나아가 돌아다니면 사람들이 다투어 맞이하며 즐긴다.

嶺南俗, 家家祭神, 名曰靈登, 神降于巫, 出遊村間, 人爭迎之而樂之.

는 나무)에 걸쳐 지른 나무. 그 위에 산자(지붕 서까래 위나 고미 위에 흙을 받쳐 기와를 이기 위하여 가는 나무오리나 싸리나무 따위로 엮은 것)를 얹는다.

18 **노래기**. 마륙馬陸. 향랑각시 · 향혼각시香婚閣氏 · 마자馬茲 · 백족충百足蟲 · 서충瑞蟲 · 논략 · 요내기 · 사내기(산애기) · 새양각시 · 고농각시 · 문둥이 · 발많이 · 노적이 · 강남각씨 등으로도 부르는데, 농촌의 초가지붕, 그중에서도 오래된 집의 지붕에서 흔히 나온다. 고약한 악취를 풍기기 때문에 사람들이 몹시 싫어한다. 노래기를 예방하거나 쫓기 위해 부적을 붙이는 한편 아이들은 대개 솔가지를 꺾어다가 지붕에 던지거나 꽂는데, 이때 "새양각시 바늘 줍소", "새양각시 바늘 주자", "사내기 밥 주자", "사내기 바늘 준다" 등의 말을 하거나, 보름날 아침 밥을 할 때 소금을 한 웅큼 집어서 부뚜막에 얹으면서 "산애기 간질한다"라고 하기도 한다.

19 이와는 유사한 풍속으로 '화조花朝', '좀 알 떨기'가 있다. "2월 초하룻날은 화조라 하여 이른 새벽에 솔잎을 문간 뜨락에 뿌리는데, 속언俗言으로는 '그 냄새나는 벌레가 미워서 솔잎으로 찔러 사邪를 없앤다.'고 한다."(『용재총화』) "옛 풍속에 2월 1일에는 집안을 대청소하고 좀[蠹]의 알을 태우며 햇볕을 들여보내는데, 병의 근원이 되는 독기를 없애기 위함이다. 이를 '좀의 알 쩐다'고 한다."(『해동죽지』)

20 **영등靈登**. 가정과 마을에서 모시는 바람신[풍신風神]으로 지역에 따라 명칭이 매우 다양하다. 영등할머니, 영두할매, 풍신, 풍신할머니, 풍신할매, 바람님, 바람할머니, 바람할매, 바람제석, 이월할머니, 이월할맴네, 이월할매, 이월손님 등. 조선 시대의 기록에 따르면 제주도와 영남지방을 중심으로 영등에 대한 믿음이 매우 강한 것으로 나타난다. 영등신앙은 한반도의 기후 환경 중 특히 바람과 기상에 대한 적응 과정에서 정착된 생태민속의 전형적인 사례이다. 이월의 기후생태학적 환경과 지역의 생업 조건 간의 관련 속에서 형성된 것이다. 음력 이월은 대개 입춘을 지나 우수, 경칩의 절기에 해당한다. 이는 겨울을 보내고 봄을 맞이하는 시기이다. 이때의 기후 는 변화가 아주 심하다. 따뜻한 저기압과 차가운 고기압의 확장과 소멸꽃샘추위가 기승을 부리는 등 겨울의 잔재가 여전하다. 이러한 기상 조건은 영등할머니의 속성을 까다롭고 변덕스러운 것으로 인식하게 한 직접적인 원인이 된다. 영등신앙은 자연환경과 인간의 종교적 심성이 결합해 나타난다. 인간의 능력으로는 도무지 예측할 수 없는 이월의 기상 상태와 그것에 대한 인간의 공포와 경외심이 맞물려 영등으로 신격화된 것이다. 극복할 수 없는 기후환경에 좌절하지 않고 오히려 그것에 대한 숭배를 통해 풍농과 풍어 등 현실적 욕망을 성취하고자 하는 인간의 적극적인 문제 해결 의지가 역설적으로 내재되어 있다.

이달 초하루부터 사람을 꺼려 만나지 않는데, 15일이나 20일까지 그렇게 한다.

自是月朔日, 忌人物不接之, 至十五日或二十日.

제주도 풍속에 2월 초하루에 귀덕歸德과 김녕金寧 등에서 나무 장대 열두 개를 세우고 신을 맞이하여 제사 지낸다. 애월涯月에 사는 사람들은 말머리 모양의 떼²¹를 얻어 채색 비단으로 꾸미고 약마희躍馬戱²²를 하면서 오신娛神²³하는데, 보름이 되면 그만둔다.【『동국여지승람』에 보인다.】

濟州俗, 二月朔日, 歸德·金寧等地, 立木竿十二, 迎神祭之. 涯月居人得槎形如馬頭者, 飾以彩帛, 作躍馬戱以娛神, 至望日乃止, 謂之然燈【見輿地勝覽】

---

21 떼. 사槎. 나무나 대나무 따위의 일정한 토막을 엮어 물에 띄워서 타고 다니는 것. 뗏목.

22 약마희躍馬戱. 제주도의 영등굿에서 배방선(풍어와 해녀들의 무사안녕을 기원하는 해녀 굿이 끝난 뒤 한 해녀가 짚으로 만든 배에 제물을 실어 띄워 보내면서 영등신을 보내는 것) 때에 각 가호의 떼[사槎, 뗏목]가 먼저 신을 보내려고 경조競漕(정해진 거리에서 보트를 저어 빠르기를 겨루는 경기)하던 송신送神(제사가 끝난 뒤에 신을 보내는 일) 행사. 지금은 영등굿에서 영등신을 송신할 때에 작은 짚배 하나를 만들고, 거기에 제물을 조금씩 실어 발동선인 어선에 싣고 바다에 나아가 짚배를 동쪽으로 띄워 보낸다. 그러나 예전에는 각 가호마다 어선인 떼를 내어놓아 개인별로 송신하는 짚배를 바다에 띄워 보냈는데, 광복 전까지 행해졌다는 노심방(제주도에서 무당을 가리키는 무속용어)들의 증언이 있었다. '약마희'하는 말은 한자漢字의 뜻풀이로 해석할 것이 아니라, 이두식吏讀式 표기의 훈차訓借로 읽어야 한다. '약躍'은 '뛰', 제주 방언으로 '튀'의 유사음의 표기로 보고, '마馬'는 '말', 제주 방언으로 '말'의 유사음 표기로 보아야 한다. 그런데 '떼'는 제주 방언으로 '터우, 테우, 테위, 테배' 따위로 발음되고, 말은 '말다'의 어간으로 '구驅(몰다)'의 뜻이 된다. 이를테면 '소를 몰다'라는 말을 '쇠를 말다'라는 식으로 발음하는 것이다. 이렇게 보면 약마躍馬의 '마馬'는 '말[馬]'을 뜻하려고 쓴 것이 아니라, '구驅'의 뜻 곧 제주 방언으로 '말다'의 어간을 기술하려 한 것이 틀림없다. 따라서 약躍은 '떼', 제주 방언으로 테우의 원음으로 볼 수 있고, 마馬는 제주 방언으로 말다[구驅, 표준어 몰다]의 어간으로 보게 된다. 그래서 약마희는 제주 방언으로 '테우말이 놀이', 표준어로 '떼몰이 놀이'로 해석할 수 있다. 곧 떼를 몰아 경조하는 놀이라는 말이다.

23 오신娛神. 신을 즐겁게 한다는 뜻. 신이 인간의 세계에 내려와서 인간과 함께 마음껏 즐길 수 있도록 함으로써 인간에게 복을 주게 만든다는 인식을 보여주고 있다.

월내月內

초저녁에 삼성參星[1]이 달 앞 멀리서 고삐를 끄는 것처럼 보이면 풍년이 들 징조이다.[2] 최식崔
寔의 『농가언農家諺』[3]에 "2월 초하루 삼성 뜬 저녁"이라 한 것이 바로 이것이다.

---

1   **삼성參星.** 이십팔수 가운데 스물한째 별자리의 별들. 오리온자리에 있으며, 중앙에 나란히 있는 세 개의 큰
    별을 '삼형제별'이라 한다. 그런데 여기서 삼성은 정확히 말하면 묘성昴星이라고 해야 한다. 삼성과 묘성은
    같은 서방西方 7수[宿]로서 입수도[入宿度]가 1도 정도의 차이가 나고 별의 수도 일곱 개로 같아서 민간에서는
    종종 이 두 별을 혼동해서 점을 본다. 참고로 입수도는 현대적 의미로 적경赤經(천구 상의 천체의 위치를 나타
    내는 적도 좌표에서의 경도)에 해당하는데, 하늘의 28개의 기준별부터 관측성까지의 거리가 바로 입수도이
    다. 민간에서는 대개 묘성을 좀생이·송진이·솜성이·조무싱이·좀싱이·소무생이·조무싱이·송생이
    등이라고도 부른다.
2   『열양세시기』의 설명이 좀 더 자세하다. "농가에서는 이날 초저녁에 묘성과 달 사이의 거리가 멀고 가까운
    것을 보고 그 해의 농사를 점친다. 그 별이 달과 나란히 가거나 달보다 한 자 이내로 약간 앞서가면 길하고,
    앞뒤로 너무 멀리 떨어져 가면 그해에는 흉년이 들어 아이들이 먹을 것이 없다고 하는데, 살펴보니 제법 잘
    맞았다." 이에 대한 해석으로 다음의 설이 참고된다. 달은 밥이고 좀생이는 아이들인데, 아이들이란 먹을 것
    이 부족하면 앞질러 가서 달라고 하고, 넉넉하면 뒤에 가도 먹을 수 있으니 천천히 간다. 알맞은 정도라면 저희
    가 있다는 것만 보이려고 바로 뒤에 가는 것이다. 그래서 좀생이가 달의 앞을 가면 흉년, 바로 뒤에 가면 보통,
    뒤에 떨어져 가면 풍년이라는 것이다. 『농가월령가』2월령에서는 "초육일 좀생이는 풍흉豐凶을 안다 하며 /
    스무날 음청陰晴으로 대강은 짐작나니 / 반갑다 봄바람이 의구依舊히 문을 여니 / 말랐던 풀뿌리는 속잎이
    맹동萌動한다"고 노래했다.
3   **최식崔寔의 『농가언農家諺』.** 최식은 후한後漢 환제桓帝 때의 사람으로 자는 자진子眞, 호는 원시元始이다. 시사時
    事와 정치에 관한 수십 조의 논문을 지어 『정론』이라 이름 붙였는데, 그 내용이 매우 긴요하고 조리가 있었다
    고 한다. 『후한서』(권52) '최인열전崔駰列傳' 제42에 입전되어 있다. 『농가언』은 『사민월령四民月令』을 말한다.
    『사민월령』은 사농공상士農工商 사민四民의 연중행사를 기록한 책이다. 이 책에 "2월 밤 삼성 뜬 저녁에 살구꽃

初昏見參星, 在月前如牽攣, 遠則徵豊. 按崔寔農家諺: "二月昏參星夕"是也.

얼음[4]을 태묘太廟[5]에 바친다. 『예기禮記』「월령月令」[6]에 "중춘仲春[7]에 천자天子가 빙고氷庫[8]를 열어 제일 먼저 침묘寢廟[9]에 얼음을 바친다."라고 하였다. 우리나라 제도도 그렇다.[10]

만발하고 오디가 붉으면 콩을 심을 수 있다[二月昏參夕, 杏花盛桑葚赤, 可種大豆]."라는 말이 나온다.

4   **얼음.** 『용재총화』에 따르면, "얼음은 저자도楮子島 사이에서 채취하는데 이는 개천 하류의 더러움을 피하기 위함이다. 서빙고는 한강 상류 둔지산屯知山 기슭에 있는데, 무릇 고고庫가 8경梗이나 되므로, 모든 국용國用과 제사諸司와 재추宰樞가 모두 이 얼음을 썼다. … 얼음이 얼어서 4치가량 된 뒤에 비로소 (얼음 캐는) 작업을 하였다. (…) 촌민들이 얼음을 캐 가지고 군인들에게 판다. 또 칡 끈을 얼음에 동여매어서 넘어지는 것을 방지하고, 강변에는 땔나무를 쌓아 놓아 얼어 죽는 사람을 구제하며, 또 의약을 상비하여 다친 사람을 구제하는 등 우환에 대한 조치를 마련하였다. … 고원庫員 한 사람은 압도鴨島에 가서 갈대를 베어다가 고庫의 상하와 사방을 덮는데, 많이 쌓아 두텁게 덮으면 얼음이 녹지 않는다."

5   **태묘太廟.** 종묘의 정전正殿. 조선 시대에 역대 임금과 왕비의 위패를 모시던 사당으로, 초에는 목조, 익조, 탁조, 환조 등 태조의 사대조四代祖 신위를 모셨으나 그 후에는 당시 재위하던 왕의 사대조四代祖와 조선 시대 역대 왕 가운데 공덕이 있는 왕과 왕비의 신주를 모시고 제사를 지냈다. 19칸으로, 단일 건물로는 우리나라에서 가장 길다. 우리나라 국보로, 국보 정식 명칭은 '종묘 정전'이다.

6   **『예기禮記』「월령月令」.** 『예기』는 오경五經의 하나로, 『주례周禮』·『의례儀禮』와 함께 삼례三禮라고 하며, 『의례』가 예의 경문經文이라면 『예기』는 그 설명서에 해당한다. 총 49편編이다. 그 성립에 관해서는 분명치 않으나, 전한前漢의 대성戴聖이 공자孔子의 제자를 비롯하여 한漢 나라에 이르는 많은 사람들의 손으로 된 『예기』 200편 중에서 편찬한 것으로 알려졌다. 월령月令은 곡례曲禮·단궁檀弓·왕제王制·예운禮運·예기禮器·교특성郊特性·명당위明堂位·학기學記·악기樂記·제법祭法·제의祭儀·관의冠儀·혼의婚儀·향음주의鄕飮酒儀·사의射儀 등 제편諸篇 중 하나이다. 보통 '월령'은 한 해 동안의 정례적인 정사政事나 의식儀式, 또는 농가農家의 행사 따위를 다달이 구별하여 규정해 두던 것을 말한다.

7   **중춘仲春.** 봄이 한창인 때라는 뜻으로, 음력 2월을 달리 이르는 말이다. 참고로 한 계절을 석 달로 했을 때, 첫 달은 '맹월孟月', 가운데 달은 '중월仲月', 마지막 달은 '계월季月'이라 불렀다. 마찬가지 방식으로 봄이 시작되는 첫 달은 '맹춘孟春', 가운데 달은 '중춘', 마지막 달은 '계춘季春' 혹은 모춘暮春이라 했다.

8   **빙고氷庫.** 얼음을 넣어 두는 창고. 임금에게 올리는 얼음은 내빙고에서 관장하였다. 내빙고는 조선 시대 왕실에서 쓰는 얼음을 보관·관리하던 관청이다. 창덕궁 요금문曜金門 안에 있었는데, 운반하는 데 폐단이 있어 정조 13년(1789) 양화진에 설치하였다. 『만기요람』 재용편財用篇에 따르면, "내빙고는 오로지 임금님께 바치기 위하여 궐내에 두었다. 저장하는 얼음은 모두 4만여 정丁인데, 한강 연안의 백성들이 채벌하여 공납하는 것이 3만여 정, 병조에서 대가를 주고 사들이는 것이 1만여 정이다. 계사년(1773)에 영조께서 특별히 백성들의 노역으로 인한 폐단을 염려하여 그 반을 감하고, 대가를 주어 운반하게 하였으며, 병조에서 얼음을 사들이는 규례도 혁파하였다."

薦氷于太廟. 按禮記月令: "仲春之月, 天子乃開氷, 先薦寢廟." 國制亦然.

20일에 비가 내리면 풍년 들 징조이다. 조금 흐려도 역시 길할 징조이다.

二十日雨, 占豊. 微陰亦吉.

제주 풍속에 이달은 배를 타는 것을 금지한다.【『동국여지승람』에 보인다.】

濟州俗, 是月禁乘船.【見輿地勝覽】

---

9   **침묘寢廟.** 고대 종묘의 정전을 가리켜 '묘廟'라 하고, 후전을 '침寢'이라 하며, 둘을 합쳐서 침묘라 한다. 대개 종묘를 지칭한다.

10 『경국대전經國大典』에 따르면, 매년 여름철 끝 달에 여러 관사官司와 종친 및 문무당상관文武堂上官 시제時祭에도 얼음을 내려준다. 내시부內侍府의 당상관 그리고 70세 이상의 한산閑散 당상관에게 얼음을 내려 주며, 활인서活人署의 병자들과 전옥서典獄署의 죄인들에게도 내려준다. 이것을 반빙頒氷이라 하는데, 반빙의 관습은 주대周代에 이미 시작되었다. 음기陰氣가 성한 12월에 얼음을 잘라서[벌빙伐氷] 빙고에 보관하였다가[장빙藏氷] 4월 이후 양기陽氣가 성하게 되면 그것을 누그러뜨리기 위해 얼음을 꺼내[발빙發氷] 사용하였다. 조선 초에도 빙고를 두어 얼음을 저장하였는데, 세종 때에는 단지 2품 이상 관리의 상사喪事에만 지급되었다가, 단종 대에 이르러 '노老·병病·상喪·욕浴에 얼음을 사용하는 것이 옛날의 관습이며, 경卿·대부大夫들도 사사로이 얼음을 사용할 수 있다'고 하여 어름 저장을 허락하였다. 70세 이상의 당상관에게는 6월에 3일마다 일정一丁씩 지급하였고, 세종은 의령대군에게 5월에서 7월에 매일 일정씩 내리도록 한 예도 있다. 여름철의 얼음은 음식이 상하는 것을 예방하거나 질환을 막는 데 유용하게 사용되었다. 특히 제사를 중시한 조선 시대에 여름철의 제사 음식이 상하는 것을 방지하기 위해 국가에서 고위 관료들에게 얼음을 나누어주었다.

3월
三月

삼진날[1]

---

1 **삼진날**. 상사上巳·상사절上巳節·원사元巳·중삼重三·상제上除·답청절踏靑節 등으로도 부르는데, 이날은 양수陽數인 홀수 3자가 겹치는 날이어서 길일로 여긴다. 추위를 피해 강남 갔던 제비도 이날 돌아온다. 참고로 이날 흰나비를 보면 그 해에 상복을 입게 되고, 노랑나비·호랑나비를 보면 운수가 좋으며, 상사일上巳日이니 뱀을 보아도 좋다고 한다. "옛날에는 삼월의 사일巳日을 상사上巳라 하여 들에 나가 봄놀이하는 명일을 삼더니, 뒤에는 사이이 들쭉날쭉함을 폐롭게 알아서 드디어 삼월 삼일을 붙박이로 쓰기로 하고, 이름은 그냥 상사라 이르게 되었습니다. 조선말에 '삼질'이라 함은 삼월의 자음이 조금 변한 것입니다. 삼질이라는 명절은 대개 추운 겨울에 웅크리고 들앉았던 사람들이 훗훗하여진 봄볕에 기운을 펴고, 물에 다다라서는 때를 씻고, 들에 나가서는 나물을 캐고, 운치 찾는 이는 시냇가에서 술추렴을 하여 대자연의 품속에 새로워진 생명의 젖을 빠는 날이었습니다. 신라 이래로 이날 여러 가지 행사가 있었거니와, 조선에서는 이날 민간에서 보통 진달래꽃으로 떡·국수·술을 만들어 들놀이를 하고, 아낙네들은 물맞이를 시작하며 제비 돌아오는 날이라 하여 그 묵은 집을 보수해 주며, 나라에서는 노인잔치를 동문東門 밖에 베풀어 늙은이에게 젊은 기운을 마시게 하는 등 봄을 맞는 여러 가지 행사가 있었습니다."(『조선상식문답』) 한편 『성소부부고』에서는 궁중의 풍습을 전하고 있다. "삼월 삼질 좋은 철 궁궐에 당도하니 / 여러 궁전 나인들 얇은 옷 입어 보네 / 상림원上林園을 향해 가서 다투어 투초鬪草하니 / 그 중에 맨 먼저 취하는 건 푸른 의남초鬪禁中佳節値三三, 諸殿宮娥試薄衫, 爭向上林來鬪草, 就中先取翠宜男]" '투초'는 풀쌈 놀이로, 풀이 돋아나는 계절이면 겨울을 제외하고 언제든지 할 수 있는 놀이다. 옛 문헌에 초전戰草, 초희草戲, 교전희鬪全戲 등으로 씌어 있는 것으로 보아 아주 오랜 옛날부터 우리나라 어디서나 해 오던 놀이로 짐작된다. 단 둘이서 놀기도 하고 어럿이 편을 갈라 놀기도 하는데, 풀줄기를 서로 엇걸어 당겨 누구의 것이 더 질긴가를 겨루는 풀싸움과 풀잎 대기가 있다. 친구들과 길을 가며 아카시아 한 잎을 가위, 바위, 보로 따내어 가는 것도 풀쌈 놀이의 일종이라고 할 수 있다. '의남초'는 훤초萱草라고도 한다. 『세시풍요』의 "규방 아씨 의남초 귀한 줄 알고서[閨娘解惜宜男草]"라는 구절에서 보듯이, 원추리의 뿌리에 아들을 낳게 해주는 영험이 있다고 믿어서 옛날에는 아들 없는 부인들이 몸에 지니고 다녔다. 부녀자들은 이 원추리의 대로 비녀를 만들어 꽃거나 원추리 꽃을 저고리 깃에 꽃고 다니면 뱃속에 든 아이가 아들이 된다고 믿었다. 꽃봉오리의 모양이 사내아이의 고추를 닮았다는 이유 때문이다. 이는 일종의 유사법칙(Law of Similarity)이다. 동양화 중에 바위 옆에 핀 원추리를 그린 그림이 있는데, 이것은 생남生男과 장수를 비는 일종의 부적으로 쓰인다. 또 이 꽃을 보고 있으면 근심도 잊게 된다고 해서 망우초忘憂草라고도 하며, 꽃말은 '지극한 정성·생남生男'이다.

진달래꽃을 따서 찹쌀가루에 섞어 둥근 떡을 만든 다음 참기름[2]을 둘러 지진 것을 화전花煎[3]이라 한다. 바로 옛날의 오병熬餅[4], 한구寒具[5]이다. 또 녹두가루를 반죽하여 익히고 채를 썰어

2 **참기름**. 향유香油. 『경도잡지』에서는 '지마유芝麻油'라고 했는데, 역시 참기름을 말한다.

3 **화전花煎**. 꽃을 붙여 부친 부꾸미. 찹쌀가루를 반죽하여 기름에 지진 떡으로, 계절에 따라서 진달래꽃 · 장미꽃 · 배꽃 · 국화꽃 등을 붙여서 지진다. 일명 '꽃지지미'라고도 한다. 우리나라의 세시풍속에는 삼월 삼짇날 들놀이를 할 때 진달래꽃을 따서 찹쌀가루에 섞어 지진 꽃전을 절식으로 먹는 풍속이 있는데, 이러한 풍습은 고려 시대부터 있었던 것이다. 『해동죽지』에서는 "옛 풍속에 삼짇날 화전으로 차례를 지내고, 또 동산에 올라 화전으로 상춘賞春놀이를 하는데, 이것을 '화전노리'라고 한다."고 했다. 일기가 좋은 날을 택해 부녀자들이 산이나 승지勝地를 찾아가서 하루를 즐기는데, 이때의 상화賞花놀이를 화전놀이(꽃달임) 또는 화류놀이 · 꽃 놀이라 부르고, 그 장소를 화전장花煎場이라 한다. 화전장은 주로 사방이 트여 잘 보이는 나즈막한 산봉우리가 많다. 여인들은 그곳에서 준비해 간 음식과 진달래 꽃전을 만들어 먹기도 하고, 또 지필묵紙筆墨으로 현장에서 창작 · 윤작輪作, 독송獨誦 · 윤송輪誦 등의 규방 가사로 가회歌會를 여는 것이 상례처럼 되어 있다. 이때 지은 가사를 화전가라 한다. 화전가는 이처럼 현장에서 짓기도 하지만, 미리 지어 오거나(이때 남편이 지어 주기도 함) 또는 화전놀이가 끝난 뒤 집에 돌아와 그날 하루를 돌이키며 그 감회를 글로 남기기도 한다. 내용은 대개 봄을 맞아 화전놀이를 준비하는 과정으로부터 시작, 그날 화전장에서 하루를 즐기는 모습, 그리고 하산해 집으로 돌아가는 과정과 집에 도착한 뒤의 감회까지 모든 과정을 상세하게 그리고 있다. 단락을 나누면 서사序辭 · 본사本辭 · 결사結辭 · 발사跋辭 등 네 부분으로 구분된다. 먼저 서사에서는 만화방창萬化方暢한 꽃 시절을 맞는 영춘송迎春頌으로부터 시작된다. 이어서 화전놀이의 날짜와 장소, 경비를 정해 시비侍婢나 노파를 시켜 통문通文을 돌리고, 부모님의 허락을 받은 뒤, 경비를 추렴하는 과정이 묘사된다. 본사는 화전놀이 당일 요란 하게 몸치장을 하고 출발하는 모습과, 화전장에 도착해서 준비해 온 음식을 나누어 먹기도 하고, 또 직접 그곳 에서 화전 · 화면 등을 만들어 먹으며 문중 이야기나 집안 자랑, 시집살이 이야기 등으로 꽃을 피우며 즐겁게 노는 광경이 묘사된다. 그러면서도 산에서 사방을 둘러보며 자기 친정이나 동기간을 그리워하는 모습도 함께 나타나 있다. 이어서 분위기가 전환되면서 선비들을 흉내내는 '풍월風月놀이'와 '잡가타령' 등의 흥거운 놀이 로 분위기가 고조된다. 결사에서는 하산해 집으로 돌아가는 과정을 노래하고 있으며, 아쉽게 끝나 버린 하루 해를 '춘몽' · '남가일몽南柯一夢' 등과 같이 허무적 표현으로 끝내고 있다. 마지막 발사 부분은 작품의 제작 연 대 및 간지干支, 지은이의 택호宅號 등과 가사를 짓게 된 연유, 아랫사람들에게 주는 충고와 경계의 격언 등으로 되어 있다. 이와 같이 화전가는 화전놀이를 소재로 하고 있으며, 가사 내용 가운데 "근친觀親 길이 제일이요 화진길이 버금이라"(상주 지방)라는 말이 있듯이, 새봄을 맞아 상춘賞春한다는 의미와 함께 시집살이의 굴레 에서 하루만이라도 벗어나고 싶어하는 부녀자들의 간절한 염원이 잘 나타나 있다. 형식은 4 · 4조가 기조를 이루고, 문장 투식어套式語로 서사에서는 '이야~더라' · '어화~더라', 본사에서는 '두어라' · '긋쳐라' · '어화', 결사에서는 '일장춘몽' · '남가일몽' 등이 사용되는 것이 일반적이다. 화전놀이의 과정은 대개 〈놀이에 대한 공론 → 택일 → 통문通文 → 시부모 승낙 → 음식 준비 → 몸 단장 → 나들이 → 화전 굽기 → 유흥 → 귀가〉의 순으로 이루어졌다.

4 **오병熬餅**. 가래떡을 자른 것에 쇠고기와 여러 가지 채소를 넣고 양념을 하여 볶은 다음 고명을 얹어 내는 음식.

5 **한구寒具**. '한구는 지금의 유과[산자饊子]이다. 연기를 금하는 때에 쓰기 때문에 한구라고 부른다. 지금 사람들 은 비록 겨울과 봄에 만들어서 항상 쓰는 과정果釘이 되었지만, 금연절禁煙節, 곧 한식에는 더욱 이것을 빠뜨릴

오미자 물을 부은 다음, 꿀을 섞고 잣을 올린 것을 화면花麵[6]이라 한다. 진달래꽃을 녹두가루에 섞어 만들기도 한다. 또 녹두로 국수를 만들어 붉은색으로 물들이고 꿀물을 부은 것을 수면水麵[7]이라 한다. 모두 시식時食[8]으로 제사에 올린다.

採杜鵑花, 拌糯米粉, 作圓餻, 以香油煮之, 名曰花煎. 卽古之熬餠·寒具也. 又拌菉豆粉, 熟而細切, 澆五味子水, 和蜜調海松子, 名曰花麵. 或以杜鵑花, 拌菉豆屑爲之. 又造菉豆麵, 或染紅色, 澆蜜水, 名曰水麵. 幷以時食供祀.

진천鎭川 풍속에 3월 삼짇날부터 4월 팔일까지 여인들이 무당을 데리고 우담牛潭[9] 곁에 있는 동서 용왕당龍王堂과 삼신당三神堂[10]에서 아들을 낳게 해 달라고 비는데, 그 행렬이 끊어지지

수 없다. 이는 옛 뜻을 간직하는 일이기 때문이다."(『임원경제지林園經濟志』)

6 **화면花麵**. 화면은 아마도 화전과 함께 고려 시대 답청踏靑 행사 때 생긴 풍속으로 여겨지지만, 그 정확한 연원은 알 수 없다. 다만 조선 후기의 문헌인『진작의궤進爵儀軌』와『시의전서是議全書』에 각종 화채의 조리법이 비교적 자세하게 기록되어 있는 것으로 보아 이 시기에 화면도 화채와 함께 궁중과 일부 양반가에서 만들어 먹었던 것으로 보인다.

7 **수면水麵**. 사면絲麵이라고도 한다. 이것은 녹두녹말을 물에 풀어 묽은 죽을 쑨 뒤, 구멍이 뚫린 바가지에 넣고서 끓는 물에 흘려 내려 만드는 가느다란 국수이다. 면발은 장국, 오미자국, 깻국 등에 말아 차게 먹는다. 오미자국에 말면 탁면, 착면着麵, 창면昌麵, 飮麵, 暢麵이라고 부르며, 깻국에 말면 토장, 녹도나화(녹두나화)라고 부른다. 특히 오미자국이나 들쭉열매즙에 건지로 넣으면 음청류飮淸類인 화채花菜가 되기도 한다.

8 **시식時食**. 최남선은 "춘하추동 사시와 일 년 열두 달 그때마다 철 맞추어 먹는 음식을 시식이라고 이르니, 대개 그때그때의 명일을 중심으로 하여 새로 나는 물건이나 먹을 맛있는 음식의 종류를 선택하여 마련되었던 것입니다. 이를테면 설의 떡국, 대보름의 약밥, 정 이월의 물쑥 청포, 한식寒食의 개피떡, 삼월 삼일의 화전花煎, 초파일의 도미국수, 단오의 수단水團, 유두流頭의 밀쌈, 추석의 송편, 구일九日의 국화전菊花煎, 동지의 팥죽, 납향臘享(동지 후 셋째 미일未日인 납일臘日에 종묘·사직에 지내는 큰 제사)의 고기구이 등이 그 주요한 것입니다."라고 했다.(『조선상식문답』) 절식節食이라고도 한다.

9 **우담牛潭**. 진천의 백곡천白谷川이 미호천美湖川과 합류하는 지점의 일대(지금 충북도 진천군 문백면 은탄리와 초평면 연담리 사이)를 말하는데, '소두머니'라고도 한다. 진천에서 세거한 이하곤李夏坤(1677~1724)의 전언(『두타초頭陀草』)에 따르면, 우담은 침우담沈牛潭이라고도 하는데, 우담에서 용이 나와 소를 끌고 들어갔다는 전설에서 유래하였다.

10 **용왕당龍王堂과 삼신당三神堂**. 용왕당에서 하는 굿을 '소두머니 용신제'라고 하는데, 마을 사람들이 농악을 앞세우고 농기구로 소박하게 거북을 만들어 마을의 안녕과 소원을 빌었다고 전해지는 데서 전래된 놀이이다. 이를 용신굿이라고도 한다. 어느 지역이든 물속에는 신이 있으며, 그 신격神格의 상징은 용龍이라는 믿음으로

않는다. 사방의 여인들도 모두 와서 빈다. 구경하는 사람이 시장처럼 북적인다. 해마다 일상이 되었다.

鎭川俗自三月三日至四月八日, 女人率巫祈子於牛潭上東西龍王堂及三神堂, 絡繹不絶. 四方女人亦皆來禱, 而觀者如市, 歲以爲常.

제사를 지낸다. 진천 지역에서도 소두머니라는 깊은 냇물에 청룡靑龍과 백룡白龍이 살고 있다고 믿고 제를 올리게 되었다. 또한 이곳 용신에게 자식을 낳게 해달라고 빌면 영험이 있다 하여 무당이 삼신당三神堂을 세우고 삼신굿을 해주었다. '삼신三神'은 아기를 점지하고 산모와 산아産兒를 돌보는 세 신령을 말한다. 처음에는 기우제로 시작한 굿에 득남의 효험이 있다는 믿음이 덧붙여진 것으로 보인다.

청명清明[1]

느릅나무와 버드나무[2]로 불을 피워 각 관사에 내려 준다.[3] 바로 『주관周官』의 출화出火[4]와

---

1   **청명清明.** 24절기 중 제5절기로서 춘분春分과 곡우穀雨 사이, 곧 양력 4월 5일 혹은 6일에 해당한다. 이날은 "한식에 죽으나 청명에 죽으나"라는 속담이 있듯이, 한식의 하루 전날이거나 때로는 한식과 같은 날이 된다. 대부분의 농가에서는 청명을 기하여서 봄 일을 시작하므로 이날에 특별한 의미를 부여하였다. 농사력으로는 청명 무렵에 논밭 둑 손질을 하는 가래질을 시작하는데, 이것은 특히 논농사의 준비 작업이 된다. 다음 절기인 곡우 무렵에는 못자리판도 만들어야 하기 때문에 농사를 많이 짓는 경우에는 일꾼을 구하기가 어려워서 청명 ·곡우 무렵이면 서둘러 일꾼을 구하기도 하였다. 이날 나무를 심기도 했다. '내 나무'라 하여 아이를 낳으면 그 아이 시집 장가갈 때 농짝을 만들 재목감으로 삼았다. 옛사람들은 청명 15일 동안을 5일씩 3후로 세분하여 오동나무의 꽃이 피기 시작하고, 들쥐 대신에 종달새가 나타나며, 무지개가 처음으로 보인다고 하였다. 「관등가觀燈歌」에서는 "이월 청명일에 / 나무마다 춘풍 들고 / 잔디 잔디 속잎 나고 / 만물이 화락한데 / 우리 님은 어데 가고 / 춘기春氣 든 줄 모르는고"라고 노래했다.

2   **느릅나무와 버드나무.** 이 나무에 구멍을 뚫고 삼으로 꼬아 만든 바를 꿰어 양쪽에서 톱질하듯이 잡아당겨 그 마찰로 불을 일으킨다. 이에 대해서는 『경국대전經國大典』의 전언이 참고된다. "본조本曹는 매년 사계절의 입절일入節日과 계하季夏의 토왕일土旺日에 나무를 마찰하여 불을 일으켜 불씨를 바꾼다. 입춘일에는 느릅나무[楡] · 버드나무[柳], 입하일에는 대추나무[棗] · 은행나무[杏], 계하 토왕일에는 뽕나무[桑] · 산뽕나무[柘], 입추일에는 떡갈나무[柞], 입동일에는 홰나무[槐] · 박달나무[檀]를 사용한다. 제읍諸邑에서도 역시 이 예例에 따른다." 매달 입절入節이 있는데, 예를 들어 정월正月의 시작은 1월 1일이 아니라 입춘立春이고, 2월의 시작은 2월 1일이 아니라 경칩驚蟄이다. 그래서 입춘과 경칩은 새로운 달로 들어서는 입절이 된다. 12입절入節은 다음과 같다. 1월: 입춘 · 2월: 경칩 · 3월: 청명清明 · 4월: 입하立夏 · 5월: 망종芒種 · 6월: 소서小暑 · 7월: 입추立秋 · 8월: 백로白露 · 9월: 한로寒露 · 10월: 입동立冬 · 11월: 대설大雪 · 12월: 소한小寒. '계하'는 늦은 여름으로 음력 6월을 이른다.

3   개화改火와 반화頒火의 풍습을 말한다. '개화'는 궁중과 지방의 각 관아에서 보관하던 불씨를 계절마다 새 불로 갈아 주던 행사이다. '반화'는 해마다 서울에서는 내병조內兵曹가, 지방에서는 고을의 수령이 입춘, 입하, 입추,

당송 시대의 사화賜火⁵의 풍습에서 이어져 오는 제도이다.

取楡柳之火, 頒賜各司, 卽周官出火唐宋賜火之遺制也.

농가에서는 봄갈이⁶를 시작한다.

農家始春耕.

입동 때와 6월의 토왕일土旺日에 나무를 비벼 새 불씨를 만들어 각 궁전과 관아, 그리고 대신들의 집에 나누어
주던 행사이다.

4 『주관周官』의 출화出火. '주관'은 주나라의 관제를 기록한 책. 여기서는 『주례周禮』 「하관夏官」 '사환司爟' 조를 말
   한다. '출화'는 불을 피운다는 말인데, 『주례周禮』 「하관夏官」 '사환司爟'에 "늦은 봄 불을 피우는데, 백성들이
   모두 따라서 한다"고 했다.

5 사화賜火. '사화'는 불을 내려준다는 말인데, 『주례周禮』 「하관夏官」 '사환司爟'에 따르면, "행화行火라는 명을
   받들어 사시四時에 나랏불[국화國火]을 바꿔 시질時疾(때에 따라 유행하는 상한병傷寒病이나 전염성 질환)을
   구한다. 봄에는 느릅나무와 버드나무, 여름에는 대추나무와 살구나무, 가을에는 떡갈나무와 참나무, 겨울에
   는 홰나무와 박달나무에서 불을 취한다. 당송 때는 청명에 느릅나무의 불을 취하여 근신近臣과 척리戚里에게
   하사하였다."

6 봄갈이. 춘경春耕. 봄철에 논밭을 가는 일. 『농거월령가』 2월령은 "묏비둘기 소리 나니 버들빛 새로워라 / 보장
   기 차려놓고 춘경을 하오리라"라고 노래했다.

한식寒食

서울 풍속에서는 한식[1]에 묘소에 가서 요전澆奠[2]을 행한다. 설날[3], 한식, 단오[4], 추석[5]의 네

---

1 **한식寒食.**『형초세시기荊楚歲時記』에서 "동지 지나 백오 일이면 바람이 심하게 불고 비가 많이 내리는데, 그날을 한식이라 한다. 한식에는 삼 일간 불 지피는 것을 금한다."라고 했듯이, 한식은 동지 뒤 105일째 되는 날이다. 설날, 단오, 추석과 함께 4대 명절의 하나로 음력 2월 또는 3월에 든다. 2월에 한식이 드는 해는 철이 이르고, 3월에 드는 해는 철이 늦다. 그래서 '2월 한식에는 꽃이 피지 않고, 3월 한식에 꽃이 핀다'는 말이 전한다. 한식은 어느 해나 청명절淸明節 바로 다음 날이거나 같은 날에 든다. 이때는 양력 4월 5, 6일쯤으로 나무 심기에 알맞은 시기이다. 우리나라에서 4월 5일을 식목일로 정하여 나무를 심는 이유도 여기에 있다. 이날 불 때는 것을 삼가고 찬밥을 먹는 오랜 풍속이 있었다. 국가에서는 종묘宗廟, 능원陵園(왕이나 왕비의 무덤인 능陵과 왕세자 등의 무덤인 원園, 곧 왕족들의 무덤)에 제사하고, 민간에서는 조상의 분묘에 성묘한다. 중국에서는 주대周代에 중춘仲春(2월)에 목탁을 치면서 전국에 금화禁火토록 하였는데,『사물기원事物紀原』에 따르면, 이것은 진문공晉文公이 개자추介子推를 부르고자 방화放火하였다가 타 죽게 하였으므로 사람들로 하여금 그를 애도하여 감히 연기를 내지 못하게 하였다거나, 이 무렵에 바람이 매우 심해서 금화禁火케 하였다고도 한다. 또 용성좌龍星座의 목성木星이 봄에 동방의 심성心星을 저촉하면 큰불이 난다 하여 화기火氣가 성하지 않도록 금화하고 찬 음식을 먹었다고도 한다.

2 **요전澆奠.** 무덤 앞에서 올리는 제사인 묘제墓祭에서 술잔에 술을 담아 땅 위에 뿌려 제사 지내는 것 같이 하는 일, 곧 잔을 드리고 제향祭享을 올리는 의식을 말한다.

3 **설날.**『형초세시기』에 "정월 초하루는 삼원일이다."라고 했고,『규합총서閨閤叢書』에서는 "정월 첫날은 삼원 지일三元之日인 고로 원조元朝라 하나니라."고 했다. 그날부터 새로운 해와 달과 날이 시작된다는 뜻이다. 최남선은『조선상식』에서 "세속에서 새해의 첫날[歲首]을 '설'이라 하여, 고서古書에 '신일愼日' 혹 '달도怛忉'로써 택하니, 곧 정월 첫 쥐날[上子], 첫 용날[上辰], 첫 말날[上午], 첫 돼지날[上亥] 등에 모든 일을 꺼리고 삼가고 근신하여 동작을 함부로 하지 아니하는 풍속이다. 그 기원에 관하여는『삼국유사』에 '신라의 소지왕炤知王이 까마귀와 쥐와 돼지와 연못 용의 인도로 왕후가 승려와 역모逆謀하고 있는 것을 발견하고 중대한 위기를 모면하니, 이로부터 국속國俗이 정월 초의 자진오해일子辰午亥日을 새해 첫머리에 있는 삼가고 조심하는 시기로 삼아 귀

138

중한 교훈을 기념하고, 또 15일을 특히 오기일烏忌日이라 하여 찰밥으로 까마귀에게 바치게 되니라'고 한 뜻의 전설이 있다. 그러나 말한 바가 너무 전기적傳奇的이어서 신빙되지 않으며, 좀 더 상식적으로 해석을 시도한 것에 이런 설이 있다. 『지봉유설芝峰類說』에 이르기를 '동방의 옛 풍속에 설날과 정월의 상자오일上子午日과 2월 1일을 신일愼日이라고 이르니, 살펴보건대 신라 때 용은 비를 오게 하고, 말은 힘든 일에 종사하며, 돼지와 쥐는 곡식을 축냄으로써 매 새해의 진오해자일辰午亥子日에 제사를 베풀어 신명神明에게 빌고, 사람은 모든 일을 폐하고 놀고 즐겨 설이라 일렀는데, 『여지승람』에 설명하기를 설이라 함은 슬프고 근심하여 금기한다는 뜻이라 하니라'는 것이다. 이렇게 인생, 특히 농사 관계의 가축류에 대한 기양적祈禳的 제사의식이라 함은 비교민속학적으로 매우 유리하고 재미있는 한 견해라 할 것이다. 다만 2월 1일도 신일이라 함은 지금은 없어진 것이다."라고 했다. 그리고 『조선상식문답』에서는 '정월 초생을 설이라고 함은 무슨 까닭입니까'라는 질의에 대해 " '설'이라 함은 보통으로는 섧다, 슬프다는 뜻이지만 옛날에는 조심하여 가만히 있다는 의미로도 쓰던 말이니, '설'이라 '설날'이라 함은, 곧 기우杞憂하기 위하여 가만히 들어앉은 날이라는 뜻입니다. 옛날 풍속에 무슨 중대한 일이 있으면 그 일이 아무런 탈 없이 순하게 성취되기를 위하여 몸과 마음을 깨끗하게 가지고 혹시라도 부정한 일이 있을까 보아서 기우를 대단히 하였습니다. 그래서 해가 바뀐 정월 초하루에는, 1년 내 어느 날이고 탈 없이 지내게 하여 주십사는 뜻으로, 1년 360일의 처음 되는 이날을 극진히 조심하고 지내며, 또 농사를 생활의 근본으로 소중히 아는 마음에서, 1년 내 농사에 관계되는 여러 가지 축언祝言을 정월 초생에 행하는데, 첫 번 드는 용날[辰日]에는 비가 알맞게 옵시사는 뜻으로 이날을 조심하며, 말날[午日]에는 농사를 대신해 주는 말이 1년 내 잘 지냅시사는 뜻으로 이날을 조심하며, 쥐날[子日]과 돼짓날[亥日]에는 쥐와 돼지가 곡식을 너무 다치는 일이 없으시라는 뜻으로 이날을 조심하고, 이러한 날들을 죄다 설날 곧 조심하는 날이라고 일컬었습니다. 이 때문에 정월 초생을 통틀어 설이라 하고, 특히 초하룻날을 설날이라고 하기도 한 것입니다. 한문으로는 신일愼日이라고 쓰기도 하고 달도일怛忉日이라고 쓰기도 합니다."라고 답변했다. 설날은 새로운 해의 시작이라는 문화적인 시간 인식 주기에 익숙하지 못한 속성, 곧 낯설음을 가장 강하게 띠는 날이다. Arnold Van Gennep이 제시한 통과의례通過儀禮의 순차구조에 따르면, 설은 묵은해에서 분리되어 새해에 통합되어 가는 전이과정에 속하면서, 새해에 통합되기에는 아직 익숙지 못한 단계이다. 각종 세시기歲時記에서 설을 삼가고 조심하는 날이라는 뜻인 신일愼日로 표현한 것은 새해라는 시간 질서에 통합되기 위해서는 조심하고 삼가야 된다는 것을 강조하기 위함이다. 원단元旦, 원일元日, 원삭元朔, 원정元正, 원신元辰, 정조正朝, 세수歲首, 세초歲初, 세단歲旦, 연두年頭, 연시年始, 연수年首, 세일歲日 등을 같이 쓴다. "설날에는 서로 축하하는데, 이날 일월신을 예배한다."라고 한 데서 보듯이, 우리나라 설날의 역사는 삼국 시대까지 올라감을 알 수 있다.

4 **단오**端午. 음력 5월 5일. 천중가절天中佳節, 천중오절天中午節, 수릿날[戌衣日, 水瀨日], 중오절重午節, 천중절天中節, 단양端陽 등 여러 가지로 불렸다. 단오의 단端은 처음, 곧 첫 번째를 뜻하고, 오午는 오五, 곧 다섯을 뜻하므로 단오는 초닷새[初五日]라는 뜻이 된다. 5월 초닷새는 중오重五, 곧 양陽의 수 5가 중복되어 일 년 중에서 가장 양기陽氣가 왕성한 날이라 해서 큰 명절로 여겨 왔고, 여러 가지 행사가 전국적으로 행해졌다. 참고로 단오는 중종 13년(1518)에 설날, 추석과 함께 '3대 명절'로 정해지기도 했다.

5 **추석**秋夕. 가배嘉俳, 가배嘉排, 가비嘉菲, 가회嘉會, 가외라고도 하는데, 여기서 한가위라는 말이 나왔다. 이에 대해서는 최남선의 전언이 참고된다. "조선의 허다한 명일 가운데 가장 큰 명일은 8월 가위입니다. 달 밝은 가을밤이라 하여 추석이라고도 합니다. 정히 이때는 곡식이 익고 과실이 살찌고 채소가 구비한데, 날씨는 덥도 춥도 않고 달은 밝아 속이 시원하니, 바쁜 몸이라도 노는 흥이 겨운데 하물며 일년 농사가 거의 끝나서 놀자 하면

명절에 술, 과일, 포, 젓갈, 떡, 면, 고깃국, 구이 등 음식을 마련하여 제사를 지낸다. 그것을 절사節祀[6]라고 하는데, 선대先代로부터 내려오는 전통과 집안 형편에 따라 차이가 있지만, 한식과 추석이 가장 성대하여 사방 교외에 남녀의 행렬이 끊이지 않는다.

都俗, 上墓澆奠. 用正朝寒食端午秋夕四名節, 以酒果脯醢餠麪臛炙之羞, 祭之, 曰節祀. 有從先稱家之異, 而寒食‧秋夕最盛, 四郊士女, 綿絡不絕.

당나라 정정칙鄭正則[7]의 「사향의祠享儀」에 "옛날에는 묘소에 가서 제사를 지낸다는 기록이 없는데, 공자가 시제時祭[8]로써 망제望祭[9]를 허락하셨다. 묘제墓祭는 여기에서 비롯했다."라고 하였다. 또 상고해보면, 당나라 개원開元[10] 때는 임금의 명으로 한식 때 묘소에 올라가는 것을 허락하였고, 오대五代[11] 시대 후주後周[12]에서는 한식 때 야제野祭[13]를 행하며 지전紙錢[14]을 태웠

───

한바탕 잘 놀 만한 겨를이 푼푼이 있는 이때리까. 그렇지 않아도 8월 가위는 놀기 좋은 명일일 터인데, 여기 다시 역사적 경사가 덧붙어서 명일 되는 가치를 더 크게 하였습니다. 하나는 신라 국초國初로부터 길쌈[女功]을 장려하기 위하여, 나라 따님[公主]이 주장하는 아래, 서울 안의 여자를 두 편으로 나누고 7월 15일로부터 길쌈 내기를 시작하여 한 달이 차는 8월 가위에 승부를 가리고, 지는 편이 음식을 차려다가 이긴 편을 대접하고 이어 노래와 춤으로써 놀고 즐기며, 그러는 한편에 이 날 임금은 벼슬아치를 모아서 활쏘기 내기를 붙여서 우승하는 자에게 상을 주는 날이며, 또 더불어 싸우다가 이 날 크게 승전을 하여 그것을 경축하는 기념일이 되었던 것입니다. 이러구러 8월 가위는 전국 상하를 통틀어서 가장 큰 명일로 언제보다도 질번질번하게 노니, 그러므로 그때부터 '1년 360일이 더도 덜도 말고 내내 가위 때만 같읍시다'라고 하는 속담이 나서, 지금도 그런 말이 있게 되었습니다. 가위는 한문으로 가배嘉俳라고 씁니다."(『조선상식문답』)

6 절사節祀. 절기마다 지내는 제사를 말한다. 매년 음력 10월에 5대조 이상의 친진묘親盡墓에 지내는 제사인 시사時祀 또는 시제時祭와 달리, 절사는 고례古禮에는 없으나 정월 초하루, 정월보름, 한식, 단오, 유두, 추석, 중양重陽, 동지冬至 등에 지내며, 천신제薦新祭라고도 한다. 제물로 양‧돼지 등 생牲(짐승)은 쓰지 않으며, 다과와 병반餠飯(떡‧밥) 등의 서수庶羞(여러 가지 제사 음식)만 쓴다. 축문祝文을 읽지 않고 술도 한 잔만 올린다. 서울을 중심으로 한 여러 지역에서는 한식, 청명, 추석에 산소에 가서 간단하게 지내는 제사를 말한다.

7 정정칙鄭正則. 당나라 사람으로 약력 미상이다. 그가 지은 『사향의』는 인용한 내용이나 그 제목으로 유추해 보면, 제사의 절차나 형식을 서술한 것으로 보이는데, 자세한 것은 알 수 없다.

8 시제時祭. 음력 2월, 5월, 8월, 11월에 가묘에 지내는 제사.

9 망제望祭. 먼 곳에서 조상의 무덤이 있는 쪽을 바라보고 지내는 제사이다. 조선조 왕실에서 행하였던 망궐례望闕禮라든가 망릉례望陵禮‧망묘례望廟禮의 의식도 망제와 유사한 것이다.

10 개원開元. 당나라 현종 때의 연호(713~741).

으니, 한식의 묘제는 당나라에서 비롯된 것이다. 제齊나라[15] 사람은 한식을 냉절冷節이라 불렀고, 또는 숙식熟食이라고도 했는데, 이는 개자추介子推[16]가 불에 타 죽은 것을 불쌍하게 여겨 불을 금지하던 풍속 때문이다. 지금 한식을 설날, 단오, 추석과 함께 네 명절로 삼아 제사 지내는 것은 우리의 풍속이다. 왕가에서는 동지冬至[17]를 합쳐 다섯 명절로 삼아 제향祭享[18]한다.

---

11 **오대五代.** 당나라가 망한 뒤부터 송나라가 건국되기 이전까지의 과도기에 중원中原에 흥망한 다섯 왕조, 곧 후량後梁, 후당後唐, 후진後晉, 후한後漢, 후주後周를 이른다.

12 **후주後周.** 중국 오대五代의 마지막 왕조. 951년에 곽위郭威가 후한後漢을 멸하고 변경汴京을 도읍으로 하여 세운 것으로 3대 10년 만에 송나라에 망하였다.

13 **야제野祭.** 우리나라의 경우, 야제는 병에 걸리거나 사람이 죽었을 때 집 밖에서 벌이는 굿판으로, 중을 불러 불사佛事를 함께 벌이는 경우가 많았다. 『세종실록』에 "무식한 무리들이 사설邪說에 현혹되어 질병으로 사람이 죽으면 야제를 행한다. 남녀가 무리를 지어 무당을 불러다가 성대하게 주육酒肉을 차립니다."(13년 8월 갑오)라고 했고, 『조선무속고』는 "오늘날 민간에서는 (…) 단지 무당의 음사陰祀를 신봉하는데, 그것을 야제라고 한다. 이는 마땅히 금지해야 한다."라고 했다. 참고로 『전록통고典錄通考』에 "도성 안에서 야제를 지낸다고 사족士族의 부녀자들이 산간 계곡에서 잔치를 벌이고 노니 … 마땅히 곤장 백 대를 쳐야 한다."라고 한 것으로 보아, 야제에는 많은 폐단이 있었다.

14 **지전紙錢.** 돈 모양으로 오린 종이. 죽은 사람이 저승 가는 길에 노자路資로 쓰라는 뜻으로 관 속에 넣는다. 권필權韠은 지전을 사르는 풍습을 다음과 같이 노래하고 있다. "제사 끝난 들머리에 해는 기울고 / 지전紙錢 날리는 곳엔 갈가마귀 울음 소리 / 사람들 돌아간 뒤라 산길은 고요한데 / 팥배나무 꽃잎을 빗줄기가 내리치네[祭罷原頭日已斜, 紙錢翻處有鳴鴉, 山蹊寂寂人歸去, 雨打棠梨一樹花]."(『석주집石洲集』)

15 **제齊나라.** 중국 춘추 시대에, 산둥성山東省 일대에 있던 나라. 주周나라 무왕武王이 태공망太公望에게 봉하여 준 나라로, 기원전 386년에 가신家臣인 전 씨田氏에게 빼앗겼다.

16 **개자추介子推.** 진문공晉文公에게 허벅지살을 베어 봉양할 정도로 충성을 다했는데, 문공이 위位에 오른 다음 문공을 수행했던 사람들 대부분이 녹禄을 받았으나 그에게는 녹상禄賞이 없었으므로 면산綿山에 숨어 버렸다. 문공이 뒤늦게 그 사실을 알고 그를 불렀으나 응하지 않으므로 산에 불을 놓아 그를 오게 했으나 끝내 홀어머니와 껴안고 버드나무 밑에서 타 죽고 말았다. 그래서 중국에서는 한식날 문에 버드나무를 꽂기도 하고 야제野祭를 지내 그의 영혼을 위로하기도 했으며, 그가 죽은 날 불을 지피지 않고 그의 덕을 추모하였다. 『좌전左傳』 「희공 이십사년僖公二十四年」에 보인다.

17 **동지冬至.** 입춘으로 비롯되는 24절기 가운데 22번째에 해당하는 절기로 대설大雪과 소한小寒 사이로 양력 12월 22·23일경이다. 태양이 황도皇道(지구에서 보아 태양이 지구를 중심으로 운행하는 것처럼 보이는 천구天球 상의 대원大圓 궤도)의 가장 낮은 점을 지날 때로 북반구에서는 연중 밤이 가장 길다. 남지南至라고도 하는 이날을 기점으로 남쪽으로 내려갔던 태양이 다시 올라와 낮이 길어지는 만큼 양陽의 기운이 싹트는 날이라고 믿은 까닭에, 다음 해가 시작되는 날이라는 의미에서 아세亞歲라고도 한다. 궁중에서는 이날 천지신과 조상께 제사하고 신하들과 연회를 열었다. 이날은 '하선동력夏扇冬曆'이라 하여 단오에 부채를 만들어 올리는 것과 마찬가지로 역서曆書(책력·달력)를 만들어 올렸는데, 임금은 관상감觀象監에서 만든 달력에 '동문지보同文之寶'라는 어새御璽(임금의 도장, 곧 국새國璽·보새寶璽·어인御印·옥새玉璽)를 찍어 백관에게 나누어주었다.

按唐鄭正則祠享儀云: "古者無墓祭之文. 孔子許望墓以時祭祀. 墓祭盖出於此" 又按唐開元勅許寒食上墓. 五代後周寒食野祭而焚紙錢 寒食墓祭, 自唐而始也. 齊人呼爲冷節, 又曰熟食, 盖以子推焚死傷憐禁火之遺俗也. 今之與正朝端午秋夕爲四節祀, 卽東俗也. 朝家則幷冬至爲五節享.

농가에서는 이날 밭에 씨를 뿌린다.

農家以是日下田圃種子.

(참고로 『대전통편大典通編』과 『대전회통大典會通』의 「예전禮典」 '새보조璽寶條'에 보면, "동문지보는 서적을 반사頒賜할 때 쓴다."고 하였음) 받은 사람들은 이를 친지들과 나눴다. 동짓날에 맞춰 멀리서 진상품을 가져온 사람들을 위해 임시 과거인 황감제黃柑製(관학과 사학四學 유생의 사기를 높이기 위하여 제주도의 감귤이 진상되어 올 때, 성균관의 명륜당에 유생을 모아 놓고 감귤을 나눠준 후 치른 시험으로 감시柑試·감시제柑試製·감제柑製라고도 함)를 실시하기도 했다. 일반에서도 이날을 '작은 설'로 불러 기렸다. 새해의 나이만큼 새알심을 넣은 동지팥죽을 쒀 문에 뿌린 다음 이웃과 함께 먹고, 뱀 사蛇자 부적을 벽이나 기둥에 거꾸로 붙여 악귀를 막았다. 동지의 날씨를 보고 새해 농사의 길흉을 점치고 밤엔 복조리와 복주머니를 만들었다. 백성들은 또 이날 전에 묵은 빚을 청산하려 애썼다.

18 **제향祭享**. 나라에서 지내는 제사.

월내月內

녹두묵[1]을 쑤어 가늘게 채를 쳐서 돼지고기, 미나리, 김을 넣고 초장을 치면 매우 시원하여 늦봄에 먹을 만하다. 이를 탕평채蕩平菜[2]라 한다.

造菉豆泡, 縷切和猪肉芹苗海衣, 用醋醬衝之極凉, 春晚可食, 名曰蕩平菜.

끓는 물에 계란을 넣고 반쯤 익혀 초장을 친 것을 수란水卵이라 한다.

入鷄子於滾湯, 半熟和醋醬, 名曰水卵.

---

1   **녹두묵.** 녹두를 갈아서 체로 걸러 가라앉은 앙금을 모아서 쑨 묵이다. 껍질을 벗긴 녹두에 물을 넣고 곱게 갈아서 고운 체에 걸러낸다. 가라앉은 앙금 한 컵에 물을 넣고 저어가며 끓여 되직해지면 소금 간을 하여 더 끓인 후 틀에 부어 굳힌다. 청포묵이라고도 한다.

2   **탕평채蕩平菜.** '탕평'이라는 말로 미루어 짐작할 때, 탕평책蕩平策을 내세운 영조(재위 1724~1776) 때 이 음식이 생겨났을 것이라고들 추측하지만 확실한 근거는 없다. 참고로, "송인명宋寅明(1689~1746)이 젊은 시절에 가게를 지나가다가 탕평채 파는 소리를 듣고 사색四色의 당인黨人을 섞어 등용해야 한다는 사실을 깨닫고서 탕평 사업을 하였다고 한다."(『송남잡지松南雜識』) 이 전언에 따르면 '탕평채'는 그 이전에 이미 가게에서 팔고 있었으니, '탕평책' 운운은 나중에 거기에 덧붙여진 이야기임을 알겠다.

누런 모시조개와 조기[3]로 국을 끓여 먹는다.

以黃苧蛤石首魚, 作湯食之.

밴댕이[4]는 안산安山 내해[5]에서 난다.

蘇魚産安山內洋.

웅어[6]는 속명이 위어葦魚인데, 한강 하류 고양高陽과 행주幸洲에서 난다. 늦봄에 사옹원司饔
院[7] 관원이 그물로 잡아 진상한다. 어물 장수가 거리를 돌아다니며 소리치며 파는데 횟감으

---

3   조기. 석수어石首魚. 민어과에 속하는 바닷물고기의 총칭. 『송남잡지』에 따르면, 머리에 돌이 있어서 석수어라
     는 이름이 붙었다고 한다. 조기라는 이름에 대하여 『화음방언자의해華音方言字義解』에는 우리말 석수어는 곧
     중국어의 종어鯼魚인데, 종어라는 음이 급하게 발음되어 '조기'로 변하였다고 했다. 한편 『고금석림古今釋林』
     에는 석수어의 속명이 '조기助氣'인데 이는 사람의 기氣를 도우는 것이라고 했다.
4   밴댕이. 소어蘇魚. 청어과에 속하는 바닷물고기. 『난호어목지蘭湖漁牧志』에는 『본초강목本草綱目』에 보이는 늑
     어勒魚를 소개하고 이를 한글로 '반당이'라 하면서, 이 늑어가 우리나라의 소어蘇魚라고 하고 있다. 5월에 어부
     가 발을 설치해 잡는데 강화 · 인천 등지가 가장 성하다.
5   내해. 내양內洋. 육지로 둘러싸인, 육지에 가까운 바다.
6   웅어. 제어鱭魚. 위어葦魚. '위葦'는 갈대를 말하는데, 갈대가 많은 곳에서 산란하기 때문에 그렇게 부른다. 강과
     바다가 만나 염분이 적고 영양물질이 풍부한 기수汽水 지역에서 자라는 웅어는 맛이 좋아 임금에게 진상되었
     다. 아예 위어소葦魚所라는 기관을 두고 웅어를 본격적으로 잡아 올렸다. 웅어를 궁궐에서만 먹었던 것은 물론
     아니다. 생선 장수들이 지고 다니면서 횟감으로 팔기도 했다. 요즘 가을철에 '집 나간 며느리도 그 냄새에 돌아
     온다'는 전어錢魚가 인기 있듯이, 예전에는 봄철 시식時食으로 웅어가 대접을 받았다. 생선 장수들은 행주에서
     웅어를 받아다가 서울 장안을 돌아다니면서 팔았다. 지금은 군산, 부여 등지에서는 웅어를 '우여'라고 부르며,
     4월 잠깐 회무침으로 먹는다. 그런데 빙허각 이씨가 1809년에 지은 『규합총서閨閤叢書』에는 요리법이 달랐다.
     "웅어회는 풀잎같이 저며 종이 위에 놓아 물과 기름을 뺀 후 회를 쳐야 한다"고 했다. 1924년 이용기가 펴낸
     『조선무쌍신식요리제법朝鮮無雙新式料理製法』에서는 "굵은 것은 뼈가 거세어 회에 마땅치 않고 작은 것이라야
     대가리 따고 비늘 긁고 엇쓸어 막걸리에 빨거나 참기름에 무치거나 하여 초고추장에 찍어먹으면 고소한 맛이
     일등"이라고 했다.
7   사옹원司饔院. 조선 시대 임금의 식사와 대궐 안의 식사 공급에 관한 일을 관장하기 위하여 설치되었던 관서이
     다. 계절에 따라 생산되는 과일이나 농산물을 신주를 모신 사당이나 제단에 올려 먼저 차례를 지내거나 지방

144

로 쓴다.

鱉魚俗名葦魚, 産漢江下流高陽幸洲, 春末, 司饔院官, 網捕進供. 漁商遍街呼賣, 以爲膾材.

복숭아꽃이 지기 전에 복어[8]에 미나리, 기름장을 넣어 국을 끓이면 맛이 매우 좋다. 노호露湖[9]에서 나는 것이 가장 먼저 시장에 들어온다.

桃花未落, 以河豚和靑芹油醬爲羹, 味甚珍美. 産於露湖者, 最先入市.

복어 독을 꺼리는 사람은 도미[10]찜으로 대신하는데, 도미는 제철 생선 중에 아주 좋은 것이다.

憚其毒者, 代以禿尾魚蒸, 禿尾亦時鮮之佳品.

참마[11]를 캐어 쪄먹거나 꿀을 발라 절편[12]을 만들어 먹기도 한다.

특산물을 왕에게 올리는 것을 관장하였다.

8　**복어**. 하돈河豚. 참복과의 바닷물고기를 통틀어 이르는 말. 몸은 똥똥하고 비늘이 없으며 등지느러미가 작고 이가 날카롭다. 적에게 공격을 받으면 물 또는 공기를 들이마셔 배를 불룩하게 내미는 특색이 있다. 고기는 식용하나 내장에 맹독猛毒이 있어 조리를 잘못하면 중독을 일으킨다. 가시복, 검복, 꺼끌복, 매리복, 밀복, 황복, 흰점복 따위가 있다. 복어는 맛이 좋아 '서자유西子乳'라고 했는데, "옛적에 서자란 계집이 어여쁘고 살빛이 희기에 서자의 젖과 같다."(『조선무쌍신식요리제법』)라고 한 것이다. 그래서인지 복어를 "우리나라에서는 '복생선鰒生鮮'이라고 한다. 한강에 삼사월이면 떼 지어 올라오니, '복진상鰒進上'이라고 한다."(『송남잡지』) '복숭아꽃이 채 떨어지기 전'은 4월 말경이다. 복숭아꽃이 진 다음에는 복어의 독이 강해져서 먹을 수 없다.

9　**노호**露湖. 노량진露梁津·노도진露渡津·노량진도鷺梁津渡·노들나루라고도 불리었다. 이 나루는 서울과 과천·시흥을 연결해주는 구실을 하였는데, 조선 시대 9대 간선로 중에서 충청도와 전라도 방면으로 향하는 길목이었다.

10　**도미**. 독미어禿尾魚. 유득공이 1801년 북경에 다녀와서 쓴 글에 독미어가 등장한다. "찐 생선을 먹게 되어 그 이름을 물으니, '이곳에서는 해즉海鯽이라 일컬으며 속명俗名은 대두어大頭魚라 하오. 귀국에서는 무어라 하지요?' '우리 고장에는 이 생선이 몹시 많으며 이름을 독미어禿尾魚라 합니다. 이 고기는 머리가 제일 맛있다지만, 묘한 맛은 바로 두 눈깔에 있거든요.'"(『연대재유록燕臺再遊錄』 4월 15일)

採薯蕷蒸食, 或和蜜作片食之.

술도가[13]에서 과하주過夏酒[14]를 빚어 판다. 술 이름은 소국주小麴酒[15], 두견주杜鵑酒[16], 도화주桃花酒[17], 송순주松筍酒[18]가 있는데, 모두 봄에 빚는 좋은 술이다. 소주燒酒[19]는 공덕孔德[20]의

---

11 **참마.** 서여薯蕷. "맛은 달고, 성질은 따뜻하면서 평하며, 독은 없다. 속이 상한 증상을 치료하고, 허하고 마른 몸을 보하며, 한열과 나쁜 기운을 제거하고, 속을 보하며, 기력을 북돋우고, 근육을 자라게 하며, 음陰을 강하게 한다. 오래 먹으면 눈과 귀가 밝아지고, 몸이 가벼워지며 허기지지 않으며 수명을 늘린다."(『본초강목』)

12 **절편.** 둥글거나 모나게 떡살로 눌러 만든 떡. 흰떡과 같이 쳐서 만든 떡을 길게 비비지 않고 넓적하게 늘여서 여러 가지 모양으로 자르든지 또는 작은 감자알만하게 빚어서 떡살로 눌러박아 모양을 만든다. 떡살은 떡에 문양을 박는 기구로서 나무 또는 도자기·유기 등의 재료로 만들며, 꽃·완자·문자·수레바퀴 등의 각종 문양이 있다.

13 **술도가.** 매주가賣酒家. 술을 만들어 파는 집.

14 **과하주過夏酒.** 봄과 여름 사이에 곡류로 술을 빚어 발효시켜 소주를 넣어 저장성을 높인 술. 여름이 지나도 변하지 않는다고 하여 과하주라고 한다. 과하주는 알콜 농도가 높아 한여름에도 술맛이 변하지 않으며, 곡주 특유의 향기와 맛이 일품이다.

15 **소국주小麴酒.** 소국주는 "깨끗이 쓴 멥쌀 한 말을 공을 들여 씻은 다음 가루를 만들어 질그릇 동이에 담고 깨끗한 물 두 병을 붓고 끓인다. 이것을 쌀가루에 골고루 타서 식은 뒤에 빻은 누룩 한 되 다섯 홉과 버무린다. 칠일째가 되면 깨끗이 쓴 쌀 두 말을 전과 같이 잘 씻어두고, 쌀 한 말에 팔팔 끓는 물 두 병을 고루 뿌려, 식은 다음 먼저 빚은 술밑과 뒤섞어 독에 넣는다. 스무하루가 되어 맑게 가라앉은 뒤에 쓴다."(『산림경제山林經濟』) 쌀로 빚은 이 술은 대체로 막걸리와 비슷한데, 충남 서천의 한산에서 나는 것이 유명하다. 오늘날 '한산 소곡주'로 부르는 이 술은 맛이 너무 좋아 계속 마시다 보면 앉은자리에서 일어날 수 없을 정도로 취한다고 해서 '앉은 뱅이 술'이라고도 한다.

16 **두견주杜鵑酒.** 두견주는 "진달래 활짝 핀 것을 꽃술 없이 깨끗이 다듬어 술 한 제에 한 말을 넣는다. 너무 많이 넣으면 술 빛이 붉고 좋지 않으니 조금씩 켜켜이 넣었다가 두이레나 세이레 지난 뒤에 들쳐 보아, 내려앉았거든 밤에 심지에 불을 켜 독 속에 넣어 둘러보면 덜 된 술은 불이 꺼지고 다 되었으면 안 꺼진다. 위를 얇게 곱게 벗기고 가운데를 잘 헤치면 맑은 술이 솟아올라 개미와 꽃이 잔뜩 뜨고, 술내가 향기로워 가히 사랑스럽다." (『규합총서』) '개미'는 걸러 놓은 술에 뜬 밥알을 말한다.

17 **도화주桃花酒.** 도화주는 "정월에 깨끗이 쓴 멥쌀 두 말 반을 잘 씻어서 가루로 만들고, 흐르는 물 두 말 반을 팔팔 끓여 고루 섞어 식힌 뒤에 누룩가루와 밀가루를 각 한 되씩 독에 넣고, 복숭아꽃이 흐드러지게 필 때까지 기다린다. 이 시기가 되면 멥쌀과 찹쌀 각 서 말씩을 잘 씻어 하룻밤 물에 불려 쪄서 흐르는 물[활수活水] 여섯 말을 팔팔 끓여 식힌 뒤에 고루 섞는다. 밥이 완전히 식으면 복숭아꽃 두 되를 따서 먼저 독 바닥에 깔고, 먼저 빚은 술밑과 함께 넣은 다음, 복숭아꽃 두어 가지를 그 가운데 꽂아놓았다가 익은 다음에 걸러 술통에 뜬다. 만드는 방법이 비록 이와 같으나, 처음 빚는 술밑에 물 다섯 되를 감하고 첨가할 때 또 서너 되를 감하면 맛이

독막[21]에서 빚은 삼해주三亥酒[22]있다. 수천 수백 독[甕]을 빚어내는데, 가장 유명하다. 평안도의 감홍로甘紅露[23]와 벽향주碧香酒[24], 황해도의 이강고梨薑膏[25], 전라도의 죽력고竹瀝膏[26]와

더욱 좋다. 항상 싸늘한 곳에 두어 익기를 기다린다."(『산림경제』)

18 **송순주松筍酒**. 소나무의 새순을 넣고 빚은 술. '송순'은 새로 돋아난 소나무의 순이다. 송순주는 맑고 독특한 누른 색을 띠며 약간의 한약 냄새가 나고, 알코올 도수는 25% 정도이다.

19 **소주燒酒**. 소주는 곡물을 발효시켜 소줏고리로 증류한 술을 말한다. 소줏고리는 소주를 만들 때 술덧을 내리는 데 쓰는 재래식 증류기. 고리라고도 한다. 구리나 오지 따위를 위아래 두 짝을 겹친 것이다. 소주를 얻으려면 우선 알코올이 들어 있는 액체가 필요하다. 소주 같은 발효주는 끓이면 알코올 성분이 물보다 먼저 증발하여 맑고 투명한 증류주를 얻게 된다. 소주는 불을 사용한다 하여 '화주火酒', 투명해서 '백주白酒', 이슬처럼 받아낸다 하여 '노주露酒', 땀처럼 한 방울씩 받아낸다 하여 '한주汗酒' 등으로 불리기도 했다.

20 **공덕孔德**. 지금 서울 마포구의 동쪽 끝에 위치한 곳이다. 『대동여지도』에서 의소묘懿昭墓의 서쪽으로 서활인서西活人署를 지나 노고산老古山과 마주한 지역에서 공덕리를 볼 수 있다. 이곳은 현재의 공덕동이 옛 지명인 공덕리孔德里에서 유래하였음을 보여준다. 조선 시대에는 도성 밖 지역이었다. '공덕'은 우리말 '큰더기', 즉 큰 언덕에서 마을 이름이 유래된 것으로 보인다. 즉 옛날 우리말로 좀 높은 구릉지대를 '더기', '덕', '언덕'으로 부르는데, 공덕동 일대는 만리현, 아현, 대현 등 고개마루에서 서남쪽으로 펼쳐진 언덕진 지대이기 때문에, 이 지역을 '큰더기', '큰덕이', '큰덕'으로 부르던 것이 음이 비슷한 한자의 '공덕孔德'으로 옮겨진 것으로 보인다.

21 **독막**. 독을 구워 파는 것을 업으로 삼는 곳이라는 의미에서 '독막[옹막甕幕]' 또는 '독마을[옹리甕里]'로 불리던 곳이 독막, 동막 등으로 불렀다. 지금의 마포구 대흥동이다.

22 **삼해주三亥酒**. 음력으로 정월 첫 해일亥日 해시亥時에 술을 빚기 시작해서 12일 후나 한 달 정도의 간격으로 돌아오는 해일 해시에 모두 세 번에 걸쳐 술을 빚는다고 하여 붙여진 이름이다. 삼해주는 조선 시대 양반가의 술이었으나, 그 어떤 문헌이나 기록에서도 그 유래와 발생 배경 같은 것을 언급한 바 없다.

23 **감홍로甘紅露**. 온갖 약재를 넣어 우려낸 약술인데, 담그는 방법이 다양하다. 보통은 계피와 생강을 꿀에 버무려 하룻밤이 지난 다음 소주를 붓고 밀봉한 후 땅속에 70일간 묻어두면 향기가 높고 달콤한 담홍색 술이 된다. 이 술은 특히 '관서감홍關西甘紅'이라 하여 평안도 지방에서 제일가는 명주로 쳤다.

24 **벽향주碧香酒**. 평양 지방의 명주로 일찍이 명성을 날렸던 술. 벽향주는 여타의 술에 비해 빛깔이 맑고 밝으면서도 콕 쏘는 맛이 있어, 흡사 '청명향淸明香'의 술맛을 연상케 한다. 『규곤시의방閨壼是議方』에서는 "멥쌀을 가루 내어 더운물로 죽을 쑨 다음, 누룩가루와 밀가루를 섞어 넣고 4, 5일이 지나면 멥쌀을 물에 하룻밤 재웠다가 찌고 물에 풀어 식으면, 누룩가루를 술밑에 섞어 넣어 두었다가 7일 만에 마신다."고 하였다.

25 **이강고梨薑膏**. 이강주梨薑酒라고도 하는 이강고는 글자 그대로 배와 생강으로 만든 술이다. 근래에는 전주 지방에서 나는 것이 유명하다. 이해응李海應(1775~1825)이 1803년 152일 동안 중국에 다녀온 여정을 기록한 『계산기정薊山紀程』에서는 천일주千日酒, 백화주百花酒, 죽력주竹瀝酒와 함께 이 술을 우리나라에서 맛이 가장 좋은 술의 하나로 들었다.

26 **죽력고竹瀝膏**. 대나무가 풍부한 호남 지방의 술로, 푸른 대를 구울 때 나오는 끈끈한 진액을 뽑아 만든 술이다. 이 술은 위급한 병을 치료하는 데에도 탁월한 효과가 있다. 일본에 나라를 빼앗기자 자결한 황현黃玹(1855~1910)의 『오하기문梧下記文』에 따르면 동학농민전쟁 당시 농민군의 총대장인 전봉준全琫準(1855~1895)은

계당주桂當酒[27], 충청도의 노산춘魯山春[28]이 모두 좋은 술로, 선물로 보내기도 한다.

賣酒家造過夏酒以賣, 酒名小麴杜鵑桃花松荀, 皆春釀之佳者. 燒酒則孔德甕幕之間, 三亥酒, 甕釀千百, 最有名稱. 關西甘紅露·碧香酒, 海西梨薑膏, 湖南竹瀝膏桂當酒, 湖西魯山春, 皆佳品, 亦有餉到者.

떡집에서는 멥쌀[29] 가루로 방울 모양의 희고 작은 떡을 만든다. 콩을 소로 넣고 머리를 오무린 다음 방울 위에 오색을 붙이되, 구슬을 꿰듯 다섯 개를 이어 붙인다. 푸르고 희게 반달 모양의 떡을 만들기도 한다. 작은 것은 다섯 개씩 잇고 큰 것은 두세 개씩 잇는데, 그것을 산병饊餠[30]이라고 한다. 또 오색의 둥근 떡, 소나무 속껍질[31]과 제비쑥[32]으로 만든 둥근 떡을 만들기도 하는

"압송 도중에 푸른 대쪽을 불에 구워서 받은 진액과 인삼을 구하여 상처를 치료했다." 참고로 '고膏'는 대개 '약재를 진하게 고아서 만든 농축된 약'을 의미한다. 지금은 사라졌지만, 곪은 부위에 붙여 고름을 빼는 검은 고약膏藥이 한때 우리 가정의 상비약처럼 쓰이던 시절이 있었다. 그러니 푸른 대를 구울 때 나오는 끈끈한 진액을 뽑아 만든 술을 '죽력고'라고 하는 것은 적절한 명명이라 하겠다.

27 **계당주桂當酒**. 소주에 계피와 당귀를 넣어 빚고 꿀을 넣어 삭힌 약용주. '桂餳酒' 혹은 '桂糖酒'라고 적기도 한다.

28 **노산춘魯山春**. 찐 멥쌀 1말과 찹쌀을 빻아서 쑨 죽에 누룩가루 1되를 넣어 버무려 항아리에 넣고 봉한다. 3일 뒤에 다시 찐 멥쌀 2말과, 찹쌀을 빻아 쑨 죽에 누룩가루 2되를 넣고 버무려서 이전 항아리에 넣어 봉했다가 7일 만에 꺼내서 마신다.

29 **멥쌀**. 갱미粳米, 갱미秔米. 『경국대전經國大典』의 "사도시司導寺(조선 시대 궁중의 쌀과 곡식 및 장醬 등의 물건을 맡은 관청)에 마련해 올리는 갱미는 수령守令이 정밀하게 가려서 잘 포장하여 상납한다."라고 한 데서 보듯이 임금에게 진상하였다. 그래서 갱미를 어름반미御廩飯米(천자 또는 제후가 조상의 제사 때 쓰려고 친히 경작하여 거둔 곡식을 넣어두는 창고의 쌀)라고 한다. 그런데 세조는 너무 정백精白할 필요가 없다고 하여 상미上米인 세갱미細粳米를 쓰지 말고 중미中米를 쓰라고 하였으나, 승지承旨들이 중미는 거칠다고 하여 다시 갱미로 바꾸었다는 기록이 『세조실록』(4년 6월 26일)에 전한다.

30 **산병饊餠**. 멥쌀가루를 쪄서 떡판이나 절구에 넣고 쳐서 얇게 밀어 소를 넣고 종지로 조금씩 떠내어 손으로 오그려 2~5개씩 붙인 떡. 또는 멥쌀로 만든 떡 속에 소를 넣고 방울 모양의 작은 떡을 만들어 오색 물감을 들여 다섯 개를 쭉 이어 염주같이 만든 떡이다. 곱장떡, 수란떡, 셋붙이(셋붓치, 세부치), 곡병曲餠, 산떡, 삼부병이라고도 한다.

31 **소나무 속껍질**. 송피松皮. 송기松肌. 보릿고개 시절 배고픔을 달래던 먹거리이기도 했다. '보릿고개'는 햇보리가 나올 때까지의 넘기 힘든 고개라는 뜻으로, 묵은 곡식은 거의 떨어지고 보리는 아직 여물지 아니하여 농촌의 식량 사정이 가장 어려운 때를 비유적으로 이르는 말이다.

데, 그것을 환병環餅이라 한다. 큰 것은 마제병馬蹄餅[33]이라 한다. 또 찹쌀가루에 대추 과육을 섞어 시루떡[34]을 만드는데, 모두 봄철의 시식時食[35]이다. 『세시잡기歲時雜記』[36]를 보니, "두 사일社日[37]에 떡을 올리는데, 대추를 넣어 만든다."라고 하였다. 지금 풍속도 그렇다.

賣餅家造粳米白小餅如鈴形, 入豆餡捻頭, 粘五色於鈴上, 連五枚如聯珠, 或造靑白半圓餅, 小者連五枚, 大者連二三枚, 摠名曰鐵餅. 又造五色圓餅松皮靑蒿圓餅, 名曰環餅, 大者稱馬蹄餅, 又以糯米和棗肉, 造甑餅, 皆春節時食也. 按歲時雜記, 二社尙食糕以棗爲之. 今俗亦然.

---

32 **제비쑥.** 청호靑蒿. 국화과의 여러해살이풀. 높이는 30~90cm이며 잎은 어긋나고 쐐기 모양이다. 7~9월에 연노랑 꽃이 원추圓錐 화서로 피고 애순은 식용한다. 한국, 일본, 대만, 필리핀, 중국 등지에 분포한다.

33 **마제병馬蹄餅.** 말굽떡. '마제'는 말의 발톱인 말굽.

34 **시루떡.** 증병蒸餅. 쌀가루를 시루에 켜켜로 안쳐서 찌는 떡. 쌀가루에 무엇을 섞었는지, 고물로 무엇을 얹었는지에 따라 떡의 명칭이 달라진다. 낙랑 유적에서 동과 흙으로 된 시루가 발견된 것으로 보아 그 역사가 오랜 것으로 보인다. 예로부터 조상들은 철마다 또는 각종 경조사 때마다 떡을 해서 나눠 먹었으며, 그중에서도 시루떡은 가장 많이 해먹는 떡이었다. 붉은 팥떡은 지금까지도 이사떡으로 이웃에 돌리는 풍습이 남아 있다. 최남선은 『조선상식문답』에서 붉은 팥시루떡은 상달 시식時食으로, 붉은팥을 고물로 하여 햇곡식으로 시루떡을 쪄서 마구간과 방안에 차려놓고 주인의 생기복덕을 비는 치성을 하거나 고사를 지냈다고 하였다. 각 가정에서는 시월 중에 좋은 날 하루를 택하여 집안의 안녕을 위하여 가신들에게 올리는 의례를 행했는데, 기원하는 대상 신은 집안의 풍요와 안위를 지켜준다고 믿는 가신들이다. 주로 터주신, 성주신, 제석신, 조왕신에게 정성을 들여 햇곡식으로 술과 고사떡을 마련하고 갖가지 과일을 준비하여 제사와 축원을 하고 이밖에 칠성신, 축신, 마당신, 문신에게는 제물만 놓는다.

35 **시식時食.** 최남선은 "춘하추동 사시와 일 년 열두 달 그때마다 철 맞추어 먹는 음식을 시식이라고 이르니, 대개 그때그때의 명일을 중심으로 하여 새로 나는 물건이나 먹을 맛있는 음식의 종류를 선택하여 마련되었던 것입니다. 이를테면 설의 떡국, 대보름의 약밥, 정 이월의 물쑥 청포, 한식寒食의 개피떡, 삼월삼일의 화전花煎, 초파일의 도미국수, 단오의 수단水團, 유두流頭의 밀쌈, 추석의 송편, 구일九日의 국화전菊花煎, 동지의 팥죽, 납향臘享(동지 후 셋째 미일未日인 납일臘日에 종묘·사직에 지내는 큰 제사)의 고기구이 등이 그 주요한 것입니다."라고 했다. (『조선상식문답』) 절식節食이라고도 한다.

36 **『세시잡기歲時雜記』.** 북송北宋 때의 학자로 본명은 희철希哲인 여원명呂原明이 지은 세시서歲時書다. 여명원은 정호程顥, 정이程頤 형제와 장재張載에게 배웠다.

37 **사일社日.** 입춘이나 입추가 지난 뒤 각각 다섯째의 무일戊日. 입춘 뒤를 춘사春社, 입추 뒤를 추사秋社라 하는데, 춘사에는 곡식이 잘 자라기를 빌고 추사에는 곡식의 수화에 감사한다.

남산 아래는 술 잘 빚는 곳이 있고 북쪽에는 좋은 떡을 만드는 곳이 많아 도성 사람들이 속칭 '남주북병南酒北餠'[38]이라 한다.

南山下善釀酒, 北部多佳餠, 都俗稱南酒北餠.

네 번의 오일午日[39]에 거듭 술을 빚어 봄이 지나야 익는데 한 해가 다 지나도록 상하지 않는다. 이를 사마주四馬酒[40]라 한다. 동악東岳 이안눌李安訥[41]의 「남궁적의 사마주를 마시며」라는 시에, "자네 집의 명주名酒는 해를 넘기도록 변치 않으니 / 빚는 법은 응당 옥해주玉薤酒[42]에서 전수 받았을테지"라고 하였다.

用四午日重釀酒, 經春乃熟, 周歲不敗, 名曰四馬酒. 李東岳安訥飮南宮績四馬酒詩曰: "君家名酒貯經年, 釀法應從玉薤傳."

민가에서는 뽕[43]을 따서 누에[44]를 친다. [45]

---

38 **남주북병南酒北餠**. 북촌에는 부귀한 집이 많으니까 일반으로 음식 사치가 대단하여, 갖은 편이라고 하는 떡 만드는 솜씨가 발달하였는데, 남산 밑으로 말하면 구차한 샌님과 시세時勢 없는 호반虎班네들의 사는 곳이니까, 손쉽게 얼근하여 불쾌한 것을 잊자는 데서 술 솜씨가 늘었다고 볼 수 있다."(『조선상식』)

39 **오일午日**. 지지地支가 '오午'로 된 날. 말날.

40 **사마주四馬酒**. 말날인 오일午日마다 네 번 양조를 거듭하여 여름철에 마시는 술. 사오주四午酒라고도 한다. 말날은 양기가 왕성한 날이기 때문에 술을 담그면 발효가 잘 된다는 생각에서 이날 술을 담갔던 것이다. 이렇게 말날을 이용하여 술을 거푸 담그면 봄이 지나자 곧 익고 1년이 넘어도 변하지 않는다고 한다.

41 **이안눌李安訥**. 조선 인조 때의 문신 · 시인(1571~1637). 자는 자민子敏. 호는 동악東岳. 예조참판을 지냈으며 시문에 능하고 글씨도 잘 썼다. 저서에 『동악집東岳集』이 있다.

42 **옥해주玉薤酒**. 당 태종唐太宗이 일찍이 위징魏徵에게 준 시에 "영록은 난생보다 낫거니와, 취도는 옥해보다도 훨씬 좋네. 천 일 동안 취하여 깨지를 않고, 십 년 동안 맛도 변하지 않는다네[醹醁勝蘭生, 翠濤過玉薤, 千日醉不醒, 十年味不敗]."라고 하였다.(『전당시全唐詩』) '영록', '난생', '취도'는 모두 미주美酒의 이름이다.

43 **뽕**. 뽕나무의 잎. 누에의 먹이로 쓴다.

44 **누에**. 누에나방의 애벌레. 13개의 마디로 이루어졌으며 몸에는 검은 무늬가 있다. 알에서 나올 때에는 검은 털이 있다가 뒤에 털을 벗고 잿빛이 된다. 네 번 잠잘 때마다 꺼풀을 벗고 25여 일 동안 8㎝ 정도 자란 다음

人家伐桑養蠶.

채소 장수들이 새로 난 배추 순筍[46]을 짊어지고 무리지어 다니며 소리치며 파는데, 이를 청근상青根商이라 한다. 순무[47]가 새로 나오면 역시 소리치며 파는데, 이것도 시식時食이다.

賣菜漢, 菘根新芽, 成羣叫賣, 謂之青根商. 蔓菁新出, 又叫賣, 以爲時食.

서울 풍속에 산골짜기나 물가로 나가 노는 것을 화류花柳[48]라고 하는데, 이것은 상사일上巳日[49]에 답청踏青[50]하는 풍습에서 유래한 것이다.

都俗出遊於山阿水曲, 謂之花柳, 卽上巳踏青之遺俗也.

실을 토하여 고치를 짓는다. 고치 안에서 번데기가 되었다가 다시 나방이 되어 나온다.

[45] 양잠養蠶. 누에를 사육飼育하여 고치를 생산하는 일. 누에를 소규모로 사육할 때는 쟁반 같은 데 놓고 방에서 병풍 따위로 바람을 막아주는 정도인데, 규모가 커지게 되자 방에 가마니를 깔고 선반을 설치하여 누에방[잠실蠶室]을 만든다. 누에 사료에 대해서도 산뽕나무 잎이나 밭에 심은 뽕나무 잎을 따서 주던 시기가 길었다고 생각되지만, 나중에는 뽕잎을 한장 한장 겹쳐서 작게 사각형으로 잘라서 그것을 채쳐서 알에서 갓 깬 개미누에에게 주기도 한다. 누에가 생장함에 따라 뽕잎도 큰 것을 주었는데, 전에는 뽕잎을 일일이 말려서 주었다.

[46] 순筍. 나무의 가지나 풀의 줄기에서 새로 돋아나온 연한 싹.

[47] 순무. 무의 하나로 뿌리가 퉁퉁하며 물이 많고 흰색, 붉은색, 자주색을 띤다. 무청.

[48] 화류花柳. 음력 삼월 무렵이면 날씨가 온화해져 산과 들에는 온갖 꽃들이 피어나고 마른나무 가지에서도 새싹이 돋기 시작한다. 이때가 되면 남녀노소 할 것 없이 각자 무리를 지어 경치 좋은 산으로 놀러 가 하루를 즐기는데 이를 화류놀이 혹은 꽃놀이라 한다. 삼짇날 전후 화창한 날을 골라 제각기 좋아하는 술과 음식을 정성껏 만들어가지고 산기슭이나 산골짜기에 자리를 잡고 해가 서산으로 기울 때까지 즐기다가 돌아온다.

[49] 상사일上巳日. 음력 정월의 첫 사일巳日을 이르는 말.

[50] 답청踏青. 음력 삼월 삼짇날이나 청명일에 산이나 계곡을 찾아가 먹고 마시며 봄의 경치를 즐기는 풍속. 답백초踏白草라고도 한다. 특별히 삼월 삼짇날을 답청절踏青節이라고 부르는데, 이날은 새봄이 찾아옴을 기뻐하여 술과 음식을 장만해 경치가 좋은 산이나 계곡을 찾아가 꽃놀이를 하고, 새 풀을 밟아 봄을 즐기는 것이라고 해서 붙여진 이름이다.

필운대弼雲臺[51]의 살구꽃[52], 북둔北屯[53]의 복숭아꽃[54], 홍인문興仁 밖의 버들[55]이 경치가 제일 좋은 곳인데, 이곳에 사람들이 많이 모인다.[56]

弼雲臺杏花, 北屯桃花, 興仁門外楊柳, 其最勝處, 多集于此.

---

51 **필운대弼雲臺**. 필운대는 지금의 배화여고 뒤뜰에 있는 높은 암벽이다. "눈 앞에 펼쳐진 시가지가 바둑판과 같다."(『무명자집시고無名子集詩稾』)라고 한 데서 보듯이, 장안을 굽어보기에 제일 좋은 장소였다. '필운'은 보통 거기에서 살았던 이항복李恒福(1556~1618)의 호를 따라 그렇게 불렸다고 하지만, 그 이전인 1537년에 중종이 경회루에서 명나라 사신들에게 연회를 베풀어 접대하면서 백악산白嶽山과 인왕산仁王山의 이름을 고쳐 달라고 청하자 상사上使가 백악을 공극拱極으로 고치고 부사副使가 인왕을 필운으로 고쳤는데, '운룡雲龍', 곧 경복궁을 보필한다는 뜻을 담았다는 기록이 보인다.(『중종실록』) 필운산이라는 이름은 그렇게 해서 생겨났지만, 돌[입석立石]에 '필운대'라 새긴 대자大字는 그의 9대손인 이유원李裕元(1814~1888)의 전언대로 이항복의 수필手筆임이 분명하다.(『임하필기林下筆記』) 필운대 인근의 인가에서 꽃나무를 많이 심었기 때문에 경성 사람들의 봄철 꽃구경 장소로 이곳을 먼저 손꼽게 되었다.

52 **살구꽃**. "살구꽃이 피는 시절은 청명, 한식과 맞물려 나들이하기에 아주 좋다. 옛날 선비들은 이 시절에 살구꽃이 만발한 집에서 술을 마시곤 했다. 살구꽃이 피는 마을, 즉 '행화촌杏花村'을 '술집'이라 부르는 까닭도 여기에 있다."(『역사와 문화로 읽는 나무사전』) 이는 당나라 시인 두목杜牧(803~852)의 시 「청명淸明」에 "한번 물어보세 술집이 어디 있는지 / 목동이 멀리 가리킨 곳 살구꽃 핀 마을[借問酒家何處在, 牧童遙指杏花村]"이라는 시구에서 유래했다.

53 **북둔北屯**. 혜화문 밖 북쪽 3~4리에 있던 북저동北渚洞으로 지금의 성북동 자리다. 왕을 호위하던 군대인 어영청御營廳에 속한 성북둔城北屯이 있었기 때문에 북둔이라 불렀다. 또 묵사墨寺가 있어 묵사동墨寺洞 또는 북사동北寺洞 등이라 부르기도 했다. 자하문 북쪽의 도화동과 함께 복숭아꽃 경치로 유명하였다. 맑은 시내의 언덕을 따라 주민들이 복숭아나무를 심어놓아서 늦은 봄철마다 놀러 온 사람들과 거마車馬가 가득 찬다. 그래서 민간에서는 도화동桃花洞이라 부르기도 했다.

54 **복숭아꽃**. 1927년 이원수가 작시하고 홍난파가 곡을 붙인 「고향의 봄」에서 "나의 살던 고향은 꽃 피는 산골 / 복숭아꽃 살구꽃 아기 진달래"라고 한 것은 이 꽃들이 전국 방방곡곡에서 흔하게 볼 수 있기도 하지만, 최남선의 말마따나 "경성 화류 대표지"(『조선상식』)를 유명하게 한 꽃이 복사꽃과 살구꽃이었기 때문일 것이다.

55 **홍인문 밖 버들**. 홍인문은 속칭 동대문이다. 동대문 밖, 구체적으로 청계천 양안兩岸에는 방죽이 무너지는 것을 막기 위해 버드나무를 심었다. 버드나무는 개울가나 들의 습지에서 잘 자란다.

56 참고로 서울의 명소 열 군데를 '국도팔영國都八詠'이라 하여 노래했는데, 다음과 같다. "필운화류弼雲花柳: 필운대의 꽃과 버들, 압구범주鴨鷗泛舟: 한강 변 압구정의 배 띄우기, 삼청녹음三淸綠陰: 북악 삼청동의 시원한 녹음, 자각관등紫閣觀燈: 자하골 창의문彰義門에서 보는 관등놀이, 청계관풍淸溪觀楓: 청풍계靑楓溪의 단풍놀이, 반지상련盤池賞蓮: 서부 반송정盤松亭의 서지西池 연꽃 구경, 세검빙폭洗劍氷瀑: 세검정洗劍亭 계류의 시원한 폭포, 통교제월通橋霽月: 광통교에서 보는 비 개인 후의 맑은 달"(『동국여지비고東國輿地備考』)

서울과 지방의 무사武士[57]와 동네 사람들이 과녁[58]을 세우고 편을 갈라 활쏘기 대회를 열어 승부를 겨루고 술을 마시며 즐긴다.[59] 가을에도 그렇게 한다.

京外武士及里民, 張侯分耦爲射會, 以賭勝負, 飮酒爲樂. 秋節亦然.

처녀들이 생풀 한 줌을 뜯어 땋은 머리 모양을 만들고 나무를 깎아 지른 다음 붉은 치마를 입힌 것을 각시閣氏[60]라고 한다. 이부자리나 가리개[61]를 차려놓고 논다.[62]

---

57 **무사武士.** 무예를 익히어 그 방면에 종사하는 사람. 무부武夫, 싸울아비.

58 **과녁.** 활이나 총 따위를 쏠 때 표적으로 만들어 놓은 물건. 여기서는 사방 열 자인 네모난 과녁 후侯를 말한다.

59 활쏘기 풍습을 말하는데, 활쏘기는 주로 장년층의 운동이다. 궁사弓師들이 활 쏘는 사정射亭에 모여 대회를 열면 남녀노소 구경꾼들이 구름처럼 모여드는데, 기생들이 궁사 뒤에 열을 짓고 서서 소리를 하며 기운을 돋운다. 궁사들은 한 줄로 서서 보통 다섯 대의 살을 쏘아 누가 과녁에 더 많이 맞추는가로 승부를 낸다. 화살이 과녁에 명중하면 북을 울리고 기생들은 지화자 노래를 부르며 손을 흔들어 춤을 추면서 한바탕 흥을 돋운다. 활쏘기는 연 2회, 즉 삼짇날과 중구절重九節에 열었는데, 노인들을 모신 가운데 고을의 규칙을 낭독하고 술을 마시면서 벌이는 하나의 잔치이기도 하였다. 『정조실록』(14년 4월 丙寅)에 "근래 각 군문軍門의 활쏘기는 명실名實이 서로 어긋나 점차 희극戲劇의 행사가 되었다."고 했듯이, 점차 유흥적인 것으로 변모해 갔던 것으로 보인다.

60 **각시閣氏.** 갓 결혼한 여자인 새색시를 말하나, 조그맣게 색시 모양으로 만든 여자 인형을 말한다.

61 **가리개.** 침병枕屛. 머리맡이나 사랑방 같은 데의 치장으로 치는 넓은 두 폭으로 만든 병풍인 머리병풍.

62 "지금 우리나라의 계집아이들이 보리잎을 따서 고량高粱의 개에 붙이고, 두 갈래로 갈라서 가로 세로 땋아 낭자를 올린 다음 조그만 의상을 만들어 입히고 경대와 침구까지 갖추는가 하면, 상수리의 껍질로 기부錡釜 같은 도구를 만들어 어른들의 살림살이를 흉내내는데, 이를 각씨놀이라 한다. 각씨는 방언方言에서 젊은 부인을 말한다."(『오주연문장전산고五洲衍文長箋散稿』) '고량'은 수수, '개'는 수수의 고갱이다. 해마다 3월이 되면 주로 어린 계집아이들이 물꽃 풀(물넝개 또는 각시풀)을 뜯어서 대쪽에 실로 잡아매고 끝을 땋아 가느다란 나무를 비녀처럼 꽂는다. 그리고 헝겊 조각으로 대쪽에다 노랑 저고리와 붉은 치마를 만들어 입혀서 각시처럼 꾸민다. 그밖에 요·베개·병풍까지 차려 놓고 장난을 한다. 풀각시를 만드는 과정은 아이들에겐 하나의 창의력을 익히는 기회였다. 자연을 알아야 하고 신체의 구조나 색깔에 대한 개념이 서 있어야 하기 때문이다. 각시는 알곡 작물이나 화초의 잎사귀, 속대 같은 것으로 많이 만들었다. 달래, 물구지, 난초, 실파, 보리 잎 같은 풀로는 머리칼을 만들었다. 풀을 더운 재 속에 묻어 굽기도 하고 혹은 끓는 물에 살짝 데쳐서 부드럽게 해서 머리칼을 만든다. 머리는 굵기가 새끼손가락만하고 길이가 한 뼘가량 되는 나뭇가지 혹은 수숫대를 이용해서 만든다. 풀로 만든 머리칼을 이 수숫대에 비끄러매어 다시 뒤집으면 머리와 같이 둥근 모양이 되었다. 머리칼은 땋거나 길게 늘어뜨리기도 하고 쪽진머리로 만들기도 한다. 각시 몸체를 만들고 치마와 저고리를 입히는데, 이때 색깔을 잘 맞추려고 하다 보면 자연스레 색채 감각을 배우게 된다.

女娘採取青草盈把者作髻, 削木而加之, 着以紅裳, 謂之閣氏. 設褥席枕屛以爲戲.

아이들은 버들가지를 꺾어 피리를 만들어 부는데, 이를 버들피리[63]라고 한다.

兒童折柳枝, 作觱篥以吹之, 謂之柳笙.

강릉 풍속에 노인을 공경하여 늘 좋은 절기를 만나면 일흔 넘은 노인들을 초청하여 경치 좋은 곳에 모시고 위로한다. 이것을 청춘경로회靑春敬老會라고 한다. 미천한 하인이더라도 모두 모임에 참석하는 것을 허락한다.【『동국여지승람』에 보인다.】[64]

江陵俗, 敬老每値良辰, 請年七十以上, 會于勝地以慰之, 名曰靑春敬老會. 雖僕隷之賤, 登七旬

---

63 **버들피리.** 유생柳笙. 늦은 봄 버드나무에 물이 오르기 시작할 때 버드나무 가지를 꺾어서 칼로 자른 다음, 그 나무껍질만을 취하여 둥그런 관을 만들고, 한쪽 끝을 칼로 긁어내어 혀[舌]를 만들어 그것을 입술로 물어 소리를 낸다. 양손을 입에 대고 그것을 움직여 음의 높이나 강약을 조절한다. 크기와 모양이 지역이나 만드는 사람에 따라 각기 다르다. 호루기ㆍ호두(드)기ㆍ횟대기라고도 한다. '호드기'는 주로 버드나무 껍질로 만든 피리의 일종이다. 음력 3월 무렵인 봄철에 모든 나무나 풀의 성장이 왕성해져 땅속에 있는 수분을 빨아올리는 힘이 세지므로 줄기와 껍질 사이 수분 통로가 윤택해진다. 호드기불기는 이때 물오른 버드나무(실버들)나 미루나무, 산오리나무 가지로 피리를 만들어서 부는 어린이놀이다. 주로 아이들이 버드나무 가지를 꺾어 껍질을 통으로 뽑아서 혀를 만들고 피리를 만들어 부는 것을 말한다. 호드기불기는 산과 들에 꽃이 만발한 봄철을 맞이한 남자아이들이 들판으로 나가서 피리를 현장에서 만들어서 부는 놀이이다. 파리불기가 여자아이들의 가을철 아동놀이라면, 호드기불기는 남자아이들의 춘삼월 놀이다. 물오른 버드나무 가지로 직접 만드는 과정이나 소리를 잘 내는 것을 경연하면서 겨울의 폐칩에서 벗어나 봄을 맞이한 즐거움을 자연의 소리로 신명나게 표출하는 것이다. 참고로 민요「호드기불기」는 이렇게 노래한다. "피리야 피리야 앵앵 울어라 / 너의 어미 죽어서 부고訃告(사람의 죽음을 알림. 또는 그런 글)가 왔단다 / 앵앵 울어라 피리야 울어라 / 피리야 피리야 닐닐 울어라 / 너의 어미 소금맞이 갔다가 / 소금물에 빠져 죽었다 / 닐닐 울어라 피리야 울어라."

64 "고을 풍속이 늙은이를 공경하여 매양 좋은 절후를 만나면 70세 이상 된 자를 청하여 경치 좋은 곳에 모아놓고 위로한다. 판부사判府事 조치趙菑가 의롭게 여겨서 공용公用에서 남은 쌀과 포목을 내어 밑천을 만들고, 자제 중에서 부지런하며 조심성 있는 자를 가려서 그 재물의 출납을 맡아 회비로 하도록 하고 청춘경로회라 명명하였다. 지금까지 없어지지 않았으며, 비록 천한 사람이라도 나이 70이 된 자는 모두 모임에 오도록 하고 있다." (『신증동국여지승람新增東國輿地勝覽』)

者, 皆許赴會.【見輿地勝覽】

경주 풍속에 봄부터 사철로 유람할 만한 곳을 사절유택四節遊宅이라고 하는데, 봄에는 동야택東野宅, 여름에는 곡량택谷良宅, 가을에는 구지택仇知宅, 겨울에는 가이택加伊宅이다.[65]【『동국여지승람』에 보인다.】

慶州俗, 自春以四時遊賞之地, 爲四節遊宅. 春東野宅, 夏谷良宅, 秋仇知宅, 冬加伊宅【見輿地勝覽】

남원 풍속에 고을 사람들이 봄이 되면 용담龍潭이나 율림栗林에 모여 술을 마시며 활을 쏘는 것을 예로 삼는다.

南原俗, 州人當春, 會于龍潭若栗林, 飲酒射侯以爲禮【見輿地勝覽】

용안龍安[66] 풍속에 읍민들이 봄이 되면 도구를 마련하여 향음주례鄕飲酒禮[67]를 행한다. 나이가

---

65 신라의 전성시대에는 수도인 경주에 부유한 큰 저택인 금입택金入宅이 35개가 있었다. 그리고 봄에는 동야택東野宅, 여름에는 곡량택谷良宅, 가을은 구지택仇知宅, 겨울은 가이택加伊宅 등 4계절마다 유흥하는 별장 형태의 저택도 있었다. 또한 제49대 헌강왕 때인 880년(헌강왕 6)에는 신라의 수도인 경주의 성안에 초가집이 하나도 없었으며, 추녀가 맞붙고 담장이 이어져 있어 노래와 풍류 소리가 길에 가득 차 밤낮 그치지 않았다. 신라 하대에 중앙의 진골 귀족들은 대토지 소유를 바탕으로 풍광이 수려한 곳에 35개의 금입택과 4개의 사절유택으로 상징되는 사치와 향락적인 생활을 추구하였다. 이러한 진골 귀족들의 사치와 향락에 대해 신라 조정에서는 834년에 사치를 금지하는 교서를 내리기도 하였다. 그러나 889년에는 나라의 창고가 텅 비게 되는 상황에 이르렀고, 결국 지방에 세금을 독촉하는 것을 계기로 전국적으로 농민들이 반란을 일으키면서 새롭게 후삼국 시대가 전개되었다.

66 용안龍安. 전북 익산의 옛 이름.

67 향음주례鄕飲酒禮. 조선 시대 향촌의 선비와 유생儒生들이 향교나 서원에 모여 예禮로써 주연酒宴을 함께 즐기는 향촌의례鄕村儀禮. 향음주례는 그 고을 관아의 수령이 주인이 되고, 학덕과 연륜이 높은 이를 큰 손님으로 모시고 그 밖의 유생들도 손님으로 모셔서 이루어졌다. 향음주례의 목적은 주인과 손님 사이의 예절 바른

8, 90세 된 사람이 한 자리, 6, 70세 된 사람이 한 자리, 50세 이하가 한 자리이니, 나이 순서대로 앉는다. 사람을 시켜 서약문[68]을 읽게 하는데, "부모에게 불효한 자는 내쫓고, 형제 간에 화목하지 않은 자는 내쫓고, 친구 간에 신의가 없는 자는 내쫓고, 조정을 비방하는 자는 내쫓고, 수령을 헐뜯는 자는 내쫓는다. 첫째 좋은 일은 서로 권장하고[덕업상권德業相勸], 둘째 잘못은 서로 규제하고[과실상규過失相規], 셋째 예의로 서로 이루고[예속상성禮俗相成[69]], 넷째 어려운 일은 서로 돕는다[환난상휼患難相恤]. 모든 고을 사람들은 각각 효도와 우애, 충성과 신의를 극진히 하여 모두 후덕한 풍습을 이루자."라는 내용을 담고 있다.[70] 읽고 나면 두 번 절하고 향음주례와 향사례鄕射禮[71]를 행한다. 가을에도 그렇게 한다.【『동국여지승람』에 보인다.】

龍安俗, 邑人當春節, 辦具爲鄕飮酒禮, 年八九十者一位, 六七十者一位, 五十以下一位, 序以齒, 令人讀誓文曰: "父母不孝者黜, 兄弟不和者黜, 朋友不信者黜, 謗訕朝政者黜, 非毁守令者黜. 一曰德業相勸, 二曰過失相規, 三曰禮俗相成, 四曰患難相恤. 凡同鄕之人, 各盡孝友忠信, 咸歸于厚." 讀訖, 俱再拜以行飮射之禮. 秋節又如之【見輿地勝覽】

제주 풍속에 해마다 봄이 되면 남녀가 광양당廣壤堂과 차귀당遮歸堂에 모여 술과 고기를 갖춰 신에게 제사 지낸다. 또 그곳에는 독사와 지네가 많은데, 회색 뱀을 보면 차귀신遮歸神이라

주연을 통하여 연장자를 존중하고 유덕자를 높이며, 예법禮法과 같은 풍속을 일으키는 데 있었다.

68 **서약문.** 향약鄕約, 곧 지방의 향인鄕人들이 서로 도우며 살아가자는 약속을 담은 향촌규약鄕村規約을 말한다.

69 **예속상성禮俗相成.** 예속상교禮俗相交.

70 '덕업상권' 등 네 가지 규약은 향약을 최초로 실시한 중국 북송北宋 말기 섬서성陝西省 남전현藍田縣에 거주하던 도학자 여씨呂氏 4형제가 만든 여씨향약呂氏鄕約이다. 이들은 일가친척과 향리 사람들을 교화 선도하기 위하여 이 4대 강목을 내걸고 시행했는데, 이것을 후대에 남전향약이라고 일컫게 되었다. 그러나 여씨향약이 보급, 시행되기 이전부터 우리 향촌 사회에는 자생적인 결계結契가 향촌민들에 의해 조직되어 왔으며, 중앙 정부에서는 교화와 지방 통치에 대한 보조기능을 목적으로 한 향헌鄕憲을 반포하여 유향소留鄕所를 통해 시행코자 하였다.

71 **향사례鄕射禮.** 예禮와 악樂의 확립을 통해 성리학적인 향촌 교화를 목적으로 시행한 의례. 중국 주周나라에서 향대부鄕大夫가 3년마다 어질고 재능 있는 사람을 왕에게 천거할 때, 그 선택을 위해 활을 쏘던 의식에서 유래하였다.

여겨 죽이지 못하게 한다. 가을에도 그렇게 한다. [72]【『동국여지승람』에 보인다.】

濟州俗, 每於春節, 男女羣聚廣壤堂遮歸堂, 具酒肉祭神. 又地多蛇虺蜈蚣, 若見灰色蛇, 則以爲遮歸之神禁不殺. 秋亦如之【見輿地勝覽】

청안淸安[73] 풍속에 3월 초에 고을 수리首吏[74]가 읍민을 데리고 동면東面의 장압산長鴨山 위의 큰 나무에서 국사신國師神 부부를 맞이하여 읍내로 들어온다. 무당으로 하여금 술과 음식을 차려 요란하게 징과 북을 치게 하여 관아와 각 청사廳舍에서 그 신령에게 제사를 올리는데, 20여 일이 지나면 그 신령을 다시 나무로 돌려보낸다. 2년마다 한 번씩 거행한다. [75]

淸安俗, 三月初, 縣首吏率邑人, 迎國師神夫婦於東面長鴨山上大樹, 入于邑內, 用巫覡具酒食, 鉦鼓喧轟, 行神祀於縣衙及各廳, 至卄餘日後還其神於樹, 而間二年行之.

---

72 차귀당은 광양당과 더불어 제주도 민간신앙의 쌍벽을 이루었던 큰 신당이었는데, 제주도에 흔한 사신蛇神을 모셨던 신당이다. 당집 벽이나 대들보·주춧돌 할 것 없이 뱀이 떼를 지어 얽혀 있었으며, 제사를 지낼 때 뱀이 나타나지 않으면 상서롭다고 하였다.

73 **청안淸安**. 충북 괴산의 옛 이름.

74 **수리首吏**. '이방아전'을 달리 이르던 말. 각 지방 관아의 여섯 아전 가운데 으뜸이라는 뜻이다.

75 청안의 국사신 제사는 전형적인 조선 시대 지방 관행제官行祭(관에서 행하는 제사)의 한 사례이다. 영동嶺東의 태백산신제太白山神祭, 명주溟州의 대령산신제大嶺山神祭, 군위軍威의 단오제端午祭, 웅천熊川의 웅산신당제熊山神堂祭 등이 모두 유사한 구조와 성격을 지녔다. 삼척三陟의 오금잠신제烏金簪神祭는 제사의 주제主題가 성물聖物인 오금잠烏金簪일 뿐 역시 기본 성격은 크게 다르지 않다. 이들 지역 관행제의 치제 대상은 거의 대부분 산신이다. 이들 산신은 대체로 각기 거주하는 산 위에 신사神祠를 두고 있다. 그리하여 인근 지역의 백성들로부터 수시로 제사를 받기도 했다. 그러나 한두 해에 한 번은 인간계에 내려와 위함을 받고 다시 산으로 돌아간 산신들이다. 이들 제사는 산신을 신역에서 인간계로 모셔서 제의를 행한 다음 일정 기간이 지나면 다시 원래의 신역으로 봉송奉送해 드리는 공통성을 보인다. 봉영奉迎 - 인간계 이주移住 - 오신娛神 - 봉송의 과정으로 구성된 제사이다. 지방관은 제관이 되어 제사 일부를 진행하기는 하지만 대부분의 과정은 거의 무당이 맡는다. 지방관은 유교식 제사, 무당은 가무오신의 무속적 절차와 방식으로 각각 굿을 했을 것으로 짐작된다. 여기서 무당은 여러 굿과 놀이를 펼쳐서 산신을 비롯한 여러 신령을 즐겁게 놀리고 또한 고을의 소망을 신령에게 전하며 신령의 뜻을 공수를 통해 고을 사람들에게 알린다. 무당은 고을과 신령 사이에서 훌륭한 중개 역할을 한다.

4월
四月
—

초파일

8일은 바로 욕불일浴佛日¹이다. 우리나라 풍속에 이날 등을 다는데, 그것을 등석燈夕²이라고
한다. 그 며칠 전부터 민가에서는 각각 등간燈竿³을 세우는데, 그 꼭대기에 치미雉尾⁴를 꽂고
색깔 있는 비단으로 깃발을 건다. 가난한 집은 장대 끝에 노송老松⁵을 매다는 경우가 많다.
집안 자녀의 수대로 등을 달고⁶, 등이 밝을수록 길하다고 여긴다. 9일이 되면 그만둔다.

---

1 **욕불일浴佛日**. '욕불'은 '관불灌佛'이라고도 하는데, 석가가 탄생한 사월 초파일에 탄생불誕生佛을 불단佛壇에
모셔 놓고 향수를 붓는 행사를 말한다. 욕불 하는 행사를 관불회灌佛會, 욕불회浴佛會, 불생회佛生會, 용화회龍
華會, 석존강탄회釋尊降誕會 등으로 부른다. 봉축법요식奉祝法要式이 끝난 다음 법당 앞에 아기 부처님을 모셔
신도들이 정갈히 물을 떠 머리에 부어 드리는 의식을 종일 할 수 있도록 한다. 『보요경普曜經』에서는 부처가
탄신했을 때, 용왕이 공중에서 향수를 뿌려 그 신체를 씻었다고 한다. 『형초세시기荊楚歲時記』에서는 "4월 8일
여러 절에서 제사를 올리는데, 오색 향수로 욕불 하며 함께 용화회龍華會를 연다. 『고승전高僧傳』을 보니 '사월
팔일 욕불 하는데, 도량향都梁香으로 청색 물을 삼고, 울금향鬱金香으로 적색 물을 삼고, 구륭향丘隆香으로 백
색 물을 삼고, 부자향附子香으로 황색 물을 삼고, 안식향安息香으로 흑색 물을 삼아 부처님의 정수리에 붓는다.'
라고 했다. 요즈음은 대개 감로차甘露茶를 붓는다."라고 했다.

2 **등석燈夕**. 옛 중국의 풍습에 정월 십오일을 원소절元宵節이라 하여 기렸는데, 밤에 등불을 밝혔기 때문에 등석
이라 했다.

3 **등간燈竿**. 등을 다는 기둥.

4 **치미雉尾**. 꿩의 꽁지깃을 모아 묶어서 깃대 따위의 끝에 꽂는 장식. 흔히, 군기軍旗나 농기에 쓴다.

5 **노송老松**. 늙은 소나무. 참고로 『아언각비雅言覺非』에서는 노송을 전나무[회檜]라고 하면서 "전나무는 지금의
만송蔓松이다. 세속에서는 노송老松이라고 한다."고 했다.

6 연등燃燈을 말한다. 등을 다는 것은 우선 부처가 깨달은 진리의 빛, 다시 말해 불광佛光을 본다는 목적과 부처
를 향한 정성스러운 공양을 올리자는 의미도 있다. 정성을 기름으로 하고 신심信心을 심지로 해서 피우는 등은

八日卽浴佛日, 東俗以是日燃燈, 謂之燈夕. 前數日, 人家各竪燈竿, 頭建雉尾, 色帛爲旗. 小戶則竿頭多結老松, 計家內子女人口, 懸燈以明亮爲吉, 至九日乃止.

사치한 사람은 큰 대나무 수십 개를 묶고, 또 오강五江[7]의 돛대를 실어와 시렁[8]을 만든다. 거기에 일월권日月圈[9]을 꽂아 바람 따라 현란하게 돌아가게 하기도 하고, 혹은 전등轉燈을 달아 구르는 공처럼 왔다 갔다 하게도 한다. 종이에 화약을 싸서 줄에 매달아 승기전乘機箭[10]처럼

어떤 세파에도 꺼지지 않는데, 『아사세왕수결경阿闍世王授決經』, 『현우경賢愚經』의 「빈녀난타품貧女難陀品」, 『빈녀난타경貧女難陀經』 등에 보이는, '왕과 귀족들이 밝힌 등불은 모두 꺼졌으나 가난하나 진실한 마음으로 살아가는 한 여인 난타의 등불은 결코 꺼지지 않고 밝게 빛나고 있었다'는 '빈자일등貧者一燈'의 이야기가 그 의미를 잘 함축하고 있다.

7　오강五江. 한강을 지역에 따라 이름 붙인 다섯 개의 강, 곧 한강, 동작강, 용산강, 서강, 조강祖江으로 긴요한 나루터가 있는 곳을 말한다. (『신증동국여지승람新增東國輿地勝覽』) 조선 시대 한양의 외곽을 남서쪽으로 흘러가는 한강에서 수상교통을 가장 많이 이용하던 곳을 '오강五江'이라 했다.

8　시렁. 물건을 얹어 놓기 위하여 방이나 마루 벽에 두 개의 긴 나무를 가로질러 선반처럼 만든 것. 『해동죽지海東竹枝』에서는 그것을 '등대燈臺'라고 했다. "옛 풍속에 4월 8일을 욕불절浴佛節이라 한다. 고려 때부터 채붕綵棚 놀이가 있었는데, 큰 나무와 긴 대[竹]를 묶되 머리는 꿩과 공작의 꼬리로 장식하고, 허리에는 붉고 푸른 비단 깃발을 매달아서 많은 사람들이 함께 일으켜 세운다. 높이가 사오십 길이 되며, 깃대의 중간쯤에는 큰 등을 단다. 종로에는 수백 개의 장대가 몰려오고, 기타 작은 것들은 성안 구석구석을 채운다. 이것은 당 나라 오산 결채鰲山結綵(산대놀이)에서 유래한 오래된 풍속인데, 그것을 '등새'라고 한다."

9　일월권日月圈. 등간燈竿 꼭대기의 장식이다. 끝에 장목을 단 긴 장대의 상부 중앙에 구멍을 뚫고 다른 나무를 그 구멍에 꿰어 십자형으로 되게 한 다음, 가로지른 나무의 한쪽 끝에는 붉은빛을, 다른 한쪽 끝에는 흰빛의 직경 4㎝가량의 공을 반으로 쪼갠 것처럼 만든 것을 세워 붙여서 바람이 불면 가로댄 나무가 빙빙 돌게 되어 있다.

10　승기전乘機箭. 조선 시대에 사용된 로켓 추진 화살로 신기전神機箭을 말한다. 1448년(세종 30년), 고려 말기에 최무선崔茂宣(?~1395)이 화약국에서 제조한 로켓형 화기火器인 주화走火를 개량하여 명명한 것으로 대신기전大神機箭, 산화신기전散火神機箭, 중신기전中神機箭, 소신기전小神機箭 등의 여러 종류가 있다. 대, 중, 소신기전은 빈 화살통 같은 곳에 꽂아 1개씩 발사했는데, 중, 소신기전의 경우 문종 원년(1451)에 화차火車를 제작한 뒤로 화차의 신기전기神機箭機를 이용하여 백 발 정도를 장전하여 동시에 발사하였다. 사정거리는 대신기전과 산화신기전이 1㎞ 이상, 중신시전이 150m, 소신기전이 100m가량으로 추정된다. 『국조오례의國朝五禮儀』에 따르면, "대신기전(산화신기전이라고도 함) 통은 종이로 만들며 길이는 2척 2촌 2푼 반이다. 바깥 둘레는 9촌 6푼, 두께는 5푼 7리, 안의 지름은 2촌 2리며, 매듭을 제외한 통의 길이는 1촌 5푼 반이다. (…) 대신기전의 약통은 약통 상단의 막은 곳과 발화통 바닥에 뚫은 구멍에 약선藥線(화약에 불을 붙게 하는 선)을 연관하여

쏘아 올려 불씨가 비처럼 쏟아지게도 하며[11], 수십 움큼의 종잇조각을 매달아 용 모양으로 날리게도 한다. 광주리를 매달기도 하고, 허수아비를 만들어 바지저고리를 입히고 줄에 매달아 놀리기도 한다.[12] 시장에 늘어선 시렁은 서로 높게 만들려고 다투는데, 수십 개의 새끼줄을 펼쳐 일으켜 세운다.[13] 왜소한 것은 모든 사람들이 비웃는다.

侈者縛大竹累十, 又駄致五江檣桅而成棚, 或揷日月圜, 隨風眩轉, 或懸轉燈, 往來如走丸, 或紙包火藥而繫於索, 衝上如乘機箭, 火脚散下如雨, 或繫紙片幾十把, 飄揚如龍形, 或懸筐筥, 或作傀儡, 被以衣裳, 繫索而弄之. 列廛之棚, 務勝競高, 張數十索邪許引起. 矮小者人皆嗤之.

『고려사』[14]를 보니, "왕궁과 도성, 그리고 시골에서는 정월 보름에 이틀 밤 동안 연등을 달았는데, 최이崔怡[15]는 4월 8일에 연등을 달았다."라고 하였다. 대보름날 연등은 본래 중국의 제도인데 고려의 풍속이 되었고, 지금은 폐지되었다. 또 『고려사』를 보니, "나라의 풍속에 4월

지화地火(땅에 묻어놓은 뒤 점화선을 이용해 불을 붙여놓고 도망가면, 지화통 속의 화약에 불이 붙어 화약이 타면서 땅 위로 불을 뿜어내게 하는 무기)는 없고 다 얇은 종이를 발라서 서로 떨어지지 않게 한다. 또 노끈으로 전죽箭竹의 끝에 묶어서 사용한다. 중 · 소신전도 같다."(「병기도설兵器圖說」)라고 하였다.

11 이것을 '줄불놀이'라고 했다. 중불에 대해서는 『해동죽지』의 전언이 상세하다. "옛 풍속에 4월 8일 숯가루를 넣은 주머니 수천 개를 만들어 숲 사이에 달아 놓고 불을 붙이면 눈처럼 펑펑 쏟아지는데, 이것을 '줄불'이라고 한다."

12 『해동죽지』에 따르면, 글을 써서 걸기도 했다. "짝지어 층층이 가로지른 시렁에는 / 태평만세 네 글자 높이 걸렸네[別般燈戲白門前, 外市繁華似六廛, 對對層棚橫截處, 太平萬歲字高懸]."

13 원문에는 '야호[邪許]'라는 말이 들어 있다. 이 말은 노동을 할 때 여럿이 힘을 내기 위하여 내는 소리, 우리 식으로 하면 예컨대 '(어기) 영차' 정도에 해당하는 말이다. 그러므로 이 구절을 정확히 풀면, "모두 힘을 합쳐 '영차' 하면서 끌어 세운다."가 된다. 『세시풍요歲時風謠』의 다음 시가 저간의 사정을 잘 말해준다. "곳곳에서 외치는 소리 줄다리기하는 듯 / 다투어 세운 등간燈竿 삼[麻]보다 조밀하고 / 육의전六矣廛 다락집 높은 시렁 기둥은 / 성안의 사만 집보다 월등히 높다네[處處呼聲似挐河, 幡竿競竪簇於麻, 六廛樓畔高棚柱, 絶等城中四萬家]."

14 『고려사』. 김종서金宗瑞(1383~1453), 정인지鄭麟趾(1396~1478) 등이 왕명으로 고려 시대 전반에 관한 내용을 정리하여 편찬한 역사서이다. 세종의 명에 의해 시작되어 문종 원년에 편찬된 기전체의 관찬 사서이다. 태조에서 공양왕까지 32명의 왕의 연대기인 세가世家 46권, 천문지에서 형법지까지 10조목의 지志 39권, 연표年表 2권, 1,008명의 열전列傳 50권, 목록 2권을 합해 총 139권 75책으로 구성되었다.

15 최이崔怡. 고려 고종 때의 권신權臣으로 최충헌崔忠獻의 아들이다. (?~1249) 자기 집에서 조정의 모든 인사를 결정하는 정방정치政房政治를 하는 등 전횡이 심하였다.

8일을 석가탄신일이라 하여 집마다 연등을 단다. 수십 일 전부터 아이들이 종이를 잘라 장대에 붙여 깃발을 만들고 도성 안 거리를 돌아다니면서 쌀과 베를 구하여 그 비용을 마련하는데, 그것을 호기呼旗[16]라고 한다."라고 하였다. 지금 풍속에 등을 거는 장대에 깃발을 다는 것은 호기하던 풍습이 남은 것이다. 반드시 8일에 하는 것은 최이로부터 시작되었다.

按高麗史: "王宮國都以及鄉邑, 正月望燃燈二夜, 崔怡於四月八日燃燈." 上元燃燈, 本是中國之制, 而麗俗今已廢矣. 又按高麗史: "國俗以四月八日是釋迦生日, 家家燃燈. 前期數旬, 羣童剪紙注竿爲旗, 周呼城中街里, 求米布爲其費, 謂之呼旗." 今俗燈竿揭旗者, 呼旗之遺也. 必以八日肇自崔怡也.

등의 이름은 수박등, 마늘등, 연꽃등, 칠성등七星燈, 오행등五行燈, 일월등日月燈, 공등, 배등, 종등鍾燈, 북등, 누각등樓閣燈, 난간등欄干燈, 화분등, 가마등, 산류등山樏燈[17], 병등瓶燈, 항아리등, 방울등, 알등, 용등, 봉황등, 학등, 잉어등, 거북등, 자라등과 수복등壽福燈, 태평등太平燈, 만세등萬世燈, 남산등南山燈 등 글자를 써넣은 등이 있다. 모두 그 모양을 만든 다음 그 위에 종이를 바른다. 붉고 푸른 비단에 운모雲母[18]를 박아 날아가는 신선이나 꽃과 새를 장식하며, 각 면과 모서리에는 모두 삼색 종잇조각을 붙여 나부끼게 한다. 북등에는 『삼국지三國誌』[19]의

---

16 **호기**呼旗. '호기희呼旗戲' 혹은 '호기동희呼旗童戲'의 준말이다. 『고려사』에 "신축에 연등하고, 대궐의 뜰에서 호기희를 관람한 후 포布를 하사하였다. 나라 풍속에 4월 팔일은 석가탄생일이어서 집집마다 연등을 다는데, 그 수십 일 전부터 아이들이 종이를 잘라 장대에 붙이고는 기를 만들어 성안을 돌아다니면서 연등의 비용으로 쓸 쌀과 베를 구하는데 이를 호기라 한다"라고 했고, 『용재총화慵齋叢話』에서는 "사월 팔일에 연등을 다는데, 세속에서는 석가탄신일이라고 한다. 봄날에 아이들을 종이를 잘라 깃발을 만들고, 물고기 껍질을 벗겨 북을 만들며, 다투어 모여 무리를 지어 동네를 돌아다니며 연등 할 비용을 구걸하는데, 그것을 호기라고 한다."고 했으며, 『세시풍요』에서는 "여기저기서 떠드는 소리 줄다리기 함성 같고 / 집집마다 다투어 세운 등간, 삼실보다 촘촘하네[處處呼聲似挐河, 幡竿競竪簇於麻]"라고 노래했다.

17 **산류등**山樏燈. '산류'는 고대 산길을 갈 때 타던 가마. 산류등은 그 모양을 본따 만든 등.

18 **운모**雲母. 광물성인 돌비늘이다. 오장을 편안하게 하고 사기邪氣를 제거하는 효과가 있으며 이뇨利尿, 소독消毒, 만성장염慢性腸炎, 외상外傷 등에도 쓰였다. "향명은 석린이다."(『향약채취월령鄕藥採取月令』)

19 『**삼국지**三國誌』. 삼국지-연의三國志演義. 중국 원나라의 작가 나관중이 지은 장편 역사 소설. 유비, 관우, 장비가 도원결의하는 것에서 시작하여 오나라의 손호가 항복하여 천하가 통일될 때까지의 사적을 소설체로 풀어

고사에 나오는 말 탄 장군을 그리는 경우가 많다.

燈名西苽蒜子蓮花七星五行日月毬船鍾鼓樓閣欄干花盆轎子山樏瓶缸鈴卵龍鳳鶴鯉龜鼈壽福太平萬歲南山等字燈, 皆象形紙塗, 或用紅碧紗嵌雲母, 飾飛仙花鳥, 面面稜稜, 皆粘三色卷紙片紙, 旖旎聯翩. 鼓燈多畵將軍騎馬三國故事.

또 그림자 등[20]이 있는데, 등 속에 돌아가는 틀을 설치하고 그 바깥에다 종이를 잘라 사냥말, 사냥매, 사냥개, 호랑이, 이리, 사슴, 노루, 꿩, 토끼의 모양을 만들어 붙인다. 그것이 바람에 빙빙[21] 돌아가면 그 곁에서 그림자를 볼 수 있다. 소동파蘇東坡[22]의 「오군채吳君采에게 보낸 편지」를 보니, "그림자 등은 아직 본 적이 없으나, 그것을 보느니 차라리 『삼국지』를 한 번 보는 게 어떻겠나"라고 하였으니, 이것은 『삼국지』의 고사로 그림자를 만든 것이 분명하다. 또 범석호范石湖[23]의 「대보름날 오하의 절물을 기록한 배체시[上元吳下節物俳體詩]」를 보니, "그림자 돌아가니 말이 종횡무진 달리네"라고 했는데, 그 주석에 "마기등馬騎燈"[24]이라 하였으니, 송나라 때부터 이미 그런 기법이 있었던 것이다.

又有影燈裏設旋機, 剪紙作獵騎鷹犬虎狼鹿獐雉兎狀, 傳於機, 爲風炎所轉, 外看其影. 按東坡與

서술하였다. 중국의 사대 기서四大奇書 가운데 하나이다.

20 **그림자등影燈.** 초롱(촛불이 바람에 꺼지지 않도록 겉에 천 따위를 씌운 등으로, 주로 촛불을 켜기 때문에 붙여진 이름) 속에 회전하는 기구를 설치한 뒤 종이로 사람이나 동물의 모양을 만들어 그 위에 붙여 바람이나 불기운의 상승 효과로 빙빙 돌게 하여서 그 그림자가 밖으로 드러나도록 만들었다.

21 **빙빙.** 해당 원문은 '위풍염소전爲風炎所轉'인데, 여기서 '염'은 '뜨겁다'는 뜻이 아니라, '왕성하다'는 말이다.

22 **소동파蘇東坡.** 북송 때의 문인 소식蘇軾(1036~1101)으로 자는 자첨子瞻. 호는 동파東坡이다. 당송팔대가唐宋八大家의 한 사람으로 서화書畵에도 능했다. 대표적인 작품과 저서로 「적벽부赤壁賦」와 『동파전집東坡全集』이 있다.

23 **범석호范石湖.** 송나라 때 시인 범성대范成大(1126~1193)로, 자는 치능致能이며 호는 석호거사石湖居士이다. 문장으로 이름을 날렸고 특히 시에 능통했다.

24 **마기등馬騎燈.** '등의 겉에 말을 타고 사람이 달리는 모습이 드러나도록 만든 등'이라는 뜻. 안팎 두 겹으로 된 틀의 안쪽에 갖가지 그림을 붙여서, 그 틀이 돌아감에 따라 그 안에 켜 놓은 등화燈火로 말미암아 그림이 종이나 천을 바른 바깥쪽에 비치게 만든 등을 말한다. 주마등走馬燈의 한 종류이다.

吳君采書云"影燈未嘗見, 與其見此, 何如一閱三國志耶?" 此必以三國故事作影也. 又按范石湖上元吳下節物俳體詩"轉影騎縱橫"註云"馬騎燈", 蓋自宋時已有此制也.

시장에서 파는 등은 천태만상으로 오색찬란하며 값이 비싸고 기이하므로, 그것을 보려고 종로 거리에 구경꾼이 담을 두른 듯 모인다. 난새, 학, 사자, 호랑이, 거북, 사슴, 잉어, 자라에 신선과 선녀가 타고 있는 모습을 만들기도 하는데, 아이들이 너도나도 사서 가지고 논다.

市燈所賣, 千形百狀, 五彩絢爛, 重價衒奇, 鍾街上觀者如堵. 又造鸞鶴獅虎龜鹿鯉鼈仙官仙女跨騎之狀, 羣童競買而弄玩.

연등을 다는 날이 되면 으레 야간 통행금지를 풀어 도성의 남녀가 모두 나와 초저녁부터 남북의 산기슭에 올라 매달아 놓은 등을 구경한다. 어떤 사람은 악기를 들고 거리를 돌아다니면서 놀기도 한다. 인산인해를 이루고 불야성이 되어 밤새도록 시끌벅적하다. 시골 마을의 노파들도 손을 잡고 앞다투어 나와 반드시 남산 잠두봉蠶頭峯에 올라 그 광경을 구경한다.[25]

---

25 관등觀燈 풍습을 말한다. 『불설시등공덕경佛說施燈功德經』에서 "등을 바치는 것을 연등燃燈이라 하고, 마음을 밝게 하는 것을 관등觀燈이라 한다."라고 했다. 『열양세시기』의 증언대로 연등을 많을 때는 십여 개, 적을 때는 서너 개를 단다면, 『세시풍요』에서 밝힌 대로 서울의 호수戶數가 사만城中四萬家이라고 하고, 한 가구당 대략 다섯 개씩만 단다고 치더라도 서울 장안에는 총 20~30만 개 이상의 연등이 매달리게 된다. 이렇게 보면 "높이 올라가서 그것을 보면 온 하늘의 별자리처럼 반짝거린다."(『열양세시기』)는 말은 결코 과장이 아니다. 거기에다 불꽃놀이의 일종인 줄불놀이, 떨기불[총화叢火]까지 더해졌으니, 전기가 없던 시절에 그것은 가히 장관이었을 것이다. "불단佛壇의 등불 삼일 밤 휘황했으니蕭寺龕燈三夜輝"(『세시풍요』)라는 시구에서 보듯이, 이 축제는 삼 일간 지속되었다. 『용재총화』의 다음 전언이 저간의 사정을 좀 더 상세하게 전해주고 있다. "이 날이 되면 집집마다 장대를 세워 등불을 걸고, 부호들은 화려하게 치장한 시렁을 크게 차려 놓았는데, 층층이 달린 수많은 등불은 마치 하늘에 별이 펼쳐진 것과 같았다. 서울 사람들은 밤새도록 구경하고, 무뢰한 젊은이들은 그것을 올려 보면서 툭툭 건드리는 것을 낙으로 삼았다. 지금은 불교를 숭상치 않아, 혹 연등놀이를 한다고 해도 옛날 번성하던 것만 못하다. (권2) 4월 8일의 연등과 7월 보름의 우란분盂蘭盆(아귀도餓鬼道에 떨어진 망령을 위하여 여는 불사佛事)과 12월 8일의 욕불 때에는 다투어 다과茶菓와 떡 같은 것을 시주하여 부처에게 공양하고 중을 먹이는데, 중들은 범패梵唄(석가여래의 공덕을 찬미하는 노래)를 하고, 예쁘게 단장하고 수놓은 치마를 입은 부녀자들은 산골짜기에 모여들어 자못 추잡한 소문이 밖에까지 들렸으며, 나이 어린 여승 중

至燃燈之夕, 例弛夜禁, 士女傾城, 初昏遍登南北麓, 觀懸燈, 或携管絃, 沿街而遊, 人海火城, 達夜喧闐, 鄉外村婆, 提挈爭來, 必登鼇頭觀之.

아이들은 각각 등간 아래에 석남石楠 잎을 넣은 시루떡[26], 삶은 검은 콩과 미나리를 차려놓고는, '부처님 오신 날이기 때문에 소식素食[27]한다'고 하면서 손님을 맞아 논다. 또 물동이에 표주박[28]을 띄워 놓고 빗자루로 두드려 진솔한 소리를 내는데, 그것을 수부희水缶戲[29]라고 한다. 장원張遠의 『오지隩志』[30]를 보니, "도성의 풍속에 염불하는 사람은 그때마다 그 숫자만큼 콩을 세어 모아놓았다가, 4월 8일 석가탄신일이 되면 그 콩을 볶아 소금을 조금 치고 길 가는 사람을 불러 대접하여 인연을 맺는다."라고 하였다. 지금 풍속에 콩을 볶는 것이 여기에서 시작되었다. 또 『제경경물략帝京景物略』[31]을 보니, "대보름 저녁에 아이들이 저녁부터 새벽까지 북을 치는데, 그것을 태평고太平鼓[32]라고 한다."라고 하였다. 지금의 물장구 풍속이 태평고의 의미

에는 아이를 낳고 도망가는 자가 많았다. (권8)"

26 **석남石楠 잎을 넣은 시루떡.** 석남증병石楠蒸餅. '석남'은 느티나무이다. 『경도잡지』와 『열양세시기』에서는 모두 '유엽병楡葉餠'이라 했는데, 느티나무의 연한 순을 넣어 만든 '느티떡'을 말한다. 남병楠餠, 석남엽병石楠葉餠, 석남엽증병石楠葉甑餠 등으로 부르기도 한다. 참고로 『농가월령가』 '4월령'에서는 "파일八日의 현등懸燈함은 산촌에 불긴不緊하나 / 느티떡 콩찌니는 제때의 별미로다."라고 했다.

27 **소식素食.** 고기반찬이 없는 소박한 밥. 원문 '여소茹素'는 채식을 말하는데, 흔히 '소밥' 혹은 '소반蔬飯'이라고 한다.

28 **표주박.** 조롱박이나 둥근 박을 반으로 쪼개어 만든 작은 바가지.

29 **수부희水缶戲.** 물장구놀이. 사월 초파일에 아이들이 물동이에 바가지를 띄워 돌려가면서 두드리며 노는 놀이로, 수부水缶, 물박치기, 수포水匏라고도 한다.

30 **장원張遠의 『오지隩志』.** '장원'은 송나라 사람으로 휘종徽宗 때 산속에 은거하였으며, 산수화를 잘 그린 것으로 유명하다. 『오지』는 그의 저서이다.

31 **우혁정于奕正의 『제경경물략帝京景物略』.** 우혁정(1597~1636)은 명나라 완평宛平(지금의 북경) 출신으로 자는 사직司直이며 만력萬曆, 태창泰昌, 천계天啓, 숭정崇禎의 네 조정을 거쳤다. 류동劉侗과 공동으로 『제경경물략』을 저술하였다. 『제경경물략』은 명나라 북경의 명승지와 풍속, 그리고 백성의 생활상을 상세히 기록하였고, 특히 당시의 정원문화, 민속, 외국종교의 전파 등에 대해 구체적으로 묘사하고 있다.

32 **태평고太平鼓.** '단고單鼓', '양피고羊皮鼓'. 중국 북방 각지에서 유행한 한족漢族의 민속 무용 형식 중의 하나이다. 연기자는 모두 남성이다. 배우들은 당나귀 가죽으로 북 표면을 덮은 둥근 단고를 손에 들고 대나무 북 키로 북을 치며 노래하고 춤을 춘다.

인 듯한데, 석가탄신일이 등석燈夕이기 때문에 이날로 변경한 것이다.

兒童各於燈竿下, 設石楠葉甑餅蒸黑豆烹芹菜, 云是佛辰茹素, 廷客而樂. 又泛瓢於盆水, 用帚柄
叩而爲眞率之音, 謂之水缶戲. 按張遠隩志: "京師俗念佛號者, 輒以豆識其數, 至四月八日佛誕生
之辰, 煮豆微撒以鹽, 邀人于路, 請食之以爲結緣也." 今俗煮豆, 盖昉於此. 又按帝京景物略 "元夕,
童子撾鼓旁夕向曉, 曰太平鼓." 今俗水缶, 似是太平鼓之意, 而以佛日爲燈夕, 故移用之也.

월내月內

떡집에서는 찹쌀¹가루를 치대어 조각을 낸 다음 여러 번 발효시켜 방울 모양으로 만들고, 술을 부어 찐 후에 콩 소를 꿀에 타 방울 속에 넣고 대추 살을 그 위에 붙이는데, 그것을 증편²이라 한다. 푸른색과 흰색이 있는데 푸른 것은 당귀잎 가루를 넣은 것이다. 『예원자황藝苑雌黃』³을 보니, "한식寒食⁴에 밀가루로 증병蒸餅 모양을 만들어 대추를 붙인 것을 조고棗餻라 한다."고 했다. 지금 풍속은 여기에서 비롯된 것이다. 또 방울 모양으로 발효시키지 않고 조각낸 채로 쪄먹기도 한다. 노란 장미꽃을 따서 떡을 만들어 기름에 지져 먹기도 하는데, 마치 3월 삼짇날 화전花煎⁵처럼 한다.

---

1   **찹쌀**. 나미糯米. 『향약구급방鄉藥救急方』에 "시속에서 점미粘米라고 한다. 그 성질은 차며 술을 빚으면 열을 낸다."라고 하였다.

2   **증편**. 증병蒸餅. 달착지근하면서 새큼한 맛이 감도는 술떡으로 기주떡, 기지떡, 기증병, 벙거지떡, 상화, 상애 떡 등으로도 불린다. 찐빵처럼 보풀려서 쪄내며 여름철이 제격이다. 여름에는 음식물이 쉬 상하게 마련인데 이 떡은 오뉴월 뙤약볕에 두어도 쉬지 않아 여름에도 2~3일간은 먹을 수 있다. 술을 넣고 만들어 그 안에 들어 있는 효모나 세균의 작용으로 부드럽고 쉽게 상하지도 않기 때문이다. 우리말로 술 기운으로 발효시키는 것을 '기주起酒'한다고 하므로 서민들은 주로 기주떡이라고 했다.

3   『**예원자황藝苑雌黃**』. 엄유익嚴有翼의 저서. 엄유익은 송나라 건안建安 사람으로 생몰연대는 미상. 『예원자황』은 오랫동안 일실되어 현재 10권의 잔본殘本이 남아있다.

4   **한식寒食**. 우리나라 명절의 하나. 동지冬至로부터 105일째 되는 날로서 4월 5일이나 6일쯤이 되며, 민간에서는 조상의 산소를 찾아 제사를 지내고 사초莎草(무덤에 떼를 입혀 잘 다듬는 일)하는 등 묘를 돌아본다.

5   **화전花煎**. 꽃을 붙여 부친 부꾸미. 찹쌀가루를 반죽하여 기름에 지진 떡으로, 계절에 따라서 진달래꽃, 장미꽃, 배꽃, 국화꽃 등을 붙여서 지진다. 일명 '꽃지지미'라고도 한다. 우리나라의 세시풍속에는 삼월 삼짇날 들놀이

賣餅家用糯米粉, 打成一片, 累累起酵如鈴形, 以酒蒸溲豆餡和蜜, 入於鈴內, 粘棗肉於鈴上, 名蒸餅. 有青白兩色, 青者用當歸葉屑也. 按藝苑雌黃: "寒食以麵爲蒸餅樣, 團棗附之, 名曰棗餻." 今俗沿于是. 又不起鈴而蒸片食之, 採黃薔薇花, 作餻油煎以食, 如三日花煎.

생선을 잘게 썰어 오이 채, 국화잎, 파, 석이버섯, 익힌 전복, 계란을 섞어 만든 것을 어채魚菜[6]라고 한다. 또 생선을 두텁게 썰어 조각내어 고기로 소를 만들어 넣고 익힌 것을 어만두魚饅頭[7]라고 하는데, 모두 초장에 찍어 먹는다. 데친 미나리와 파로 회를 만들어 산초山椒[8]와 간장으로 간을 맞춰 술안주로 먹는데, 모두 초여름의 시식時食[9]이다.

以魚鮮細切熟之. 雜苽菜菊葉葱芽石耳熟鰒鷄卵, 名曰魚菜. 又厚切作片, 包肉餡而熟之, 名曰魚饅頭, 幷和醋醬食之. 以烹芹和葱作膾調椒醬爲酒肴食之, 皆初夏時食也.

를 할 때 진달래꽃을 따서 찹쌀가루에 섞어 지진 꽃전을 절식으로 먹는 풍속이 있는데, 이러한 풍습은 고려시대부터 있었던 것이다.

6 어채魚菜. 생선과 야채에 녹말을 묻혀 데친 다음 차게 해서 먹는다. 초여름에 즐겨 먹었으며, 주안상에 어울리는 음식이다. 서유구徐有榘(1764~1845)는『옹희잡지饔饎雜誌』에서 "각종 생선을 회처럼 썰어서 녹말을 묻히고, 고기 내장·대하·전복·채소도 채 썰어 한 가지씩 삶아내어 보기 좋게 담는다"라고 하면서, 숙회熟鱠(육류 내장이나 생선, 야채 따위를 살짝 익혀서 먹는 음식을 통틀어 이르는 말)의 한 종류라고 했다. 차게 먹는 음식이므로 생선은 비린내가 나지 않는 것을 고르며, 흰살생선 가운데 회를 할 수 있는 것이면 된다. 민어, 대구, 도미 등이 좋다. 생선은 살이 부서지기 쉬우므로 찬물에 담가서 식혀야 쫄깃한 맛이 살아난다.

7 어만두魚饅頭. 흰살생선인 민어나 도미, 광어의 살을 전유어煎油魚(얇게 저민 고기나 생선 따위에 밀가루를 묻히고 달걀 푼 것을 씌워 기름에 지진 음식) 감으로 얇게 떠서 만두소를 넣고 만두 모양으로 만들어 녹말을 씌워서 찌거나 삶아 건진 음식. 어만두는 궁중식宮中食의 하나로 양반가 조리서의 대표적인 문헌인『음식디미방』등에 기록된 것으로 보아, 서민층보다는 양반층을 중심으로 퍼져 있던 음식으로 당시 양반가에서는 초여름 어른 생신의 점심상에 즐겨 올렸다.

8 산초山椒. 산초나무의 열매. 기름을 만드는 원료로 쓰고 식용 또는 약용한다. 주로 향신료로 쓴다.

9 시식時食. 최남선은 "춘하추동 사시와 일 년 열두 달 그때마다 철 맞추어 먹는 음식을 시식이라고 이르니, 대개 그때그때의 명일을 중심으로 하여 새로 나는 물건이나 먹을 맛있는 음식의 종류를 선택하여 마련되었던 것입니다. 이를테면 설의 떡국, 대보름의 약밥, 정 이월의 물쑥 청포, 한식寒食의 개피떡, 삼월삼일의 화전花煎, 초파일의 도미국수, 단오의 수단水團, 유두流頭의 밀쌈, 추석의 송편, 구일九日의 국화전菊花煎, 동지의 팥죽, 납향臘享(동지 후 셋째 미일未日인 납일臘日에 종묘·사직에 지내는 큰 제사)의 고기구이 등이 그 주요한 것입니다."라고 했다. (『조선상식문답』) 절식節食이라고도 한다.

처녀와 아이들은 모두 봉선화[10]에 백반[11]을 섞어 손톱을 물들인다.[12]

女娘及小童, 皆以鳳仙花調白礬, 染指甲.

웅천熊川[13]의 풍속에 고을 사람들이 매년 4월 웅산신당熊山神堂에서 신을 맞이하여 산을 내려와 풍악을 울리고 여러 놀이를 벌이는데, 원근의 사람들이 다투어 와서 제사를 지낸다.[14] 10월에 또 그렇게 하는데, 연례행사가 되었다.【『동국여지승람』에 보인다.】

熊川俗, 熊山神堂, 土人每四月迎神下山, 陳鐘鼓雜戲, 遠近爭來祭之. 十月, 又如之, 以爲常.【見輿地勝覽】

---

10 **봉선화**. 정원에 흔하게 심는 화초 중의 하나로 수분이 많아서, 특히 울 밑 같은 곳에서 잘 자란다. 빛깔이 다양하며 한 줄기에서도 여러 색의 꽃이 핀다.

11 **백반**. 떫은맛이 나는 무색투명한 정팔면체의 결정으로, 물에 녹으며 수용액은 산성을 띤다. 매염제媒染劑(섬유에 색소가 직접 물들지 못하는 물감을 고착시키는 물질), 수렴제收斂劑(위나 창자에 작용하여 설사를 멈추게 하거나 점막이나 피부의 상처에 얇은 막을 만들어 보호하는 약) 따위로 쓴다.

12 봉선화로 손톱에 물을 들이는 풍속을 한자어로는 지염指染 혹은 염지染指라고 한다. 음력 4월이 되어 꽃이 피게 되면 원하는 빛깔의 봉선화와 함께 잎사귀를 조금 따, 돌이나 그릇에 놓고 백반을 배합하여 찧어서 손톱에 붙인 뒤 헝겊으로 싸고 실로 총총 감아 두었다가, 하룻밤을 자고 난 다음날 헝겊을 떼어 보면 봉선화의 빛깔이 손톱에 물들어 아름답게 된다. 백반은 착색을 잘 시키며, 조금 섞는 잎사귀는 빛깔을 더 곱게 해준다. 화장품이 적었던 옛날에는 봉선화 물들이기가 소녀나 여인들의 소박한 미용법이었다. 『임하필기林下筆記』에 따르면 손톱을 아름답게 꾸미려는 의도와 함께 붉은색이 요사스러운 귀신을 물리치는 벽사辟邪의 기능을 하므로 악귀로부터 몸을 보호하려는 뜻도 담겨 있다.

13 **웅천**熊川. 경남 진해鎭海의 옛 지명.

14 웅산신당제熊山神堂祭를 말한다. 웅산신당제에 대한 기록은 상세하지는 않지만, 본문의 내용으로 보아 신당은 산꼭대기에 있었으며, 신격은 웅산熊山, 곧 산신山神이라고 추정된다. 지방 사람들이 산에서 신을 맞이하여 내려오고 원근에서 다투어 제사를 지낸 점, 『신증동국여지승람』 사묘조祠廟條에 기록된 것으로 보아 군현의례郡縣儀禮의 하나라 할 수 있다. 파종과 수확이 이루어지는 음력 4월과 10월에 제의가 행해진 것은 한 해 농사가 잘 이루어져 풍년이 들기를 기원하고 수확물에 대해 감사하는 의미가 담겨 있다.

5월
五月

—

단오端午

각신閣臣[1]들에게 애호艾虎[2]를 내려준다. 비단으로 만든 꽃을 작은 짚으로 묶어 갈대 이삭처럼

---

1 **각신閣臣.** 규장각奎章閣의 제학提學, 직제학直提學, 직각直閣, 대교待敎 등의 직책을 가진 신료로, 정조 당시 학문과 명망이 높은 사람을 정선精選하여 임명하고 특별 대우하였다.

2 **애호艾虎.** 주로 양반들이나 점잖은 남자 어른들이 지니고 다녔던 장식을 말한다. 원래는 쑥의 줄기로 호랑이 모양을 만들거나 혹은 비단으로 호랑이를 만들어 쑥 잎으로 장식했던 것인데, 대개 궁중의 비빈妃嬪이나 부인의 머리 위에 꽂는다. 나중에 쑥을 대신해 지푸라기와 비단을 쓰기도 하고, 나무로 호랑이 모양을 만들어 창포를 붙이고 모시로 만든 꽃을 붙여 만들기도 하였다. 이것을 지니면 재앙도 물리치고 장수한다고 여겼는데, 쑥의 살균력과 호랑이의 벽사력辟邪力을 믿었기 때문이다. 애호는 머리에 꽂기도 하지만, 짚으로 몸뚱이를 만들어 색색의 장식을 덧붙여서 단옷날 저녁 문 위에 매달아 두어 한 해의 액운을 막는 데도 쓰였다. 애호를 문에 매다는 대신에 호랑이 머리뼈인 호두골虎頭骨을 매달아 두기도 하였다. 이런 풍습은 『산림경제山林經濟』에도 나타나는데, 그 흔적이 전남 구례 운조루雲鳥樓의 대문에 남아 있다. 그곳 사람 말을 들으면, 밤마다 운조루 안에서 귀곡성 같은 이상한 소리가 들려서 호두골을 대문 위에 걸어 두었더니, 그 후로는 잠잠해졌다는 것이다. 호두골은 귀신 쫓는 데 특효가 있다고 해서 중국에서 베개로 쓰이기도 하였다. 참고로 『형초세시기』에서는 "지금 사람들이 쑥으로 호랑이 모양을 만들거나 비단을 잘라 작은 호랑이를 만들고 거기에 쑥 잎을 붙여 머리에 꽂는다."라고 했다. 조선에서는 쑥을 쓰지 않고 끝을 뾰족하게 깎은 한 뼘 정도 길이의 나무에 물들인 비단, 모시 등의 헝겊과 창포, 오색실 등으로 장식을 만들어 비녀처럼 머리에 꽂아 애화艾花라고도 불렀다. 애화에 대해서는 『열양세시기』의 전언이 상세하다. "직제학 김근순金近淳의 댁에 정조 당시 하사한 애화 한 개가 있다. 제작 양식은 이렇다. 나무를 깎아 몸체를 만드는데, 길이는 7~8치, 너비는 3푼가량 된다. 몸체 중간부터 점차 좁아져 뿌리 끝에 가서는 뾰족하게 만들기 때문에 비녀처럼 꽂을 수 있다. 몸체 상반신의 양면에는 창포 잎을 붙이는데, 창포 잎의 너비는 몸체를 기준으로 하고 창포잎의 길이는 몸체보다 좀 더 길게 나오도록 한다. 그래서 몸체 밖으로 삐져나와 마주 보는 양면의 창포 잎 끝부분이 마치 금방 돋은 싹과 같은 모양이 된다. 여기에 붉은 모시를 오려 꽃을 만들고는 가운데에 구멍을 뚫어 창포잎이 있는 곳까지 꿴 다음 가운데를 발라서 붙이되 꽃받침이 위로 향하게 한다. 그리고 오색실을 가지고 발끝에서부터 비스듬히 사선 방향으로

172

나부끼게 한다. 『세시잡기歲時雜記』[3]를 보니, "단오端午[4]에 쑥으로 호랑이 모양을 만들거나 비단을 오려 작은 호랑이를 만들고 쑥 잎을 붙여 머리에 꽂는다."라고 하였다. 우리나라 제도는 여기에서 시작되었다.

頒艾虎于閣臣. 用小稈纏束綵花, 萩萩如蓼穗. 按歲時雜記: "端午以艾爲虎形, 或剪綵爲小虎, 粘艾葉以戴之." 國制昉於此

감아 올라가, 꽃받침을 지나 몸체 끝까지 꽁꽁 묶었다. 애화는 대개 궁중 풍속이지만, 어디에서 기원했는지 그 상세한 내막은 모른다. 『명물名物』를 보니, 갈대쑥[겸애蒹艾]과 장명루長命縷라는 두 가지 뜻이 있는 듯하나, 재료에 정작 쑥을 볼 수 없으니 의심이 간다. 육방옹陸放翁의 시「중오重五」에 '심하게 시든 게 애화 비녀 한 가지 같네'라고 한 것이 바로 이것을 말한 것이다."

3 『세시잡기歲時記』. 북송北宋 때의 학자로 본명은 희철希哲인 여원명呂原明이 지은 세시서歲時書다. 여명원은 정호程顥, 정이程頤 형제와 장재張載에게 배웠다.

4 단오端午. 음력 5월 5일 명절의 하나로 수릿날[戌衣日·水瀨日], 중오절重午節, 천중절天中節, 단양端陽이라고도 한다. 단오의 단端은 처음, 곧 첫 번째를 뜻하고, 오午는 오五, 곧 다섯을 뜻하므로 단오는 초닷새[初五日]라는 뜻이 된다. 5월 초닷새는 중오重五, 곧 양陽의 수 5가 중복되어 일년 중에서 가장 양기陽氣가 왕성한 날이라 해서 큰 명절로 여겨 왔고, 여러 가지 행사가 전국적으로 행해졌다. 참고로 단오는 중종 13년(1518)에 설날·추석과 함께 '3대 명절'로 정해지기도 했다. "옛날 음양철학陰陽哲學에서는 1·3·5·7·9의 홀수[奇數]를 양수陽數라 하고, 2·4·6·8·10의 짝수[偶數]를 음수陰數라 하여, 양수가 겹치는 날, 곧 3월 3일, 5월 5일, 9월 9일 등은 다 인생의 생기生氣 활력에 도움이 된다는 이론으로 명절을 삼았습니다. 그 중에도 5월 5일은 일년 중에 양기가 가장 왕성한 때가 됨으로써 이르기를 천중가절天中佳節이라 하여, 특별히 이 날을 숭상하며, 쑥·창포 같은 양기를 돕는 풀로 노리개도 만들어 차고 목욕도 감았습니다. 옛날에 정월을 인월寅月이라 하여 5월이 오월午月로 되고, 인하여 오五와 오午를 통용하여 5월뿐 아니라 5일도 오일午日이라고 일컬었는데, 단端은 처음이란 말이니 단오라 함은 초오일初五日의 뜻입니다. 대저 1년 12월에 다달이 초오일이 있으되, 초오일의 대표될 것은 5월 초오일이라 하여, 단오라 하면 보통 5월 5일의 이름이 된 것입니다. 단오란 말은 물론 중국에서 시작된 말로서 중국에서는 이날에 갈잎에 싸서 찐 밥[稷]과 창포주菖蒲酒를 먹고, 난초蘭草 물에 목욕을 감으며, 쑥으로 범을 만들어 문 위에 달고, 들에 나가서 나물 캐기 내기를 하며, 강물 있는 곳에서는 배질하여 먼저 건너가기 내기를 하는 등의 풍속이 있었습니다. 그러나 중국에서보다도 북방 민족의 사이에서 더욱 이날을 숭상하여, 1년 중의 가장 큰 명일을 삼고, 제천祭天과 같은 중대한 예식禮式을 이때에 거행하며, 겸하여 활쏘기 겨룸[競射]과 말을 타고 달리며 작대기로 공을 치던 격구擊毬 등 성대한 놀이를 베풀어서 상하가 함께 즐겼습니다. 조선에서도 신라 시절 그 전으로부터 이날을 '수리' 또 '수뢰'라고 일컬어서 큰 명일로 치고, 고려 시절에는 나라에서는 격구를 하고, 사나이는 편쌈을 하고 아낙네는 그네를 뛰고, 이밖에 여러 가지 놀이를 꾸몄으며, 이씨조선에서는 편쌈, 그네 밖에 씨름·택견·편을 갈라 활을 쏘는 재주를 겨루는 편사便射를 하고, 또 탈춤놀이를 차려서 남녀노소가 한 가지로 즐기고, 일변 창포물로 낯을 씻고 그 뿌리로 노리개를 만들어 차는 중국 전래의 풍속도 일반으로 유행하였습니다."(『조선상식문답』)

공조工曹[5]에서 단오 부채[6]를 만들어 바치면 궁액宮掖[7], 재상[8], 시종신侍從臣[9]에게 나누어 준다. 부채 중에 가장 큰 것은 흰 대나무 살이 4, 50개는 되는데, 백첩白貼[10]이라 한다. 옻칠한 것은 칠첩漆貼이라 한다. 이 부채를 얻은 사람은 대부분 거기에 금강산 1만 2천 봉을 그린다. 혹은 광대나 무당이 손에 들기도 한다. 요즘에는 꺾어진 가지, 복사꽃, 연꽃, 호랑나비, 은붕어, 해오라기를 그리기 좋아한다.[11] 『계암만필戒菴漫筆』[12]을 보니, "단오에 도성의 관원에게 궁중

---

5 **공조工曹.** "공조는 수형부水衡府라 / 각색장색各色匠色(온갖 물건을 만드는 사람) 총찰總察(총괄하여 살피거나 보살핌)하여 / 응역應役(병역이나 부역 등을 치르던 일)하기 일삼으니 / 와서瓦署(조선 시대 관에서 쓰는 기와와 벽돌을 만들어 바치던 관아) 선공繕工(조선 시대 토목이나 건축물 따위를 새로 짓거나 수리하거나 하는 영선營繕을 맡은 관아) 매어 있고"(『한양가』)라고 한 데에서 보듯이, 조선 시대 산택山澤·공장工匠·토목土木·영선營繕·둔전屯田·염장鹽場·도야陶冶 등의 일을 관장하던 부서이다.

6 **단오 부채.** 단오선端午扇.『열양세시기』에 따르면, "공조工曹와 호남, 영남 두 감영監營과 통제영統制營에서는 단오를 앞두고 부채를 만들어 조정에 진상하는데, (조정에서는 다시) 전례대로 차등 있게 내려보낸다. 부채를 얻은 사람은 다시 그것을 친지, 친구, 묘지기, 소작인[전객佃客]에게 나누어준다. 그래서 속담에 '시골에서 생색나는 것은 여름 부채, 겨울 달력'이라고 하였다."

7 **궁액宮掖.** 비빈妃嬪이 사는 궁궐을 뜻하는데, 여기서는 비妃(임금의 아내)와 빈嬪(왕세자의 아내)을 말함.

8 **재상.** 재집宰執. 임금을 돕고 모든 관원을 지휘하고 감독하는 일을 맡아보던 2품 이상의 벼슬. 또는 그 벼슬에 있던 벼슬아치. 본디 '재宰'는 요리를 하는 자, '상相'은 보행을 돕는 자로 둘 다 수행하는 자를 이르던 말이었으나, 중국 진秦나라 이후에 최고 행정관을 뜻하게 되었다.

9 **시종신侍從臣.** 임금을 가까이 모시고 따라다니는 신하. 근시近侍, 시종관侍從官, 근신近臣, 근밀지신近密之臣, 시신侍臣, 친신親臣이라고도 한다. 예문관藝文館의 봉교奉教 이하 시교侍教·검열檢閱은 춘추관春秋館의 사관史官을 겸하였으므로, 시종의 주된 목적은 임금의 언행을 기록하여 사초史草(실록의 원고)를 남기는 데 있었음을 알 수 있다. 조선 초에는 사관 한 사람이 시종하였으나, 그 기록이 소루하다고 하여 세종 7년(1425)에 사관 두 사람이 입시入侍토록 하였다.

10 **백첩白貼.** 흰 종이를 발라 만든 쥘부채(접는 부채)로 백접선白摺扇, 백첩선白疊扇이라고도 한다. 『선조실록』에 "예조가 아뢰기를, '단오에 진상할 물건들에 대해 호조에서 보내온 횡간橫看(조선 시대의 세출예산표蔵出豫算表)을 고찰해 보고 낱낱이 단자單子(부조扶助하거나 선사할 때 보낼 물품의 품목과 수량을 조목조목 적어 받을 사람에게 올리는 문서)에 등서해 입계합니다.' (…) '전라도의 백첩선을 3년 동안은 3백 묶음[把]으로 줄이고, 각도에서 봉진奉進할 원래의 수효 중에서 절반은 올해의 예대로 백첩선 한 묶음 대신에 유선油扇 두 묶음을 봉진케 하라.' 하였다. 양남兩南 감사監司의 장계에 '민간에서 백첩선 한 묶음을 만드는 대나무의 값이 쌀 24~25말이다.'라고 하였으므로 이 분부가 있는 것이다."라고 했다.

11 단오 부채에는 그림뿐 아니라 글씨를 써넣기도 하였다. 즐겨 쓰는 구절을 『묵장보감墨場寶鑑』에서 몇 가지 뽑아 보면 다음과 같다. '물가 대나무 숲에서 유유히 살아가리[水竹悠居]', '강과 산의 명승지를 유람하네[江山勝遊]', '대나무 숲에서 여름을 보내리라[竹林消夏]', '마음 비우고, 절개 굳으며, 행동 곧고, 기운 맑으니, 사람의 모범이 될 만하도다[其心虛, 其節堅, 其行直, 其氣淸, 可以爲人法]', '대나무 숲 맑은 바람[竹林淸風]'. 이 밖에도 "구름 그림자 주렴에 가득하니 가을바람 시원하다[雲影滿簾秋風凉]"는 구절이 들어 있는 소동파의 화죽시畵竹詩와 "걸

의 부채를 하사한다. 대나무 살에 종이를 바르고 그 위에 새와 짐승을 그린 다음 오색실로 애호를 묶었다."라고 한 것이 바로 이것이다. 호남과 영남 양 도의 관찰사[13]와 통제사[14]가 단오 부채를 진상하는데, 으레 조신朝紳[15]과 친지들에게 보낸다.[16] 부채를 만드는 고을의 수령도 진상하고 선물한다. 전주의 남평南平[17]에서 만든 것이 가장 좋다. 승두선僧頭扇, 어두선魚頭扇, 사두선蛇頭扇, 합죽선合竹扇, 반죽선斑竹扇, 외각선外角扇, 내각선內角扇, 삼대선三臺扇, 이대선二臺扇, 죽절선竹節扇, 단목선丹木扇, 채각선彩角扇, 소각선素角扇, 광변선廣邊扇, 협변선狹邊扇, 유환선有環扇, 무환선無環扇[18] 등 만드는 양식이 각각 다르다. 오색五色, 자록색紫綠色,

---

린 데 없이 마음을 내라[應無所住而生其心]"는 『금강경金剛經』의 게偈(부처의 공덕이나 가르침을 찬탄하는 노래 글귀) 등이 자주 쓰인다. 이렇듯 그림을 그리거나 글씨를 써넣은 부채는 반드시 바람만 일으키는 데 소용된 것이 아니라 완상玩賞의 대상으로 쓰이기도 하였다.

12 『계암만필戒菴漫筆』. 명나라 강소성 출생의 학자인 이후李詡(1506~1593)가 편찬한 8권으로 된 잡저雜著이다. 조야朝野의 전고典故, 시문詩文, 쇄어鎖語, 해학비속諧謔卑俗한 사항 등을 잡록雜錄한 것으로 소설체에 가깝다. 명나라 총서叢書『설부說郛』속집續集 제19권 안에 들어 있다.

13 관찰사觀察使. 도백道伯. 각 도에 파견되어 지방 통치의 책임을 맡았던 최고의 지방장관으로, 흔히 감사監司라고 부른다. 중요한 정사에 대하여는 중앙의 명령을 따라 시행하였으나, 자신이 관할하고 있는 도에 대해서는 경찰권·사법권·징세권徵稅權 등 절대적인 권한을 행사하였다.

14 통제사統制使. 통곤統閫. 삼도수군통제사三道水軍統制使의 준말로, 임진왜란 중에 설치된 종2품 외관직의 무관을 말한다. 경상·전라·충청도 등 3도의 수군을 지휘 통솔한 삼남지방의 수군水軍 총사령관이다. 통제사는 정3품 수군절도사보다 상위직으로, 각 도의 지방행정의 최고직인 관찰사와는 같은 품계였으나, 그보다 상위 품계에서 기용되는 경우가 많았다.

15 조신朝紳. 조정에 출사出仕하는 관원으로 조관朝官, 조사朝士, 조신朝臣이라고도 한다. 궁중의 업무를 맡아보던 궁관宮官과 대칭되기도 하고, 때로는 대개 "서울 밖에 있으면 수령이요, 서울 안에 있으면 조관이다[外在則守令, 內在則朝官]."라고 했듯이, '지방의 수령'에 대하여 '중앙의 관원'이라는 뜻으로도 쓰인다.

16 『열양세시기』에서는 "부채를 얻은 사람은 다시 그것을 친지, 친구, 묘지기, 소작인[佃客]에게 나누어준다. 그래서 속담에 '시골에서 생색나는 것은 여름 부채·겨울 달력'이라고 했다"고 하였다.

17 남평南平. 현재의 전남 나주군 남평면 일대이다.

18 본문에 열거된 부채들은 모두 부채살을 고정시키지 않고 접었다 폈다 할 수 있는 접선摺扇(접는 부채·접부채·접첩선摺疊扇·살선撒扇)들이다. 이것들은 ① 군안(부채를 폈을 때 아랫부분이 비둘기 꽁지처럼 퍼지는 곳이다. 이곳이 임금의 눈을 닮았다고 하여 군안君眼이라 함)의 형태에 따라, 중의 머리처럼 둥근 승두선, 물고기 머리처럼 생긴 어두선, 뱀 대가리처럼 생긴 사두선이 있으며, ② 변죽(부채의 양쪽 가장자리, 곧 갓대)의 재료에 따라, 변죽을 부레풀로 서로 맞붙인 합죽선, 검붉은 반점이 있는 대나무를 사용한 반죽선, 뿔을 사용한 외각선, 대나무[밖]와 뿔[안]을 같이 쓴 내각선, 붉은 박달나무를 쓴 단목선, 마디가 있는 대나무를 사용한 죽절선, 물들이거나 조각을 하고 색을 칠한 뿔을 쓴 채각선彩角扇, 흰뿔을 쓴 소각선, 갓대의 두 곳을 접합시킨 이대선과 뿔·대나무·나무 등으로 세 곳을 접합시킨 삼대선, ③ 댓살의 수와 모양에 따라, 댓살의 수가 많고 위의

아청색鴉靑色, 운암색雲暗色, 석린색石磷色¹⁹ 등 여러 색이 모두 갖추어져 있다.

工曹造進端午扇, 頒于宮掖宰執侍從. 扇之絶大者, 竹幅白矢, 滿五十四十, 名曰白貼, 着漆者, 名曰漆貼. 得此者, 多畫金剛一萬二千峯, 或爲倡巫所把. 近俗喜寫折枝桃花芙蓉虎蝶銀鰂鷺鷥. 按戒菴漫筆: "端午賜京官宮扇. 竹骨紙面, 俱畫翎毛, 五色綿纏繞艾虎." 者是也. 湖南嶺南兩道伯及統閫, 進上節扇, 例送於朝紳曁親知間, 造扇邑守令, 亦有進上贈遺. 全州南平之制爲佳. 僧頭魚頭蛇頭合竹斑竹外角內角三臺二臺竹節丹木彩角素角廣邊狹邊有環無環, 製樣各殊. 五色及紫綠鴉靑雲暗石磷等諸色, 無不備焉.

민간에서는 흰색과 검은색 두 색과, 황칠黃漆²⁰과 흑칠黑漆²¹을 입힌 것, 기름을 먹인 것을 좋아한다. 푸른 부채는 신랑이 가지고, 흰 부채는 상인喪人²²이 가지며, 다른 여러 색의 부채는 부인과 아이들이 잡는다. 단선團扇²³에는 오색이 있고, 또 오색을 번갈아 붙여 알록달록하게 한

퍼짐이 반원 모양으로 넓게 퍼지는 광변선과 댓살의 수가 적고 위쪽의 퍼지는 것이 반원이 안 되는 협변선, ④ 장식의 유무에 따라, 부골(밑의 댓살을 한 곳에 모아 뚫어 고정시킨 못)에 쇠붙이로 작은 고리를 붙이고 거기에 선초扇貂(부채고리에 다는 장식품)나 끈을 단 유환선과 고리가 없는 무환선 등으로 나눌 수 있다.

19 '자록색' 이하는 각각 '보랏빛이 도는 녹색', '검은빛을 띤 푸른빛', '비가 올 것 같이 어둑어둑한 빛', '번쩍번쩍 광택이 도는 돌 색'을 말한다.

20 황칠黃漆. 제주도에서 나는 누런 빛깔의 칠. 황칠나무의 진으로 만든다.

21 흑칠黑漆. 검은 빛깔의 옻.

22 상인喪人. 부모나 조부모가 세상을 떠나서 거상 중에 있는 사람.

23 단선團扇. 둥근부채. 납작하게 퍼진 부채살에 깁(명주실로 짠 비단)이나 종이로 만든 둥근 모양의 부채인데, 오색五色이나 알록달록한 색이 있고, 모양에 따라 이름이 달리 붙는다. 원선圓扇 또는 방구方球부채라고도 부른다. 단선의 종류로는, 부채살의 끝을 휘어 오동나무잎 맥脈 모양으로 만든 오엽선梧葉扇, 부채살의 끝을 연잎의 연맥蓮脈 모양과 비슷하게 휘어서 만든 연엽선蓮葉扇, 부채의 모양을 파초의 잎 모양으로 만든 파초선芭蕉扇, 중앙에 태극모양을 그려 만든 태극선太極扇, 밀짚으로 만든 팔용선八用扇과 대나무 껍질로 만든 팔덕선八德扇(여기서 '팔'은 '여덟 가지 미덕', 곧 싸고, 손쉽게 만들고, 파손될 염려가 적고, 앉을 때는 방석으로도 되며, 해가리개도 되며, 여름철에 의복 속으로 넣으면 됨을 의미함), 아이들이 부치는 작은 아선兒扇, 부채의 면을 오등분 해 다섯 색깔로 만든 오색선五色扇, 부채의 면을 ×자 형으로 나누어 위·아래는 붉은색, 왼쪽은 누른색, 오른쪽은 푸른색으로 바른 까치선, 부채의 테두리를 은으로 두르고 진주를 박아 꾸민 것으로 손잡이는 은으로 된 진주선眞珠扇(조선조 말까지 궁중혼례 때 공주나 옹주가 얼굴 가리개로 사용), 공작의 깃으로 만든 공작선孔雀扇, 혼례 때 신랑이 얼굴을 가리는데 사용한 것으로 청색을 바른 청선靑扇(신랑부채), 혼례 때 신부가 얼굴

것도 있다. 오동잎, 연잎, 파초잎 비슷한 모양도 있다. 기름을 먹이기도 하고 황칠이나 흑칠을 하기도 하는데, 남자가 집에서 부친다.[24] 색깔 부채는 부인이나 어린아이가 갖는다. 또 색종이를 바르고 대나무 살 폭을 넓고 크게 한 둥근 부채가 있고, 자루가 있어서 펼치면 일산日傘[25] 같은 것도 있는데, 어린아이들이 햇볕을 가리는 도구로 쓴다. 또 자루가 긴 커다란 둥근 부채가 있는데, 돗자리에서 파리와 모기를 쫓는 도구로 쓴다. 또 반점斑點이 있는 대나무 껍질에 채색 비단을 바르고 패물로 장식한 것이 있는데, 신부가 얼굴을 가리는 도구로 쓴다. 혹은 큰 파초잎 모양으로 만들기도 하는데, 대신들의 의식 도구로 사용된다. 또 상인들이 파는 부채가 있는데, 정밀하기도 하고 조잡하기도 하며 교묘하기도 하고 투박하기도 하여 만드는 방법이 한결같지 않다. 중국 사람이 "고려 사람은 겨울에도 부채를 든다."라고 하였으니, 그 풍속을 기록한 것이다.

俗尙白黑二色, 黃漆黑漆兩貼及着油者. 靑爲新郞, 素爲喪人, 諸色爲婦人小兒所把. 團扇有五色, 又有五色交貼斑斕者, 有似桐葉蓮葉蓮花蕉葉者, 或着油, 或黃黑漆. 男子在家而搖, 色扇爲婦女兒童所持. 又有色紙竹幅闊大爲輪扇, 有柄張之如傘, 作小兒遮陽之具. 又有長柄大團扇, 作枕簟揮蠅蚊之具. 又以斑竹皮色綃紗飾珠貝, 爲新婦遮面之具. 或倣大蕉葉形, 亦爲大臣儀飾之物. 又有商賈扇賣買者, 精麤巧樸, 不一其制. 中國人稱高麗人冬執扇, 記其俗也.

관상감觀象監[26]에서 주사朱砂[27]로 천중적부天中赤符[28]를 만들어 대내大內[29]에 바치면 문미門楣[30]

을 가리는데 사용한 것으로 홍색을 바른 홍선紅扇(신부부채), 황새나 해오라기 등 흰 새의 깃으로 만든 백우선白羽扇, 두 손으로 부치게 되어 있는 큰 방구부채인 대원선大圓扇, 가는 살을 촘촘히 붙여 부챗살을 꽁지같이 만든 세미선細尾扇, 부챗살을 엉성하고 거칠게 만든 미선尾扇(불을 부칠 때나 다리미의 숯불에 재를 날릴 때 사용) 등이다.

24 『열양세시기』에서는 "남자는 집에서 부채를 부치지만, 문 밖을 나서면 부치지 않는다[男子在家則搖, 出門便捨]." 라고 했다.

25 **일산日傘**. 햇볕을 가리기 위하여 세우는 큰 양산. 황제, 황태자, 왕세자들이 행차할 때 받치던, 자루가 길고 황색, 적색, 흑색의 비단으로 만든 의장 양산을 말하기도 한다.

26 **관상감觀象監**. "천문택일天文擇日 관상감"(『한양가』)이라고 한 데에서 보듯이, 조선 시대 천문天文(우주와 천체의 온갖 현상과 그에 내재된 법칙성에 대한 연구) · 지리 · 역수曆數(음양으로써 길흉화복을 미리 알아내는

에 붙여 불길한 것을 막고, 경사卿士[31]의 집에서도 붙이는데, 그 내용은 다음과 같다. "5월 5일 천중절天中節에, 위로는 하늘의 녹을 얻고 아래로는 땅의 복을 얻으리. 치우신蚩尤神은 구리 머리에 쇠 이마를 가진 분[32], 붉은 입에 붉은 혀[33]로, 사백 네 가지 병을 일시에 소멸시킬 것이니, 냉큼 명령을 따라 사라지거라."[34] 한漢나라 제도를 살펴보니, 도인桃印[35]으로 사악한 기운을 그치게 하였다. 『포박자抱朴子』[36]에서 적령부赤靈符[37]를 만든다고 하였는데, 모두 단오에

술법) · 점산占算(점 침) · 측후測候(기상의 상태를 알기 위하여 천문의 이동이나 천기의 변화 관측) · 각루刻漏(시간 측정) 등에 관한 일을 담당하기 위해 설치했던 관서이다. 운감雲監이라고도 한다.

27 주사朱砂. 새빨간 빛이 나는 육방 정계六方晶系의 광물이다. 수은과 황의 화합물로, 정제하여 물감이나 한방약으로 쓰인다. 특히 부적符籍(잡귀를 쫓고 재앙을 물리치기 위하여 붉은색으로 글씨를 쓰거나 그림을 그려 몸에 지니거나 집에 붙이는 종이)에서 노란 바탕에 그리는 빨간색 그림이나 글자는 모두 주사로 칠한 것이다. 빨간색은 요사스러운 귀신을 물리치는 벽사辟邪의 기능을 한다. 단사丹砂, 단주丹朱, 진사辰砂라고도 한다.

28 천중적부天中赤符. '단옷날 붙이는 붉은 부적'이라는 뜻.

29 대내大內. 임금을 비롯하여 왕비, 왕대비들이 거처하는 곳을 두루 이르는 말이다. 임금이 거처하는 곳은 대전大殿, 왕비가 거처하는 곳은 중전中殿이라 하고 대비가 거처하는 곳을 대비전大妃殿이라 하는데, 대내는 이들을 총칭하는 말이다.

30 문미門楣. 창문 위에 가로 댄 나무. 그 윗부분 벽의 무게를 받쳐 준다. 상인방上引枋.

31 경사卿士. 영의정, 좌의정, 우의정 이외의 모든 벼슬아치를 통틀어 이르던 말. 경사대부卿士大夫의 준말.

32 동두철액銅頭鐵額. 치우의 형제 80명이 모두 몸뚱이는 짐승인데 사람의 말을 하고 구리로 된 머리와 쇠로 된 이마를 가졌다고 한다. 그러나 이것은 치우가 쇠 비늘을 달아서 만든 갑옷과 투구를 썼으므로, 그때 사람들이 잘 모르고 그렇게 말한 것으로 보인다.

33 적구적설赤口赤舌. 적구독설赤口毒舌과 같은 말로 자기와 다른 사람을 몹시 비방한다는 뜻이다.

34 이것은 입춘날 붙이는 벽사문辟邪文 내용을 간략히 요약한 것이다. 자세한 것은 '입춘'을 참고할 것.

35 도인桃印. 복숭아나무로 만든 부인符印. '부인'은 부절符節(돌이나 대나무 · 옥 따위로 만들어 신표로 삼던 물건. 주로 사신들이 가지고 다녔으며 둘로 갈라서 하나는 조정에 보관하고 하나는 본인이 가지고 다니면서 신분의 증거로 사용하였음)과 각인刻印(도장을 새김. 또는 그 도장)을 아울러 이르는 말. 『후한서』 「예의지」에 "중하仲夏에는 만물이 바야흐로 무성하므로 하지夏至라고 한다. 그러나 음기陰氣가 싹터 만물을 무성하지 못하게 하지나 않을까 두려워 붉은 새끼로 매운 나물[훈채葷菜]과 가는 모시 · 바가지 · 곤충 · 종鍾 등을 연결하고, 도인桃印(길이 6촌, 넓이 3촌)에 오색으로 글을 법대로 써서 문에다 걸어 악기惡氣를 막았다."고 했다.

36 『포박자抱朴子』. 중국의 신선방약神仙方藥과 불로장수不老長壽의 비법을 서술한 도교의 서적으로 동진東晉의 갈홍葛洪(283~343)이 지었다. 현행본은 「내편內篇」 20편, 「외편外篇」 50편으로 이루어져 있다. 「내편」에는 도교사상道敎思想이 체계적으로 논술되어 있고, 「외편」에는 사회의 이해득실이 논술되어 있다. 도道는 우주의 본체로서 이를 닦으면 장수를 누릴 수 있고, 신선이 되려면 선을 쌓고 행실을 바르게 가지며, 정기精氣를 보존하여 체내에 흐르게 하고, 상약上藥(목숨을 보존하기 위한 약)을 복용하며, 태식胎息(복식호흡)을 행하고, 방중술房中術을 실천해야 한다고 설파하였다. 갈홍은 노장老莊사상을 기초로 하여 신선사상을 도교의 중심에

하던 옛 제도이다. 지금의 부적符籍[38] 제도도 여기에서 나온 것이다.

觀象監朱砂搨天中赤符, 進于大內, 貼門楣以除弗祥. 卿士家亦貼之, 其文曰: "五月五日, 天中之節, 上得天祿, 下得地福. 蚩尤之神, 銅頭鐵額, 赤口赤舌, 四百四病, 一時消滅, 急急如律令." 按漢制有桃印, 以止惡氣. 抱朴子作赤靈符, 皆端午舊制, 而今之符制, 盖出於此.

내의원內醫院[39]에서 제호탕醍醐湯[40]을 지어 올린다. 또 옥추단玉樞丹[41]을 만들어 금박金箔[42]을

놓고, 누구나 신선이 될 수 있음을 강조하였다. 도교는 이로써 사상사상思想史上 확고한 위치를 차지하게 되었다.

37 **적령부赤靈符**. 재난을 피하기 위해 가슴에 단 부적.

38 **부적符籍**. 신의 도움을 받을 수 있다는 뜻에서 부작符作이라고도 했다. 부적은 온갖 재료로 만들어지며, 그 쓰임새도 다양하다. 부적은 승려나 역술가, 무당들이 만든다. 부적을 만들 때는 택일하여 목욕재계한 후에 동쪽을 향하여 정수淨水를 올리고 분향한다. 그리고 이[齒]를 딱딱딱 3번 마주치고 주문을 외운 후에 부적을 그린다고 한다. 글씨는 붉은빛이 나는 경면주사鏡面朱砂나 영사靈砂를 곱게 갈아 기름이나 설탕물에 개어서 쓴다. 종이는 괴황지槐黃紙를 쓰는 것이 원칙이나 누런빛이 도는 창호지를 쓰기도 한다. 부적은 대개 종이로 만들지만 재료에 따라 돌·나무·청동·바가지·대나무 부적 등도 있다. 나무 부적 중에는 벼락을 맞은 복숭아나무나 대추나무 부적이 상서로운 힘을 갖는다고 믿는다. 이는 나무가 벼락을 맞을 때 번개 신이 깃들여 잡귀가 달아난다고 믿었기 때문이다. 특히 복숭아나무는 악귀를 쫓는 나무라 해 부적에 찍는 도장으로 많이 쓰인다. 아기의 돌날 복숭아 모양을 새긴 반지를 끼워 주는 것도 어린이 사망률이 높던 시절, 잡귀로부터 아이들을 지키기 위해 복숭아의 신통력에 기대려 했던 것이다. 또한 복숭아나무는 집안의 뜰에는 심지 않았다. 신령스러운 나무를 사람이 사는 누추한 곳에 심을 수 없다는 뜻이다. 집 가까이 심어 두면 귀신이 무서워 제사에 오지 못한다고 여겼다. 제사상에 복숭아를 올리지 않는 것도 이 때문인데, 사실상 근거는 없다.

39 **내의원內醫院**. 조선 시대 궁중의 의약醫藥을 맡은 관청으로 내국內局이라고도 한다. 1392년(태조 1)에 설치한 전의감典醫監을 고친 이름으로 전의원典醫院·혜민서惠民署와 함께 삼의원三醫院이라 하였다. 1885년(고종 22) 전의사典醫司, 95년 태의원太醫院으로 고쳤다.

40 **제호탕醍醐湯**. 오매육烏梅肉·사인砂仁·백단향白檀香·초과草果 등을 곱게 가루 내어 꿀에 버무려 끓였다가 냉수에 타서 먹는 청량음료로, 단오부터 여름 내내 마시면 더위를 타지 않는다고 한다. 여름에 귀하게 구한 얼음물에 타서 마시면 더없이 좋은 음료였다. 왕실에서는 복날 제호탕에 넣을 얼음을 한 덩이씩 나누어주었다. 『동의보감』에서는 서열暑熱(심한 더위)을 풀고 번갈煩渴(열이 나며 목이 마르는 증상)을 그치게 한다고 했다.

41 **옥추단玉樞丹**. 충독蟲毒, 조류와 짐승의 독, 식물과 금속의 독, 복어 독 등 일체의 독을 해독하는 약이다. 산람장기山嵐瘴氣(습하고 더운 땅에서 생기는 독기)로 인하여 발병한 질환, 나아가 물에 빠져 질식한 경우와 귀신에 홀려 놀라서 죽은 경우까지도 적용된다고 한다. 대개는 갑자기 일어난 곽란癨亂(음식이 체하여 토하고 설사를

입혀서 올리는데, 그것을 오색실을 꿰어 차고 다니면 액운을 막는다. 시종신들에게 나누어 준다. 『풍속통風俗通』[43]을 보니, "5월 5일에 오색 명주실을 팔에 묶어 귀신과 병화兵禍[44]를 피한다. 이 실을 장명루長命縷[45]라 하고, 일명 속명루續命縷, 일명 벽병증辟兵繒[46]이라 한다."라고 하였다. 지금 풍속에 옥추단을 차고 다니는 것이 이와 비슷하다.

內醫院造醍醐湯進供, 又製玉樞丹塗金箔以進, 穿五色絲, 佩之禳災. 頒賜近侍. 按風俗通: "五月 五日, 以五綵絲繫臂者, 辟鬼及兵, 名長命縷, 一名續命縷, 一名辟兵繒." 今俗之佩丹, 蓋此類也.

하는 급성 위장병)이나 서체暑滯(더위로 생기는 소화불량) 따위에 먹는 구급용으로 쓰인다. 일명 추독단追毒 丹이라고도 한다. 환약丸藥으로 만드는데, 박하탕薄荷湯을 끓인 물로 복용한다.

42 **금박金箔**. 금이나 금빛 나는 물건을 두드리거나 압연하여 종이처럼 아주 얇게 눌러서 만든 것으로 나쁜 기운이 있는 독과 열을 제거하는 따위에 쓴다.

43 **『풍속통風俗通』**. 『풍속통의風俗通義』를 줄여서 부르는 말로, 후한後漢 때 응소應劭(동한東漢 여남汝南 남둔南頓 사람으로, 자는 중원仲遠)가 지은 풍속서風俗書이다. 모두 10권에 부록 1권으로 되어 있고, 당시까지 전해져 오는 풍속의 잘못을 들추어내고 각 풍속을 의리義理에 맞게 바로잡았다. 이 책이 일찍부터 우리나라에 소개되 었음은 『풍속통』에 이르기를 '거문고의 길이가 넉 자 다섯 치인 것은 사시四時와 오행五行을 본 받은 것이요, 칠현七絃은 칠성七星을 본받은 것이다[又風俗通曰, 琴長四尺五寸者, 法四時五行, 七絃法七星].'"라는 『삼국사기』의 기록을 통해서 알 수 있다. 10권에 부록 1권에 황패皇覇·정실正失·건례愆禮·과예過譽·십반十反·성음聲 音·궁통窮通·사전祀典·괴신怪神·산택山澤 등 10개의 목목으로 이루어져 있다. 이외에 성씨를 다룬 부록은 송나라 때 없어졌다.

44 **병화兵禍**. 전쟁으로 인한 재앙.

45 **장명루長命縷**. 장수를 비는 뜻으로 늘어뜨리는 오색의 실로 만든 물건. 초楚 나라에서는 이것을 단옷날 팔에 묶고 다녔다. 참고로 설날 떡을 길게 만들어 뽑은 떡가래도 장명루라고 불렀다. 부채 밑 고리에 중심을 잡기 위해 길게 매단, 일종의 노리개인 선추扇錘 혹은 선초扇貂도 장명루와 같은 성격의 끈이다. 『규합총서』에 "요 즘 단옷날에 오색실을 꼬아 팔에 매다는 풍속은, 『형초세시기』에 이르기를 '오월에 누에에서 실이 비로소 나 니 부인들이 그것을 오색으로 물들여 청·적·흑·백색으로 사방을 삼고, 황색으로 중앙을 상징하여, 일월성 신과 조수의 모양으로 화려한 수를 놓은 금빛의 실을 맺어 단옷날 팔에 매니, 일명 장명루·속명루·백병승· 오색사·주삭이라고 하는데, 사람으로 하여금 병이 없게 하고 전염병을 물리친다' 하여서 그것을 본뜬 것이 다."라는 기록이 보인다. 그런데 『형초세시기』에서는 장명루를 만들어 존장자尊長者(일가친척이 아닌 사람 으로서 자기보다 나이가 많음. 또는 그런 사람)에게 바치거나, 가슴 앞에 달아 부녀자들의 잠공蠶功(누에를 친 공로)을 표시한다고 했다.

46 **벽병증辟兵繒**. 종름宗懍은 『형초세시기』에서 "오채五綵의 고운 비단 색실을 팔에 거는 것을 '벽병'이라 하는데, 사람으로 하여금 유행병[병온病瘟]에 걸리지 않게 한다. (…) 적·청·백·흑을 사방에 두고, 황을 중앙에 수놓아 벽방襞方이라 부른다."고 했다.

남녀 아이들은 창포[47] 달인 물로 얼굴을 씻고 모두 붉은색이나 녹색의 새 옷을 입는다. 창포 뿌리를 깎아 비녀[48]를 만든다. '수壽' 자와 '복福' 자를 쓰기도 하고, 그 끝에 연지[49]를 바르기도 한다. 땋은 머리에 두루 꽂아서 전염병을 피하는데, 이를 단오장端午粧[50]이라 한다. 『대대례기大戴禮記』[51]를 보니, "5월 5일에 난초를 모아 목욕한다."고 하였고, 또 『세시잡기』를 보니, "단오에 창포나 쑥의 뿌리를 깎아 인형을 만들거나 조롱박 모양을 만들어 차고 다니며 재액을 물리친다."고 하였으니, 창포물로 목욕하고 창포비녀를 꽂는 지금의 풍속은 여기에서 시작되었다.

男女兒童, 取菖蒲湯頮面, 皆着紅綠新衣, 削菖蒲根作簪, 或爲壽福字, 塗臙脂於其耑, 遍揷頭髻, 辟瘟, 號端午粧. 按大戴禮: "五月五日, 蓄蘭爲沐浴." 又按歲時雜記 "端午刻菖艾爲小人, 或葫蘆形, 帶之辟邪." 今俗之浴蒲揷菖, 盖昉於是.

또 『완서잡기宛署雜記』[52]를 보니, "연경燕京[53]에서는 5월 초하루부터 닷새까지 젊은 규수를 치장하여 온갖 모양으로 예쁘게 꾸민다. 이미 시집간 여인도 각자 귀녕歸寧[54]을 하므로 이날을

---

47 **창포**. 뿌리는 약용하고 단오에 창포물을 만들어 머리를 감거나 술을 빚는다. 연못이나 도랑의 가장자리에서 자란다. 『향약구급방鄕藥救急方』에서는 "시속에서는 송의죽松衣竹이라고 하는데, 맛이 맵고 따뜻하며, 5월 5일과 12월에 뿌리를 채취하여 그늘에서 말린다."고 하였다.

48 **비녀**. 여자의 쪽 찐 머리가 풀어지지 않도록 꽂는 장신구.

49 **연지**. 화장할 때에 입술이나 뺨에 찍는 붉은 빛깔의 염료.

50 **단오장端午粧**. 단오빔. 단오에 나쁜 귀신을 없앤다는 뜻에서 행하던 여자들의 치장. 창포물로 머리를 감고 얼굴을 씻으며 푸른 새 옷을 입고 창포 뿌리로 만든 비녀를 꽂았다.

51 **『대대례기大戴禮記』**. 전한前漢 중기의 학자 대덕戴德이 예의와 도덕에 대해 서술한 책. 『대대기大戴記』라고도 한다. 원래 85편이 있었으나, 지금은 39편만 남아 있다.

52 **『완서잡기宛署雜記』**. 심방沈榜(1540~1597)이 명나라 북경의 사회경제, 정치제도, 풍속을 기록한 책이다.

53 **연경燕京**. 중국 베이징北京의 옛 이름. 옛날 연나라의 도읍이었으므로 이렇게 부른다.

54 **귀녕歸寧**. 시집간 딸이 친정에 돌아가서 어버이가 편안히 계신지를 살펴보는 일이다. 『시경詩經』 「주남周南」 '갈담葛覃'에 "부모를 찾아뵙는다[歸寧父母]."라고 한 데서 유래하였다. 조선 시대 왕실의 경우, 왕비나 세자빈으로 간택되면 대궐로 들어가는데, 국모의 지체로 친정 나들이를 쉽게 할 수 없는 상황이었으므로 친정 부모가 대궐로 와서 딸을 찾아보게 하였으나, 부모의 병중에는 특별히 귀녕할 수 있었다. 귀성歸省·근친覲親이라고도 한다. 참고로 친정과 시댁의 거리가 먼 경우, 그 중간쯤에서 만나기도 했는데, 그것을 '반보기'라고 한다.

여아절女兒節이라 한다."고 하였다. 우리나라 풍속이 연경과 비슷한데, 단장하는 것도 연경의 풍속을 따른 것이다.

又按宛署雜記: "燕都自五月初一日至五日, 飾小閨女, 盡態極妍, 已出嫁之女, 亦各歸寧, 號是日爲女兒節." 東俗與燕相近, 其靚粧似襲燕風也.

마을의 남녀들은 그네뛰기[55]를 성대하게 한다. 『고금예술도古今藝術圖』[56]를 보니, "북방의 오

---

55 **그네뛰기.** 추천희鞦韆戲. 추천秋千, 반선희半仙戲, 비선희飛仙戲라고도 한다. 남녀가 논다고 했지만, 그네는 대개 여자들이 타고 남자는 씨름을 한다. '그네'는 '근의'(『재물보才物譜』), '글위'['紅(홍)실로 紅(홍)글위 미오이다'(『한림별곡翰林別曲』), "萬里(만리)옛 글위 宮긴 習俗(습속)이 梨가지로다."(『두시언해杜詩諺解』), "글위 츄, 글위 쳔"(『훈몽자회訓蒙字會』), '그리'(『역어유해譯語類解』), '그리'(『동문유해同文類解』), '근듸'(『춘향전』) 등으로 표기되었고, 지방에 따라 근데, 군데, 군듸, 근듸, 그리, 구리 등으로도 부른다. 이를 근거로 최남선은 그네의 어원을 '근', 곧 '끈(승繩)의 놀이(희戲)'인 '근희'라 해석하였고, 양주동은 여러 명칭의 원형은 '글위' 혹은 '굴위'인데, 그 어원은 '발을 구르다'의 '구(우)르'에 있다고 하였다. 한편 한자어 '추천鞦韆'에 대해서는 『고금예술도古今藝術圖』에 "추천鞦韆은 혹 '추천秋千'이라고도 쓰는데, 본래 그 글자는 한漢 나라 궁중에서 축수祝壽할 때에 쓰던 것을 후세에 와서 거꾸로 잘못 읽어서 秋千(추천)이 되었다."고 하였고, 『사물기원事物紀原』에는 "추천秋千을 추천秋遷이라 한 것은 잘못된 것"이라고 하였다. 또 고무제高無際의 「한무제후정추천부漢武帝後庭鞦韆賦」 서序에는 "추천鞦韆은 궁중 기수祈壽의 말인 천추千秋가 거꾸로 되어 추천秋千이 된 것"이라 하고, "한무제의 수壽를 기원한 고로 후궁에서 이것을 숭상한다."고 하였으며, 서현徐鉉은 그의 『설문신수자의說文新修字義』에서 "지금 사용하는 글자가 혁革을 쫓고, 또 千(천)이 遷(천)으로 변함은 부당하다."고 하였다. 그런데 한궁축수漢宮祝壽의 사詞인 '천추'로부터 나왔는데 후세에 '추천'으로 바뀌었다는 설은 설득력이 부족하다. 추천이 변방 민족의 풍속인 것은 분명해 보이는데, 그렇다면 그 이름도 그 민족이 사용하던 말과 관련이 있을 가능성이 많다고 생각하는 것이 순리다. '추鞦'는 '추推'와 뜻이 같으니, '밀어 끈다'는 뜻이고, '천韆'은 '遷(천)'과 같은 말이니, '밀어 옮겨간다'는 뜻이다. 그런데 두 글자에 모두 가죽 혁革을 쓴 것을 보면, 북방 민족이 그넷줄을 가죽으로 썼던 것에 기인한 것이 아닌가 한다. 한편 그네는 흔히 마을 어귀나 동네 마당에 있는 큰 느티나무 혹은 버드나무 등의 가지에 매어 놓고, 동네 사람들이 수시로 나와서 뛰고 놀게 한다. 마땅한 나무가 없거나 더 큰 그네가 필요할 경우에는 넓은 터에 긴 통나무 두 개를 높게 세우고, 그 위를 가로질러서 묶은 통나무에 그네를 단다. 이 통나무에는 색 헝겊을 둘러서 장식하고 그넷줄은 굵은 새끼줄이나, 또는 색실, 노끈들을 꼬아서 만들기도 한다. 이렇게 가설된 그네를 '땅 그네'라 한다. 그네 놀이에는 한 사람이 뛰는 '외 그네뛰기'와 두 사람이 함께 마주 서서 뛰는 '쌍 그네뛰기'가 있다. 자세는 앉거나 서며, 그네를 뛸 때는 몸이 잘 날도록 앞뒤로 몸을 움직여 구르면서 뛴다. 처음에 시작할 때 한 번은 다른 사람이 그네를 밀어준다. 높이 올라가기를 겨루지 않고 단순한 오락으로 그네 놀이를 즐길 때는 서로 밀어주고 타기를 번갈아한다. 그네뛰기는 대개 4월 초파일 전후부터 5월 단오 무렵까지 많이 뛰는데, 이 무렵에는 한창 신록이 우거지고 날씨 또한 청명할 때이기 때문이다. 그네는 재미로 즐기기도 하지만 높이뛰기를 겨루는 경기도 한다. 흔히 단옷날에는 그네뛰기 대회를 열어

경기를 하는데, 많은 상품을 걸어 흥과 열을 돋우기도 한다. 상품은 대개 여성의 노리개나 비단·포목 등인데, 이는 남자들의 씨름에 황소를 거는 것과 좋은 대조를 이룬다. 승부는 그네가 높이 올라가는 것으로 판가름하는데, 그네의 높이를 재는 방법에는 두 가지가 있다. 그네 앞 적당한 거리에 긴 장대를 세우고 그 꼭대기에 방울을 매어 단 뒤, 그네가 앞으로 높이 솟았을 때 장대에 매달린 방울을 발로 차서 방울 소리의 크고 작음을 가지고 승부를 가리거나, 그네의 발판에 긴 줄자를 매달고 그네가 높이 올라갔을 때 그 높이를 재는 방법이 그것이다. 그네뛰기의 실상에 대해서는 다음 세 기록이 참고된다. (1)『용재총화』: 서울 사람들은 길거리에 큰 나무를 세워 그네뛰기를 하는데, 계집애들은 모두 아름다운 옷으로 단장하고 길거리에서 떠들썩하게 채색한 그네 줄을 잡으려 다투며, 소년들은 몰려와서 그것을 밀고 당기면서 음란한 장난이 그치지 않는다. 조정에서 이것을 금하여 지금은 성행하지 않게 되었다. (권2) (2)『백호집』: 새하얀 모시옷에 진분홍 허리띠 / 처자들 손잡고 겨루는 그네뛰기 / 방죽 가 백마는 어느 댁 도령 탔나 / 채찍을 빗겨 잡고 서성이고 있구나 / 발그레한 두 뺨에 땀방울 송글송글 / 반공중에 떨어지는 아양끼 어린 웃음소리 / 나긋한 손길로 그네 줄 고쳐 잡아 / 가느다란 허리는 산들바람 못 이기네 / 구름 같은 쪽진 머리 금봉차金鳳釵 떨어지니 / 저 총각 주워 들고 싱글벙글 자랑하네 / 그 처자 수줍어 살짝 묻는 말 "도련님 사시는 곳 어디인가요?" / "수양버들 숲가, 주렴 드리운 거기랍니다." (3)『열녀춘향수절가』: 이때는 3월이라 일렀으되 5월 단오일이었다. 천중지가절天中之佳節이라. 이때 월매 딸 춘향이도 또한 시서詩書·음률音律이 능통하니 천중절을 모를쏘냐. 추천을 하라 하고 향단이 앞세우고 내려올 때 난초같이 고운 머리 두 귀를 눌러 곱게 땋아 금봉차를 정제整齊하고 나군羅裙을 두른 허리 미앙未央의 가는 버들 힘이 없이 띄운 듯, 아름답고 고운 태도 아장거려 흐늘거려, 가만가만 나올 적에 장림長林 속으로 들어가니 녹음방초綠陰芳草 우거져 금잔디 좌르륵 깔린 곳에 황금 같은 꾀꼬리는 쌍거쌍래雙去雙來 날아들 때 무성한 버들 백척장고百尺丈高 높이 매고 추천을 하려할 때, 수화유문水禾有紋 초록 장옷 남방사藍紡紗 홑단 치마 훨훨 벗어 걸어두고, 자주영초紫紬英綃 수당혜繡唐鞋를 썩썩 벗어 던져두고, 백방사白紡紗 진솔 속곳 턱 밑에 훨씬 추고 연숙마軟熟麻 추천 줄을 섬섬옥수纖纖玉手 넌짓 들어 양수兩手에 갈라 잡고, 백릉白綾 버선 두 발길로 섭적 올라 발 구를 때, 세류細柳 같은 고운 몸을 단정히 노니는데 뒷 단장 옥비녀 은죽절銀竹節과 앞치레 볼작시면 밀화장도蜜花粧刀 옥장도玉粧刀며 광월사光月紗 겹저고리 제 색 고름에 태가 난다. '향단아 밀어라.' 한 번 굴러 힘을 주며 두 번 굴러 힘을 주니 발밑에 가는 티끌 바람 좇아 펄펄 앞뒤 점점 멀어가니 머리 위에 나뭇잎은 몸을 따라 흐늘흐늘 오고 갈 때, 살펴보니 녹음 속에 홍상紅裳 자락이 바람결에 내비치니 구만장천九萬長天 백운간白雲間에 번갯불이 쐬이는 듯, 첨지재전홀연후瞻之在前忽然後라, 앞에 얼른하는 양은 가비야운 저 제비가 도화 일점桃花一點 떨어질 때 차려 하고 쫓이는 듯, 뒤로 번듯하는 양은 광풍狂風에 놀란 호접蝴蝶 짝을 잃고 가다가 돌치는 듯, 무산선녀巫山仙女 구름 타고 양대상陽臺上에 내리는 듯, 나뭇잎도 물어보고 꽃도 질끈 꺾어 머리에다 실근실근. "이애 향단아, 그네 바람이 독하기로 정신이 어찔한다. 그넷줄을 붙들어라." 붙들려고 무수히 진퇴하며 한창 이리 노닐 적에 시냇가 반석상盤石上에 옥비녀 떨어져 쟁쟁하고, "비녀, 비녀"하는 소리 산호채珊瑚釵를 들어 옥반玉盤을 깨치는 듯, 그 태도 그 형용은 세상 인물 아니로다. 연자삼춘비거래燕子三春飛去來라.

56 『고금예술도古今藝術圖』. 당나라 장언원張彦遠의 『역대명화기歷代名畵記』 권3에 보면, "『고금예술도』는 50권으로 전통놀이의 모양을 그리고 그 내용을 설명한 것인데, 수隋나라 양제煬帝가 찬撰하였다."라고 되어 있다. 우리나라 민속과 관련해서는 그네뛰기와 줄타기의 유래 등을 참고할 수 있다. 본문에 인용된 구절을 정확히 서술하면 다음과 같다. "추천은 북방 산융山戎(산간의 번족蕃族으로 후대의 흉노匈奴)의 놀이로, 경교輕趫(행동이 경쾌하고 재빠름)를 익히는 것이다. 후에 중국 여자들이 그것을 배웠다. 곧 선반을 세우고 나무에 비단

랑캐들은 한식이 되면 그네뛰기를 하며 날렵하게 움직이는 것을 익힌다. 후에는 중국의 여인들이 배웠다."라고 하였고, 또『천보유사天寶遺事』[57]를 보니, "궁중에서는 한식이 되면 서로 그네뛰기를 하였는데, 반선희半仙戲라 한다."라고 하였다. 지금 풍속은 단오 때로 바뀌었다.

閭巷男女, 盛爲鞦韆戲. 按古今藝術圖: "北方戎狄, 至寒食爲鞦韆戲, 以習輕趫. 後中國女子學之." 又按天寶遺事: "宮中至寒食節, 競築鞦韆, 呼爲半仙之戲." 今俗移於端午.

젊은 장정들은 남산의 왜장倭場[58]과 북악의 신무문神武門[59] 밖에 모여 씨름[60]을 하여 승부를

끈을 매달아 화려한 복장을 한 남녀가 그 위에 앉거나 서서 그것을 당기고 미는데, 그것을 추천이라고 한다."

57 『**천보유사天寶遺事**』. 원명은『개원천보유사開元天寶遺事』로 당나라 말 왕인유王仁裕(880~956)가 지은 소설이다. 당나라 개원開元[당나라 현종 때의 연호(713~741)], 천보天寶[당나라 현종 때의 연호(742~756)] 연간의 이야기를 주로 다루는데, 내용은 기이한 물건, 전설, 사적事跡을 기술한 것이 주를 이룬다. 그중 당나라 궁궐의 칠석, 한식 등 명절 풍습에 대한 서술은 사료적 가치가 있다.

58 **왜장倭場**. 원명은 왜성대倭城臺로 지금의 예장동 부근에 있었던 마을의 이름이다. 예장동 동명의 유래는 이 마을에 조선 시대 군사들이 무예를 연습하는 훈련장이 있었는데, 그 훈련장을 '예장藝場'이라 불렀던 사실에 근거하여 붙여진 이름이다. 이곳을 '왜장터'·'왜장이'라고 불러왔기 때문에 기인한 것이라는 설도 있으나, 왜장倭場 혹은 왜장倭將이라는 의미와는 관계가 없는 것으로 보인다.

59 **신무문神武門**. 서울 북악산 남쪽에 위치한 경복궁의 북문北門이다.『궁궐지宮闕志』권1「경복궁지」에서는 "남문은 광화문光化門, 북문은 신무문, 동문은 건춘문建春門, 서문은 영추문迎秋門이다."라고 하였다.

60 예로부터 내려오는 우리나라의 전통적 기예의 하나로, 두 사람이 샅바나 띠 또는 바지의 허리춤을 잡고 힘과 기술을 겨루어 상대를 먼저 땅에 넘어뜨리는 것으로 승부를 결정하는 민속놀이이자 운동경기다. 씨름의 어원에 대해서는 아직 확실한 정설은 없다. 서로 버티고 힘을 겨루는 것을 '씨룬다'고 하는 영남지방의 방언에서 유래되었다는 설과 씨름의 어근 '실'이 다리[脚]의 뜻을 가진 몽골어 'silbi' 혹은 'saba' 등의 어근語根 'sil'에서 파생되었다는 설이 있고, 씨름을 '씨[종種]의 겨룸'으로 보아 남자끼리의 힘겨룸을 가리키는 것으로 보는 견해도 있다. 다음은 씨름을 한자로 적은 용례들이다. ① 각력角力: '각角'이 '겨루다·견주다·비교하다'라는 의미니, 각력은 '힘을 겨룬다'는 뜻이다. ② 각저角抵·角觝: '저抵·觝'가 '밀다·밀어젖히다·맞닥뜨리다'라는 의미니, 각저는 '다투어 밀친다·맞닥뜨려서 다툰다'는 뜻이다. ③ 각희角戲: '다투어 논다'는 뜻이다. ④ 상박相撲: 서로 '상'자와 부딪칠 '박'이 합쳐져서 '서로 힘을 겨룬다(부딪친다)'는 뜻으로, 일본에서는 이것을 스모라고 발음한다. ⑤ 이밖에도 중국 문헌『소씨연의蘇氏演義』에 치우희蚩尤戲·각저지희角觝之戲·角抵之戲 등이 나오는데, 이는 옛날 전설 시대의 치우의 모양이 머리에 뿔[角]이 나서 사람들을 뿔로 들이받으면 겁이 나고 당할 수가 없어 힘을 겨루지 못한 데서 유래한 말이라고 한다. 기주冀州 지방 풍속에 치우처럼 머리에 뿔을 달고 둘씩 셋씩 한 편이 되어 서로 힘을 겨루는 '치우희'가 있는데, 뿔을 달고 하였다고 하여 '각저지희' 또는 '각희'라고 하였다. 특히 옛 중국 문헌에서는 우리의 씨름을 고려기高麗伎 또는 요교撩跤로 불렀는데, 이는 우

겨룬다. 그 방법은 두 사람이 마주 보고 꿇어앉아서 각자 오른손으로 상대의 허리를 잡고 또 왼손으로 상대의 오른쪽 허벅지를 잡은 다음 동시에 일어나 서로 들어 메치는데, 거꾸로 넘어져 눕는 자가 지는 것이다. 내국內局, 외국外局, 윤기輪起[61] 등 여러 기술이 있다. 그중에 힘이 세고 기술이 좋아 여러 번 겨루어 여러 번 이긴 자를 도결국都結局[62]이라 한다. 중국 사람들이 이를 본받아 고려기高麗技, 또는 요교撩跤라고 한다. 단오에 이 놀이가 매우 성행하여 서울과 지방에서 대부분 한다. 『예기禮記』「월령月令」[63]에 "10월이면 장수에게 무예를 익히도록 명하는데, 활쏘기, 말타기, 각력角力을 익힌다."라고 하였다. 지금의 각희角戲가 바로 이것이니, 곧 군사 훈련이다. 또 장평자張平子의 「서경부西京賦」[64]를 보니, "각저角抵 놀이를 선보인다."

리의 씨름이 중국의 것과 다른 특징이 있음을 시사해 주는 말이다. 요교에서 '요'는 '싸움을 돋우다'는 뜻이고, '교'는 경골脛骨(정강이뼈) 중의 발회목(다리 끝 발목에서 복사뼈 위의 잘록하게 들어간 곳. 족완足腕)에 있는 부분이다. 이밖에도 각력희角力戲 · 각투角鬪 등의 명칭도 있다. 그런데 각력 · 각저 · 각희 등이 오늘날의 씨름을 지칭하는 경우도 물론 있지만, 어느 경우에나 예외 없이 그런 것은 아니다. 대개 각력은 활쏘기 · 말타기 시험을 보는 것이고, 각저는 무거운 것 들기 · 솟대 오르기 등을 지칭한다. 이렇게 볼 때 우리의 씨름을 중국의 유사 놀이와 억지로 연관지으려는 태도는 지양해야 한다. "갑사甲士(양인 농민 중 부유한 자로 구성된 군사)와 방패군防牌軍으로 하여금 막대로 각투하게 하였다[令甲士及防牌軍, 角鬪以挺]."(『태종실록』16년 7월 1일)는 기록에서 대표적으로 보듯이 이 경우의 각투는 씨름이 아니다. 그리고 "백성들이 모여 씨름[手搏]으로 승부를 다툰다."(『신증동국여지승람』34, 여산군礪山郡)고 한 데서 대표적으로 보듯이 수박희手搏戲를 씨름으로 판단하는 것도 다음 『고려사』(「세가世家」36 충혜왕忠惠王 계미癸未)의 기사를 통해 볼 때 분명 잘못된 것이다. "○ 갑진甲辰에 왕이 용사勇士를 거느리고 씨름[角力]을 관람하고 밤에 좌우사 낭중左右使郎中 김영후金永煦와 더불어 북궁北宮에서 음주飮酒하다가 김영후金永煦가 취醉하여 누우니 왕이 좌우左右로 하여금 붙들어 말에 오르게 하고 드디어 종자從者를 불러 말하기를, '이미 너의 낭중郎中이 타던 말을 나에게 주었다.'고 하니 영후永煦가 그 이튿날 곧 이것을 바쳤다. ○ 기유己酉에 왕이 매[鷹]를 동교東郊에서 방放하고 화비궁和妃宮에 돌아와 수박희手搏戲를 관람하였다."

61 각각을 안다리걸기, 밭다리걸기, 배지기로 풀이하는 경우가 많은데, 배지기, 등지기, 딴족거리 혹은 둘러메치기로 보는 것이 적절하다.

62 도결국都結局. 판막음. 어떤 판에서의 마지막 승리. 또는 마지막 승부를 가리는 일. 혹은 최종 승리한 사람.

63 『예기禮記』「월령月令」. 『예기』는 49편編으로 이루어진 유가의 경전이다. 오경五經의 하나이다. '예경禮經'이라 하지 않고 '예기'라고 하는 것은 예禮에 관한 경전을 보완補完 · 주석註釋하였다는 뜻이다. 「월령」은 『예기』의 편명篇名으로 일 년 열두 달의 할 일을 월별로 기록하였다.

64 장평자張平子의 「서경부西京賦」. 장평자는 후한後漢의 과학자 · 문인인 장형張衡(78~139). 특히 부문부文에 능하였고, 천문天文 · 역학曆學의 대가로서 일종의 천구의天球儀인 혼천의渾天儀를 비롯하여 지진계地震計라 할 수 있는 후풍지동의候風地動儀를 만들었다. 「서경부」는 장안의 번화를 묘사하고, 사회의 사치 풍조를 풍자한 작품으로, 「동경부東京賦」와 합쳐 「이경부二京賦」라 한다.

라고 하였으니, 한漢나라 때도 있었다. 씨름과 비슷하다.

丁壯年少者, 會於南山之倭場·北山之神武門後, 爲角力之戲, 以賭勝負. 其法兩人對跪, 各用右手, 挈對者之腰, 又各用左手, 挈對者之右股, 一時起立, 互擧而抨之, 倒臥者爲負. 有內局外局輪起諸勢, 就中力大手快, 屢賭屢捷者, 謂之都結局. 中國人效之, 號爲高麗技. 又曰撩跤. 端午日, 此戲甚盛, 京外多爲之. 按禮記月令: "孟冬之月, 乃命將帥講武, 習射御角力." 今之角戲, 卽此而乃兵勢也. 又按張平子西京賦"呈角觝之妙戲" 在漢時亦有之, 與此相類.

단오는 속칭 수릿날[술의일戍衣日][65]이다. 술의戍衣는 우리나라 말로 수레이다. 이날 쑥잎을 뜯어서 찧어서 멥쌀[66]가루에 넣어 녹색이 나오면 두드려 수레바퀴 모양의 떡[67]을 만들어 먹는다. 그래서 수릿날이라 한 것이다. 떡집에서는 이것을 시식時食[68]으로 판다.『본초강목本草綱目』[69]에 나오는 천년애千年艾[70]로 중국 사람들이 구설초狗舌草라 하는 것이 이것이다. 뒷면이

---

65 **수릿날[술의일戍衣日]**. '수리'라는 말은『동국세시기』의 설명처럼 단옷날 먹는 쑥떡이 수레바퀴 모양과 같기 때문이라거나, 자신의 지조를 보이려고 5월 5일 멱라수汨羅水에 투신한 굴원屈原을 제사 지내기 위해 '밥을 수뢰水瀨(물의 여울)에다 던진' 데서 비롯되었다는『열양세시기』의 해석이 있지만, '수리'가 우리 옛말로 고高 · 상上 · 신神 등을 의미하니, 수릿날은 '신을 모시는 날' · '높은 날'이라는 뜻을 담는다고 보는 것이 옳지 않을까 한다. 참고로『세시풍요』12의 주석에는 "단오 옷을 술의라고 한다[端午衣曰戍衣]."고 하였다.

66 **멥쌀**. 갱미粳米, 갱미秔米.『경국대전經國大典』의 "사도시司䆃寺(조선 시대 궁중의 쌀과 곡식 및 장醬 등의 물건을 맡은 관청)에 마련해 올리는 갱미는 수령守令이 정밀하게 가려서 잘 포장하여 상납한다."라고 한 데서 보듯이 임금에게 진상하였다. 그래서 갱미를 어름반미御廩飯米(천자 또는 제후가 조상의 제사 때 쓰려고 친히 경작하여 거둔 곡식을 넣어두는 창고의 쌀)라고 한다. 그런데 세조는 너무 정백精白할 필요가 없다고 하여 상미上米인 세갱미細粳米를 쓰지 말고 중미中米를 쓰라고 하였으나, 승지承旨들이 중미는 거칠다고 하여 다시 갱미로 바꾸었다는 기록이『세조실록』(4년 6월 26일)에 전한다.

67 『열양세시기』에서는 이 떡을 '수리치[戍衣翠]'라고 했다.

68 **시식時食**. 최남선은 "춘하추동 사시와 일 년 열두 달 그때마다 철 맞추어 먹는 음식을 시식이라고 이르니, 대개 그때그때의 명일을 중심으로 하여 새로 나는 물건이나 먹을 맛있는 음식의 종류를 선택하여 마련되었던 것입니다. 이를테면 설의 떡국, 대보름의 약밥, 정 이월의 물쑥 청포, 한식寒食의 개피떡, 삼월 삼일의 화전花煎, 초파일의 도미국수, 단오의 수단水團, 유두流頭의 밀쌈, 추석의 송편, 구일九日의 국화전菊花煎, 동지의 팥죽, 납향臘享(동지 후 셋째 미일未日인 납일臘日에 종묘 · 사직에 지내는 큰 제사)의 고기구이 등이 그 주요한 것입니다."라고 했다.(『조선상식문답』) 절식節食이라고도 한다.

69 『본초강목本草綱目』. 명나라 때 이시진李時珍(1518~159)이 저술한 의서醫書이다.(52권 37책) 저자는 30여 년

흰 쑥잎을 말려 빻아 부시깃[71]을 만드는데, 그것을 수리취[戌衣草]라고 한다. 무규武珪의『연북잡지燕北雜志』[72]를 보니, "요遼 지방 풍속에 5월 5일 발해渤海의 요리사가 애고艾餻[73]를 만들어 올린다."라고 하였는데, 우리나라 풍속이 여기에서 유래된 듯하다.

端午俗名戌衣日, 戌衣者東語車也. 是日採艾葉, 爛搗入粳米粉發綠色, 打而作餻象車輪形食之, 故謂之戌衣日. 賣餠家以時食賣之. 本草: 千年艾華人呼作狗舌草是也. 艾葉之背白者, 曝乾碎作火絨, 亦號戌衣草. 按武珪燕北雜記: "遼俗五月五日, 渤海廚子進艾餻." 東俗似沿於是

의 노력을 거치면서 고서 800여 종을 두루 참고하고, 이름난 의사와 학식·덕행이 높은 신비를 방문하여 민간의 경험방經驗方을 구했고, 깊은 산과 광야를 누비면서 약물을 관찰·수집하였다. 이 책의 최대 공헌은 16세기 이전의 이른바 본초학本草學(한방의 약물학으로, 약재로 쓰이는 식물·동물·광물에 대하여 그 형태나 효능 등을 연구하는 학문)에 대해서 일차적으로 비교적 완전한 총결산을 한 것이다. 첫째, 조금이라도 불합리한 전설前說은 과감히 비판하였다. 둘째, 금金·원元 이래로 발전한 여러 약리학설을 흡수하였고, 아울러 허다한 약물의 주치主治(병을 다스림) 항 밑에 단순한 주치 증후를 기록하고, 다시 약물의 작용을 설명하여 변증론치變證論治(병의 증세를 분별하여 치료함)에 편리하게 하였다. 셋째, 새로 발견된 유효한 약물을 기재하고 긍정하였다. 넷째, 많은 과거의 의가醫家가 주장한 본초에 대한 이론과 구체적인 약물 운용에 대한 실제 체험을 보존·소개하여 후학들이 참고하고 선택하는 데 편리하게 하였고, 또한 어떤 식물에 대한 묘사는 매우 상세하고도 정확하여 약물의 감별과 식물학의 연구에 있어서도 훌륭한 자료이다. 이런 내용과 배경을 가진 이 책이 우리 나라에 전해진 것은 조선 선조 이후일 것으로 추측되나, 우리나라의 본초학에 미친 영향은 크다고 할 수는 없다.『동의보감東醫寶鑑』에는 이 책을 참조한 흔적이 전혀 없으며, 우리 나라에서는 계속『증류본초證類本草』를 이용해 왔다. 그러나 이 책으로 인해 약물 및 본초학에 관한 지식이 많이 확충되었을 것임은 미루어 알 수 있다.

70 천년애千年艾. 이것은 '천년 묵은 쑥'이 아니라, 솜방망이, 산방망이, 들솜쟁이, 소곰쟁이 등으로 부르는, 국화과 다년생초를 말한다.

71 부싯깃. 농가에서는 약쑥을 뜯어말렸다가 홰를 만들어 들에서 일을 할 때 불을 붙여 놓고 담뱃불을 당기는 데 사용하였다. 이때의 약쑥 홰는 짚으로 약쑥 대여섯 개를 한 묶음으로 친친 감아 연이어 2m쯤 되게 만든다. 긴 것은 불을 붙이면 하루 종일 탄다. 또 농가에서는 오시午時(오전 11시~오후 1시)를 기해서 뜯은 약쑥을 한 다발로 묶어서 대문 옆에 세워 두는 일이 있는데, 이는 재액을 물리치고 벽사辟邪에 효험이 있다고 믿기 때문이다.『사소절士小節』에 "창문 밑에서 책을 볼 때 바람이 책장을 뒤흔들거나, 부시[화도火刀]를 칠 때 부싯돌이 무더서 불이 부싯깃에 붙지 않"을 때 "곧 성내어 나의 화평한 기운을 손상해서는 안 되니, 우선 마음을 안정하고서 다시 알맞게 처리해야 한다."(권1 「성행性行」)고 한 데서 부싯깃의 쓰임을 읽을 수 있다.

72 무규武珪의『연북잡지燕北雜志』. 무규가 누구이며,『연북잡기』가 어떤 책인지는 미상이다.

73 애고艾餻. 쑥즙과 쑥 가루로 만든 떡.

오시午時[74]에 익모초益母草[75]와 희렴豨薟[76]을 뜯어 말려서 약으로 쓴다.

午時採益母草豨薟, 曬爲藥用.

또 대추나무를 시집보낸다. 『화력신재花曆新栽』[77]를 보니, "대추나무 시집보내기는 단옷날 오시에 하는 것이 좋다. 또 단옷날 오경五更에 도끼로 과일나무를 몇 번 찍으면 과일이 많이 열린다."라고 하였다. 지금 풍속은 여기에서 비롯된 것이다.[78]

---

74 **오시午時.** 십이시十二時의 일곱째 시. 오전 열한 시부터 오후 한 시까지이다.

75 **익모초益母草.** 꿀풀과에 속하는 2년생 초본식물로 육모초라고도 한다. 전초를 약재로 이용하는데, 약성이 서늘하고 맛이 쓰다. 해산 후 복용하면 회복력이 빨라지며 지혈과 이뇨利尿 작용도 한다. 씨는 충울자茺蔚子라고 하는데, 효능은 익모초와 비슷하며 눈을 밝게 하는 성질이 더 우수하다. '익모益母'는 부인에게 유익하여 눈을 밝게 해주고 정력을 더하여 준다는 뜻에서 붙여진 것이다. 『훈몽자회訓蒙字會』에 따르면, "울蔚. 눈비얏 울, 일명 익모이다. 방서方書에서는 충울茺蔚, 울취초鬱臭草라고 부른다." 『산림경제』에서는 "암눈비앗. 야천마野天麻라고도 한다. 곳곳에 난다. 잎은 대마大麻 같은데 줄기는 모가 났고 꽃은 자색이다. 어떤 데의 것은 잎은 참깨잎 같은데 줄기는 모가 났고 꽃은 마디 사이에 난다. (『증류본초』) 단옷날 줄기와 잎을 채취하여 그늘에 말리되, 햇빛과 불빛을 피하고 철기鐵器를 금한다. (『증류본초』) 자식을 얻고 싶거나 월경月經을 고르게 하는 등등에 모두 효과가 있다. 그래서 부인의 선약仙藥이라고 한다."라고 했다.

76 **희렴豨薟.** 진득찰이라고도 하는데, 국화과에 속하는 일년생 초본식물이다. 조선 시대의 이두명칭은 섬의금蟾矣衿이었고, 『동의보감』·『산림경제』 등에서는 진득영筡이라 하였다. 들이나 밭 근처에서 흔히 자라는 식물로 높이는 1m 내외이다. 잎은 난상 삼각형으로 마주 나며, 길이 5~13㎝, 너비 3.5~11㎝로서 가장자리에 불규칙한 톱니가 있다. 잎은 위로 올라갈수록 작아져서 긴 타원형 또는 선형이 된다. 꽃은 황색으로 8, 9월에 피며, 열매는 수과瘦果로서 도란형이다. 한방에서는 전초를 약으로 쓴다. 약효는 혈관 확장작용이 있어서 혈압 하강작용을 나타내고, 사지마비, 근육골격동통, 허리·무릎의 무력감, 급성간염 등에 유효하다. 고혈압환자는 차로 복용할 수도 있다.

77 **『화력신재花曆新栽』.** 진호陳淏(1612~?)가 지은 원예 관련 서적. 진호는 청나라 원예학자로 원예학의 고전 『화경花鏡』(1688)의 저자이다. 『화력신재』는 여섯 권으로 된 『화경』의 제1권이다. 각종 관상용 식물 재배의 월별 행동을 설명했다. 참고로 '진호'는 진호자陳淏子라고 해야 한다.

78 참고로 『산림경제』의 설명은 조금 다르다. "모든 과실나무 중 열매를 맺지 않는 것이 있으면 정월 초하룻날 오경五更 쯤 도끼로 나무 둥치를 어슷비슷 찍어 놓으면 열매가 많이 달리고 떨어지지 않는다. 『거가필용居家必用』에는 '대추나무·감나무·오얏나무의 경우 도끼로 찍어 놓으면 더욱 좋다'고 했고, 『사시찬요四時纂要』에는 '대추나무는 찍지 말아야 한다. 찍어 놓으면 대추가 잘아진다'고 했다. 모든 나무는 다 암수가 있는데, 수나무는 열매를 맺지 않는 경우가 많다. 이런 경우 나무 둥치에 사방 한 치 정도의 구멍을 파고 그 구멍에 맞게 암나무를 깎아 박은 다음 진흙을 이겨 발라 두면 열매가 잘 열린다."

又嫁棗樹. 按花曆新栽: "嫁棗, 宜於端午日午時. 又端午五鼓, 以斧斫諸果木數下, 結實多." 今俗
昉此.

김해金海 풍속에 매년 4월 8일부터 아이들이 무리 지어 성 남쪽에서 석전石戰[79]을 익힌다. 단
오가 되면 장정들이 모두 모여 좌우로 나누어 깃발을 세우고 북을 울리며 고함을 치고 뛰어다
니며 비 오듯이 돌을 던지는데, 승부를 결정짓고서야 그만둔다. 사상자가 발생하더라도 개
의하지 않으며, 수령도 금할 수 없다.【『동국여지승람』에 보인다.】

金海俗, 每歲自四月八日, 兒童輩聚習石戰于城南, 至端午日, 丁壯畢會, 分左右, 竪旗鳴鼓, 叫呼
踊躍, 投石如雨, 決勝負乃已. 雖至死傷無悔, 守令不能禁【見輿地勝覽】

김산金山[80] 풍속에 단옷날 젊은이들이 직지사直指寺[81]에 모여 씨름을 한다. 원근의 사람들이

---

79 **석전石戰**. 돌싸움. 변전邊戰, 편전便戰, 편전희便殿戲, 편싸움 등으로도 부른다. 중국과 일본에도 유사한 놀이가
있는데, 중국의 '포타抛堵'와 일본의 '인지우지[印地打]'가 그것이다. "편 갈라서 하는 경기는 죄다 편쌈이라 할
것이지마는, 보통으로는 돌을 던져 승부 내는 장난을 편쌈이라고 이르게 되었습니다. 글자로는 석전 또 척석희
라고 써서, 옛날에 무예 연습의 하나로 힘쓰던 것입니다. 돌 편쌈은 고구려 옛날에 세초歲初마다 나라의 설도로
이를 거행하여 사기士氣를 격동하기에 이바지한 사실이 그때 사기史記에 적혀 있으니, 유래가 오래고 또 의미가
깊은 것입니다. 고려 시절과 이씨 조선 전기前期에는 단오 놀이로 시골과 서울에서 이를 거행하였으며, 언제부
터인지 다시 세초로 치켜 올라가서 근세 서울에는 온 서울을 동·서 두 편으로 갈라가지고 큰 성벽으로써 해마
다 굉장한 편쌈을 거행하고, 나중에는 돌쌈 끝에 몽둥이 쌈까지 하여 용장쾌활勇壯快活하게 승부를 내어서,
일 년 동안의 화제話題를 만들어 내더니, 일로전쟁日露戰爭 뒤에 일본인의 간섭으로 말미암아 차차 싱거워지다
가 병합과 함께 아주 없어졌습니다. 평양 지방에서는 편쌈이 없어진 뒤에도 오랜 전통이 있기 때문인지 돌팔매
질이 숭상되고, 신기에 가깝다 할 만한 능수能手가 끊이지 아니하여 지금이 옛과 같음은 재미있는 일입니다.
편쌈은 얼마만큼 잔인한 의사도 있을 법하되, 임진왜란 중에는 팔매질군의 힘으로 도적을 물리친 일이 종종
있어서, 결코 가벼이 볼 수 없는 국민의 몸과 마음을 단련하는 일면을 갖던 것입니다."(『조선상식문답』)
80 **김산金山**. 경북 김천金泉의 옛 지명.
81 **직지사直指寺**. 418년(눌지왕 2) 아도阿道가 창건했다고 한다. 직지사라고 한 데는 세 가지 설이 있다. 아도화상
我道和尙이 선산 도리사桃李寺를 창건하고 황악산黃嶽山을 손가락으로 가리키며 '저쪽에 큰 절이 설 자리가 있
다'고 하여 직지사로 불렸다는 설과, 고려 초기에 능여能如가 절을 중창할 때 절터를 측량하기 위해 자를 사용

모두 모여 승부를 겨루는데, 소문을 듣고 구경 온 사람이 수천 수백에 달한다. 매년 이렇게 한다.

金山俗, 端午日羣少會於直指寺, 爲角力戲. 遠近咸聚, 以賭勝負. 聞風而觀光者, 以千百計, 歲以 爲常.

군위軍威 풍속에 효령孝靈[82]의 서쪽 산에 김유신 사당金庾信祠이 있는데, 속칭 삼장군당三將軍 堂이라 한다. 매년 단옷날 현의 수리首吏[83]가 읍민들을 데리고 역마驛馬[84]를 끌고 깃발을 세우 고 북을 치며 신을 맞이하여 마을을 돌아다닌다.[85]『동국여지승람』에 보인다.】

軍威俗, 孝靈西岳金庾信祠, 俗稱三將軍堂, 每歲端午, 縣首吏率邑人, 以驛騎旗鼓迎神, 遊於村 巷.【見輿地勝覽】

삼척三陟 풍속에 읍민들이 오금잠烏金簪[86]을 작은 함에 담아 관아의 동쪽 귀퉁이 나무 아래에

하지 않고 직접 손으로 측량하여 지었기 때문에 직지사라고 하였다는 설, 선종의 가르침을 단적으로 표현하는 '직지인심 견성성불直指人心見性成佛'에서 유래된 이름이라는 설이 있다.

82 효령孝靈. 본래 신라의 모혜현牟兮縣이었다. '모혜'는 '들판'이다. 이곳의 지형은 낙동강의 지류인 병천幷川의 상류지역을 차지하여 비교적 넓은 평야가 발달하였다. 북쪽으로는 군위와 연결되고 동쪽은 신녕新寧, 서쪽은 인동仁同과 이어졌다. 또한 창倉이 있어 이곳의 물산을 모았다.

83 수리首吏. '이방아전'을 달리 이르던 말. 각 지방 관아의 여섯 아전 가운데 으뜸이라는 뜻이다.

84 역마驛馬. 역참驛站에 갖추어 둔 말. 관용官用의 교통 및 통신 수단이었다. '역참'은 공공의 기별, 역마, 역원 등 여행 체계를 합쳐서 이르는 말. 대개 25리마다 1참을 두고 50리마다 1원을 두었다.

85 군위삼장군제軍威三將軍祭를 말한다. 경상북도 군위군 효령면 장군리에서 매년 음력 오월 단오에 지내는 마을 공동 제의. 장군리 서쪽에 있는 삼정산三井山을 장군봉 또는 장군댕이라 부르는데, 그 정상에 세 장군을 모시는 삼장군당三將軍堂이 있다. 세 장군은 신라 김유신金庾信 장군, 당唐나라 소정방蘇定方 장군과 이무李茂 장군이다. 이 당집을 이곳에서는 흔히 장군당이라 하고, 기록에는 간혹 김유신사金庾信祠, 효령사孝靈祠 또는 삼장군당三將軍堂이라 하였다. 참고로 강원도 대관령 산신당은 김유신 장군을 산신으로 모시고 있고, 강릉 시내 김유신 사당인 화부산사花浮山祠에서도 매년 단오에 제사를 지내는 것을 보면 군위의 삼장군제는 강릉단오제와 같은 단오문화권端午文化圈의 축제였음을 알 수가 있다.

감춰 두었다가 매년 단옷날이 되면 아전과 백성들이 가져다가 제사 지내고 다음날 다시 보관한 다. 세간에 전하기를 고려 태조 때의 유물이라 한다. 그러나 제사를 지내는 의미는 자세히 알 수 없다. 마침내 고을의 고사가 되어 관에서도 금하지 않는다.[87]【『동국여지승람』에 보인다.】

三陟俗, 邑人盛烏金簪小函, 藏於治所東隅樹下, 每遇端午, 吏民取出, 奠而祭之, 翌日還藏 諺傳 高麗太祖時物, 然未審其所以祭之之意, 遂成故事. 官亦不禁【見輿地勝覽】

안변安邊 풍속에 상음신사霜陰神祠가 있는데, 세간에 전하기를 선위대왕宣威大王 부인이라고 한다. 매년 단옷날에 선위대왕을 맞이하여 함께 제사 지낸다.[88]【『동국여지승람』에 보인다.】

安邊俗, 霜陰神祠, 諺傳宣威大王之夫人, 每以端午迎宣威並祭之【見輿地勝覽】

---

86 **오금잠烏金簪**. 오금잠은 검은 금비녀로, 이것을 신체, 오금잠신으로 삼아 두랑당에 모셔두고 4월 초순에 작은 제사를 시작으로 단오 때 큰 제祭를 올린다. 이렇게 오금잠을 신체로 삼아 제를 올리는 까닭은 분명하지 않다. 다만 『동국여지승람』에 오금잠을 고려 태조 때 물건이라고 한 기록과 달리 『성암유사省庵遺事』에는 신라 시대의 유물이라고 하고 있고, 『목민심서』에도 안동의 오금잠제에 대해 언급하면서 신라 공주 오금잠신이 있어 부민府民들이 깊이 신봉한다고 한 것으로 보아 오금잠신은 여신적 성격을 지닌 존재이고 검은 금비녀가 신라 공주의 신체를 상징하는 것일 가능성은 있다.

87 오금잠제烏金簪祭를 말한다. 오금잠제는 유교를 신봉하는 위정자들에 의해 소멸될 위기도 있었으나, 단오의 례의 원형을 보여주는 대표적인 마을굿이다. 관에 의해 폐지되기도 하였으나, 단오유풍 무조신巫祖神의 뿌리 는 민중의 삶 속에 단오 민속소端午民俗素로 남아 있다. 관에 의해 오금잠에 신탁하여 마을의 안녕과 풍농풍어 를 기원하는 농경의례의 성격을 띤다. 오금잠제의 가치는 태백산신령과 관련해서 볼 때 강원도 산메기 신앙 의 요소도 보여, 단오제가 고대부터 내려오는 제천의식祭天儀式처럼 공동체 의례를 이루는 축제임을 보여준 다. 단오형 세시축제의 원형은 오금잠제이며, 오늘날 강릉단오제와 비교할 만한 토지와 마을을 지켜주는 서 낭신을 위하는 서낭굿의 전형이다.

88 상음霜陰은 함경남도 안변군 동부지방에 있던 통일신라 때의 지방 명칭으로 본래 고구려의 살한현薩寒縣이었 는데, 경덕왕이 상음으로 고쳐 삭정군朔庭郡, 곧 안변군에 속하게 하였다. 상음신사는 속설에 선위대왕, 곧 안변도호부 성황신의 부인을 모시는 사당이라고 전해진다. 매년 단오가 되면 성황사의 선위대왕신을 이 신사 로 모셔와 부부를 함께 제사 지낸다는 것밖에는 더 이상 추가할 고증자료가 현재까지는 없다. 그러나 이 지역 이 북쪽을 제외한 동서남쪽이 강원도에 접해 있으며, 의례의 형식 또한 강원도 강릉단오제와 유사한 점이 있 어 지방 향리가 주관하는 이 일대 군현의례의 한 형태라고 할 수 있다. 상음신사제는 대관령 성황사의 성황대 신을 부인당으로 모시고 와서 남대천변에서 행사를 하는 강릉단오제와 거의 동일한 의례구조를 갖는다. 지리 적으로는 이들과 멀리 떨어져 있는 경기도 안산 군자봉 성황대신의 경우와도 유사하다.

월내月內

10일은 태종太宗[1]의 기일忌日이다. 매년 반드시 비가 내리는데, 태종우太宗雨라고 한다. 태종이 임종할 때 세종世宗에게 유교遺敎[2]하기를 "가뭄이 한창 심하니 죽어서도 지각이 있다면 반드시 이날 비를 내리겠다."라고 하였는데, 그 뒤 과연 그렇게 되었다.[3]

初十日, 太宗忌辰. 每年必雨, 謂之太宗雨. 太宗臨薨, 敎世宗曰: "旱災方甚, 死若有知, 必使是日得雨." 後果然.

태묘太廟[4]에 보리, 밀, 오이를 올리고[5], 조정 관원의 집에서도 그렇게 한다. 『예기禮記』「월령月

---

1 **태종太宗**. 조선의 제3대 왕 이방원李芳遠. 조선을 건국하는 데 크게 공헌하였으며, 많은 치적을 거두어 왕조의 기틀을 세웠다. 재위 기간은 1400~1418년이다.

2 **유교遺敎**. 임금이나 부모가 죽을 때에 남긴 명령.

3 태종은 수리水利(식용, 관개용 따위로 물을 이용하는 일) 사업에 특히 전념하여 고려말 이래로 파괴되어온 벽골제碧骨堤의 보수를 대규모로 실시한 것을 비롯하여 많은 수리공사를 하였다. 이러한 태종의 관심이 '태종우' 이야기를 낳게 했을 것이다. 벽골제는 전라북도 김제시 부량면 월승리에 있는 저수지 둑인데, 백제 11대 비류왕 27년(330)에 쌓은 것으로, 고려 17대 인종과 조선 3대 태종 때 수축修築하였으며, 지금은 둑의 일부와 비석이 논 가운데에 드문드문 남아 있다.

4 **태묘太廟**. 종묘宗廟의 정전正殿. 조선 시대에 역대 임금과 왕비의 위패를 모시던 사당으로, 초에는 목조, 익조, 탁조, 환조 등 태조의 사대조四代祖 신위를 모셨으나, 그 후에는 당시 재위하던 왕의 사대조四代祖와 조선시대

令」⁶을 보니, "초여름 달에 농부가 보리를 올리거든 천자가 맛보고 침묘寢廟⁷에 올린다."라고 하였고, 또 최식崔寔의 「월령月令」⁸에 "초복에 선조 사당에 보리와 오이를 올린다."라고 하였는데, 우리나라 제도도 그러하다.

薦大小麥茄子于太廟, 卿士家亦行之. 按禮記月令: "孟夏之月, 農乃登麥. 天子嘗麥, 先薦寢廟." 又按崔寔「月令」"初伏薦麥茄于祖禰" 國制亦然.

도성 풍속에 콩을 삶아 소금으로 간을 하고 항아리에 장을 담가 겨울을 지낼 계책으로 삼는다. 「백기일百忌日」⁹에 "신일辛日¹⁰은 장 담그기에 적합하지 않다."라고 하였으니, 신일을 피

역대 왕 가운데 공덕이 있는 왕과 왕비의 신주를 모시고 제사를 지냈다.

5   천신薦新을 말한다. 천신은 시제時祭(음력 2월, 5월, 8월, 11월에 가묘에 지내는 제사)에 시절의 신미新味를 올리는 것, 곧 햇과일이나 햇곡식 등을 조상신에게 감사하는 마음으로 올리는 의식이다. 국가의 종묘천신과 가정의 가묘천신, 그리고 무당들의 천신굿으로 구분된다. 종묘에는 그 철에 새로 생산된 산물, 새로 진상으로 올라온 물품, 외국에서 새로 수입된 물품을 천신하였다. 천신하는 물품이 윤달이 들어서 조숙早熟하는 경우와 만숙晩熟하는 경우의 차이가 있지만, 시절에 구애되지 않고 그때그때 천신함을 원칙으로 하였다. 참고로 태종 12년(1412)에는 천신품의 종류가 27종이었는데, 그 내용은 다음과 같다. 2월에 얼음, 3월에 고사리, 4월에 송어松魚, 5월에 보리·죽순·앵두·오이·은행, 6월에 능금[임금林檎]·연蓮줄[가茄]·동과冬瓜(수박의 종류), 7월에 기장[서직黍稷]·조, 8월에 물고기·벼·밤, 9월에 기러기·대추·배, 10월에 감귤, 11월에 고니[천아天鵝], 12월에 물고기·토끼. 가묘家廟가 있는 사람은 한식·단오·추석·동지 등 1년에 네 번 천신을 하며, 가묘를 세울 수 없는 서민은 추석에 한 번 햇과일과 햇곡식으로 음식을 차려서 차례를 지내는 것으로 대신하였다.

6   『예기禮記』「월령月令」. 『예기』는 49편編으로 이루어진 유가의 경전이다. 오경五經의 하나이다. '예경禮經'이라 하지 않고 '예기'라고 하는 것은 예禮에 관한 경전을 보완補完·주석註釋하였다는 뜻이다. 「월령」은 『예기』의 편명篇名으로 일 년 열두 달의 할 일을 월별로 기록하였다.

7   침묘寢廟. 고대 종묘의 정전正殿을 '묘廟'라 하고, 후전後殿을 '침寢'이라 하는데, 그 둘을 합쳐서 '침묘'라 한다. 여기서는 종묘宗廟를 말한다.

8   최식崔寔의 『월령月令』. 최식은 후한後漢 때 사람으로 자는 자진子眞, 호는 원시元始이다. 시사時事와 정치에 관한 수십 조의 논문을 지어 『정론』이라 이름 붙였는데, 그 내용이 매우 긴요하고 조리가 있었다고 한다. 『후한서後漢書』「최인열전崔駰列傳」에 입전되어 있다. 원제가 『사민월령四民月令』인 『월령』은 사농공상士農工商 사민四民의 연중행사를 기록한 책.

9   「백기일百忌日」. 『산림경제山林經濟』 제4권 「선택選擇」의 편명으로, 원제는 「팽조백기일彭祖百忌日」이다. '팽조가 알려준 여러 꺼리는 날'이라는 의미. '팽조'는 장수한 것으로 유명한 도교의 신선이다.

한다.

都俗以燻豆調鹽, 沈醬于陶甕, 爲過冬之計.「百忌日」: "辛不合醬." 忌辛日.

---

10 **신일辛日.** 천간天干(육십갑자의 위 단위를 이루는 요소. 갑甲, 을乙, 병丙, 정丁, 무戊, 기己, 경庚, 신辛, 임壬, 계癸)
    이 '신辛'으로 된 날.

6월
六月
一

유두流頭

6월 15일을 우리나라 풍속에서는 유두일流頭日[1]이라 한다. 김극기金克己[2]의 문집을 보니, "경주에 전해오는 풍속에 6월 보름에 동쪽으로 흐르는 물에 머리를 감아 불길한 것을 없애고 계음禊飮[3]을 하는데, 그것을 유두연流頭宴이라 한다."[4]라고 하였다. 우리나라 풍속에 이를 따

---

1   **유두일流頭日.** 음력 6월 보름으로, 명절의 하나이다. 복중伏中에 들어 있으며 유둣날이라 한다. 정동유鄭東愈 (1744~1808)는 『주영편晝永編』에서 우리나라의 명절 중 유두만이 고유의 풍속이라 하였다. 이날은 일가친지들이 맑은 시내나 산간 폭포에 가서 머리를 감고 몸을 씻은 뒤, 가지고 간 음식을 먹으면서 서늘하게 하루를 지낸다. 이것을 유두잔치[유두연流頭宴]라고 하는데, 이렇게 하면 여름에 질병을 물리치고 더위를 먹지 않는다고 한다. 유두란 '동쪽으로 흐르는 물에 머리를 감는다'는 '동류수두목욕東流水頭沐浴'의 준말에서 유래한 것으로 보인다. 동류수에 머리를 감는 것은 동쪽이 청靑, 곧 양기가 가장 왕성한 곳이라 믿었기 때문이다. 소두梳頭·수두水頭라고도 표기하였는데, 수두란 물마리(마리는 머리의 옛말)로서 '물맞이'라는 뜻이다. 오늘날에도 신라의 옛 땅인 경상도 지방에서는 유두를 물맞이라고 부른다. 이날 아침 각 가정에서는 유두면·밀전병·수단水團·건단乾團, 그리고 피·조·벼·콩 등 여러 가지 곡식을 새로 나온 과일과 같이 사당에 차려 놓고 고사를 지내는데, 이를 유두천신流頭薦新이라 한다. 농가에서는 연중 농사가 잘 되게 해 달라고 농신農神에게 고사를 지낸다.

2   **김극기金克己.** 조선 전기의 학자이자 문신(1379~1463). 본관은 광산光山. 자는 예근禮謹, 호는 지월당池月堂. 부정副正 김삼성金三省의 아들이다. 어려서부터 총명하여 10세에 시를 지어 세인을 놀라게 하였으며, 특히 이숭인李崇仁(1347~1392)의 총애를 받았다. 문집으로 『지월당유고池月堂遺稿』가 있다.

3   **계음禊飮.** 유둣날에, 액운을 떨어버리기 위하여 물가에서 제사를 지내고 먹고 마시고 노는 일. 이 풍습은 『가락국기駕洛國記』에 보이는 것으로 보아, 오래전부터 즐겨온 것으로 보인다. 『가락국기』에서는 음력 3월 상사일上巳日에 모여서 1년 동안 몸에 밴 부정을 냇물에 흘려보내는 풍속이라 했다. 그런데 『신증동국여지승람新增東國輿地勝覽』에 따르면, "하삭河朔에 피서하는 술잔치를 잘못 알고 계음이라고 한 것이다." '하삭'은 '황하의 북쪽'이라는 말로 한漢 나라 말년에 유송劉松이란 사람이 하북河北에 있는 원소袁紹에게 가서 한여름 동안 원소의

라서 속절俗節[5]로 삼는다. 경주에는 아직도 이런 풍습이 있다.

十五日, 東俗稱流頭日. 按金克己集"東都遺俗, 六月望日, 浴髮於東流水, 祓除不祥, 因爲禊飮, 謂
之流頭宴." 國俗因之爲俗節. 慶州尙有此風焉.

멥쌀[6]가루를 쪄서 길고 둥근 떡을 만들어 구슬처럼 잘게 썰어 꿀물을 넣고 얼음을 띄워 먹고
제사에도 올리는데, 그것을 수단水團[7]이라 한다. 또 건단乾團[8]이 있는데 물을 넣지 않은 것으

아들들과 술 먹는 것으로 더위를 잊었다 하여 하삭음河朔飮이란 말이 생겼다. 한편 『오주연문장전산고五洲衍
文長箋散稿』에서는 '계禊'는 '계契'로 써야 한다고 했다. "계契란 곧 계禊 자에서 획劃이 생략된 것으로 음은 계桂
이다. 『가락국기』에 '후한 광무제後漢光武帝 건무建武 18년 3월에 가락駕洛의 구간九干이 물가에서 계음했다'고
했으니, 신라의 풍속은 매년 유두절流頭節에 물가에서 계음하였던 것으로, 우리나라의 계禊는 여기에서 비롯
된 것이다. 『고려사高麗史』에 따르면, 인종仁宗 때에 향도香徒를 금할 것을 요청하였다. 내가 보아 온 30~40년
동안에 경사京師와 여항閭巷에서 쌀로 이자利子 불리는 것을 향도미香徒米라 이름하고, 또는 향도계香徒禊라는
명칭도 있는데, 이것이 상도계喪徒禊(상장喪葬 때에 쓰는 여러 가지 기구 및 상여喪輿 메는 상둣군喪徒軍 등에
들어가는 비용을 조달하는 단체를 향도계라 함)이다. 이 계禊는 '왕일소王逸少(일소는 왕희지王義之의 자)'가
난정蘭亭에서 수계修禊할 때의 불상不祥을 불제祓除한다는 명칭의 계禊가 아니고, 마치 옛날에 한 마을이 서로
모여 쌀을 거두어 그것으로 이자 놀이하던 것을, 이를테면 어부계漁夫契ㆍ회망계回亡契ㆍ사촌계四寸契 등과
같이 경우에 따라 명칭을 짓는다.'고 한 것과 같다. 대저 이것이 난정에서 수계하던 계를 본따 잘못 계禊 자로
쓴 것이니, 생략해서 계契 자로 써야 옳다."

4 김극기가 했다고 한 "6월 보름에 동쪽으로 흐르는 물에 머리를 감아 불길한 것을 없애고 계음禊飮을 하는데,
   그것을 유두연流頭宴이라 한다[六月望日, 浴髮於東流水, 祓除不祥, 因爲禊飮, 謂之流頭宴]."는 말은 『고려사절요高麗
   史節要』에 그대로 전한다. 단 '계음禊飮'을 '회음會飮'이라고 한 것이 다르다.

5 속절俗節. 제삿날 이외에 철이 바뀔 때마다 사당이나 조상의 묘에 차례를 지내는 날. 설, 대보름, 한식, 단오,
   추석, 중양重陽, 동지冬至 따위이다.

6 멥쌀. 갱미粳米, 갱미秔米. 『경국대전經國大典』의 "사도시司䆃寺(조선 시대 궁중의 쌀과 곡식 및 장醬 등의 물건
   을 맡은 관청)에 마련해 올리는 갱미는 수령守令이 정밀하게 가려서 잘 포장하여 상납한다."라고 한 데서 보듯
   이 임금에게 진상하였다. 그래서 갱미를 어름반미御廩飯米(천자 또는 제후가 조상의 제사 때 쓰려고 친히 경작
   하여 거둔 곡식을 넣어두는 창고의 쌀)라고 한다. 그런데 세조는 너무 정백精白할 필요가 없다고 하여 상미上米
   인 세갱미細粳米를 쓰지 말고 중미中米를 쓰라고 하였으나, 승지承旨들이 중미는 거칠다고 하여 다시 갱미로
   바꾸었다는 기록이 『세조실록』(4년 6월 26일)에 전한다.

7 수단水團. 이에 대해서는 『열양세시기』의 설명이 자세하다. "수단은 수교위[수각아水角兒]로 시식時食 중 성찬
   盛饌이다. 수단이라는 것은 설날의 가래떡[권모拳模]과 같은데, 몸체가 약간 가늘고 조금 더 도톰하게 자른다.
   그것에 쌀가루를 발라 옷을 입히고 살짝 삶아 건져내어 꿀물에 넣고 얼음을 채워 마신다. 수교위는 밀을 갈아

로 바로 냉도冷飼[9]와 같은 것이다. 찹쌀[10]가루로 만들기도 한다. 『천보유사天寶遺事』[11]를 보니,
"궁중에서 매년 단옷날 경단[12]을 빚어 각서角黍[13]를 만들어 금쟁반에 놓고 작은 각궁角弓에 화
살을 메겨 그것을 맞히는 자가 먹는다."라고 하였다. 또 『세시잡기歲時雜記』[14]를 보니, "단옷날
수단을 만드는데, 또 백단白團이라 한다. 가장 정교한 것을 적분단滴粉團이라 한다."라고 하였
다. 또 장문잠張文潛[15]의 시를 보니, "수단을 얼음에 담그고 사탕으로 싸네."라고 하였다. 옛사
람들은 각서종角黍粽을 단옷날 명절 음식으로 여겨서 서로 선물했는데, 그것과 비슷하지만
네모나고 둥근 모양이 서로 다르다. 지금 풍속에서는 유두로 옮겨졌다.

고운 체로 쳐서 밀기울을 제거하고 물에 반죽하여 조그맣게 떼어 낸 다음 방망이로 고루 손바닥만하게 민다.
그리고 늙은 큰 외를 잘게 썰어 돼지고기 · 소고기 · 닭고기로 조미하고 기름 · 간장 등 여러 조미료를 넣어
잘 볶은 후 소를 만들고, 밀어 놓은 밀가루에 넣어서 양쪽을 말아 합치면 적당히 접혀 찌그러져 대략 만두 모양
과 비슷한데, 초장에 찍어 먹는다."

8 **건단乾團**. 멥쌀가루를 쪄서 흰 가래떡처럼 만들어 구슬만하게 작게 썬 것을 물에 넣지 않은 것으로 곧 냉국의
하나이다. 혹 찹쌀가루로 만들기도 한다.

9 **냉도冷飼**. "냉도는 수화水花나 괴엽槐葉 따위를 밀가루에 반죽하여 떡을 만들고, 그것을 잘게 썰어 술에 담가
두었다가 식혀서 먹는 음식이다. 괴엽이란 것도 꽃 피는 괴화槐花가 아니며 느티나무인 듯하다. 우리나라에서
느티나무를 가리켜 괴화나무라고 하는 것도 유래된 곳이 있는 것 같다."(『성호사설星湖僿說』)

10 **찹쌀**. 나미糯米. 『향약구급방鄕藥救急方』에 "시속에서 점미粘米라고 한다. 그 성질은 차며 술을 빚으면 열을
낸다."라고 하였다.

11 **『천보유사天寶遺事』**. 원명은 『개원천보유사開元天寶遺事』로 당나라 말 왕인유王仁裕(880~956)가 지은 소설이
다. 당나라 개원開元[당나라 현종 때의 연호(713~741)], 천보天寶[당나라 현종 때의 연호(742~756)] 연간의
이야기를 주로 다루는데, 내용은 기이한 물건, 전설, 사적事跡을 기술한 것이 주를 이룬다. 그중 당나라 궁궐의
칠석, 한식 등 명절 풍습에 대한 서술은 사료적 가치가 있다.

12 **경단**. 찹쌀가루나 찰수수 따위의 가루를 반죽하여 밤톨만 한 크기로 동글동글하게 빚어 끓는 물에 삶아 낸
후 고물을 묻히거나 꿀이나 엿물을 바른 떡. 또는 그런 모양의 것.

13 **각서角黍**. 찹쌀가루에 대추 따위를 넣어 댓잎이나 갈잎 등 식물의 잎에 싸서 찐, 일종의 떡을 말하는데, '종粽'
혹은 '주악'이라고도 한다. 『태촌집泰村集』에서는 "단오에 밀가루로 각서를 만들어 떡을 대신한다[端午設糆以
角黍代餅]."고 했고, 『다산시문집茶山詩文集』에서는 "사귀 물리치려고 각서 매달고 / 염병 막으려고 도소주 빚
고[辟邪懸粽黍, 除瘟釀屠蘇]"라고 했다.

14 **『세시잡기歲時雜記』**. 북송北宋 때의 학자로 본명은 희철希哲인 여원명呂原明이 지은 세시서歲時書다. 여명원은
정호程顥, 정이程頤 형제와 장재張載에게 배웠다.

15 **장문잠張文潛**. 북송의 관료이자 문인인 장뢰張耒(1054~1114). '문잠'은 그의 자, 호는 가산柯山. 백거이白居易
와 장적張籍에게서 시를 배워 당시唐詩의 영향을 깊이 받았다. 문집으로 『가산집柯山集』, 시집으로 『가산시여柯
山詩余』가 전한다.

蒸粳米粉, 打成長股團餅, 細切如珠, 澆以蜜水, 照氷食之, 以供祀, 名曰水團. 又有乾團, 不入水者, 卽冷餰之類. 或用糯米粉爲之. 按天寶遺事: "宮中每端午, 造粉團角黍, 釘金盤中, 以小小角弓架箭, 射中粉團者得食." 又按歲時雜記: "端午作水團, 又名白團. 最精者, 名滴粉團." 又按張文潛詩云 "水團氷浸砂糖裏" 古人以角黍粽爲端午節物相饋送, 盖此類而角與團異形也. 今俗移於流頭.

밀가루를 반죽하여 꿀에 섞은 콩과 깨를 소[떡]로 넣어 찐 것을 상화병霜花餠[16]이라 한다. 또 밀을 갈아 기름에 지지고 고荳[17]를 소로 넣어 싸거나 꿀에 섞은 콩과 깨를 소로 넣어 싸기도 하는데 말아 접는 모양이 다양하다. 이를 연병連餠[18]이라 한다. 또 나뭇잎 모양으로 주름지게 만들어 고를 소로 넣고 소쿠리에 찐 다음 초장에 찍어 먹는다. 모두 시식時食[19]으로 제사에 올린다. 방옹放翁[20]의 시에 "쟁반을 닦고 연전連展을 쌓네"라고 했는데, 그 주석에 "회수淮水[21]

---

16 **상화병霜花餠**. 밀가루를 막걸리로 반죽하여 발효시킨 뒤 팥소를 넣고 둥글게 빚어 쪄 낸 떡으로 고려 시대 때 원나라로부터 전래된 것으로 추정하는데, 제주도와 남부 지방에서 즐겨 먹었다. 제주도에서는 삭망朔望(음력 초하룻날과 보름날) 때나, 종가나 큰집에서 모시는 기제사 때 친척들이 이 떡을 대바구니에 담아 가지고 가서 선사하는 풍속이 있다. 상화병은 상외떡 외에 상애떡이라고도 하며, 서리 상霜자에 꽃 화花자를 쓴 것은 하얗게 부풀어진 상태를 서리꽃으로 이름 지은 것인 듯하다.

17 **고荳**. 벼과 식물인 줄풀의 열매. 조호미彫胡米.

18 **연병連餠**. 얇게 부친 밀전병에 깨나 팥을 달게 하여 넣거나 각색 나물을 넣어 돌돌 말아서 먹는 음식. 밀쌈이라고도 한다. 연병은 밀가루를 반죽하여 크게 작게 거죽을 만들고 소는 소대로 달게 하거나 짜게 간하여 끝에서부터 말아 원통형으로 만든 것이다. 궁중이나 양반가에서 밀쌈을 가장 화려하고 맛있게 먹도록 만든 것이 구절판이다.

19 **시식時食**. 최남선은 "춘하추동 사시와 일 년 열두 달 그때마다 철 맞추어 먹는 음식을 시식이라고 이르니, 대개 그때그때의 명일을 중심으로 하여 새로 나는 물건이나 먹을 맛있는 음식의 종류를 선택하여 마련되었던 것입니다. 이를테면 설의 떡국, 대보름의 약밥, 정 이월의 물쑥 청포, 한식寒食의 개피떡, 삼월삼일의 화전花煎, 초파일의 도미국수, 단오의 수단水團, 유두流頭의 밀쌈, 추석의 송편, 구일九日의 국화전菊花煎, 동지의 팥죽, 납향臘享(동지 후 셋째 미일未日인 납일臘日에 종묘·사직에 지내는 큰 제사)의 고기구이 등이 그 주요한 것이었습니다."라고 했다. (『조선상식문답』) 절식節食이라고도 한다.

20 **방옹放翁**. 남송南宋 대의 시인 육유陸游(1125~1210)이다. 자는 무관務觀, 호는 방옹放翁이다. 송나라의 위기에 직면하여 우국憂國의 정을 읊은 작품도 있으나, 한적소요閑寂逍遙의 작품과 글씨 쓰기로 유명하다. 시집 『검남시고劍南詩稿』와 기행문 『입촉기入蜀記』 등이 있다. 인용한 시구는 시 「인곡隣曲」의 일부이다.

21 **회수淮水**. 중국 화중華中 지방을 흐르는 강. 허난성河南省 남쪽 끝 퉁보산桐柏山에서 시작하여 장쑤성江蘇省의

지방 사람들은 밀가루떡[맥이麥餌]을 연전이라 한다."라고 하였으니, 이런 종류인 듯하다.

以小麥麪溲而包豆荏和蜜蒸之, 曰霜花餠. 又碾麪而油煮, 包荏餡, 或包豆荏和蜜爲餡, 卷摺異形, 名曰連餠. 又皺作葉形, 包荏餡籠蒸, 浸醋醬以食之. 並以時食, 亦供祀. 按放翁詩"拭盤堆連展"註 "淮人以麥餌謂連展", 似此類也.

밀가루로 구슬 모양으로 만든 누룩을 유두국流頭麴[22]이라 한다. 오색으로 물들이고 세 개를 연이어서 색실로 꿰어 차고 다닌다. 문미門楣[23]에 걸어 액운을 막기도 한다.

用小麥麪, 造麴如珠形, 名曰流頭麴. 染五色, 聯三枚, 以色絲穿而佩之. 或掛於門楣以禳之.

홍쩌호洪澤湖를 지나 대운하大運河로 흘러든다. 길이는 1,100km. '귤화위지橘化爲枳' 고사, 곧 '귤이 회수를 건너면 탱자가 된다'는 이야기의 배경이 된 강이다. 중국의 남부와 북부를 나누는 강으로, 회수를 기준으로 북쪽은 날씨가 추워 귤 농사가 어렵기 때문에 그런 말이 생겼다.

22 **유두국流頭麴**. 유두 절식節食(명절에 따로 차려서 먹는 음식)의 하나이다. 원래는 밀가루를 반죽하여 구슬과 같이 만들어서 끓는 물에 삶아낸 것을 오색으로 물들여, 세 개를 색실로 꿰어서 몸에 차거나 문설주에 걸어서 잡귀를 예방하였다고 한다. 그러나 언제부터인지 밀가루로 국수, 곧 유두면流頭麪을 만들어 먹는 것으로 바뀌게 되었다. 유두면을 먹으면 여름 내내 더위를 먹지 않는다고 한다.

23 **문미門楣**. 창문 위에 가로 댄 나무. 그 윗부분 벽의 무게를 받쳐 준다. 상인방上引枋.

삼복三伏[1]

개를 잡아 파를 넣고 푹 삶은 것을 개장[2]이라 한다. 닭고기와 죽순[3]을 넣으면 더욱 맛이 좋다.

---

[1] **삼복三伏.** 삼경三庚. 음력 6월에서 7월 사이에 있는 초 · 중 · 말복의 세 절기인데, 여름의 혹서酷暑를 대표한다. 하지夏至 이후 세 번째 경일庚日을 초복, 네 번째 경일을 중복이라 하고, 입추立秋로부터 첫 번째 경일을 말복이라 한다. 초복부터 말복까지는 보통 20일이 걸리며, 해에 따라 중복과 말복 사이가 20일 간격이 되기도 하는데, 이를 월복越伏이라고 한다. 월복일 때에는 그만큼 무더위는 더하다.

[2] **개장.** 구장狗醬. 술갱戌羹, 구갱狗羹, 구학狗臛, 지양탕地羊湯이라고도 하며, 오늘날 남쪽에서는 보신탕, 북쪽에서는 단고기라고 한다. 여름철 보신補身을 주목적으로 하는 절식節食인데, 복중伏中에 먹는 이유는 음양오행설에서 개고기는 화火에 해당하고 복伏은 금金에 해당하여 복의 금기金氣를 화기火氣로 억누름으로써 더위를 이겨내고, 또 더운 성질의 개고기를 먹음으로써 이열치열로 더위에 지쳐 허약해진 몸을 회복시켜 준다고 믿었기 때문이다. 『동의보감東醫寶鑑』에는 "개고기는 오장을 편안하게 하고 혈맥을 조절하여 장과 위를 튼튼하게 하며, 골수를 충족시켜 허리와 무릎을 온溫하게 하고, 양도陽道를 일으켜 기력을 증진시킨다."고 하였다. 한편 『부인필지婦人必知』에는 눈까지 누런 황구黃狗는 비위脾胃를 보하고, 부인 혈분血分에 명약이며, 꼬리와 발까지 검은 흑구黑狗는 남자 신경腎莖에 효력이 비상한 약이라 하였고, 『산림경제山林經濟』는 황구 고기가 사람을 보한다고 하여, 황구를 일등품으로 여기고 있다. 따라서 황구를 이용한 개고기찜[구증狗蒸]이 1795년 음력 6월 18일의 혜경궁 홍씨의 회갑연 상차림에 오르고 있고, 『농가월령가』에 며느리가 근친覲親 갈 때 개를 잡아 삶아 건져 가는 풍습이 있는 것을 볼 때, 복날이나 그 이외에도 궁중 이하 백성들이 즐겼던 음식으로 추측된다. 그러므로 조선 시대 조리서에는 개고기 요리법이 다양하게 기록되어 있다. 『규곤시의방閨壼是議方』에는 개장 · 개장국누르미 · 개장고지누르미 · 개장찜, 누런개 삶는 법, 개장 고는 법 등 우리나라의 고유한 개고기 요리법이 자세하게 기록되어 있다. 『부인필지』에는 "개고기는 피를 씻으면 개 냄새가 나고, 피가 사람에게 유익하니 버릴 것이 아니라 개 잡을 때 피를 그릇에 받아 고기국에 넣어 차조기잎을 뜯어 넣고 고면 개 냄새가 나지 않는다."라고 하여 개고기 요리의 원리를 제시하고 있다. 만드는 법은 개고기를 푹 삶아서 고기가 익으면 국물 위에 뜬 기름을 걷어 내고, 여기에 고추가루 · 마늘 다진 것 · 들깨 볶은 것 · 차조기잎 다진 것을 넣어 양념을 만들어 두고, 먹을 때 고기는 먹기 좋게 찢고 양념으로 간을 하여 먹는다. 지방에 따라 된장 · 생강 · 머위 · 미

또 국을 끓이기도 하는데, 후춧가루를 쳐 간을 맞추고 흰 밥을 말면 시식時食⁴이 된다. 이를 먹고 땀을 흘리면 더위를 물리치고 허한 몸을 보충할 수 있다. 시장에서도 많이 판다. 『사기史記』⁵를 보니, "진 덕공秦德公 2년에 처음으로 복사伏祠⁶를 지내고 사대문에서 개를 찢어 죽여 충재蟲災⁷를 막았다."라고 하였다. 개를 찢는 것은 바로 복날의 고사故事인데, 지금은 그대로 따라 삼복의 좋은 음식으로 친다.

烹狗和葱爛蒸, 名曰狗醬. 入雞笋更佳. 又作羹, 調番椒屑, 澆白飯, 爲時食. 發汗可以袪暑補虛, 市上亦多賣之. 按史記: "秦德公二年, 初作伏祠, 磔狗四門, 以禦蟲災." 磔狗, 卽伏日故事, 而今俗因爲三伏佳饌.

나리·죽순 등을 첨가하기도 한다. 개고기는 보신용으로 즐기는 음식이긴 하나, 『부인필지』에는 술일戌日에 개고기를 먹으면 집안의 개가 잘 안 되므로 먹지 말라고 하였고, 또 제주도 풍속에는 '정구불식正狗不食'이라 하여 정월에 개를 먹으면 재수가 없다고 하여 금하는 풍습이 있다.

3   **죽순竹筍.** 대[竹]의 땅속줄기에서 돋아나는 어린싹. 식용한다.

4   **시식時食.** 최남선은 "춘하추동 사시와 일 년 열두 달 그때마다 철 맞추어 먹는 음식을 시식이라고 이르니, 대개 그때그때의 명일을 중심으로 하여 새로 나는 물건이나 먹을 맛있는 음식의 종류를 선택하여 마련되었던 것입니다. 이를테면 설의 떡국, 대보름의 약밥, 정 이월의 물쑥 청포, 한식寒食의 개피떡, 삼월삼일의 화전花煎, 초파일의 도미국수, 단오의 수단水團, 유두流頭의 밀쌈, 추석의 송편, 구일九日의 국화전菊花煎, 동지의 팥죽, 납향臘享(동지 후 셋째 미일未日인 납일臘日에 종묘·사직에 지내는 큰 제사)의 고기구이 등이 그 주요한 것입니다."라고 했다. (『조선상식문답』) 절식節食이라고도 한다.

5   **사기史記.** 중국 전한前漢의 사마천司馬遷이 상고上古의 황제로부터 전한 무제까지의 역대 왕조의 사적을 엮은 역사책. 중국 이십오사의 하나로, 중국 정사正史와 기전체紀傳體의 효시이며, 사서史書로서 높이 평가될 뿐만 아니라 문학적인 가치도 높다. 130권.

6   **복사伏祠.** 이것은 사당 같은 어떤 건축물을 말하는 것이 아니라, "진 덕공이 임금이 되어, 옹雍에 복거卜居했는데 (…) 부치鄜畤에서 가축 3백 마리를 잡아 복날 제사를 지냈다[秦德公立, 卜居雍 (…) 用三百牢於鄜畤, 作伏祠]." (『한서漢書』「교사지郊祀志 상」)라고 한 데서 보듯이, '복날에 지내는 제사'를 말한다.

7   **충재蟲災.** 『사기史記』에는 "초복에 개를 먹어 고蠱를 없앴다[初伏, 以狗禦蠱]."라고 했다. '고蠱'는 벌레의 한 가지로 사람의 음식물 속에 들어가 있고, 모르고 그것을 먹은 사람은 그 독[고독蠱毒]으로 반드시 죽는다고 한다. 화남華南 지방에는 이 벌레를 기르는 기술을 알고 있는 사람이 있어서, 벌레를 써서 자유롭게 게다가 흔적도 남기지 않고 사람을 죽이므로 사람들이 모두 두려워했다. 그런데 이 '고'는 보통 사람에게는 보이지 않으므로 일반적으로 뭔가 사기邪氣를 받고 죽거나 병에 걸리거나 하는 것도, 이 벌레의 탓으로 돌리는 일이 생겼다. 『산해경山海經』의 '곽주郭注'에서는 그것을 '요사한 기氣'라 했다.

팥을 삶아 죽을 쒀서 먹는데, 삼복에 모두 그렇게 한다.[8]

煮赤小豆粥以爲食, 三伏皆如之.

---

8   삼복에 팥죽을 쑤어 먹는 풍습을 복죽伏粥이라고 한다. 더운 날 끓는 팥죽을 먹는 것은 이열치열以熱治熱의
    효과와 함께, 팥죽의 붉은 색이 귀신을 쫓는다는 믿음 때문이다. 유둣날 팥죽에는 찹쌀로 구슬처럼 새알을
    넣어 먹기도 하는데, 유둣날 팥죽을 쑤어 먹으면 풍년이 든다는 속신도 있다.

월내月內

메기장¹, 기장², 조³, 쌀을 태묘太廟⁴에 바친다. 『예기禮記』「월령月令」⁵을 보니, "5월에 농부가 기장을 올리면 천자가 맛보고 먼저 침묘寢廟⁶에 올린다. 7월에 농부가 곡식을 올리면 천자가 맛보고 먼저 침묘에 올린다."라고 하였다. 우리나라 제도도 그러하다.

薦稷黍粟稻于太廟. 按禮記月令: "仲夏之月, 農乃登黍, 天子嘗黍, 先薦寢廟. 孟秋之月, 農乃登穀, 天子嘗新, 先薦寢廟." 國制亦然.

---

1 **메기장**. 찰지지 않고 끈기가 적은 기장.
2 **기장**. 볏과의 한해살이풀. 열매는 '황실黃實'이라고도 하는데 엷은 누런색으로 떡, 술, 엿, 빵 따위의 원료나 가축의 사료로 쓰인다.
3 **조**. 볏과의 한해살이풀. 오곡의 하나로 밥을 짓기도 하고 떡, 과자, 엿, 술 따위의 원료로 쓴다.
4 **태묘太廟**. 종묘의 정전正殿. 조선 시대에 역대 임금과 왕비의 위패를 모시던 사당으로, 초에는 목조, 익조, 탁조, 환조 등 태조의 사대조四代祖 신위를 모셨으나 그 후에는 당시 재위하던 왕의 사대조四代祖와 조선 시대 역대 왕 가운데 공덕이 있는 왕과 왕비의 신주를 모시고 제사를 지냈다.
5 『**예기禮記**』「**월령月令**」. 『예기』는 49편編으로 이루어진 유가의 경전이다. 오경五經의 하나이다. '예경禮經'이라 하지 않고 '예기'라고 하는 것은 예禮에 관한 경전을 보완補完·주석註釋하였다는 뜻이다. 「월령」은 『예기』의 편명篇名으로 일 년 열두 달의 할 일을 월별로 기록하였다.
6 **침묘寢廟**. 고대 종묘의 정전正殿을 '묘廟'라 하고, 후전後殿을 '침寢'이라 하는데, 그 둘을 합쳐서 '침묘'라 한다. 여기서는 종묘宗廟를 말한다.

각 관사에 얼음[7]을 나누어 준다.[8] 목패木牌[9]를 만들어 능실凌室[10]에서 받아 가도록 한다.

頒氷于各司, 造木牌, 俾受去於凌室.

밀가루로 국수를 만들어 오이와 닭고기를 넣고 백마자탕白麻子湯[11]에 말아 먹는다. 또 미역국에 닭고기를 넣고 면을 물에 데쳐 익혀 먹는다. 또 호박과 돼지고기에다 흰떡을 썰어 넣어 푹 볶기도 하고, 혹은 건면어乾鮸魚[12]를 넣어 볶기도 한다. 또 밀가루에 호박을 잘게 썰어 넣어 반죽하여 기름을 두르고 전을 부쳐 먹는다. 이 모두는 여름의 시식時食[13]으로 진솔한 음식이

---

7   얼음. 이에 대해서는 『용재총화慵齋叢話』의 다음 전언이 참고된다. "얼음이 얼어서 4치가량 된 뒤에 비로소 (얼음 캐는) 작업을 하였다. (…) 촌민들이 얼음을 캐 가지고 군인들에게 판다. 또 칡 끈을 얼음에 동여매어서 넘어지는 것을 방지하고, 강변에는 땔나무를 쌓아 놓아 얼어죽는 사람을 구제하며, 또 의약을 상비하여 다친 사람을 구제하는 등 우환에 대한 조치를 마련하였다. (…) 고원庫員 한 사람은 압도鴨島에 가서 갈대를 베어다가 고庫의 상하와 사방을 덮는데, 많이 쌓아 두텁게 덮으면 얼음이 녹지 않는다."
8   반빙頒氷 제도를 말한다. 『경국대전經國大典』에 따르면, "매년 여름철 끝 달에 여러 관사官司와 종친 및 문무당상관文武上官 시제時祭에도 내려 준다, 내시부內侍府의 당상관 그리고 70세 이상의 한산閑散 당상관에게 얼음을 내려 준다. 활인서活人署의 병자들과 전옥서典獄署의 죄인들에게도 내려 준다."
9   목패木牌. 나무로 만든 패. 목패를 가져가면 빙고에서 얼음을 나누어주었다. 법사法司(형조와 한성부)의 법사의 목패 이외에는 얼음을 받아갈 수 없도록 한 제도이다.
10   능실凌室. 빙고氷庫. 능음凌陰. 이에 대해서는 『용재총화』의 다음 전언이 참고된다. "지금의 빙고는 옛날의 능음이다. 동빙고는 두모포豆毛浦에 있는데, 고庫가 오직 하나뿐이어서 제사 지내는 데만 사용하였다. 얼음을 저장할 때는 봉상시奉常寺가 주관한다. (…) 얼음은 저자도楮子島 사이에서 채취하는데 이는 개천 하류의 더러움을 피하기 위함이다. 서빙고는 한강 상류 둔지산屯知山 기슭에 있는데, 무릇 고庫가 8경棟이나 되므로, 모든 국용國用과 제사諸司와 재추宰樞가 모두 이 얼음을 썼다."
11   백마자탕白麻子湯. 어린 암닭인 연계軟鷄를 곤 국물에 찢어 놓은 닭고기와 껍질을 벗겨서 볶은 깨(임자荏子, 백마자白麻子)를 갈아 받친 물을 섞고, 미나리, 오이채, 버섯을 살짝 데쳐 넣어 먹는 삼복 음식. 깻국탕 또는 임자수탕荏子水湯이라고도 한다.
12   건면어乾鮸魚. 말린 민어. "면鮸은 『정자통正字通』에서 '석수어石首魚를 면이라고 한다'고 하였다. 지금 대소 두 종류가 있는데, 세속에서는 그 가운데 큰 것을 민어民魚라고 한다. 면鮸과 민民은 음이 서로 비슷하다."(『해동역사海東繹史』 '어류魚類') 여기서 세 종류의 물고기가 언급되었다. 석수어, 면어, 민어다. 석수어는 대개 조기를 지칭하는데, 정약전의 『자산어보玆山魚譜』에서 석수어의 "형상은 면어와 유사하나, 색은 황흑이다. 맛 또한 면어와 비슷하지만 면어보다 더 농후하다"면서 석수어와 면어를 구분하고 있으며, 면어를 "속칭 민어"라고 했다. 정약용 역시 『아언각비雅言覺非』에서 "면어는 민어를 말한다"고 했다.

다. 참외와 수박은 더위를 가시게 하는 음식이다. 동부東部의 채소와 과일, 칠패七牌의 생선[14]이 이때 가장 풍성하다.

以小麥造麴, 調青苽鷄肉, 澆白麻子湯. 又用甘藿湯, 調鷄肉, 以麪點水, 熟而食之. 又以南苽同猪肉, 切白餠爛煮, 或入乾鰕魚頭同煮, 又以小麥麪拌南苽切片油煮, 皆屬夏月時食, 眞率之饌. 甜苽西苽屬滌暑之需. 東部菜果, 七牌魚鮮, 是時最盛

천연정天然亭의 연꽃[15], 삼청동三淸洞의 탕춘대蕩春臺[16], 정릉貞陵의 수석水石[17]을 보려고 술 마

---

13 **시식時食.** 최남선은 "춘하추동 사시와 일 년 열두 달 그때마다 철 맞추어 먹는 음식을 시식이라고 이르니, 대개 그때그때의 명일을 중심으로 하여 새로 나는 물건이나 먹을 맛있는 음식의 종류를 선택하여 마련되었던 것입니다. 이를테면 설의 떡국, 대보름의 약밥, 정 이월의 물쑥 청포, 한식寒食의 개피떡, 삼월삼일의 화전花煎, 초파일의 도미국수, 단오의 수단水團, 유두流頭의 밀쌈, 추석의 송편, 구일九日의 국화전菊花煎, 동지의 팥죽, 납향臘享(동지 후 셋째 미일未日인 납일臘日에 종묘·사직에 지내는 큰 제사)의 고기구이 등이 그 주요한 것입니다."라고 했다. (『조선상식문답』) 절식節食이라고도 한다.

14 **동부채칠패어東部菜七牌魚.** 동부, 곧 배오개 시장의 대표 상품인 채소와 칠패의 대표 상품인 생선을 강조해서 부른 말이다. 배오개 시장은 동대문 안쪽으로, 현재 광장시장의 뿌리가 된 곳이다. "배오개 시장은 동북 지역에서 서울로 향하는 상품들이 일차로 모이는 시장이었다. 그러므로 함경도 지역에서 운반된 북어가 팔렸으며, 다른 한편에서는 서울 근교에서 상업적으로 재배된 채소들이 주로 팔렸다." 한편 소의문과 숭례문 사이에서 번성한 칠패 시장은 서울의 관문인 경강京江 지역과 가까웠기 때문에 서해에서 들어오는 각종 어물과 미곡 등이 판매되었다. 시전市廛 중 하나인 외어물전은 서소문에 있었는데, 이 지역은 칠패 시장과 매우 가까웠고 마포, 서강, 동작진銅雀津을 장악할 수 있어서 배 주인들, 그리고 배로 옮기는 어물과의 접촉이 가능했기 때문에 서울로 반입되는 수산물은 외어물전과 거래하기가 쉬웠다.

15 **천연정天然亭의 연꽃.** 천연정은 경기감영이 있던 돈의문敦義門 밖의 정자로, 지금의 독립문 부근에 있었다. 정자가 제일 큰 연못으로 이름이 났고 연꽃이 많았다. 그래서 이백李白의 "천연스러워 꾸밈을 벗어났다"라는 시구에서 빌려와 정자의 이름을 지었다. 『한경지략漢京識略』에서는 "돈의문 밖 서지西池가에 있다. (…) 못에 연꽃이 무성해서 성안 사람들이 여름에 연꽃 구경하는 곳으로 이 정자가 제일이다."라고 했다.

16 **삼청동三淸洞의 탕춘대蕩春臺.** 삼청동이라는 동명은 도교의 신인 태청太淸, 상청上淸, 옥청玉淸의 삼청성신三淸星辰을 모신 삼청전三淸殿이 있던 데서 유래되었다. 또한 이 지역이 산이 맑고[山淸], 물이 맑으며[水淸], 그래서 사람의 인심 또한 맑고 좋다[人淸]는 뜻이기도 하다. 정제두鄭齊斗(1649~1736)는 탕춘대의 풍경을 곡진하게 묘사하고 있다. "물은 바로 탕춘대를 싸고 왼쪽으로 두 골짜기를 끼고 흐른다. 대체로 그 구렁은 모두 돌이며 반석이요 지면은 모두 모래인데 희었다. 돌인 때문에 물은 골골이 울며 흐르고 모래인 까닭에 물은 맑고 깨끗하며 비록 흔들어도 흐려지지 않으니 모래와 돌은 또한 물과도 서로 잘 만났다. 그런 까닭에 모두 매끈하여 갈아놓은 것 같으며 밝고 빛나서 햇빛과 모래 빛이 환히 서로 비치었다. 맑은 바람과 소나무는 운치를 이루었

206

시고 시 짓는 사람이 많이 모이는데[18], 이는 하삭음河朔飮[19]을 모방한 것이다.

天然亭荷花三淸洞蕩春臺貞陵水石, 觴詠者多集于此, 以倣河朔之飮

도성의 풍속에 또 남쪽과 북쪽의 시냇가에서 탁족濯足[20] 놀이를 한다.

都俗又於南北溪澗爲濯足之遊

진주晉州 풍속에 이달 그믐에 남녀들이 강변에 나와 성[21]이 함락된 일을 되새기며 제를 지내

으니 참말로 산간의 절승絶勝이었다."(『하곡집霞谷集』)

17 정릉貞陵의 수석水石. 북둔은 혜화문 밖 북쪽 3~4리에 있던 북저동北渚洞으로 지금의 성북동 자리다. 왕을 호위하던 군대인 어영청御營廳에 속한 성북둔城北屯이 있었기 때문에 북둔이라 불렸다. 또 묵사墨寺가 있어 묵사동墨寺洞 또는 북사동北寺洞 등이라 부르기도 했다. 자하문 북쪽의 도화동과 함께 복숭아꽃 경치로 유명하였다. 맑은 시내의 언덕을 따라 주민들이 복숭아나무를 심어놓아서 늦은 봄철마다 놀러온 사람들과 거마車馬가 가득 찬다. 그래서 민간에서는 도화동桃花洞이라 부르기도 했다. 윤기尹愭(1741~1826)는 「상사일에 북저동에서 노닐며[上巳遊北渚洞]」라는 시에서 "눈앞에 가득 펼쳐진 복사꽃에 / 푸른 버들이 색을 입히네 / 진홍색 연분홍색 어울려 / 꽃 안개가 들판에 자욱하네"(『무명자시집無名子詩集』)라고 노래했다.

18 『경도잡지京都雜志』에서는 이외에 '필운대弼雲臺의 살구꽃'과 '흥인문興仁門 밖의 버들'을 더 꼽았다.

19 하삭음河朔飮. '하삭'은 '황하의 북쪽(하북河北)'이라는 말로 한漢 나라 말년에 유송劉松이란 사람이 하북河北에 있는 원소袁紹에게 가서 한여름 동안 원소의 아들들과 술 먹는 것으로 더위를 잊었다 하여 그런 말이 생겼다.

20 탁족濯足. "냇물가에 모여 술을 마시고 발을 씻는 것을 '탁족노리'라고 한다."(『해동죽지海東竹枝』) '탁족'이라는 말은 굴원屈原의 「어부사漁父詞」 중 "창랑滄浪의 물 맑거든 갓끈을 씻고, 창랑의 물 흐리거든 발을 씻는다[滄浪之水淸兮, 可以濯吾纓, 滄浪之水濁兮, 可以濯吾足]."는 구절에서 유래한 것으로, 세속을 떠난 은일사상隱逸思想과 밀접한 연관이 있다. 탁족은 단순히 더위를 씻는 피서가 아니라, 세속의 때를 벗기 위한 정신 수양의 한 방편이었던 것이다. 구체적으로는 벼슬의 진퇴進退를 신중하게 선택할 줄 알아야 함을 경고하거나 은일하여 탈속脫俗의 자유를 누리는 경지를 동경하는 뜻을 담고 있다. 탁족의 풍습을 그린 탁족도로는 조선 중기의 이경윤李慶胤의 「고사탁족도高士濯足圖」와 이정李楨의 「노옹탁족도老翁濯足圖」, 필자 미상의 「고승탁족도高僧濯足圖」, 그리고 조선 후기 최북崔北의 「고사탁족도」 등이 있다.

21 진주성晉州城. 경상남도 진주의 남성동과 본성동에 걸쳐 있던 조선 시대의 읍성邑城. 고려 말기에 왜구를 막기 위하여 쌓은 것으로 임진왜란 때의 항전지로 유명하다. 성안에 촉석루矗石樓가 있다. 기생인 논개論介가 적장을 안고 남강南江에 투신한 일화로 유명하다.

액운을 물리친다. 원근의 사람들이 와서 모이는데, 구경꾼이 시장에 모인 듯하다. 이는 임진왜란 때 이날 성이 함락되었기 때문이다. 연례행사이다.

晋州俗, 是月晦日, 士女出江邊, 爲陷城被除, 遠近來會, 觀者如市. 盖昔倭亂以是日陷城故也. 歲以爲常.

7월
七月

一

칠석七夕¹

가정에서는 옷을 햇볕에 말린다. 오래된 풍속이다.²

人家曬衣裳, 盖古俗也.

---

1 **칠석七夕**. 명절의 하나로 음력 7월 7일인데, 양수陽數인 홀수 7이 겹치는 날이어서 길일로 여긴다. 이날 견우牽
牛와 직녀織女가 까막까치들이 놓은 오작교烏鵲橋에서 한 해에 한 번씩 만난다는 이야기가 전한다. 음력 7월
이 되면 맑은 바람이 불어오고 하늘이 맑고 높으며, 북두칠성은 한쪽으로 몰아 떠 있고 비단결 같은 은하수는
금방 쏟아질 것 같다. 그 동쪽에 직녀성이 수줍은 듯 희미하게 비치고 서쪽에서는 견우성이 휘황하게 빛을
발하는데, 마치 서로 마주 보며 정겨워하는 듯하다. 그러다가 칠석 때면 천정天頂 부근에서 두 별을 보게 되는
데 마치 일 년에 한 번씩 만나는 것처럼 보인다. 이러한 별자리를 보고 '견우와 직녀' 설화를 만들어 냈음 직하
다. 칠석의 대표적인 풍습으로 걸교乞巧가 있다. 칠월 칠석날 밤 부녀자가 견우와 직녀 두 별에게 길쌈과 바느
질 솜씨가 늘게 해 달라고 비는 제사, 곧 걸교제乞巧祭 혹은 걸교전乞巧奠을 말한다. 직물이나 바느질은 실생
활에서 대단히 중요한데, 직녀라는 별 이름 자체가 직물織物이나 바느질과 관련된다는 관념에서 걸교가 더
중요시 되었던 듯하다. 『사문유취事文類聚』는 그 유래를 다음과 같이 설명하고 있다. "당나라 천보 연간에 궁
중에서 칠석이 되면 비단으로 누각을 만들었는데, 높이가 백 길이고 수십 명이 들어갈 수 있다. 꽃과 과일,
술과 구운 고기를 차려 놓고 신령이 앉는 자리를 설치하여 견우와 직녀 두 별에 제사 지냄으로써 비빈妃嬪들
이 바느질을 잘할 수 있도록 걸교했으며, 청상곡[清商之曲; 당唐 이전의 민가民歌]이 속해 있는 악부시樂府詩
중 하나을 연주하면서 아침까지 잔치를 계속했는데, 사족士族과 백성들이 모두 이를 본받았다." 그리고 이날
성균관 유생의 절일제節日製도 칠석에 행하였다. 절일제는 명절인 인일절人日節, 상사절上巳節, 칠석절七夕節,
중양절重陽節에 실시한 과거를 말한다.

2 쇄의曬衣 풍속을 말한다. 쇄의는 빨래를 말리는 것이 아니라, 습기 찬 옷들을 널어 햇볕을 쬐고 겸하여 소독도
하는 일을 말한다. 폭의曝衣도 같은 말이다. 『농가월령가』에서는 "장마를 겪었으니 집안을 돌아보아 / 곡식
도 거풍擧風하고 의복도 포쇄曝曬하소"라고 노래했다. '거풍'은 쌓아 두었거나 바람이 안 통하는 곳에 두었던
물건을 바람에 쐰다는 말이고, '포쇄'는 젖거나 축축한 것을 바람에 쐬고 볕에 바랜다는 뜻이다. 이때 책도
함께 말리는데, 그것을 '쇄서폭의曬書曝衣'라고 한다.

중원中元

15일을 우리나라 풍속에 백중날[1]이라 한다. 승려들은 재齋[2]를 올려 불공佛供[3]을 드리며 큰 명절로 삼는다. 『형초세시기』를 보니, "중원일中元日에 승려와 비구니比丘尼[4], 도사道士[5]와 속세

---

1 **백중날**. 음력 7월 15일로 민간의 명절이다. 백종百種, 百終·백중百衆, 百中 혹은 망혼일亡魂日이라고도 한다. 중원中元이라고도 한다. 중원은 도교에서 유래한 말로 천상의 선관仙官이 일 년에 세 번 인간의 선악을 기록하는 시기를 원元이라고 하는데, 1월 15일은 상원上元, 7월 15일은 중원中元, 10월 15일은 하원下元이라 하고, 이 삼원일三元日에 초제醮祭(성신星辰에게 지내는 제사)를 지낸다. '백종'은 이 무렵에 과실과 채소가 많이 나와 옛날에는 백 가지의 곡식의 씨앗을 갖출 수 있다는 데에서 유래하였다고 전해진다. '망혼일'은 이날 돌아가신 부모 등의 혼을 위로하기 위해 술·음식·과일을 차려 놓고 신명神明에게 올린 제사에서 나온 말이다. 불가에서는 불제자 목련目連이 부처의 지시에 따라, 살아 생전 죄를 많이 지은 그의 어머니의 영혼을 구제하기 위해 7월 15일에 오미백과五味百果를 담아 이 세상의 모든 부처인 시방대덕十方大德에게 공양하였더니, 마침내 그의 어머니의 영혼이 구제되었다는 고사에 따라 우란분재盂蘭盆齋를 열어 공양을 하는 풍속이 있다. 한편 일반 가정에서는 처음 익은 과일을 따서 조상의 사당에 올린 후 먹는 천신薦新 차례를 지냈고, 궁궐에서는 이른 벼를 베어 종묘에 천신하는 일도 있었다. 농가에서는 이날 마을에서 그해 농사가 가장 잘 된 집의 머슴을 뽑아 소에 태워 동네를 돌며 위로하며 노는데, 이는 바쁜 농사를 마치고 하는 농군의 잔치로서 이른바 '호미씻이'라고 한다. 또한 이날에는 머슴을 하루 쉬게 하는데, 머슴들은 술과 음식 등을 먹고 마시며 흥겹게 하루를 보냈다.

2 **재齋**. 성대한 불공이나 죽은 이를 천도薦度(죽은 사람의 넋이 정토나 천상에 나도록 기원하는 일)하는 법회.

3 **불공佛供**. 부처 앞에 공양供養(불佛, 법法, 승僧의 삼보三寶나 죽은 이의 영혼에 음식, 꽃 따위를 바치는 일. 또는 그 음식)을 드림. 또는 그런 일

4 **비구니比丘尼**. 출가하여 구족계具足戒를 받은 여자 승려. 구족계는 비구와 비구니가 지켜야 할 계율로 비구에게는 250계, 비구니에게는 348계가 있다.

5 **도사道士**. 도교를 믿고 수행하는 사람.

인 모두 쟁반에 음식을 담아 사원寺院[6]에 공양한다.”라고 하였다. 또『우란분경盂蘭盆經』[7]을 보니, “목련目連 비구比丘[8]가 다섯 가지 음식과 백 가지 과일을 쟁반에 담아 시방대덕十方大德[9]에게 공양한다.”라고 하였다. 지금 백중날이라 하는 것은 '백 가지 과일'을 가리키는 듯하다. 고려는 불교를 숭상하여 이날이 되면 늘 우란분회盂蘭盆會를 열었는데, 지금 풍속에 재齋를 올리는 것이 이것이다.[10] 우리나라 풍속에 중원中元을 망혼일亡魂日이라고 하는데, 민간의 백성들이 이달 달밤에 채소와 과일, 술과 밥을 마련하여 돌아가신 어버이의 넋을 부르기 때문이다. 동악東岳 이안눌李安訥[11]의 시에, “시장에 채소와 과일이 흔해지니 / 도성 사람 곳곳에 망자

---

6 **사원寺院.** 종교의 교당教堂(신자들이 모여 예배나 포교를 하는 집)을 통틀어 이르는 말.

7 **『우란분경盂蘭盆經』.** 불경의 하나로, 중들이 4월 보름부터 시작되는 하안거夏安居의 끝날인 음력 7월 보름에 읽는 경이다. 목련존자目連尊者가 어머니의 영혼을 구제한 일을 기린 내용으로 되어 있다.『대목건련경大目犍連經』이라고도 하는『목련경目連經』은『우란분경』을 원본으로 목련의 효행에 다른 불제자의 효행을 더해서 만든 위경僞經이라는 설이 지배적이다.

8 **비구比丘.** 출가하여 구족계를 받은 남자 승려.

9 **시방대덕十方大德.** '시방'은 동·서·남·북 사방과 그 사이 건乾·곤坤·간艮·손巽의 사우四隅에 상·하를 합친 '십방十方'을 말하고, '대덕'은 부처이니, '이 세상에 있는 모든 부처'를 뜻한다.

10 우란분재盂蘭盆齋를 말한다. 석존 당시의 불제자 목건련牧犍連(목련존자)의 어머니가 죄를 지어서 아귀도餓鬼道(불교에서 이르는 삼악도三惡道의 하나. 이승에서 욕심꾸러기로 지낸 사람이 죽은 뒤에 태어나게 된다는 곳으로, 늘 굶주림과 목마름으로 괴로움을 겪는다고 함)에 떨어져 있을 때, 음력 7월 보름날 대중大衆에게 공양供養을 올려서 영혼에 위안을 주고 고통을 구제한 사실에서 비롯하여, 불佛·승僧·중생衆生이 공양하는 것이다. 범어 Ullabana의 음역으로 구도현救倒懸이라고 번역되기도 하는데, 분盆은 식기의 뜻으로 곧 음식을 죽은 자의 영혼에 바쳐 거꾸로 매달려진 그의 고통을 구제한다는 뜻이다.『형초세시기荊楚歲時記』는『우란분경』을 인용하여 그 유래를 다음과 같이 설명하고 있다. “(7대 부모의 영혼을 구제하여 복락을 주는) 칠엽공덕七葉功德을 드리며, 또한 기旗와 꽃, 가고歌鼓와 과식果食을 바치는 것은 모두 이로부터 연유한다. (…) 목련이 죽은 어머니가 아귀餓鬼 가운데 사는 것을 보고 곧 바리에 음식을 담아 어머니에게 바쳤다. 그런데 음식이 입에 들어가기 전에 숯으로 변하여 마침내 먹을 수가 없었다. 목련이 크게 울부짖으며 달려 돌아와 부처님께 사뢰었다. 부처님께서 '너의 어미는 지은 죄가 너무 무거워 너 한 사람으로는 어찌할 수가 없다. 마땅히 사방 여러 중의 힘이 필요하다. 7월 15일에 이르러 마땅히 7대 부모들이 위난危難 중에 있는 자를 위하여 백미오 과百味五果를 갖추고 분에 담아 시방대덕十方大德께 공양하라.'고 하셨다. 부처님께서 여러 중에게 명하여 모두 시주施主를 위하여 7대 부모를 축원하며 선정禪定(참선하여 삼매경에 이름)의 뜻을 행한 후에 음식을 받게 하였다. 이때 목련의 모母는 모든 아귀의 고통에서 벗어날 수 있었다. 목련이 부처님께 '미래세未來世의 불제자도 효순孝順을 행하는 자도 역시 우란분을 받들어 마땅히 공경해야 할 것입니다.'라고 했다. 부처님이 매우 좋다고 하였다. 그리하여 후대의 사람들이 이로 인해 널리 화식華飾(아름답게 꾸밈)을 만들었다. 곧 나무를 조각하고, 대나무를 쪼개고, 밀랍을 엿으로 만들고, 비단을 오려 꽃잎 모양을 만드는데, 그 세공이 정교의 극에 달하였다.”

의 넋에 바치네"라고 하였다.

十五日, 東俗稱百種日. 僧徒設齋供佛, 爲大名節. 按荊楚歲時記: "中元日, 僧尼道俗, 悉營盆 供諸寺院." 又按盂蘭盆經: "目連比邱, 五味百果, 以著盆中, 供養十方大德." 今所云百種日, 似指百果也. 高麗崇佛, 是日每爲盂蘭盆會. 今俗設齋是也. 國俗以中元爲亡魂日, 盖以閭閻小民是月月夕, 備蔬果酒飯, 招其亡親之魂也. 李東岳安訥有詩云"記得市廛蔬果賤 都人隨處薦亡魂"

충청도 풍속에 15일에 노소들이 모두 시장에 나와 먹고 마시며 즐긴다. 또 씨름[12]을 한다.【『동국여지승람』에 보인다.】

湖西俗, 以十五日, 老少出市, 飮食爲樂. 又爲角力之戲【見輿地勝覽】

---

11 이안눌李安訥. 조선 인조 때의 문신·시인(1571~1637). 자는 자민子敏. 호는 동악東岳. 예조참판을 지냈으며 시문에 능하고 글씨도 잘 썼다. 저서에 『동악집東岳集』이 있다.

12 씨름에 대해서는 '단오'의 해당 항목 참조.

월내月內

경사卿士[1]의 집에서는 올벼[2]를 올리는데, 대부분 초하루나 보름에 올린다.[3]

卿士家, 薦早稻, 多因朔望行之

---

1 **경사卿士.** 경대부卿大夫. 높은 관직에 있는 벼슬아치를 이르던 말. 경卿과 대부大夫로 대표된다. 봉건 시대 신분 상 위계는 대개 천자天子 · 제후諸侯 · 경대부卿大夫 · 사士 · 서민庶民으로 이루어진다.

2 **올벼.** 조도早稻. 제철보다 일찍 여무는 벼.

3 삭망제朔望祭를 말한다. 삭망제는 3년상의 기간 중 매월 초하루와 보름에 신주神主에 상식上食(상가喪家에서 아침저녁으로 영위靈位를 모시어 놓은 자리 앞에 올리는 음식)을 드리는 의식이다. 초하루와 보름이 계절의 변화를 깨닫게 하는 날이므로, 그날이 되면 상기喪期가 줄어들기 때문에 애모하는 마음이 더욱 간절해져서 평소보다 특별히 상식을 올리는 것이다. '삭망제'라고는 했지만, 정식 제사는 아니고, 조상의 사당에 햇것을 올리는, 일종의 천신薦新 의식이다.

8월
八月
一

추석秋夕

15일은 우리나라 풍속에 추석秋夕, 또는 가배嘉俳[1]라고 한다. 신라 때부터 시작된 풍속으로 시골의 농가에서는 가장 중요하게 여기는 명절이다. 햇곡식이 이미 익었고 추수가 머지않았기 때문이다. 누런 닭을 잡고 술을 빚어 사방의 이웃이 배불리 먹고 취하여 즐긴다.[2]

---

1 **가배嘉俳**. 가비嘉菲, 가회嘉會, 가외라고도 하는데, 여기서 한가위(한가회漢嘉會)라는 말이 나왔다. "가배란 말은 신라에서 비롯되었는데, 이달에는 만물이 성숙한다. '중추中秋는 가절佳節이다'라고 하듯이 민간에서 이날을 가장 중요하게 여겨 비록 궁벽한 시골이나 가난한 집안이라도 의례 모두 쌀로 술을 빚고 닭을 잡아 찬도 만들며 온갖 과실을 소반에 풍성하게 차려 놓고 '더도 말고 덜도 말고 한가위만 같아라'고 한다. 사대부의 집에서는 정조·한식·중추·동지 등 네 명절에 묘제墓祭를 지내는데, 정조와 동지에는 간혹 지내지 않는 경우가 있다. 그러나 한식과 중추만은 성대하게 지내는데, 한식도 중추의 성대함만은 못하다. 유자후柳子厚가 '조皂·예隷·용傭·개丐도 모두 부모의 산소에 가서 제사 지낼 수 있다'고 한 것은 오직 이날에만 가능하다."(『열양세시기』) 여기서 '중추'는 가을이 한창이라는 뜻으로, 음력 8월을 달리 이르는 말이다. 한 계절을 석 달로 했을 때, 첫 달은 맹월孟月, 가운데 달은 중월仲月, 마지막 달은 계월季月이라 불렀다. 예를 들어 가을이 시작되는 첫 달은 맹추孟秋, 가운데 달은 중추, 마지막 달은 계추季秋라고 한 것이다. 흔히 중추절仲秋節이라 하면 추석을 말한다. 그리고 '묘제'는 무덤 앞에서 지내는 제사이다. 마지막으로 '조, 예, 용, 개'는 각각 하인, 노예, 품팔이꾼, 거지 등 하층 천민을 말한다.

2 조풍연은 『서울잡학사전』에서 근대 이후의 추석 풍경을 말해준다. "서울 사람이 타지방 사람의 전입轉入을 별로 달갑게 여기지 않기 때문에 언어·풍속이 판이했었다. 추석이 농사의 수확과 관계가 깊은 것이라면, 추석을 실감하기엔 아직 이른 시기였다. 서울 주민이란, 관공리·회사원·학생·장사·부재지주不在地主 들로 구성됐는데 거기에다가 분위기 조성에는 일본 사람의 존재도 영향이 컸으므로 농사와는 거리가 있었다. 공휴일은 상상도 못했을 것이고 추가가 서울 경제에 영향을 주는 것은 쌀의 수확이 실제로 활발해지는 한두 달 뒤가 됐다. 햅쌀은 밥할 때 붙지 않는다는 이유로 서민들은 묵은쌀을 찾았다. 물론 조상을 위해 차례를 지내고 서울 교외에 선산이 있는 사람은 성묘도 했다. 그들을 위해 신창안(남대문 시장)과 배우개장(동대문

十五日, 東俗稱秋夕, 又曰嘉俳. 肇自羅俗, 鄕里田家, 爲一年最重之名節. 以其新穀已登, 西成不遠, 黃鷄白酒, 四隣醉飽以樂之.

경주慶州 풍속은 다음과 같다. 신라新羅 유리왕儒理王 때 6부六部³를 반을 갈라 둘로 만들고, 왕녀王女 두 사람이 각각 부내의 여자를 거느리고 편을 나누었다. 7월 16일부터 매일 일찍 대부大部의 뜰에 모여 길쌈을 하여 을야乙夜⁴가 되어야 파한다. 8월 15일이 되면 그 실적의 많고 적음을 살펴서 진 편이 술과 음식을 장만하여 이긴 편에게 대접하고, 함께 춤추고 온갖 놀이를 했다. 이를 가배嘉俳라고 한다. 이때 진 편의 한 여인이 일어나 춤추며 "회소 회소會蘇會蘇"라고 하며 탄식하는데 그 소리가 구슬프고 맑았으므로, 후세 사람이 그 소리에 따라 노래를 만들어 회소곡會蘇曲⁵이라 하였다. 우리나라 풍속에 지금까지 행해지고 있다.【『동국여지

시장)에 과일도 나오고 토란이나 송이 따위가 보이기도 했었다. 그 성묘도 시간의 여유를 얻고자 추석에 가장 가까운 일요일을 이용하는 사람이 많았고, 서울에 유학하는 시골 학생들도 오고 가는 데 시간을 뺏기니까 좀처럼 움직이지 못하고 집에서 소포로 부쳐 주는 인절미나 기다리는 수밖에 없었다. 그러니까 '달 밝은 가을밤'을 술 취해 향락하는 것이 고작이었다. 추석 명절을 고취한 것은 어린이 운동의 선구자 방정환方定煥이었다. 1924년과 그 이듬해의 두 차례에 걸쳐 그는 천도교회天道敎會 윗마당에 가설무대를 만들고 동화·동요의 대회를 열었다. 대회가 끝나면 참가한 모든 어린이에게 송편 다섯 개를 봉지에 담은 것을 하나씩 일제히 나눠 주었다. 천도교 위 뜰의 인원 수용력은 꽉 차야 천여 명 정도였는데, 떡을 거져 준다고 해도 그 정도 모일 뿐이었다. (서울 인구가 30만이던 시절이다.) 서울 시민이 추석을 중요한 명절로 알게 된 것은 태평양전쟁 중이었다. 식량이 결핍돼 눈이 쑥 들어갈 지경으로 주린 판인데 추석에는 시골 인심이 후하다는 것을 알고 쌀밥 얻어 먹으러 슬슬 서울을 빠져나가 올 때는 한 짐씩 들고 왔다. 아마 고기도 먹어 솟증도 풀었으리라. 광복이 되자 미군정을 맞더니 갑자기 추석에는 각 기관에 지각자知覺者가 부쩍 늘어났다. '우리 명절을 찾자'는 외침이 나오고 차례를 지내느라고 출근이 늦어진 것이다. 6·25사변에 남쪽으로 피난 가서 명절의 참맛을 알게 됐고, 이날이 공휴일이며, 1천여 만 명의 서울 인구 중 지방인들이 압도적으로 많이 차지한 오늘날이니 설명이 필요치 않다."

3　6부六部. 신라 때 씨족을 중심으로 나눈 경주의 행정 구획으로, 급량부及梁部·사량부沙梁部·본피부本彼部·점량부漸梁部·한기부漢祈部·습비부習比部가 그것이다.

4　을야乙夜. '이경二更'을 오야五夜의 하나로 이르는 말. '이경'은 밤 아홉 시부터 열한 시 사이.

5　김종직金宗直(1431~1492)이 지은「회소곡」은 이렇다. "회소, 회소, 서풍 부는 / 화려한 집 넓은 뜰 안 밝은 달 가득 / 공주님은 윗자리에 앉아 물레 돌리고 / 육부 여자들 떼 지어 모여 앉아 / 네 바구니는 벌써 찼는데 내 것은 비었느니 / 술 나누고 빈정대며 서로들 희롱하네 / 한 아낙네 탄식하니 천 집이 즐겁고 / 베틀 북 빨리 돌리라 앉아서 호령한다 / 가배놀이 하느라 규중 예의 잃었지만 / 황하수 밟으며 엄숙히 꾸짖는 것보단 훨씬

승람』에 보인다.】

慶州俗, 新羅儒理王時, 中分六部爲二, 使王女二人, 各率部內女子分朋, 秋七月旣望, 每日早集大部之庭, 績麻, 乙夜而罷, 至八月望, 考其功之多少, 負者置酒食, 以謝勝者. 於是歌舞百戲皆作, 謂之嘉俳. 是時負家一女起舞, 歎曰"會蘇, 會蘇", 其音哀雅. 後人因其聲而作歌名"會蘇曲" 國俗至今行之【見輿地勝覽】

제주濟州 풍속에 매년 8월 보름이 되면 남녀가 함께 모여 노래하고 춤추며, 좌우로 양편으로 나누어 굵은 동아줄 양 끝을 끌면서 승부를 결정짓는다. 동아줄이 중간에 끊어져 양편이 땅에 자빠지면 구경하는 사람들이 모두 크게 웃는데, 이를 조리희照里戲⁶라고 한다. 이날 또 그네뛰기와 포계지희捕鷄之戲⁷를 한다.【『동국여지승람』에 보인다.】

濟州俗, 每歲八月望日, 男女共聚歌舞, 分作左右隊, 曳大索兩端, 以決勝負. 索若中絶, 兩隊仆地, 則觀者大笑, 以爲照里之戲. 是日又作鞦韆及捕鷄之戲【見輿地勝覽】

좋다네[會蘇會蘇西風吹, 廣庭明月滿華屋, 王姬壓坐理纑車, 六部女兒多如蔟, 爾宮旣盈我筐空, 釃酒揶揄笑相謔, 一婦嘆千室歡, 坐令四方勤杼柚, 嘉俳縱失閨中儀, 猶勝跋河爭嗃嗃]."(『점필재집佔畢齋集』 권3 「동도악부」)

6 **조리희照里戲**. 줄다리기의 일종. '조리'를 제주의 지명으로 보거나, 축자적으로 '마을을 비추다'로 풀이한 경우가 있는데, 근거가 확실치 않다. 이두식 표기로 보는 것이 적절할 것 같다. 동아줄이 중간에 끊어진다고 한 것으로 보아 일부러 끊어지도록 약하게 만든 것 같다. 현재는 전승되지 않고 있다. 그런데 남구명南九明(1661~1719)은 제주를 노래한 시 「우보탁라가又補乇羅歌」의 주석에서 "남녀가 큰 동아줄을 끌어 승부를 겨룬다[男女曳大索決勝負]."(『우암선생문집寓庵先生文集』)라고 하여, 이 놀이를 남자와 여자의 대결이라 하였다.

7 **포계지희捕鷄之戲**. 닭 잡는 놀이. '한라일보' 기사(2019.9.6)에 따르면, "닭과 닭을 잡는 동물을 설정해 닭을 쫓는 과정을 흉내 내는 놀이를 말한다. 이 놀이는 지금의 술래잡기와 유사하다."

월내月內

16일, 충청도 시골에서는 씨름[1]을 하는 풍속이 있다. 술과 음식을 차려 즐기는데, 농사가 끝났기 때문에 농민들이 쉬기 위해 그런 것이다. 매년 그렇게 한다.

十六日, 湖西鄉俗, 以角力戱. 設酒食爲樂, 盖因農歌息力而然也. 每年如之.

술도가[2]에서는 햅쌀[3]로 술을 빚고, 떡집에서는 올벼[4]로 송편[5]을 만들며, 무와 호박을 넣어 시루떡[6]을 만든다. 또 찹쌀[7]가루를 쪄서 찧어 떡을 만들어 삶은 검은 콩, 누런콩, 참깨[8]가루를 묻힌 것을 인절미[9]라고 하면서 판다. 바로 옛날의 자고糍餻, 곧 한漢나라 때의 마병麻餠 같은

---

1 씨름에 대해서는 '오월 단오端午' 항목을 참조할 것.
2 **술도가.** 매주가賣酒家. 술을 빚어 파는 집.
3 **햅쌀.** 신도新稻. 당해에 새로 난 쌀.
4 **올벼.** 조도早稻. 제철보다 일찍 여무는 벼.
5 **송편.** 송병松餠. 멥쌀가루를 반죽하여 팥, 콩, 밤, 대추, 깨 따위로 소를 넣고 반달이나 모시조개 모양으로 빚어서 솔잎을 깔고 찐 떡. 흔히 추석 때 빚는다.
6 **시루떡.** 증병甑餠. 떡가루에 콩이나 팥 따위를 섞어 시루에 켜를 안치고 찐 떡. 떡가루에 섞는 재료와 만드는 방법에 따라 백설기, 콩시루떡, 대추시루떡, 석이시루떡, 갖은시루떡 따위의 여러 종류가 있다.
7 **찹쌀.** 나미糯米. 낟알에 찰기가 있는 찰벼를 찧은 쌀.
8 **참깨.** 지마芝麻. 그 씨앗에서 좋은 기름을 짜내 사용하고, 기름을 짜고 남은 깻묵은 사료 및 비료로 쓴다.

것이다. 찹쌀가루를 쪄서 계란처럼 둥근 떡을 만들고 삶은 밤[栗]을 꿀에 개어 붙인 것을 율단자栗團子[10]라고 한다. 『세시잡기歲時雜記』[11]를 보니, "춘사일春社日, 추사일秋社日[12], 중양절重陽節[13]에 밤으로 떡을 만든다."라고 했는데, 지금 풍속은 여기에서 시작되었다. 또 토란단자土蓮團子[14]가 있는데 만드는 방법이 율단자와 같다. 모두 가을의 시식時食[15]이다.

賣酒家造新稻酒, 賣餠家造早稻松餠菁根南苽甑餠. 又蒸糯米粉, 打爲餻, 以熟黑豆黃豆芝麻粉粘之, 名曰引餠, 以賣之, 卽古之粢餻, 漢時麻餠之類也. 蒸糯米粉成團餠如卵, 用熟栗肉和蜜附之, 名曰栗團子. 歲時雜記: "二社重陽, 以栗爲餻." 今俗昉于此. 又有土蓮團子, 如栗團子之法, 皆秋節時食也.

---

9   **인절미**. 인병引餠. 찹쌀이나 찹쌀가루를 시루에 쪄서 절구에 찧어 적당한 크기로 잘라 고물을 묻힌 떡.

10 **율단자栗團子**. 밤단자. 찹쌀가루를 쪄서 오래 치대어 자그맣게 끊고 밤을 삶아 체에 내린 밤고물을 묻히는 치는 떡으로 궁중과 양반가에서 추석 때 차례상에 올리고 겨울철 다과상에 내던 고급떡이다. '단자'는 찹쌀가루를 반죽하여 삶아 잘 으깬 다음, 팥·밤·깨 등에 꿀을 넣어 만든 소를 넣고 밤톨만큼씩 둥글게 빚어서 그 위에 꿀을 바르고 고물을 묻혀서 만든다. 단자는 찹쌀가루를 쪄서 치댄 후 모양을 내어 고물을 묻히는 떡으로 치는 떡에 분류하기도 하고 빚는 떡에 분류하기도 한다. 인절미는 찹쌀을 알곡 그대로 쪄서 치기도 하지만 단자는 가루를 쪄서 치고 크기도 조금 작게 만드는 점에서 인절미와 다르다. 또한 모양과 크기가 비슷한 경단과는 만드는 법이 약간 다른데 경단은 찹쌀가루를 반죽해서 모양을 빚어 물에 삶아내어 고물을 묻히고 단자는 찹쌀가루를 쪄서 안반이나 절구에서 오래 치대고 모양을 빚어 고물을 묻힌다.

11 **『세시잡기歲時雜記』**. 북송北宋 때의 학자로 본명은 희철希哲인 여원명呂原明이 지은 세시서歲時書다. 여명원은 정호程顥, 정이程頤 형제와 장재張載에게 배웠다.

12 **사일社日**. 토신土神에게 지내는 제삿날이다. 일 년간 사일은 봄과 가을 두 번 있는데, 춘사春社는 입춘 후 제5의 무일戊日이고, 추사秋社는 입추 후 제5의 무일이다. 춘사에는 곡식의 성육成育을 빌고, 추사에는 그 수확을 감사한다.

13 **중양절重陽節**. "9월 9일은 홑으로 9일이라고 말하기도 하고, 또 중구重九·중양重陽이라고 하기도 하여 중국 고대에 9를 양수陽數의 극極이라 하고, 이것이 겹쳤기 때문에 양기陽氣 존중의 신앙으로부터 이날을 영절令節로 하니 한위漢魏 이래로 무엇보다도 국화 감상과 등고登高의 계절로 삼았다."(『조선상식』)

14 **토란단자土蓮團子**. 토란을 정히 벗겨 무르게 삶아 그릇에 개어 굵은 채에 걸러서 손에 꿀을 묻혀 만들되 꿀 섞은 밤소 넣어 밤 거른 것과 무치면 좋고 연하기가 밤단자보다 낫다.

15 **시식時食**. 최남선은 "춘하추동 사시와 일 년 열두 달 그때마다 철 맞추어 먹는 음식을 시식이라고 이르니, 대개 그때그때의 명일을 중심으로 하여 새로 나는 물건이나 먹을 맛있는 음식의 종류를 선택하여 마련되었던 것입니다. 이를테면 설의 떡국, 대보름의 약밥, 정 이월의 물쑥 청포, 한식寒食의 개피떡, 삼월삼일의 화전花煎, 초과일의 도미국수, 단오의 수단水團, 유두流頭의 밀쌈, 추석의 송편, 구일九日의 국화전菊花煎, 동지의 팥죽, 납향臘享(동지 후 셋째 미일未日인 납일臘日에 종묘·사직에 지내는 큰 제사)의 고기구이 등이 그 주요한 것입니다."라고 했다.(『조선상식문답』) 절식節食이라고도 한다.

9월

九月

一

9일九日[1]

누런 국화를 따서 찹쌀떡을 만든다. 3월 삼짇날[2] 진달래떡과 같아서 또한 화전花煎[3]이라
한다.

採黃菊花, 爲糯米餻 與三日鵑花餻同, 亦曰花煎

---

1 9일. 음력 9월 9일. 중양절重陽節. 중구重九. "9월 9일은 5월 5일과 같이 양수가 겹치기 때문에 명일이 되는
   것인데, 9월 9일은 일 년 중 마지막 그런 날이라는 의미에서 특별히 숭상하여, 중국의 옛날에는 높은 곳에
   올라서 먼 데를 내다보며 즐기고, 멀리 객지에 있는 이는 고향 쪽을 바라며 집 생각하는 날이었습니다. 그
   리고 일 년 중 마지막 피는 국화가 이때 한창이므로 국화 구경하는 명일이 되었습니다. 조선에서는 신라
   이래로 이날을 명일로 하여 나라에서 잔치를 베풀고 군신이 즐거움을 한 가지로 하였으며, 이씨 조선에서
   는 특별히 3월 3일과 함께 봄, 가을 두 차례 노인잔치를 하는 날이었습니다. 민간에서는 국화전과 화채花菜
   로 조상께 차례를 올리고, 서울서 운치 찾는 이는 남, 북한산과 도봉, 수락산 같은 데로 하이킹을 행하였습
   니다."(『조선상식문답』 「명일」 '구일')
2 삼짇날. 상사上巳 · 상사절上巳節 · 원사元巳 · 중삼重三 · 상제上除 · 답청절踏青節 등으로도 부르는데, 이날은
   양수陽數인 홀수 3자가 겹치는 날이어서 길일로 여긴다. 추위를 피해 강남 갔던 제비도 이날 돌아온다. 자세한
   것은 3월 '삼짇날'을 참고할 것.
3 화전花煎. 꽃을 붙여 부친 부꾸미. 찹쌀가루를 반죽하여 기름에 지진 떡으로, 계절에 따라서 진달래꽃 · 장미
   꽃 · 배꽃 · 국화꽃 등을 붙여서 지진다. 일명 '꽃지지미'라고도 한다. 우리나라의 세시풍속에는 삼월 삼짇날
   들놀이를 할 때 진달래꽃을 따서 찹쌀가루에 섞어 지진 꽃전을 절식으로 먹는 풍속이 있는데, 이러한 풍습은
   고려 시대부터 있었던 것이다. 『해동죽지海東竹枝』에서는 "옛 풍속에 삼짇날 화전으로 차례를 지내고, 또 동
   산에 올라 화전으로 상춘賞春 놀이를 하는데, 이것을 '화전노리'라고 한다."고 했다. 자세한 것은 3월 '삼짇날'
   을 참고할 것.

『서경잡기西京雜記』[4]를 보니, "한漢 무제武帝[5]의 궁인宮人[6] 가패란賈佩蘭이 9일에 떡[이餌]을 먹었다."고 했는데, '이餌'는 우리말로 떡이다. 또 맹원로孟元老의『동경몽화록東京夢華錄』[7]을 보니, "도성 사람들은 중양절에 밀가루로 떡을 만들어 서로 선사한다."라고 하였다. 지금의 국화떡[8]은 여기에서 비롯되었다.

按西京雜記: "漢武帝宮人賈佩蘭, 九日食餌." 方言餌, 謂之餻. 又按孟元老東京夢華錄: "都人重九, 以粉麵蒸餻相遺." 今之菊餻, 盖沿于此

배, 유자, 석류, 잣을 잘게 썰어 꿀물에 넣은 것을 화채花菜[9]라고 한다. 모두 시식時食[10]으로 제사에 올린다.

細切生梨柚子與石榴海松子, 澆以蜜水, 名曰花菜. 並以時食供祀.

도성의 풍속에 남북의 산에 올라 먹고 마시며 즐기는데, 이는 등고登高[11]하던 옛 풍속을 따른 것이다. 청풍계靑楓溪[12], 후조당後凋堂[13], 남한산[14], 북한산, 도봉산道峯山[15], 수락산水落山[16]에

　일의 도미국수, 단오의 수단水團, 유두流頭의 밀쌈, 추석의 송편, 구일九日의 국화전菊花煎, 동지의 팥죽, 납향臘 享(동지 후 셋째 미일未日인 납일臘日에 종묘·사직에 지내는 큰 제사)의 고기구이 등이 그 주요한 것입니다."라 고 했다. (『조선상식문답』) 절식節食이라고도 한다.

11　**등고登高**. 음력 9월 9일 중양절重陽節에 높은 곳에 올라 단풍이 든 풍경을 보고 즐기며 시와 술을 함께 나누는 풍속. 단풍놀이[楓菊]로서 국화놀이, 중양重陽놀이, 중양풍채유重陽楓菜遊, 시회詩會라고도 한다. 『열양세시 기』에서는 "단풍이 들고 국화가 만발할 때 사람들이 놀고 즐기는 것이 봄에 꽃과 버들을 즐기는 것과 마찬가지 이다. 사대부 가운데 옛일을 좋아하는 사람은 대개 중양일에 높은 곳에 올라 시를 짓는다"고 했고, 『추재집秋齋 集』에서도 "사람들이 높은 곳에 올라 모임을 하고 국화주를 마시는데 국화를 차는 좋은 계절이라고 한다"고 했다. 참고로 『형초세시기荊楚歲時記』는 등고의 유래를 다음과 같이 소개하고 있다. (『속제해기續齊諧記』에 "여남현汝南縣의 환경桓景이 비장방費長房을 따라서 유학하였다. 장방이 말하기를 '9월 9일 너희 집에 재액이 있을 터이니 급히 집안사람들로 하여금 주머니를 만들어 수유茱萸를 가득 담아 팔에 걸고 산에 올라 국화주를 마시게 하면 화가 소멸할 것이다.'라고 하였다. 경이 이 말을 따라 가솔을 이끌고 산에 올라 저녁 무렵 집에 돌아오니 닭·개·소·양이 한꺼번에 폭사暴死하였음을 보았다. 장방이 그 일을 듣고 가축들이 대신 죽은 것이라고 했는데, 오늘날 세인들이 9일 높은 데 올라 술을 마시고 부녀자들이 수유 주머니를 차는 것은 대개 여기서 비롯된 것이다."라고 하였다.)

12　**청풍계靑楓溪**. 지금 종로구 청운동은 옛날의 청풍동과 백운동을 합한 곳이다. 도성의 북쪽 인왕산·백악 아래 에 위치한 수락산·청풍동·백운동 일대는 깊고 아득한 계곡에 맑은 수석을 곁들이고 주위에는 수림과 화초 도 많아, 오랜 옛날부터 시인 묵객들이 거닐면서 시를 읊조리던 곳이었다. 청풍계淸風溪·세심대·유란동幽 蘭洞·도화동桃花洞·대은암大隱岩·만리뢰萬里瀨 등이 모두 이 부근에 있는 명소이다. 그중에도 지금 청운초 등학교 뒤쪽 일대는 임진왜란 후에 아우 청음淸陰과 함께 청절대신淸節大臣으로 유명한 선원仙源 김상용金尙容 의 복거지ト居地가 되기도 하였던 청풍계의 소재지로 널리 알려진 곳이다.

13　**후조당後凋堂**. 지금의 서울 중구 주자동鑄子洞에 있으며 남산 부엉바위[범바위] 약수터가 내려다보이는 낭떨 어지 바위 위에 있었다고 한다. "후조당은 곧 권람權擥의 옛집인데 목멱산木覓山(남산) 북쪽 기슭 비서감秘書監 동쪽 바위 벼랑에 있었다. 세조가 그 집에 갔을 때 그 서편 바윗가에 돌샘이 있었으므로 이름을 어정御井이라 하였다. 그 위에는 소한당의 유적遺跡이 있다."(『연려실기燃藜室記述』)라고 하였다.

14　**남한산南漢山**. 경기도 광주시와 성남시 사이에 있는 산. 산꼭대기에 남한산성이 있다.

15　**북한산北漢山**. 서울의 북부와 경기도 고양시 사이에 있는 산. 백운대, 인수봉, 만경대의 세 봉우리가 있어 '삼각

단풍놀이할 좋은 경치가 있다.

都俗登南北山飮食以爲樂, 盖襲登高之古俗也. 靑楓溪後凋堂南北漢道峯水落山, 有賞楓之勝.

산'이라고도 한다. 산성山城과 이궁離宮 따위의 옛터가 남아 있다.

16 **수락산水落山**. 서울시 노원구, 경기도 의정부시 사이에 있는 산. 도봉산과 함께 서울의 북쪽 경계를 이룬다.

9월 9일九日

10월
十月

一

오일午日

오일午日[1]은 속칭 말날[마일馬日]이라 한다. 팥으로 시루떡[2]을 만들어 마구간[3]에 차리고 신에게 빌어 말[馬]의 건강을 기원한다. 병오일丙午日에는 하지 않는데, 병丙 자가 병病 자와 음音이 비슷해서 말이 병드는 것을 꺼리는 것이다. 무오일戊午日은 귀하게 여긴다.

午日俗稱馬日, 作赤豆甑餠, 設廐中, 以禱神祝其馬健. 丙午日則不用, 丙與病音相似, 忌馬病也. 以戊午日爲貴.

---

1 **오일午日.** 지지地支가 '오午'로 된 날. 말날.
2 **시루떡.** 증병蒸餠. 『세시풍요』에 따르면, "시루떡은 대개 말의 건강을 비는 옛일[마도고사馬禱故事]을 모방한 것이다." 여기서 '마도馬禱'는 마굿간신[구신廐神]에게 말의 건강을 비는 것이다. 참고로 『해동죽지海東竹枝』에서는 "옛 풍속에 시월 무오일은 단군이 세상에 내려온 날이다. 이날 집집마다 팥떡을 만들어 복을 비는데, 이것을 '무오마날'이라 한다."라고 했다.
3 **마구간.** 말을 기르는 곳.

월내月內

내의원內醫院[1]에서 우유죽[2]을 쒀서 올리는데, 10월 초하루부터 정월까지 한다. 기로소耆老所[3]

---

1 **내의원內醫院.** 조선 시대 궁중의 의약醫藥을 맡은 관청으로 내국內局이라고도 한다. 1392년(태조 1)에 설치한 전의감典醫監을 고친 이름으로 전의원典醫院 · 혜민서惠民署와 함께 삼의원三醫院이라 하였다. 1885년(고종 22) 전의사典醫司, 1895년 태의원太醫院으로 고쳤다.

2 **우유죽.** 우유락牛乳酪. 낙죽酪粥. "옛날에 기름 짜는 소가 따로 있는 것은 아니매, 타락駝酪(우유)의 대상으로 삼는 소는 이를 경기도 내의 각읍各邑으로부터 필요에 따라 징용徵用하니, 『육전조례六典條例』 사복시司僕寺 타락색駝酪色의 조하條下에 '타락죽을 만드는 데 필요한 소는 경기영京畿營으로 하여금 각 읍에 분량을 정해 주어 본시本寺로부터 내의원에 진배進排케 하는데, 시월 초하루부터 초나흘까지 매일 스물두 마리, 초닷새부터 다음 해 정월 그믐까지 매일 세 마리로 한다'고 함이 근세에 있는 그 실제를 보이는 것이다. 옛날 우유의 용도는 주로 낙죽의 원료를 취함에 있었으니, 궁중의 쓰임에는 언제나 그 필요에 응하되, 특히 주상主上의 병에는 약방으로부터 낙죽을 진상함이예요, 근신近臣 또 대신大臣의 병에는 임금의 명령으로 이를 특별히 내려 주어 죽용粥用으로 충당하는 일이 있으며, 또 연중의 예규例規로는 매년 시월 초하루부터 정월 그믐까지 내의원이 우유락牛乳酪을 만들어 바치고 또 기로소에서는 이 동안에 유락乳酪을 만들어서, 여러 기신耆臣에게 나누어 주었다. 그러나 이러한 정규 이외에의 타락색의 유락이 민간으로 유통하는 길이 있어서 일부 사회에는 이를 서로 선사하는 풍속이 행해지기도 하였다. 『미암일기眉巖日記』「교거쇄편郊居瑣編」 등 참조"(『조선상식』)

3 **기로소耆老所.** "양로조신養老朝臣 기로소"(『한양가』)라고 한 데에서 보듯이, 조선 시대 연로한 고위 문신(정2품 이상)들의 친목 및 예우를 위해 설치한 관서이다. 태조는 70세 이상의 기로耆老(연로하고 덕이 높은 사람)에게는 설날과 탄일誕日 등 경사 이외에는 조알朝謁(조정에서 임금을 뵙는 일)하는 일을 면제해 주어 경로의 뜻을 표했고, 고려 시대 이래의 기영회耆英會(고급 관료나 공신으로 나이 많은 사람들이 만든 모임)에 직접 찾아가 보축寶軸에 어휘御諱(임금의 이름)를 제題하여 주고 봄가을 두 번의 연향宴享(국빈國賓을 대접하던 일, 또는 그 잔치)에 선온宣醞(임금이 신하에게 술을 내리던 일, 또는 그 술) · 사악賜樂(임금이 신하에게 풍류風流를 내림, 또는 그 풍류)한 것이 기로소의 유래가 되었다고 전한다. 기로소에는 1,2품관 중에서 70세 이상인 사람만 입참入參(궁중의 경축이나 제례에 참렬함)하게 되어 있다. 태종이 즉위(1400년)하여 전함재추소前銜

에서도 우유죽을 쒀서 기신耆臣[4]들에게 주는데, 정월 대보름이 되면 그친다.

內醫院, 造牛乳酪以進, 自十月朔日至正月, 又自耆老所造酪以養諸耆臣, 至正月上元而止.

민가에서는 10월을 상월[5]이라 하여 무당을 부르고 성주신[6]을 맞이하여 떡과 과일을 차려 놓

宰樞所라는 아문衙門을 신설하고 전지田地와 노비를 내려 주었던 것이 세종 10년(1428)에 치사기로소致仕耆老所라고 개칭되었고, 그것이 후에 기로소로 고쳐진 것으로 보인다. 기사耆社 또는 기소耆所라고 줄여 부르기도 하고, 기로소에 들어오는 신하를 기신耆臣이라고 하였다. 기로소의 영수각靈壽閣에는 그들의 초상을 걸어 두 었다.

4 **기신耆臣.** 연로하고 덕이 높은 신하. 기로耆老. 『경국대전집주經國大典輯註』에 나이 70이 되면 연고후덕年高厚德(나이가 많고 덕이 넉넉함)을 의미하는 '기耆', 80이 되면 '노老'라 하였다.

5 **상달.** 최남선은 "10월은 왜 상달이라고 합니까"라는 질문에 다음과 같이 대답하였다. "1년 내 지어 오던 농사가 10월에 와서 끝이 나고 새 곡식·새 과실에 먹을 것이 풍성하여지면, 이렇게 배를 불려주시고 마음을 흐뭇하게 하여 주시는 하느님이 고마우시고, 일월산천日月山川의 신령이 고마우시고, 또 이러한 나라와 우리 집안을 만들어 주신 조상님네가 고마워서서, 우리가 그대로 있을 수 없는 생각을 합니다. 그래서 정성스럽고 깨끗하게 떡도 하고 술도 빚어서 하느님, 신령님, 조상님께 감사하는 제사를 바치게 됩니다. 동네에서는 당산제堂山祭, 집안에서는 고사, 산소에서는 시제時祭를 지내는 것이 그것입니다. 이렇게 사람과 신령이 한가지로 즐기게 되는 달이므로, 시월은 12월 가운데 첫째가는 상달이라고 하는 것입니다."(『조선상식문답』「명일」'상달')

6 **성주신.** 성조신成造神. 『해동죽지』에서는 "옛 풍속에 단군이 성조씨成造氏에게 명하여 궁실宮室과 가옥을 지었는데, 그 옛 풍속을 따라 단군이 10월 3일 하늘에서 내려왔기 때문에 10월을 상달로 삼았다. 매년 10월이면 술과 떡을 차리고 무당을 불러서 복을 빌며 대들보 위에 종이를 붙이는데, 그것을 성조바지라고 한다."라고 했다. 『세시풍요』에 따르면, "이달 인가에서는 대개 『안택경安宅經』을 외워 재액을 없앤다." 이능화는 『조선무속고朝鮮巫俗考』에서 성주에 대해 이렇게 설명했다. "성주城主란 가택신家宅神을 싸잡아 부르는 말이다. 세속에서 시월에 무당을 불러 기도했는데 이를 안택安宅이라 한다. 안택신을 섬기는 데는 성주석成主釋(속명 성주풀이 Sung Chu Puli)이 있는데, 혹은 성주받이굿(Sung Chu Pachi Kut)이라고도 한다. '풀이'는 성주신을 받들어 앉히는 일을 뜻한다. 성주받이(PaChi)는 지방에 따라 풍속이 다르다. 경성에서는 백지에 동전을 싼 다음 접어서 청수淸水를 뿌려 대들보에 붙이고, 마르기 전에 그 위에 백미白米를 뿌려 붙인다. 충청북도 풍속은 경성하고 같으나, 다만 상주上柱에 붙인다. 평안도와 함경도에서는 백미를 항아리에 담아 대들보 위에 안치한다. (…) 요즈음 민가에서는 시월에 농사일이 다 끝나면 햇곡식으로 큰 시루에다 떡을 해서 주과酒果를 베풀고 굿을 하는데, 이것을 성조成造라고 한다. 성조란 집안과 나라를 조성한다는 뜻이다. 이것은 단군이 백성들에게 거처하는 방법을 가르친 데서 비롯하였다. 궁실을 조성하였기 때문에 백성들이 그 근본을 잊지 못하여 반드시 강단월보降檀月報로서 신공神功을 빌었다.(대종교편大倧敎編『신단실기神檀實記』) 대개 집을 짓는다는 뜻이다. 성주와 터주라는 신명神名도 그와 같이 해석해야 마땅하지만, 대개 '주'라는 것은 성지城池를 책임진 사람을 말하는 것으로 성황신城隍神의 뜻과 같다. 무당의 타령놨靈이 산천의 신기神祇를 불러 청하는 것을 요점으로

고 안택굿⁷을 한다.

人家以十月爲上月, 邀巫迎成造之神, 設餠果祈禱以安宅兆.

매년 20일에는 바람이 거세게 불고 날씨도 추운데, 그것을 손돌바람이라고 한다. 고려 왕이
바닷길을 따라 강화江華에 들어갈 때 뱃사공 손돌이 몬 배가 위험한 물목⁸으로 들어가자, 고려
왕이 의심하고 노하여 그를 죽이라고 명하였는데, 얼마 되지 않아 그 위험한 곳에서 빠져나왔
다. 지금도 그곳을 손돌목이라고 한다. 손돌이 해害를 당한 것이 바로 이날이기 때문에 원기
冤氣⁹가 그렇게 하는 것이다.¹⁰

삼는다. 이것으로 추측해 보면, 그 뜻을 알 수 있다. 또 조상의 분묘가 있는 시골이면, 그 고을 군수를 성주라
부른다. 만약 조상의 선영先塋이 없고 집만 있다면, 그 고을 군수를 터주라 부른다. 대개 성주라 하면 뜻이
광대하고, 터주라 하면 그 뜻이 협소하다. 가택신을 성주나 터주라 부르는 것도 이와 같을 따름이다."(「경성의
무풍과 신사」)

7   **안택굿.** 안택조安宅兆. 집안을 평안하게 하기 위하여 부적을 붙이거나 경문經文을 읽으면서 집안의 편안함과
    풍년을 기원하여 터주[성주城主]·조왕竈王 등을 제사하는 굿을 말한다. 대개 정월과 시월에 행한다. 여기서
    '경문'은 안택경安宅經과 옥추경玉樞經이다. 안택경은 우주의 창조와 인간의 내력을 설명한 뒤 오행五行의 원리
    와 오복五福의 내용을 설명하면서 가신家神의 가호로 부모의 장수와 자손의 번창, 그리고 가내 태평이 이루어
    지기를 기원하는 내용으로 되어 있다. 본래는 한문으로 되어 있으나 지방에 따라서는 현토懸吐를 달아 읽기도
    한다. 무당이 아닌 사람이 독경을 할 때는 한문으로 된 『조왕경』·『터주경』·『성주경』·『삼신경』을 읽는
    데, 방에서는 『안택경』을 읽는다. 『안택경』을 읽을 때는 윗목에 제상祭床을 차려 놓고 오른쪽에 북, 왼쪽에
    징을 놓고 두드린다. 옥추경은 팔절八節 초제醮祭 때 읽던 도교의 술서術書이다. 대개 병굿이나 신굿 같은 큰굿
    에서만 읽는데, 이 경을 외우면 천지 귀신이 다 움직인다고 한다. 질병을 낫게 해 준다는 내용으로 끝에는 각종
    부적이 붙어 있다. '팔절'은 입춘·입하·입추·입동·춘분·추분·동지·하지를 가리키고, '초제'는 무속
    신앙이나 도교에서, 별을 향하여 지내는 제사를 말한다. 참고로 『동국세시기東國歲時記』에 따르면, 정월 대보
    름날 "장님을 불러 대보름 전부터 밤새도록 『안택경』을 외우게 하여 액운을 없애고 복을 비는데, 이달이 다
    갈 때까지 한다[邀瞽者, 自上元前誦安宅經, 達夜以度厄祈福, 限月盡行之]."라고 했다.
8   **물목.** 험구險口. 물이 거세게 흘러 들어오거나 나가는 어귀.
9   **원기**冤氣. 분하고 억울한 마음.
10 손돌전설이다. 그 내용은 다음과 같다. 고려 시대 몽고 군의 침입으로 왕이 강화로 피난을 할 때, 손돌이란
    뱃사공이 왕과 그 일행을 배에 태워서 건너게 되었다. 손돌은 안전한 물길을 택해 초지草芝의 여울로 배를
    몰았다. 마음이 급한 왕은 손돌이 자신을 해치려고 배를 다른 곳으로 몰아가는 것으로 생각하고, 신하를 시켜
    손돌의 목을 베도록 명하였다. 이때 손돌은 왕에게, 자신이 죽은 뒤 배에 있는 박을 물에 띄우고 그것을 따라가

二十日, 每年有大風寒, 謂之孫石風. 盖麗王由海路入江華, 船人孫石進舟, 入一險口, 麗王疑怒命斬之, 未幾脫險. 至今稱其處曰孫石項, 孫石之被害, 卽是日而怨氣使然也.

도성의 풍속에 화로 속에 숯을 피운 다음, 석쇠[11]를 걸치고 쇠고기를 구워 기름장, 계란, 파, 마늘, 후춧가루로 간을 맞추고 화로에 둘러앉아 먹는 것을 난로회煖爐會[12]라고 한다. 이달부

———

면 몽골 군을 피하며 험한 물길을 벗어날 수 있다는 말을 남기고 죽었다. 손돌을 죽이자 적이 뒤따라오므로 왕과 그 일행은 손돌의 말대로 박을 띄워 무사히 강화로 피할 수 있었다. 왕은 손돌의 충성에 감복해 그의 무덤을 만들고 제사[손돌제]를 지내 그 영혼을 위로하였다. 손돌이 억울하게 죽은 날은 10월 20일이었는데, 그 뒤 이날이 되면 손돌의 원혼에 의해 매년 추운 바람이 불어왔다. 이에 이를 '손돌바람'이라 하고, 이 여울목을 '손돌목'이라 하였다. 이로 인해 어부들은 이날 바다에 나가는 것을 삼가고, 평인들은 겨울옷을 마련하는 풍습이 생기게 되었다.

11 **석쇠**. 전철煎鐵. 정확히 말하면 이것은 솥은 전립투氈笠套이다. '전립氈笠'은 조선 시대에 무관武官이 쓰던 모자 중 하나로, 붉은 털로 둘레에 끈을 꼬아 두르고 상모象毛나 옥로玉鷺 따위를 달아 장식한 벙거지다. 그런데 그것을 뒤집어놓으면 훌륭한 조리 도구가 된다. 그것을 전립투, 곧 벙거짓골, 노구솥이라고 불렀다. 이 벙거짓골은, 움푹 들어간 가운데에는 국물 있는 요리를 하고 편평한 가장자리에는 고기 등을 구워 먹기에 적합했다. "벙거짓골은 그 형용을 이름이라. 쇠나 곱돌로 벙거지처럼 들어 제쳐서 화로의 동그란 쇠 위에다가 얹고, 기름을 많이 붓고, 갖은 나물을 맹물에 데쳐서 벙거짓골 속에 넣고 재어놓은 고기는 가장자리에 펴놓고 익으면 먹는다. 너무 국물이 없으면 장국을 하였다가 붓고 계란도 풀어 먹는데, 고기는 쇠고기뿐 아니라 닭이나 생치나 양이나 제육이나 무엇이든지 다 좋고, 안주를 하든지 밥을 말아 먹든지 다 좋다."(『조선무쌍신식요리제법』) 참고로 박지원은 노구솥을 '철립위鐵笠圍'라 했다. '철립'은 전립氈笠을 말하며, 그가 참석한 난회는 야외가 아니라 실내다. "내가 예전에 작고한 대부 김공 술부 씨와 함께 눈 내리던 날 화로를 마주하고 고기를 구우며 난회를 했는데, 속칭 철립위라 부른다. 온 방 안이 연기로 후끈하고 파, 마늘 냄새와 고기 누린내가 몸에 배었다."(『연암집燕巖集』 「만휴당기晚休堂記」)

12 난로회에 대해서는 『사외이문史外異聞』의 전언이 참고된다. "난로회란 곧 전골회니 흔히 동절에 한기를 막기 위해서 먹는 시식時食으로서 그 당시 경성 인사 사이에 새로 유행하던 일종 식도락이었음은 도속都俗 운운의 문자에 의하여 짐작하려니와, 홍도애洪陶厓(홍석모)는 이 풍이 예로부터 고유했던 것처럼 말하였다. 그러나 『사가시집四家詩集』을 보면 이덕무李德懋 시에 '서양 거울은 눈동자가 어지러움을 일으키는 것이요 / 남국 과홍이란 밥통이 식탐을 가라앉히는 것이다[西洋鏡日眸開眩, 南國鍋紅胃饞饞]'의 연구聯句가 있는바 남국과홍南國鍋紅에 대하여 이씨 스스로 주석하되 '남비 모양은 갓과 같이 생겼는데, 이것으로 고기를 구워 먹는 것을 난로회라고 한다. 이 풍속은 일본에서 온 것이다[鍋如笠子, 燒肉爲煖爐會. 此俗自日本來].'라고 하였으니, 이로 보면 난로회가 조선 고속이 아니요 일본 것의 수입임을 알 것이다. 이 두 분은 거의 동시의 인물로 동일한 사물에 대한 그 견해가 정상반正相反이 되니, 그러면 이 양설 중에 어느 것이 가한가? 이는 오인의 과문寡聞으로 증명하기 어려우나, 전골의 남비 명칭과 형상이며 절육切肉의 모양과 계란과 마늘 기타 채소菜蔬의 조미하는 방법이

터 추위를 막는 시식時食[13]으로 먹는데, 바로 옛날의 난란회煖暖會이다. 또 쇠고기와 돼지고기에 무, 오이, 마늘, 계란을 섞어 탕을 만드는데, 열구자悅口子[14] 혹은 신선로神仙爐[15]라고 부른다. 『세시잡기歲時雜記』[16]를 보니, "서울 사람은 10월 초하루에 술을 마련하여 화로에서 저민 고기를 구워 둘러앉아 마시고 먹는데, 그것을 난로煖爐라 한다."라고 하였다. 또『동경몽화록東京夢華錄』[17]을 보니, "10월 초하루에 전담하는 관리가 난로에 피울 숯을 진상하고, 민간에서는 모두 술을 마련하여 난로회를 연다."라고 하였다. 지금 풍속도 그러하다.

都俗熾炭於爐中, 置煎鐵炙牛肉, 調油醬鷄卵葱蒜番椒屑, 圍爐啗之, 稱煖爐會. 自是月爲禦寒之時食, 卽古之煖暖會也. 又以牛猪肉, 雜菁苽葷菜鷄卵作醬湯, 有悅口子神仙爐之稱. 按歲時雜記: "京人十月朔沃酒, 乃炙䘑肉於爐中, 圍坐飮啗, 謂之煖爐." 又按東京夢華錄: "十月朔, 有司進煖爐炭, 民間皆置酒作煖爐會." 今俗亦然.

———

어쩌면 이렇게도 일본의 스키야끼와 근사할까? 일본 것이 혹은 조선 신사信史로 말미암아 일찍 수입된 것이 아닌가 하고 생각함도 반드시 무리는 아닐 것이다. 그러나 일본인도 유신維新 전까지는 불교의 영향으로 그러했든지 스키야끼를 먹을 줄을 몰랐다고 하니, 이것이 아마 그때 상류계급에만 있던 것이 조선 사행을 따라 수입되었는지도 모른다."

[13] **시식時食**. 최남선은 "춘하추동 사시와 일 년 열두 달 그때마다 철 맞추어 먹는 음식을 시식이라고 이르니, 대개 그때그때의 명일을 중심으로 하여 새로 나는 물건이나 먹을 맛있는 음식의 종류를 선택하여 마련되었던 것입니다. 이를테면 설의 떡국, 대보름의 약밥, 정 이월의 물쑥 청포, 한식寒食의 개피떡, 삼월삼일의 화전花煎, 초파일의 도미국수, 단오의 수단水團, 유두流頭의 밀쌈, 추석의 송편, 구일九日의 국화전菊花煎, 동지의 팥죽, 납향臘享(동지 후 셋째 미일未日인 납일臘日에 종묘·사직에 지내는 큰 제사)의 고기구이 등이 그 주요한 것입니다."라고 했다. (『조선상식문답』) 절식節食이라고도 한다.

[14] **열구자悅口子**. 입을 즐겁게 하는 탕'이란 뜻이다. 육당 최남선은 이 신선로가 중국의 '휘궈르[火鍋兒]'에서 온 것이라고 했다. 다만 "중국에서는 이것을 여러 가지 이음으로 부르건마는 신선로라는 문자만은 보이지 아니하니, 이름만이 아마 조선에서 생긴 것일까 한다"고 했다.(『조선상식』)

[15] **신선로神仙爐**. '신선이 쓰는 화로'라는 뜻의 신선로는 여러 어육魚肉과 채소를 담고 쇠고기 맑은장국을 부어 가운데에 있는 화로에 숯불을 담아 끓여 먹는 음식으로 입을 즐겁게 하는 탕이란 뜻으로 열구자탕悅口子湯이라고도 불린다. 재료가 고급스럽고 손이 많이 가는 음식이어서 교자상이나 주안상에 올리면 가장 좋은 대접으로 여겼다고 한다.

[16] 『**세시잡기歲時雜記**』. 북송北宋 때의 학자 여원명呂原明(1039~1116)이 지은 세시서歲時書이다.

[17] 『**동경몽화록東京夢華錄**』. 행적을 알기 어려운 맹원로孟元老가 지은 이 책은 1102년부터 1125년에 걸친 북송의 수도 개봉開封의 풍습과 인정물태를 서술하고 있다. 궁궐 문물에 관한 자료를 비롯하여 왕공과 귀족, 그리고 서민의 일상생활을 구체적으로 묘사해 당시의 문화예술, 사회생활, 경제 문화를 이해하는 데 중요한 자료가 되고 있다.

메밀[18]가루로 만두[19]를 만들고 채소, 파, 닭고기, 돼지고기, 쇠고기, 두부를 소[떡]로 넣어 싸고 장국에 익혀서 먹는다.[20] 또 밀가루로 세모 모양으로 만드는데, 변씨만두卞氏饅頭[21]라고 한다. 이는 변씨가 시작하였기 때문에 이렇게 이름을 붙인 것이다. 『사물기원事物記原』[22]을 보니, "제갈공명[23]이 맹획孟獲[24]을 정벌할 때, 사람들이 '만족蠻族[25]의 풍속에 반드시 사람을 죽여

---

18 **메밀**. 마디풀과에 속하는 작물인 한해살이풀. 메밀, 메물이라고 부르기도 하며 한자어로는 교맥蕎麥이라 한다. 메밀은 단백질이 많아 영양가가 높고 독특한 맛이 있어 국수 · 냉면 · 묵 · 만두 등의 음식으로 널리 쓰인다.

19 **만두**. "만두는 한문 말 만두饅頭에서 온 것이다. 고사故事에 제갈공명이 남만南蠻을 차고 돌아오는 길에 여수瀘水에 이르자 심한 풍랑을 만나매 이를 가라앉히려고 만족蠻族의 제사를 지내게 됐다. 사람 머리人頭[49]로써 수신水神에게 제 지내는 것이었지만, 공명은 사람 대신에 양의 고기로써 소를 넣고 밀가루 반죽으로 싼 것을 썼으니, 이것이 만두蠻頭요, 나중에 만두饅頭가 됐다. 중국 음식의 만두는 여러 갈래인데, 그것이 모두 한국말로 접수돼 버린 것이 기이하다. 고기만두는 교자餃子이다. 교자는 손바닥에 뿌듯하게 올라앉을 만큼 커야 하고 현재의 조그만 교자는 천진교자라는 특수형이다. 군만두는 전교자煎餃子인데 철판에 올려놓고 뚜껑을 덮는다. 바닥은 구워지고 위는 훈제燻製가 된다. 그러니까 아래는 검게 타고 위는 희다. 이렇게 만든 전교자를 서울에서 판 것은 대전大戰 전이었고, 지금은 모두 기름에 튀긴다. 이는 군만두가 아니라 튀김만두라야 옳다. 지금 중구中區에 전교자 파는 집이 꼭 하나 있는데 바쁘지 않을 때 가야지 바쁘면 튀겨 내온다. 찐만두는 증교자蒸餃子인데 통만두로 한국인이 개명했고, 일본 사람은 교오즈라는 중국말을 사투리로 하여 교오자라고 한다. 물만두는 수교자水餃子이다."(『서울잡학사전』)

20 **메밀만두**. "서울서 만두라 하면 의례 메밀만두를 가리켰었다. 메밀로 반죽한 껍데기 — 요즘 말하는 만두피 — 를 만들어 빚는다는 것은 조심해 다뤄야 하고 솜씨가 능숙하지 않으면 안 될 노릇이다. 자칫 잘못하면 터지기 쉽다. 만둣국을 먹는 데도 조용히 마음을 가라앉히고 떠서 보시기에 곱게 옮기지 않으면 터져서 소가 국으로 퍼진다. 그 만두 먹는 꼴을 보고 그 사람의 교양의 편모를 알 만했다. 정성과 조심이 예의의 본바탕이 아닌가? 요즘은 온통 밀만두뿐인데, 이것은 개성의 풍습에서 온 것이다. 워낙은 밀가루 반죽으로 껍데기를 하고 채소로써 소를 삼고, 네 귀를 오무려 붙인 것을 '편수'라고 했다. 그런데 개성은 돼지고기의 명산지라 소에다가 제육을 썼으니 순수한 편수는 아니면서 겉모양은 편수라는 이색적인 '만두겸 편수'를 만들어 먹었다. 이 풍속이 서울의 음식 장수한테로 올라와 끈기 있고 쉽사리 터지지 않는 밀가루 반죽 만두가 퍼지게 됐다."(『서울잡학사전』)

21 **변씨만두卞氏饅頭**. '변씨만두'가 처음으로 기록된 『훈몽자회訓蒙字會』에서는 '혼돈餛飩'을 만두라고 하면서 "즉, 변시"라고 하였다. 『규합총서閨閤叢書』에서는 변시만두라는 이름으로 설명하면서 "밀가루 반죽을 밀어 귀나게 썰어 소를 넣고 귀로 싸고 닭 고운 물에 삶아 초장에 쓰라"고 하였다. 이로 보면 『동국세시기』의 전언과는 달리, '변씨'라는 말은 특정인이 처음 만들었기 때문은 아닌 것 같다. 만두는 조선 시대의 조리서에서 편수, 병시餠匙 등으로도 불렸는데, '변씨'는 조리 형태로 보아, 편수片水 또는 병시餠匙라는 말에서 온 것으로 보인다.

22 **『사물기원事物記原』**. 송나라 고승高承이 지은 책으로, 55부로 분류하여 한 사건, 한 물건마다 모두 옛 서적의 근거를 토대로 그 연원을 밝혔다.

23 **제갈공명**. 제갈량諸葛亮. 중국 삼국 시대 촉한蜀漢의 정치가(181~234). 자字는 공명孔明, 시호는 충무忠武. 뛰어난 군사 전략가로, 유비劉備를 도와 오吳나라와 연합하여 조조曹操의 위魏나라 군사를 대파하고 파촉巴蜀을

그 머리로 제사 지내면 신령이 흠향歆饗[26]하고 음병陰兵[27]을 보낸다.' 하였다. 공명은 그 말을 따르지 않고 양고기와 돼지고기를 섞어 밀가루로 싸서 사람 머리 모양을 만들어 제사 지내니, 신령이 역시 흠향하고 음병을 보내주었다고 한다. 후대 사람들이 이로 말미암아 만두를 만들었다."라고 하였다.

用蕎麥麵造饅頭, 包以蔬葱鷄猪牛肉豆腐爲餡, 醬湯熟食. 又以小麥麵作三稜樣, 稱卞氏饅頭, 盖始於卞氏而得名也. 按事物記原: "諸葛公之征孟獲, 人曰'蠻俗, 必殺人以其首祭, 則神享爲出陰兵.' 公不從, 因雜用羊豕之肉, 而包之以麵, 象人頭以祀, 神亦享焉而爲出兵. 後人由此爲饅頭."

소쿠리[28]에 넣어 찌기 때문에 또한 증병蒸餠, 농병籠餠이라 한다. 후사정侯思正[29]이 먹을 때 반드시 파를 줄이고 고기를 더 넣었다는 바로 그것이다. 또 멥쌀[30] 떡 만두, 꿩고기 만두, 김치

얻어 촉한을 세웠다. 유비가 죽은 후에 무향후武鄕侯로서 남방의 만족蠻族을 정벌하고, 위나라 사마의司馬懿와 대전 중에 병사하였다.

24 맹획孟獲. 삼국 시대 남중南中 지방의 수령으로 서기 225년에 촉한에 반란을 일으켰다가 제갈량이 대군을 이끌고 붙잡혀 사면을 받고 항복하여 다시는 반란을 일으키지 않고, 후에 맹획은 제갈량을 따라 성도로 돌아와 어사중승을 맡았다. 촉나라의 제갈량이 맹획을 일곱 번이나 사로잡았다가 일곱 번 놓아주었다는 칠종칠금七縱七擒으로 유명하다.

25 만족蠻族. 미개하여 문화 수준이 낮은 종족. 중국에서 '남쪽의 오랑캐'라는 뜻으로 남쪽 지방에 사는 민족을 낮잡아 이르던 말.

26 흠향歆饗. 신령이 제물을 받아서 먹음.

27 음병陰兵. 귀병鬼兵. 저승의 귀신으로 이루어진 군대로, 혼백魂魄의 호송을 담당한다.

28 소쿠리. 대나 싸리로 엮어 테가 있게 만든 그릇.

29 후사정侯思正. 후사지侯思止(?~693). 옹주雍州 예천현醴泉縣 출신으로 당나라 측천무후則天武后 때 시어사侍御史를 했다. 『태평광기太平廣記』[송나라의 태평흥국 2년(977)에 이방李昉(925~996) 등 12명이 황제의 명에 따라 편집한 중국 설화집]에 그가 농병籠餠을 만들 때 파는 줄이고 고기를 많이 넣어서 별명이 '축총시어사縮葱御史'라고 했다는 이야기가 전한다.

30 멥쌀. 갱미粳米, 갱미秔米. 『경국대전經國大典』의 "사도시司䆃寺(조선 시대 궁중의 쌀과 곡식 및 장醬 등의 물건을 맡은 관청)에 마련해 올리는 갱미는 수령守令이 정밀하게 가려서 잘 포장하여 상납한다."라고 한 데서 보듯이 임금에게 진상하였다. 그래서 갱미를 어름반미御廩飯米(천자 또는 제후가 조상의 제사 때 쓰려고 친히 경작하여 거둔 곡식을 넣어두는 창고의 쌀)라고 한다. 그런데 세조는 너무 정백精白할 필요가 없다고 하여 상미上米인 세갱미細粳米를 쓰지 말고 중미中米를 쓰라고 하였으나, 승지承旨들이 중미는 거칠다고 하여 다시 갱미로

만두가 있는데, 김치 만두가 가장 소박한 시식時食이다. 그 기원은 무후武侯[31]에서 비롯되었지만, 지금은 훌륭한 요리가 되었다. 두부를 잘게 썰어 꼬치에 꿰어 기름을 둘러 부치고 닭고기를 넣어 끓인 국을 연포軟泡[32]라고 한다. 포泡는 두부인데 회남왕淮南王[33]에게서 시작되었다. 방옹放翁[34]의 시를 보니, "솥을 닦아 여기를 지지네"라고 한 주석에 "촉蜀[35] 지방 사람들은 두부를 여기黎祈라 한다."라고 하였으니, 지금의 연포가 바로 이것이다.

入籠而蒸, 故亦曰蒸餅籠餅. 侯思正所食, 必令縮蔥加肉者, 是物也. 又有粳餅雉肉蒁菜饅頭, 而蒁菜最爲眞率之時食. 究其原, 則肇自武侯, 而今爲饌饍佳品. 用豆腐細切成串, 油煮, 調鷄肉作羹, 曰軟泡, 泡是豆腐, 而始自淮南王也. 按放翁詩"洗甑煮黎祈"註"蜀人以豆腐謂黎祈" 今之軟泡卽此.

겨울 쑥의 연한 싹을 뜯어 쇠고기와 계란을 넣어 끓인 국을 애탕艾湯[36]이라 한다. 또 쑥을 빻아

바꾸었다는 기록이 『세조실록』(4년 6월 26일)에 전한다.

31 무후武侯. 제갈량의 시호諡號. 그의 관직이 무향후武鄉侯여서 붙여진 이름이다.

32 서명응徐命膺(1716~1787)은 『고사십이집攷事十二集』에서 "세절細切한 두부를 꼬챙이에 꿰어서 번철燔鐵에 지져내어 여기에 닭국물 같은 것을 넣어 끓인 것을 연포軟泡라 한다."라고 하였다. 꼬챙이에 꿴 두부를 닭국에 끓여서 친구들끼리 모여서 먹는 놀이를 연포회軟泡會라고 한다. 지금 낙지를 넣어서 먹는 연포탕과는 다른 음식이다.

33 회남왕淮南王. 전한前漢 시대 회남淮南(안후이성安徽省 가운데에 있는 도시. 화이허강淮河江 남쪽 기슭에 있는 교통 요충지) 지역에 봉해진 제후왕 유안劉安(B.C. 179~B.C. 122)이다. 그가 연단술煉丹術(불로장생의 약으로 믿었던 단丹을 만드는 기술의 하나)을 익히는 도중에 우연히 두부를 만들었다고 한다.

34 방옹放翁. 남송南宋 대의 시인 육유陸游(1125~1210)이다. 자는 무관務觀, 호는 방옹放翁이다. 송나라의 위기에 직면하여 우국憂國의 정을 읊은 작품도 있으나, 한적소요閑寂逍遙의 작품과 글씨 쓰기로 유명하다. 시집 『검남시고劍南詩稿』와 기행문 『입촉기入蜀記』 등이 있다.

35 촉蜀. 중국 삼국 시대 221년에 유비劉備가 세운 나라. 쓰촨四川, 윈난雲南, 구이저우貴州 북부 및 한중漢中 지역을 차지하였으며, 263년에 위나라에 멸망하였다.

36 애탕艾湯. 쑥국. 쑥과 고기를 빚어 만든 완자(잘게 다진 고기에 달걀, 두부 따위를 섞어 둥글게 빚은 뒤 밀가루를 바르고 다시 달걀을 씌워서 기름에 지진 음식)에 밀가루와 달걀을 묻혀 장국에 넣어 끓여 먹는 국[탕湯]. 쑥잎은 한명漢名으로는 애엽艾葉이라고 하는데, 독한 맛이 있어 삶아서 하룻밤쯤 물에 담갔다가 먹는다. 이른 봄에 나온 어린 잎일수록 맛과 향이 좋다. 봄에 자라나는 쑥을 뜯어다가 데쳐서 잘게 송송 썰고, 쇠고기 살코기를 다져 고기와 같이 이겨 빚어 완자를 만든다. 여기에 밀가루를 고르게 묻힌 다음 잘 풀어놓은 달걀에 적셔서

236

찹쌀[37]가루를 넣고 둥근 떡으로 만들어 찐 다음 콩가루와 꿀을 바른 것을 애단자艾團子[38]라 한다. 또 찹쌀가루로 둥근 떡을 만들고 삶은 콩과 꿀을 섞어 붉은빛이 나도록 한 것을 밀단고 蜜團餻[39]라고 하는데, 모두 초겨울부터 먹는 시식時食이다.

採冬艾嫩芽, 調牛肉鷄卵作羹, 曰艾湯. 又搗入糯米粉, 作團餻以熟豆粉和蜜粘之, 曰艾團子. 又 糯粉成團餻, 用熟豆和蜜, 發紅色, 曰蜜團餻, 皆自初冬爲時食也.

찹쌀가루를 술로 반죽하여 크고 작게 썬 다음 햇볕에 말려서 기름에 구우면 고치[40] 모양으로 부풀어 오르고[41] 속이 텅 비게 되는데, 거기에 흰깨, 검은깨, 누런 콩가루, 푸른 콩가루를 볶아 엿으로 붙인 것을 강정[42]이라 한다. 남전 여씨藍田呂氏[43] 집안의 음식인 원양견元陽繭이란 것이

펄펄 끓는 장국에 넣어 익어서 떠오를 때까지 끓여서 내는 것이 애탕이다.

37 **찹쌀.** 나미糯米. 『향약구급방鄕藥救急方』에 "시속에서 점미粘米라고 한다. 그 성질은 차며 술을 빚으면 열을 낸다."라고 하였다.

38 **애단자艾團子.** 쑥단자. 익힌 찹쌀가루에 삶아 다진 쑥을 넣어 고루 섞이도록 치댄 뒤 소를 넣고 둥글게 빚어 팥고물 같은 것을 묻힌 떡. 쑥구리단자, 보풀떡이라고도 한다.

39 **밀단고蜜團餻.** 동그랗게 반죽한 찹쌀가루를 삶아낸 후 꿀을 바르고 고물을 묻힌 달고 작은 떡. 지금의 경단과 비슷하다고 할 수 있다. 참고로 일본에서는 찹쌀 경단을 단고だんご라 부른다.

40 **고치.** 견繭. 벌레가 실을 내어 지은 집. 활동 정지 상태에 있는 곤충의 알, 애벌레, 번데기를 보호한다.

41 민간에서는 강정을 기름에 지질 때 부풀어 오르는 높이에 따라 서로 내기하여 승부를 겨루기도 하며, 바탕을 만들 때 종이에 관계官階를 써넣고 나중에 강정 속에서 나오는 품계品階에 따라 누가 더 높은가를 내기하는 놀이를 즐겼다.

42 **강정.** 건정乾飣. "찹쌀가루를 술로 반죽하고, 동글동글 조각을 내어 그늘에서 말린 뒤에 기름에 튀겨 부풀게 하고 거죽에 참깨·승검초와 기타 황黃·홍紅·흑黑의 가루를 묻혀서 제사祭祀·잔치의 찬거리로 쓰고 특히 떡국·수정과와 함께 세찬 과자의 대표 먹거리로 삼는 것에 강정이 있다. 『성호사설星湖僿說』에는 강정剛飣, 「금화경독기金華耕讀記」에는 강정乾飣, 『오주연문장전산고五洲衍文長箋散稿』에는 건정乾淨 등의 이두吏讀를 쓰고, 여러 사람이 다 생각하되 중국에서 원양견元陽繭이라 함이 이것이니, 대개 그 모양이 길고 둥글어 누에고치 같음에 말미암은 이름이라 하였다."(『조선상식』)

43 **여대림呂大臨**(1046~1092). 자는 여숙與叔. 산시성陝西省 란텐藍田 출생. 만년에는 태학박사太學博士·비서성정자秘書省正字가 되었다. 처음 장재張載에게 배우다가 스승이 죽은 뒤에는 정호程顥·정이程頤에게 배웠으나, 장재에게 배운 이론을 좀처럼 바꾸지 않았다고 한다. 박학하고 문장에도 뛰어났다. 형 대균大鈞과 함께 질서 유지와 상호부조를 위해 향리에서 여씨향약呂氏鄕約을 조직하기도 하였다.

바로 이것이다. 또 『병이한담餠餌閒談』[44]을 보니, "수병鬴餠은 콩가루를 설탕에 섞어 만든다. 또 호마胡麻[45]를 붙인 것을 호병胡餠, 마병麻餠이라 한다."고 했으니, 역시 이런 종류이다. 이달부터 시식時食으로 시장에서 많이 판다. 또 오색 강정이 있고, 또 잣을 붙이거나 잣가루를 바른 것을 잣강정이라 한다. 찹쌀을 볶아 꽃 모양을 만들고 엿을 묻힌 것을 매화강정이라 하는데, 붉은색과 흰색이 있다. 설날과 봄철이 되면 가정에서 제수祭需[46]로 올려 과일과 함께 진설[47]한다. 또한 세찬歲饌[48]으로 손님을 대접하기도 하는데, 없어서는 안 될 음식이다.

用糯米粉酒拌, 切片有大小, 曝乾煮油, 起酵如繭形中虛, 以炒白麻子黑麻子黃豆靑豆粉, 用飴粘之, 名曰乾飣. 按藍田呂氏家品, 名元陽繭者, 卽是物也. 又按餠餌閒談: "鬴餠以豆屑雜糖爲之. 又以胡麻着之, 名胡餠麻餠." 亦類此也. 自是月爲時食, 市上多賣之. 又有五色乾飣, 又以海松子粘附松子屑塗粘曰松子乾飣, 炒糯稻起作花樣飴粘曰梅花乾飣, 有紅白兩色. 至于正朝春節, 人家祭品, 參用果列. 亦以歲饌供客, 而爲不可廢之需.

도성의 풍속에 무, 배추, 마늘, 고추, 소금을 써서 장독에 김치를 담근다. 여름의 장 담그기와 겨울의 김장[49]은 가정에서 한 해를 준비하는 중요한 일이다.

都俗以蔓菁菘蒜椒塩, 沈菹于陶甕, 夏醬冬菹, 卽人家一年之大計也.

---

44 『병이한담餠餌閒談』. 중국의 음식에 관하여 서술한 책인 듯한데, 자세한 내용은 미상.

45 호마胡麻. 참깨과에 속한 일년생 초본식물인 참깨의 종자. "시속에서는 임자라고 하는데 맛은 달고 독이 없다 [俗云荏子, 味甘無毒]."(『향약구급방鄕藥救急方』)

46 제수祭需. 제사에 쓰는 음식물.

47 진설. 제사나 잔치 때, 음식을 법식에 따라 상 위에 차려 놓음.

48 세찬歲饌. 『열양세시기』에서는 "(설날에) 손님이 오면 술과 고기를 대접하는데, 그것을 세찬이라 한다."라고 했다. 세찬상歲饌床을 차리려면 돈이 많이 든다. 이를 미리 대비하기 위해 부녀자들끼리 세찬계歲饌契를 들었다.

49 김장. 겨우내 먹기 위하여 김치를 한꺼번에 많이 담그는 일. 또는 그렇게 담근 김치. 진장陳藏. 침장沈藏.

보은報恩 풍속에 속리산俗離山 꼭대기에 대자재천왕사大自在天王祠[50]가 있는데, 그 신이 매년 10월 인일寅日에 법주사法住寺로 내려오면, 산에 사는 사람들이 풍악을 울리며 신을 맞이하여 제사를 지내는데, 45일을 머물다가 돌아간다.【『동국여지승람』에 보인다.】

報恩俗, 俗離山頂, 有大自在天祠, 其神每年十月寅日下降于法住寺, 山中人設樂迎神以祠之, 留四十五日而還【見輿地勝覽】

---

50 대자재천왕사大自在天王祠. 충청북도 보은군 속리산 마루에 있었던 사당. 대자재천왕을 신으로 모신다. 이 사당의 유래는 분명하지 않다. 대자재천왕(Mahe○vara)은 본래 인도 바라문교의 창조신인 시바신을 달리 부른 것이고, 불교에 수용되어 욕계마왕慾界魔王으로 여겨지기도 한다. 제사를 지낼 때 만드는 남근男根은 이 마왕의 상징물 가운데 한 가지이다. 부처가 도를 이루려 할 때 이 마왕이 방해를 했다고 하는데, 법주사는 그 마력 때문에 대자재천왕을 그곳에 모시고 때에 따라 제사를 지낸 것이라 한다. 조선 말까지만 해도 법주사의 대중大衆은 섣달그믐날 나무방망이를 다듬어 남자 성기를 만들고 거기에 붉은 칠을 하여 한바탕 놀이를 벌임으로써 이 신을 즐겁게 해주었다. 그렇지 않으면 절에 재난이 생긴다고 믿었기에 반드시 그 신에게 제사를 지냈는데, 일제강점기 초기에 음사淫祠(부정한 귀신에게 지내는 제사)라 하여 폐지되었다.

11월
十一月

一

동지冬至

동짓날은 아세亞歲라고 한다.[1] 팥죽[2]을 쑤는데, 찹쌀가루로 새알 모양을 만들어 심[3]으로 넣고 꿀을 타서 시식時食[4]으로 제사에 올린다. 대문에 팥죽 물을 뿌려 액운을 없앤다.[5] 『형초세시

---

1   입춘立春으로 비롯되는 24절기 가운데 22번째에 해당하는 절기로 대설大雪과 소한小寒 사이인 양력 12월 22·
    23일경이다. 태양이 황도皇道(지구에서 보아 태양이 지구를 중심으로 운행하는 것처럼 보이는 천구天球 상의
    대원大圓 궤도)의 가장 낮은 점을 지날 때로 북반구에서는 연중 밤이 가장 길다. 남지南至라고도 하는 이날을
    기점으로 남쪽으로 내려갔던 태양이 다시 올라와 낮이 길어지는 만큼 양陽의 기운이 싹트는 날이라고 믿은
    까닭에, 다음 해가 시작되는 날이라는 의미에서 아세亞歲라고도 한다.

2   팥죽. 붉은 팥을 삶아 거른 팥물에 쌀을 넣고 쑨 죽으로, 동짓날 먹는 시식時食의 하나이다. 새알심이라는 찹쌀
    경단을 함께 섞어 쑤기도 한다. 『형초세시기』에 기록이 되어 있는 것으로 보아 팥죽은 중국에서 들어온 것이
    분명한데. 『목은집牧隱集』·『익재집益齋集』등에 동짓날 팥죽을 먹는 내용의 시가 있는 것으로 미루어 보면,
    고려 시대에는 이미 시식으로 정착되었음을 짐작할 수 있다.

3   새알심을 말한다. 새알심은 팥죽 속에 찹쌀가루나 수숫가루 등을 반죽하여 새알만 한 크기로 동글동글하게
    빚어 넣은 덩이인데, 동지팥죽의 새알심은 가족 구성원 각각의 나이 수대로 넣어 먹기도 한다.

4   **시식時食**. 최남선은 "춘하추동 사시와 일 년 열두 달 그때마다 철 맞추어 먹는 음식을 시식이라고 이르니, 대개
    그때그때의 명일을 중심으로 하여 새로 나는 물건이나 먹을 맛있는 음식의 종류를 선택하여 마련되었던 것입
    니다. 이를테면 설의 떡국, 대보름의 약밥, 정 이월의 물쑥 청포, 한식寒食의 개피떡, 삼월삼일의 화전花煎, 초파
    일의 도미국수, 단오의 수단水團, 유두流頭의 밀쌈, 추석의 송편, 구일九日의 국화전菊花煎, 동지의 팥죽, 납향臘
    享(동지 후 셋째 미일未日인 납일臘日에 종묘·사직에 지내는 큰 제사)의 고기구이 등이 그 주요한 것입니다."라
    고 했다. (『조선상식문답』) 절식節食이라고도 한다.

5   동짓날 팥죽을 쑤어 먹기에 앞서 대문이나 장독대에 뿌리면 귀신을 쫓고 재앙을 면할 수 있다고 여겼다. 이사
    하거나 새집을 지었을 때에도 팥죽을 쑤어 집 안팎에 뿌리고 이웃과 나누어 먹는 풍습이 있다. 병이 나도 팥죽
    을 쑤어 길에 뿌리기도 하였는데, 이것은 팥의 붉은 색이 병마를 쫓는다는 생각에서 연유한 것이다.

242

기』를 보니, "공공씨共工氏[6]에게 재주 없는 아들이 있었는데, 동짓날 죽어서 역귀疫鬼[7]가 되었다. 붉은 팥을 두려워하기 때문에 동짓날 죽을 쒀서 물리친다."라고 하였다. 유자휘劉子翬[8]의 「동지至日」라는 시에 "팥죽으로 역귀 쫓는 형초[9] 지방의 풍속 흥미롭네"라고 하였다. 지금 풍속도 그렇다.[10]

---

6 **공공씨共工氏**. 중국 고대 신화에서 대표적인 적역敵役으로 지목되는 신이다. 천하를 지배코자 하여 다른 신들과 싸웠는데, 싸운 상대는 축융祝融·전욱顓頊 등이라고 한다. 이 싸움에서 패배한 공공은 하늘을 떠받치고 있는 부주산不周山에 머리를 처박고 자살했는데, 이 때문에 하늘이 무너지기 시작했다. 여신인 여와女媧가 오색의 돌을 이겨 보수하려 했지만, 완전히 복구하는 데 실패하여 하늘은 서북으로, 땅은 동남으로 기울었다. 이후 해와 달은 동에서 나와 서북으로 움직이고, 강은 모두 동남으로 흐르게 되었다고 한다.『서경書經』「요전堯典」에 치수治水의 역할을 맡은 관직을 공공이라 기록하고 있다. 이는 후세에 홍수를 일으키는 강과 난폭한 신인 공공을 결부시키는 의식이 생겨난 결과인 듯하다.

7 **역귀疫鬼**. 한방에서 돌림병[염병·유행성 열병]을 이르는 말이다. 여역癘疫·온역瘟疫·역질疫疾이라고도 한다.『오주연문장전산고五洲衍文長箋散稿』에 "역疫은 역役 자의 뜻으로, 귀鬼가 행역行役(각처를 돌면서 임무를 수행하는 것)하는 것을 말한다."고 하였고,『설문해자說文解字』에 "역疫은 온 백성이 다 병에 걸리는 것을 말한다."고 하였는데, '온 백성이 다 병에 걸리는 것'은 바로 전염병이다.

8 **유자휘劉子翬**. 1101~1147. 자는 언충彦冲이고 호는 병옹病翁. 송대의 이학가理學家로 병산선생屛山先生으로 불렸다. 30세에 아버지가 죽자 무이산武夷山에 들어가『주역周易』에 전념하였다. 주희의 스승으로『사고전서四庫全書』는 "고시 풍격이 뛰어나고 옛것을 답습하지 않았다"고 평가했다.

9 **형초荊楚**. 구주九州의 하나인 형주荊州의 초국楚國, 곧 춘추전국 시대의 초 나라이다.

10 참고로 근대 서울의 동지 팥죽 풍속을 보인다. "서울에서도 동지를 작은설[소신정小新正]이라 하여, 마치 설에 떡국을 끓여 먹듯이 이날 팥죽을 쒀 먹는 습관이 있어서 오늘날에 이른다. 원래 동지 차례라는 것이 있었다는데 필자는 어려서 본 일이 없고 동지 고사는 보았다. 팥죽과 북어포 따위에 청주 혹은 탁주를 놓고 터줏대감에게 싹싹 비는 것이다. 팥죽은 어느 집이고 쒔었다. 팥을 흠씬 삶아 건져서 굵은 체에 대고 문지르면 팥 껍데기는 체에 남고 고운 앙금이 아래에 생기는데, 여기에 쌀을 넣어 죽을 쑤면 팥죽이 된다. 거기다가 찹쌀로 경단을 만든 새알심을 죽이 거진 쑤어져 갈 때 넣어서 먹는다. 그 정성 들여 만든 팥죽을 대문에 '액막이'로 끼얹어 벌겋게 팥죽이 얼어붙은 광경은 과히 좋지 않았다. (잡 귀신은 붉은 빛을 싫어한다고) 팥죽은 서울 사람이 사철 즐겨 쒀 먹는 것으로 이웃집에서 초상이 나면 자진하여 팥죽을 쒀서 동이로 이어 날라다 준다. 상제喪制들이 곡하느라 목이 칼칼하여 밥은 넘어가지 않는다고 보아 죽으로 부조하는 것인데, 흰죽·콩죽 등은 안 하고 꼭 팥죽이었다. 동지팥죽은 아주 가난하면 못 쑤므로 어려운 사람한테는 살 만한 집에서 덜어 보내는 습관이 있어서 동짓날은 어쨌든 온 서울 사람이 한 끼를 팥죽으로 삼았다 해도 틀린 말이 아니다. 붙박이로 팥죽만 쒀 파는 집이 많았지만 종로 5가 동대문 시장을 낀 쪽에 있는 팥죽집은 언제나 사람들로 메워져 있어서 말하자면 명물이었다. 이른 새벽부터 팔기 시작해 아침나절이면 떨어져 없어진다. 동대문 밖으로부터 들어오는 마바리꾼, 장꾼, 그리고 우대에 사는 별식 좋아하는 사람들이 팥죽을 목표로 모여든 것이다. 행상도 있었다. 팥죽 담은 동이를 포대기로 둘러싸서 식는 것을 막고 그것을 머리에 이고 '팥죽 사려'하고 외치고 다니면, 새벽일 나온 품팔이들이 담에 기대어 먹고 섰는 광경을 흔히 보았다. 요즘도 팥죽집은 있으나, 새알심 값을 따로

冬至日, 稱亞歲. 煮赤豆粥, 用糯米粉, 作鳥卵狀, 投其中爲心, 和蜜以時食供祀. 灑豆汁於門板, 以除不祥. 按荊楚歲時記: "共工氏有不才子, 以冬至死爲疫鬼, 畏赤小豆, 故冬至日作粥以禳之." 劉子翬至日詩云: "豆糜厭勝憐荊俗" 今俗亦然.

관상감觀象監[11]에서 역서曆書[12]를 올리면, 황장력黃粧曆과 백장력白粧曆[13]을 모든 관원에게 나누어 주되, '동문지보同文之寶'[14]를 찍어 준다. 각 관사에 모두 나눠 받는 몫이 있다. 각 관사의 서리胥吏[15]는 친한 사람의 집을 두루 방문하는 관례가 있다. 이조吏曹의 서리 중에는 벼슬아치의 집에서 고신告身[16]을 전담하여 써 주는 자가 있다. 그 집 사람이 지방 수령으로 나가게 되면 당참전堂參錢[17]을 주기 때문에 으레 청장력靑粧曆[18] 한 권을 바친다.[19] 도성의 옛 풍속에서 단오

처 받는다. 새알심 대신 인절미를 넣기도 하고, 일본의 '조니' 흉내를 낸 '단팥죽'이라는 것도 청소년들에게 인기가 있는 듯하다."(『서울잡학사전』)

11 관상감觀象監. "천문택일天文擇日 관상감"(『한양가』)이라고 한 데에서 보듯이, 조선 시대 천문天文(우주와 천체의 온갖 현상과 그에 내재된 법칙성에 대한 연구)·지리·역수曆數(음양으로써 길흉화복을 미리 알아내는 술법)·점산占算(점 침)·측후測候(기상의 상태를 알기 위하여 천문의 이동이나 천기의 변화 관측)·각루刻漏(시간 측정) 등에 관한 일을 담당하기 위해 설치했던 관서이다. 운감雲監이라고도 한다.

12 역서曆書. 책력冊曆. 천체를 측정하여 해와 달의 움직임과 절기節氣를 적어 놓은, 요즘 식으로 하면 달력을 말한다.

13 황장력黃粧曆과 백장력白粧曆. 이것은 책력, 곧 역서의 종류를 말하는 것이 아니라, 누런색과 흰색으로 장식한 책력을 말한다. 임금이 동짓날 관리들에게 하사하는, 누런 종이나 흰 종이로 겉장을 장식한, 상당히 품질이 좋은 고급 책력들이다. "상품上品은 황색으로 장식하고, 그다음은 청장력, 백력, 중력中曆, 월력月曆, 상력常力 등 여러 종류가 있다. 그러나 그 차이는 종이의 품질과 모양에 의한 구별"(『열양세시기』)인 것이다.

14 동문지보同文之寶. 『중용中庸』의 "이제 천하의 수레가 동일한 궤도를 가고, 글이 동일한 문장을 쓰며, 행동에 동일한 윤리가 적용된다[今天下車同軌, 書同文, 行同倫]."라고 한 구절을 인용하여, 천하가 통일되어 태평하다고 뜻을 나타낸 것이다. 이것은 조선 시대 임금이 서적을 내려 줄 때 찍은 어보御寶(임금의 도장, 곧 어새御璽, 국새國璽, 보새寶璽, 어인御印, 옥새玉璽)인데, 여기서 '동문'은 '중국과 같은 문화권'이라는 뜻이다.

15 서리胥吏. 관아에 속하여 말단 행정 실무에 종사하던 구실아치. 고려 시대에는 중앙의 각 관아에 속한 말단 행정 요원만을 가리켰으나, 조선 시대에는 경향京鄕의 모든 이직吏職 관리를 뜻하였다. 이서吏胥.

16 고신告身. 관리로 임명된 이에게 수여하는 증서로 보통 직첩職牒이라 한다. 제수된 뒤 당상관은 숙배할 때 전달되고, 당하관은 양사兩司의 서명을 거쳐 문관은 이조吏曹에서, 무관은 병조兵曹에서 발급한다.

17 당참전堂參錢. 어느 사환가仕宦家(대대로 벼슬하는 집안)의 사람이 군현郡縣의 수령 등 지방관으로 부임하게

부채는 관원이 서리에게 나누어 주고, 동짓날 역서는 서리가 관원에게 바치는데, 이를 '하선 동력夏扇冬曆'[20]이라고 한다. 그것이 시골 고향의 친지와 조상의 산소가 있는 마을, 그리고 농장에까지 두루 전달된다.[21]

觀象監進曆書, 頒黃粧白粧于百官, 安同文之寶, 諸司皆有分兒. 各司吏胥, 又有遍問所親家之例, 吏曹吏各於仕宦家有句管掌寫告身者, 若出宰則給堂參錢, 故例獻靑粧一卷. 盖都下舊俗, 端午之扇, 官分于吏, 冬至之曆, 吏獻于官, 是謂夏扇冬曆, 波及鄕曲親知墓村農庄.

내의원內醫院[22]에서는 계피[23], 산초[24], 설탕, 꿀을 쇠가죽으로 싸고 달여서 응고시킨 것을 전약

되면 고신告身 작성을 맡은 서리書吏에게 주는 사례금을 말한다. '당참'은 새로 수령에 제수되면 도당都堂, 즉 의정부를 찾아가 인사하는 것을, '전'은 인사기록을 맡은 아전에게 수료로 주는 돈을 말한다. 당참채堂參債, 도부채到付債라고도 하는데, 이는 조선 초기 지방관이 이들 관부의 하급 관리들에게 예물을 주었던 관행에서 비롯되었다. 이에 대한 국가의 금지 조치가 있었지만, 16세기부터는 보편화되어 공공연한 관례로 정착돼 당참을 해당 부서의 서리들이 수납하여 인사권을 가졌던 전랑銓郞들에게 상납하였다. 점차 다른 부서에서도 신임 지방관들에게서 여러 명목으로 징수하였다. 이러한 당참전의 비용은 해당 지방관의 임지 백성들에게서 거두게 되어 당참의 비용을 빌려준 상인들이 지방관의 임지에서 그 비용을 거두기도 하였고, 일부 지방관의 경우 당참의 명목을 내세워 거액을 거두어 착복하는 등 그 폐해가 컸다.

18 **청장력靑粧曆**. 푸른색으로 장식한 책력을 말한다.

19 이조吏曹의 서리書吏 중에는 대대로 벼슬하는 집안의 관리 임면에 관한 문서를 단골로 맡아 써주는 자가 있는데, 그 집안사람이 지방 수령으로 나가게 되면 그 서리에게 당참전을 준다. 당참전을 받은 대가로 그 서리는 사환가에 감사의 표시로 청장력 등을 바치는 것이 관례였다.

20 **하선동력夏扇冬曆**. '여름에는 부채, 겨울에는 달력'이라는 뜻으로 제철 선물의 대표적인 것을 말한다. 단오에 부채를 만들어 올리는 것과 마찬가지로 동지에는 역서曆書를 만들어 올렸는데, 임금은 관상감에서 만든 달력에 '동문지보同文之寶'라는 말이 새겨진 어새御璽(임금의 도장, 곧 국새國璽, 보새寶璽, 어인御印, 옥새玉璽)를 찍어 백관에게 나누어주었다. (참고로 『대전통편大典通編』과 『대전회통大典會通』의 「예전禮典」 '새보조璽寶條'에 보면, "동문지보는 서적을 반사頒賜할 때 쓴다."라 하였음) 이것을 받은 사람들은 다시 친지들과 나눴다.

21 『경도잡지』에서는 "시골 고향의 친지와 묘지기, 그리고 소작인에게까지 두루 전달된다[波及鄕曲親知墓奴庄客]."라고 했다.

22 **내의원內醫院**. 조선 시대 궁중의 의약醫藥을 맡은 관청인 내국內局을 말한다. 1392년(태조 1)에 설치한 전의감典醫監을 고친 이름으로 전의원典醫院, 혜민서惠民署와 함께 삼의원三醫院이라 하였다. 1885년(고종 22) 전의사典醫司, 1895년 태의원太醫院으로 고쳤다.

23 **계피**. 桂皮. 추운 지방에 사는 사람이 추위에 의해 병을 얻었을 때는 매운맛으로 열을 내는 약재를 사용하여

煎藥[25]이라 하여 올린다. 각 관사에서도 만들어 나누어 준다.

內醫院以桂椒糖蜜, 用牛皮煮成凝膏, 名曰煎藥, 以進, 各司亦有造出分供者.

병을 치료하는데, 이러한 한약은 열대나 아열대 지방에서 나는 경우가 많다. 계피는 육계肉桂나무의 껍질로, 예로부터 베트남, 인도 등지에서 수입해 왔다. 조선 시대에 계피는 나라가 수입, 소금과 같이 전매품으로 관청에서 배급했기 때문에 '관계官桂'라 불렀다.

24　**산초**. 山椒. 산초나무의 열매. 기름을 만드는 원료로 쓰고 식용 또는 약용한다.

25　**전약**煎藥. "전약 만드는 법은, 백강白薑 다섯 냥, 계심桂心 한 냥, 정향丁香과 후추[胡椒] 각 한 냥 반을 각각 따로 고운 가루를 만들고, 굵은 대추를 씨를 발라내고 살을 쪄서 두 바리때의 곰[고膏]을 만든다. 아교阿膠, 달인 꿀 각 세 바리때를 준비한다. 먼저 아교를 녹이고 다음에 대추·꿀을 넣어 삭인 뒤에 네 가지 약을 넣어 고루 저어 끄느름한 불로 달여, 체에 밭아 그릇에 저장하였다가 엉긴 뒤에 꺼내 쓴다."(『동의보감東醫寶鑑』) "고려에서는 동짓달 팔관회의 진수성찬으로 삼았으며, 이조에 들어와서는 내의원에서 이것을 만들어서 동지의 절식節食(명절 음식)으로 근신近臣에게 나누어주었다. 그러나 후에는 우락이 귀하여서 대신 우족고牛足膏를 썼다. 우유가 부족한 때에는 말젖[마동馬湩]으로 보충 또는 대용하는 일도 있었다."(『조선상식』)

월내月內

태묘太廟[1]에 청어靑魚[2]를 올린다.[3] 사대부 집안에서도 그렇게 한다. 『예기』「월령月令」[4]을 보니, "12월에 천자가 생선을 맛보되 먼저 침묘寢廟[5]에 올린다."라고 하였다. 우리나라 제도도

---

1 **태묘太廟**. 종묘宗廟의 정전正殿. 종묘는 조선 시대에 역대 임금과 왕비의 위패를 모시던 사당으로, 초에는 목조, 익조, 탁조, 환조 등 태조의 사대조四代祖 신위를 모셨으나, 그 후에는 당시 재위하던 왕의 사대조四代祖와 조선 시대 역대 왕 가운데 공덕이 있는 왕과 왕비의 신주를 모시고 제사를 지냈다. 19칸으로, 단일 건물로는 우리나라에서 가장 길다. 우리나라 국보로, 국보 정식 명칭은 '종묘 정전'이다.

2 **청어靑魚**. 몸 빛깔이 청색이라 붙여진 이름이다. 『재물보才物譜』에는 별칭을 '누어鱸魚'라 하였다. 『명물기략名物紀畧』에는 값싸고 맛이 있어 가난한 선비들이 잘 사 먹는 물고기라며 '비유어肥儒魚'로 기록하였는데, 이는 선비들을 살찌게 하는 물고기라는 의미이다. 이 명칭에서 기원하여 청어를 '비웃'이라고 하기도 한다. 전남에서는 '고심청어', 동해안에서는 '등어', 경북에서는 '눈검쟁이', '푸주치'로 불렀으며, 서울에서는 크기가 크고 알을 품은 청어를 '구구대'라 부르기도 했다.

3 천신薦新을 말한다. 천신은 시제時祭(음력 2월, 5월, 8월, 11월에 가묘에 지내는 제사)에 시절의 신미新味를 올리는 것, 곧 햇과일이나 햇곡식 등을 조상신에게 감사하는 마음으로 올리는 의식이다. 『육전조례六典條例』에 따르면, 11월 천신薦新에는 빙어[과어瓜魚], 청어靑魚, 고니[천아天鵝], 뱅어[백어白魚], 당감자唐柑子(중국에서 들여와 제주도에서 재배된 밀감蜜柑)를 올린다.

4 『**예기禮記**』「**월령月令**」. 『예기』는 오경五經의 하나로, 『주례周禮』・『의례儀禮』와 함께 삼례三禮라고 하며, 『의례』가 예의 경문經文이라면 『예기』는 그 설명서에 해당한다. 총 49편編이다. 그 성립에 관해서는 분명치 않으나, 전한前漢의 대성戴聖이 공자孔子의 제자를 비롯하여 한漢 나라에 이르는 많은 사람들의 손으로 된 『예기』 200편 중에서 편찬한 것으로 알려졌다. 월령月令은 곡례曲禮・단궁檀弓・왕제王制・예운禮運・예기禮器・교특성郊特牲・명당위明堂位・학기學記・악기樂記・제법祭法・제의祭儀・관의冠儀・혼의婚儀・향음주의鄉飲酒儀・사의射儀 등 제편諸篇 중 하나이다. 보통 '월령'은 한 해 동안의 정례적인 정사政事나 의식儀式, 또는 농가農家의 행사 따위를 다달이 구별하여 규정해 두던 것을 말한다.

그러하다. 청어는 통영과 해주에서 생산되는 것이 가장 많고, 겨울과 봄에 진상進上[6]한다. 어선이 한강에 들어와 정박하면 곧바로 시장에 퍼져서 생선 장수들이 거리를 돌아다니며 사라고 외친다. 통영은 전복과 대구가 나는데 역시 진상한다. 진상하고 남은 것은 으레 모두 경재卿宰[7]에게 보낸다.

薦靑魚于太廟, 卿士家亦行之. 按禮記月令: "季冬之月, 天子嘗魚, 先薦寢廟." 國制亦然. 靑魚之産, 統營海州最盛. 冬春進供. 魚舡來泊京江, 卽遍市上漁商, 沿街叫賣. 統營則有甲生鰒大口魚, 亦屬進上, 並以封餘例饋卿宰.

제주목濟州牧에서 귤, 유자[8], 홍귤紅橘[9]을 진상하면, 태묘에 올리고 궁액宮掖[10]들과 근시近侍[11]들에게 나누어 준다. 옛날 탐라耽羅 성주星主[12]가 진상할 때 축하하는 과거를 설행하였다. 조

---

5   **침묘寢廟.** 고대 종묘의 정전正殿을 '묘廟'라 하고, 후전後殿을 '침寢'이라 하는데, 그 둘을 합쳐서 '침묘'라 한다. 여기서는 종묘宗廟를 말한다.

6   **진상進上.** 해마다 지방에서 나라에 바치던 공물貢物(중앙 관서와 궁중의 수요를 충당하기 위하여 여러 군현에 부과하여 상납하게 한 특산물)인 세공稅貢과는 별도로 지방관이 궁중에서 필요로 하는 지방의 토산물을 바치는 것이다. 대전大殿과 공비전恭妃殿에 올리는 것만 진상이라 하고 나머지 각전各殿에 바치는 것은 공상供上이라고 하고, 종묘宗廟·원묘原廟·별묘別廟 등에 소용되는 제향품祭享品을 올리는 것은 천신薦新이라 하여 구분하였다. 진상물은 공물貢物과 마찬가지로 공안貢案에 기록되어 있으며, 공물에 비해 봉상예물奉上禮物로서 훨씬 더 중시되었다.

7   **경재卿宰.** 공경재상公卿宰相. 삼공三公(의정부에서 국가 주요 정책을 결정하는 일을 맡아보던 세 벼슬인 영의정, 좌의정, 우의정)과 구경九卿(삼정승에 다음가는 아홉 고관직인 의정부의 좌우참찬左右參贊, 육조 판서六曹判書, 한성부 판윤漢城府判尹)을 비롯한 높은 벼슬아치를 통틀어 이르는 말.

8   **유자.** "작은 키의 유자나무는 귤과 닮았다. 중국 당나라 공안국孔安國이 큰 것을 귤, 작은 것을 유라 부를 정도로 두 나무는 비슷했다."(『역사와 문화로 읽은 나무사전』)

9   **홍귤紅橘.** 제주도에서 나는 재래 품종 귤 중의 하나인 감자柑子로, 단맛과 신맛이 모두 강하다.

10 **궁액宮掖.** 비빈妃嬪이 사는 궁궐을 뜻하는데, 여기서는 비妃(임금의 아내)와 빈嬪(왕세자의 아내)을 말함.

11 **근시近侍.** 임금을 가까이 모시고 따라다니는 신하. 시종신侍從臣, 시종관侍從官, 근신近臣, 근밀지신近密之臣, 시신侍臣, 친신親臣이라고도 한다. 예문관藝文館의 봉교奉敎 이하 시교侍敎·검열檢閱은 춘추관春秋館의 사관史官을 겸하였으므로, 시종의 주된 목적은 임금의 언행을 기록하여 사초史草(실록의 원고)를 남기는 데 있었음을 알 수 있다. 조선 초에는 사관 한 사람이 시종하였으나, 그 기록이 소루하다고 하여 세종 7년(1425)에 사관 두 사람이 입시入侍토록 하였다.

선에 들어와서도 이를 따라 태학太學[13]과 사학四學[14]의 유생들을 시험하고 귤을 나누어 준다. 그 과거의 이름은 감제柑製[15]라고 하는데, 시험하고 뽑는 제도는 절제節製[16]의 예와 같다. 일등

---

12 **성주星主**. 조선 시대에, 제주 목사를 달리 이르던 말.

13 **태학太學**. 유학儒學 교육을 위한 국가의 최고학부로 성균관成均館·학궁學宮·반궁泮宮이라고도 한다. 주周나라 때 천자의 나라에 세운 학교를 벽옹辟雍이라 하고, 제후의 나라에 세운 학교를 반궁이라 하였다. 벽옹은 사방이 물에 둘러싸여, 그곳에 들어가기 위해서는 사방에 놓은 다리를 건너야 했는데 비해, 반궁은 동쪽과 서쪽 문을 연결하는 부분만 물이어서, 그 주변을 둘러싼 연못이 마치 반달 모양을 하고 있어서, 벽옹에 비해 연못이 반밖에 되지 않기 때문에 붙여진 이름이다. 반궁에는 학문을 연마하는 명륜당明倫堂과 공자와 그의 제자 및 우리나라 여러 성현들의 신위를 모시고 제향祭享을 올리는 문묘文廟 등을 세워 성현을 봉사奉祀하는 사묘祠廟의 기능과 더불어 고급 관리 양성을 위한 고등교육기관의 역할을 맡도록 하였다. 성균관에 입학할 수 있는 자격은 입학시험에 합격한 생원生員·진사進士와 문과·생원진사시文科生員進士試의 향·한성시鄕漢城試에 각기 1~2번 합격된 자, 참상參上(중앙에 있는 모든 문무백관들이 정전正殿에 모여 왕에게 문안드리는 조회朝會인 조참朝參에 참여하는 종6품 이상 3품 이하까지의 관원의 총칭)·참하參下의 현직관리·문음자제門蔭子弟(부조父祖의 공덕으로 벼슬할 수 있는 자제) 등으로 제한되었다. 그리고 생원과 진사는 상재생上齋生, 즉 정규학생으로, 그밖의 유학幼學들은 하재생下齋生으로 구분되었다.

14 **사학四學**. 중·동·남·서·북의 오부五部로 나눈 한성부漢城府의 각 행정구역 가운데 북부를 제외하고 하나씩 세워 둔 학당學堂, 곧 사부학당四部學堂을 말한다. 육당 최남선은 '사학이란 무엇입니까'라는 물음에 "성균관을 국립대학이라 하면 그리로 들어가는 준비를 시키는 관립학교가 사학이란 것입니다. 곧 이씨 조선에서 고려의 동서학당제東西學堂制를 변통하여 도성 내를 동·서·중·남·북의 5부로 구획하고, 각 구에 한 학교를 두고 이를 동학·서학·중학·남학·북학이라 하고, 총칭에는 5부학당이라고 일컫던 것인데, 문종조文宗朝에는 북학을 없애고 동·서·중·남의 4부으로 고쳐서, 약간 흥망을 치르면서 뒤에까지 계속하였습니다. 정원은 각 백인이었습니다. 지금 동대문 내에 있는 동학동東學洞과 중앙방송국 뒤의 서학현西學峴과 동십자교東十字橋, 남하천변南下川邊의 중학동中學洞은 다 그 학교의 소재지이던 곳입니다."(『조선상식문답』 「유학儒學」)라고 답하였다. 참고로 『한양가』에 "사학이 분배分排하여 / 유학儒學을 교훈敎訓하니 / 명륜당明倫堂 대성전大成殿은 / 우리 동방 반궁泮宮이라"고 하였다. 명륜당은 성균관 안에서 유학을 강講하던 곳이고, 대성전은 공자를 모신 사당인 문묘文廟 안에 있는, 공자의 위패位牌를 모신 전각殿閣을 말한다.

15 **감제柑製**. 관학과 사학四學 유생의 사기를 높이기 위하여 제주도의 감귤이 진상되어 올 때, 성균관의 명륜당에 유생을 모아 놓고 감귤을 나눠준 후 치른 시험으로 감시柑試, 감시제柑試製, 황감제黃柑製라고도 한다. 『열양세시기』에 따르면 "감귤이 도착할 때 날씨가 매우 추우면, 가지고 올라온 사람[영공인領貢人]을 임금께서 친히 불러 보고, 옷도 내려주고 밥도 대접하여 먼 지방 백성을 사랑하시는 마음을 나타내신다. 제주 사람들은 임금의 은택을 노려서 반드시 제일 춥기를 기다려 성안에 들어오기 때문에 감제柑製는 대개 섣달에 있다."

16 **절제節製**. "정월 인일, 삼월삼일, 칠월칠일, 구월구일에 임금이 친히 글제[과제科題]를 내려 성균관에서 과거를 보아 상재생上齋生(성균관에서, 동서 양재兩齋의 각각 위쪽에 위치한 곳. 생원과 진사들이 거처함)을 뽑는데, 대신大臣과 양관兩館(궁중의 중요한 문서나 경적을 다루던 홍문관과 예문관)의 제학提學(규장각에 속한 종일품이나 정이품 벼슬 또는 예문관·홍문관에 둔 종이품 벼슬)을 독권관讀券官(조선 시대에, 전시殿試를 맡아보던 상석 시험관. 정승 한 명과 종이품 이상 문관 두 명으로 구성되었는데, 과거 시험을 감독하고 글장을 채점하

한 사람은 반드시 사제賜第[17]한다.

濟州牧進貢橘柚柑子, 薦于太廟, 頒宮掖近侍之臣. 昔耽羅星主貢獻時, 稱賀設科, 本朝因之試太學四學儒生頒柑, 科名曰柑製, 考取如節製之例. 居魁者, 必賜第.

충청도 홍주洪州의 합덕지合德池에 매년 겨울에는 용경龍耕[18]이라는 기이한 현상이 생긴다. 남쪽에서 북쪽으로 얼음이 갈라져서 언덕까지 닿으면 그 해는 풍년이 들고, 서쪽에서 동쪽으로 갈라지되 가운데가 끊어지면 그 해는 흉년이 든다. 동서남북 종횡으로 가지런하지 않으면 반은 풍년이 들고 반은 흉년이 든다. 농민들이 이것으로 다음 해 농사를 점치는데 번번이 맞

며 응시자의 우수한 시제試題를 어전御前에서 읽는 일을 함)으로 삼아 탑전榻前(왕의 자리 앞)에서 합격자의 등수를 매기게 한다. 1등으로 뽑힌 사람은 왕왕 사제賜第(임금이 신하에게 특별히 과거에 급제한 사람과 똑같은 자격을 주는 일)하고, 그 나머지에게는 차등 있게 상을 내리는데, 이를 절일제라고 한다. 사학四學의 유생들도 함께 시험 보게 하는데, 이를 통방외通方外라고 한다."(『열양세시기』) 절제를 치를 수 있는 사람은 "외방外方의 유생"과 "성균관成均館의 유생"(『속대전續大典』)이었다.

17 **사제賜第.** 임금의 특명으로, 과거에 급제한 사람과 똑같은 자격을 내려 주던 일. 그런데 사제는 대개 문과 전시殿試(초시에 합격한 이가 보는 복시覆試에서 선발된 사람에게 임금이 친히 치르게 하던 과거)의 응시 자격을 주는 것을 말하기도 한다. 『승정원일기承政院日記』(영조 51년 2월 13일 기사)의 "일전에 성균관 유생들에게 제술製述 시험을 보일 적에 초시만 지급하라는 하교가 있었기에 합격한 세 사람에게 복시 응시 자격을 주었습니다. 그런데 그가 임금을 뵌 뒤에 특명으로 전시 응시 자격을 내리셨습니다. 임금이 비록 천지조화의 권한을 지녔지만 왕의 말씀은 어김없이 찾아오는 사계절처럼 신뢰성이 있어야 합니다. 청컨대 박행순朴行淳에게 내린 사제의 자격을 환수하소서[日前泮儒之製述也, 有只給初試之敎, 入格三人, 許赴會試, 而及其入侍之後, 特命直赴殿試, 人君雖持造化之柄, 王言當如四時之信, 請還寢朴行淳賜第之命]"라고 한 신응현申應顯의 말을 참고해 보면, 초시初試는 복시 응시 자격을 주는 것을 말하고, 사제는 전시 응시 자격을 준다는 것과 같은 의미임을 알 수 있다.

18 **용경龍耕.** '용이 논밭을 간다'는 뜻이다. 동지冬至를 전후하여 못에 언 얼음의 갈라진 방향을 보고 그해의 풍흉을 알아보는 농사 점. '용갈이' 또는 '용 밭갈이'라고도 한다. 『성종실록』에 따르면, 세조世祖 때 남대지南大池를 터서 전지田地로 개간하자 제언별감堤堰別監 이신지李愼之가 "남대지는 다만 논에 물을 대어 모자람을 보태는 것만이 아니고, 그 못에는 용龍이 있어 매년 겨울에는 얼음이 저절로 갈라지므로 사람들이 이를 용경이라 이르는데, 이것으로써 농사의 풍년과 흉년을 점치게 됩니다."라고 하니, 세조가 그 말을 듣고 다시 쌓아서 제방堤防을 보존하게 하였다고 한다. 성종 또한 "용경龍耕이란 말은 괴이하고 허망虛妄하여 믿을 수가 없지만, 백성을 위하여 논에 물을 대게 할 뿐이다."라고 하여 제방을 유지하게 하였다는 기록이 있다. 참고로 『오주연문장전산고五洲衍文長箋散稿』에서는 용경을 빙경氷耕이라고 하면서 얼음이 갈라진 틈의 깊이로 풍흉을 점치는데, 얕으면 흉년, 깊으면 풍년[以氷耕淺深占歲, 淺則歉, 深則豐]이라고 했다.

아떨어진다. 영남 밀양密陽의 남지南池에도 용경이 있어서 농사의 풍흉을 점친다.

湖西洪州合德池, 每年冬有龍耕之異, 自南而北, 縱而薄岸則歲穰, 自西而東, 徑斷其腹則荒, 或西
或東, 或南或北, 橫縱不整, 則荒穰半, 農人推之來歲輒驗. 嶺南密陽南池, 亦有龍耕以驗年事.

메밀[19]국수를 무김치와 배추김치에 담가 돼지고기와 섞은 것을 냉면冷麵[20]이라 한다. 또 여러 가지 채소, 배, 밤[栗], 쇠고기와 돼지고기 편육, 기름장을 국수와 버무린 것을 골동면骨董麵[21]이라 한다. 관서 지방의 면이 가장 좋다. "나부羅浮[22] 영노穎老[23]가 여러 가지 음식을 얻어 섞어서 끓였는데, 그것을 골동갱骨董羹[24]이라 한다."[25]라고 한 것을 보니, 골동骨董은 섞는다는 뜻이다. 지금의 잡면雜麵[26]이 이와 비슷하다. "강남江南 지방 사람들은 반유반盤遊飯 해 먹기를

---

19 **메밀**. 교맥蕎麥. 마디풀과에 속하는 작물인 한해살이풀. 메밀, 메물이라고 부르기도 한다. 메밀은 단백질이 많아 영양가가 높고 독특한 맛이 있어 국수 · 냉면 · 묵 · 만두 등의 음식으로 널리 쓰인다.

20 **냉면冷麵**. 냉면은 메밀가루에 녹말을 약간 섞어 만든 압착형 국수를 가지고 만드는 음식으로, 주로 메밀이 많이 생산되는 북부지방에서 발달하였다. 그러다가 6 · 25 이후 월남민에 의하여 전국적으로 퍼지게 되었으며, 현재 우리나라의 대표적인 음식으로 손꼽히고 있다. 만드는 법은 지방마다 약간씩 다르지만 일반적으로 메밀가루에 녹말을 약간 섞어 국수를 만든 다음에 편육 · 오이채 · 배채 · 쇠고기볶음 · 삶은 달걀 등의 고명을 얹고 국물을 부어 만든다. 냉면 국물로는 쇠고기를 고아 만든 육수, 꿩이나 닭고기를 고아 만든 국물, 또는 시원하게 익은 배추김치 국물이나 동치미 국물, 동치미 국물과 육수를 섞어 만든 국물이 쓰인다. 식초 · 겨자 · 설탕 등은 먹을 때 넣도록 한다. 냉면은 지방마다 특징이 있어 평양냉면 · 함흥냉면, 그리고 진주냉면이 유명하다.

21 **골동면骨董麵**. 메밀국수에 여러 가지 재료들을 넣어 양념장으로 고루 비벼서 먹는 국수. 비빔면 또는 비빔국수를 이르는 말이다. '골동'이라는 말은 여러 가지 재료가 섞인다는 것을 말할 때 쓰이기도 한다. 예전에는 고기와 여러 가지 채소류를 섞어 간장 양념에 비볐으나, 언제부터인지 고추장 양념으로 맵게 하는 것이 일반화되어 있다. 우리나라 북부 지방에서 겨울철에 즐겨 먹던 매운 냉면과도 맥을 같이 한다고 볼 수 있다.

22 **나부羅浮**. 도교의 10대 동천洞天(신선이 사는 곳)의 하나로, 예로부터 많은 문인 묵객과 도인道人들이 산속을 유람하고 은거하고 수련하여 시를 지어주며 찬미하였다. 동진東晉 때의 저명한 도교 이론가인 갈홍葛洪(283~343)은 산속에 들어가 수도 연단을 닦고 약을 채취하여 세상을 구제하고 저술하였다.

23 **영노穎老**. 미상.

24 **골동갱骨董羹**. 생선과 고기 그리고 채소 등을 섞어 끓여 만든 국.

25 소식蘇軾(1036~1101)의 『구지필기仇池筆記』에 나오는 말이다. 원문은 이렇다. "나부산 영노가 여러 음식을 섞어 끓였는데, 그것을 '곡동갱'이라 한다[羅浮穎老取凡飮食雜烹之, 名谷董羹]."

좋아하는데, 젓갈, 말린 고기, 회, 구운 고기 등 밥 밑에 넣지 않는 것이 없다."[27]라고 했는데, 이것이 바로 골동반骨董飯[28]이니, 예부터 이미 이런 음식이 있었다.[29]

用蕎麥麵沈菁葅菘葅和猪肉, 名曰冷麵. 又和雜菜梨果牛猪切肉油醬於麵, 名曰骨董麵. 關西之麵最良. 按"羅浮頴老取諸飲食, 雜烹之, 名曰骨董羹." 骨董, 雜之義也. 今之雜麵, 類此 "江南人好作盤遊飯, 鮓脯膾炙, 無不埋在飯下." 此卽飯之骨董, 而自古已有此食品也.

작은 무로 담근 김치를 동치미[30]라고 한다. 곶감을 끓인 물에 담갔다가 생강과 잣을 넣은 것을 수정과[31]라 한다. 모두 겨울의 시식時食[32]이다. 새우젓을 끓여 맑은 국물을 밭은 후에 무,

---

26 **잡면雜麵.** 비빔국수. 잡채로 풀이하는 경우도 있지만, 문맥상 비빔국수로 보는 편이 적절하다. 참고로 잡채는 '雜菜'라고 표기했다.

27 소식의『구지필기』에 나오는 말이다. 원문은 이렇다. "강남사람들은 반유반 해 먹기를 좋아하는데, 젓갈, 말린 고기, 회, 구운 고기 등 없는 것 없이 밥에 섞는다. 항간에서는 그것을 '굴득교자'라고 한다[江南人好作盤游饭, 鮓脯膾炙無不有, 埋在飯中]."

28 **골동반骨董飯.** 남은 음식은 해를 넘기지 않는다고 하여 섣달그믐날 저녁에 남은 음식을 모아 비비는 밥. 민간의 풍속에 음력 12월 30일인 섣달그믐에 남은 음식을 모두 모아서 골동반骨董飯을 먹는다고 한다. 여기서 골동반은 비빔밥을 가리키는 한자어이다.

29 이규경李圭景(1788~1856)은『오주연문장전산고』에서는 평양의 대표적인 음식으로 감홍로紺紅露와 함께 냉면, 골동반을 들고 있다.

30 **동치미.** 동침冬沈. 통째 혹은 크게 썬무를 소금에 잠간 절인 후 소금물을 심심하게 하여 가득 붓고 익힌 김치. 동치미는 한자어 '동침'을 일반인들이 '동침이' 혹은 '동치미'라고 부르면서 생긴 이름이다. 다른 문헌에서는 '동침저凍沈葅'라고 적혀 있기도 하다. 한자 명칭에 담긴 의미는 '겨울에 물에 담가서 먹는 김치'라는 뜻과 '겨울에 국물이 언 김치'라는 뜻을 동시에 지닌다. 따라서 주로 겨울에 먹는 물김치를 동치미라 불렀다.

31 **수정과.** 水正果. 일명 '수전과'라고도 하며, 계피와 생강을 달인 물에 설탕을 타서 차게 식힌 후 곶감과 잣 등을 띄운 것으로 곶감의 단맛과 계피와 생강의 매운맛이 잘 어우러져 특유의 향미를 지닌 고유의 전통 음료이다. 본디 물에 담근 과자라는 뜻에서 이루어진 말이며, 설 명절에는 반드시 만들어 식혜와 함께 차갑게 마시는 음료로 제조법이 간단해 누구나 손쉽게 만들 수 있다.

32 **시식時食.** 최남선은 "춘하추동 사시와 일 년 열두 달 그때마다 철 맞추어 먹는 음식을 시식이라고 이르니, 대개 그때그때의 명일을 중심으로 하여 새로 나는 물건이나 먹을 맛있는 음식의 종류를 선택하여 마련되었던 것입니다. 이를테면 설의 떡국, 대보름의 약밥, 정 이월의 물쑥 청포, 한식寒食의 개피떡, 삼월삼일의 화전花煎, 초파일의 도미국수, 단오의 수단水團, 유두流頭의 밀쌈, 추석의 송편, 구일九日의 국화전菊花煎, 동지의 팥죽, 납향臘享(동지 후 셋째 미일未日인 납일臘日에 종묘·사직에 지내는 큰 제사)의 고기구이 등이 그 주요한 것입니다."라

배추, 마늘, 생강, 고추, 청각, 전복, 소라, 석화, 조기, 소금을 넣어 섞박지[33]를 만들어 장독에 저장해두고 겨울을 나면 매워서 먹을 만하다. 또 무, 배추, 미나리, 생강, 고추 등을 장에 담가 김치를 만들어 먹는다.

取蔓菁根小者作葅, 名曰冬沈. 以乾柿沈熟水, 和生薑海松子, 名曰水正果. 皆冬節時食也. 用蝦鹽汁候清, 沈蔓菁菘蒜薑椒青角鰒螺石花石首魚鹽作雜葅, 儲陶甕和淹經冬, 辛烈可食. 又以蔓菁菘芹薑椒沈醬葅食之.

고 했다.(『조선상식문답』) 절식節食이라고도 한다.

33 **석박지**. 잡저雜葅. 석박지는 절인 배추, 무, 오이를 넓적하게 썰어 고춧가루와 생강, 마늘, 새우젓국, 소금, 파, 미나리 등을 함께 넣고 버무린 다음 다시 젓국을 부어서 익힌 것을 말한다. 지금 우리가 즐겨 먹는, 한자로 '침채沈菜'라고 표기하는 것과는 다른 음식이다. 『순암선생문집順菴先生文集』에서는 묘에서 지내는 제사인 묘제墓祭의 제물祭物을 설명하면서 "소채 따위는 김치[沈菜], 익힌 나물[熟菜], 생나물[生菜], 잡저雜葅 등으로 한다."라고 했다.

12월
十二月

—

납臘

우리나라에서는 동지冬至[1] 이후 세 번째 미일未日[2]을 납일臘日[3]로 삼아 종묘사직에 대제大祭를

---

1 **동지冬至.** 입춘立春으로 비롯되는 24절기 가운데 22번째에 해당하는 절기로 대설大雪과 소한小寒 사이인 양력 12월 22·23일경이다. 태양이 황도皇道(지구에서 보아 태양이 지구를 중심으로 운행하는 것처럼 보이는 천구天球 상의 대원大圓 궤도)의 가장 낮은 점을 지날 때로 북반구에서는 연중 밤이 가장 길다. 남지南至라고도 하는 이날을 기점으로 남쪽으로 내려갔던 태양이 다시 올라 낮이 길어지는 만큼 양양陽의 기운이 싹트는 날이라고 믿은 까닭에, 다음 해가 시작되는 날이라는 의미에서 아세亞歲라고도 한다.

2 **미일未日.** 육십갑자六十甲子의 아래 단위를 이루는 요소인 자子, 축丑, 인寅, 묘卯, 진辰, 사巳, 오午, 미未, 신申, 유酉, 술戌, 해亥인 지지地支가 미未로 된 날이다. 양날. 육십갑자는 천간天干의 갑甲, 을乙, 병丙, 정丁, 무戊, 기己, 경庚, 신辛, 임壬, 계癸와 지지地支의 자子, 축丑, 인寅, 묘卯, 진辰, 사巳, 오午, 미未, 신申, 유酉, 술戌, 해亥를 순차로 배합하여 예순 가지로 늘어놓은 것을 말한다.

3 **납일臘日.** 후한後漢 말의 학자인 응소應劭의 『풍속통의風俗通義』에 따르면 '납'은 '접接'과 같은 뜻으로 신구년新舊年이 교접하는 즈음에 대제大祭(종묘·사직에서 지내던 큰 제사)를 올려 그 공에 보답하는 것이며, '납'은 또 '렵獵'과 통하는 말로 사냥에서 얻은 금수禽獸로 선조에게 제사함을 의미한다. 『설문해자說文解字』에 따르면 '臘'의 왼쪽 부분은 육肉 변이고 오른쪽 부분은 '랍'의 발음으로 의미는 '백신百神에게 제사 지내는 것'이라 했다. 그래서 납일에 한 해 동안의 일이나 농사 결과를 하늘에 고하는 제사를 납향臘享 또는 납제臘祭라 한다. 납향으로 인해 납일臘日의 명칭이 정해졌고, 12월을 납월臘月이라 불리는 것도 여기에서 연유한다. 국가에서는 이날 새나 짐승을 잡아 종묘宗廟와 사직社稷에 공물供物로 바치고 제사를 지냈는데, 사맹삭四猛朔(춘하추동의 각 첫 달인 1,4,7,10월의 삭일 제사)과 함께 5대제향五大祭享으로 중시했고, 민가에서도 혹 제사를 지냈다. 최남선은 『조선상식』에서 '납臘'에 대해 다음과 같이 설명하고 있다. "한 해의 끝에 인생에 공이 있는 만물의 덕을 보답하기 위하여 두루 함께 여러 신을 제사함을 중국의 고대에 사蜡(가평嘉平 또 청사清祀)라 하고, 진秦·한漢 이후로는 그 의미가 좁아져서 사냥의 소득으로 선조께 제사하는 것이 되고, 이름을 납랍이라 고치니 납은 곧 사냥[렵獵]의 뜻이라 한다. 납일을 택하여 결정하는 것은 오행신앙五行信仰에 의하여 대代마다 동일하지 아니하여 한漢은 동지 후 제3무일戊日, 위魏는 동진일同辰日, 진晉은 동축일同丑日, 당唐은 정관례貞觀禮(당나

256

행한다. 『지봉유설』을 보니, 채옹蔡邕의 설을 인용하여 "청제靑帝[4]는 미일未日을 납일로 삼고, 적제赤帝[5]는 술일戌日[6]을 납일로 삼으며, 백제白帝[7]는 축일丑日[8]을 납일로 삼고, 흑제黑帝[9]는 진일辰日[10]을 납일로 삼는다. 우리나라에서 미일未日을 납일로 정한 것은 동방이 목木에 속하기 때문이다."[11]라고 하였다.

本朝用冬至後第三未日置臘, 行廟社大享. 按芝峯類說, 引蔡邕之說, "青帝以未臘, 赤帝以戌臘, 白帝以丑臘, 黑帝以辰臘, 我國臘用未, 皆以東方屬木云."

라의 예제禮制를 규정한 책. 뒤에 나오는 '개원례'도 마찬가지)에는 인일지寅日至 진일辰日, 개원례開元禮에는 단지 진일辰日, 송宋은 술일戌日을 쓰고 후에는 대개 이에 따랐다. 그러나 납일의 출입이 실제에서 불편한 때문인지 민간에는 따로 12월 8일을 고정한 납일로 하는 풍속이 있어, 그것이 이미 『형초세시기』에 보이고, 또 지금까지도 납팔臘八이라는 이름으로 격고擊鼓·축귀逐鬼·철죽벽온啜粥辟瘟 등 여러 종류의 풍속이 행해지고 있다. 우리나라에서는 부여에서 제천대회祭天大會를 10월에 설행設行하고 이름을 영고迎鼓라 한 것이 있으나, 여기 납의 뜻이 포함된 여부는 상세히 밝히지 못한 바이며, 신라에서는 정관례에 인한 듯 12월 인일寅日에 신성新城 북문에서 사제蜡祭를 행하고, 고려에서는 문종시文宗時에 한때 송제宋制를 따라 술일戌日을 썼었지마는 대체로 대한大寒 전후 선득진先得辰으로 납을 삼고, 이조에서는 동지 후 제3 말일에 납을 두어서 다 돼지와 토끼 등의 고기로 사당에 대제大祭를 올리니 이것이 납향臘享이란 것이다. 납절臘節에 만든 약은 충해蟲害가 나지 않는다 하여 내의원內醫院이 구급환제救急丸劑를 만들어 바치고 이것을 납약이라 이르며 민간에서도 이를 모방하는 일이 많았다."(「세시편」 '납臘')

4   청제靑帝. 방위를 지키는 오방신장五方神將의 하나로, 음양오행설에서 봄을 맡은 남쪽의 신이다.
5   적제赤帝. 방위를 지키는 오방신장五方神將의 하나로, 음양오행설에서 여름을 맡은 남쪽의 신이다.
6   술일戌日. 개날. 지지地支가 술戌로 된 날을 말한다.
7   백제白帝. 방위를 지키는 오방신장五方神將의 하나로, 음양오행설에서 가을을 맡은 서쪽의 신이다.
8   축일丑日. 소날. 지지地支가 축丑으로 된 날을 말한다.
9   흑제黑帝. 방위를 지키는 오방신장五方神將의 하나로, 음양오행설에서 겨울을 맡은 북쪽의 신이다.
10 진일辰日. 용날. 지지地支가 진辰으로 된 날을 말한다.
11 '청제'부터 '흑제'는 각각 봄·여름·가을·겨울을 맡은 신인데, 춘하추동은 동서남북을 의미한다. 우리나라는 동쪽에 있으니, 동쪽의 신인 청제가 미일을 납일로 삼은 것을 따랐다는 말이다. 그런데 이러한 설명은 사실과 다르다. 조선이 오행으로 목木에 해당하는 이유는 단순히 동쪽에 처해 있어서가 아니라 오행상생五行相生(오행이 서로 가까이하여 생성하여 주는 이치. 금생수金生水, 수생목水生木, 목생화木生火, 화생토火生土, 토생금土生金의 이치)의 원리에 따라 수덕水德(오행 가운데 물에 상응하는 왕자의 덕)을 표방한 고려를 계승하였기 때문이다.

내의원內醫院[12]에서 각종 환약丸藥[13]을 지어 올리는데, 그것을 납약臘藥[14]이라 하며, 근밀近密[15]들에게 나누어 준다. 청심원淸心元[16]은 가슴이 답답한 데 좋고, 안신원安神元[17]은 몸에 열이 있을 때 좋고, 소합원蘇合元[18]은 음식 체한 데 좋다. 이 세 종류가 가장 요긴하다. 건릉健陵[19] 경술년庚戌年[20]에 제중단濟衆丹[21]과 광제환廣濟丸[22] 두 종을 새로 만들었는데, 이는 성상聖上이 생각

---

12 **내의원內醫院**. 조선 시대 궁중의 의약醫藥을 맡은 관청인 내국內局을 말한다. 1392년(태조 1)에 설치한 전의감典醫監을 고친 이름으로 전의원典醫院, 혜민서惠民署와 함께 삼의원三醫院이라 하였다. 1885년(고종 22) 전의사典醫司, 1895년 태의원太醫院으로 고쳤다.

13 **환약丸藥**. 환제丸劑. 약재를 가루로 만들어 반죽하여 작고 둥글게 빚은 약.

14 **납약臘藥**. 납일臘日에 임금이 신하들에게 나누어 주던 약으로 내의원에서 만든 소합환, 안신원, 우황청심환 따위이다. 납제臘劑라고도 한다.

15 **근밀近密**. 임금을 가까이에서 모시는 근시近侍와 지밀나인至密內人(임금이 늘 거처하던 대전大殿, 내전內殿 등에서 임금과 왕비를 모시던 궁녀)을 말한다.

16 **청심원淸心元**. 한의학상의 처방으로, 중풍으로 졸도하여 사람과 사물을 식별하지 못하고 가래가 끓으며, 말이 고르지 못해 중얼거리듯 하고 입과 눈이 돌아가고 팔, 다리, 손, 발이 자유롭지 못하는 등의 구급시에 쓴다. 신경성 심계항진증心悸亢進症, 정신불안정, 어린이 경풍, 뇌졸중의 후유증 등에도 쓰인다. 『열양세시기』의 전언이 흥미롭다. "연경燕京 사람들은 청심원을 죽어 가는 사람을 소생시키는 신약神藥으로 여겨서, 우리네 사신들이 연경에 들어가면 왕공귀인王公貴人에서부터 머리를 들이밀고 와서 구걸하지 않는 사람이 없는데, 가끔 들볶이는 것이 귀찮아 처방을 알려주지만 그들은 결국 만들지 못한다. 이는 약밥의 경우와 한가지니 어찌 이상하지 않은가. 어떤 사람은 '연경에는 우황牛黃이 없어 대신 낙타의 쓸개를 쓰기 때문에 비록 처방에 따라 만들어 복용해도 효험이 없다'고 하는데, 사실 여부를 알 수 없다."

17 **안신원安神元**. 한의학상의 처방으로, 심신이 쇠약하고 신장에 기氣가 많이 차서 밤에 탁한 소변이 자주 나오고 몸이 점점 여위어 가고 얼굴이 검어지며, 눈이 어둡고 귀울림이 있고 치아에 충치가 생겨서 흔들리고 아픈 증상을 치료하는 데 처방한다.

18 **소합원蘇合元**. 소합환蘇合丸이라고도 하는데, 일체의 기질氣疾을 다스리는 데 좋은 약이었으나 당시에도 구하기 쉽지 않은 귀한 약재인 사향이 들어가는 처방이었다.

19 **건릉健陵**. 정조正祖와 그의 비 효의 왕후 김씨의 무덤인데, 여기서는 정조를 말한다.

20 **경술년庚戌年**. 정조14년인 1790년.

21 **제중단濟衆丹**. 입효제중환立效濟衆丹. 찬 음식을 먹고 곽란을 일으켜 토하거나 설사하는 등의 증상에 구급약으로 쓰거나 여러 가지 음식으로 인한 배앓이에 효과가 좋은 약이다. 일반적으로 납약은 진귀한 약재들로 구성되어 약을 만들 수 있는 양이 한정되었기에 궁중의 근시와 지밀나인들에게 한 명당 2~5환 정도 나누어 주는 수준이었으나, 정조는 두루 사용할 수 있는 약재로 구성한 제중단을 만들어 궁중의 신하들은 물론이요 화성건설에 참여한 일반 백성들과 장용영壯勇營 군사들에게도 하사하도록 하였다. 『청장관전서靑莊館全書』에 따르면, "근자에 내의원에서 제조한 입효제중단立效濟衆丹은 곧 내(정조)가 명령하여 만든 것인데, 소합원蘇合元에 비하면 더욱 신효하다."

해 낸 것으로 소합원에 비해 효력이 훨씬 빠르다.[23] 여러 영문營門[24]에 나누어 주어 군졸을 치료하도록 하였다. 기로소耆老所[25]에서도 납약을 만들어 나이 많은 신하들에게 나누어 주고, 각사各司[26]에서도 대부분 납약을 만들어 나누어 주고, 또 서로 선물하였다.

內醫院造丸劑各種以進, 名曰臘藥, 頒賜近密. 淸心元主憫塞, 安神元主熱, 蘇合元主瘧, 三種爲最要. 健陵庚戌, 新製濟衆丹廣濟丸二種, 寔出睿思, 比蘇合元效尤速, 頒示諸營門, 俾爲軍卒救療. 又自耆老所造臘劑, 分諸耆臣, 各司亦多造出分供, 又相送遺.

납육臘肉[27]은 멧돼지나 토끼를 쓴다. 경기도 산간 고을에서는 옛날에 멧돼지를 공납貢納[28]하

---

22 광제환廣濟丸. 천금광제환千金廣濟丸. 찬 음식에 상한 증과 곽란 및 관격을 다스린다. 생강차에 타서 복용하거나 혹은 물에 달여 찌꺼기째 복용한다. 이 약을 가루 내어 풀에 반죽하여 1냥으로 30환을 지어 주사朱砂로 옷을 입힌다.

23 "주상(정조)께서 이왕의 것들(청심환, 안신원, 소합원)을 등분 · 가감해서 새로 두 종의 약을 짓게 하였다. 그 것은 슬기롭고 신중한 생각 끝에 나왔는데, 소합원에 비해 약효가 더 빠르다. 주상께서 제중단, 광제환이라는 이름을 내려 주셨다."(『경도잡지』)

24 영문營門. 관찰사가 직무를 보던 관아. 감영監營.

25 기로소耆老所. "양로조신養老朝臣 기로소"(『한양가』)라고 한 데에서 보듯이, 조선 시대 연로한 고위 문신(정2 품 이상)들의 친목 및 예우를 위해 설치한 관서이다. 태조는 70세 이상의 기로耆老(연로하고 덕이 높은 사람) 에게는 설날과 탄일誕日 등 경사 이외에는 조알朝謁(조정에서 임금을 뵙는 일)하는 일을 면제해 주어 경로의 뜻을 표했고, 고려 시대 이래의 기영회耆英會(고급 관료나 공신으로 나이 많은 사람들이 만든 모임)에 직접 찾아가 보축寶軸에 어휘御諱(임금의 이름)를 제題하여 주고 봄, 가을 두 번의 연향宴享(국빈國賓을 대접하던 일, 또는 그 잔치)에 선온宣醞(임금이 신하에게 술을 내리던 일, 또는 그 술) · 사악賜樂(임금이 신하에게 풍류 風流를 내림, 또는 그 풍류)한 것이 기로소의 유래가 되었다고 전한다. 기로소에는 1,2품관 중에서 70세 이상 인 사람만 입참入參(궁중의 경축이나 제례에 참렬함)하게 되어 있다. 태종이 즉위(1400년)하여 전함재추소前 銜宰樞所라는 아문衙門을 신설하고 전지田地와 노비를 내려 주었던 것이 세종 10년(1428)에 치사기로소致仕耆 老所라고 개칭되었고, 그것이 후에 기로소로 고쳐진 것으로 보인다. 기사耆社 또는 기소耆所라고 줄여 부르기 도 하고, 기로소에 들어오는 신하를 기신耆臣이라고 하였다. 기로소의 영수각靈壽閣에는 그들의 초상을 걸어 두었다.

26 각사各司. 서울에 있던 관아를 통틀어 이르는 말.

27 납육臘肉. 납일臘日에 한 해 동안의 농사 형편 및 그 밖의 일을 여러 신에게 고하는 제사를 지낼 때 쓰는 산짐승 의 고기. 『해동죽지海東竹枝』에 따르면, "옛 풍속에 깊은 산 속에 포병을 풀어 납향에 쓸 돼지를 사냥해 납향일 에 백관에게 나누어주고, 민가에서도 고기를 먹는데, 이를 납육이라고 한다." 이에 대해서는 『태종실록』의

기 위해 백성을 징발하여 잡게 하였는데, 정조가 특별히 혁파하고[29], 경포수京砲手[30]를 시켜 용문산龍門山[31]과 축령산祝靈山[32] 등에서 사냥하여 진상進上[33]하게 하였다.

臘肉用猪用兎, 畿內山郡舊貢臘猪, 發民搜捕, 健陵特罷之. 以京砲手獵龍門祝靈諸山以進.

또 참새를 잡아 어린아이에게 먹이면 천연두[34]에 좋다고 한다.[35] 각 가정에서는 이날 그물을

전언이 참고된다. "임금이 근신近臣에게 이르기를, '납일이 벌써 가까웠으니, 예禮에는 비록 사냥해야 마땅하나, 3년상이 끝나지 않았으니 장차 어떻게 해야 하겠는가?'라고 하니, 김여지金汝知(1370~1425) 등이 아뢰기를, '사냥하여 제사에 바치는 것이 예입니다'라고 하였다. 임금이 의정부에 묻기를, '납향에 올리는 여우·토끼·노루·사슴은 장차 털을 뽑고 가죽을 벗겨서 올릴 것인가?'라고 하니, 의정부에서 아뢰기를, '털만 뽑고 가죽은 벗기지 말고 생체로 올리게 하소서'라고 하였다."

28 **공납貢納.** 백성이 그 지방에서 나는 특산물을 조정에 바치던 일.

29 『정조실록』에 따르면, 정조가 "여러 도에 명하여 납육을 꿩으로 대신 바치게 하였다. 이에 앞서 상이 납육을 바치기 위해 행하는 사냥이 크게 민폐를 끼친다는 것을 듣고서 경기 고을들에서 바치는 멧돼지·노루·사슴을 꿩으로 대신 바치라고 명하였다. 또 호남 지방은 바닷가가 아니면 평야 지대인데다가 주변의 산마저 벌거숭이여서 납육을 바치라고 독촉하는 것은 나무에 올라가서 물고기를 구하는 것과 다를 것이 없다 하여 경기 감영監營의 예에 따라 대신 꿩으로 바치게 하였다."

30 **경포수京砲手.** 서울 각 군영軍營에 속하여 시골에 파견된 포수. 『경도잡지』에서는 "장용영壯勇營의 장교가 포수를 거느리고"라고 되어 있다. 장용영은 정조 17년(1793)에 설치한 군영軍營으로, 그 전신은 정조 9년(1785)에 설치한 장용위壯勇衛이다. 장용영은 내영內營과 외영外營으로 나누어 내영은 도성을, 외영은 화성華城을 담당했는데, 정조 사후인 순조 2년(1802)에 폐지되었다.

31 **용문산龍門山.** 경기도 양평군 용문면과 옥천면 사이에 있는 산으로 높이는 1,157m이다.

32 **축령산祝靈山.** 경기도 남양주시 수동면과 가평군 상면 경계에 있는 산으로 높이는 887m이다. 이성계와 관련된 지명 유래가 전해진다. 이성계가 왕으로 등극하기 전 이곳으로 사냥을 왔는데, 하루 종일 산을 돌아다녀도 짐승 한 마리 잡을 수가 없었다. 허탕을 치고 돌아가는데, 몰이꾼으로 참여했던 사람들이 이 산은 신령스러운 산이라 고사를 지내야 한다고 했다. 이에 다음날 산 정상에 올라 고사를 지냈고, 고사를 지낸 후 다시 사냥을 하여 멧돼지를 다섯 마리나 잡게 되었다. 이러한 일이 있은 후에, 멧돼지 다섯 마리를 잡은 산이라 하여 오득산이라 부르게 되었고, 고사를 드렸던 산은 빌령산 또는 축령산이라 부르게 되었다고 한다.

33 **진상進上.** 진귀한 물품이나 지방의 토산물 따위를 임금이나 고관 따위에게 바침.

34 **천연두.** 두痘. 마마媽媽, 두창痘瘡, 포창疱瘡, 호역戶疫 등 많은 병명으로 불렸다. 증세는 중한 전신증상, 곧 오한, 발열 두통, 요통 등과 피부 및 점막에 구진丘疹(피부 표면에 돋아나는 작은 병변), 수포水疱(물집), 농포膿疱(피부병에 생기는 고름집), 가피痂皮(피부병을 앓아 생긴 부스럼 딱지)의 순서로 규칙적으로 변화하는 발진이 나타난다. 예로부터 마마는 다른 역병과 마찬가지로 귀신 때문에 생긴다고 믿었다. 따라서 두창신을 중히

치거나 활을 쏘아 잡는데, 또 총을 쏘아 잡는 것도 허락하였다. [36]

又捕黃雀飼小兒善痘, 閭巷間是日張羅挾彈, 又許放銃以捕之.

납일에 내린 눈이 녹은 물[37]은 약으로 쓴다. 그 물에 물건을 담그면 좀이 슬지 않는다. [38]

臘雪取水爲藥用, 漬物則不生蛀.

여겼다. 이 귀신은 '호귀마마胡鬼媽媽' 혹은 '손님'으로 떠받들었다.

35 참고로 『열양세시기』에서는 "납일에 잡은 금수는 모두 맛이 좋은데 참새는 노약자에게 좋아서 인가에서는 대부분 그물을 펼쳐 잡는다."고 했다.

36 "군교軍校 중에서 참새를 잡는 사람을 작초관雀哨官이라고 한다."(『세시풍요歲時風謠』)

37 납설수臘雪水, 곧 납일에 온 눈을 녹인 물을 말한다. 납일에 눈이 내리면 돈이 쌓인다 하여 빈 그릇을 모조리 동원하고 심지어는 이불보까지 마당에 깔고 눈을 받았다. 옛날 잘사는 집에서는 양 독대와 함께, 음 독대(별당 뒤 볕이 들지 않는 응달의 지하 장독대)도 마련해 놓았는데, 이날 내린 눈의 녹은 물을 정성껏 받아 음 독대에 담아 둔다. 이 물을 김장독에 넣으면 김치 맛이 오랫동안 변하지 않고, 의류와 책에 바르면 좀을 막을 수 있으며, 환약을 빚거나 약을 달이면 효과가 더 나고, 그 물로 눈을 씻으면 안질에도 걸리지 않을 뿐더러 눈이 밝아지며, 술을 담그면 쉬지 않고, 차를 끓이면 차 맛이 좋으며, 해독약으로도 좋은 효과가 있다고 믿었다. 납설수로 담근 장으로 간을 맞춘 음식은 쉬지 않으며, 여름에 화채를 만들어 마시면 더위도 타지 않으며, 봄이 되어 오곡의 씨앗을 납설수에 담갔다가 논밭에 뿌리면 가뭄을 타지 않고, 돗자리에 뿌려 두면 파리, 벼룩, 빈대 등 물것이 생기지 않으며, 머리를 감으면 윤기가 더 나고 얼굴을 씻으면 살결이 희어지면서 기미가 죽는다고도 한다. "섣달에 눈이 오지 않으면 시앗 바람이 분다."라는 속담이 있는데 이는 납설수를 받지 못해 거칠어진 안색 때문에 부인들이 낭군을 잡아둘 수 없게 된다 해서 생긴 속담일 것이다. 그런데 이 납설이 내리는 확률은 10년에 한 번 꼴이라니 값지고 희귀한 눈이 아닐 수 없다.

38 『산림경제山林經濟』에서는 "납설수를 날마다 자리[위석爲席]에 뿌려 주면 벼룩과 이를 제거할 수 있다."고 했고, 『세시풍요』에서는 "납설수는 차 다리는 데 좋다"고 했다.

제석除夕

조관朝官¹ 중 2품 이상의 관원과 시종신侍從臣²은 대궐에 나아가 묵은해³의 문안을 드리고, 사대부가에서는 사당⁴에 참배⁵하며, 연소자들은 친척과 어르신⁶을 두루 찾아가는데, 그것을

---

1   **조관朝官.** 조정의 선비로 중앙의 관원(2품 이상)을 통칭하는 말로, 조신朝臣, 조사朝士로도 부른다. 그러므로 조관을 '벼슬에 나간 자'처럼 범칭을 쓰거나 '벼슬아치'라고 하여 낮추어 말해서는 안 된다.

2   **시종신侍從臣.** 임금을 가까이 모시고 따라다니는 신하. 근시近侍, 시종관侍從官, 근신近臣, 근밀지신近密之臣, 시신侍臣, 친신親臣이라고도 한다. 예문관藝文館의 봉교奉教 이하 시교侍教·검열檢閱은 춘추관春秋館의 사관史官을 겸하였으므로, 시종의 주된 목적은 임금의 언행을 기록하여 사초史草(실록의 원고)를 남기는 데 있었음을 알 수 있다. 조선 초에는 사관 한 사람이 시종하였으나, 그 기록이 소루하다고 하여 세종 7년(1425)에 사관 두 사람이 입시入侍토록 하였다.

3   **묵은해.** 지난해를 새해에 상대하여 이르는 말. 구년舊年.

4   **사당.** 묘廟. 조상의 신주神主(죽은 사람의 위패. 대개 밤나무로 만드는데, 길이는 여덟 치, 폭은 두 치가량이고, 위는 둥글고 아래는 모지게 생겼음)를 모셔 놓은 집.

5   **참배.** 參拜. 신이나 부처 혹은 조상에게 절함.

6   **친척과 어르신.** 인친장로姻親長老. '인친'은 혼인으로 맺어진 관계. '장로'는 나이가 많고 학문과 덕이 높은 사람. 『경도잡지』에서는 '친척장자親戚長者'라고 했다. 이것을 대개 '친척 어른'으로 풀이하는데 정확한 설명은 아니다. 원문의 '장로'는 겨레붙이 중에서 나이가 많은 사람을 한정해서 하는 말이 아니라 '어르신' 일반을 지칭한다. 정약용의 시 중에 「가을날 쾌빈루에서 박좌랑 지경, 신주서 완 및 고을의 여러 어르신을 모시고 연회를 베풀며[秋日快賓樓陪朴佐郞趾慶申注書完及鄕中諸長老宴]」라는 제목만 보아도 그 용례를 알 수 있다. 요컨대 『열양세시기』에서 "친척과 이웃 마을 어르신들을 두루 찾아 인사드리는 것을 세배라고 한다[遍謁親戚鄰里長老曰歲拜]"라고 한 데서 보듯이, 이 말은 '친척과 이웃의 어르신들'이라고 풀어야 하고, 그래야 세배의 대상이 친척으로만 한정되지 않는다.

배구세拜舊歲[7]라 한다. 저녁부터 한밤중까지 거리마다 등불을 들고 지나가는 행렬이 이어져 끊이지 않는다.[8]

朝官二品以上及侍從之臣, 詣闕舊歲問安, 士夫家謁廟, 年少者歷訪姻親長老, 曰拜舊歲. 自昏至夜, 街巷行燈, 相續不絶.

대궐 안에서는 섣달그믐 전날부터 대포를 쏘는데[9], 그것을 연종포年終砲[10]라고 한다. 불화살[11]을 쏘고 징과 북을 울리는데, 그것은 대나大儺[12]에서 역병[13]을 쫓던 관습이고, 또 섣달그믐

---

7 **배구세拜舊歲.** 묵은세배. 섣달그믐날 저녁에 그해를 보내는 인사로 웃어른에게 하는 절. 구세배舊歲拜. 『용재총화』에서는 "섣달그믐의 인사를 과세過歲라 하고, 설날의 인사를 세배歲拜라 한다"고 했다.

8 『농가월령가』에서 "초롱불 오락가락 묵은세배 하는구나"라고 했듯이, 묵은세배는 저녁에 했다. "묵은세배는 오래 있지 않고 금방 물러서는 것인데, 절은 물러설 때 하던 것으로 기억된다. 우리가 소년 시절에도 있었지만, 양력 과세過歲를 해야 하느니, 아니라느니 하기 시작해서부터 묵은세배 풍속은 볼 수 없게 되었다."(『서울잡학사전』)

9 『열양세시기』에 따르면, "대궐의 궁전 근처에서는 각각 대포를 세 번 쏘아 소리를 낸다[禁中宮殿近處, 各放砲三響]"고 하면서, 그것을 정월 초하루에 한다고 했다.

10 **연종포年終砲.** 『형초세시기荊楚歲時記』에 따르면, "마당에 폭죽을 놓아 산조山臊의 악귀를 쫓는다. 『신이경神異經』에 '서방西方의 산중에 어떤 사람이 키가 1척이 넘고 발이 하나로 사람을 두려워하지 않으며 그를 범하는 자는 한열寒熱(오한과 신열)케 하는데, 그를 산조라 한다.'고 했다. 사람들이 대나무를 붙여 폭죽소리를 내면 산조가 놀라고 두려워하며 멀리 도망간다. 『현황경玄黃經』은 산조귀山臊鬼라 부른다. 속인들이 폭죽과 풀을 태워 마당을 밝히면 제후·대부·백성들이 왕을 넘보지 못한다고 여겼다." 한편 민간에서는 마당에 불을 피워 놓고 청죽靑竹 같은 생대[生竹]를 태운다. 그러면 이것이 요란한 소리를 내면서 터지게 되는데, 이를 폭죽·대총·대불 놓기 등으로 불렀다. 이렇게 하면 집안에 숨어 있던 잡귀들이 놀라 멀리 도망가게 되어 무사태평하게 한 해를 보내게 된다는 것이다. 구한말 때는 관가官家와 세도가勢道家에서 총을 쏘았다는 기록도 있다.

11 **불화살.** 화전火箭. 목표물을 불태울 때나 신호용으로 사용하던 화살로, 화살촉에 화약을 뭉쳐 달고 화약의 점화선에 불을 붙여 활을 쏜다.

12 **대나大儺.** 궁중에서 섣달그믐 전날 밤에 역신疫神을 쫓던 행사. 관상감觀象監에서 주관하였는데, 창수[倡率]가 주문을 외면서 십이신十二神을 쫓아내면 아이초라니는 머리를 조아려 복죄伏罪하고 여러 사람은 소리를 쳐서 각 방위에 따라 악귀를 사문四門 밖으로 몰아내는 내용으로 이루어졌다. 나희儺戲, 나례儺禮라고도 한다. 이에 대해서는 『용재총화』의 다음 전언이 참고된다. "구나의 일은 관상감이 주관하는 것인데, 섣달그믐 전날 밤에 창덕궁과 창경궁의 뜰에서 한다. 그 규제規制는, 붉은 옷에 가면을 쓴 악공樂工 한 사람이 창수唱帥가 되고, 황금 빛 네 눈의 곰 껍질을 쓴 방상인方相人 네 사람은 창을 잡고 서로 친다. 지군指軍 5명은 붉은 옷과 가면에 화립畫笠을 쓰며 판관判官 5명은 푸른 옷과 가면에 화립을 쓴다. 조왕신竈王神 4명은 푸른 도포·복두幞頭·목

과 설날에 폭죽을 터뜨려 귀신을 쫓던 관습[14]을 모방한 것이다. 연경燕京[15]의 풍속을 보니, 연말부터 떠들썩하여 연등절燃燈節【정월 대보름】[16]이 지나서야 그치는데, 그것을 연라고年鑼鼓라고 한다. 연경 풍속은 도성의 풍속을 기록한 것인데, 우리나라는 단지 궁중에서만 행한다.[17]

홀木笏에 가면을 쓰고, 소매小梅 몇 사람은 여삼女衫을 입고 가면을 쓰고 저고리 치마를 모두 홍록으로 하고, 손에 간 장대[간당竽幢]를 잡는다. 12신은 모두 귀신의 가면을 쓰는데, 예를 들어 자신子神은 쥐 모양의 가면을 쓰고, 축신丑神은 소 모양의 가면을 쓴다. 또 악공 10여 명이 복숭아나무 가지를 들고 이를 따른다. 아이들 수십 명을 뽑아서 붉은 옷과 붉은 두건으로 가면을 씌워 진자侲子로 삼는다. 창수가 큰 소리로 외치면, 진자가 '예' 하고 머리를 조아리며 죄를 고하는데[복죄服罪] 여러 사람이 '북과 징을 쳐'고 하면서 이들을 쫓아낸다. (권1) 섣달그믐날에 어린애 수십 명을 모아 진자로 삼아 붉은 옷을 입히고 붉은 두건을 씌워 궁중으로 들여보내면 관상감이 북과 피리를 갖추고 새벽이 되면 방상씨方相氏가 그들을 쫓아낸다. 민간에서도 또한 이 일을 모방하되 비록 진자는 없더라도 녹색 댓입[죽엽竹葉]·붉은 가시나무 가지[형지荊枝]·익모초 줄기·도동지桃東枝를 한데 합하여 빗자루를 만들어 펴고 대문[영호欞戶]을 막 두드리고 북과 방울을 울리면서 문 밖으로 몰아내는 흉내를 하는데, 이를 방매귀放枚鬼라고 한다. (권2)"

13 **역병**. 疫病. 대체로 급성이며 온몸에 증상을 나타내어 집단적으로 생기는 전염병.

14 폭죽놀이를 말하는데, 그것을 '화산대火山臺'라고도 한다. "제야除夜에 군기감軍器監에서 화산대火山臺를 대궐 가운데 베풀었는데, 화약의 맹렬하기가 전날에 배나 되어, 왜사倭使가 와서 보고 놀라고 두려워하지 않는 자가 없었다[除夜, 軍器監設火山臺于闕中, 火藥之烈, 倍於前日. 倭使來觀, 莫不驚怖]."(『태종실록』)

15 **연경燕京**. 중국 베이징北京의 옛 이름. 옛날 연나라의 도읍이었으므로 이렇게 부른다.

16 이와 관련해서는 『담정유고藫庭遺藁』의 다음 전언이 참고된다. "대보름날 저녁에 거는 중경中京의 연등 / 우리 나라에는 잘못 전해져 다른 법이 되었네 / 조그마한 종이 속에 기름 반 잔 / 창이며 마굿간이 일시에 환해졌네[中京元夕放燈名, 東俗謬傳另法成, 鳥足紙心油半盞, 牕牕檻檻一時明] 중국 사람들은 대보름에 욕불浴佛하고 등을 거는데, 우리나라에서는 사월 초파일에 등을 건다. 이날 밤 기름 잔에 불을 붙여 집집마다 등잔불을 지핀다."(『간성춘예집』 '상원리곡' 6)

17 참고로 『총쇄록叢瑣錄』에서는 축사매괴逐邪埋怪라는 풍습이 지방 관아 및 민간에서 행해졌음을 증언하고 있다. '축사매괴'는 사악한 것을 쫓아내고 괴이한 것을 땅에 묻는다는 말이다. "이날 초저녁 무부巫夫, 관노배官奴輩가 축사매괴라고 이르며 징, 북, 바라 등의 악기를 난타하며 들어와 두루 돌다 외아外衙를 한 바퀴 돈 후 내아內衙를 들어가 한 바퀴 돌고 날뛰면서 놀이를 했다.(『자인총쇄록』 1888년 12월 29일 병오) 때가 저녁 무렵이 되었을까 나희배儺戱輩가 징을 울리고 북을 치며 날뛰면서 시끄럽게 모두 관아의 마당으로 들어왔다. (…) 월전月顚과 대면大面, 노고우老姑婆와 양반창兩班倡의 기이하고 괴상한 모양의 무리들이 순서대로 번갈아 가며 나와 서로 바라보며 희롱하고 혹은 미쳐 날뛰며 소란스럽게 떠들거나 혹은 천천히 춤을 춘다. 이같이 하기를 오랫동안 하고 그쳤다.(『고성총쇄록』 1893년 12월 30일 무인)" 『총쇄록』의 저자 오횡묵吳宖黙(1834~?)에 따르면, 고성에서 행해지던 나희儺戱의 구나적驅儺的 탈놀이에서 등장인물 중 양반을 양반광대 혹은 양반창이라 하고, 할미를 할미광대, 곧 노고우라고 했다. 『매천집梅泉集』에서는 그 정황을 상세히 서술하고 있다. "북소리 둥둥둥 징소리 꽝꽝꽝 / 장구소리 동당동당 나팔소리 삐삐삐 / 깃발은 펄럭펄럭 춤은 덩실덩실 / 짐승탈은 으르렁

闕內自除夕前日, 發大砲, 號年終砲. 放火箭, 鳴鑼鼓, 卽大儺驅疫之遺制, 又倣除夕元朝爆竹驚鬼之制也. 按燕京俗, 年底喧閙, 至燈節【上元日】後方止, 曰年鑼鼓. 燕俗記都下之風, 而我國只於禁中行之.

섣달그믐 하루 이틀 전부터 우금牛禁[18]을 완화하여 여러 법사法司[19]에서 금패禁牌[20]를 감추었다가 설날이 지나서 완화한 것을 그친다. 이것은 도성 백성에게 세육歲肉[21]을 한번 배불리 먹인다는 뜻인데, 시행하지 않을 때도 있다.

自除夕前一二日, 弛牛禁, 諸法司藏牌, 至正朝而止. 爲都民歲肉一飽之意, 而或不行.

범관[虎冠]은 우뚝 / 동산, 마당, 우물, 부엌 우뢰는 쿠르르릉 땅을 울리고 / 주먹 쥐고 나아가서 쥐어잡고 물러나니 놀란 파도 달아나듯 / 문 지키는 신령들께 새 공경을 더하니 / 수풀 도깨비와 물귀신은 바삐들 도망가네 / 종규鍾馗가 움켜쥐고 눈동자를 파먹으니 / 피 뿜으며 온몸이 불 타 버리네 / 귀신도 쓸개 있다면 응당 으깨지고말고 / 번쩍번쩍 엉덩이를 쳐들고 살려 달라네 / 급하면서 지엄하게 문 밖으로 쫓아내니 / 천지는 멀고도 넓고 달과 별은 빛나는데 / 징 소리 한번 울려 끊어질 듯 멈추니 / 장사壯士의 파진가破陣歌 징소리로 거두듯 / 깊은 부엌에서 삽살개 짖는 소리에 / 휜한 울가엔 적막함만 더해가네 / 우스워라 다섯 궁함 내쫓지 못하고 / 문중호걸文中豪傑 노릇이나 하는 한퇴지 신세[鼓淵淵鉦洸洸, 缶坎坎角嘈嘈, 旗獵獵舞躃躃, 獸面獰獰虎冠嶢, 園場井竈雷殷地, 捲進擁退奔驚潮, 門靈戶神增新敬, 林魑澗俱忙遁逃, 鐘馗手攫立啄睛, 噴血作火全身燒, 鬼也有膽亦應破, 剋剋乞命高其尻, 急急嚴嚴驅出門, 天地遼廓月星昭, 鳴金一揮截然止, 壯士破陣歌收鐃, 廚深始出尨吠聲, 曠然籬落增寥寥, 却笑五窮送不得, 退之枉作文中豪]"(「상원잡영」 파나罷儺)

18 우금牛禁. 소의 밀도살을 금지하는 일. "우금을 나라의 금령으로 삼은 것은 오로지 농사에 힘쓰게 하려는 취지에서 나온 것"(『경상감영계록慶尙監營啓錄』)이다. 그런데 섣달그믐에는 소고기를 먹도록 허락했다. 그러나 우금이 철저히 준수된 것은 아니다. "근래에 우금이 효과가 없어서 장시場市의 사이에 도살이 낭자하게 행해지고 있습니다. 관가에서 금하지 않을 뿐만 아니라 간혹 푸줏간[庖]을 설치하여 세를 거두는 곳이 있습니다."(『강원감영관첩江原監營關牒』) 참고로 우금을 범한 자에게 물리는 벌금을 우속牛贖이라 했다.

19 법사法司. 조선 시대 사법 업무를 담당하던 관서로 형조刑曹·사헌부司憲府·한성부漢城府·의금부義禁府·장례원掌隸院 등을 가리킨다. 이들 법사는 민사·형사 사건의 재판뿐만 아니라 범인의 체포·구금·취조·고문·형 집행까지도 담당하여 경찰·검찰·교도 행정과 혼합된 업무를 수행하였다. 특히 형조·의금부(또는 사헌부)·한성부를 삼법사三法司라고 한다.

20 금패禁牌. 금리禁吏(의금부와 사헌부에 속하여 도성 안의 범법 행위를 단속하던 하급 벼슬아치)가 지니던 패. 범법 행위를 단속할 때 내보였다.

21 세육歲肉. 설에 쓰는 고기.

각 가정에서는 다락, 마루, 방, 부엌에 모두 기름등잔을 밝힌다. 흰 사기 접시 하나에 솜을 꼬아 심지를 만들고 심지어 마구간과 측간까지 대낮처럼 환하게 밝히고는 밤새도록 잠을 자지 않는데, 그것을 수세守歲[22]라고 한다. 바로 수경신守庚申의 유습遺習이다. 온혁溫革의 『쇄쇄록瑣碎錄』[23]을 보니, 제야除夜[24]에 신불神佛[25] 앞과 마루, 방, 측간에 모두 아침까지 등을 밝혀 온 집안을 환하게 지킨다.[26]"라고 하였고, 또 『동경몽화록東京夢華錄』[27]을 보니, "도성 사람들은 섣달그믐 밤에 부엌에 등불을 켜는데, 그것을 조허모照虛耗[28]라고 한다. 사서인士庶人[29]의

22 **수세守歲.** 경신일庚申日에 잠을 자지 않고 밤을 지새우는 도교적인 장생법의 하나인 수경신守庚申을 말한다. 60일에 한 번씩 돌아오는 경신일이 되면 사람 몸에 기생하던 세 마리의 벌레인 삼시三尸(각각 이마·심장 뒤·배꼽 아래 단전에 산다고 함)가 사람이 잠든 사이에 몸을 빠져나와서 천재天帝에게 지난 60일 동안의 죄과를 고해바쳐 수명을 단축시키기 때문에 밤에 자지 않고 삼시가 상제에게 고해바치지 못하도록 하여 천수天壽를 다하려는 신앙의 한 형태가 수경신이다. 중국에서는 일찍부터 민간신앙의 하나로 전승되다가 송나라 때부터는 축제의 형태로 이어졌다. 우리나라에서 수경신의 풍습이 기록된 최초의 문헌은 『고려사高麗史』로, 고려 원종 6년(1265)에 태자가 밤새워 연회를 베풀면서 자지 않았다는 기록이 전한다. 조선 시대 궁중에서는 이날 기녀와 악공을 불러 놓고 연회를 베풀면서 밤을 지새우는 관행이 계속 행해지다가 영조 35년(1759)에 미신이라고 여겨 연회를 폐지하고 다만 등불을 밝히며 근신하였다. 한편 수경신은 비단 궁중에서만이 아니라 일반 민간에서도 행해졌는데, 민간에서는 궁중에서 연회를 베푸는 것과는 달리 등촉을 대낮같이 밝히면서 철야를 한다. 대개의 경우 노래와 춤, 음식과 술로 밤을 지새는데, 풍류객이나 난봉꾼들이 마음 놓고 즐기는 기회로 삼았다. 수세는 바로 이 수경신의 유풍이다.

23 **온혁溫革의 『쇄쇄록瑣碎錄』.** 온혁은 송나라 혜안惠安사람으로 자는 숙피叔皮이다. 정화政和 때 진사와 비서랑祕書郎을 지냈다. 소흥紹興 초에 황제의 명을 받고 하남에 가서 능을 수리했다. 진회秦檜의 비위에 거슬려 연평태수延平太守로 좌천되었는데, 그 처소에서 오악五嶽의 진형도眞形圖를 출판했다. 『소쇄록』의 원 이름은 『분문쇄쇄록分門瑣碎錄』으로, 농업 기술에 초점을 맞추고 남송 초기와 그 이전의 농업 과학 수준을 대표하는 파종 예술의 조작 방법을 구체적으로 설명하고 있다.

24 **제야除夜.** 섣달그믐날인 제석除夕의 늦은 밤을 부르는 말이다. 세제歲除, 세진歲盡, 제일除日이라고도 한다.

25 **신불神佛.** 신령과 부처를 아울러 이르는 말.

26 **온 집안을 환하게 지킨다.** 주가실광명主家室光明. 이것을 '집안에 광명을 들기를 주장하는 것'으로 풀이한 경우가 있는데, 잘못된 것이다. 굳이 비유하자면, 『논어』에서 "충과 신을 지키라[주충신主忠信]"고 한 데서 보듯이, '주主'는 '지키다[수守]'라는 의미로 풀이하는 것이 적절하다.

27 **『동경몽화록東京夢華錄』.** 맹원로孟元老가 지은 이 책은 1102년부터 1125년에 걸친 북송北宋의 수도 개봉開封의 풍습과 인정물태를 서술하고 있다. 궁궐 문물에 관한 자료를 비롯하여 왕공과 귀족, 그리고 서민의 일상생활을 구체적으로 묘사해 당시의 문화예술, 사회생활, 경제 문화를 이해하는 데 중요한 자료가 되고 있다.

28 **조허모照虛耗.** 청대淸代 안휘安徽·호북湖北 지방에서 조허모 의식을 거행하였는데, 대보름날 밤에 문[문호門戶]·디딜방아[대碓]·우물 등에 등을 걸어두는 것을 조모照耗라 하였다. 그날 밤 집집마다 등을 달고 집 안팎을 밝히며, 사람을 시켜 집 앞에 등롱燈籠을 들고 서 있게 하거나 집 뒤나 뜰 안 등 어두운 곳을 한 번씩 비추게

집은 화로火爐[30]에 둘러앉아 아침까지 잠을 자지 않는데, 그것을 수세라고 한다."고 했다. 또 소동파蘇東坡[31]가 촉蜀[32] 지방의 풍속을 기록한 것을 보니, "술과 음식을 장만하여 서로 초대하는 것을 별세別歲라 하고, 제야에 잠자지 않는 것을 수세라 한다."고 했는데, 지금 풍속은 여기에서 비롯된 것이다. 세간에서는 섣달그믐에 잠을 자면 두 눈썹이 하얗게 센다고 하여, 어린 아이들은 대부분 속아서 잠을 자지 않는다. 행여 잠을 자는 아이가 있으면 다른 아이가 그 눈썹에 분을 바르고, 잠에서 깨면 거울을 보게 하여 놀리고 웃는다.

人家樓廳房廚, 皆張油燈. 白磁一盞, 紫絮爲心, 以至廁溷, 晃如白晝, 達夜不睡, 曰守歲. 卽守庚申之遺俗也. 按溫革瑣碎錄: "除夜神佛前及廳堂房溷, 皆明燈至曉, 主家室光明." 又按東京夢華錄: "都人至年夜竈裏點燈, 謂之照虛耗. 士庶之家, 圍爐團坐, 達朝不寐, 謂之守歲." 又按東坡記蜀俗云"酒食相邀呼爲別歲, 除夜不眠爲守歲." 今俗昉於此. 諺傳除夜睡兩眉皆白, 小兒多見瞞不睡. 或有睡者, 他兒以粉抹其眉, 攪使對鏡以爲戲笑.

싸리나무[33] 두 가지를 갈라서 네 개로 만든 것을 윷[34]이라 한다. 길이는 세 치쯤 되는데, 콩만하

하였는데, 이는 곧 더러운 것을 쫓아내고 사악한 것을 몰아낸다는 축예구사逐穢驅邪의 의미를 지녔다.

[29] 사서인士庶人. 사대부와 서인庶人(아무 벼슬이나 신분적 특권을 갖지 못한 일반 서민)을 아울러 이르는 말.

[30] 화로火爐. 숯불을 담아 놓는 그릇. 주로 불씨를 보존하거나 난방을 위하여 쓴다.

[31] 소동파蘇東坡. 소식蘇軾. 북송의 문인(1036~1101). 자는 자첨子瞻. 호는 동파東坡. 당송팔대가의 한 사람으로, 구법파舊法派의 대표자이며, 서화에도 능하였다. 작품에 「적벽부赤壁賦」, 저서에 『동파전집東坡全集』 등이 있다.

[32] 촉蜀. 중국 삼국 시대 221년에 유비劉備(161~223)가 세운 나라. 쓰촨四川·윈난雲南·구이저우貴州 북부 및 한중漢中 지역을 차지하였으며, 263년에 위나라에 멸망하였다.

[33] 싸리나무. 원문은 '적형赤荊'이다. 『아언각비』에 보면, 마편초馬鞭草 과에 속한 낙엽 관목인 모형牡荊, 곧 싸리나무를 설명하면서, "모형은 푸른 것과 붉은 것 두 가지가 있는데, 푸른 것을 형荊이라 하고, 붉은 것은 고楛라 한다[牡荊有靑赤二種, 靑者爲荊, 赤者爲楛]."라고 했다.

[34] 윷. 윷에는 채윷(가락윷·장작윷이라고도 함)과 밤윷의 두 종류가 있다. 채윷은 장작처럼 생겼으며, 밤윷은 밤알처럼 작아서 그렇게 부른다. 밤윷은 작아서 종지 그릇에 담아서 던지기도 한다. 채윷은 주로 싸리나무나 박달나무로 길이 15cm정도 되게, 가운데는 약간 통통하게 끝은 얇게 만들고 한 쪽 면을 약간 깎아 놓은 모양으로 만든다. 밤윷은 새끼손가락만한 크기로 만들며 그 모양이나 수는 네 개로 장작윷과 같다. 옛 농촌에서는 팥이나 콩을 갈라 윷놀이를 하기도 하였고 은행이나 과실의 씨를 반으로 색칠하여 윷놀이를 즐기기도 하였다.

게 작게 만들기도 한다. 이것을 던져 승부를 겨루는 것을 윷놀이[35]라고 한다. 네 개가 엎어지면 모라 하고, 네 개가 위를 보면 윷이라 하며, 세 개가 엎어지고 하나가 위를 보면 도라 하고, 두 개가 엎어지고 두 개가 위를 보면 개라 하며, 하나가 엎어지고 세 개가 위를 보면 걸이라 한다.[36] 윷판[37]에 29개의 밭[38]을 그리고 두 사람이 마주 보고 던지는데 각자 네 개의 말을 사용한다. 도는 한 밭씩 가고, 개는 두 밭씩 가고, 걸은 세 밭씩 가고, 윷은 네 밭씩 가고, 모는 다섯 밭씩 간다. 밭은 돌아가고 질러가는 길이 있으며, 말은 빠르고 더딘 것이 있어, 그것으로 승부를 결정짓는데, 세시歲時[39]에 이 놀이가 가장 성행한다. '사柶'에 대해 『설문해자說文解字』[40]를 보니, "비匕[41]이다."라고 하였는데, 단지 네 개의 나무라는 뜻을 취하여 사柶라 한 것이다. 또

---

35 **윷놀이.** 원문은 사희柶戱. 이에 대해서는 『오주연문장전산고五洲衍文長箋散稿』의 전언을 참고할 필요가 있다. "사희柶戱"에서 '사'는 "나무 네 개라는 뜻에서 그렇게 말한 것이다. 이 글자는 상형象形 자이면서 회의會意 자로, 우리나라의 토착 글자, 곧 방음方音인 것이다[取四木之義稱柶, 卽象形會意, 而爲我東土字方音也]." 같은 책의 「동국토속자변증설東國土俗字辨證說」이라는 글에서 '토속자'의 예 중 하나로 '사柶'를 들면서 "음은 사四이고, 속훈俗訓은 늦"이라고 하였다.

36 도·개·걸·윷·모라는 명칭에 대해서는 부여의 마가·구가·저가 등의 관직명에서 유래되었고, 여기에 여러 가축들의 이름을 붙여 가축들의 번식을 좀더 원활하게 유도해 내려고 했다는 설이 널리 알려져 있다. 이에 따르면, 도는 돼지를, 개는 개를, 걸은 염소 또는 양, 윷은 소, 모는 말을 상징한다고 한다.

37 **윷판.** 단순히 작은 동그라미로 위치만 표시한 것은 아니고, 하늘의 별자리를 방위 별로 표시하고 있다. 한가운데 있는 별은 추성樞星, 즉 북두칠성의 첫째 별이다. 이 별을 중심으로 나머지 늘어서 있는 별은 모두 28개, 즉 이십팔수二十八宿이다. 윷판은 원래 둥글게 생겼는데, 이는 하늘을 본뜬 것이며, 안에 네모진 것은 땅을 가리킨다. 윷도 마찬가지다. 윷의 둥근 부분은 하늘을 나타내며 반대편은 모진 땅을 상징한다. 윷이 네 개인 것은 땅의 숫자이고, 그것이 조합하여 나오는 도, 개, 걸, 윷, 모의 다섯 가지는 하늘의 숫자이다. 이것을 가지고 말을 움직이면, 그것은 곧 태양의 움직임을 나타내게 된다. 이 견해에 따르면, 우선 가장 짧은 코스인 수水 - 목木 - 토土 - 수水의 진행은 동지冬至로 해가 가장 짧다. 반대로 수 - 목 - 화 - 금 - 수의 진행은 하지夏至로 해가 가장 긴 진행을 하고 있는 것과 일치한다. 수 - 목 - 토 - 금 - 수의 진행은 춘분春分, 수 - 목 - 화 - 토 - 수의 진행은 추분秋分이 된다. 윷이 바로 서고 뒤집히는 것은 곧 양과 음이 교차되는 것과 일치하므로, 이로 인해 천지의 만물이 형성됨을 상징한다.

38 **밭.** 장기판, 고누판, 윷판, 바둑판 따위에서 말이 머무르는 자리. 밭의 원문인 권圈은 '가축의 우리'라는 뜻이다. 윷놀이에서 '도, 개, 걸, 윷, 모'가 각기 가축과 관련이 있는 이름인 것과 관련이 깊다.

39 **세시歲時.** 한 해의 절기나 달, 계절에 따른 때.

40 『**설문해자說文解字**』. 후한 때 허신許愼이 편찬한 중국 최초의 문자학서적이다. 최초로 부수 배열법을 채택하여 한자 형태와 편방偏旁(한자의 왼쪽과 오른쪽을 통틀어 이르는 말) 구조에 따라 540개의 부수를 분류했다. 글자마다 지사·형성·상형·회의·전주·가차의 육서六書에 따라 자형을 분석하고 자의를 해설했으며 독음을 식별했다.

『지봉유설』[42]을 보니, "탄희攤戱는 바로 저포樗蒲이다."라고 하였으니, 윷놀이는 바로 저포의 일종이다.[43]

赤荊二條, 剖作四隻, 名曰柶. 長可三寸許, 或小如菽 擲而賭之, 號爲柶戱 四俯曰牟, 四仰曰流, 三俯一仰曰徒, 二俯二仰曰開, 一俯三仰曰杰, 局畫二十九圈, 二人對擲, 各用四馬, 徒一圈, 開行二圈, 杰行三圈, 流行四圈, 牟行五圈. 圈有迂捷, 馬有疾徐, 以決輸贏 歲時此戱最盛 按柶, 說文云: "匕也." 特取四木之義, 謂之柶. 又按芝峯類說以爲"攤戱, 卽樗蒲也." 柶戱者, 便是樗蒲之類也

세속에서는 섣달그믐과 설날에 윷을 던져 얻은 괘卦로 한 해의 길흉을 점친다. 점치는 방법은 64괘[44]와 짝을 지어 각각 해당하는 요사繇辭[45]가 있는데, 모두 세 번 던진다. "아이가 젖을 얻는다.", "쥐가 곡간에 들어간다."[46]는 따위의 점괘가 나오면 길하다. 어떤 사람은, 세 번 중 처음

---

41 비匕. "(匕는) 나란히 조밀하게 순서 짓는다는 뜻이다. 인人이 (좌우로) 반대로 된 모양으로 구성되었다. 비匕는 밥을 먹는 데 사용하는 도구다. 사柶라고 부르기도 한다. 비匕 부에 속하는 한자는 모두 비匕의 의미를 따른다."(염정삼, 『설문해자주 부수자역해』, 서울대학교출판부, 2008, 382쪽) 그런데 이 설명은 사실 윷놀이하고는 무관한 이야기다.

42 『지봉유설』. 1614년 이수광이 편찬한 우리나라 최초의 문화백과사전이다. 천문天文, 시령時令, 재이災異, 지리地理 등 25부문 3,435항목을 고금의 서적에서 수집하고 간간이 자신의 견해를 더했다.

43 『지봉유설』에는 이렇게 되어 있다. "설날에 남녀가 모여 뼈나 나무를 잘라 네 토막으로 만들어 던져서 승부를 겨루는데, 그것을 탄희라고 한다. 『훈몽자회訓蒙字會』에서는 탄희를 저포라 했다." 『지봉유설』에서는 윷놀이, 즉 사희柶戱에 대해서는 언급하지 않았던 것이다. 그런데 이규경의 『오주연문장전산고』에는 "『지봉유설』에서는 탄희를 저포라고 했다. 그런데 사희는 저포하고 아주 비슷하지만, 그렇다고 저포인 것은 아니다." 요컨대 『지봉유설』에서는 윷놀이를 직접 거론치 않고, 다만 '탄희'를 설명하면서, "『훈몽자회』를 보니 탄희는 곧 저포이다."라는 점만 언급했을 뿐이다. 결국 『지봉유설』과 『오주연문장전산고』 두 기록을 참고해 보면, "이수광은 『지봉유설』에서 탄희를 저포라고 했다. 그런데 (지금 여기서 우리가 말하고 있는) 윷놀이는 저포놀이의 일종이기는 하지만, 그렇다고 그것을 저포놀이라고 할 수는 없다."라고 이해하는 것이 자연스럽다.

44 64괘. 『주역周易』에서 천지만물을 상징하기 위해 설정한 64개의 괘卦를 말한다. 괘는 중국 고대古代의 복희씨伏羲氏가 지었다는 글자이다. 『주역』의 골자가 되는 것으로, 한 괘에 각각 삼 효爻가 있고, 효를 음양陰陽으로 나누어서 팔괘八卦가 되고, 팔괘가 거듭하여 육십사괘六十四卦가 된다. '효'는 괘를 나타내는 가로 그은 획이다. '—'을 양陽으로 하고 '--'을 음陰으로 하며, 밑에서부터 세어 초효初爻, 이효二爻라고 하고, 맨 위 여섯 번째의 것을 상효上爻라고 한다.

45 요사繇辭. 앞으로의 조짐에 대한 예언적인 점사占辭. '점사'는 점을 쳐서 나오는 괘에 나타난 말.

던진 것은 작년의 운세를 보고, 연초와 대보름이 되어 연이어 두 번 던져서 점괘를 본다고
한다.

世俗除夜元朝, 以柶擲卦, 占新歲休咎. 占法配以六十四卦, 各有繇辭, 凡三擲,
如兒得乳鼠入倉之類則吉, 或云三擲內初擲觀舊歲, 至歲初上元, 連擲柶卦觀之.

민간의 부녀자들이 널판을 짚단 위에 걸쳐 놓고 양 끝에서 서로 마주 보고 밟고 오르락내리락
몇 자씩 뛰어오르면서 지칠 때까지 흥겹게 노는데, 그것을 널뛰기[47]라고 한다. 정초까지 이렇
게 논다. 주황周煌의 『유구국기략琉球國記略』[48]을 보니, "그곳 부녀자들은 널판 위에서 춤추는
데, 이를 판무板舞[49]라 한다."고 했는데, 이 풍속과 비슷하다.[50]

---

46 점치는 방법과 64개의 점괘, 그리고 그 요사에 대해서는 『경도잡지』(「세시」 '원일元日')에 상세히 나와 있다.
47 **널뛰기**. 도판희跳板戲. "정월 초승에 여자들이 높은 받침 위에 긴 널을 얹고 좌우 끝에 한 사람씩 올라서서 널
끝을 구르면서 서로 번갈아 몸 솟음을 하여 서로 오르락내리락하는 널뛰기는 아마 조선에만 있는 여자의 장난
인 듯합니다. 다만 조선의 남방 해상에 있는 옛 유구국琉球國에 이 비슷한 장난이 있다고 하지마는, 유구는
조선을 상국上國으로 섬겨서 교통이 잦았으니까, 대개 조선에서 배워 간 것으로 보아도 결코 틀림없을 것입니
다. 그러면 널뛰기는 어째서 생긴 것이냐 하건대, 대개 조선 옛날의 여자는 우리가 상상하는 것 이상으로 매우
활발하여, 말 타고 격구擊毬하는 것까지도 예사로 하고 평시平時로부터 나라에 큰일이 있을 때를 예비하는
여러 가지 단련이 있었는데, 정초에 널뛰고 단오에 그네뛰는 것이 다 이러한 연성과목鍊成科目의 하나로서,
뒤에 중문中門 안으로 잡아넣은 바 되었으되, 이런 고풍古風만은 전해 내려온 것일까 합니다."(『조선상식문답』
「풍속」 '널뛰기') 참고로 『낙하생전집洛下生全集』 「답판사踏板詞」에서는 널을 뛸 때 "짚신을 신지 않고, 치마는
긴치마를 입지 않는다."라고 했으며, 일제 시대 사진을 보면, 너무 높이 뛰어오르면 떨어질 우려가 있어 벽과
벽 사이에 줄을 달아 그것을 잡고 널뛰기를 했음을 알 수 있다. 초판희超板戲, 답판희踏板戲라고도 한다.
48 **주황周煌의 『유구국기략琉球國記略』**. 주황은 청나라 사천四川 부주涪州 사람으로 호는 해산海山이다. 건륭乾隆
2년(1737) 진사가 되고 편수編修에 올랐다. 문학으로 명성을 얻어 일찍이 시강侍講으로 책봉유구부사冊封琉
球副使로 다녀왔다가 상서방총사부上書房總師傅에 발탁되고 좌도어사左都御史까지 올랐다. 시호는 문공文恭
이다. 저서에 『해산존고海山存稿』와 『유구국지략流球國志略』 등이 있다. 『유구국기략』은 『유구국지략流球國
志略』이라고도 한다. 주로 류큐왕국의 역사와 지리, 풍습을 기록하고 있다. '유구琉球'는 오키나와를 중심으
로 한 류큐 제도 일대에 있던 국가로, 우리 기록에서는 유구국이라고 한다. 13~4세기에 류큐 제도 일대에 형
성되었던 지역 세력들이 14세기 말에 이르러 오키나와에서 남산南山, 중산中山, 북산北山의 세 왕조로 규합되
었고, 15세기 초 통일 류큐 왕조를 세우면서 독립 국가로 발전했다. 명나라와 조선 등과 활발히 교류한 기록
이 남아 있다. 1879년 메이지 시대 일본에 병합되어 사라졌다.
49 **판무板舞**. 『오주연문장전산고』에 따르면, 유구국에 사신을 다녀온 명나라의 학사學士 서보광徐葆光은 "정월

閭巷婦女, 用白板橫置藁枕上, 對踏兩端, 相升降, 而跳數尺許, 以困頓爲樂, 謂之跳板戲. 至歲初如之. 按周煌琉球國記略: "其婦舞於板上, 曰板舞." 與此俗相類.

함경도 지방 풍속에 빙등氷燈[51]을 설치하는데 아름드리 기둥 같은 얼음 속에 기름 심지를 놓고, 밤새 징과 북을 울리고 나팔을 불며 나희儺戲[52]를 벌인다. 이를 청단靑壇이라 한다. 평안도 지방 풍속에도 빙등을 설치한다. 여러 도의 고을에서는 두 그 풍습에 따라 한해를 마치는 놀이를 한다.

關北俗, 設氷燈, 如圍柱中安油炷, 以達夜鳴鉦鼓吹喇叭, 設儺戲, 號靑壇. 關西俗亦設氷燈, 諸道州邑, 皆以其俗行年終之戲.

의주義州의 풍속에 민간에서 지포紙砲[53]를 쏘는데, 연경의 풍속을 흉내 낸 것이다.

義州俗, 閭里放紙砲, 效燕京之俗也.

16일에 남녀가 다 같이 조상의 산소를 참배하고 나서는, 여자들이 격구擊毬와 판무를 벌인다. 판무는 큰 널빤지를 나무로 된 걸상[등상凳床] 위에 가로 올려놓고 두 사람이 널빤지의 양쪽 머리에 마주 서서 두 발을 굴러 하나가 솟구칠 적에는 하나는 내려서게 되는데, 한번 굴러서 4~5척尺 정도의 높이로 솟구쳐도 한쪽으로 기울거나 미끄러지지 않는다."라고 했다.

50 『경도잡지』는 "국초에 유구가 입조入朝(외국인이 조정의 반열班列에 참여하는 것을 말하는데, 아랫나라의 사신이 윗나라 조정에 인사하러 오는 것)할 때 아마 초판희를 사모하여 흉내 낸 것이 아닌가 한다."라고 했다.

51 빙등氷燈. 얼음조각 안에 등잔불을 넣은 등.

52 나희儺戲. 이에 대해서는 앞의 주 12 '대나大儺'를 참고할 것.

53 지포紙砲. 화약을 종이나 대통 같은 것의 속에 싸 넣고 그 끝에 심지를 달아 불을 댕겨 터지게 만든 놀이 기구. 큰 소리가 나게 하거나 불꽃이 퍼지게 하는 등 여러 종류가 있다. 딱총.

월내月內

초하루[1]에 선부選部[2]에서는 조관朝官[3] 중에서 파직罷職[4]되거나 삭직削職[5]된 사람을 뽑아 임금에게 아뢰는데[6] 그것을 세초歲抄[7]라고 한다. 낙점落點[8]된 사람은 서용敍用[9]되거나 혹은 강등降等[10]된다. 6월 초하루에도 그렇게 한다. 이는 대정大政[11]이 6월과 12월에 있기 때문이다. 나라

---

1 **초하루**. 삭일朔日. 매달 첫째 날. 초하룻날.

2 **선부選部**. 문관과 무관의 선발을 담당하는 이조吏曹와 병조兵曹를 말한다.

3 **조관朝官**. 조정에 출사出仕하는 관원으로, 조사朝士·조신朝臣이라고도 한다.

4 **파직罷職**. 관직에서 물러나게 함.

5 **삭직削職**. 죄를 지은 자의 벼슬과 품계를 빼앗고 벼슬아치의 명부에서 그 이름을 지우던 일.

6 초계抄啓를 말한다. 초계는 초록抄錄(필요한 부분만을 뽑아서 적음)하여 상주上奏(임금에게 말씀을 아룀)한다는 말로, 인재를 가려 뽑아서 아뢴다는 뜻이다.

7 **세초歲抄**. 매년 6월과 12월에 관리의 고과考課에 따른 이동과 군졸의 결원을 보충하는 일을 말한다. 이조와 병조에서 관원들의 고과考課(관리의 근무 성적을 평가하여 결정하던 일. 승진과 좌천, 포상과 처벌에 반영함)를 임금에게 보고하여 임금의 분부를 받아 벼슬을 올리거나 내리는 일과 군졸의 사망·도망·질병 등을 조사하여 그 결원을 보충하였다. 홍석모는 『도하세시기속시都下歲時紀俗詩』에서 "유월과 섣달, 경사스러운 날엔 공을 따져서 / 재상이 세초를 임금께 올리면/ 때와 티 은혜롭게 없애 주시니 / 아침 오면 임명장 준다 북적이겠네[六臘考功及慶辰, 天官歲抄達重宸, 垢瑕蕩滌流恩澤, 朝著方多給牒人]"라고 노래했다.

8 **낙점落點**. 여러 후보가 있을 때 그중에 마땅한 대상을 고름. 조선 시대에, 이품 이상의 벼슬아치를 뽑을 때 임금이 이조에서 추천된 세 후보자 가운데 마땅한 사람의 이름 위에 점을 찍던 일.

9 **서용敍用**. 죄를 지어 면관免官(관리의 직책에서 물러나게 함)되었던 사람을 다시 벼슬자리에 등용함.

10 **강등降等**. 등급이나 계급 따위가 낮아짐. 또는 등급이나 계급 따위를 낮춤.

11 **대정大政**. '세말도목'을 달리 이르는 말. 6월의 도목정사都目政事보다 규모가 큰 데서 유래한다. '도목정사'는

에 경사가 있어서 사면赦免[12]할 경우 별세초別歲抄[13]를 입계入啓[14]하는데, 이는 죄를 용서하는 은전恩典[15]에서 나온 것이다.

朔日, 自選部抄啓朝官中罷削人, 名曰歲抄. 點下者敍用, 或減等. 六月朔亦然, 盖因大政在於六臘故也. 因有慶赦別歲抄入啓, 盖出疎蕩之典也.

평안도와 황해도의 절도사節度使[16]는 으레 조신朝紳[17]과 친지의 집으로 세찬歲饌[18]을 보낸다.

이조·병조에서 벼슬아치의 치적을 심사하여 면직하거나 승진시키던 일을 말한다.

[12] **사면赦免.** 죄를 용서하여 형벌을 면제함.

[13] **별세초別歲抄.** 재직하다가 처벌받은 전직 관원을 뽑아 임금에게 보고하던 명단을 말한다.

[14] **입계入啓.** 임금에게 구두나 문서로 보고하는 행위를 말한다.

[15] **은전恩典.** 나라에서 은혜를 베풀어 내리던 혜택.

[16] **절도사節度使.** 조선 시대에 둔 병마절도사兵馬節度使(각 지방의 병마兵馬를 지휘하던 종이품의 무관 벼슬)와 수군절도사水軍節度使(각 도의 수군水軍을 통솔하는 일을 맡아보던 정삼품 외직 무관外職武官 벼슬)를 통틀어 이르는 말.

[17] **조신朝紳.** 조정에 출사出仕하는 관원으로, 조관朝官·조사朝士·조신朝臣이라고도 한다. 궁중의 업무를 맡아보던 궁관宮官과 대칭되기도 하고, 때로는 대개 "서울 밖에 있으면 수령이요, 서울 안에 있으면 조관이다[外在則守令, 內在則朝官].'라고 했듯이, '지방의 수령'에 대하여 '중앙의 관원'이라는 뜻으로도 쓰인다.

[18] **세찬歲饌.** 『열양세시기』에서는 "(설날에) 손님이 오면 술과 고기를 대접하는데, 그것을 세찬이라 한다."라고 했다. "새해에 세배꾼에게 대접하는 음식상이 세찬 상이다. 세찬 상에는 두 가지가 있다. 하나는 떡국 상인데 간략한 것이다. 떡국을 중심으로 만두를 따로 곁들이는 수가 있고, 식혜·수정과에 과일과 나박김치를 곁들이는 정도이다. 요즈음은 떡만두로 때우는 사례도 있다. 또 하나는 본격적인 잔칫상인데 떡국과 만두가 주식이고 식혜·수정과가 놓임은 떡국 상과 비슷하지만, 이밖에 저냐, 약식, 떡볶이에다가 편육(소, 돼지)을 곁들이고 과일은 약과, 강정, 다식 따위의 유과에다가 밤을 삶아 꿀에 범벅한 것, 또는 생강이나 대추를 꿀에 범벅한 숙과熟果(실과를 삶거나 쪄서 으깬 것을 다시 모양 빚어 만든 음식) 및 생과가 얹혀진다. 김치는 나박김치 아니면 장김치를 놓고 깍두기는 밥상이 아니므로 놓지 않는다. 술을 먹는 사람이면 노소를 막론하고 주전자에 담아 내오는데 소주는 쓰지 않는다. 세찬이 모두 차례를 지낸 뒤 음복飮福(제사를 지내고 난 뒤 제사에 쓴 음식을 나누어 먹음)의 뜻이 있으므로 차례 상에 소주를 쓰지 않는 이상에는 소주 놓는 법은 서울 풍속에는 없다. 맑은 술, 예컨대 약주가 보통인데 요즘의 쌀 약주라는 것이면 족하다. 세찬 상은 윗자리의 사람이 부하에게 대접하거나, 있는 사람이 어려운 사람에게 대접했던 것이다. 그럴 것이 세배하러 낮은 사람이 가기 때문에 꼭 그렇게 된다. 또 평소에 신세 진 사람, 단골로 다닌 가게의 심부름꾼 또는 약계藥契(한약방)의 직원, 혼인 중신 든 매파, 전에 하인으로 부리던 사람, 아들딸의 친구 등등인데 미리 시간을 잡아서 초대한다. 세찬 상 받기로 초대되었을 적에 세배를 올리고 음식 대접을 받는다. 어렵게 지내서 변변히 고깃점도 못 먹는 일가친

각 도의 번곤藩閫[19]과 수령守令[20]도 세찬을 보내는 관례가 있다. 편지 봉투에 따로 작게 접은 종이를 넣는데, 각종 토산품을 열거하여 적는 총명지聰明紙[21]라고 한다. 각 관사의 서례胥隸[22]들도 산 꿩과 곶감 등 물품을 친지 집에 보내어 문안한다. 주처周處의 『풍토기風土記』[23]를 보니, "촉蜀[24] 지방 풍속에는 연말에 서로 음식을 보내 문안하는데, 이를 궤세饋歲[25]라 한다."라고 하였다. 또 소동파蘇東坡[26]의 시를 보니, "쟁반을 받으니 큰 잉어가 가로 놓였고, 바구니를 열어보니 한 쌍의 토끼가 누워있네"라고 하였다. 이 풍속은 예부터 그러하였다.

척에게 후히 대접하는 뜻으로 세찬 상을 내기도 한다. 혼자면 외상, 둘이면 겸상, 여럿이면 교자상에 차려서 내놓으므로 반빗간(주방)에는 대강 상이 차려져 있다. 세찬 상에는 주인 식구가 반드시 함께 들지 않아도 되므로 여유 있는 집의 주인은 반빗아치에게 지휘만 하고 식사하는 것을 보면서 술과 음식을 말로 권하는 것에 그친다. 말하자면 연회에 초대한 손님 대접이 아니라, 한 상을 선물로 주는 것이므로 세찬 상의 명칭이 생겼다. 아이들에게는 떡국 상이나 주고 주머니에 봉창질하기 좋은 과일·엿·유과 따위를 많이 놓아주는 것이었다. (『서울잡학사전』) 세찬 상을 차리려면 돈이 많이 든다. 이를 미리 대비하기 위해 부녀자들끼리 세찬계歲饌契를 들었다.

19 번곤藩閫. 흔히 곤외閫外라고 하는데, 병마兵馬를 책임진 장군, 곧 병마절도사兵馬節度使를 말한다. 곤외라는 뜻은 성문 밖, 곧 변방, 지방이다. 이는 『사기史記』「풍당전馮唐傳」에서 임금이 출정하는 장군의 수레바퀴를 밀면서 "성문 안은 과인이 주재할 것이니, 성문 밖[곤외閫外]은 장군이 주재하라."라고 한 데서 나온 말이다. 후에 뜻이 변하여 병사兵使나 병마절도사 혹은 수사水使와 같은 지방관을 가리키거나 그 직분을 이르기도 한다. 곤기閫寄, 곤얼閫臬, 곤외지사閫外之事, 곤외지표閫外之表, 곤임閫任 등으로도 부른다.

20 수령守令. 각 고을을 맡아 다스리던 지방관들을 통틀어 이르는 말. 절도사節度使, 관찰사觀察使, 부윤府尹, 목사牧使, 부사府使, 군수郡守, 현감縣監, 현령縣令 따위를 이른다.

21 총명지聰明紙. 연말에 상관에게 인사로 좋은 음식이나 물품을 올리는 물품 내역을 적은 종이를 말한다.

22 서례胥隸. 서리胥吏와 하례下隸. '서리'는 관아에 속하여 말단 행정 실무에 종사하던 구실아치. '하례'는 남의 집에 딸려 천한 일을 하던 종.

23 주처周處의 『풍토기風土記』. 주처는 서진西晉 사람으로 자는 자은子隱이다. 어려서 고아가 되어 불한당이 되었기 때문에 사람들이 호랑이, 교룡蛟龍과 함께 세 가지 해가 되는 것으로 여겨졌다. 그러나 각성하여 호랑이와 교룡을 죽이고 공부에 몰두해 관리가 되었다는 이야기가 전한다. 『풍토기』는 주처의 『주처풍토기周處風土記』로 시작되어 노식盧植의 『기주풍토기冀州風土記』, 심영沈瑩의 『임해풍토기臨海風土記』, 육공지陸恭之의 『풍토기風土記』, 『후위풍토기後魏風土記』 등이 있었다고 전해진다. 변경 지역 생활상의 견문을 정리했다고 전해지지만, 상세한 내용은 분명치 않다.

24 촉蜀. 중국 삼국 시대 221년에 유비劉備(161~223)가 세운 나라. 쓰촨四川·윈난雲南·구이저우貴州 북부 및 한중漢中 지역을 차지하였으며, 263년에 위나라에 멸망하였다.

25 궤세饋歲. 연말에 상관에게 인사로 좋은 음식이나 물품을 올리는 일로, 세궤歲饋 혹은 세의歲儀라고도 한다.

26 소동파蘇東坡. 소식蘇軾. 북송의 문인(1036~1101). 자는 자첨子瞻. 호는 동파東坡. 당송팔대가의 한 사람으로, 구법파舊法派의 대표자이며, 서화에도 능하였다. 작품에 「적벽부赤壁賦」, 저서에 『동파전집東坡全集』 등이 있다.

關西海西兩節度, 例送歲饌於朝紳曁親知家, 各道藩閫守令, 亦歲饋之例. 書縅中另具小搨紙, 列錄土産諸種, 謂之聰明紙. 各司, 亦以生雉乾柿等物, 饋問於所親家. 按周處風土記: "蜀俗晚歲相饋問, 謂之饋歲." 又按東坡詩"賔盤巨鯉橫, 發籠雙兎臥." 此風自古而然矣.

젊은 장정들은 축국蹴鞠[27]을 하며 논다. 국鞠은 큰 탄환만 한데, 위에 꿩 깃을 꽂는다. 두 사람이 마주 보고 서서 다리 힘을 겨루는데, 계속 차서 떨어뜨리지 않는 것을 좋은 기술이라 한다. 유향劉向의 『별록別錄』[28]을 보니, "한식 때 답축蹋蹴은 황제黃帝[29]가 만든 것이다."라고 하였다.

---

[27] **축국蹴鞠**. 공을 발로 차는 놀이다. 공은 가죽 주머니 속에 동물의 털을 넣어서 둥글게 만들거나 돼지나 소의 오줌통에 바람을 불어넣어 찼다. 『구당서舊唐書』「동이전東夷傳」'고구려'에는 "사람들이 축국을 잘한다"라는 기록이 전한다. 1790년에 간행된 『무예도보통지武藝圖譜通志』 권4 「격구擊毬」에 보면, 당나라 때의 『초학기初學記』를 인용하여, "국鞠은 곧 구毬, 球이므로, 오늘날의 축국은 공놀이인 것이다. 옛날에는 털을 모아 묶어서 만든 공을 사용했고, 지금은 뱃속의 어린애를 싸고 있는 삼[胎] 같은 것을 쓰는데, 아마도 소의 오줌통인 것 같다. 그 속에 공기를 불어넣어 찬다."라고 했고, 또 『상소잡기緗素雜記』를 인용하여, "대개 축국은 두 갈래로 나누어져 있으니, 기구氣毬라는 것은 공을 발로 차는 것이고, 격구는 말을 타고서 작대기로 공을 차는 것이다."라고 했다. 축국은 축국蹵鞠, 답국踏鞠, 답축蹋蹴, 백타白打라고도 한다. 경기의 형태는 구장球場에서 행하는 것과 구장 없이도 행하는 것, 양쪽에 문을 설치한 축국 경기 등이 있다. 일정한 구장이 없이 마당 어디에서나 할 수 있는 축국에는 1인장一人場에서 9인장까지 있었다. 공을 땅에 떨어뜨리지 않고 차는데, 혼자서 차는 것을 1인장, 두 사람이 마주 서서 차는 것을 2인장, 세 사람·네 사람이 마주 서서 차는 것을 3인장·4인장이라 하며, 이런 식으로 아홉 사람이 행하면 9인장이라 한다. 고려 시대에 축국 경기의 모양을 무용음악으로 만든 포구락抛毬樂이 조선조 말기까지 전승되었다. 『형초세시기』에는 "유향劉向의 『별록』別錄을 보니 '한식에 축국을 하는데, 황제가 만든 것으로 본래는 병세兵勢를 강화하기 위한 훈련이다.' 혹자는 전국 시대에 시작되었다고 한다. '국鞠'과 '국毬'는 같으며, 옛 사람들이 탑축蹹蹴(공차기)을 놀이로 삼은 것이다."라고 하였다. 『해동죽지』에 따르면, "옛 풍속에 꿩의 꼬리를 꽂아서 만든 공으로 서로 경기를 하는데, 네 사람이 하는 것을 사방구四方毬, 세 사람이 하는 것을 삼각구三角毬, 두 사람이 하는 것을 쌍봉구雙峯毬라고 한다. 날이 추울 때에도 땀이 흐르고 열이 나는데, 이를 '제기차기'라고 한다." 참고로 『삼국유사』에 축국의 사례가 보인다. "열흘 뒤에 김유신이 김춘추와 함께 (…) 유신의 집 앞에서 축국(신라 사람들은 축국을 농주弄珠 놀이라고 함)을 하다가 일부러 춘추의 옷[襘]을 밟아 옷깃 끈[금뉴襟紐]을 찢었다."

[28] **유향劉向의 『별록別錄』**. 유향은 전한前漢 시대의 학자(B.C. 77~A.D. 6)로 광록대부光祿大夫로 있을 때 황제의 명을 받아 궁중 장서를 바탕으로 여러 책의 교정을 시도하였다. 『설원說苑』, 『열녀전列女傳』, 『별록別錄』 등이 그의 대표작이다.

[29] **황제黃帝**. 중국 전설상의 제왕帝王. 복희伏羲, 신농神農과 함께 삼황三皇이라고 한다. 천하를 통일하여 문자·수레·배 등을 만들고, 도량법·역법·의서醫書·음악·누에치기 등 많은 문물과 제도를 확립하여 인류에

어떤 사람은 "전국시대戰國時代[30]에 생겼는데, 바로 군사 기술이다. 일명 백타白打이다."라고 하였다. 지금 풍속은 여기에서 비롯된 것으로, 겨울에 시작하여 세시歲時[31]가 되면 더욱 성행한다.

丁壯年少者, 以蹴鞠爲戲. 鞠如大彈丸, 上揷雉羽, 兩人對立, 脚勢相交, 以連蹴不墜爲善技. 按劉向別錄: "寒食蹴踘, 黃帝所造." 或云"起於戰國之時, 乃兵勢也. 一曰白打." 今俗沿于此, 而自冬爲始, 至歲時尤盛.

고성高城 풍속으로, 매달 초하루와 보름날 관청에서 고을 사당에 제사를 지내는데, 비단으로 신의 탈을 만들어 사당에 보관해 두었다가 12월 20일 이후 그 신이 고을에 내려온다 하여 사람들이 그 탈을 쓰고 춤추면서 관아와 마을을 돌아다니면 집집마다 맞이하여 즐긴다. 신은 정월 보름이 되기 전에 사당으로 돌아가는데, 연례행사로 한다. 이는 나신儺神[32]의 일종이다.

高城俗, 郡祀堂每月朔望, 自官祭之, 以錦緞作神假面, 藏置堂中, 自臘月念後, 其神下降於邑, 人着其假面, 蹈舞出遊於衙內及邑村, 家家迎而樂之. 至正月望前, 神還于堂, 歲以爲常. 盖儺神之類也.

게 문화생활을 가져다 준 최초의 제왕으로 숭앙되었다. 지금의 하남성河南省 신정현新鄭縣인 헌원軒轅의 언덕에서 출생했기 때문에 헌원씨軒轅氏라고 부른다.

30 **전국 시대戰國時代.** 중국 역사에서, 춘추 시대春秋時代 다음의 기원전 403년부터 진秦나라가 중국을 통일한 기원전 221년까지 약 200년간의 과도기. 여러 제후국이 패권을 다투었던 동란기로 '전국 칠웅七雄'이라는 일곱 개의 제후국이 세력을 다투었으며, 제자백가諸子百家와 같이 학문의 중흥기를 이루었고, 토지의 사유제와 함께 농사 기술의 발달 따위로 화폐가 유통되기도 하였다.

31 **세시歲時.** 한 해의 절기나 달, 계절에 따른 때.

32 **나신儺神.** 나례儺禮에서 전염병을 퍼뜨리는 역귀疫鬼를 쫓아내는 신.

276

원전

경국대전(經國大典), 경도잡지(京都雜志), 경상감영계록(慶尙監營啓錄), 경제육전(經濟六典), 계산기정(薊山紀程), 고금석림(古今釋林), 고금주(古今注), 고려사(高麗史), 고려사절요(高麗史節要), 고봉선생문집(高峯先生文集), 고산유고(孤山遺稿), 고운당필기(古芸堂筆記), 관등가(觀燈歌), 광해군일기(光海君日記), 구당서(舊唐書), 국조보감(國朝寶鑑), 국조오례의(國朝五禮儀), 궁궐지(宮闕志), 규곤시의방(閨壼是議方), 규합총서(閨閤叢書), 금오신화(金鰲新話), 낙하생전집(洛下生全集), 난호어목지(蘭湖漁牧志), 노걸대언해(老乞大諺解), 논어(論語), 농가월령가(農家月令歌), 농사직설(農事直說), 다산시문집(茶山詩文集), 담정유고(潭庭遺藁), 담헌서(湛軒書), 당태종입동명기(唐太宗入洞冥記), 대동운부군옥(大東韻府群玉), 대전통편(大典通編), 대전회통(大典會通), 대한화사전(大漢和辭典), 도곡집(陶谷集), 도문대작(屠門大嚼), 도애시집(陶厓詩集), 도하세시기속시(都下歲時紀俗詩), 동경잡기(東京雜記), 동국세시기(東國歲時記), 동국여지비고(東國輿地備考), 동국여지승람(東國輿地勝覽), 동다송(東茶頌), 동문유해(同文類解), 동사강목(東史綱目), 동사록(東槎錄), 동의보감(東醫寶鑑), 두시언해(杜詩諺解), 두타초(頭陀草), 매천집(梅泉集), 맹자(孟子), 목민심서(牧民心書), 목은집(牧隱集), 몽경당일사(夢經堂日史), 몽어노걸대(蒙語老乞大), 무명자집시고(無名子集詩藁), 무예도보통지(武藝圖譜通志), 묵장보감(墨場寶鑑), 문선(文選), 문연각사고전서(文淵閣四庫全書), 문예속(問禮俗), 미암일기(眉巖日記), 법화경(法華經), 보요경(普曜經), 본초강목(本草綱目), 부인필지(婦人必知), 불설대보부모은중경(佛說大報父母恩重經), 불설시등공덕경(佛說施燈功德經), 빈녀난타경(貧女難陀經), 사계전서(沙溪全書), 사기(史記), 사기색은(史記索隱), 사례편람(四禮便覽), 사문유취(事文類聚), 사물기원(事物紀原), 사민월령(四民月令), 산림경제(山林經濟), 산해경(山海經), 삼국사기(三國史記), 삼국유사(三國遺事), 삼봉집(三峰集), 상원리곡(上元俚曲), 상촌집(象村集), 석주집(石洲集), 선가귀감언해(禪家龜鑑諺解), 설문해자(說文解字), 설부(說郛), 성소부부고(惺所覆瓿稿), 성호사설(星湖僿說), 세설신어(世說新語), 세시잡기(歲時雜記), 세시풍요(歲時風謠), 세조실록(世祖實錄), 소문쇄록(謏聞瑣錄), 송남잡지(松南雜識), 송자대전(宋子

大全), 순암선생문집(順菴先生文集), 승정원일기(承政院日記), 시경(詩經), 시의전서(是議全書), 신증동국여지승람(新增東國輿地勝覽), 아사세왕수결경(阿闍世王授決經), 아언각비(雅言覺非), 안택경(安宅經), 양촌집(陽村集), 여유당전서(與猶堂全書), 역어유해(譯語類解), 연경제전집(研經齋全集), 연대재유록(燕臺再遊錄), 연려실기술(燃藜室記述), 연암집(燕巖集), 연천선생문집(淵泉先生文集), 열양세시기(洌陽歲時記), 영재집(泠齋集), 예기(禮記), 오주연문장전산고(五洲衍文長箋散稿), 오하기문(梧下記文), 옹희잡지(饔饎雜誌), 완당집(阮堂集), 용재총화(慵齋叢話), 우계집(牛溪集), 우란분경(盂蘭盆經), 우복집(愚伏集), 우암선생문집(寓庵先生文集), 운양집(雲陽集), 월인석보(月印釋譜), 이아주소(爾雅註疏), 임원경제십육지(林園經濟十六志), 임하필기(林下筆記), 자산어보(玆山魚譜), 자저집(自著集), 재물보(才物譜), 전당시(全唐詩), 전등신화(剪燈新話), 전록통고(典錄通考), 점필재집(佔畢齋集), 정조실록(正祖實錄), 조선부(朝鮮賦), 좌전(左傳), 주례(周禮), 주역(周易), 주영편(晝永編), 증류본초(證類本草), 증보문헌비고(增補文獻備考), 지봉유설(芝峯類說), 진작의궤(進爵儀軌), 첩해몽어(捷解蒙語), 청장관전서(青莊館全書), 총쇄록(叢瑣錄), 추재집(秋齋集), 춘명퇴조록(春明退朝錄), 태조실록(太祖實錄), 태종실록(太宗實錄), 태촌집(泰村集), 퇴계집(退溪集), 포박자(抱朴子), 풍속통의(風俗通義), 하곡집(霞谷集), 학봉속집(鶴峯續集), 한경지략(漢京識略), 한림별곡(翰林別曲), 한서(漢書), 한양가(漢陽歌), 해동역사(海東繹史), 해동제국기(海東諸國記), 해동죽지(海東竹枝), 향약구급방(鄉藥救急方), 향약채취월령(鄉藥採取月令), 현우경(賢愚經), 형초세시기(荊楚歲時記), 홍재전서(弘齋全書), 화음방언자의해(華音方言字義解), 후한서(後漢書), 훈몽자회(訓蒙字會)

논저

강동오, 「전통 작설차는 녹차가 아닌 발효 홍차」, 《한국일보》 2009.3.1.

강명관 주해, 『한양가』, 신구문화사, 2008.

강우석, 『전통차』, 사회교육연구회, 1994

강판권, 『역사와 문화로 읽는 나무 사전』, 글항아리, 2010.

과학원 고전연구실, 『역주 동국세시기』, 1958.(한국문화사 영인, 1999)

국립민속박물관, 『조선대세시기Ⅲ』, 세시기번역총서 권5. 2007.

_____, 『한국세시풍속사전』, 2017.

김명자, 『동국세시기』, 다락원, 1985.

김석준, 『동국세시기』, 정문사, 1984.

김양섭, 「임연수어, 도루묵, 명태의 한자표기와 설화에 대한 고증」, 『민속학연구』38, 2016.

김영문 외 역주, 『문선역주(文選譯註)』, 소명출판, 2010.

김운학, 『한국의 차문화』, 이른아침, 2004.

김윤조 옮김, 『누가 알아주랴』, 태학사, 2007.

김태준, 「年中行事, 1月篇 正月 風俗 가지가지」, 『東光』 40호, 1933.

남명학연구소 경상한문학연구회 역,『대동운부군옥』10, 소명출판, 2003.

대제각 편,『원본국어국문학총림』17, 대제각, 1985.

리링(李零),『집 잃은 개』, 김갑수 역, 글항아리, 2012.

무라야마 지준(村山智順),『朝鮮の郷土娛樂』, 조선총독부, 1936.

_____,『조선의 점복과 예언』(김희경 역), 동문선, 2005.

_____,『조선의 귀신』(김희경 역), 동문선, 2008.

민영환 집교,「열양세시기」,『향토서울』2, 1958.

박희병,『연암을 읽는다』, 돌베개, 2006.

사회과학원,『역주 동국세시기』, 1958.

상기숙,『형초세시기』, 집문당, 1996.

서유구, 안대회 엮어 옮김,『산수 간에 집을 짓고』, 돌베개, 2005.

_____, 김영 · 박순철 역,『임원경제지(林園經濟志) 만학지(晚學志)』, 소와당, 2010.

세종대왕기념사업회,『한국고전용어사전』, 2001.

신영주,「18-19세기 홍양호 가의 예술 향유와 서예 비평」, 성균관대학교 석사논문, 2001.

안대회,『연경, 담배의 모든 것』, 휴머니스트, 2008.

안대회 · 정병설 · 이용철 외,『18세기의 맛』, 문학동네, 2014.

염정삼,『설문해자주 부수자역해』, 서울대학교출판부, 2008.

오주석,『한국의 미 특강』, 솔, 2003.

오창현,「물고기, 어업기술, 민족습관 : 식민지기 어업 경제 구조에 대한 경제인류학」,『한국문화인류학』48, 2015.

유희경,『한국복식문화사』, 교문사, 1981.

이관성,「도애 홍석모의 한시 연구」, 고려대학교 석사학위논문, 2003.

이군선,「관암 홍경모의 중국문인과의 교유와 그 의의」,『동방한문학』23, 2003.

이능화(이재곤 역),『조선무속고(朝鮮巫俗考)』, 동문선, 2002.

이동주,『한국회화사론』, 열화당, 1994.

이석호 역주,『조선세시기(朝鮮歲時記)』, 동문선, 1991.

이용기,『조선무쌍신식요리제법(朝鮮無雙新式料理製法)』, 영창서관, 1924.

장유승,『동국세시기』, 아카넷, 2016.

정문기,『한국어보(韓國魚譜)』, 상공부, 1954.

_____,『어류박물지(魚類博物志)』, 일지사, 1974.

정민,『미쳐야 미친다』, 푸른역사, 2004.

____,「차, 표류선이 깨워준 미각」,『18세기의 맛』, 문학동네, 2015.

정승모,『동국세시기』, 풀빛, 2009.

_____,「세시 관련 기록들을 통해 본 조선 시기 세시풍속의 변화」,『세시풍속의 역사와 변화』, 민속원, 2010.

정연식, 『일상으로 본 조선시대 이야기』 I , 청년사, 2001.

정연학, 『문과 상징』, 시월, 2009.

정재서, 『도교와 문학 그리고 상상력』, 푸른숲, 2000.

조자호(정양완 역), 『조선요리법(朝鮮料理法)』, 책미래, 2014.

조효순, 『한국복식풍속사연구』, 일지사, 1988.

주남철, 『한국의 문과 창호』, 대원사, 2001.

진경환, 『서울 세시 한시』, 보고사, 2003.

_____, 「세시기歲時記 서술의 방식과 의미」, 『어문논집』 53, 민족어문학회, 2006.

_____, 「한국학 원전 번역과 주석의 한 사례 - 『경도잡지(京都雜誌)』 「풍속(風俗)」 '건복(巾服)'을 중심으로」, 『Journal of Korean Culture』 26, 한국어문학국제학술포럼, 2014.

_____, 「『경도잡지(京都雜誌)』 「풍속(風俗)」편 번역의 오류 문제」, 『민족문화』 46, 한국고전번역원, 2015.

_____, 「『경도잡지(京都雜誌)』 「세시(歲時)」편 번역의 오류 문제」, 『Journal of Korean Culture』 35, 한국어문학국제학술포럼, 2016.

_____, 『조선의 잡지』, 소소의책, 2017.

_____, 「남북 세시기 번역의 문제와 해결방안 - 『경도잡지(京都雜誌)』 「풍속(風俗)」편을 중심으로」, 『우리문학연구』 65, 우리문학회, 2020.

_____, 「『동국세시기(東國歲時記)』 번역과 주석의 문제 - 정월 풍속을 중심으로 - 」, 『민족문화』 55, 한국고전번역원, 2020.

_____, 『예로부터 이른 말이 농업이 근본이라 : 주해 농가월령가』, 민속원, 2021.

_____, 『세시기 번역과 주석의 제문제』, 민속원, 2022.

_____, 『백성의 말 하려 하니 목이 메고 눈물 난다 : 주해 조선후기 현실비판 가사』, 문예원, 2023.

진재교, 『이계 홍양호 문학연구』, 성균관대학교 대동문화연구원, 1999.

차상찬, 『조선사외사(朝鮮史外史)』, 명성사, 1947.

최남선, 『조선상식(朝鮮常識)』, 『조선상식문답(朝鮮常識問答)』(육당최남선전집 3), 현암사, 1973.

최대림, 『동국세시기』, 홍신문화사, 1989.

한국정신문화연구원, 『한국민족문화대백과사전』, 1994.

황호근, 『한국장신구사』, 서문당, 1996.

가

조선세시기朝鮮歲時記

숭양산인崇陽山人

- 매일신보每日新報 1916.12.5.~1917.4.1. -

漫錄

朝鮮歲時記 附叙言(一)　　嵩陽山人

歲時風土之述이 其來尙矣라 究其源
則皆憫農授時之義니 防日夏○小正周○
月令으로以暨宗懍荊楚歲時記崔寔
四民月令之類一皆其嚆矢也라自後
로著述者毋慮百餘家로딕之者는支那
之著而已오吾鮮은四千年來風謠俗
尙이難或有古今之幾同이나然이나太古風
氣之流傳至今者로딕撰述者一無하니
苟無集述採而記述之면世遠俗湮에或
無從考據者一多矣리僕이每爲是慨
焉하야少嘗逃田家歲時記하다가因
世故多累하야近得薹山金邁淳所著冽陽
歲時記,洌齋柳得恭所著京都雜誌,少游
陶厓洪錫謨所著東國歲時記,
權用正所著漢陽歲時記及金嘯堂農

家十二月令詩와柳澗松歲時風謠等
諸家書하야集成一部全書하야名之
曰朝鮮歲時記라하고適當長至之節
에書爲首하니或有謠俗之未及採錄
者는惟望覽者一隨補寄稿하야以成
完書焉하노라　柔兆執徐陽月長至
節述者自識
○冬至　　　上

按說文曰冬至는斗指子하니夜半時
에朝賀享祀를省하고如元日之儀故
로亞歲라하니其俗이盖起自

加午者也라하고且易曰雷在地中이오京
房易占曰冬至는坎旺이니廣漠風이
用事라決刑獄繕宮殿이라하고玉燭
寶典曰十一月建子는正月이니周之正月이
冬至에日南極이면景極長하야陰陽
日月萬物之始오律當黃鍾하며
最長故로有履長之賀라하고江春秋左
傳曰僖公五年正月辛卯朔에南至어
늘公登觀臺以望而書라하고夢華錄
曰京師에最重冬至하야更新衣享先
(亞歲赤豆粥)冬至日을稱亞歲라하고

蕡赤豆粥에豆를用糯米粉作鳥卵狀하야
投其中爲心하고相蜜하야以時食으로
供祀하고灑豆汁於門板하야以除不祥
하나니按荊楚歲時記에共工氏有不才
之子以冬至日死爲疫鬼라하고劉
者는以冬至日에作糜厭疫鬼라하고亞歲
子蘗至日詩에云豆糜厭勝傳荊俗이라하니
今俗이亦然이라沈約宋書曰冬至
에又作赤豆粥이라하니其俗이盖起自

(頒曆)舊例에觀象監이進新曆하면是
에頒黃粧白粧于百官하고安同文之
寶하고諸司는皆有賀하며各司吏
에有句管掌寫告身者一(俗稱
單骨書吏)하야若出宰則給堂參襲故
로柄獻靑粧一卷하나니盖都下舊俗에
獻于官하나니是謂夏扇冬曆이라波及鄉曲
하야更曹吏는親知와墓村農庄家傳
赤豆粥하고
祖言一如年節이라하니라李槎川秉淵詩

漫錄

朝鮮歲時記 (二)　嵩陽山人

冬至 (下)

一

(煎藥)太醫院이以桂椒糖으로用牛皮를煮成凝膏를名曰煎藥이니以進上を고各司에亦有造出分供をを니라 (按翰林志曰唐學士重陽多至에各有賞賜をゝ時果新茗瓜曆及煎藥이라をゝ니疑延立時唐家舊制也로다前人詩曰天涯亦有嶱秋慜心病裏多故國思膓凍嶺梅難索笑春遲宮柳未舒眉浮灰不送襄中賦弱線漫添髮上絲强自登樓望雲物四方憂隱于太廟をゝ고頒賜宮掖近侍之臣이라一の本朝因之をゝ居魁者と必賜第をゝ니라

(薦橘柚柑橙子)濟州에產橘柚柑橙をゝ면先薦于太廟をゝ고頒賜宮掖をゝ고試太學四學儒生をゝ고算復何加をゝ니頒柑之をゝ本朝因之をゝ居魁者と必賜第をゝ니라

○十一月合歌 金嘯堂

(薦靑魚)舊例에冬至에薦靑魚于太廟をゝ고卿士家도亦行之をゝ니按禮記月令에季冬之月에天子一嘗魚先薦寢廟라をゝ니國制亦然이라靑魚と一名을鯡오又名鯠이니每冬月에産東海라가漸次逐暖潮而上をゝ야春初則産于西南海者一尤盛이라每冬春進供魚船이며江호면即遍市上をゝ야統營則有甲生鰒大口魚の沿街哄賣をゝ며金秋史正喜時日海船一城杏花春雨販夫聲炙來不遇常年陳眼逐時新別有情

(薦靑魚)舊例에冬至에薦靑魚于太廟時維仲冬愛賜月大雪冬至是二節、六候虎交麋角解鴳鳥不鳴蚯蚓結、茘乃挺出水泉動身時雖間口是累、誰知粒幾石穀如蜂糠蜜遙屬彼、幾石糶幾石賭地與種于、儒價給來當價報庫(民庫)契(契房)塢(邊)利、初也似多終無業祭需農貧儲念掛、蘇不布網活人畯(喉也)僅能饡殫敢云德、「往々執鼗(會飮酒兒於干野談未易辭潔腹吸煙打空話、雖然醬釜燕且每捻塊掩豪不可廢、南至之日一陽生添線飛灰理自在、浴鵲流水并華水伐竹不蛀是鹽概、鳥朝糯心赤豆粥非往除痘味亦佳、舊曆猶存新曆須明年序何如耶、古來最精時憲曆湯若望節序何加耶、嫦于短暑寒厨裏滾炸鍾結又盛鉢銷、只待再食餘無眼永夜紡績又不停、菜前乾機閙轟軍績竹靈和鐵何村多焰先生在或抄覓冊看牛經逢長兒讀書幼學語三聲室家宜所聽不停、

漫錄

朝鮮歲時記 (三)

嵩陽山人

冬至(續)

施藥鹽호고淸冷醒胃故로旦東人이好食此호며又以乾柿로沈熟水호야和生薑海松子호고名曰永正果라호니其味甜爽可飮이오又用白蝦醢汁(或用蠔醢蘿蔔鰱魚鱅魚等雜醢)호야候淸而沈蘿蔔菁根菘蒜薑椒靑角호야作雜葅호고

鹽호야沈蘿蔔蕪菁蒜鹽호며又以薹菁菘芹薑椒沈之호며儲陶甕和淹經冬而辛烈可食이니오又以黃豆로燻造鹽豉호야入牛猪肉明太鰒螺諸魚及菁根菘蒜薑椒之屬호야沈漬를謂之淸醬이라

(冬節時食)用蕎麥麪호야沈蘿蔔菹及勾調猪肉而冷喫을謂之冷麪이라호며其俗이起自平壤開城而世以平壤麪松都猪肉으로稱爲味之絶佳者호고又和雜菜梨栗牛猪切肉油醬於麪호야名曰骨董麪이라호니按羅浮穎老—取諸飮食雜烹之호야名曰骨董羹이니骨董(龍耕)은雜之義也라今之雜麪이類此호고又江南人은好作盤遊飯호니鮓脯膾炙를混合鬪句호야埋在飯下를謂之骨董飯이라호니盖自古로已有此食品也라

今俗이每於登月遊賞호며或捕獵採樵호야往往齋骨董飯호야以便点心也니라

(進賀箋)國朝故事에冬至에受百官朝賀호고進賀箋于大小朝及各殿宮호니外方은各道監司統制使及兵水使以下로每於是日에別定守令一人爲進箋官호야進于朝호니其法의盖始於麗朝호고高麗時에又有冬至에進太一醮호고唐詞之例호니按南史에冬至에日魏晋多冬至에受萬國及百僚稱賀호고因小會호야其儀亞於正朝라호고又日冬至에親祠圜邱於南郊라호니其俗이本自支那로推轉林待制之臣은今俗之雜之冬至에日多盤호거니라

亦其例也라漢崔駰은有冬至獻襪表호니盖冬至日에獻屨襪은始自漢魏而近古에人家婦女—亦有獻新襪於舅姑之俗호니瓜曆等賞賜호며我鮮之頭柑橘新著이有多冬至獻禮表호니盖多至호고魏曹植은有多至獻襪銘이

(冬▼水正果)冬沈菜는蘿蔔蕪菁也니取菁根橄小者沈菹를名曰冬沈이니不別이어니와今俗에西關之南湖西洪州之合德池와嶺南咸昌郡恭儉池와密陽之南池와延安之南大池等各池는每年冬至前後에有龍耕之異호야士人이以此로驗年事호니自西池而東호며或橫斷其腹則歲荒호고自南而北或縱而薄則歲穰호고或西或東호야不正則荒호고相半이면農人이推之來歲에輒驗云이니亦載在輿地勝覽而至今其俗而猶存이려라

漫錄

朝鮮歲時記 (四)　當陽由人

附 曆法

曆法은始自黃帝時臣容成하야嘉典에命
義和, 欽若昊天, 曆象日月星辰, 敬授
人時, 者ㅣ是也오又以氣盈朔虛之數으
로三歲에置一閏호고五歲에再閏호
야十九歲七閏則氣朔分齊矣라朝鮮開國
神祖檀君이與支那唐堯로並時出
東方하야敎民耕作則亦必有分節氣別
微하야今不可考로딕當時草創故로曆
法에未必如今日之完備오必應以草木
開落과星宿早晩으로驗晨時之節候矣
오古者農諺에有參星夕, 杏花白之語
라諸書가皆古代天然之曆也리至若歲首
之法하야는軒轅以來로互用三統하니

唐虞夏는用寅正爲人統호고殷用丑正
爲地統호고周用子正爲天統호니歲首
則雖有不同호나曆令은不可變改故로
邠風에用夏時七月호고孔子亦曰行夏
之時라호시며若秦之亥月爲歲首는
者謂非統也라호딕昔에天竺國은以每
歲十一月十六日로定爲冬至호고猶太國
은以私分으로爲歲首호고亦或以耶蘇
降生日(即陽曆十二月二十五日)로爲
歲首호며自西曆紀元一千五百七十五
年西班牙非立王이始定太陽曆歲로
歲首호니라
現時歐米諸國及吾東洋이多從之호
야以一月一日로爲歲首호니其法이
巧하야或在于月호며或在于丑月호니
統正은無完이라然而太陽曆法은甚精
正曆法하니曾於二十年前에我鮮
도亦遵用太陽曆하야以一月一日로爲
歲首호며其於冬至後十日에値
元旦호야爲一年호고每四年에以餘分三
時四十九分으로置一箇閏日於二月호야
니蓋從太陽周天度數故로
爲定例호니盖從太陽周天度數故로
四十九分으로置一箇閏月於二月호
야凡歲時節序와祭祀宴饗을皆從陰曆
하고以爲新曆에도必於陰陽曆雙照編刊之記述
이라호딕今에於歲時風俗之記述을
로聽旬朔而舊聞云則始知夏小正月令
諸書가皆古代天然之曆也리至若歲首
之法하야는軒轅以來로互用三統하니

新羅文武王十四年에大奈麻德福이始
學唐曆法하야頒行新曆호니文武王以
前은必自有朝鮮之曆法而自法興與眞興
王以來로累世遵年號則未知以何月爲
歲首로딕至孝昭王四年에以子月로爲
歲首라호고高麗初에에用太史金成
로아聽旬朔而舊聞云則始知夏小正月令
之法하야는皆從陰曆
故로凡歲時節序와祭祀宴饗을皆從陰
曆하고以爲新曆에도必於陰陽曆雙照編刊
을爲便於民俗也라今에於歲時風俗之記述
에도麥互新舊之行事하고特開曆法於
冬至之後者는亦以此也로다

撰七政算法曆書遍軼하시니蓋參酌於
明之大統曆及回回曆法而折衷者也라
仍命李純之撰諸家曆象集하고其後
仁祖二十二年에始行時憲曆하시니時憲
曆은即現行太陰曆이是也라其術이出
自泰西人利瑪竇湯若望等하야淸朝以
來通行者也라正祖十九年에命成周悳
等하야撰國朝曆象考及万歲曆하시니라

影印本 每日申報 1916·12·20

漫錄

朝鮮歲時記 (五)

嵩陽山人

臘日

風俗通에 曰夏曰嘉平、殷曰淸祀、周曰臘이라하니 臘者는 獵也라 因獵取獸祭先祖也라 又曰兎顏이니 俗謂獵正에 祖食得菟顏者는 謂之幸이라 흠야 寒酒흠야 幸善吉祥흠야 슨謂之幸人이니 賞以寒酒흠고 禮記曰伊耆氏始爲蜡라 흠니 蜡者는 索也라 歲十二月에 合聚萬物而索饗之也흠고 周禮曰國際享者는 其來古也라 晋惠公十二年에 更名臘曰嘉平이라 흠고 史記曰至始皇三十一年에 初臘흠니라

(臘享) 故例에 臘日에 行廟社大享흠고 並四孟爲五大享이라하고 (臘藥) 內醫院이 造九劑藥各種흠야 以進曰臘藥이니 最要者는 曰淸心元、蘇合元、安心元三種이니 至正廟庚戌에 新製濟衆丹、廣濟丸二種흠야 頒賜各營門흠고 又目耆老所로 造臘劑諸藥흠야 分著老諸臣흠고 諸營門及諸司도 亦依方製造흠야 互相餽遺흠나니 最有奇效者는 曰

(臘肉) 臘肉은 用雄兎山猪등肉흠야 是日에 幾輔山郡이 各以所獵으로 進貢흠며 每於季冬에 山郡諸守令은 悉發民捕獵于近畿諸山흠며 射獵于近畿諸山흠고 又命閭巷小兒로 捕黃雀貢入흠야 蓋黃雀肉이 利於老弱이라흠고 又周臘에 雜記仲春에 羅春鳥以養國老라흠며 鄭氏註曰春鳥는 黃雀이니 今之黃鳥也라흠니 聖祖之徵意를

(臘肉) 臘肉進貢흠고 特發谷營흠야 以充臘肉珍品흠며 黃雀으로 爲臘肉진흠니 然故로 京市에 臘雀이 爲臘肉珍品이라흠고 醫書에 云黃雀이 利於老弱이라흠고 蜡則吹邠頌擊土鼓흠야 以息老物이니 蜡者는 報百神古聖賢有功於民者也라흠고 蔡邕獨斷曰臘者는 歲終大祭라흠고 玉燭寶典曰臘者는 祭先祖흠고 蜡者는 報百神이라흠야 魏以辰日로 爲臘흠고 神흠니 漢以戌日로 爲臘흠고 晋以丑이라흠니 我鮮은 以未日로 爲臘

이라 芝峰類說에 曰蔡邕之說에 云黃帝以未臘흠고 赤帝는 以戌臘흠고 白帝는 以丑臘흠고 黑帝는 以辰臘흠고 靑帝는 以未臘이라흠야 蓋以東方盛德이 在木也라 我鮮은 用多至後第三日흠니 蓋以東方使行時에 必多費消心흠야 淸必无이니 燕京人이 名之曰起死神丹이라흠야 每我使入燕이면 目王公以下로 爭來求乞흠고 酬以厚賣라 故로 每於波及京鄕親友흠나니 最有奇效者는 曰想是也로다

漫錄

朝鮮歲時記 (六)

當陽山人

○臘日　下

(臘雪水) 醫書에 臘雪水는 治瘟瘴諸疾이라ᄒᆞᆯᄉᆡ로 臘日에 取雪水貯藏ᄒᆞ야 以供藥用ᄒᆞ니 以此로 漬物則不生蛀라ᄒᆞ고 又以此로 漬物則不生蛙라ᄒᆞ니 田公笑曰 々々俗諺에 云臘前見三白ᄒᆞ면 田公笑嘛々々이라ᄒᆞ니 三白者는 雪也라 臘前에 三度 大雪ᄒᆞ면 麥根에 虫不生이라 故로 農占에 以로 膿日에 取雪水貯藏ᄒᆞ니라 金秋史正喜 臘日詩曰 臘雪洋驗嘉祥麥明年樂 老子且將今日喜園林都放白毫 光又曰 酒綠燈靑老屋中水仙花綻玉玲 瓏 (千葉水仙花名曰玉玲瓏) 尋常雪意 多關涉詩境空濛畵境同

(臘梅)
臘月梅花ᅵ品各不同ᄒᆞ야有
千葉單葉粃白蠟黃綠紺日諸種호ᄃᆡ
惟日色이最佳ᄒᆞ니 養花家ᅵ每歲養梅

(數三百盆ᄒᆞ야 供大內各殿宮及戚里賞 玩ᄒᆞᄂᆞ니라 歷家ᅵ면 諸家ᅵ必設梅花隝丁ᄒᆞ야 以供淸賞ᄒᆞᄂᆞ니라 私淑齋姜希孟詩曰 昏黷落見橫枝綠步尋香到水濆千載 羅浮一輪月至今來照夢回時愛川李承 薰詩曰 關裡輕衰沁玉膚南庾遺韻太湳 孤、花殘何愛譜香雪樹老渾鷺産落珠、 滾々天嶺春自在及々人事歲云徂、參

橫月落依々ᄒᆞᆷ晟猶是羅浮美女無譽齋 李昌宗州梅花詩曰一陽南至日万里北 建花發猶疑漢水東行人忽見梅花發建 昌宗州梅花詩曰南庾節蠟蠟日韵芍曰 絫茱和陶靖節蠟日人家藷焙壽星下水仙千朶復万枝 薰詩曰關裡輕衰)

松又泰齋柳力善詩曰臘雪孤村積未消
柴門誰肯爲相訪、夜來忽有満香馥知
那楊花第幾梢
愛黃翁其意淡而和、稱心寸亦足那更
千葉單葉粃白蠟黃綠紺日諸種호ᄃᆡ
詔何人窓覺花、江湖春到早籬落月生
日寒梅南隝産受命自淸和、終古能無
之餘ᄒᆞ니可謂梅與陶潚炙乎ᅵ其詩
咏梅之祖ᅵ오亦其次也曰ᄒᆞ야遂
娉余同和ᄒᆞ야以陶公之高而柄可無咏
乎아愚南騰綱先生이以爲此十字足
詩에有云梅柳夾門植一條有佳ᄒᆞ야
니愚詩曰臘腦夜門陰何도亦其次也라
薰詩曰關裡輕衰)

(臘梅名花來里辛苦奈君何、
香消不在多、慵餘江入夢歡應月當歌
根淨能無耋、浮江詩曰
門片羅浮逈時看鴝秋過
浮ᄒᆞ니俗이每於歲暮雪積ᄒᆞ면相與約
會於山寺江亭ᄒᆞ야ᄂᆞᆫ以賞雪景ᄒᆞ고飮酒
齋賢詩曰紙被生寒佛燈暗沙彌一夜不
鳴鍾、應嗔宿客開門早要看庭前雪壓
松

(水仙花)
我鮮濟州에多産水仙花ᄒᆞ야每冬月
山野處々에皆自生自開ᄒᆞ야洞香韻郁이라金秋史詩曰
一泓寒碧浸小嬪凌波試淡粧、
不羨蓮房輳六出寧專翺雪香、素毳
顯配食花中亦有水仙王又金滄江詩曰
)

清士南朝少終風八表多、　酲
醲醲滿眼孤醉忽成歌
(水仙花)
昏黷落見橫枝綠步尋香到水濆千載
千葉水仙花開花ᅵ라金秋史詩曰

漫錄

朝鮮歲時記 (七)

嵩陽山人

(小歲) 小歲者는 臘之明日이니 崔寔四
民月令에 云每小歲에 進酒尊丈하고 受
賀君師라하고 史記天官書에 云凡候歲는
美惡을 謹候歲始하나니 歲始는 或以冬至
하고 或以臘明日하야 人衆이 聚會飮食
을 謂之卒歲會라하니 即近日歲末忘
年會가 是也라

(歲抄) 舊例에 每於十二月朔에 自選部
로 抄啓朝官中罷削人名을 曰歲抄라하
야 点下者는 敍用 或減等하고 六月朔에
도 亦然하니 蓋大政이 每在於六臘兩朔
故也라 因有慶赦하면 別歲抄入啓하
니 盖出於疏蕩之興也라

(歲饌) 每於歲暮之際에 各道觀察使統
制使兵水使以下守令과 乃至邊鎭微官
으로 所造라하고 或云一日白打니 唐宋은 盛行
各郡小吏라도 各以土産物種으로 餽送하며
於朝紳曁親戚知舊를 謂之歲饌이라하며

나니 近數百年來로 此風이 尤甚하야 例
於歲末에 민 外方歲饌封物이 牛載馬駄
하며 健丁擔負하야 絡繹於道하나니 皆
其來久矣라 權少游用正詩曰滴水成氷
亦設鐺爐하야 於歲初하니
自高麗時로 其歲盛行하야 宮廷官門에

(碓樂) 新羅時百結先生은 不知何許人
이니 居狼山下하야 家極貧하고 衣百結
하니 時人이 號爲東里百結先
生이라 嘗慕榮啓期之爲人하야 以琴自
隨하야 凡喜怒悲歡不平之事를 以琴宣
之하더니 歲將暮에 鄰里舂粟이어늘 其
妻開杵聲하고 曰人皆有粟春之어늘 我
獨無하니 何以卒歲오 先生이 仰天歎
曰吾爲汝作杵聲以慰之하리라 乃鼓琴
作舂聲하니 今樂府傳之하야 名爲碓樂
이라하니라

(懺戲) 丁壯年少者以蹴鞠爲戲하나니
如大彈丸하야 上揷雉羽하고 兩人이 對
立하야 脚勢相交하야 以連蹴不墜로爲
勝하니 按劉向別錄에 寒食蹋蹴은 黃帝
...

梁鴻孟光의 眞好逑
有至味며 曲肱而寢이
可求아 糟妻糟妻莫漫憂
家榮期之樂足飽며 儂
儂家杵儂家碓春臻
東家舂西家砧杵醫卒歲
이라 佔傳齋金宗直歌曰東
作杵聲하니 今樂府傳之
子等이니라

明火上相閒分白打錢이라하되 我鮮은
日吾爲汝作杵聲以慰之하리라 乃鼓琴

漫錄

朝鮮歲時記 (八) 　嵩陽山人

（歲暮）時에 懸蜂이 在堂ᄒᆞ고 歲聿其莫, 今我不樂, 日月其除라ᄒᆞ야 以錦緞으로 作不樂, 日月其除라ᄒᆞ니 小序云唐俗이 勤與神假이라ᄒᆞ야 終歲勞苦ᄒᆞ야 不敢少儉故로 其民이 終歲閑之時에 乃致相與休라가 及其歲晚橫閑之時에 乃致相與燕飮爲樂이라ᄒᆞ니 東俗이 亦自羅麗로 俗倣欲儉이라ᄒᆞ야 每於歲暮에 相與燕飮爲樂이라ᄒᆞ니 李芝田이 蓬詩에...

（高城의 祀神）高城俗은 祀堂이 每月朔望에 自官祭之ᄒᆞ나니 以錦緞으로 藏置堂中이라가 每於臘月念後에 其神을 下降於邑ᄒᆞ면 人이 着彩假面ᄒᆞ고 踏舞出遊於衙內及邑村을 ᄒᆞᆫ家夜迎而樂之ᄒᆞ다가 至正月望前ᄒᆞ야 還于堂ᄒᆞ야 歲以爲常ᄒᆞ니 蓋饑神之如也러라

（十二月令詩）嘯堂時維季冬爲除月小寒大寒是二節六候鵠巢鵠北鄉鷄方乳似雄雉悅征鳥厲疾腹墜卒歲凡其功何以綿布綿紳剪出綬谷樣衣服宜緊紀裸……

竹下人縱孝蠟屐水南詩觶生香罏近日染色紫草菫桃花鼠亂行擺吐手帶腰褶裙裳悅亦侈仳蕉德者糧減鎌出鷄候課嚴惡見又曰啼虹有酒酌小畫船瀉酒有盏霄……

엔相隣相喚聚絢鎌町屋一年須一苦日比隣相喚聚絢鎌町屋一年須一苦折芬沙田無斂又征錢, 悄招紅荳耀桁衣且美, 飮食話品須預備饌

無端致傲骨鐵眉吮罷見怡又嗜嚼又曰喈虹有酒酌小畫船瀉酒有盏

夜貫石湖夫人在ᄒᆞ야添船窓前ᄒᆞᆯ 逈曲折芬沙田無斂又征錢, 抱祖佳孫ᄒᆞ고 新山狂逐海北入少年, 抱祖佳孫ᄒᆞ고 已艶阿誰一見不鍾憐又曰骨董黃黍媆 且什瘦妻傍笑拙生涯, 烙仮茶餅穉砂印養褪松補穉糵糵叙, 年穉山深無憚吏月明酒熟似嘉俳, 南溪漁老尋節到燈畔蒲團作伴排

柿蜜栗油蜜醬醋醯不有, 山翁歲首少相賞乳飴饅赳北魚場買肉契取, 崔豆光釘頭伺飯臟日獵月捉, 縱然別無目外求祭饌於斯豐翹曲, 白瓷盏烏於灶幾頭伺飯臟日獵月捉, 除夕禁舊家ᄒᆞ니 俗, 土坑逢堂憶團庫聊園講門隨庭明, 麻子赤豆與人髮投詳

造蟲嫌無味喚取江頭別字官（邊酒造蟲嫌無味喚取江頭別字官（邊酒村良品入城官庭蔘閣上番兵, 躇辣笠村良品入城官庭蔘閣上番兵, 躇少石賞少相逢川酒場但知孟鉢不論罇城, 西隊長을 川西邊勝則吏民省賀之ᄒᆞ고 官擇別北者ᄒᆞ야 分爲五色彩索爲禮ᄒᆞ고 야本官與中이 爲東西隊라ᄒᆞ야 以五色彩索爲禮ᄒᆞ고 야本官與中이 爲東, 數印人相向捽之ᄒᆞ야 ᄒᆞ야 ᄒᆞᆯ頭紺長龍形으로 數印人相向捽之ᄒᆞ야 不知風雪冷朝廷新賜紙衣求... 米髣說風流結眼裏分明看妓生

洗兵樓下簇人肩牛地末看錦纜峰, 色籠頭一時旗皷賀官前（每年五終紗幔藏之ᄒᆞ니 以... 冬卒不賜御沿江把守幾灣回草幕相聯一字開, 戊沿江把守幾灣回草幕相聯一字開, 戊招長髏閑不用江行雪馬氣騰々（鴨綠九峯寒旦掛高稜一水婆溜雨岸氷, 短李寗齋雪橇歲時詞, 今年逢着閏一月有此迎

井中瘟不塁, 翁感歯添醉多慰兒慈眉偕眠不成, 關梨（僧의 土質나高麗時에貴族子弟多以童爲僧故로今人呼賞菫, 日閣梨）爭嗔買慈半雜遠哭近歌聲夜深村衝火來去却是送舊歲拜行, 五更幾人守不得望春東北斗柄橫, 若使

李寗齋雪橇歲時詞

漫錄

朝鮮歲時記 (九)

嵩陽山人

除夕

按患風雲歲聿云除라ᄒᆞ니除夕者ᄂᆞᆫ
歲除之也오又曰除夜라ᄒᆞ니蓋一歲
終除之夜也라

(舊歲間安)以車에朝臣二品以上及侍
從之臣이詣闕行舊歲問安ᄒᆞ고年少者ᄂᆞᆫ
ㄴᆞᆫ家廟拜謁ᄒᆞ야年少者ᄂᆞᆫ歷訪姻婭隣里
行長老ᄒᆞ야自昏至夜至街巷相續不絕ᄒᆞ며人家婦女兒少
도皆拜ᄒᆞ니라

(發大砲行大砲) 舊例에目除夕前目로
關內에發大砲ᄒᆞᆯ號日年終砲라ᄒᆞ고故
火砲에爆竹ᄒᆞ야禁中이니卽六
日禮에出自周禮ᄒᆞ며
雞鳴疫에迎神也라云매歲一日에擊鼓驅疫
ᄒᆞ니라

甫詩所謂守勢阿戎家椒直已ᄒᆞ니杜
坐ᄒᆞ야達朝不寐曰守歲라ᄒᆞ니

(辟瘟丹) 內醫院에製辟瘟丹留御ᄒᆞ면
正朝早晨에製一灶ᄒᆞ니東醫寶鑑에歌
曰神聖辟瘟丹留傳ᄒᆞ야正元一灶四
日李俟千安ᄒᆞ고間巷間이或虛綻囊佩之
ᄒᆞ니라

(爆竹)古錄에云南方山中에有人長丈
餘ᄒᆞ니人見之면卽病寒熱일ᄉᆡ名曰山
臊라故로每除夜에爆竹于門庭則山臊
驚走다今俗燒竹이或出還寔녀라

(守歲) 人家樓廳房厨에皆油灯日磁
一盞ᄒᆞ고紫焰心ᄒᆞ야至軒閣廊廡
門籠厠溷ᄂᆞᆫ皆點灯達夜ᄒᆞ고上下老幼
ㄴᆞᆫ限眠ᄒᆞ야眠ᄒᆞᆯ除夜ᄒᆞ니按溫
革碎瑣錄云除夜神佛前及廳室房溷
十回殷勤曰回建蓬

夢華錄云都人이守除夜籠雜

又按東坡夢華錄云

閣守勢酒歲라ᄒᆞ니杜

雪陰에發

如 雪陰에發

在蓮院斗柄回挑孤寒燈照

에鄭復霜擅詩曰驅儼儂
悄凄凄題帖

雙陸暗呼曉不眠○容生借用眠

漫錄

朝鮮歲時記 (十)

嵩陽山人

朝에 以柶擲卦하야 占新歲休咎하나니 占法은 配以六十四卦오야 各有繇辭라하니 此戲撤馬卜者는 進五宮이오 計宮撤馬하되 務要速進故로 俗이 每於歲節에 兒童이 相聚하야 以黑白栖子或銅錢等을 藏在手裡하고 握拳而坐하야 各各射覆하야 知其數者를 爲勝하나니 亦曰藏鬮라하나니 辛氏가 握拳

(擲柶) 擲柶者는 朝鮮之特例也라 其制는 用削柶 (柶即丹荊) 二條를 剖作四片하야 名曰柶라하니 俗名은 윳 (炙) 이라 長可四五寸이오 或小如骰子如杯珓하야 擲之爲戲者니 四覆曰牟오 四仰曰柶오 三覆一仰曰徒오 二覆二仰曰開오 三覆一仰曰傑 (或作桀) 이니 畫紙爲局하되 縱橫二十九宮을 如柶圖하니 俗謂項王東城陣圖也라 分曹迭擲이야 計宮撤馬하야 盖牟爲貴하고 我鮮歲時에 此戲最盛이라 按説文曰柶는 匕也라하고 特取四木之義하야 又云柶戲者는 非有他意也니 樗蒲之類也라 世俗이 云柶戲者는 除夜元

柶詩曰 連聲刮席叫牟盧 兒此九宮中起馬 却輸來久矣라 今聞妓女迷信柶占하니 牟不可破矣로다 權小游擲柶李芝田身邊除日詩曰 酒暖花寒千家雪 羅裙重壓崧陽馬 柶詩日高擲丹荊四介長 京華物態及村田 小市人肩團作暈 屠蘇未飲異何害偹勝閑

又柳潤松歲時風謠曰 高擲恭京都雜志에 柶冶遥得 轉轉愈進하니 柳治遥得恭京都雜志에 采登々映一堂諺琳琅 琳前散落響琳琅

元日擲柶柶占에 曰 徒々乾、兒見慈母得、徒々介履、鼠人倉中、徒々牲 (牲即牟) 无妄、昏依行燭、徒々傑同人 昏依行燭、遇逢春이라하니 盖俚俗誕妄之説을 不得備錄하노라

(藏鉤戲) 藏鉤之戲는 起自漢宮하니 今俗이 每於歲節에 兒童이 相聚하야 以黑白栖子或銅錢等을 藏在手裡하고 握拳而坐하야 各各射覆하야 知其數者를 爲勝하나니 亦曰藏鬮라하나니 辛氏가

(放紙礮) 除夕에 放紙礮는 本燕京流俗 而義州俗에 閭里必放紙礮하되 近來京鄕都曾에 도 亦多此俗하니라

(靑壇氷燈) 咸北僑民은 設氷灯如圓柱하고 中安油炷하야 以達夜鳴鉦鼓吹喇叭 하고 關西俗에 號曰靑壇이라하고 設儺戲

而閭色故로 宮人이 效之하야 遂有藏鉤之戲라하니 梅聖兪詩云 漢家戊日看々 道宮女藏鉤舊戲存者此也라 今俗이 亦

足取信故로 略示一斑而已오 以下는 煩不盡録하노라

明灯守歲幾痴民、影勃々梅花一線春、上界神仙應俯笑 去容奔忙都爲末來人、垂々星斗千門 遂飛塵長夜暖々欲轉晨、决絕奈如當 朝是酉年、金滄江除夕詩曰 羞和鞭惫

鞦香茶漢曰船、小市人肩團作暈 春意綠生烟、屠蘇未飲異何害偹勝閑

亦設氷燈하야 以爲年終之戲하더라

秦記云 漢昭帝私親鉤弋夫人이 握拳

元日

(元朝)晋書曰顯帝以孟春正月로爲歲元이라니其時正朝朝立春이라氷凍始泮하고蟄虫始發하며雞始三號라하고玉燭寶興云正月이爲端月하니履端於始也오一日은爲元日元朝고고亦曰上日也라

(朝賀)故例에議政大臣이率百官詣闕하야新歲問安하고奉箋文表裏하되賀於正殿之庭하되八道方伯閫帥州牧이進箋文方物하며州府郡縣戶長이亦咸來參班하야一如冬至之儀하나니五禮儀에云正朝至日에皆御前受賀하되陽時票旨하고輔祖停이라하니盖國法이以謙儉相承하야著其文以存禮制하고略其實以從簡質이니此는盛世省繁之意也라

日正朝日三元이라하니三元者는歲之元時之元月之元이라하니라

(勸農綸音)每元朝에下御製勸農綸音模라하고先作蔘湯候沸하야將餠細切以投之하고或和曰豬牛雄雞等肉하야除夜元朝에家人이計口喫一椀을名曰餠湯이라하고先作蔘湯候沸하야將餠細切

(三日罷朝市)自元日로至三日은承政院이不入各房公事하고內外衙門이不開坐하고市廛撤閉하고公卿家는不許開坐하고市廛撤閉하고公卿家는不許

(歲庇廳)男女老少ㅣ皆着新衣粧飾을謂之歲庇廳이라하고遍行拜禮于父老

餠湯이라하니閭閻間이問小兒年齒에輒曰喫得幾椀餠湯이라放翁歲首詩에日中夕祭餘分餤託註에鄉俗이歲日에必用湯餠을謂之冬餛飩年饈託이라하니疑即此物也라攖少游湯餠詩曰溫如白玉小如錢歲饌으로時賀語傳恭喜兒童添喫椀大家滋味今嘗破一椀取人又添滋味今嘗破一椀取人又一年又權容堂詩曰千圓賦滑玉爲錢少日痴憐酷愛憐世俗滋味今嘗破一椀取人又一年

婚親及隣里尊長을稱曰歲拜라하나니携少游詩曰窄窄新衫製綠羅四隣兒少拜年過老翁此日偏惆悵拜處全稱受拜

(茶禮茂饌)元朝에士族以下至於民庶家ㅣ謁家廟行祭를曰茶禮라하고凡年例에必設酒肉以餉之를曰歲饌이라하고凡歲饌者는湯餠即裏其가有歲拜客至하면必設酒肉以餉之를曰

(法鼓)僧人이候除夕子夜半하야到人家門外하야高聲請齋米하면守歲者는方雜坐誼譁하야不覺更闌이라가開此聲則相顧曰歲已新矣라하야正朝初에禁僧尼不得入都城故로此風이近日은絶而舞隊回旋擊鼓忙金鐃玉라權少游詩曰舞隊回旋擊鼓忙金鐃玉粒狂中央、彌陀上歲偏多事來與人家做迫掹、

漫錄

朝鮮歲時記 (二十)　嵩陽山人

(屠蘇酒) 元日에 進居蘇酒膠牙錫은 蓋
山於荊楚歲時記ᄒᆞ니 白藥大詩云三杯
藍尾酒一椀膠牙錫이 是也라 按東醫寶
鑑에 曰屠蘇酒釀法은 白朮一兩八錢、
大黃吉更川椒桂心各一兩五錢、 虎杖
根一兩二錢、 川烏六錢、 右를 剉ᄒᆞ야
絡에 沉井中이라가 歲旦早曉에 出藥囊ᄒᆞ야
中에 煎數沸ᄒᆞ고 東向ᄒᆞ야 飮ᄒᆞ되 從少至
老야 各飮一杯ᄒᆞ고 其滓ᄂᆞᆫ 還投井中
ᄒᆞ야 取水飮ᄒᆞ면 可以終年無瘟疫이
라ᄒᆞ니 按俗說에 屠蘇ᄂᆞᆫ 草庵之名이니
昔에 有人이 居草庵之中ᄒᆞ야 每歲除夜
에 遺閭里藥一劑ᄒᆞ고 令沉之井中이라가
至元日에 取水置於樽中ᄒᆞ야 闔家圍
ᄒᆞ야 飮之ᄒᆞ면 不病瘟疫이라 後人이 得此方
ᄒᆞ야 傳之ᄒᆞ나 卒不知 其姓名ᄒᆞ고 但名屠蘇

而已라 藍尾杯ᄂᆞᆫ 亦曰婪尾니 俗曰酒今
에 凡巡杯主末座者ᄂᆞᆫ 連飮三杯라ᄒᆞ니
蓋末座ᄂᆞᆫ 應遠盃遲故로 連飮三盃니 蓋
取貪婪之意也라

(餤飣) 即膠牙錫也니 正朝上元에 人家
祭先ᄋᆞ로 以餤飣上需ᄒᆞ니 其法이 以酒
와 用糯米粉ᄒᆞ야 浸搏作餅ᄒᆞ야 細切待乾
ᄒᆞ얏다가 用油浴煎ᄒᆞ면 卽浮起面大ᄒᆞ야 形
如蠶繭이라 沃以錫ᄒᆞ고 炒胡麻衣之ᄒᆞ야
나니 周禮疏所謂以酒餔ᄒᆞ니 餅은 若令起
膠餅이 是也라 楊誠齋詩에 曰臘邊宮
賜小黃冠ᄒᆞ니 粉餤鄕風憶故園、 粉餤은 卽餤飣
公讌、 粉餤鄕風憶故園、 粉餤은 卽餤飣
이 是也라

(問安婢) 元日에 姻家婦女가 相遂送
粧少婢ᄒᆞ야 問新年平安日安婢라
ᄒᆞ니 李恭奉臣呂詩曰誰家ᄂᆞᆫ 安婢、 阿
人誰家

(歲銜) 元日에 各司官員及各營校卒이
名銜與摺紙列名ᄋᆞ로 來呈於官員及
先生家ᄒᆞ면 門內에 置漆盤受之曰歲銜
이라 外道衛門이 亦然ᄒᆞ니 此라 按王錡寓
圃雜記에 京師風谷이 每正朝에 主人은

出賀ᄒᆞ고 惟備白紙簿並筆硯於几ᄒᆞ야
一賀客至ᄒᆞ야 書其名ᄒᆞ고 無迎送也ᄒᆞ
니라 卽近日歲衒之始라 又其地方阻遠處ᄂᆞᆫ
刺交換ᄒᆞᆯ 曾ᄒᆞ야 定期相會於一處ᄒᆞ야 相
名刺或或葉書로 寫新年祝ᄒᆞ야써 相
其煩雜ᄒᆞ야 以賀或年始刺이라ᄒᆞ니 蓋
交換ᄒᆞᆯ 曾ᄒᆞ니 蓋以歲衒之相傳ᄋᆞ로
郵傳遞之ᄒᆞ니 謂之賀或年始刺이라ᄒᆞ니 蓋

(德談) 歲初에 逢親歲故舊則輒以登科
進官生男獲財等語로 相祝賀言ᄒᆞ니 謂之德
談이라ᄒᆞ나니 洌陽歲時記云歲初에 都
人士女가 往來獻歲ᄒᆞ고 粧糯天晴ᄒᆞ며
交映市街라가 途遇相識ᄒᆞ면 輒天晴ᄒᆞ며
道新歲太平ᄒᆞ고 舉吉慶事以相賀言ᄒᆞ니 謂之
視其人所望ᄒᆞ나니 金農嚴詩曰都人士
女道中賀歲ᄒᆞ고 顔色이 靚艶ᄒᆞ라ᄒᆞ고 邵
傳正朝詩曰日昨細進大津大液迤
海帽宮花富貴ᄒᆞ니 滿帽宮花富貴金꽃不畢羣
柳印新、 滿帽宮花富貴金골不畢羣

(歲畵) ○人

漫錄

朝鮮歲時記 (下)

嵩陽山人

元 日 (下)

（歲畵）舊例에圖畵署가畵壽星仙女와直日神將圖ᄒᆞ야獻于公ᄒᆞ고亦相贈遺ᄒᆞᄂᆞ니名曰歲畵라ᄒᆞ야以寫頌祝之意ᄒᆞ고又畵進金甲二將軍像ᄒᆞ되長丈餘라一持斧ᄒᆞ고一持節ᄒᆞ야揭于宮闕門ᄒᆞ니名持斧鬼頭라一畵雞虎戶ᄒᆞ니今俗이盖防此라ᄒᆞ고或以絳袍烏帽像으로揭ᄂᆞ니名門排라ᄒᆞ고又以絳袍鄕公으로謂尉遲敬德泰叔寶라ᄒᆞ고四天王神像이라ᄒᆞ야又多效之ᄒᆞ니按宋敏求春明退朝錄에云道家說ᄒᆞ야用此以禳之ᄒᆞ나니라ᄒᆞ고周禮에天門守衛金甲人葛將軍이라ᄒᆞ고掌秦鬱圖에周將軍이葛周二將軍而世俗이乃以門排가似是葛周二將軍而世俗이乃以

（雜虎畵）閭巷壁上에貼雞虎畵ᄒᆞ야以禳(燒髮)男女一年梳頭에貯退髮ᄒᆞ야留之ᄒᆞ다가必待元日黃昏ᄒᆞ야燒於門外ᄒᆞ야以辟瘟이라ᄒᆞ나니按孫思邈千金方에正月寅日에燒白髮이면吉이라ᄒᆞ니俗이盖昉此라

（五行占）鄕五行占ᄒᆞ야以卜一年身數ᄒᆞ나니五行이各有占辭라ᄒᆞ고木刻金木水火土ᄒᆞ고如碁子ᄒᆞ야一時鄕之ᄒᆞ야觀其仰俯面得占ᄒᆞ나니라

傳奇中唐文皇語事도傳會之衛라按燕京俗에除夕에廳籠前ᄒᆞ야請方向ᄒᆞ고抱鏡出門ᄒᆞ야聽市語先入者ᄒᆞ야以卜來年休咎ᄒᆞ야謂之鏡聽이라ᄒᆞ니東俗이亦然이라

○聽識이라ᄒᆞ나니按燕京俗에除夕에廳

○（獻歲首歲興）京外朝官命嬬年七十以上과士庶年八十과士庶年九十이면各加一資ᄒᆞ고年在歲則特超一品階ᄒᆞ나라每歲首에以應實老人으로授資入政ᄒᆞ야稟下批ᄒᆞ니皆優老尊年之歷興興也라

○（夜光）俗說에鬼名夜光이라ᄒᆞ야是夜에降于人家ᄒᆞ야編穿兒鞋ᄒᆞ야足樣이合則穿去ᄒᆞ며鞋主가不吉故로群兒가畏之ᄒᆞ야皆藏鞋滅燈而宿ᄒᆞ고懸篩於廳壁과或階庭間ᄒᆞ야謂以夜光神이數篩孔ᄒᆞ다가盡ᄒᆞ면仍忘穿鞋ᄒᆞ고鷄鳴乃去라ᄒᆞ나니

○（聽識）曉頭에多愼忌之事ᄒᆞ나니라人物怪惡之事이며隔九而人三災오ᄒᆞ고卜一年休咎ᄒᆞ니初聞之聲으로以謝之

虎ᄂᆞ似取貪月之義也로다（三災禳法）男女年値三災者ᄂᆞ正月一日에畵三鷹ᄒᆞ야貼于門楣ᄒᆞ나니三災者ᄂᆞ生年이巳酉丑生은亥子丑年이오申子辰生은寅卯辰年이오亥卯未生은巳午未年이오寅午戌生은申酉戌年이라ᄒᆞ야此三年之內에不干之法이라

夜光은未知何鬼而或藥王之音轉也라藥王像觀ᄒᆞ야可合怖兒이라

【漫錄】 嵩陽山人

朝鮮歲時記 (四)

(祥詩) 承敎院이 預選侍從堂下文臣
호야 製進延祥詩호되 命館閣提學호야
考엇五七言律絕을 考第入格者를 帖
出호니 春帖子와 端午帖子가 俱用是例라 按立春日
에 翰林이 書待詔를 請春詞호야
公日錄에 撰圖門帖子호야 及期進入이
以立春日로 剪貼於禁中門帳호니라 又按呂原明歲時雜記에 學士院이 端午
前一月에 撰圖門帖子호아 及期進入이
라호니 盖古旗也니라

(頒餅糤神) 餳稬米粉於領中호야以熟
赤豆로 隔鋪之호되隔粉多積을 硯領大
小호고 或用糯米粉호야 蒸之호니 名曰
이니以歲時饋神호며 又於朔望及無時
(拜日月神) 膠州俗에 元日相慶호고 拜
春祝이라호니 按荆楚歲時記에 立春日에 貼
...

(花盤) 膠州俗에 尾於山藏間邊邱陵墳
衍木石에 俱設神祀호고 每自元日로 作
上元에 亞瓶이擊神靈호야 民人이爭
歸獻前導호야出入閭里호며民人이爭
捐財錢호야以賽神을 名曰花盤이라호
니라

全身達了己新正詩曰蘆稬石滑曉霜醋
...
南風雪隔年諗、譯々絲蠟燒全尽鼷
其文에 曰翼謨三漑之没駄庵庵誠
...

(立春) 大內ᄼ貼春帖子호고 朝士匹
家及市廛에 皆貼春聯호야頌禱祈名曰
春帖이라호니 又有門神戶靈明禁不祥、
泰民安給人足、雨暘風調時和歲豊
...

(春帖子) 大內ᄼ貼春帖子호고 朝士匹
建陽多慶、萬乙日月舜之乾坤、愛君
...
道泰愛國愁年豊等語호니라

影印本 每日申報 1917·01·10

漫錄 嵩陽山人

朝鮮歲時記 （玄）

立春

檳小游奉帖詩日暮懷瀑屢雪花箋臨
鳥門各一聯、柴扉亦有春風到稚子能
書大吉年、 高麗金富軾東宮春帖詩曰
曉色明樓角春風着柳梢、鷄人初報曉朝
已向寢門朝、

（進山菜）

幾嶺六邑에 進蔍芽、山芥를
辛甘菜ᄒᆞ니 山芥者ᄂᆞᆫ 初春雪消時에 山
中自生乙芥也라 熱水淹之ᄒᆞ야 調醋醬
ᄒᆞ면 味極辛烈ᄒᆞ야 宜於食肉之餘오辛
甘菜者ᄂᆞᆫ 萵蕡當歸芽也니 淨如銀釵股
ᄒᆞ고 夾蜂蜜喉之ᄒᆞ면 甚佳라按撫言에安
東晉州에서 立春日에 命山蔞蕡芽로
爲菜盤相饋貺이라ᄒᆞ고又按撫言에云
定郡王이 立春日에 作五辛盤이라 即是也

（麥根占歲）農家에서 以立春日로探宿麥
根ᄒᆞ야占歲美惡ᄒᆞ나니 二歧以上은爲
豐이오 兩岐ᄂᆞᆫ 中熟ᄒᆞ고 單根不歧則爲
歉이라芝田李身達立春詩曰畜水看齊
百步殷新春麥事已先知、正富士鼓迎
貓夜未幾金釵戴燕時、唐巾懸頂眞何事
薄老非今日鏡那頹、
從少貧無落魄悲

（木牛巡路）關北俗이是日에作木牛ᄒᆞ
야自官府로達于閭里ᄒᆞ야遍出于路
ᄒᆞ니禮記月令註에曰立春ᄒᆞ야出土牛
ᄒᆞ야以示農耕之早晚ᄒᆞ되立春日이在
十二月望이면策牛人이近前ᄒᆞ고正月
朔則策牛人이當中ᄒᆞ야示其農中ᄒᆞ고
農早ᄒᆞ고立春日이在正月望則策牛人
이在後ᄒᆞ고

（春盤神水）立春日에供春餅生菜ᄒᆞ고謂
之神水

蘇舊俗如我鮮貢亦然이리崔孤竹慶昌詩
曰旅食逢春菜ᄅᆞᆸ盤愁且物華、經年猶在
路幾日定邊家、山郭煙和柳涧橋雪
半沙、佳辰任逢梗影轉蹉跎、又李慶
川承薰詩에云人眼條風亂開盤菜色
顏彩化之美也라古人詩에云今年春色

坡詩에青蒿貢韭試春盤이라ᄒᆞ니盖唐
朝會邦家盛璟珮錦滿九街、王鳳洲
詩書畵帖能聽肉竹絲、家釀淺深三
日熱庭花次第一年遲、無多數事應無
顧未老長如五十時時又曰柳自四時無
雨雪花恒三月不秋冬

라及杜詩에春日春盤細生菜라ᄒᆞ고又東
歲穩彩絲燕釵年春者是也라
야示幾晚이라ᄒᆞ니前人詩所謂土牛皇
朝에立春日에內出彩花
（賜彩花）健陵時에立春日에亦唐朝宋人黃
ᄒᆞ야各賜一枝于閣臣戚里ᄒᆞ니亦唐朝
早隱爲剪刀催
爲剪刀催

詞祝目期人天神佛共參禪眼香猶看
濟得此民生、但願天公布陽德消餘疾
師覺春帖詩에曰簑子家中無毅帛如何
道武皇休射獵不妨刀朝任談諧、欲知
雲世晤色開令闓雪後春光上玉階、爭
日葱醸酒神都氣自開金闓雪後春光
柑醸酒之美也라鄭東溟立春帖에
歡이라芝田李身達立春詩曰畜水看齊
百步殷新春麥事已先知

漫錄

朝鮮歲時記 (其) 嵩陽山人

(人日) 荊楚間禮俗에 曰正月一日은 爲
鷄、二日爲狗、三日爲猪、四日爲羊、五
日爲牛、六日爲馬、七日爲人、八日爲
穀이니 唐人詩所謂七日最貴辰이 是也
라 李容齋詩人日詩所謂曰玆晨이 幸値大
晴睡起ᄒᆞ야 徘徊眼忽明、造物이 定聽民老子
春光을 要復慰新生、雪消細草芽、出風
暖幽禽欵欵鳴、正使上弦饒月色只今
懷抱爲誰傾

(人日製記) 故例에 人日에 命製試太學
圓點儒生 (圓點儒生은 食堂滿三十日
爲圓點始許赴試) ᄒᆞ고 以詩賦表策箋
銘頌律排律等各體로 隨意命題ᄒᆞ야
考取居魁者를 或賜第發解施賞有差ᄒᆞ
고 設行於成均館內ᄒᆞ며 或親試於闕內ᄒᆞ
니라 又或通方外儒生ᄒᆞ니 節日試士가
三月三日七夕九日도 幷製試

(七種菜) 高麗時에 是日에 供七種菜ᄒᆞ
니 俗에 謂爲佛家遺俗이라ᄒᆞ고 以七種菜로 爲羹이라
歲時記云人日에 以七種菜豆爲羹이라ᄒᆞ
니 亦荊楚舊俗而流韓者也라 日本俗에
도 人日에 始命宮官侍講等進
之義也라 但是日에 能除萬病이라ᄒᆞ니 亦七種菜
薺、蘿蔔、御形、佛座七草豆打爲作粥
菜、羅葍、御形、芹ᄒᆞ야

(頒人勝) 工曹ㅣ 鑄銅如小圓鏡有柄
ᄒᆞ고 樓仙人像을ᄒᆞ니 以進ᄒᆞ면 是日에 頒
賜諸閣臣侍臣ᄒᆞ니 名曰銅人勝이라ᄒᆞ고
按隋劉臻妻陳氏人日에 上人勝ᄒᆞ되 或
剪綵或縷金箔爲之라ᄒᆞ니 亦隋唐之遺
風也라 高麗史에 云每歲人日에 頒賜人

(上辛祈穀) 故例에 正月上辛에 必祈穀
ᄒᆞ니 亦近日新例也라

于國社ᄒᆞ나니 盖禮記에 上辛에 祈穀于圜
丘之義也라 李慶川承薰辛日新穀時日
大臣所新歲君王在社壇、不須祼食葵
糜錦衣安、穀日方牛曉條風只暫蒸城
中春色至怡悅每人看

(上子上亥日) 故事에 宮中小宦數百이
聯炬曳地ᄒᆞ야 呼燻家燻鼠ᄒᆞ고 燒穀種
盛于囊ᄒᆞ야 頒宰執近侍ᄒᆞ야 以示祈
年之意ᄒᆞ니 始有亥囊子囊之稱이라 健
陵初에 復古制頒囊ᄒᆞ되 用錦製亥囊
子囊長之制ᄒᆞ니라

(燻鼠火) 上子日에 閭巷이 炒豆呪曰鼠
嘴焦ᄒᆞ니니 澗嶺俗이 燃炬咸云鼠
嘴焦鼠嘴焦라ᄒᆞ니 澗嶺俗이 燃炬咸
群을 謂之燻鼠火라ᄒᆞ고 上亥日에 作豆
屑ᄒᆞ야 澡身ᄒᆞ며 黑者漸日이라ᄒᆞ고 以
色黑故反取其義也리

(上卯) 卯日을 謂之兎日이니 纊絲를
襄災ᄒᆞ야 或染紅絲佩之을 謂之兎絲니 可以
ᄒᆞ야 或不納八口木物ᄒᆞ고 尤忌婦女
先入ᄒᆞ나니 若女子先入ᄒᆞ야 便旋則大
惡之ᄒᆞ야 以爲咎徵ᄒᆞ니 盖新羅遺俗也라

漫錄

朝鮮歲時記(七)

嵩陽山人

上元(上)

(上元)正月十五日이爲上元이니亦曰元宵요又曰元夕이라是夜는許士女終夜通行ᄒᆞ고巡邏不禁ᄒᆞ니即金吾弛禁之義也라

(藥飯)是日에炊糯米爲飯ᄒᆞ되拌油蜜致醬栗ᄒᆞ고並蒸和海松子를名曰藥飯이라爲上元佳饌ᄒᆞ야用以供祀ᄒᆞ니盖新羅舊俗也라按東京雜記에新羅炤智王十年正月十五日에幸天泉亭ᄒᆞ니有啼烏가警告于王일새以上元日로爲烏忌之日ᄒᆞ야作糯飯祭烏報賽라ᄒᆞ니今俗이因爲時食이라冷齋柳惠風樂府詞曰料峭風小過上元怛々怛々踏歌喧(怛怛歌는新羅樂曲)年々糯飯無人祭一陣寒鴉噪別村、又權小游藥飯詩曰萬粒丹砂共一團貧家稀罕得珍餐、那知喫慣豪華子只做家常飯樣看

(耳明酒)亦曰聰耳酒니是日清晨에男女各飲冷酒一盞曰令人耳明이라ᄒᆞ니按葉廷珪海錄碎事云社日에飲治聾酒라ᄒᆞ니我俗은於上元行之라權小游詩曰寒醪解使耳根通卯飲曾聞最有功、莫向家翁勞勸酒家翁只怕不痴聾、又王鳳洲師覺詩曰已將膠擾屬痴聾太上何人說不通、淨却根塵歸本地春工不待賜人聰

(嚼癤)是曉에嚼生栗胡桃銀杏海松子等硬果ᄒᆞ고祝曰一年十二朔無事太平ᄒᆞ고不生癤疽를謂之嚼癤이오亦曰嚼疽라權小游詩曰一把ᄂᆞᆫ鍼也做嚼胡桃破核栗穿皮、眼看百事皆搶捎今日應須利齒兒、按西關俗에年少男女ㅣ曉嚼飴糖을謂之齒較라ᄒᆞ니盖固齒之方云이라

(食陳菜)俗이畜匏瓜蕈諸乾物及大豆黃卷蔓菁蘿蔔을謂之陳菜라ᄒᆞ야必於是日에作菜食之ᄒᆞ니凡瓜顛茄皮菁菘葉을皆不棄ᄒᆞ고曬乾ᄒᆞ야亦爲烹食이면謂一年不病暑라ᄒᆞ고以菜葉(熊蔬千年艾之屬)海衣로裹飯啗之를謂之福裹라ᄒᆞ니라權小遊詩曰瓜脯狐肉與菁皮解事婆娘巧拾遺、却向春盤纖手裏一時陳腐化新奇

(賣暑)是日早起ᄒᆞ야兒童이相見에猝然呼之ᄒᆞ야有應者면輒曰買吾暑라ᄒᆞ니此를謂之賣暑라盖賣之則嫁暑於人故로百計呼之ᄒᆞ되不應ᄒᆞ나니按陸放翁詩에呼盧院落譁新歲賣困兒童起五更(註云立春未明相呼賣春困)이라ᄒᆞ니賣困은即賣暑也라權小遊詩曰今年物價倍前年瓦石灰沙也有捐、惟有元宵賣暑者年々叫賣不論錢、又曰家々賣暑趁淸晨料外相呼錯應頻、但願人情如此日受將炎熱讓他人、又鳳谿賣暑詞曰塡街小兒無春寒嚼氷如破蘿菁和西舌 隣相望呼ᄏ活合沓遍村喧、唇焦舌倦呼不應如今應者錄一錠、蕭地偶逢忘人我暑我暑如獲勝、黃冠老子絕纓笑且住汝賣勤吾聽、天南六月火傘張溝魚自死如探湯、千耦徂鋤汗滴十豊斗有廖歌和粱、慾吾買喫幸吾飽賤軀元非病暑腸〳

漫錄　嵩陽山人

朝鮮歲時記（七）

上元（中）

（處容）男女年值羅睺直星者는必造芻靈ㅎ니方言에謂之處容이라醬銅錢을於靈中ㅎ고上元前夜에棄于途ㅎ면能消一年災厄이라ㅎ고上元이라是夕에兒童이遍行ㅎ니蓋巫卜荒說也라是夕에兒童이開門擲之則群兒가得便捶曳ㅎ면主人이破顧爭錢ㅎ고衢路而打擊之로謂之打㲄藏라按新羅憲康王이遊鶴城할시東海龍이率子歌舞於駕前ㅎ다가其一子隨駕入京ㅎ니名曰處容이라後人이狀其貌作假面ㅎ야爲樂舞ㅎ니至今敎坊鄕樂部에有處容是也라故로以芻靈謂之處容ㅎ나니蓋俗信巫卜ㅎ야年値日月直星者는剪紙

象日月ㅎ야錯以木揷屋脊이라가月出時에或燃炬迎之ㅎ며水直星者는以紙裹飯ㅎ야投井中穰之ㅎ고最忌落竿族々

年更在西家屋、竿起竿倒目年々人生
志顯苦不足、何時復行均田法千村萬
落竿族々

（勸農藏）故事에正月望日大內에서象
勞所謂人本求面目也非眞、權小游詩曰一束生
邨風七月耕穫狀ㅎ야야分左右角勝ㅎ니
蓋盛朝勸農之意也라鄕里農家도亦於
是日에以秋穡으로作未粗農品及五
穀雜飯食之ㅎ고喫九椀ㅎ고
狀ㅎ야야竪之場圃라가月出後에農丁이
雜作耕耘打穡之聲ㅎ야謂之勸農藏라ㅎ
니歌曰及時耕穫我田家打麥取禾苦力
多、願體盛朝戀農意年々擊壤占豐歌

（禾積新豐）鄕里人家에以上元前日로
束藁如蒿狀ㅎ고包禾黍稷粟之穗ㅎ며
又縣木綿花ㅎ야胃於長竿之首ㅎ야竪
屋傍而張索把定ㅎ고稱曰禾積以新豐
ㅎ고峽俗은立多枝木於牛宮之後ㅎ되
掛穀穗綿花ㅎ고小兒가曉起繞樹而行
歌以觀之ㅎ며又束蓊象高廩露積以祈
田多蒿腴每歲祈年々穀熟、千牛繭載
百寶盈雞有餘粒犬餘粟、貧家元無卓
錐地屋上何由堅牟竹、不及富家竿
竹終日力作未得食、貧家莫羨富家竿

（雜穀飯）山林經濟云上元에喫九椀
飯、績九筐麻、樵九擔薪、終歲得飽云
亦相饋遺ㅎ나니農諺云上元에
則果繁일시紫雲嶽謂之嫁樹ㅎ야야正月
一日或立春及上元에俗多行之ㅎ나니
（嫁樹）果樹皷枝에關石子
按陳澠嫁李法에除夕上元五更에以長
竿으로打李樹榦則結實多라ㅎ고又嫁
石榴는以石塊로安于榦枝間則結實大
라ㅎ나니權小游詩曰嘉樹年々阮長執柯
欲如何種石爲新婦今年生子多

漫錄

嵩陽山人

朝鮮歲時記 (六)

上元 (下)

面祭之라호니 俗이 疑倣蚘兒而祭之호야 日本俗에 驅穀種之自傾호니 朝鮮視之호야 明朝視之호야

(百家飯) 小兒春病驚癎者를 上元에 乞百家飯호야 騎曰對犬而坐호야 與犬一匙호고 自嚥一匙則兒不復病云이라

(上元犬) 是日에 不飼犬호니 飼之則多蠅而瘦故로니 俗이 戲餓者를 必謂之上元犬이라 호니라

(榜태) 淺晨에 汲井華水一器를 謂之榜태이라 호고 淨紙에 裹日飯投江濱東之호야 作聚飯投江濱호야 以爲龍飯이니 以其水旱而不差云이라

(卵) 是日飯을 謂之榜태이라 水旱幾枝호야 各호고 又以里中戶數로 沈井호야 謂之戶滋라 호야 驗之호니 滋則其戶年內豐延이오 不滋則否라 호야 皆民野之俗이라 足以記나 姑存之로라

(月滋) 上元月에 以大豆十二枚로 爲十二標호야 納于蘿蔔穽호야 沈於井中을 謂之月滋라 호야 以里中戶數로 納穽호야

(上元絲) 婦女綠木綿絲호야 製衣則吉호고 或以相贈遺를 謂之上元絲라 호니라

(上元米) 先夜牛에 鋪灰於盂호야 安之屋上이라가 翌朝曉牛에 ... 爲日後醬俗之一徵云이러라

(農家占年注) ... 고置穀種灰上호야

（次略）年호고立尺木於庭中이라가月色當午호면其影으로占年穀豐凶호되影八九尺이면風雨榮호고占年穀豐凶호야影六七寸은半吉이라 호고 三寸은水出行호고 二寸은 ...

(未葫蘆) 男女幼少者가 自目前多으로 佩小木葫蘆靑紅黃三枚를 如豆狀호고 用綵絲爲綬호다가 上元前夜에 繫一文錢호야 潛捐于途호니 名曰防厄이라 호니라

(富家土) 俗이 上元曉頭에 暗掘取富家庫傍土호야 散埋家竈則年內聚財云호니 京城은 握取鐘閣十字街土호야 布竈下호니라

(三遊北門) 京城北門曰蕭靖이니 上元前에 士女三遊此門이면 謂之度厄이라 호니라

(亦豆粥) 農家於望前에 煮赤小豆粥을 但京師舊俗也니라

以柳枝로 揷門호고 偽리豆粥으로 揷箸호야 州里風俗이 正月望日에 祭호니 先 호야 食之면 不病暑라 호니 荊楚歲時記에 ...

漫錄　嵩陽山人

朝鮮歲時記 (九)

元宵 上

(癡夕)上元夜를謂之元宵오亦曰癡夕이니自新羅時代로是夜에有張燈遊覽之盛호니按史記에漢家以望日로祀太一호디從昏到明이라호니上元燃燈은似其遺跡이며羅麗以來로學術佛事호야是夜張燈을與漢唐齊盛호니라高麗李仁老詩曰風細不敎金燼落夜長漸覺玉虫生、須知一片丹心在欲助重暉向月明、又李相國李奎報詩曰五色燈王皇瀛頭星動寒芒、都人不覺天文爛漫逢銀燭燦爛光、又金富軾灯夕詩曰城闕沉沉更漏長燈山火樹爛交光、綺羅縹緲春風細金碧鮮明曉月凉、華屋羅粧盛絲竹而暖妓堂中央、君王華蓋羅百寶粧、觀此則高麗恭獻疎燈夕之盛을可想也라(迎月)農家月初昏으로持炬登高호야

(嵩橋)上元夜에踏橋十二橋호면謂之度厄十二月厄이라호야月出後에都人士女聽夕鐘於雲街鍾閣호고散至諸橋호야往來達夜不絶을謂之踏橋라大小廣通橋及水標橋가最繁호니都邑近親之盛이惟上元及四月八日에爲最라橫小遊하曰上元明月夜迢々北里南村路幾條、州六橋俱踏遍闐中先躡廣通橋、按陸啓泓

北京歲華記云正月十五夜에婦女俱出步橋호디以先界月者로爲吉호고門走橋라호고于奕正帝京景物略云元夕에婦女相率宵行이라호야以消疾病曰走百年라호고赤鑷早自微水호고又以占月占時形體大小曰豐則徵凶이라夕에婦女相牽宵行호야凡有橋處에必三五相率以過호니燕俗도亦然이라唐人蘇味道詩曰火接銀花合星橋鐵鎖開、暗塵隨馬去明月逐人來、遊妓皆穠李行歌盡落梅金吾不禁夜玉漏莫相催、據此詩則可見唐宋元宵之盛이라又宋元紹云上元踐橋之歲에始自麗朝호야至平時甚盛이나今俗은無復婦女踏橋者라按呼雷光芝峯類說云上元夜에散至諸橋旁호야今俗은以十六夜로爲婦女踏橋호나蓋男女夜遊者也라

月初昏이라謂之迎月이라月光善惡을占一年事호며又占四方年事호디厚則豐호고薄則徵凶이오無少差忒이라農家正月望相候月色方나니車渝洲雲谿詩曰農家正月望後候月升天、赤徵早白微水호고圓滿中黃色方며權小游迎月詩曰兒童歡呼月出矣、杈에掛得黃金盤、須臾轉上天心에鬼拜廳

橋俱踏遍闐中先躡廣通橋、按陸啓泓元明月夜迢々北里南村路幾條、州六橋及四月八日에爲最라橫小遊하曰上에鐃鈸暄塡호니都邑近親之盛이惟上廣通橋及水標橋가最繁호니惟都邑近호야往來達夜不絶을謂之踏橋라大小士女聽夕鐘於雲街鍾閣호고散至諸橋度厄十二月厄이라호야月出後에都人往來達夜에又神送王神호야以度厄新禧豆元及四月八日에渡々北里南村路幾條、州六上元明月夜며又以誦女宅經蓮에及하曰上元明月夜며又誦女宅經蓮호야自에鐃鈸暄塡호니都邑近親之盛이惟上京鄉俗이遂医醫호야야自橋俱踏遍闐中先躡廣通橋、按陸啓泓

恭默疎燈夕之盛을可想也라(迎月)農家月初昏으로持炬登高호야盖正高大北傍王爐相對百寶糚、觀此則麗朝燈夕之盛을可想也라日家家家巡廻不絕호니近日은自變器호디禁之故旦、此風이漸息호니라橋俱踏遍闐中先躡廣通橋、按陸啓泓

漫錄

嵩陽山人

朝鮮歲時記 (二)

元宵 中

名之傳以破末銅屑이나然이나在交法
之能否라都下年少有以菁交鳶으로噪
名호면蒙賁家ㅣ往々延致觀賞호나니
每上元前一兩日에毛橋水標橋沿河上
에候斷橋호되或追敗鳶호야踰墻
下에觀交鳶者ㅣ簇如堵墻이라가群童
革貓眼、鵲翻、魚鱗、龍尾等名色이特繁
호니作絲車繫絲而運호고名曰鳶車요投
之空中호야隨風戱之를謂之風箏이라
支那則其製樣이尤奇恠호야自多金春
으로爲街童之戱호고我俗은亦自多月
로始호야至于十一元호야니兒童이列書
所飛라가日暮에繫火繩于線而放之호면

(放紙鳶)紙鳶은其制가竹骨糊紙를微
似箕狀호고五色或碁斑、墨額、錚張、方
堂用直詩曰輕飛一幅碧雲端能使人々
仰俯看須識天高地急疎放時容易收時
難、金秋史詩曰北地家々簇飯紅兒童
飃送紙鳶風、瓊樓玉宇圓々月分得恩
光到海中

(回回兒)方言에(도로남이)亦稱風車
라其制는糊貼五色紙於竹骨左右호야
方圓大小制樣不一호고以柄으로中揷
호야小兒喬之에當風而轉을號曰回々
兒라權小游風車詩曰蝶翅雙々燕尾開
春風忽惜吹噓刀轉
作朱輪翠載來

(姑々妹)用獨繭絲繫鳶纏호야小兒ㅣ
順風而颺之를號曰姑々妹니蒙古語에
頭曰博相製

屋에勢莫可遏호니니과上元
夜면不復飛鳶이오나니人多跛怖라過上元
眞兒輩浪抛錢多買輕絲去放鳶、又權
小遊詩曰莫一聲齊呌落軒輊上面也看天、又權容
戱尤盛이라小兒輩는上元日에此
錢以中窩後에擲土大錢(俗名윷지)호
고誤中其所命指的者는收其錢以上호
고中者는寫負니上元日에此
戱尤盛이라小兒輩는上元日에此
爲錢而擲之호니라權小遊詩曰休擲
錢得錢難人失錢易、得來未必多養歡
失却爹怒孃也失錢淚、休擲錢、錢到手時
難了百、君看不盡一文瓦子錢、伺家兒
戱了、童起吩、又申紫霞緯贈僮詩曰尺長
茶兜髮垂肩儻蝶狂蜂任性天、打錢即擲
荣完藥籩藤花下打靑錢(打錢即擲
錢)權石洪客中上元詩曰草々南州客、
憑邊歲又新、微雲能掩月小雨不關春
亂世逢今夕窮途只此身、平生木上座
桃黃호야合絲澤膠言淨如白馬尾호며感染
나니와他相交호며以多割로爲快호
云이라其飛法은不住定一處호고縱橫
之度巵이라諺傳其法의防目高麗崔
瑩이伐乾羅之役호야至今行之
家曰生年身厄消滅及祈禳字호야任其
之能否라都下年少有以菁交鳶으로

漫錄

朝鮮歲時記 (二)

嵩陽山人

○元宵

下

（石戰）京城舊俗이 三門外及阿峴人이 成群分隊ᄒᆞ야 或持棒推ᄒᆞ며 或投石으로 相擊鬪ᄒᆞ야 爲接戰狀於萬里峴上ᄒᆞ야 叫喊趨逐ᄒᆞ야 以見敗退走之邊으로 爲負ᄒᆞᄂᆞ니, 俗云三門外勝則畿內豊ᄒᆞ고 阿峴勝則八道豊이라ᄒᆞ야 方其酣鬪山ᄒᆞ고 阿峴이 惡少結黨救阿峴ᄒᆞ야 方其酣鬪之際에ᄂᆞᆫ 呼聲이動天地ᄒᆞ며 擲頭相攻ᄒᆞ야 破額折臂ᄒᆞᆫ들 見血不止ᄒᆞ며 躍至死傷而不悔ᄒᆞ고 亦無償命之法ᄒᆞ야 人皆畏石回避ᄒᆞ나니 掌禁該司一 另行禁戢이나 而痼習을 無以全革이라 城內童竪도 亦放而爲之ᄒᆞ於 鍾街琵琶亭等處ᄒᆞ고 城外則弼雲臺ᄒᆞ며 雨水峴에ᄂᆞᆫ 每年初에ᄂᆞᆫ 聚戲浿水之上이라ᄒᆞ니 以水石ᄋᆞ로 戲擲ᄒᆞ야 馳逐이라 再三面止라ᄒᆞ니 此爲東俗石戰

之始라 檵小遊時曰 月○昏塵暗○四邊呼曰○棒相當臨力廳, 聖代昇平無職伐便將（炬戰又車）勝覽에云湖中俗은 上元夜에 村童이 爲炬輪車ᄒᆞ고 春川舊俗은 上元夜에 各里分隊ᄒᆞ야 有車戰ᄒᆞ고 又關東峽俗은 上元에 群童이 齊唱百鳥之名ᄒᆞ야 作驅逐狀ᄒᆞᄂᆞ니 名曰逐鳥戲다ᄒᆞ니 蓋驅逐害穀鳥雀之意也라

○月十六日에ᄂᆞᆫ 府內居民이 以中溪로 分爲左右ᄒᆞ고 投石相戰ᄒᆞ야 以決勝負之役에ᄂᆞᆫ 善石戰者로 選爲前鋒ᄒᆞ야 以奏大捷海俗은 每歲四月八日에 習石戰于城南ᄒᆞ야 亦有石戰之戲ᄒᆞ며 金海俗에 上元에 亦有石戰之戲나 然이나 往々損傷人命ᄒᆞ야 氣狀危懍故로 近日은 自法司로 痛禁之ᄒᆞ니라

（挽索戲）嶺南湖西各州郡은 上元前後에 皆有挽索戲ᄒᆞ니 亦如石戰之例ᄒᆞ야 分東西兩隊ᄒᆞ야 各豎標旗ᄒᆞ고 用藁草或蒭麻爲絢索ᄒᆞ니 長四五十丈이라 大可三四十圍요 又繫其中ᄒᆞ고 又繫許多繩索于傍ᄒᆞ야 分隊挽引ᄒᆞ되 男女老少一齊聲叫喊ᄒᆞ야 若崩山揭之勢ᄒᆞ야 以彼率我로 爲負라勝者ᄂᆞᆫ 擊鼓鳴鐸ᄒᆞ며 揚施奏凱ᄒᆞ야 蹈舞作歌ᄒᆞ고 負者ᄂᆞᆫ 出酒食以供勝者ᄒᆞ나니 郡各有徵驗ᄒᆞ야 以勝負로 占豊凶云

（淸溪=銅橋）安東誌에云俗이 村女老弱이 成群ᄒᆞ야 夜出城外ᄒᆞ야 魚貫伏ᄒᆞ야 後에 前相繼ᄒᆞ야 連亘不絶ᄒᆞ고 令一幼女로 步行其上ᄒᆞ며 左右扶挾ᄒᆞ야 唱踏橋往來若踏橋狀ᄒᆞ나니 女兒先唱曰淸溪山銅橋오 後應曰淸溪是何橋오ᄒᆞ면 伏者齊應曰淸溪山銅橋라ᄒᆞ고 遵大路而或東或西ᄒᆞ야 達宵而止ᄒᆞ나니라

（擎出白傘）豊基誌에云 上元日에 邑首吏가 倒騎黑牛ᄒᆞ고 抱拳而人衙庭ᄒᆞ야 卒于官ᄒᆞ고 擎以出白傘이라云ᄒᆞ니 未知何意며 必是新磊之事也라

影印本　每日申報　1917·01·19

漫錄

朝鮮歲時記（竺）

嵩陽山人

正月行事

（毛蟲日開市）各市廛이自正月元正으로閉市不行買賣라가擇毛蟲日始開市ᄂᆞᆫ取其繁殖之義而寅日이爲最ᄂᆞ니라

（愼日）正月上子上辰上午上亥等日은愼日이라蓋新羅炤智王十年正月十五日에有烏鼠龍馬猪之異故로王이發琴匣之禍일ᄉᆡ國人이途以子辰午亥日로爲愼忌百事ᄒᆞ야不敢動作ᄒᆞ며以爲愼日ᄒᆞ니아鄕俗은多不動作ᄒᆞ며不納木物ᄒᆞ고

又於是夜에燒頭髮於門庭日燃鬼라고又上辰日復忙歌曰忙怛忙怛大家幾不保오流蘇帳裡女鶴倒揚且之晳雖借老홍切復切神物不告知奈何神物告兮甚圖大又以李寧齋雪城歲時詞로婦女ᄂᆞᆫ出遊城內外故로男子ᄂᆞᆫ在家

（上亥日）俗이以八日로謬稱敗日ᄒᆞ고男子不出門ᄒᆞ고謂之每月八日以爲藏日ᄒᆞ나俗忌日이니ᄂᆞᆫ按周熀琉球國記에云其婦女舞於板上ᄒᆞ니踏椄舞라고盛行ᄒᆞ나라按甌琉球國記에云其婦女用木板橫置槖枕上ᄒᆞ야相升降曲跳逆戱尺

家々汲水淸晨起戴帽歸來作上元이니註不出이라ᄒᆞ니此娥이飜傳ᄒᆞ야今俗이得輕身似飛燕紅鞋白襪이廻廊踏板로婦女ᄂᆞᆫ出遊城內外故로男子ᄂᆞᆫ在家

云卯日忌納人ᄒᆞ고亥日夜ᄂᆞᆫ燒火山田作不宜出行이라ᄒᆞ니可笑로다

云先汲者ᄂᆞᆫ有褔이라ᄒᆞ고上元에早起汲水云ᄒᆞ니觀此則關北地名也라又曰夜服群童作隊行書堂去謂先生世間只有新正好開却星爲

（潮減日）俗이亦同鶴林士風也니雪城은卽江界地名也라又曰夜服群童作隊行書堂去謂先生世間只有新正好開却星爲百萬兵註에云月作都元帥星爲

如斯ᄂᆞᆫ古候潮詩라ᄒᆞ니蓋潮汐盈減이自然定期어ᄂᆞᆯ豈可以此爲潮减哉아此千年似舊時註云羊三猿來潮去浸羅麗只應猿二羊一水酒二月黑復到

（旱魔漏潮）俗稱正月二十日爲旱魔減潮라ᄒᆞ야勝於晴則必豐故로洛書九宮數에此三日이省入中宮故術不足徵이니然이나甚無據라作不宜出行이라ᄒᆞ니可笑로다

（跳板）閭巷婦女用木板橫置槖枕上ᄒᆞ야相升降曲跳逆戱尺片靄過라도亦腾於空中行自正初로盛行이라婦女ᄂᆞᆫ出遊城內外故로男子ᄂᆞᆫ在家

（正月十六日로爲忌日이라）以正月十六日로爲忌日이라又於是夜貓者ᄂᆞᆫ卽夜光이라藏靴云

鞋履則主人不吉이라ᄒᆞ야必深藏靴履ᄒᆞ니鞋履에必於元日夜에偷去ᄒᆞ야不納木物ᄒᆞ고又日提衣獵라ᄒᆞ니夜猫者ᄂᆞᆫ卽夜光이라

日로爲三敗日ᄒᆞ야百事不敢動作ᄒᆞ니俗以又以初五十四廿三日로爲三敗日ᄒᆞ야百事不敢動作ᄒᆞ니俗以又以初五十四廿三

之訛轉而京師에必於元日夜에燒頭髮云ᄒᆞ니此亦與京師互相逕也로다

漫錄 嵩陽山人

朝鮮歲時記 (二)

二月一日

(中和尺) 二月朔日에 頒中和尺于宰執侍從하나니 尺用斑竹赤木制之라 健陵丙辰에 倣唐中和節故事하니라 按泌水燕閑錄에 中和節은 唐中和節故事也니 請以二月朔으로 爲中和節하야 令百官으로 進農書하야 以示務本이라하니 唐以示務本이라하니라 此朝으로 爲中和節하야 令百官으로 進農書하야 以示務本이라하니 唐俗은 以正月晦日로 爲令 故也라

(松餅) 卸下上元禾竿穀하야 作白餅호대 大者如掌하고 小者如卵은 皆作牛璧樣하야 蒸豆를 隔鋪松葉於甑內하야 蒸熟而出하야 洗以水하며 塗以香油하야 名曰松餅이니 饋奴婢호대 如齒數하나니 俗稱是日을 爲奴婢日이라하나니 盖東作이 始故也라

油를 黑豆青豆爲餡호대 或和蜜包之하며 豆黑豆青豆爲餡호디 或和蜜包之하며 伊始故로 俗稱是日을 爲奴婢日이라하니 盖東作이 始故也라

或以蒸棗熟芹爲餅하야 自是月노 以爲時食하나니라

(辟馬陸符) 是日에 遮掃堂宇하고 剪紙하야 爲村膠度厄人, 剩被烟光榴眼中, 乍早畦蔬方待雨新하니 香娘閣氏迷去千里八字하야 粘楹上하니 香娘閣紙如家口數하야 燒之 故로 市店에 必用日爭買 香娘閣氏는 東語에 女子也라 香娘閣 紙如家口數하야 燒之 故로 市店에 爭買하니라 淺薄紙言謂之靈登紙라하니 蓋指馬陸臭蟲也니 惡而辟之之辭也라

李聱川承薰中和節詩曰 耕作新畦便秩 降月이라하야 最忌人物하야 不接之하고 尤忌孝服人婦女及殺生不淨等物하니 以靈登神이 最好羅薔菖根이라 煮之하야 其俗이 始自高麗而慶北郡에 有崔

(靈登神) 嶺南俗은 以二月로 爲靈登神이 降하니라

(熱燈) 濟州誌에 云俗二月朔日에 歸德金寧等地에 立木竿十二하고 迎神祭之하니 俗如馬頭者를 得槎形하니라

(昴宿占) 農家에 以初昏에 視昴宿去 望日乃止하나니 謂之懸燈이러라

(老星占) 初昏에 見參星이 在月前如 近則歲豐이라하니 接崔寒暄 遠則微歉이라하고 若先後太遼則 二月寸以內는 爲吉하고 幼少不見 收哺也니라

(流頭) 月遠近하야 以占歲事하니 並行及差 二月寒을 並行及差 同尺寸以內는 爲吉하고 若先後太遼則

土于門外하야 禁人出入을 自一日로 至十日하며 迎巫祭靈登神하고 甚者는 或至二十日하며 家々에 以藁索으로 撤黃하고 插松枝揭于門하고 撒 野以藁索으로 插松枝揭于門하고 撒 其俗이 始自高麗而郡에 有崔 永登이 死爲風神故로 家々祭之를 謂之 (花妬娟) 三月之交에 風雨凔冷하야 如 冬令을 俗稱花妬娟이라 諺曰二月닭이 打 하니 家人이 必受厄이라하야 觀之甚謹하니 破大甕이오 花妬娟은 年老死凍이로 伊始故로 俗稱花妬娟이라 蜜日二月이라하며 不然이면 必有大風爲災하 다

影印本 每日申報 1917·03·11

朝鮮歲時記（廿四）

嵩陽山人

上巳

○上巳者는三月三日也라又曰元●巳니日上巳에除祓鄭秋이是也라國俗이每以是日로行時祭ㅎ나니酒陽記에日東俗이並忌祭ㅎ고不重時祭ㅎ야日食大夫以上李朝中葉ㅎ야不重時祭ㅎ야免粗陋러니至李朝中葉ㅎ야始以時祭一旦重ㅎ나大抵貧儉ㅎ야士大夫多好禮者ㅎ야始以時祭行四時祭ㅎ고止行於春秋二時而春川重三ㅎ고秋川重九라ㅎ니라

○（花煎）採杜鵑花ㅎ야拌糯米粉ㅎ야煎이니以作團糕ㅎ야以香油煎之ㅎ니名曰花煎이라然餅寒其也라리今古之然餅寒其也라리以蒿于蘭ㅎ고以拌菉豆粉ㅎ야熟而細切ㅎ야澆五味子水ㅎ고和蜜調海松子를名曰花麵이라又或以杜鵑花로拌菉豆屑㬎之ㅎ며又遊菉豆麵ㅎ야或染紅色ㅎ야澆蜜水를名曰水麵이니並以時食供祀ㅎ나니라

（李座祈子）鎭川舊俗은目三月三日노遊賞湊集之所ㅎ니洗心臺こ宜福宮之

○（路青）是日에京城士女ㅣ出遊郊外를以爲常ㅎ니盖二宮及英祖賜●邸ㅣ皆此東岳安訥詩曰郊岳安訥詩曰欲踏青ㅎ야去其於垂日何ㅣ라又南秋江孝溫詩曰城南欲霜桃花紅日在花西花影東雨濕桃花紅日在花西花影東ㅎ고又崔簡易上巳詩曰北杏花影中，又崔簡易上巳詩曰北杏花影中，匹馬簡易上ㅣㅇ一踏一驚ㅎ고鰲節候斜風吹淚女墻中ㅎ고鰲節候斜風吹淚女墻中ㅇ魂，遙空不盡無山地淡蕩多生有樹相이며北極長安知客路東風上巳ㅣ憶鄕圖ㅎ고

○（流觴曲水こ）正廟癸丑春에以蘭亭舊愁愁絡郷禁得料理斜陽酒一樽事於御苑ㅎ야命諸臣ㅎ고設曲水流觴之曾於御苑ㅎ야令諸臣子弟ㅣ皆與焉ㅎ고並承旨史官ㅎ야以備四十人之數ㅎ야南之蘭頭와北岳之翻雲洗心二臺ㅣ爲고古做宋朝故事ㅎ니라（甲）旦舉內閣諸臣ㅎ고又做宋朝故事ㅎ니라

（花柳遊）京城花柳ㅣ盛於三月이라南山之蠶頭와北岳之翻雲洗心二臺ㅣ爲遊賞花柳之所ㅎ니라

（花煎）設賞花會於後苑ㅎ니라야야設賞花會於後苑ㅎ니라

（雛遊）日本俗은以三月三日上巳로最爲名節ㅎ야士女ㅣ皆以新粧麗服으로互相贈遺를ㅎ며節ㅎ야士女ㅣ皆以新粧麗服으로互相贈遺言雜祭라ㅎ고고又以桃花로挿髻作歌曰桃之節句라ㅎ니云內裏雛人形，五十內侍醉御宴，蠟燭雛雨夜，天下女子知

春風、醉日酒戲燈影

○上巳

○是日에京城士女ㅣ出遊郊外를以爲常云이라니라

牛四月八日로로女人이率巫祈子於牛後麓也라니正祖辛亥에展拜賦祥宜禧二潭上東西龍王堂及三神堂되絡續不絕ㅎ야四方女人이亦皆來禱而觀者如市를歲以爲常云이라리라

欲踏青去其於垂日何ㅣ라又東岳安訥詩曰春風裊楊柳曉

魂，遙空不盡無山地淡蕩多生有樹相이며北極長安知客路東風上巳ㅣ憶鄕圖ㅎ고

○徐四佳居詩詩上巳憶鄕園，閒月正初三，右墨妙曾修撰工部詩豪芳菲日色醉，我在百年今牛百盛事리라한時傳誦ㅎ야時爲太平百盛事리라

○令御製詩曰山眞一片千樹柳亦同ㅇ題製詩曰御製詩曰

朝鮮歲時記 (廿五)

蒿陽山人

清明

(鑽火)故事에內兵曹ㅣ鑽楡柳取火호
야進御호면頒于禁中各司及諸大臣家호
나니卽周官出火之意也ㅣ라

(春耕)一家始春耕호니下田圜種子호니
라橪石洲詩曰淑氣催花信輕黃着柳絲
人烟寒食後鳥語晚晴時, 老去還多事
春來不賦詩, 京華十年夢怊悵只心知

寒食

(上墓)俗이以寒食秋夕으로必上墓호
야四郊士女ㅣ連絡不絶호니唐開元禮
에許寒食上墓라호니抑自唐而始歟一
又稱冷節, 日熱食이라호니蓋以子推
焚死로傷燐禁火之遺俗也ㅣ라月山大君
詩日寒食清明二月天東風庭院掛鞦韆
流鶯啼向蘅樓去一樹杏花開正妍, 李擇
魚商이遍街呼賣호야以以膾材호며又
谷逢時日白犬啣行黃犬啣野田草際塚
纍纍, 老翁祭罷田間道日暮醉歸扶小
兒, 權石洲詩日祭龍田間日己斜紙錢
猶處有鴟鴉, 山溪寂寞人歸去雨打棠
梨一樹花, 金佔畢齋詩日祭火之辰春

品也오又以乾餠(俗稱貫目)로入細艾
葉蝶飛款々蘇菁花, 希橪瓏上鳥雜返
挑柴籬邊了鶯歌, 有田不去戀丑斗元
亮柴人將奈何, 鄭湖陰詩日清明佳節
禁火邨山迎鬼紙飛錢, 柔桑嫩鷺鷹鳩鳴
遠高柳緣鳳絮度颿, 坐許驚蠶戚鐮閒

松楸回首窅茫然

穀雨

(貫脂)江魚之美者ㅣ有貫脂焉호니大
者는尺許라鱗細肥厚호야可膾可羹이
라每以三月初로近流東上호야至淺陰
而止호니穀雨前後三日이最盛이오過
午日重複者一敗라李東岳詩日君子
家名酒好經年釀法應從玉薩儔
(新春餅館) 每春節에寶餅家, 造梗
米白小餅이如鈴形호야야入豆餡捻頭
敗米粘五色於鈴上호야야連五枚如貫珠
며春末에司饔院官이以網捕進供호고
或造背白羊圜餅호야야小者連五枚호
고大者는連二三枚호니穩名日億餅은名
日環餅이니大者는糯瑪蹄餅이오又以
糯米豆和棗肉호야야造饅餅호니皆春節
時食也ㅣ라

朝鮮歲時記 (卅六)

嵩陽山人

（射會）每暮春에 京外武士及里民이 張候分棚為射會하야 以賭勝負하고 飮酒為樂하나니 秋節도 亦然하나니라

（鬪氏）鬪氏者는 俗號 小女娘之稱也니 女兒輩ㅣ 斷數寸管하야 結草為繁하고 裏以紅綠裙襦하야 作新婦狀하고 設褥席枕屛하야 以為戱를 謂之鬪氏라

（柳笛）兒女輩ㅣ 折柳枝作笛以吹之를 謂柳笛이라하니 郎胡茄蘆管之遺也라

（鬪草）兒童이 競賭勝負를 謂之鬪草라하야 互呼草名하야 採取各種草卉하야 以相競을 謂之鬪草라

（賞櫻會）春時花柳踏靑은 自古已然하니 近日은 京外諸都會에 盛種櫻花樹하야 每花開時에 都人士女ㅣ 遍行郊園하야 作觀櫻會하니 比舊日觀桃觀杏에 其會尤盛이라

（餞春）三月晦日은 文人韻士ㅣ 招邀集會하야 或登臨賦詩하며 或酬歌竟日하야 作餞春會하나니 三魁堂申從濩詩曰

茶甌飮罷睡初醒 隔屋聞吹紫玉笙、燕子不來驚久去 滿庭紅雨落無聲、又芝田李身遠詩曰 過去春歡現什麽 夢催誰時、訴天知惡東風惡 滿地皆花 留得肝腸重可憐 顔髮似 前無客盲 最是相思 疾藥餌 他時恐未 扶、日本詩人小野湖山惜春詞曰芳草 沿々欲遍靑天碧海枉相思、筆歌一 曲遊仙夢杯酒三春近別詩、辛苦懷花 片幾十把하야 火脚이 散下 如雨하며 或紙包火藥而繫於索하야 衝上如乘 幾箭하야 彼以衣裳하야 繫索而弄之하고 曲遊仙夢杯酒三春近別詩 枯瑠開到今朝又却悲

四月八日

（浴佛燃燈）四月八日은 即釋迦牟尼 降生日 故로 謂之浴佛節이라하야 京外 寺刹에 設行無遮大齋하고 張燈各殿하 나니 燃燈之俗이 起自新羅中葉八關 이라 하야 盛于高麗하니 按高麗史에 云 國俗이 以四月八日노 為釋迦生日이라 하야 家々燃燈호되 前期數旬에 群童이 剪紙注竿為旗하고 周呼城中街里하야 求米布為其費를 謂之呼旗라 하니 今俗 이 燈竿揭旗者ㅣ 即旗之遺也라 俗以是 日노 謂之燈夕이라하야 前影日에 人家 每一燈竿하고 頭建雄尾色昂為旗하야

到小戶則竿頭에 多結松枝하고 計家內 子女人口懸燈하야 以明亮為吉하나니 多者는 連大竹累十하며 又駄致五江 黃鳥孤、留得肝腸重可憐、可能顔髮似 檽枷而成棚호며 或懸轉燈하야 住來如走丸호 眩轉호며 或紙包火藥而繫於索하야 衝上如乘 機箭하야 敢下 如雨하며 或繫紙 揚하야 散下如龍形하야 繫索而弄之하고 偶하야 彼以衣裳하야 繫索而弄之하고 列肆之棚은 務勝競高하야 張數十索하 며 累日人이 升屋挽高에 邪許引起라가 或有倒折傷人之弊하고 貧不能竪竿者 는 懸燈於簷下或樹枝하나니라（未完）

朝鮮歲時記 (廿七)

嵩陽山人

四月八日

(燃燈盛大)（續）凡燃燈者아有形辨者하며有紙作猿騎鷸犬虎狼鹿獐雉兎狀하니傳於燈하면爲風炎所轉하야外看면影하나니此必以三國故事也오又按范石湖上元吟云馬騎燈에日竹影騎燈어니라

鬶하고太極、陶礙、五行、七星燈은以形辨이니鼓燈、蒜瓜、鯉魚、影兒燈은以形辨名하며鬶名이有西瓜、蒜子、蓮花、七星、玉燈하고又造鸞鶴獅虎龜鹿鯉鱉仙官仙女跨騎之狀하야群畫이競買而弄玩이라하니라

無機無繪也니惟紗燈은形數不定하고뇌字燈也로되惟雕鏤彩繪에仙鴿鱠鴌와山水花卉를務取新巧하야며以有龜鴌彌虎와萬石僧等은非燈也오藏其面己라하니라

俳鮮時韓影騎雜橫註에云馬騎燈어라하니盖自宋時로已有此劇也니라重價街街奇일서鐘街上觀하고婦人이歎息藏下하야吉内하야聲明則擧家歎喜하고暗則男女數하야며男女童子유로觀燈色하며暗하고ㅅ男女

街所賣ᅵ千形百狀의五采絢爛하야며又李承薰續彩茜綟綟娟娟納滅緻하야며今年燈色選個增하야水鼓擊々하며

地歌多人又人飯京師結燃遊人多々하야며蒲城祚雜賓實業彝巹今年燈色選個增하야水鼓擊々하며燈日清和天氣如何水鼓擊々하야며日月、楚艦、鐘鼓、棲閣柵干、鷄鳳鶴鯉하야며南山等字燈을燃燈에烈火滿地하고煙彌麤漲하야有有齊燃光闊寶畫異不私天公人莫能

市燈堆積務奇巧雕鑨枝葉尊桃得似冰貧家燈小俏離辦富家燈大餘阻隔唐宗矜誇昔個恩澤滿民俗結山棚中人屙業十百錢一堀鐙礡眞可惜

日月、楚艦、瓶缸、鈴卵、催鳳鶴鯉燈夕은俶弛夜禁일서士女ᅵ傾城觀燈하되作槐葉糕、黃黑豆相餉하고及夜有

籠轎子、山猴、缸缸、棲閣柵干、鷄鳳鶴鯉燈夕은俶弛夜禁일서士女ᅵ傾城觀燈하되作槐葉糕、黃黑豆相餉하고及夜有

行하며日月、楚艦、瓶缸、鐘鼓、棲閣柵干、南山等字燈은皆象形紙塗하며歲用紅碧紗에嵌月無光하고三街九市에々衆雜遝하야拍水缸唱懷歌하야ᅵ隆々에鳴々에迷不知

는皆象形紙塗하며歲用紅碧紗에嵌月無光하고三街九市에々衆雜遝하야拍水缸唱懷歌하야ᅵ隆々에鳴々에迷不知

雲母하야飾飛仙花鳥하야며其餘方에하며或撠擊鼓하고燈的北麓에皆枯三色卷紙方紙하야며하前虎隔闕

에皆枯三色卷紙方紙하야며하前虎隔闕

朝鮮歲時記 (廿八)

嵩陽山人

(初夏時食)賣餅家—用糯米粉ᄒᆞ야打成一片ᄒᆞ야黑々起酵ᄒᆞᆯ名曰蒸餅이니고豆餡和蜜ᄒᆞᆫ者ᄂᆞᆫ用當歸葉屑也니라有青白兩色ᄒᆞ고按蒸菀雌黃ᄒᆞ니寒食에ᄂᆞᆫ蒸餅樣ᄒᆞ야團裹餡之ᄒᆞᆯ名曰蒸餅이라ᄒᆞ니今俗이沿之是라又起鈴而蒸片食ᄒᆞ니如三日花煎ᄒᆞ고以魚肉을細切作片ᄒᆞ야包肉餡而熟之ᄅᆞᆯ名曰油煎飲食ᄒᆞ고以魚肉鮮을細切ᄒᆞ야爲雜菇羮、菊葉、葱々作餅ᄒᆞ야調椒醬ᄒᆞ야爲酒肴食之ᄒᆞ고又蒸食竹筍菜ᄒᆞ니石耳、熟鰒、鷄卵을名曰魚饅頭라並和醋醬食之ᄒᆞ고又以烹芹和葱作膾ᄒᆞ야調椒醬ᄒᆞ야爲酒肴食之ᄒᆞ니今俗이沿之魚膾라ᄒᆞ고又以烹ᄒᆞ고又厚切作片ᄒᆞ야名曰竹筍은産嶺湖二南ᄒᆞ야每四月에進貢ᄒᆞ고又蒸食竹筍菜ᄒᆞ나李、石首魚(方言俗治)石首魚ᄂᆞᆫ産于忠山海中ᄒᆞ야每歲初에漁獲之額이達于三四十萬圓云이러라

(天中節)俗以端午로爲天中節이라ᄒᆞ고又曰地臘이며又曰端陽이라ᄒᆞ니夏小正에曰是日에蓄採衆藥ᄒᆞ야以綢除毒氣라ᄒᆞ고大戴記에云是日에蓄蘭爲沐浴이라ᄒᆞ니楚辭所謂浴蘭湯兮沐芳華—是也라舊例에觀象監以朱砂로搨진朱符ᄒᆞ야進ᄒᆞ고卿士家도帖貼門楣ᄒᆞ야以除不祥ᄒᆞ니其文에曰五月五日天中之節、上得天祿下得地福、蚩尤之神銅頭鐵額赤口赤舌、四百四病—時消滅、急々如律令、按漢制에有桃印以止惡氣라ᄒᆞ고又製玉樞丹ᄒᆞ야抱朴子—云作赤靈符라ᄒᆞ니皆端午舊制而之符制—蓋出於此라

(醍醐湯、玉樞丹)故事에內醫院이造醍醐湯進供ᄒᆞ고又製玉樞丹ᄒᆞ야頒賜近侍ᄒᆞ니按風俗通에五月五日에以五綵絲豆繫臂者ᄂᆞᆫ群鬼及兵이라ᄒᆞ니一名長命縷—오一名續命縷—오一名辟兵이니

(戌衣日)端午ᄂᆞᆫ俗名戌衣日이라ᄒᆞ니戌衣者ᄂᆞᆫ方言에車也니是日에探艾葉ᄒᆞ야入稉米粉發綠色케ᄒᆞ고打面爛擣ᄒᆞ야作糕ᄒᆞ야象車輪形食之故로謂之戌衣日이라ᄒᆞ니餅家—以時食으로賣之ᄒᆞ나니

(頒艾虎)頒艾虎于關臣ᄒᆞ되用小穋之莖白者라俗名은謂戌衣草라ᄒᆞ나니蓋艾葉의背白者라本草에ᄂᆞᆫ一名狗舌草니盖艾葉의標東彩也ᄒᆞ야萰々如蓼者ᄒᆞ니按歲時記

我相近ᄒᆞ니라我相近ᄒᆞ니라號是日曰女兒節이라ᄒᆞ니其俗이亦與月初一日로至五日히飾小女兒ᄒᆞ야着新衣ᄒᆞ고작菖蒲簪ᄒᆞ야刻菖蒲爲壽福字ᄒᆞ야塗臙脂於其端ᄒᆞ고遍插頭ᄒᆞᆯ壽福字ᄒᆞ야塗臙脂於其端ᄒᆞ고小人狀或葫蘆形帶之ᄒᆞ면群邪라ᄒᆞ니俗防之此ᄒᆞ니라又見宛署雜記에云端午에辟邪ᄒᆞ고亦各歸寧ᄒᆞ야號曰女兒節이라ᄒᆞ니

雜記에端午에以艾爲虎形ᄒᆞ며或剪綵ᄒᆞ고又曰端陽이라ᄒᆞ니夏小正에曰是日에蓄採衆藥ᄒᆞ야以綢除毒浴이라ᄒᆞ니楚辭所謂浴蘭湯兮沐芳華童이以菖蒲根ᄒᆞ야洗面ᄒᆞ고皆着紅絲衣ᄒᆞ고削菖蒲爲簪ᄒᆞ되或爲(菖蒲湯菖蒲簪)五月五日에男女兒雜記에端午에云端午에刻菖蒲爲小虎ᄒᆞ야粘艾葉以戴之라ᄒᆞ니俗蓋

朝鮮歲時記 (廿九)　嵩陽山人

(端午帖) 端午에 亦如立春ᄒᆞ야 內閣玉堂翰院諸詞臣이 各製進端午帖子ᄒᆞ니 大內各殿宮柱楣에 皆貼之ᄒᆞᄂᆞ니 鄭東溟端午帖曰倚衣方進翠雲衫五色烟花紫鳳啣開聞說君王宵坐御燭前常閱諫書라

國

(端午扇) 工曹ㅣ 進端午扇ᄒᆞ면 頒于宮鄕ᄒᆞᄂᆞ니 其制ㅣ 逢遍東萊ᄒᆞ고 又有似桐葉ᄒᆞ니 蓮扇之制라 近世ᄂᆞᆫ 畵太稱者或斑竹皮色ᄒᆞ고 又爲宮女及婦女所需者ᄂᆞᆫ 精粗巧樣이 不一其制ᄒᆞ니 凡員得節扇者ᄂᆞᆫ 必分奧親戚知舊及墓直佃客故로 諺曰夏扇冬曆이라ᄒᆞᄂᆞ니라

額宰執侍從ᄒᆞ나니 名目甚多ᄒᆞᆯᄉᆡ 絶大者ᄂᆞᆫ 竹幅白矢ㅣ 滿四十五十은 名曰白貼이오 着漆者ᄂᆞᆫ 名曰漆貼이니 得此者ᄂᆞᆫ 多畵金剛一萬二千峯ᄒᆞ고 近俗은 喜畵折枝桃花芙蓉蝴蝶銀鯽鷺鷥ᄒᆞ나니 京宦宮扇이오 午에 賜京官宮扇者ㅣ 是也라

此所把ᄒᆞ고 兒近俗은 喜畵折枝桃花芙蓉蝴蝶銀鯽鷺鷥ᄒᆞ나니 此者ᄂᆞᆫ 竹骨紙西에 俱畵假毛ᄒᆞ고 五色絲로 纏繞艾虎ᄒᆞᄂᆞ니라

湖嶺兩道方伯閫帥及統制營이 午에 造扇進上ᄒᆞ고 例於朝紳及親知間에 封送有差ᄒᆞ고 造扇邑守令도 亦然ᄒᆞ니 全州南平羅州等製品이 最佳라 其俗에 紳諸家笨럼니 太王甲午儀에 皆廢止ᄒᆞ니라

(端午帖) 端午日에 男女年少者ㅣ 盛飾美服으로 盛爲秋千戲ᄒᆞ니 京鄕이 皆然ᄒᆞ고 此也니라 金秋史詩曰端陽角觝靈村魁天方戒狄이 至寒食에 爲秋千戲ᄒᆞ야 以習身輕ᄒᆞ니 京鄕이 皆同ᄒᆞ고 就中力大手快屢賭屢提者ᄅᆞᆯ 謂之都結局이라ᄒᆞ나니 亦

樣이 各殊ᄒᆞ고 其色은 竹紫綠粉紅鴉靑집睛石鱗焦白黃漆黑漆等諸色ᄒᆞᆯᄉᆡ 目鄕着油者ㅣ 爲佳ᄒᆞ고 近世에 又有枸庭扇ᄒᆞ야 其制甚巧ᄒᆞ니 古者支撑扇不摺疊故로 斑媗好納扇詩曰團々似明月이라ᄒᆞ고 古樂府에 有白團扇歌ᄒᆞ니 卽永樂中에 我鮮이 始選摺疊扇ᄒᆞ되 太宗이 喜其卷舒之便ᄒᆞ야 命倣方照樣製

實遺事에 宮中이 至寒食節에 競秋千을 呼爲半仙戲라ᄒᆞ고 秋千은 本寒食遊戲而我鮮은 移之端午ᄒᆞ니라 林白湖悼秋千曲曰誤落雙雙金鳳釵遊郞拾取笑相誇，又擡小逍秋千詞曰蘭裏千金竊笑箆，又携秋千詞曰鞦韆女郞居住綠楊裏珠簾第幾，又黃絲此秋千詞歸多情最是秋千索勾引靑蛾上粉牆，朝鮮娘音舊嫁嫁娘娘皇姑阜舅嬸嬸長，爲吾好送ᄂᆞᆫ 端午百尺長鞦繫綠楊、小姑敢高聲語柿葉題投數字書ᄒᆞ야 其制ㅣ 亦有五色ᄒᆞ니라 隔密不

(角觝) 是日에 京鄕各處에 丁壯年少者ㅣ 聚會廣潤場所ᄒᆞ야 爲角觝之戲ᄒᆞ야 以賭勝負ᄒᆞ니 其法이 兩人이 對跪ᄒᆞ야 各用右手로 緊對者之腰ᄒᆞ고 又各用左手로 緊對者之股ᄒᆞ야 一時起立에 互擧而擲之ᄒᆞ야 倒臥者ㅣ 爲負ᄒᆞ니 有內外局外局輪起諸勢ᄒᆞ고 就中力大手快ㅣ 支

我鮮은 移之端午ᄒᆞ니라 角端午에 取其制이라 蓮花、蕉葉等이 亦有其制ᄒᆞ며 近世ᄂᆞᆫ 畵太稱者或斑竹皮色ᄒᆞ고 十六大於余ᄒᆞᆯᄉᆡ 學得秋千之戲ᄒᆞ니라

賭屢提者ᄅᆞᆯ 謂之都結局이라ᄒᆞ나니 亦

那人이 效之ᄒᆞ야 號爲高麗技라ᄒᆞ고 亦曰撩跤라ᄒᆞ니 此也니라 金秋史詩曰禮記月令所謂角觝角胝靈村魁天子之前亦喬才, 臙脂紛々皆可喜綠楊陰裏晾堂裁

朝鮮歲時記(三十)

嵩陽山人

(薦櫻桃)故事에五月五日에薦櫻桃于廟ᄒᆞ나니有廟者ㅣ皆然이니라禮記月令曰仲夏之月에羞以含桃ᄒᆞ고先薦寢廟라ᄒᆞ니含桃者ᄂᆞᆫ櫻桃也라亦名厓蜜이오又曰朱茱ㅣ니每以端午節에ᄂᆞᆫ實熟故로以爲時果而薦于廟者也라鄭圃隱復州櫻桃詩曰五月遼東暑氣微櫻桃初熟壓低枝、嘗新客路還腸斷不及吾君薦廟時、宮中에又自端午櫻桃頒賜近臣之例ᄒᆞ니蓋倣漢朝赤瑛盤故事也라京都士女ㅣ每於櫻桃熟時에往遊宋洞及東門外ᄒᆞ야作櫻桃會ᄒᆞ나니李蘿川詩曰園僻鶯雛至密林發火櫻、園々當夏熟個々向人明、纖手輕香濺入脣甘味淸、紅珠千顆子許許盤中生

(採艾)本草에採艾必以五月五日故로俗以是日노遍行原野ᄒᆞ야採沐蒿艾及千年艾ᄒᆞ니千年艾ᄂᆞᆫ上所記戌衣草ㅣ是也라按荊楚記에五月五日에採艾爲人ᄒᆞ야懸門戶上以禳災ᄒᆞ며又蹈百草라ᄒᆞ고又採益母草卽茺蔚及豨薟等晒乾ᄒᆞ야以供藥用ᄒᆞ나니라

(嫁棗樹)俗이是日早晨에以斧斫棗樹及諸果木數下則結實多라ᄒᆞ고又以石으로安置棗樹及石榴樹枝杈間을謂之嫁樹라ᄒᆞ나니按花曆新裁에云嫁棗宜於重五午時ㅣ卽此也

洌陽歲時記曰堂兄伯學宅에有先朝時端午所賜艾花一枝ᄒᆞ니側本爲幹ᄒᆞ야長可七八寸이오廣三分許오自半以下ᄂᆞᆫ漸殺ᄒᆞ야至本而銳之ᄒᆞ야令可簪ᄒᆞ고上半兩面은夾以菖蒲葉ᄒᆞ니其廣은準幹ᄒᆞ고其長은出幹外ᄒᆞ야對抽ᄒᆞ며折狀ᄒᆞ고剪絳紗爲花ᄒᆞ되竅其心ᄒᆞ야貫字葉處ᄒᆞ고中은貼糊之ᄒᆞ야令齊向上ᄒᆞ고以五色絲로繫跗下ᄒᆞ야斜縱過齊ᄒᆞ고纏束靑體ᄒᆞ니蓋祭中故事而未詳其緣起何時라諸稽名物컨ᄃᆡ似繫艾、長命縷二義而材料中에不見所謂艾者ᄒᆞ니亦可疑也라陸放翁重五詩云裹艾猶簪艾一枝ㅣ卽此物也라

日本俗은五月五日에爲重五節句及菖蒲節句ᄒᆞ니家々簷頭에挿菖蒲ᄒᆞ고俗菖蒲湯ᄒᆞ며食角黍ᄒᆞ고竪長竿揭彩帛을謂之五月幟라ᄒᆞ니其俗이大畧相同而惟立幟ㅣ少異ᄒᆞ니其義ᄂᆞᆫ蓋爲祝男子出世之意也라故로俗稱三月三日은爲女子節句요端午ᄂᆞᆫ爲男子節句云이러라

(三將軍祭)嶺南 軍威舊俗은孝靈西岳에有新羅金庾信祠ᄒᆞ니俗稱三將軍室이라每歲端午에郡首吏ㅣ率邑人ᄒᆞ고以驛騎로旗鼓迎神ᄒᆞ야遍遊村巷ᄒᆞ고 又咸安邊舊俗은有霜陰神祠ᄒᆞ니諺傳宜威大王之夫人이라每以端午도迎宜威幷祭之ᄒᆞ고 又江原道三陟舊俗은小函에盛烏金簪ᄒᆞ야藏於治所東隅樹下ᄒᆞ라가每遇端午면吏人이取出祭之ᄒᆞ고翌日還藏ᄒᆞ니諺傳高麗太祖時物云이나今皆廢止ᄒᆞ니라

(太宗雨)五月十日은太宗恭靖王忌辰也라王이大漸之日에猶以天旱爲憂曰予當請于上帝ᄒᆞ야乞一雨以惠吾民也ᄒᆞ리라及襲衣甫出에果沛然雨下ᄒᆞ니自是로每是日에必雨故로稱曰太宗雨라後御製詩에有云年々五月旬大降太宗雨

朝鮮歲時記 (三二)

嵩陽山人

（竹醉日）四民月令에以五月十三日로
謂之竹醉라ᄒᆞ고亦稱竹迷日이ᄒᆞ니以是
日로種竹이면竹必易生而盛茂故로栽
竹者ᅵ必於是日ᄒᆞᄂᆞ니金秋史竹醉日
戲奉李少尹詩曰肘韓竹符唱竹枝亦要
聚竹不聽絲、由來饒守通身竹況復䑓
騰醉倒時

（黃梅雨）俗以四五月雨로謂之梅雨라
ᄒᆞ니梅雨ᄂᆞ徵雨之義也라又云梅子熟
時에多雨長霖故로曰黃梅雨라ᄒᆞ니古
人所謂黃梅時節家家雨ᅵ是也라農家
ᅵ珍梅雨時期種種秧ᄒᆞᄂᆞ니라

（打麥）芒種之節에麥必熟故로刈麥을
必於此ᄒᆞᄂᆞ니辛安亭永禧詩曰打麥을
聲高酒滿盆老人無事臥荒村、呼兒宰
下遮風幔慢恐擾新秧紫竹根、李寗齋
日魂々彭々打老場黃塵如雨汗如漿
來倚着糊頭睡碧樹西風滿意凉、又金
阮堂打麥詩日空中不斷連枷響天上人
間麥飯香

（防風菜）海上四五月之間에有防風菜
味甚佳故로李洛下學逵詩曰當歸未老
河豚上梅子新成石首來節物覺心正無
奈防風香裏酢春酷

分嘗作五月庄家味詞리ᄒᆞ야辨離俚野나
可見田家謠關々蛙催忙節序赴農家兒
曹莫恨春飢粥麥嶺巳過柿落花
老穉蒼粉落涸斜日炒櫚花蓮
糊齊拍魚河曲村北村南麥打家
櫻肥杏熟壓梢斜好是天中節物佳兒
女雙々新服出菖蒲釁點朱砂
摘來白菜與黃瓜去買城南市略除少
女寬衫端午節買踏三尺玉洋紗
黃梅天氣雨斜々笠帽峯曉牛霧遮正
是農家芒種候插秧出裝桃釀腰加

健牛疊々載秧車男婦齊歌綠簑
躄如人々似絲水出滇々跳無涯
伯勞啼盡散冥鴉露草稀微野徑除負
未牽牛歸去映三星巳向尾頭斜
麥菜如山堆滿家厨烟濕靉產庭蝸老
翁檢曆驗時候甲子雨소避水涯
長鼓無洲麥生芽南北滿膝水沒涯
每因春麥午陰斜煮豆那能辦咄嗟恐

芽蒼獨語鳥衣鷰離落自開鸚粟花蕊
日柴門深樹了水中田畔作生涯
早神々稻早抽芽夏至前期種最佳五
月年々旬日雨太宗盛德至今誇
女不知山事急繞庭張植鳳仙花
前宵苗雨長經臨年來利益倍川救
甘蓿蓮折種宜沙田沙田種淡巴少
濟歡眞々上品天將副産與農家
重蒿年夏巳長芽沃々溝流到處斜刈
麥田空來種茺移秧事了去耘瓜
農身不怕炎天曝泥血那愁汗癖加
薰風吹走黑雲葉轟々瓣鞠々紫電蛇頃
刻忽收牛背雨夕陽虹飲野塘窪
黃雀風來木槿葉野斜逢遙音話桑麻量
時較牛夏巳長芽決々溝流到處斜
劇忙時開自在蜀麥花發午陰斜
田娘未脫嫁時釵扎々鳴棱響繅車連
夜績成尖市木經春戶稅了官家
龍中銅葉綠生花蕎在深々歲月賒
好麥天新海味繞街叫賣春白婭
被田夫饁誤晚兒飢不乳任婦唖

朝鮮歲時記 (三二)

嵩陽山人

伏日

(三伏)按曆忌釋曰伏者ᄂ何也오金氣
伏藏之日也ㅣ라四時代謝에皆以相生ᄒ
ᄂ니立秋ᄂ以木代水ᄒ고立夏ᄂ火
代木ᄒ니立秋ᄂ以金代火ᄒ고立冬ᄂ水
代木ᄒ니々生火ᄒ고立夏ᄂ火生水ᄂ火
故로至庚日에必伏ᄒᄂ니金者ᄂ金故也ㅣ
라陰陽書曰從夏至後第三庚이ᄉ爲中
伏이오爲千樹之園이所在相望이라婚
曾遺細君閉門長夏便離群, 微風透簟
渾消暑午日當簷懶起ᄒᆞ니, 挂뫼ᄂ禮襪觸煩
客醉田苽留與野人分, ᆞ李芝田農家初伏
詩日片刻開忙判飽饑半晌五月水初肥
鳥獻角動分秧出等閑關去菜荊扉, 踏春
例戴ᄂ晴翁笠等閑關去菜荊扉, 踏春
乞火靑䄛急嬴得靈旬不上機
(食狗醬)伏日에烹狗和葱蕨陳菜各種
ᄒ야爛烹ᄒ야ᄂ쇠入雞筍更佳ᄒ니
ᄋ調番椒屑澆日飯ᄒ야爲時食ᄒ니
亦曰狗湯이니此發汗이면可以祛暑

補壚故로市上에亦多賣之ᄒ니라按史
記秦德公二年에初作伏祠ᄒ야磔狗四
門ᄒ야以禦虫災라ᄒ니即伏日에磔狗ᄂ
故事而今俗이因爲三伏佳饌ᄒ니라
(養赤豆粥)俗以伏日ᄂ煮赤豆粥食之
ᄒ니按後漢書和帝ᄂ以瘡鬼行故로
云水團氷浸砂糖裏라ᄒ니據此則水團
은本支那端午日所設而吾東은移於流
頭者也ㅣ라
(三伏雨)公詩豪樹ㅣ以三伏日ᄂ結子
ᄒ야雨則子福故로靑山報恩二邑은地
宜棗ᄒ야ᄒ니家衣食이悉出其中故로好事者ㅣ爲之
語曰三伏日雨如注報恩處子淚如雨
ᄒ니라

流頭

(流頭宴)俗以六月十五日ᄂ謂之流頭
節이라ᄒ니按高麗金翰林克已集에云
東都遺俗이六月望日에浴髮於東流水
ᄒ고因以禊飮을謂之流頭宴이라ᄒ니
國俗이因以爲節
이라

洌陽歲時記云羅麗時國人士女ㅣ具
酒食就東流水頭ᄒ야沐浴宴樂ᄒ고
祓除不祥을如古溱洧之俗이라名其
日流頭宴이라後來雖無此俗而沿爲名
節ᄒ야今不改ᄒ고水團ᄂ如元日舉摸
時食盛饌ᄒ니水團者ᄂ如元日舉摸
而差細切ᄒ고塗米粉爲衣ᄒ야暴烹
瀋入蜜水中ᄒ야調氷緊之ᄒ고水角
兒ᄂ取小麥粉拌水ᄒ야分作小片ᄒ
고用木椎礱句如手掌大ᄒ고細切老
黃瓜ᄒ야和猪牛雞肉ᄒ야加油醬語
味ᄒ고爛炒作餡ᄒ야捲合ᄒᆞ頭ᄒ고
當中摺歷을略似饅頭ᄒ야蒸食云ᄒ
니라

(霜花餅)以小麥粉으로溲而包豆菜
ᄒ야和蜜蒸之ᄅ을名曰霜花餅이라

水團鷰餅은是日에蒸梗米粉ᄒ야打成長
股團餅ᄒ야細切ᄒ야如珠ᄒ야調蜜水和

朝鮮歲時記 (三三)

嵩陽山人

○(流頭麴) 用小麥粉造如珠形ᄒᆞ야 名曰流頭麴이니 染五色ᄒᆞ고 聯三枚ᄒᆞ야 以色絲로 穿而佩之ᄒᆞ고 或挂門楣而禳之ᄒᆞ나니라

○(流頭雷) 流頭日에 必有雷聲이라ᄒᆞ야 農家ㅣ 以雷聲早晚으로 驗霜候早晚ᄒᆞᄂᆞ니 章孝標詩所云 田家無五行 水旱卜蛙聲이라 余嘗有詩曰 流頭名節即今朝 沈李浮瓜酒滿瓢

愼鷹雷登霜候卜 農家驗入風謠

○(薦新薦麥) 每以流頭日로 薦麥新及黍栗稻豆穀于廟ᄒᆞ고 並以嘗之ᄒᆞᄂᆞ니 蓋以流頭日로 薦麥新及稷근라ᄒᆞ고 垂爲扇墜ᄒᆞ고 諸之薦新일ᄉᆡ 俗以早穀으로 稱曰流頭稻薦、流頭豆、流頭栗이라ᄒᆞ고 按禮記에 有仲夏薦麥乃登麥이면 天子嘗新麥이라ᄒᆞ고 孟秋薦穀之文이로딕 東은 用初伏及流頭者ᄂᆞᆫ 蓋俗制之異也니라

(頒氷) 是月에 頒氷于各司ᄒᆞ니 造木氷牌ᄒᆞ야 俾受去於凌室ᄒᆞ나니라

(濯足) 每於三伏之節에 京都紳士ㅣ 傚河朔之飮ᄒᆞ야 江榭林泉에 避暑觴咏者ㅣ 를 謂之濯足遊라ᄒᆞ나니 天然享荷花와 三淸洞星祭井과 蕩春臺、老人亭、眞陵水石諸處ㅣ 爲最ᄒᆞ니라

(時食) 以小麥造煎ᄒᆞ야 雞肉ᄒᆞ고 或以白麻子湯ᄒᆞ고 又用甘藿湯調雞肉ᄒᆞ며 以小麥造餠ᄒᆞ야 熟而食之를 曰水鴦이라ᄒᆞ며 朝点水ᄒᆞ야 或又以南苽로 同猪肉切白餠爛羹ᄒᆞ고 或以乾飩魚頭同羹ᄒᆞ고 又以南苽切片油羹ᄒᆞ며 皆爲夏月時食眞率之饌이니라

(玉樞丹) 內醫院이 以季夏土旺日로 祀黃帝ᄒᆞ고 劑玉樞丹ᄒᆞ야 進御ᄒᆞ고 頒賜近侍閣臣各三枚ᄒᆞ나니 以之懸唐只ᄒᆞ야 以紫黑絹緞으로 橫大上ᄒᆞ며 間萬種綠ᄒᆞ야 若遇双星常聚合ᄒᆞ고 垂爲扇墜ᄒᆞ고 卒有暑症이면 磨服即愈ᄒᆞ나니라

七夕

(七夕曬衣) 俗以七月七日로 必曬衣裳ᄒᆞᄂᆞ니 經夏源濕故也라 徐居正七夕詩曰 天上神仙會 年年此日同 一宵能幾晷萬古亦無窮 月色蛾眉遠 風絲蠹翅工 李洛下詩日 織女佳人雙涙流ᄒᆞ고 牽牛冷官一身秋라ᄒᆞ며 誰將一夕逢迎喜 抵得空洲半歲愁오ᄒᆞ며 李寧齋七夕詩曰 未興七夕獨流傳ᄒᆞ고 金秋史詩曰 瓜棚纖河秃이나 然吾東은 葉雨登廊宇似江南百尺梧 揀麻作布無他祝乞巧盤中有喜蜘 按七夕은 因齊諸記以四民月令諸說之荒誕ᄒᆞ고 有牛女渡河之事故로 支那人은 遂以乞巧新編等俗이나 然吾東은 口實ᄒᆞ야 無間乞巧之說ᄒᆞ고 只是晒衣曬書而已오 不以爲名節일은 其義烈ᄒᆞ야 年々行祭者也니 余嘗有詩 但無他祝이라 亦沿襲支那之詭說也라 日

(義妓祭) 晋州俗은 以六月二十八日로 祀矗石江ᄒᆞᄂᆞ니 妓論介를 慕本俗은 孝謙天皇時에 始於七夕에 祭銀介ㅣ 以是日로 投江殉節故로 諸妓ㅣ 慕介ᄒᆞ야 軍妓合同ᄒᆞ야 靚粧盛服으로 出矗石江上祭妓祠下ᄒᆞ야 祀ᄒᆞ며 妓論介ᄒᆞ야 河織女星ᄒᆞ니 自後로 遂成俗ᄒᆞ야 以名을 上疏ᄒᆞᄂᆞᆫ 岩前芳草綠如裾岩下長江怒浪翻、 日岩前芳草綠如裾 七夕祭ᄒᆞ고 又於是日에 諸國力士ㅣ 設大相撲、 篤力諸戲ᄒᆞ나니라

(洗鋤) 每於三伏之節에 京都紳士ㅣ 傚 兒女猶知當日恨 年々來祭義娘魂

朝鮮歲時記 (三四)

嵩陽山人

七月十五日

(百種節) 七月十五日은俗稱百種節이라호고亦曰百中이라호니即支那所謂中元節也라都人士女ㅣ盛設酒饌호고登山歌舞爲樂호고其俗이蓋防目羅麗之代也라羅麗崇佛호야是日에做盂蘭盆호야具百種蔬果호야以供養新佛호니是日에目連이白佛호딕一切餓鬼之苦라호니此눈始無稽之說也라余嘗有詩曰百種之豊에必有大雨水故로俗이謂之百種水라호나니蘭云百種水沉田畝, 稻本도是日에盛行盂蘭盆會호니라 豆最伯風雨리호나니라

(盂蘭盆會) 高麗時每七月十五日에設盂蘭盆貿此盛호니按目連比丘ㅣ見其亡母ㅣ生餓鬼中호고即以鉢로盛飯호야往餉其母러니食未入口에化爲火炭호야遂不得食이어놀目連이大叫호고馳還白佛호딕佛言汝母罪重호야非汝一人力所奈何ㅣ라當須十方衆僧의威神之力이니至七月十五日에當爲七代父母와現在父母의厄難中者호야具百味五果以著盆中호야供養十方大德호라호고佛이粉衆僧爲施主호야行禪定慧然後에受食이라호고乃目連이得脫一切餓鬼之苦라호니是日에目連이白佛호딕未來世에佛弟子行孝順者ㅣ亦應奉盂蘭盆이어可否잇가佛言大善故로後世에因此廣爲華飾호야乃至刻木割竹호며飴蠟剪綵之巧라호야此則道家之所由起也라余嘗有詩曰十方大德供衆苦호고得遠人中이라호며衆道士ㅣ俱飽滿호야是日에僧尼道俗이悉

(亡魂) 都人士女ㅣ備蔬果酒飯호고祭其亡親호나니盖以中元은地官이校亡親之魂호나니라李東岳安訥詩云記得赤蔬果賤都人隨處薦亡魂 按道經에曰七月十五日에地官이校句搜選人間호야分別善惡호고諸天聖衆이普詣宮中호야備定刻數人鬼호며簿轉寶盖淸齋飮食이러니於其日夜에講誦是經호고十方大聖이齊詠靈篇이면囚徒餓鬼ㅣ一時皆集이라

(中元賞月) 李洛下詩曰今夜樽前月相隨 憐南地同, 不知君任處호노니李芝田詩曰溪路經霖石齒重 散虫階葉垂繁露一火漁船宿 眼相逢, 時有香來荷寂々頓知凉動月濃 斷峰, 閭年梗稻中元熟白飯村家盡笑容

(薦亡魂) 俗以是日노薦亡魂日이라

(盂蘭盆會) 高麗時每七月十五日에盛行盂蘭盆會호나니라 按目連比盂蘭盆貿此盛호니

朝鮮歲時記 (三五)

嵩陽山人

(中元夜月蝕) 鄭湖陰 士龍詩曰經緯縱橫散日楡三更天黑烏驚呼、三精未必交相掩眼何曾有獨枯、忠欲礫蟆生이라ᄒᆞ니 憐直道狂思硏桂屈雄圖、坐看不盡如鉤紳誰識哀翁仰屋呼

(結麻) 新羅俗에 王女ㅣ率六部女子ᄒᆞ고目七月望으로集大部庭ᄒᆞ야續麻之間ᄒᆞ고ᄒᆞ니今嶺俗에每目七月노起를謂之洗鋤宴이라ᄒᆞ니盖是時에耘田課工이라ᄒᆞ니今嶺俗에每目七月노起課工이라ᄒᆞ니余嘗有韓日朝摘棉花夜績月初明ᄒᆞ야閨巷婦女ㅣ輪回聚集於一庭之中ᄒᆞ야或績麻ᄒᆞ야較其成績多少ᄒᆞ니라가至八月初旬ᄒᆞ니其成績多少ᄒᆞ니盖亦新羅遺俗也ᅵ라

(뷜레물니)라ᄒᆞ니其法이今夕에聚東家則明夕은聚西家ᄒᆞ야夜夜巡廻於諸家ᄒᆞ니余嘗有韓日朝摘棉花夜績絲紡車匣々響疎離、織成三組歸家晩、好棉花雪繭滿筐堆、又棉花雪繭滿筐堆、續得新絲杼幾回、誤終夕哄堂寒

(乘僧解夏) 佛經云目四月八日로坐樹下라가至七月十五日ᄒᆞ야ᄂᆞ니盖僧家ㅣ四月八日로爲一歲故로日日衆僧解夏라ᄒᆞ니盖僧家ㅣ四月八日

에結夏가至是日에解夏云者는以長養之節에在外면恐傷草木虫類故로九十日安居云이라ᄒᆞ고又按後漢書云七夕女相思淚滴下人間成霖潦(俗口發丑七月十五日이라ᄒᆞ고又按後漢書云九月十五日노供耶夫人腹中이라가至甲寅四月八日에生이라ᄒᆞ니今俗이以七月十五日노供佛은盖釋氏遺俗也라

(洗鋤宴) 田野農夫ㅣ每以是日노各出鷄豚酒食ᄒᆞ야相聚村社或樹林川溪之間ᄒᆞ야以鉦鈸簫鼓로歌舞醉飽爲樂ᄒᆞ니盖是時에耘田等農功이旣畢ᄒᆞ고佃夫ㅣ稍閒隙ᄒᆞ야故로以爲洗鋤宴者也라至今南方之俗이歲以爲常ᄒᆞ니其中有當年農之事也라按群芳譜에曰鳳仙花로謂白礬染指甲草也ㅣ라ᄒᆞ니此盖兒女之戲也요非小童之事也라

輙推其人爲首ᄒᆞ야ᄒᆞ니라諸備夫 (俗稱淡沙里○作珠ㅣ二名小桃紅、一名染指甲草ㅣ즉則元鳳仙花之染이오支那俗도亦然이라元鳳仙花之染이라支那俗도亦然이라ㅣ支那俗도亦然이라○輙推其人爲首ᄒᆞ야ᄒᆞ니ㅣ大牛背上ᄒᆞ야群備ㅣ大牛背上ᄒᆞ야群備大薊笠ᄒᆞ고騎之大牛背이 (俗稱淡沙里 머슴이라)

擁護ᄒᆞ야後ᄒᆞ야歌舞歡呼ᄒᆞ며周行村里에以饋餉ᄒᆞ니其主人家ㅣ大喜出酒肉茶果以饋ᄒᆞ나니即豐年樂事也라田家歲時에諸曰時維孟秋爲相月立秋處暑是二節、候涼風白露降鷹乃禽、六農乃登今年穡、萬祭鳥蟬聲咽、天放過尙靑空、災解汀彼勤怠余、收草釀何如、愼勿地始肅禾乃登

佛經云目四月八日로坐樹下라가至七月十五日ᄒᆞ야ᄂᆞ니盖僧家ㅣ四月八日로爲一歲故로日日衆僧解夏라ᄒᆞ니蓋糞耘不了洗鋤裏設淸溪曲、簫鼓喧闐元俗面高麗之季에流入東土者歟아

醉淋漓誰家優續農登穀、笠影婆娑日西斜牛背健丁金淡沙、野腔齊唱豊年樂黃雞白酒旨且多、七夕牛女相思淚滴下人間成霖潦(俗日七夕日雨로謂之晒淚雨니라)經霖堵(쇠二內盡醮(금평)服、何羨富家掛錦繡勝似郝隆(쇠드린옷)、新衣亦爲老幼在凉前庇背先

(圓仙花染) 洪陶厓蔡時記에曰女娘及小兒童이皆以鳳仙花로調白礬染指甲ᄒᆞ니此盖兒女之戲也요非小童之事也라按群芳譜에曰鳳仙花一名早珍○則鳳仙花之染指甲은亦然이라元鳳

杵臼下屈代書腹、精洗踏(딸닌)來染糊揚風外砧

人楊鐵厓詩曰金鳳仙花로染指甲ᄒᆞ니仙花之染이오支那俗도亦然이라開色更鮮佳人染得指頭丹、彈箏亂桃花嬌把酒輕浮玳瑁斑、拂鏡火星流夜月薔眉紅雨過春山、又曰金盤和露搗仙葩解使纖々玉有眼、嬌彈粉淚抛紅荳想疑是臙脂點玉顔、有時漫託香腮想十分春上牧丹芽、女伴相逢頻借問幾縣輕插花枝鑲絳霞、一點愁凝鸚鵡舌繁錯戀守宮砂、據此則染指甲은似是

朝鮮歲時記 (二六)

嵩陽山人

(紅姑娘) 酸漿草、一名은 燈籠草오
其子는 名曰紅姑娘이니 每夏秋에 開花
結莢홈은 如燈籠故로 名이오 其中結子를
如櫻桃類호고 色亦如珊瑚珠라 小兒女
ㅣ 摘取호야 挖心存殼호고 納唇間
호야 吸氣而徐按之호면 有聲호야 然
호나니 余嘗有詩曰兒女雙々輔靨新紅
臙脂點纈唇、口中呑吐丹珠顆早是
姑娘嚼縮還伸、

(蔓菁種菘) 俗이 以立秋之前 으로 必
種蔓菁菜、菘菜兩種호야 以爲秋冬副
食物之上品호나니 蔓菁와 蔓菁의
로 種性少別而俗이 稱蘿葍爲菁根故
로 種菁에 呼爲무우라호니 即無蔓也오 南
方言에 轉爲無愁라호나니 李洛下學蓮詩에
地는 轉爲無愁라호나니 李洛下學蓮詩
日無愁南種本無愁兼嗅得無愁有愁
快味元家蘇滿好兼將漹瘠痟淸秋者ㅣ
是也라 諸傳諸葛亮이 好種蔓菁호야 以
費軍粮故로 後人이 名之武侯菜라호고
亦稱諸葛菜라호니 無蔓者는 即武侯之
轉訛也라고 日本俗은 謂之大根이라호니

菁根之大者는 無如菁根故也라、菘은 俗
樹名이나 秋熟에 如娛媛實호야 取子만호
名曰菘即비치나니 其性이 凌冬晚凋호야
四時常靑에 有松之操故로 曰菘이라 大
抵朝鮮人은 以菁之操物이 是也오 又作湯作
菹에 無不適宜호며 荒年歉歲에 可以充
饑호나니 以故로 菜兢中에 最爲
字書에 云菘不熟曰饍이오 菜不熟曰饍이
라 其品之佳者는 稱京城、開城、平壤
大邱、密陽、晋州等産而菘菜는 惟京城
이 爲上云이라리라

菜根之大者는 無如菁根故也라、菘은 俗
香不自惜與人長夜謾流脂、燈油子는
樹名이나 秋熟에 可以燃燈호나니 南士에 多産이
油호면 可以燃燈호나니 南士에 多産이
出時에、編撒千經自無力遣人織路六街
座、蓋鄉里老翁의 爲業호야는 輒以
織屨爲業호야 每五日 一市에 織成一二
級 (十割爲一級) 호야 以費衣食故云也
오 又金秋東田家詩曰數朵黃冠舊部東
라호고
日野雀飛兮掠水田茅棚人坐稻紅進、
七八月稻花顆垂之際에 鳥雀이 成群截
早出隴士호야 爲驅鳥雀이나 然不能得
到戒葵一丈紅、又李豫齋初秋田家詩
故로 結草作偶人호고 衣笠을 如生人而
立田中호야 四郊相望을 名曰庭虛子니
方言에 稱헝허아비者也라 又曰一穗靑
燈滿壁凉、秋聲唧唧臧眠床、野人歸
落無藩籬七月涉難直入堂、又曰刈麥
經時放地空一犁潮撥曉陽中、抛來蔓
菁蔓菁于三日靑々已見功、蓋農家ㅣ
爲秋來菁菘之種호야 刈麥後에 不耕他
穀호고 窓其田而待秋故로 云也라

誰敎汝苦聲臨窓嘲之使人驚、年時髮
數三杵忽作連槌千萬聲、又曰蟋蟀
白都由汝每一鳴白一莖、又曰燈油
子熟燦紅桔開立庭除看片時、伺飮秋

朝鮮歲時記(三七)

嵩陽山

中秋

(秋夕節)八月十五日이爲中秋니俗稱秋夕名節이라ᄒᆞᄂᆞ니按禮記에天子ㅣ春朝日秋夕月云ᄒᆞ니秋夕之名이始此라俗以黃鷄白酒로四鄰이醉飽以樂之ᄒᆞᄂᆞ니李寧齋建昌田家秋夕詩曰京師富貴地四時多佳節、鄕里貧賤人莫如中秋日、秋日有淸暉秋宵有明月、風景固自佳非爲我謾設、但見四野中嘉穀正垂實、早禾已登場豆菽亦採擷、中庭剝旅葵後園摘苞果、團々土火爐吹扇紅榾拙、羹飯作羹湯大家劇咲啜、一飽便意氣散漫雜言說、去年大凶年幾乎死不活、今年大豊年天意固不殺、恨不腹如鼓恨不口雙裂、日食十日糧快意償餐餐、父老在上座呼語勿亂聒、民生實艱難物理忌盈溢、莫以今醉飽或忘昔飢渴、吾老頗經事過食則生疾

(嘉俳節、會蘇曲) 俗以秋夕으로謂之嘉俳節이라ᄒᆞ니新羅儒理王時에中分六部爲二ᄒᆞ고使王女二人으로各率部內女子ᄒᆞ고分隊ᄒᆞ야秋七月旣望에每日早集大部之庭ᄒᆞ야績麻라가乙夜而罷ᄒᆞ다가至八月望ᄒᆞ야는考其功之多少ᄒᆞ야負者ㅣ備酒食ᄒᆞ야以謝勝者ᄒᆞᄂᆞ니於是에歌舞百戲皆作ᄒᆞ야謂之嘉俳라ᄒᆞ니是時負家一女子起舞歎曰會蘇會蘇라ᄒᆞ니其音哀雅라後人이因其聲而作歌ᄒᆞ니名會蘇曲이라羅麗來로樂府에傳之ᄒᆞ니라金佔畢齋曾[illegible]曲曰會蘇曲會蘇曲、西風吹廣庭明月滿華屋、王姬壓坐理繅車、六部女兒多如簇、爾筥旣盈我筐空、釃酒揶揄笑相謔、一婦歎千室勸坐令四方勤杼軸、嘉俳縱失閨中儀猶勝拔河爭嗃々、嘉俳之稱이起於此也라

(時食薦廟) 中秋之節은百穀及果實이皆成熟ᄒᆞ고蔬菜亦新生故로農家에最重是節ᄒᆞ야以新物노薦于祖廟ᄒᆞᄂᆞ니以新粳米新豌豆로和松葉造餠을曰松餠이오又調菁根南苽作餡餠ᄒᆞ고又蒸糯米粉打爲糕ᄒᆞ야以熟黑豆黃赤豆並芝麻粉粘之를名引餠이니卽古之餈餻麻餠之類也오蒸糯米粉ᄒᆞ야成團餠如卵ᄒᆞ고用熟栗肉和蜜附之를名曰栗團子요又有土蓮團子ㅣ如栗團子之法ᄒᆞ니土蓮者는芋也라俗名土卵이니秋夕에煑芋羹을曰土卵湯이라ᄒᆞ고果則棗栗柿梨葡萄西苽之屬이皆新熟也라雖窮鄕下戶라도例皆釀稻爲酒ᄒᆞ며粉粳蒸餠ᄒᆞ며殺雞爲饌ᄒᆞ고又有諸果新蔬之侈然滿盤故로俗以嘉俳로爲第一名節ᄒᆞ야諺云加也勿減也勿、但願長似嘉俳日이라ᄒᆞ니라李寧齋詩曰嘉俳時節好川城稻項黃垂柿頰頳、乍展家書如讀畫秋痕無數字邊生

(上墓) 舊俗이以正朝寒食秋夕冬至로爲四名節ᄒᆞ야必行墓祭而近世는正至에多不行ᄒᆞ고惟寒食秋夕이爲盛ᄒᆞᄃᆡ而寒食이又不如中秋之盛ᄒᆞ니柳子厚所謂皂隷傭丐도皆得上父母丘墓者ㅣ惟此日爲然이니라李芝田詩曰會蘇歌罷燭花闌單複家々始遞衣、四海同期明月上五更無數醉人歸、稻因早割重抽葉柳惜先秋不掩磯、飣待靑紅澆墓後烟中閑閑太平扉、又鄭象鎭詩曰寡婦當秋夕靑山盡日哭、山下稻粱新耕不同食

影印本 每日申報 1917·03·30

朝鮮歲時記 (三八)

嵩陽山人

〔鬪牛戱〕鬪牛戱ᄂᆞᆫ不知始於何時로ᄃᆡ今南方之人이盛行而晋州一郡이尤甚ᄒᆞ니蓋耕作已畢ᄒᆞ고農事閑暇故로作此牛歲者也라每歲八月十五十六之日에聚集於南江沙場ᄒᆞ야州人이男女老少ᅵ聚集於南江沙場ᄒᆞ야設鬪牛之戱ᄒᆞᄂᆞ니富豪家ᅵ預備鬪牛ᄒᆞ야牛아以重價로募購力大筋壯善鬪ᄒᆞᄂᆞᆫ牛ᄒᆞ야或貴人蔘湯以飮之ᄒᆞ며善養其氣力ᄒᆞ며或養人蔘湯以飮之ᄒᆞ야試放之ᄒᆞ며

牛之來也에鳴鉦前導ᄒᆞ고頭簪金花ᄒᆞ며裝水烟ᄒᆞ며身披紅紬ᄒᆞ고簇擁護之者ᅵ數十人이라旣于田中에兩家各令健者ᅵ蔽々羅々於前後左右ᄒᆞ고牛아不擧農耕ᄒᆞ고善其眼力ᄒᆞ다가前期四五日에는飼以粱肉ᄒᆞ며或牽牛徐々而來ᄒᆞ야試放之ᄒᆞ면二牛並峙ᄒᆞ야相注視良久라가乃鬪ᄒᆞᄂᆞ니鬪ᄒᆞᄃᆡ角ᄒᆞ야角ᄒᆞᆷ이如猪羊雌鈍物이러라

往々라鬪場은鬪水出四五畆ᄒᆞ고沿田야不可牽挽이라於是老幼婦女粉白黛綠者ᅵ搭臺或盆床卓以待客ᄒᆞ며本村老幼男女寶餅餌ᄒᆞᆫ者ᅵ蒸々鑊々絫雜於前後左右ᄒᆞ고裝水烟며或倒身岸ᄒᆞ야遣簪壁壞에衣服沾濡ᄒᆞ며頭面汚損ᄒᆞ야相顚相扶ᄒᆞ야去ᄒᆞᆯ彼之角은如何ᄒᆞ며我之角이如何往ᄒᆞ야니라

旣子田中에兩家各令健者ᅵ四人으로翼ᄒᆞ고鬪者ᄂᆞᆫ簇擁而主之者ᄂᆞᆫ已ᄒᆞ니二牛折一角ᄒᆞᆫᄒᆞ고主人은軒眉攘臂에高朋滿座라其後簇擁去ᄒᆞ야乘ᄒᆞ야珠抵頤에彼ᄂᆞᆫ如何能曰彼々ᄒᆞ거ᄂᆞᆯ三五合後에乘珠抵頤ᄒᆞ야後簇擁而主之者ᄂᆞᆫ已ᄒᆞ니觀者ᄂᆞᆫ不知其朝饔負面去ᄒᆞ니

歡顏比肩負矣라勝者親友ᅵ歡忻從之ᄒᆞ니彼之津々에幾乎我之富牛々를若奏凱狀ᄒᆞ고牛亦軒然自得ᄒᆞ야負者ᄂᆞᆫ主人이呼酒에必屬日搯角은何用堅이며我处何路環라가彼ᄂᆞᆫ何玖堅이며我处何路環라가

歡顏比肩負矣라勝者親友ᅵ歡忻從之ᄒᆞ니是上々品이라客不得以飮之也나牛이飮牛之酒ᄂᆞᆫ殊不知飮牛之酒ᄂᆞᆫ乃以敬客之意나客不得以飮之也牛之酒ᄂᆞᆫ牛이白米飯牛也에臥以青絲帳ᄒᆞ며懷最好之料以飼之ᄒᆞ고臥以青絲帳ᄒᆞ며白米飯牛也에臥以

里ᄒᆞᆯ其畜牛也에食必飼相訪이면主人이呼酒에相訪이면白米飯牛也에呼酒에相訪이면며臥々而坐ᄒᆞ며食必飼며臥々而坐ᄒᆞ며能飲牛之酒ᄂᆞᆫ乃上々品이라

伺可養成氣力ᄒᆞ야奧決雌雄이로ᄃᆡ日에必ᄒᆞ야奧決雌雄이로ᄃᆡ牛之佳者ᄂᆞᆫ不過十數頭오其牛之佳者ᄂᆞᆫ不過十數頭負則殺而烹之ᄒᆞ니蓋鋭氣已挫ᄒᆞ야不大勝十頭오其其登場相角者ᄂᆞᆫ不大勝

能再接矣라鬪之日에群牛ᅵ不下三五ᄒᆞᆯ應買來之에群牛ᅵ不下三五有此風矣라余嘗牡詩同農家八月濁醪香秋穀ᄒᆞᆯ兒女親家ᄒᆞᆫᄃᆡ牛之牧孳ᅵ有此風矣라余嘗牡詩秋草休耕牧子閑健牛ᄒᆞ니近俗之所之也ᅵ若與牛親家之所

劣弱ᄒᆞᆫ則還奇走며勝追爭ᄒᆞ야如敗ᄂᆞᆫ則蒼劣弱ᄒᆞᆫ則還奇走며勝追爭ᄒᆞ야가次者ᄂᆞᆫ能好整突ᄒᆞ야次者ᄂᆞᆫ好整ᄒᆞ고亦不大敗ᄒᆞ고次者ᄂᆞᆫ能好整

按湖人陳其元庸閒齋筆記曰燕齊俗은鬪鷄ᄒᆞ고吳越俗은鬪蟋蟀이로ᄃᆡ金華餘皆科目崔而返이라余嘗牡詩同農家八月濁醪香秋穀ᄒᆞᆯ黃抵觸에血肉淋漓ᄒᆞ야奔逃狼迯에㳠生力奮如山又曰秋草休耕牧子閑健牛作鬪牛場

而歸故好勝雖爭이나如此라至此則退奇走며街擲迂行ᄒᆞ고負者ᄂᆞᆫ無聲如雷ᄒᆞ야街擲迂行ᄒᆞ고負者ᄂᆞᆫ無聊々聲如雷ᄒᆞ야歌敲鉦鈸ᄒᆞ고躑躅踏蹣ᄒᆞ며紛々角舐相衝突絶臨ᄒᆞ齊

治觴延客ᄒᆞ고報祭賽之ᄒᆞ면면輪診鬪牛之會호ᄃᆡ先期至面國中千萬人이
ᄉ은獨喜鬪牛ᄒᆞ나니每春秋社日에祈報祭賽之ᄒᆞ고此期至面國中千萬人이
泥滿身ᄒᆞ고衝出堤々ᄒᆞ며揪誦々臺ᄒᆞ며揪誦々臺ᄒᆞᆯ軍破墨遠

朝鮮歲時記 (三九)

嵩陽山人

（抜河戲）○輿羅志에云濟州島俗은每歲八月望日에男女共聚歌舞호야田分伍左右隊호야曳大索中斷호야以決勝負호되日에設角力戲호고男女塞屯호야其酒食爲樂호며觀爭勝負호니以農開息刀故也라嶺南俗도亦然호니라

（抜河戲）○輿羅志에云濟州島俗은每歲八月望日에男女共聚歌舞호야田分伍左右隊호야曳大索中斷호야以決勝負호되於百種及中秋에도亦多行之호나니金이라호며是日에又作秋千及捕鷄之戲라호고亦稱抜河戲라호니抜河戲는即挽索戲也라亦稱撃河니니記於上元節이나然이나俗이社수호니라

於百種及中秋에도亦多行之호나니金이라호며估掌齋曾絲曲에有云嘉俳縱失隔中橫호니據此則中秋에도亦行之事라호니라按京龍文節에日滿朋節호야多有者니抜河戲는不獨濟州俗이爲然하다唐中宗이侍臣을命호야大拺抜河戲니日淸明節에上御梨苑호야爲羅錄호며以力弱者로爲輸라호니世라

（牛秋賞月）○中秋佳月을謂之端正月이라호니古人이謂中秋月色은陰晴을未知千里外不有雨兼風이라호고金冲庵海중叢話에曰秋夕時日八月十五叢石夜암으中秋詩則曰桂魄上寒空霹靂氣漢渺悠々李洛卜詩曰秋樹靑如今時舟泊長灘詩曰孤舟一泊荻花灣호되又郎海田題德詩日霜天月에腹內有芒호니芒은其稻芒也라호고中秋舟泊長灘詩曰孤舟一泊荻花灣，誰人이似今翁道不及明年栗熟時，又中駱峯光漢寸許를謂之稻芒이라호니라

（採人蔘）俗이以白露節느採人蔘호고去皮晒乾者느爲乾蔘호야以供樂用호나니朝鮮土產之重要品也오其他各種藥材도皆以是月느採乾호나니라

（採胡麻）北人은以八月風으로謂之鷂風이라호니鷂風起雨라호고又諺에以八月느操竹外未이라호니라

（釋解）蟹以八月에殻壺者라호고又曰剝棗라호니壺者느殻也라是月에農家始收狐苞南茄茄子藭茹（僞名苦椒니即番椒라）等諸菜호니即月令所謂菜也오又菉豆이成熟故로剝棗諺曰쥐小兒，小兒遠向老翁道不及明年栗熟時

（釋麥）農家ㅣ以秋分節느始種麥호고是月에收胡麻，豆菽호나니라

（鷂風並雨）北人은以八月風으로謂之鷂風이라호고南人은以是月雨로謂之荳花雨라호고諺에以八月느操竹外未이라호니라

（角力）湖西俗은自八月望日로至十六熱호며又自立秋으로爲始호야至此二에여러以八月느操竹外미이라호니라

朝鮮歲時記（四〇）

嵩陽山人

九月九日

○○○（重陽節）俗以九月九日노爲重陽節이라ᄒᆞ고亦稱重九라ᄒᆞ야飮菊花酒ᄒᆞ고食菊花餻ᄒᆞ나니採黃菊花和糯米粉ᄒᆞ야油煎爲餻를如上巳杜鵑花餻者니亦稱花煎이라按西京雜記에漢武帝宮人賈佩蘭이九月九日에佩茱萸、食蓬餌、飮菊花酒라ᄒᆞ니方言에餌를謂之餻라ᄒᆞ고又孟元老夢華錄에云都人이重九에以粉麪蒸餻로相遺라ᄒᆞ니今之菊餻ㅣ其來久矣라朱子京詩所謂劉郞不敢題餻字空負詩中一世豪者ㅣ是也라鄭北窓磏詩曰十九廿九皆重九重九原來無定時、未必重陽偏勝節、滿庭惟有菊花知、其弟古玉鄭碏詩曰世人最重々陽節、未必重陽引興長、若將黃花饒白酒九秋何日不重陽、金秋史詩曰綿裘凌薄拂晨霜紅葉靑山一路長、客裡西風還不負孤올嗣下展重陽、

○○○（九ㅣ登高）九日登高之俗은起於漢代ᄒᆞ니按續齊諧記에曰汝南桓景이隨費長房ᄒᆞ야遊學累年에長房이謂之曰九月九日、汝家에當有災厄ᄒᆞ리니宜急去ᄒᆞ야令家人으로各作絳囊ᄒᆞ야盛茱萸ᄒᆞ야繫臂ᄒᆞ고登高飮菊花酒ᄒᆞ면此禍를可消리라ᄒᆞᆫ대。如其言擧家登山이라가夕에還家見ᄒᆞ니雞狗牛羊이一暴

不能隨處架設ᄒᆞ야至以猫眼鳥更而强擬之러니時辰鍾이出而萬民이同此時ᄒᆞ니心算之細ㅣ前人之所未有이로되細察其理與機關ᄒᆞ면古人이實先啓之ㅣ오非後人之獨擬也ㅣ라上古之世에有璿璣玉衡ᄒᆞ야以推究日月五星之速而白單環、激水에自運不息ᄒᆞ고其後에有渾天儀之國製와地運儀之張衡擬製ᄒᆞ야咸以機關運用ᄒᆞ니今其製를雖不可見而史傳所載를不可誣也ㅣ오火輪之車ㅣ一日千里ㅣ오鑿山通道ᄒᆞ며跨水作梁ᄒᆞ야無所隔關者ㅣ其用이極大而察其理則機關而已ㅣ오機關이無速力而水流以行之ᄒᆞ니其速之功이水汽而已로되其原理之用則不出於機關也ㅣ오若且輪輻蓋軫之車制ᄂᆞᆫ始擬於上古軒轅之轉蓬舊制而非後人之新擬也ㅣ라日久年深ᄒᆞ야原理之盈天地者ㅣ畢露無餘而人之巧思ㅣ日增ᄒᆞ고慧學이日盛ᄒᆞ야達于今日而統以言之ᄒᆞ면古人이已先啓之ㅣ오非今人이全數打破古人之成法而另出新制以換革之也ㅣ라孔子曰行夏之時乘殷之輅服周之冕이라ᄒᆞ니時之用夏ᄂᆞᆫ以其首於三代而最得四時之正ᄒᆞ야非殷周建子建丑之比也ㅣ오輅與冕之物形製造ᄂᆞᆫ前粗而後精ᄒᆞ야名物文采ㅣ漸以大備而以後爲勝也ㅣ니今之推究物理學者ㅣ亦同此理ᄒᆞ야逾新而逾精者也ㅣ오（未完）